개정판

로스쿨

법학입문

개정판

로스쿨 법학입문

LAW SCHOOL

김동석·김희철·김희준 지음

일조각

머리말

'법과 현대생활'이라는 이름으로 1999년 8월 20일 첫 출판을 한 이래 여러 차례 판을 거듭하게 된 것은 오로지 이 책을 사랑해 준 학생 여러분의 향학열 때문이었습니다.

그동안 법과대학 중심 교육에서 로스쿨 중심 교육으로 바뀌어 책의 이름을 '로스쿨 법학입문'으로 바꾸고, 로스쿨 진학생을 위하여 주요 장마다 로스쿨 진학을 위한 실전 문제를 제시하였습니다. 그러면서도 이 책의 기본 목적인 모든 독자로 하여금 법에 대한 기본상식과 교양을 쌓도록 하는 데에도 중심을 두었습니다. 개정된 법률에 따라 책의 내용도 필요한 곳은 수정하였습니다.

개정판이 나오기까지 로스쿨에서 강의하고 로스쿨 수험생을 접하는 공저자들의 학생지도 경험이 큰 도움이 되었다고 생각합니다. 특히 전반적인 수정과 로스쿨 대비 문제를 추가하는 데에는 동아대학교 김희준 교수의 수고가 컸습니다. 노고에 감사를 드립니다.

아무쪼록 이 책이 독자들의 지식향상에 도움이 되고, 법의 기본원리와 정신을 터득함으로써 건전한 시민으로서의 삶을 살아가는 데 길잡이가 되고 힘이 되기를 바랍니다.

끝으로 개정판이 나오기까지 흔쾌히 허락하시고 협조하여 주신 일조각 김시연 대표님, 황인아 선생님 등 출판을 위하여 수고하신 여러분에게 감사의 말씀을 드립니다.

2024년 12월

金東石

책의 활용법

본 개정판은 로스쿨 진학을 희망하며 법학을 처음 공부하는 학생들을 위하여 '로스쿨 법학입문'이란 제목으로 새롭게 탄생하였습니다. 로스쿨에 진학하기 위해서는 법학적성시험(LEET)이란 관문을 통과해야 합니다. LEET는 로스쿨에서의 수학능력, 법조인으로서의 소양과 적성을 측정하는 시험으로 언어이해·추리논증·논술로 구성되어 있습니다. 각 대학은 이에 더해 개별적으로 면접을 실시하고 있습니다.

로스쿨 입시에서 법학 지식을 직접적으로 묻지 않는다고 하나 법학교육과의 연결고리는 분명히 존재합니다. 이 책은 로스쿨 입시제도에서 원하는 능력을 법학의 입문단계부터 키워 나갈 수 있도록 연결고리를 제시한다는 점에서 시중의 다른 법학 입문서와 차별화됩니다.

독자들은 각 장의 내용을 학습한 후, '로스쿨 대비' 문제를 통하여 논리력을 훈련하고 법에 대한 철학적인 성찰을 하시기 바랍니다. LEET 기출유형 문제를 통해 본인의 실력을 점검할 수 있습니다. 물론 평소 독서를 통해 글을 읽고 논지를 파악하는 훈련을 꾸준히 해야 합니다. LEET 논술과 대학별 면접은 글로 표현하느냐와 말로 표현하느냐의 차이가 있을 뿐, 논리적으로 사고해야 하는 이전 단계까지의 과정은 동일합니다. 이 책에서는 'LEET 논술 / 면접'을 묶어 실전예상문제를 제시하고 있으니 하나의 문제를 가지고 글 쓰는 훈련과 말하는 훈련을 병행하시기 바랍니다.

글의 내용을 파악하고 논리적으로 사고한 후 표현하는 일련의 과정은 로스쿨뿐만 아니라, 각종 고시, 공직적격성평가(PSAT), 금융공기업, 글로벌 대기업 등에서 중요하게 여기고 있습니다. '로스쿨 대비' 문제를 통한 훈련은 생각하는 힘을 요구하는 다양한 종류의 시험을 준비하는 데에도 도움이 되리라 믿습니다.

이 책을 교재로 사용하시는 교수님들께서는 16개 장으로 구성된 본 교재를 적절히 선택하여 진도를 나가면서, '로스쿨 대비' 문제를 과제로 내시거나 수업 중 토론주제로 활용하여 학생들의 참여를 유도하면 좋을 것입니다.

동아대학교 석당인재학부를 졸업하고 로스쿨에 진학하는 장정윤 학생은 LEET 기출문제를 장별로 정리해 주었습니다. 수고에 감사하며 법조인의 꿈을 이루기 바랍니다. 이 책의 모든 독자가 책을 통하여 소기의 목적을 달성할 수 있기를 기원합니다.

2024년 12월 공저자

목차

제3장 행정법

제4장 형법

제5장 민법

제1절 민법총칙

제2절 물권법

제3절 채권법

제4절 가족법

제6장 상법

제7장 민사소송법

제8장 형사소송법

제9장 국제법

제10장 국제거래법

제11장 국제사법

제12장 노동법

제13장 사회보장법

제14장 지식재산권법

제15장 경제법

제16장 소비자기본법

제1장 총론

Ⅰ. 법은 왜 필요한가?

- 정직한 자에게 법률은 필요 없다*For the upright there are no laws.*
- 법은 萬人에 대하여 하나의 입을 가지고 말한다*Lex uno ore omnes alloquitur.*
- 법률이 사라지면 專制가 시작된다*Where law ends, tyranny begins.*

1. 법이 필요 없다고 보는 견해

"사회 있는 곳에 법이 있다*Ubi societas, ibi ius*"는 말은 인간사회에 법이 필요하다는 것을 의미한다. 그러나 역사적으로 볼 때에 법이 필요하지 않다고 보는 견해가 없는 것은 아니다. 무정부주의나 성선설 및 마르크스*Karl Marx*(1818~1883) 등의 견해와 초기 기독교의 이론이나 자유방임주의 등이 그것이다.

無政府主義*Anarchism*는 국가와 법 또는 감옥·재산 등이 없는 사회를 지칭하는데, 이는 개인의 자유를 최상의 가치로 내세우고 그에 대한 모든 억압적인 힘을 부정한다. 최근에는 혼란 또는 무질서를 의미하기도 하지만 Anarchist의 본래 사상은 법이라는 강제수단은 정의로운 사회*a just society*의 건설에 역행한다는 것이다.

인간의 본성을 선한 것으로 보는 性善說의 입장에서도 법의 역할에 대해서는 부정적이며, 마르크스도 법은 자본의 논리를 관철하는 지배도구로 보아 이상적 사회의 실현에 방해되는 것으로 보았다.

로마제국의 박해를 받았던 초기 기독교도들은 현세보다는 내세에서의 구제에 보다 더한 관심이 있었기 때문에 그들의 법에 대한 태도는 '가이사의 것은 가이사에게'라는 정도의 극히 소극적인 것이었다. 그들의 궁극적인 관심은 세상의 법에 있는 것이 아니라 하나님 나라의 구현에 있었다.

애덤 스미스*Adam Smith*(1723~1790)의 영향을 받은 自由放任主義도 사유재산의 보호를 위해서는 법이 필요한 것이지만 궁극적으로는 개인적인 경제력의 자유로운 활동 아래 소위 '보이지 않는 손*invisible hand*'에 의하여 사회적 조화가 이루어지므로 정부와 법의 간섭은 경제와 사회의 발전을 저해하게 된다고 보았다.

2. 법이 필요하다고 보는 견해

서양에서는 본래 지극히 낙천적인 인간관이 지배하고 있었다. 이성적 존재인 인간은 우주의 본질을 통찰하고 이성의 법칙에 맞추어 올바른 사회생활을 할 수 있다고 생각하였다. 그러나 중세 말 이후부터는 이러한 낙천적 인간관은 배척되기 시작하고 인간의 본성은 원죄로 말미암아 타락되고 인간은 본래 악한 것이라고 보는 인간관이 생겨났다.

스콜라 철학의 대표자인 토마스 아퀴나스*St. Thomas Aquinas*(1225~1274)는 사회질서를 유지하기 위하여서는 자연법*lex naturalis*만으로는 불충분하며 인간이 제정한 인정법*lex humana*도 필요하고, 또 법은 인간의 악한 충동을 억제하기 위한 적극적 도구로서도 필요하다고 하였다.

중국의 法家들은 인간성은 원래 악한 것이기 때문에 질서유지를 위하여는 많은 성인들의 가르침보다 법에 의하여 엄벌로 다스리는 것이 훨씬 효과적이라고 하였다.

프랑스의 보댕*Jean Bodin*(1530~1596)은 인간의 본래의 자연상태는 무질서와 폭력이 지배하는 세계라고 하였다.

홉스*Thomas Hobbes*(1588~1679)도 "인간은 인간에 대해 늑대〔狗〕다*homo homini lupus*"라고 함으로써 인간을 동물과 같은 위험한 존재로 보았다. 그러므로 아직 정부가 탄생되지 않은 자연상태*a state of nature*에서는 자기보존만이 유일한 목적이 된다. 바로 이것 때문에 인간에게는 "만인의 만인에 대한 투쟁*bellum omnium contra omnes*"이 생겨나고 그 결과 인생은 "더럽고, 잔인하고, 짧은*nasty, brutish and short*" 것이 되지 않을 수 없다고 하였다.

정신분석학자 프로이트*Sigmund Freud*(1856~1939)는 인간은 사회적 협동을 하고 이웃과 사이좋게 살고자 하는 사회적 성향을 가지고 있는 동시에 공격적 충동성을 가지고 있기 때문에 이 공격적 충동성은 법에 의하여 억제되지 않으면 안 된다고 한다.

독일의 사회학자 퇴니스*Ferdinand Tönnies*(1855~1936)는 사회를 이타와 협동이 강조되는 共同社會*Gemeinschaft*와 이기와 투쟁이 강조되는 利益社會*Gesellschaft*로 나누고, 이익사회에서는 사회규범이 필요하다고 보았다.

3. 결론

아리스토텔레스*Aristoteles*(B.C. 384~B.C. 322)는 "인간은 사회적 동물*physei politikan*"이라 하였다. 이 말은 인간은 사회를 떠나서 살아갈 수 없다는 것을 의미한다. 확실히 인간은 태어나면서부터 죽을 때까지 다른 사람과의 관계에서 시작되고 또 끝나게 된다. 우리의 일상생활은 바로 이와 같이 더불어 살아가는 관계의 연속이다. 여러 사람의 접촉이 있으면 좋은 일도 있지만 나쁜 일도, 싸워야 할 일도 많다. 인간이 있는 곳에 분쟁이 있고 분쟁이 있는 곳에 소송이 있다. 이러한 분쟁의 해결방법으로 우리는 법을 생각하지 않을 수 없게 된다.

한편 공존관계에는 가정생활·직장생활·경제생활·종교생활 등이 있겠지만, 이 중 법률관계의 측면만을 보면 우리는 무수한 법망 속에서 매일매일 살아가고 있다는 것을 알게 된다. 예컨대 친자관계·부부관계·소유관계·임대차관계·매매관계나 직장에서의 출퇴근을 위한 운송계약관계 및 노동관계, 부부관계에서의 혼인·이혼·상속관계 등 말할 수 없이 많은 법률관계에서 생활하고 있다. 다만 우리가 무수한 전파 속에서 생활하고 있음을 모르고 있듯이 무수한 법망 속에서 살아가고 있음도 모르고 있을 뿐이다.

여기에서 우리는 홉스의 투쟁상태나 퇴니스의 이익사회 또는 프로이트의 공격적 충동성이나 法家들의 성악설 등을 거론하지 않더라도 노동문제·인구문제·공해문제·범죄문제 등 복잡한 일상생활에 있어서 생활의 안정과 질서의 유지를 위하여 도덕규범·종교규범·관습규범 외에 강제력을 가진 법규범이 필요한 것은 말할 필요도 없다.

괴테*J. W. Göthe*(1749~1832)는 "지옥에도 법은 있다"라고 하였다. 영국의 역사법학자인 비노그라도프*Vinogradoff*(1854~1925)는 "바둑이나 테니스와 같은 간단한 경기를 위하여도 일정한 규칙이 필요한데 하물며 복잡한 국가사회에 있어서는 말할 것도 없다"고 하였는데, 이것은 법의 필요성을 잘 설명해 주고 있다.

우리 인간은 누구나 자유롭고 평등한 상태에서 자기보존과 종족보존의 본능을 갖고 타인의 침해를 받음이 없이 자기의 권리를 행사하고 능력을 발휘하면서 인간으로서의 존엄과 가치를 인정받고 행복을 추구하려는 욕망을 갖고 있다. 그러나 행복추구의 노력도 사회질서가 유지되고 정치·경제·사회 등에 관한 모든 생활이 안정되지 않으면 실현될 수 없다. 여기에서 우리 인간이 위에서와 같은 여러 문제들을 해결하기 위하여 일종의 사회계약과 같은 규범을 만들어 이를 준수하게 함으로써 소기의 목적을 달성하려고 하는 것은 어쩌면 너무도 당연한 일이라 아니할 수 없다.

연습문제

1. 법이 필요 없다고 보는 학설에는 어떤 것이 있는가?
2. 법이 필요하다고 하는 견해들을 설명하라.
3. 법은 왜 필요한가? 법이 없는 사회는 존재할 수 있는가?
4. 법은 부자의 주머니 속에 있는 것인가?
5. 우리나라 국회의원이나 공직자의 준법정신은 어떠하며, 대학생의 법에 대한 인식은 어느 정도인가?
6. 법만 있으면 사회생활의 질서는 유지되고, 모든 분쟁도 해결될 수 있다고 생각하는가?
7. "사회가 있는 곳에 법이 있다"는 말은 무슨 뜻인가?

Ⅱ. 법이란 무엇인가?

- 이념을 회피하는 자는 결국 개념도 파악할 수 없다. — Göthe
- 법은 이성의 명령이다*Lex est dictamen rationis.*
- 공평하고 선량한 것은 법 중의 법이다.
- 법은 법이념에 봉사하는 의미 있는 현실이다. — Radbruch
- 법 그것이 무엇인지 아무도 모른다*Le droit, on ne sait pas ce que c'est.* — G. Flaubert

법이란 무엇인가? 법전에 실려 있는 법규만 법이고 그렇지 아니한 법은 법이 아닌가?

법의 본질이 무엇인가에 대하여는 옛날부터 많은 학자들의 노력에도 불구하고 아직 모든 사람들을 만족시켜 줄 만한 정의가 이루어지지 않고 있다.

칸트*Immanuel Kant*(1724~1804)가 "법학자들은 아직까지도 법의 개념에 관한 그들의 정의를 찾고 있다"고 말한 바와 같이 '법이란 무엇인가'라는 문제는 법학의 중심문제로서 법학의 알파요 오메가라고 할 수 있다.

영국의 법철학자 하트*H. L. A. Hart*(1907~1992)는 "우리가 코끼리를 보면 그것이 코끼리인 줄은 쉽게 알지만 코끼리란 무엇인지를 설명하기가 어려운 것과 같이 법의 개념을 정의 내리기란 어려운 일이다"라고 말한 바가 있다.

법의 정의가 어렵다고 하여 법을 공부하면서 법이 무엇인지 알아보지도 않은 채 다른 것부터 시작한다는 것은 좋은 방법이 될 수 없다. 왜냐하면 법개념의 정의 없이는 법 속에 들어갈 수 없기 때문이다. 그리하여 여기서는 법철학의 심오한 이론을 떠나서 여러 학자들의 학설 중에서 일반적이고 보편적인 개념들을 정리하여 살펴보고자 한다.

1. 법은 사회규범이다

법은 규범*norm*이다. 규범이란 사회적 목적을 달성하기 위하여 사회의 구성원이 준수하여야 할 준칙 내지 법칙을 의미한다.

인류의 공동생활에 있어서는 이 법칙에 의하여 사회가 유지되고 발전된다. 우리는 이것을 당위의 법칙*Gesetz des Sollens* 또는 規範法則 내지 當爲法則*Sollgesetz; Sollensnorm*

이라고 한다.

규범법칙은 자연법칙과 구별된다. 자연법칙은 "모든 사람은 죽는다", "물은 높은 곳에서 낮은 곳으로 흐른다", "겨울이 가면 봄이 온다"와 같이 자연계에 나타나는 법칙이다. 이것은 예외가 인정되지 않고 반드시 발생하는 필연적 현상이다. 따라서 이를 필연의 법칙*Gesetz des Müssen* 또는 존재의 법칙*Seingesetz*이라 한다.

그러나 규범법칙은 "살인하지 말라", "네 부모를 공경하라" 등과 같이 무엇을 행하지 말라, 또는 무엇을 행하라고 규정하는 명령 또는 금지에 관한 법칙이다.

자연법칙의 대상이 자연의 현상이라면 규범법칙의 대상은 인간의 사회이다. 따라서 규범의 세계에서는 이를 준수하지 않는 예외가 발생하게 된다. 법은 바로 이 예외적 행동을 방지하기 위한 규범이다. 규범에는 법규범 외에도 도덕규범·관습규범·종교규범 등이 있다. 이들 규범을 사회규범이라 한다. 이 사회규범 중에서도 법규범을 제2차적 규범이라 하고 나머지를 제1차적 규범이라고 한다.

모세의 십계나 바빌로니아의 함무라비법전, 인도의 마누법전, 고조선의 八條禁法에서와 같이 고대사회에서는 이들 규범이 혼연일체가 되어 사용되었으나 사회가 점점 발달하고 복잡하여짐에 따라 법규범이 이들 규범에서 떨어져 나오게 되었다.

법은 사회규범의 하나로서 마땅히 해야 할 또는 해서는 아니 될 當爲規範이다. 그러나 당위규범이면서도 법은 당위와 존재 사이의 사물의 본성*Natur der Sache*으로서의 규범이다. 이와 같이 법은 한편으로는 방법이원주의*Methodendualismus*와는 달리 당위와 존재를 엄격하게 구별하지 않는 상대적 규범이면서, 또 다른 한편으로는 정의라는 보편적 가치를 지향하는 절대적 규범이기도 하다. 따라서 법은 가치의 세계, 목적의 세계, 정신의 세계에서만 존재할 수 있는 규범이다.

2. 법은 강제규범이다

대부분의 경우 사람들은 법이나 관습의 내용이 타당한 것이라는 인식하에 규범을 준수한다. 그러나 의식적으로나 무의식적으로나 규범을 준수하지 아니하는 경우도 발생한다. 이런 경우 법파괴자에 대하여는 형벌로써 제재를 가하고 채무불이행자에 대하여는 강제집행을 하게 된다. 예링*Rudolf von Jhering*(1818~1892)은 "강제*Zwang*가 없는 법은 그 자체가 모순이며, 타지 않는 불이요, 빛이 없는 등불과 같다"고 하면서 강제를 법의 본질적 속성으로 보았다.

강제가 있는 점에서 법은 도덕이나 종교 또는 관습과 구별된다. 법은 원래는 사회질서의 유지수단인 사회통제의 기술로서 작용하였지만 오늘날에 있어서는 권력 그 자체를 통제하는 기술로서도 작용하게 되었다. 즉 사회질서를 유지하는 임무와 인간의 자유를 보장하는 임무가 그것이다.

이와 같이 법은 사회규범의 하나로서 정치적·조직적 권력에 의한 강제의 뒷받침을 받고 있는 것이라고 할 수 있다.

3. 법은 문화규범이다

인간은 현실에 발을 딛고 살면서도 항상 그것에 만족하지 아니하고 보다 나은 이상을 향하여 부단히 노력하여 왔다. 인간이 현실에서 살면서 보다 나은 가치를 향하여 노력하는 가운데서 생성되는 업적 내지 산물을 우리는 문화*Kultur* 내지 작품*Werke*이라고 부른다. 이 문화 내지 작품에는 아름다운 것도 있고 추한 것도 있으며, 선한 것도 있고 악한 것도 있다. 그러나 확실한 것은 아름다운 문화, 선한 문화, 참된 문화를 향하여 노력한다는 의미*Sinn*를 안고 있기 때문에 그 자체 문화로서 평가되고 또 정당화되고 있다는 사실이다.

학문도 진리 그 자체는 아니지만 진리를 향하여 노력하고 있다는 데 학문성을 찾을 수 있다. 마찬가지로 법도 정의 그 자체는 아니지만 정의라는 가치를 향하여 노력하고 있는 점에서 법이 법다운 것을 인식할 수 있다. 이런 의미에서 라드브루흐*Radbruch*(1878~1949)는 "법은 법이념에 봉사하는 의미 있는 현실이다*Die Wirklichkeit, Die der Sinn hat, Der Rechtsidee zu dienen*"라고 하였다. 법은 정의를 지향하지만 정의 그 자체는 아니다. 현실의 법에는 정의로운 법만 있는 것이 아니라 정의롭지 못한 악법도 있고 불법도 있다. 그러나 악법도 법인 것은 정의 그 자체는 아니지만 정의를 향하여 노력하여야 한다는 점에서 법은 정의라는 법이념을 향한 하나의 문화개념으로서 '문화 규범'이라고 할 수 있다.

이 밖에 법을 그 구조면에서 보면 법은 행위규범이요 재판규범이며 또한 조직규범이 되기도 한다. 헌법·국회법·공직선거법·법원조직법·정부조직법 등은 조직규범에도 속한다. 이와 같이 법은 행위규범, 강제규범 내지 재판규범과 조직규범의 3형태의 복합체로 구성되어 있다.

4. 법이라는 字意에 의한 법의 개념

중국 許愼의 『說文解字』에 의하면 법의 古字는 灋이다. 이것은 氵(水)·廌·去의 세 자가 합쳐진 것이다. 水는 수면과 같이 잔잔하고 평평한 것을 나타내는 것으로 공평·평등을 뜻한다. 廌는 해태라는 전설적 동물로서 시비곡직을 가리는 것을 맡아 정의를 실현하는 동물로 상징된다. 해태는 불을 삼키는 동물로 분쟁을 가라앉힌다고 하여 중국에서는 옛날부터 재판을 할 때에는 이 해태상 앞에서 행하였다고 한다. 去는 악을 제거하는 것을 의미하며 응징적 강제성을 나타낸다. 그러므로 法 자의 의미는 악을 제거하고 평등을 구현하는 것이 될 것이다.

고대 그리스의 신화에 의하면, 제우스*Zeus* 신의 아내인 테미스*Themis*는 법의 상징이었다. 그녀에게는 디케*Dike*(정의의 여신)와 에이레네*Eirene*(평화의 여신), 에우노미아*Eunomia*(규율의 여신)라는 세 딸이 있었고, 이들의 적으로는 에리스*Eris*(투쟁의 신)와 비아스*Bias*(폭력의 신), 히브리스*Hybris*(무절제의 신)가 있었다고 한다.

이에서 알 수 있듯이 법은 투쟁·폭력·무절제와 같은 불법과 반대되는 개념으로 정의·평화·규율을 의미한다.[1]

또한 그리스에 있어서 법의 고어인 노모스(νομοσ)는 토지·목장 등을 나누어 준다는 동사인 네모(νεμω)에서 유래하였고, 라틴어의 ius라든지 독일어의 Recht, 프랑스어의 droit 등은 모두 정의를 뜻하고, 라틴어의 lex나 영어의 law는 명령·강제를 의미한다. 법에 가까운 우리말은 '말본'·'셈본'·'본보기' 등에 있어서 '본'이라고 할 수 있다. 이 '본'이라는 말은 있어야 할 당연한 존재·행동의 규준, 즉 '당위적 존재'로 볼 수 있을 것이다.

이와 같이 법이라는 말은 동서고금을 막론하고 정의와 강제의 뜻을 갖고 있는 사회규범인 것을 알 수 있다.

연습문제

1. 규범이란 무엇인가?
2. 존재와 당위는 어떻게 다른가?
3. 사회규범에는 어떤 것이 있는가?
4. 법은 강제규범인가?

---

1 정종휴 역, 『법철학의 길잡이』, 경세원, 2006, 34~35면.

5. 법은 문화규범이 될 수 있는가?

6. 법의 古字는 어떻게 쓰며 어떠한 의미를 가지고 있는가?

7. νομοσ · ius · Recht · droit · lex · law가 갖는 의미는 무엇인가?

8. 다음 학자들의 법에 대한 정의를 설명하라.

(1) Cicero—"Law is the highest reason, implanted in nature, which commands what ought to be done and forbids the opposite."

(2) St. Thomas Aquinas—"Law is an ordinance of reason for the common good, made by him who has care of the community, and promulgated."

(3) Thomas Hobbes—"Civil Law is every Subject, those Rules, which the Common-wealth hath commanded him, by Word, Writing, or other sufficient Sign of the Will, to make use of for the Distinction of Right and Wrong ; that is to say, of what is contrary, and what is not contrary to the Rule."

(4) Austin—"Every positive law …… is set by a s overeign person, or a sovereign body of persons, to a member or members of the independent political society wherein that person or body is sovereign or supreme. Or it is set by a monarch or sovereign member to a person or persons in a state of subjection to its author."

(5) Locke—"The end of law is not to abolish or restrain, but to preserve and enlarge freedom."

(6) Jhering—"Law is the sum of the conditions of social life in the widest sense of the term, as secured by the power if the State through the means of external compulsion."

(7) Carter—"Law is not a command or body of commands, but consists of rules spring from the social standards of justice or from the habits and customs from which that standard has itself been derived."

(8) Recaséns-Siches—"Law was not born into human life by reason of the desire to render tribute or homage to the idea of justice, but to fulfill an inescapable urgency for security and certainty in social life. The question of why and wherefore men make law is not answered in the structure of the idea of justice, nor in the suite of outstanding values which accompany it as presupposed by it, but in a subordinate value-security—corresponding to a human need."

로스쿨 대비

LEET 언어이해 (2019년 기출문제 변형)

다음 글을 읽고 물음에 답하시오.

법의 본질에 관하여 법사회학적인 관점에서 관습이론, 구조이론, 갈등이론 등이 있다.

관습이론에 의하면 관습을 법의 근원으로 파악한다. 관습은 사회생활의 규범으로 법이나 도덕에 못지않는 중요성을 가진다. 법과 관습은 다 같이 사회질서를 유지하는 기능을 하고 있으며 법 규범화하는 경우 강제력을 지닐 수 있다. 공동체의 보편적 가치관이 관습을 형성하였고 그러한 관습이 법의 근원이 될 수 있는 것이다. 관습이론은 억압적인 사회·문화적 관행을 합리화해 준다는 공격에서 자유롭지 못하다. 관습에 반하는 규칙을 법이라는 이름으로 제정하였을 때 저항에 부딪히는 경우를 종종 볼 수 있다.

구조이론은 법은 사회관계구조의 결과라는 것이다. 이 구조의 결과물을 유지하고 운영할 수 있는 방법의 필요에 의하여 도입한 것이다. 원시공동체 시대에는 밀접한 연대관계가 맺어져 있었고 연대관계를 파괴한 것에 대한 응징으로 제정된 규칙이 법이 되었다. 반대로 현대사회는 인구가 증가하고 분업화되면서 연대의식이 희박해졌고 연대관계 회복을 위한 규칙으로 법이 제정되었다. 구조이론은 법의 존재 이유가 사회적 필요에서 나온다는 단순한 가정을 받아들이는 이론일 뿐이라는 비판을 종종 받는다.

갈등이론에 의하면 지배계층이 등장하면서 계층 간의 갈등 속에서 지배계층의 이익을 위한 필요에 의하여 법이 제정되었다는 입장이다. 갈등이론에 의하면 법은 사회적 통합을 위한 합의의 산물이 아니다. 갈등이론하에서 법은 지배집단이 억압구조를 유지하며 자신들의 이익을 영위하려는 수단일 뿐이다.

윗글에 대한 이해로 가장 적절한 것은?

① 관습이론은 지배계급의 이익을 위한 억압적 체계를 합리화한다는 비판을 받는다.

② 관습이론에 의하면 1920년대 미국의 금주법은 저항 없이 쉽게 시행되었을 것으로 예상된다.

③ 구조이론은 법이 그런 모습을 띠는 이유보다는 법이 발생하는 기원을 알려 주려 한다.

④ 갈등이론은 사회관계에서의 대립을 해소하는 역할에서 법의 기원을 찾는다.

⑤ 갈등이론은 법 현상에 대한 비판적 접근을 통해 전체로서의 사회적 이익을 유지하는 기능적

체계를 설명한다.

정답: ①

해설 지문 속에 나타난 법의 본질에 대한 일반적인 특징을 이해하는지 평가하고 있다.

Ⅲ. 법은 어떻게 분류할 것인가?

- 국가에 의하여 주어진 법이 없을 때에는 자연법에 의하여 행동하여야 한다.
- 人定法은 태어나고, 살며, 그리고 죽는다*Human laws are born, live, and die.*

인간생활을 규율하는 법은 단순한 문자의 집합체가 아니라 법규범의 통일체로 이루어지는데, 이것을 법의 체계*legal system; Rechtssystem*라고 한다. 법의 체계는 관찰 방법에 따라 다음과 같이 몇 가지로 분류할 수 있다.

1. 자연법과 실정법

(1) 자연법*natural law; Naturrecht*

자연법은 실정법과 비교되는 법으로서 마땅히 그러하여야 한다는 당위법이다. 자연법은 어떠한 선험적인 근거에서 시대나 장소, 사회나 국가, 또는 민족을 초월하여 보편타당성을 지닌 인간의 이성에 의하여 인식되는 법이라 할 수 있다.

법의 역사는 자연법과 실정법의 긴장과 대립, 자연법사상과 법실증주의*legal positivism; Rechtspositivismus*의 대립의 역사라고 해도 과언이 아니다. 고대 그리스 시대의 자연법은 그 중심을 우주의 질서에 두었고, 중세의 자연법은 신의 뜻에 두었으며, 근세의 자연법은 인간의 이성에 기초한 합리적인 질서에 두었다.

이와 같이 자연법은 시대성·역사성·내용가변성을 가지고 있지만 이것들을 초월한 보편타당성을 찾으려고 노력하여 왔다. 롬멘*Heinrich Rommen*(1897~1967)은 『자연법의 영원회귀*Die ewige Wiederker der Naturrechts*』라는 책을 써서 자연법론의 현대적 부활을 잘 지적하고 있다.

일반적으로 자연법이라고 하면 인간의 본성 내지 사물의 본성*Natur der Sache*에 근거하여 시대와 민족, 국가와 사회를 초월하여 보편타당하게 적용되는 객관적 질서로 보고 있다.

위에서 본 바와 같이 자연법에 있어서 자연의 개념은 다의적이지만 자연법 사상의 기능은 일의적이다. 자연법은 2가지 방향의 기능을 가진다. 그 하나는 실정법의 정당화의 기초로서의 기능이요, 다른 하나는 법의 규범화의 표준으로서의 기능이다.

독일의 법사상가 볼프*Erik Wolf*(1902~1977)는 자연법의 진정한 임무를 플라톤*Platon*(B.C. 428?~B.C. 347?)이 말한 의미의 "파수꾼*Wächter*의 역할"로 보았다. 이와 같이 자연법론은 언제나 법을 지키는 일, 즉 "법을 위한 투쟁*Kampf für das Recht*"을 자기의 본질로 하고 있다.

오늘날에 와서는 자연법을 자연권*natural right*으로 보는 이도 있다. 또한 자연법론은 현실의 법에 관한 존재성*Dasein*·당위성*Gesolltsein*·정당성*Gerechtfertigsein*이라는 근본문제를 추구하는 것을 특색으로 하고 있다.

(2) 실정법*positive law; positives Recht*

실정법이라 함은 특정한 시대와 특정한 장소에서 효력을 가지는 법규범을 말한다. 실정법에는 국가기관이 제정하는 헌법·법률·명령·규칙 등 성문법이 보통이지만, 예외적으로 관습법·판례법 등과 같이 경험적인 사실에 기하여 성립되고 현실로 행해지고 있는 불문법도 있다.

법실증주의자들은 실정법의 독자성*Selbständigkeit*을 강조한다. 이들은 법을 인식하고 설명함에 있어서 자연법론자들이 주장하는 자연적 질서의 힘을 빌려서 실정법에 관한 문제를 해결하는 태도를 거부하고 법의 실질적 내용이 정당한가의 여부는 상대적으로 논의될 수 있을 뿐이라고 주장한다. 따라서 선한 법만이 법이 아니라 악법도 법의 구실을 할 수 있다고 보고 있다.

(3) 악법과 저항권의 문제

악법도 법이므로 준수하여야 하는가, 아니면 저항할 수 있는가? 법실증주의자들은 악법도 정당한 절차를 밟아 제정되었으면 법이므로 준수되어야 한다고 주장한다. 그러나 자연법론자들은 정의의 원리에 반하는 법은 법이 아니므로 준수할 수 없다고 주장한다.

그런데 우리는 무엇을 기준으로 악법을 가려낼 수 있겠는가? 헌법에서 보장하는 기본적 인권을 침해하는 법은 대체로 악법이라 할 수 있다. 예컨대 인간의 생명·자유·재산을 침해한다든지 언론·출판의 자유를 탄압하는 법은 원칙적으로 악법이라 할 것이다.

자연법론자들은 자연법에 합치되지 않는 실정법, 즉 정의의 원리에 반하는 법은 악법이라고 하여 악법에 대하여는 저항할 수 있다고 주장한다. 저항권의 사상적 배경은 맹자의 易姓革命論, 중세의 暴君放伐論*monarchomachi*, 근세의 사회계약론 등에서 찾아볼 수 있고, 헌법상으로는 미국의 각 주 헌법, 1950년의 베를린 헌법, 1968년의 서독연방 기본법 등에서 찾을 수 있다.

나치스 정권의 폭정과 대량학살을 목격한 후 격분한 라드브루흐는 戰前의 학설을 수정하여 "악법에 복종하는 것은 범죄행위"라고 하였고, 철학자 야스퍼스*K. Jaspers*(1883~1969)도 "나치스 정권의 악법에 복종한 독일 국민 전체가 전범자"라고 하였다.

이와 같이 독일은 나치스 시대의 악법이 민주주의를 말살하고 법적 안정성을 내세워 국민의 인권을 침해하였던 것을 반성하여 헌법재판소에 의한 위헌법률심사제도를 마련하고 저항권을 헌법상 인정하게 되었다.

우리나라에서도 제4공화국 헌법하의 긴급조치 위반사건소송에서 무효인 헌법 제53조에 의거하여 선포된 긴급조치 등은 긴급조치로서의 효력이 없다고 하여 악법에 대해서는 이를 준수하지 말고 저항해야 한다는 변호인 측의 주장이 있었다.

저항권 행사에 대한 한계론은 혼란과 무질서의 초래로 헌정 자체를 파괴할 우려가 있다는 점이다. 원칙적으로는 악법이라도 형식상 법률의 요건을 갖추고 있으면 합법적 절차에 의하여 개정되지 않는 한 이를 무효라고 하여 복종을 거부하는 것은 허용되지 아니한다. 비록 악법이라고는 하지만 그 나름대로 사회질서의 기능을 담당하고 있는 한 100%의 악법은 현실로는 판단하기 어려우며, 괴테의 말과 같이 무질서나 무법의 상태보다는 악법에 의한 질서유지가 반드시 나쁘다고 단정할 수 없는 경우도 있을 수 있다. 그러므로 혁명에 관한 권리와 저항권은 기존의 법을 파괴하는 권리이므로 이를 행사함에는 신중을 기하여야 하고 실정법상의 모든 구제수단을 다하여도 권리구제가 불가능한 경우에만 예외적으로 인정하여야 할 것이다. 그러나 가장 현명한 방법은 국가가 저항을 받아야 할 법과 정치체제를 만들지 않아야 하는 점이라 하겠다.

2. 국내법과 국제법

국내법*municipal law; Staatliches Recht*은 국가에 의하여 인정되고 국가의 통치권이 미치는 범위 안에서만 효력을 가지는 국가와 국민 간의 관계와 국민 상호 간의 권리·의무 관계를 규율하는 법이다. 이에 반하여 국제법*international law; Volkerrecht*은 국제사회에 통용되는 국가 상호 간의 권리·의무와 국제기구에 관한 법을 가리킨다. 국제법이 국가의 대외문제*external affairs*를 다루는 국제사회단체의 법이라면, 국내법은 국가의 대내문제*internal affairs*를 다루는 국가사회단체의 법이라고 할 수 있다. 국제법은 국제사회에 있어서 관행·관습·규칙과 국가 간에 준수를 약속한 계약조항들과 관련되어 있다. 국제법의 법원으로서는 조약, 기타 국가 간의 협약이나 국제법원의 판결 및 UN에서 형성된 법 등을 들 수 있다. 이에 대하여 국내법은 미합중국법·California주법·Mexico법·프랑스법·한국법 등을 들 수 있다. 연방국가에 있어서의 국내법은 좀 특이하다. 즉 미국의 경우에는 연방의회에서 제정한 법률을 비롯하여 50개 주의 의회에서 제정한 법률과 시·군의 법률들이 있다. 국제법과 국내법의 관계를 하나의 법체계에 속하는 통일적 법질서로 보는 일원론과 상호 독립적이요 무관한 법체계로 보는 이원론이 있다. 이원론에서도 국제법을 상위의 법으로 볼 것이냐 국내법을 상위의 법으로 볼 것이냐에 대하여 견해가 나뉘어 있지만, 법논리적으로 볼 때에는 국제법을 상위의 법으로 보는 것이 타당하다고 하겠다.

국제법과 구별해야 할 법으로 국제사법*internationales Privatrecht*이 있다. 국제사법은 한 국가의 국민과 외국인과의 법률관계를 정하는 데 있어서 자국법을 준거법으로 하느냐 외국법을 적용하느냐를 정하는 법이므로 국제법이 아니고 국내법에 속한다.

3. 공법과 사법 및 사회법

(1) 공법과 사법

법을 공법*public law; öffentliches Recht*과 사법*private law; Privatrecht*으로 구별하는 것은 로마법 이래의 전통적인 분류방법이다. 실정법 가운데서 민법·상법·국제사법 등은 사법에 속하고, 헌법·행정법·형법·형사소송법·민사소송법·국제법 등은 공법에 속한다고 하는 것이 국내의 통설이다. 그러나 무엇이 공법이고 무엇이 사법인지를 구별하는 것은 어려운 일이며 그 구별표준에 관하여는 학자마다 견해가 다르다.

가. 이익설

공익의 보호를 목적으로 하는 법이 공법이요 사익의 보호를 목적으로 하는 법이 사법이라고 하는 견해이다. 목적설이라고도 한다. 로마의 울피아누스*Domitius Ulpianus*(170~228)는 "공법은 로마에 관한 법이며, 사법은 개인의 이익에 관한 법이다"라고 하였다. 여기서 공익이라 함은 사회질서의 유지와 같은 사회공공의 이익을 말하며, 사익이라 함은 자유권이나 재산권과 같이 개인의 이익을 말한다.

그러나 공익과 사익은 그 자체가 명확한 개념은 아니다. 법이라는 것은 한편으로는 공익을 보호하는 동시에 다른 한편으로는 사익도 보호하는 것으로 되어 있지 어느 한쪽만을 보호하는 것은 아니기 때문이다. 예컨대 헌법이 보호하는 자유권은 공익보호에 그치지 아니하고 개인의 사익도 보호하고, 민법의 제한능력자제도나 친족·상속에 관한 규정은 개인적 이익을 보호하는 동시에 공익보호와도 관련되어 있는 것과 같다.

나. 주체설

법이 규율하는 생활관계의 주체를 표준으로 하여 국가, 기타 공공단체 상호 간의 법률관계 또는 이들과 개인 간의 관계를 규율하는 법이 공법이고 사인 상호 간의 관계를 규율하는 법을 사법이라고 한다. 옐리네크*Georg Jellinek*(1851~1911)에 의하여 주장된 견해이다. 그러나 국가 또는 공법인과 사인 간 매매·운송 등 사적 거래의 경우와 같이 국가 또는 공공단체라 할지라도 사경제의 주체로서 활동할 때에도 공법을 적용한다는 것은 잘못이다. 이 설은 구별의 표준이 이원적이라는 비난이 있으나 가장 알기 쉽고 무난한 학설이다.

다. 통치관계설

법이 통치권의 발동에 관한 것이냐 아니냐에 따라 통치권의 발동에 관한 법이 공법이고 그렇지 아니한 법이 사법이라는 설이다. 따라서 국가기관의 조직·권한, 통치권의 존재 및 그 발동의 형식에 관한 법은 공법이며, 사인 간의 법률관계를 규율하는 법은 사법이다. 이 설에 의하면 주체설에서처럼 국가, 기타 공공단체와 사인 간의 사적 계약관계를 공법으로 보아야 한다는 결점은 없어진다. 그러나 원래 통치권의 발동은 국가권력의 예외적 발동만을 의미하는 것이므로 국제법이 사법으로 되는 비난은 면할 수 없게 된다.

라. 법률관계설

법률관계의 성질을 표준으로 하여 권력·복종의 관계, 수직관계·불평등관계를 규율하는 법을 공법이라 하고 평등·대등의 관계, 수평관계를 규율하는 법을 사법이라고 한다. 권력설, 성질설, 또는 효력설이라고도 한다. 독일에서는 종속설*Subjektionstheorie*이라고 한다.

이 설에 의하면 국제법이 사법으로 되고 친족법이 공법으로 되는 모순이 있다.

마. 생활관계설

인간의 생활을 국가생활관계와 사회생활관계로 나누고 국민으로서의 생활관계를 규율하는 법을 공법이라 하고 인류로서의 생활관계를 규율하는 법을 사법이라고 하는 설이다. 일본에서 처음으로 주장되었으며 현재의 통설이다. 그러나 실질에 있어서는 주체설과 크게 다르지 않을 뿐만 아니라 무엇이 국가생활이고 무엇이 사회생활인지 구별하기가 쉽지 않다.

바. 사적 자치설

사적 자치의 원칙이 적용되는 법이 사법이고, 그것이 적용되지 아니하는 법이 공법이다. 공법은 기속적인 결정*gebundene Entscheidung*을 내용으로 하는 데 대하여, 사법은 자유로운 결정*freie Entscheidung*을 내용으로 한다. 또 공법은 이유강제*Begründungszwang*의 원칙이 적용되는 데 반하여 사법은 이 원칙의 적용이 없다.

예컨대 관청이 행정처분을 함에는 그 이유를 밝혀야 하나 사인이 식료품을 구입하는 데에는 그 이유를 밝힐 필요는 없다. 이와 같이 사인이 자유로운 결단에 의하여 자기의 법률관계를 스스로 형성하여 나가는 사적 자치*Privatautonomie*의 원칙이 적용되는 법이 사법이고 그렇지 않은 법이 공법이다.

사. 구별부인설

영미법계에서는 원래 법의 지배*rule of law*의 원칙 아래 국왕도 법 아래에 있으므로 공·사법의 구별이 없었다. 그런데 대륙법계에서도 켈젠*Kelsen*(1881～1973)과 뒤귀*Duguit*(1859～1928) 같은 학자는 공·사법의 구별을 부인한다.

켈젠은 공·사법의 구별은 근대법학에 대한 정치의 침입을 옹호하는 이론이며 법학의 순수성을 해하는 것으로 본다. 그에 의하면 개인의 계약체결 권한은 입법권과 본질적으로 구별하기는 사실상 곤란하다는 것이다. 이 2가지 권한은 다 같이 그 법적 유효성을 근본규범*Grundnorm*에서 이끌어 내기 때문이다.

뒤귀는 사회연대의 관념 아래서 객관법*Le droit objectif*을 주장하여 의무 본위의 법이론을 내세웠다. 이러한 입장에서 그는 권리의 내용이나 이익의 성질 등을 기준으로 공·사법을 구별하는 것은 부당하다고 하였다.

그러나 켈젠과 뒤귀의 구별부인설은 권리 또는 의무에 관한 특수한 학설이며 근대법의 이론에서는 허용되기 어렵다.

아. 결론

공법과 사법의 구별표준에 관하여 학설의 혼란을 가져온 이유는 근본적으로는 공·사법의 구별이란 원래가 법의 개념이나 이념으로부터 선험적으로 추출되는 개념이 아니라 역사적·상대적인 것임에도 불구하고 그 구별에 관하여 보편타당한 표준을 구하려는 데 있는 것으로 생각된다.

구별을 더욱 어렵게 하는 것은 공법도 사법도 아닌 중간법인 사회법의 출현이다. 그뿐만 아니라 공·사법이 서로 접근할 수 있는 길이 헌법의 기본권 보장 조항이나 경제에 관한 조항 등에서 생겨나고 있다. 또한 공·사법의 구별을 부인하는 Wien학파 등이 있음도 앞에서 지적하였다. 사정이 이와 같다 하여 공·사법의 구별을 포기할 수는 없다. 왜냐하면 공·사법의 구별이 로마법 이래의 전통적인 관행으로 되어 왔고, 대부분의 나라에서 실정법상 양 법을 구별하여 왔으며, 무엇보다 중요한 것은 공·사법의 지도원리가 다르다는 점에 있다.

그렇다면 양 법을 어떠한 표준에 의하여 구별할 것인가? 위의 어느 설도 부분적으로는 옳지 않은 학설이 없으나 어느 설도 절대적인 것은 될 수 없다. 그리하여 근본적으로는 주체설의 입장에 서서 공법은 국가 또는 공공단체와 사인과의 관계 또는 국가나 공공단체 상호 간의 관계를 규율하는 법으로서 원칙적으로 불평등관계·수직관계에서 공익을 목적으로 하는 법이고, 사법은 사인 상호 간의 관계를 규율하는 법으로서 평등관계·수평관계에서 사익을 목적으로 사적 자치의 원칙이 적용되는 법이라고 할 수 있을 것이다.

(2) 사회법*social law; Sozialrecht*

사회법이란 공법도 사법도 아닌 중간법으로서 노동법*labor law; Arbeitsrecht*·경제법*Wirtschaftsrecht*·사회보장법*Sozialversicherungsrecht* 등을 말한다. 학자에 따라서는 경제법을 사회법과 원리가 다른 독립한 영역으로 보는 경우도 있다. 사회법은 자본주의 경제의 발전과정에서 발생하는 빈부의 격차를 해소하고 여러 가지 모순점을 시정하기 위하여 19세기 말에서 20세기 초에 걸쳐 나타난 제3의 법역이라 할 수 있다.

4. 일반법과 특별법

법의 효력이 미치는 범위를 표준으로 한 구별이다. 법의 효력이 특별한 제한 없이 일반적으로 적용되는 법을 일반법*general law; gemeingueltiges Recht; droit general*이라 하고, 일정한 장소·사항·사람에만 국한하여 적용되는 법을 특별법*special law; Spezialrecht; droit particulier*이라 한다.

(1) 장소를 표준으로 하는 구별

전국에 걸쳐 적용되는 법은 일반법(보통법)이고 일부 지역에만 적용되는 법은 특별법이다. 예컨대 지방자치법은 전국에 효력이 미치는 일반법이고, 시·도의 조례나 규칙은 시·도에만 효력이 미치는 특별법이다.

(2) 사항을 표준으로 하는 구별

일반적 사항을 규율하는 법은 일반법이고 특수한 사항을 규율하는 법은 특별법이다. 예컨대 국민의 일반적 사생활을 규율하는 민법은 일반법이고 사생활 가운데도 商事에 관한 사항을 규율하는 상법은 특별법이다. 그러나 이 구별은 상대적이다. 왜냐하면 상법은 민법과의 관계에서는 특별법이지만 보험업법과의 관계에서는 일반법이기 때문이다.

(3) 사람을 표준으로 하는 구별

모든 국민에게 적용되는 법이 일반법이고 특수한 직업이나 신분을 가진 일부 국민에게만 적용되는 법이 특별법이다. 예컨대 민법·형법·형사소송법 등은 일반법이요, 공무원법·군형법·선원법 등은 특별법이다. 주의하여야 할 것은 일반법·특별법의 구별은 상대적이며 동일법전 안의 조문 간에도 존재한다는 점이다. 예컨대 채권에 관한 10년의 소멸시효를 정하는 민법 제162조 제1항은 일반법이요, 3년 또는 1년의 단기소멸시효를 정한 동법 제163조와 제164조는 특별법이다.

일반법과 특별법을 구별하는 실익은 "특별법이 일반법에 우선한다*Lex special derogat legi negekali*"는 원칙의 적용에 있다.

5. 실체법과 절차법

실체법*substantial law; materielles Recht; droit materiel*은 권리·의무의 실체를 규율하는 법이고, 절차법*adjective law, procedural law; formalles Recht, Verfahrensrecht; droit formal*은 권리·의무를 법원 또는 공공기관에 의하여 실현하는 절차를 규율하는 법이다. 벤담*J. Bentham*(1748~1832)은 실체법을 主法*principal law*이라고 하고, 절차법을 助法*accessary law* 또는 형식법이라고 하였다.

만일 A가 B와 체결한 계약을 위반하였을 때 B는 손해배상이나 계약을 취소할 수 있는지 또는 A가 운전부주의로 B를 다치게 하였을 때 B는 자기에게 과실이 있을 때에도 위자료를 청구할 수 있는지 등에 대하여 대답하여 주는 것이 실체법이고, 위와 같은 사건에서 어떻게 하면 B는 자기의 권리를 실현할 수 있으며 재판을 청구할 수 있는가에 대하여 알려주는 것이 절차법이다.

이와 같이 실체법이 권리·의무의 발생·변경·소멸·성질·내용 및 범위 등을 규율함을 주된 내용으로 한다면, 절차법은 권리·의무의 행사·보전·이행 또는 강제 등을 규율함을 주로 한다. 실체법에는 헌법·행정법·형법·민법·상법 등이 있고, 절차법에는 민사소송법·형사소송법과 같이 직접 소송에 관련된 법과 그렇지 아니한 비송사건절차법·부동산등기법 등이 있다. 그런데 실체법인 민법 중에서도 법인설립절차에 관한 절차법적인 규정이 있는가 하면, 절차법인 부동산등기법 중에서도 가등기의 효력과 같은 실체법적인 규정이 있어 동일한 법전상의 법규정 사이에도 실체적인 규정과 절차적인 규정이 병존하기도 한다.

6. 강행법과 임의법

이는 법의 적용이 절대적인가 상대적인가에 따른 구별로서 강행법*imperative law; zwingendes Recht; droit imperatif*은 당사자의 의사 여하에 불구하고 적용되는 법이고, 임의법*dispositive law; nachgiebiges Recht; droit facultatif*은 당사자의 의사로 그 적용을 배제할 수 있는 법이다. 민법 제468조에서 "당사자의 특별한 의사표시가 없으면 변제기 전이라도 채무자는 변제할 수 있다"고 하는 규정은 임의법규이다.

일반적으로 공공복지나 선량한 풍속, 기타 사회질서 또는 국민의 의무 등에 관한 규정은 강행법으로 되어 있고, 사인 상호 간의 권리에 관한 규정은 임의법으로 되어 있다. 실정법상 공법은 거의 전부가 강행법규이고, 사법 중에서도 친족·상속·권리능력·물권의 내용 등에 관한 민법의 규정과 회사법·어음수표법 등의 대부분도 강행법에 속한다. 임의법은 민법전 중의 계약에 관한 규정과 상법전 중의 상행위에 관한 규정에 많이 있다.

그러나 이들 사법법규 중에서도 법문상 그것이 강행법규인가 또는 임의법규인가가 명백하지 않은 경우도 많다. 대체로 법문상 '하여야 한다' 또는 '하지 못한다' 등의 경우에는 강행법규로 보아야 하고, '다른 의사가 없으면', '특별한 규정이 없는 한' 등의 경우에는 임의법규로 볼 수 있다. 강행법규에 반한 경우에는 무효로 되거나 취소할 수 있고 또는 일정한 제재를 받기도 한다.

7. 원칙법과 예외법

원칙법은 일정한 사항에 대하여 일반적으로 적용되는 법이고, 예외법*Ausnahmerecht*은 일정한 사항에 관하여 특별한 사정이 있는 경우에 그 원칙법의 적용을 완전히 배제하는 제외례를 정한 법이다. 따라서 원칙법은 예외법에 대하여 보충관계에 서지 아니한다. 예컨대 민법 제3조에 "사람은 생존한 동안 권리와 의무의 주체가 된다"라는 규정은 권리능력의 존속기간에 대한 원칙법임에 대하여, 동법 제762조의 "태아는 손해배상의 청구권에 관하여는 이미 출생한 것으로 본다"라는 규정은 예외법이다.

단서규정은 대체로 예외법이다. 예컨대 민법 제5조 제1항의 "미성년자가 법률행위를 함에는 법정대리인의 동의를 얻어야 한다. 그러나 권리만을 얻거나 의무만을 면하는 행위는 그러하지 아니하다"에서 '그러나'부터의 단서규정은 예외법이요, 그 앞의 본문 규정은 원칙법이다. 이와 같이 같은 법조문 속에서도 원칙규정과 예외규정이 있는 경우가 있다.

양자를 구별하는 실익은 예외법은 엄격하게 해석하여야 하고 함부로 확장해석하여서는 아니 된다는 점에 있다. 또한 사실의 거증책임에 있어서도 원칙법에 있어서는 원고 또는 청구자에게 있으나, 예외법에 있어서는 피고 또는 피청구자에게 있는 것이 원칙이다.

원칙법과 예외법은 일반법과 특별법과도 다르다. 전자는 어떤 특정한 사항에 관하여 그 원칙과 예외를 규정하는 법인 데 대하여, 후자는 전자보다 훨씬 넓은 범위에서 장소적·인적 또는 특정 사항에 관하여 효력을 가지는 법이다. 또 전자는 동일 법령 또는 동일 조문 사이에서도 구별되나 후자는 법령과 법령 사이에서 구별됨이 보통이다.

8. 조직법과 행위법

조직법*Organisationsrecht*이란 사람의 행위의 기초 또는 수단으로 될 조직 및 제도를 정하는 법을 말하고, 행위법*Geschäftsrecht*이란 직접 사람의 행위 자체를 규율하는 법을 말한다. 헌법에는 가장 기본적 조직사항이 규정되어 있고, 정부조직법·국회법 등은 조직법에 속한다. 그리고 실체법 속에도 조직사항이 함께 규정되어 있는 경우도 있다. 예컨대 민법·상법·형법 등은 사람의 사회생활에 있어서의 행위의 준칙을 정한 법이므로 행위법에 속하나, 민·상법 중에서도 물권법·친족상속법·회사법·어음수표법 등은 조직법 성질을 많이 가지고 있다.

조직법과 행위법의 구별도 절대적인 구별은 아니며, 정도의 차이는 있으나 법의 각 영역에 존재한다. 이 양자 구별의 실익은 조직법에 있어서는 법의 간섭이 따르는 엄격주의에 지배되고, 행위법에 있어서는 사적 자치의 원칙에 따르는 자유주의가 인정될 여지가 많은 점에 있다. 따라서 조직법은 주로 강행법이고, 행위법은 임의법의 성질을 가지고 있다.

9. 고유법과 계수법

고유법*native law; heimisches Recht; droit indigene*은 자국민족의 특유한 역사적 흐름 속에서 관습·도덕, 기타 사회적 제 조건에 의하여 자연적으로 발달·준수되어 온 그 국가의 고유한 법이다. 우리나라의 전세제도와 가족법은 대체로 고유법에 속한다. 계수법*adopted law; rezipiertes Recht; droit adoptif*은 외국으로부터 계수한 법 또는 그것을 자료로 하여 제정한 법이다. 계수의 기본이 되는 법을 모법*mother law; Mutterrecht*이라 하고 계수한 법을 자법*filial law; Tochterrecht*이라 한다.

계수에는 입법적 계수와 관습적 계수가 있다. 전자는 외국의 법을 본받아 자국법으로 제정하는 경우이고, 후자는 외국에서 발달한 법이 자국으로 옮겨져 관습법으로 된 경우이다. 나폴레옹법전의 벨기에·이탈리아 계수와 19세기 후반 이래 대부분의 나라들이 미국·영국·독일·프랑스와 같은 선진국의 헌법을 계수한 것은 입법적 계수의 예이고, 독일의 로마법계수는 관습적 계수의 예이다.

계수에는 다시 직접적 계수와 간접적 계수가 있다. 전자는 외국법을 그대로 번역하여 자국법으로 한 것이며, 후자는 외국법을 자료로 하여 자국의 특수사정과 국가이익을 고려하여 만든 법이다. 1922년 튀르키예가 스위스민법전을 그대로 번역하여 자국 민법전으로 채용한 것은 전자의 예이고, 1888년 일본민법전이 독일민법 제1초안을 모법으로 하여 제정되고, 우리 민법전이 일본민법전을 참고로 제정된 것은 후자의 예이다.

로마법은 여러 국가의 시민법으로 계수되었고, 우리나라에서도 과거에 중국법을 많이 계수하였다. 현대에 와서는 독일·프랑스의 대륙법과 영·미법을 계수하여 우리의 고유법으로 정착시켜 가고 있다. 고유법과 계수법의 구별도 상대적이다. 이 양자의 구별의 실익은 그 법이 어느 쪽에 속하느냐에 따라 연구방법을 달리하여야 하는 데에 있다.

10. 민사법과 형사법

법을 민사법과 형사법으로 구별할 때 '형사법'에 대응하여 사용하는 '민사법'이라 함은 사법의 실체와 그 운영에 관한 법을 통틀어서 일컫는 말로서, 여기에는 민법·상법·기타의 특별사법·민사소송법과 기타의 절차법을 포함한다. 그러므로 이때의 민사법은 사법과 부합하는 개념이 아니다. 또한 '민사특별법'이라는 용어는 '상사특별법'에 대응하는 개념이므로 상사에 관한 법령을 제외하여 사용하는 것이 보통이다.

형사법이라 함은 국가의 형벌권의 행사를 규율하는 법으로서 형법, 기타의 실체법과 형사소송법·형집행법 등을 총칭한다. 형사법에는 국가권력이 가장 강하게 나타나는 분야인 만큼 인권보장의 요청이 다른 법분야에 비하여 훨씬 강하게 나타난다.

11. 재산법과 가족법

민법은 재산법과 가족법으로 구별된다. 재산법*Vermögensrecht*은 재산관계를 규율하는 법으로서 물권법과 채권법으로 나뉜다. 재산법은 민법의 범위를 넘어 상법을 포함하며, 또한 공업소유권이나 저작권에 관한 법과 같은 지식 재산권의 영역에까지 걸쳐 있다. 가족법*family law; Familienrecht; droit de famille*은 가족관계를 규율하는 사법으로서 친족법과 상속법이 있다.

재산법은 합리성을 기초로 하는 데 반하여 가족법은 보수성·습속성을 강하게 띠고 있다. 따라서 타산적 생활관계로 이루어지는 재산법에서는 개인재산의 보호와 거래의 안전 및 신속이 가장 큰 이상으로 되어 있다. 이에 반하여 가족법은 경제적 이해의 타산을 초월하여 종족보존의 본능에 기초한 헌신적·이타적·숙명적 관계로 되어 있다.

〈표 1〉 법의 체계

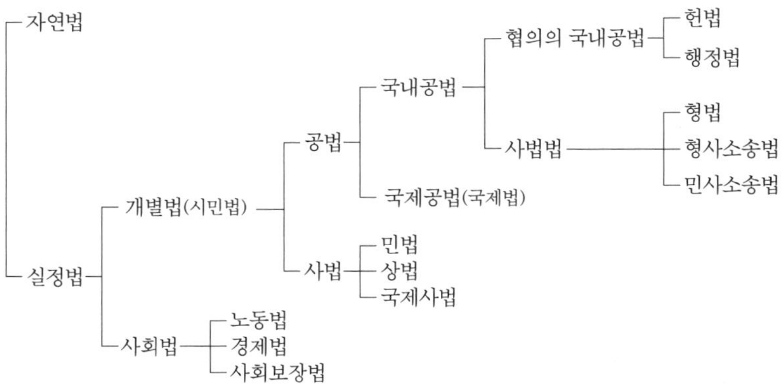

연습문제

1. 자연법이란 무엇인가?
2. 자연법과 실정법의 관계를 설명하라.
3. 악법도 준수하여야 하는가?

4. 저항권의 근거와 한계를 설명하라.
5. 국내법과 국제법의 관계를 설명하라.
6. 공법과 사법은 어떻게 구별할 것인가?
7. 사회법의 성립배경과 종류를 설명하라.
8. 일반법과 특별법의 구별표준과 구별의 실익은 무엇인가?
9. 실체법과 절차법에는 어떤 것이 있으며 어떠한 관계에 있는가?
10. 강행법과 임의법은 어떻게 다른가?
11. 동일조문에도 원칙법과 예외법이 병존할 수 있는가?
12. 실정법상 조직법과 행위법에는 어떤 것이 있는가?
13. 계수법의 종류를 설명하라.
14. 형사법에 대응하는 개념으로서의 민사법은 사법인가?
15. 재산법과 가족법의 내용을 설명하라.
16. 법의 체계를 도표로 만들어 분류하여 보아라.

로스쿨 대비

LEET 논술 / 면접 (출제예상문제)

<사례>

미국의 영토 야심으로 미국과 멕시코 간의 전쟁이 발발하였다. 미국은 목화 재배 확대를 원하는 남부 대농장주들의 욕구에 따라 1846년에 양국 간의 국경 무장충돌을 확전擴戰시켜 무력으로 뉴멕시코와 캘리포니아를 점령한 데 이어 멕시코시티까지 함락하고, 1848년 과달루페 이달고 조약을 체결하였다. 이로써 미국은 아메리카 대륙 중남부 진출의 발판을 마련하게 되었다. 미국의 유명 소설가 헨리 데이비드 소로는 멕시코-미국 전쟁이 자국(미국)이 일으킨 침략 전쟁이라고 판단해 인두세 납부를 거부하고 투옥되었다.

<제시문 (가)>

"부정의한 법은 법이 아니다." —아우구스티누스

"인간은 부당한 법에 불복종할 도덕적 의무가 있다." —마틴 루터 킹

"악에 협조하지 않는 것은 선에 협조하는 것만큼이나 중요한 의무이다." —마하트마 간디

<제시문 (나)>

"이것은 진실로 지나치게 심하다. 그러나 그게 바로 기록된 법이다*quod quidem perquam durum est, sed ita lex scripta est.*" —도미티우스 울피아누스

"악법도 법이다*Dura lex, sed lex.*" —오다카 도모오 / 소크라테스

질문 〈사례〉를 읽고 〈제시문 (가)〉 혹은 〈제시문 (나)〉의 입장에 따라 데이비드 소로를 옹호 혹은 비판하시오.

조건 "악법에 저항하는 문제"에 관한 자신의 견해를 포함시키시오.

해설 〈사례〉의 시민불복종이란 미국의 작가이자 사상가 헨리 데이비드 소로가 그의 수필 「시민의 불복종」에서 제안한 개념이다. 민중 대다수가 국가(정부)의 정책이나 법률이 부당하거나 도덕적 정당성을 갖지 못한다고 판단하여, 자신의 양심에 따라 이를 거부하거나 위반하는 행동을 말한다. 헨리 데이비드 소로가 주장하는 시민불복종으로 인정되기 위하여는 (i) 목적의 정당성을 갖추어야 하며, (ii) 엄밀히 불법이므로, 이후 자신에게 주어질 법적 처벌을 감수하여야 한다. (iii) 평화적 방법으로 (iv) 최후의 수단으로 사용되어야 하며, (v) 개인을 위한 것이 아닌 공공을 위한 것이어야 한다.

Ⅳ. 법과 도덕은 구별할 수 있는가?

- 악법도 법이다*Dura lex, sed lex.* —오다카 도모오/Socrates
- 사색에는 누구도 벌을 가할 수 없다*Cognitationis poenam nemo patitur.*
- 사람과 사람의 관계가 사랑 없이 법적으로 이루어질 수 있다고 믿는 것이 법률가의 죄악이다. —Tolstoi

법은 사회생활에 있어서의 규범, 즉 사회규범이다. 사회규범인 점에서는 종교·관습·예의 등도 마찬가지이지만 법은 여기에서 분리된 제2차적 규범임은 이미 설명한 바와 같다. 이들 사회규범은 고대사회에 있어서는 분화되지 못하였다. 예컨대 모세가 시나이산에서 하나님으로부터 계시받은 십계는 그 자체가 도덕이요 종교이며 습속이요 법이었다. 오늘날은 법과 기타 사회규범은 분리되어 있지만, 특히 법과 도덕은 종래 많은 학자들에 의하여 논의되어 왔음에도 불구하고 완전한 구별은 곤란하며 양자 간에는 다른 어느 사회규범보다 밀접한 관계가 있다.

법과 도덕의 관계에 관하여 예링은 "법철학의 케이프 혼*Kap Horn der Rechtsphilosophie*"이라고 하면서 양자를 구별하기가 매우 어렵다고 하였으나, 이것은 법학에 있어서 반드시 거쳐야 하는 하나의 관문이다.

법의 도덕적 기반을 외면한 법실증주의의 오류를 체험한 현대인은 법의 도덕성에 새로운 관심을 갖게 되었으며, 도덕성을 제거한 법은 도구로서의 법기술에 불과하며 권력의 지배수단으로 전락할 운명에 놓일 수밖에 없다. 도덕성을 상실한 법실증주의 내지 법만능주의 경향에는 법을 준수하겠다는 자발성이 생길 수 없다. 진실로 사람들이 법에 대하여 머리 숙이고 준수하겠다는 자발성이 생기는 것은 법의 도덕성 때문이라고 하여야 할 것이다. 그러나 법과 도덕의 상호관계는 법과 종교나 관습 등 다른 사회규범에 비하면 설명하기가 더욱 어렵고 미묘하다. 살인죄나 절도죄와 같이 법과 도덕이 일치되는 것도 있고, 정부조직이나 재판절차 또는 교통법규와 같이 전혀 관계가 없는 것도 있다.

자연법론자의 입장에서는 부당한 법*unjust law*이란 있을 수 없고 도덕에 합치하지 않는 법은 법이 아니므로 법과 도덕을 일원적으로 보지만, 법실증주의자들은 법의 내용이 도덕에 반하더라도 법은 법이며 악법도 법*dura lex, sed lex*이기 때문에 아무리 사악한 법이라도 적법 절차에 따라 제정하기만 하면 법으로서의 효력이 있다고 하여 법과 도덕을 이원적인 것으로 보고 있다.

그러나 법과 도덕을 처음부터 동일시하면 개념의 혼란만 일으키게 하므로 이 두 개념을 몇몇 학설에 의하여 구별한 후 양자의 관계를 살펴보고자 한다.

1. 법과 도덕의 구별

(1) 법의 외면성과 도덕의 내면성

중세 스콜라 철학의 최고봉인 토마스 아퀴나스는 법을 정의의 표현으로 보았다. 그에 의하면 법은 타인과의 관계에서 존재하는 덕목이며 따라서 자연히 외적 행위와 관련된다. 이에 반하여 인간이 그 자신의 정직을 생각하는 것은 내적 정열과 관련된다고 보았다.

법과 도덕을 외면성과 내면성의 개념으로서 구별한 자는 토마지우스*Thomasius*(1655~1728)였다. 그에 의하면 법은 인간의 외적 행위를, 도덕은 인간의 내적 형태를 규율대상으로 한다는 것이다.

"사색에는 누구도 벌을 가할 수 없다*Cognitationis poenam nemo patitur*"는 말과 같이 법은 외부에 나타난 행동에만 관계하는 데 반하여, 도덕에서는 '마음속의 간음'도 부정행위로 보게 된다는 것이다.

그러나 토마지우스에서 절정에 이르렀던 이러한 구별도 절대적인 방법은 될 수 없다. 왜냐하면 법도 고의나 선의 및 책임과 같이 인간의 내면적 사항을 적지 않게 참작할 뿐만 아니라 도덕도 외부적 행위에 대하여 전혀 무관심한 것이 아니기 때문이다.

예컨대, 10,000원을 훔쳐도 내심의 의사가 비난을 받을 만하면 중벌을 받게 되고, 같은 10,000원을 훔쳐도 내심의 의사에 동정할 수 있는 것이 있으면 가볍게 처벌되기 때문이다.

켈젠은 "법은 외적 행위를, 도덕은 내적 행위를 명한다고 주장하는 견해는 맞지 않다"고 하였다. 톨스토이*Tolstoi* (1828~1910)도 "사람과 사람의 관계가 사랑 없이 법적으로 이루어질 수 있다고 믿는 것이 법률가의 죄악이다"라고 하였다.

이리하여 라드브루흐는 이러한 구별은 관심방향*Interessenrichtung*의 차이라고 지적하면서 법은 내면을 주시하면서도 그 관심방향은 외부에 있고, 반대로 도덕은 외면을 주시하면서도 관심방향은 내면에 두고 있다고 하였다.

(2) 법의 합법성과 도덕의 도덕성

법은 규정에 적합한 행태, 즉 합법성*Legalität*을 요구하고 도덕은 규범에 적합한 심정, 즉 도덕성*Moralität*을 요구한다는 견해이다. 칸트는 외면성과 내면성이라는 내용적인 기준보다는 합법성과 도덕성을 구별하여 법은 합법적으로 행위하는 이상 어떠한 동기도 허용하나 도덕은 의무가 동기가 될 것을 요구한다고 하였다. 다시 말하면 법은 채무자가 채무를 의무감에서 이행하든 강제집행이 두려워 이행하든 양심적 결정에 의하여 이행하든 동기는 묻지 아니하고 합법적으로 이행하면 되는 것이지만, 도덕은 도덕법에 대한 존경의 동기로서 순전히 자신의 의무로 행하여진다. 이와 같이 법은 마찰 없는 공존적 사회생활의 유지를 목적으로 하고, 도덕은 윤리적 선의 실현을 목적으로 한다.

(3) 법의 강제성과 도덕의 비강제성

법은 국가나 기타 조직의 강제기구를 동원하여 자기의 명령을 실현시킬 수 있는 데 반하여, 도덕은 이러한 강제를 갖지 않거나 가질 수 없다. 예링은 법을 "한 국가 내에서 효력을 갖고 있는 강제규범*Zwangnorm*의 총체"라고 설명한 것은 정곡을 찌른 것이라고 지적하고, 법은 국가가 법의 유일한 원천이기 때문에 '국가강제'를 배후에 갖고 있어야 한다고 하였다. 켈젠은 "법은 강제질서라는 의미에서 다른 사회질서와 구별된다"고 하였다. 법은 "윤리적 최대한도*das ethische Maximum*"라는 슈몰러*Schmoller*(1838~1917)의 말도 같은 의미로 사용하였을 것이다.

이와 같이 법은 국가권력에 의하여 강제되고 이를 위반하는 경우에는 제재가 예정되어 있는 데 반하여, 도덕은 막연하게 사회적으로 강제되는 것뿐이고 그 위반에 대하여 사회의 비난을 받게 되는 데 불과하다. 그러나 강제를 수반하지 않는 법도 있으며 도덕주의자들의 주장이나 또는 법이란 사람들의 승인 내지 동의에 의하여 준수되는 것이라는 견해에 의하면 법의 강제성은 부인된다.

(4) 법의 타율성과 도덕의 자율성

법은 외부적인 힘을 요인으로 하는 타율성*Heteronomie*을 본질로 하고 도덕은 양심에 기초를 둔 자율성*Autonomie*을 본질로 한다는 견해이다.

법은 국가권력에 의하여 강제되므로 주로 타율적이다. 예컨대, "사람을 살해한 자는 사형, 무기 또는 5년 이상의 징역에 처한다(형법 제250조)"고 하는 규정은 자기를 규율하려는 것이 아니라 타인을 규율하려는 것이다. 도덕도 "도둑질하지 말라"와 같이 타인을 규율하지 않는 것은 아니다. 이런 측면에서 보면 법이나 도덕은 모두 외부에서 강요되며 그 실효성은 다 같이 타율적인 것이라 할 수 있다. 그러나 도덕은 타인에 대하여도 규율하지만 주로 목표로 하고 있는 것은 자율이라고 할 수 있다.

(5) 법의 양면성과 도덕의 일면성

베키오*G. del Vecchio*(1878~1970)에 의하면 법은 항상 당사자의 한쪽은 권한을 다른 한쪽에는 이에 대응하는 의무를 부담시키는 양면성*Zweiseitigkeit*을 갖는 데 반하여, 도덕은 개개의 주체에 대한 지시를 포함하고 있을 뿐인 일면성*Einseitigkeit*을 갖는다.

이것은 슈탐러*R. Stammler*(1856~1938)의 말과 같이 도덕은 인간의 의욕을 하나의 개체로서 분리해서 고찰하는 '분리적 의욕'인 데 반하여, 법은 그것을 다른 사람의 의욕과의 관계에서 고려하는 '결합적 의욕'이라는 의미이다. 사람은 도덕에 관한 한 자기 자신에 대한 훌륭한 법관이 될 수 있으나 법에 관한 한 "아무도 자기 일에 대하여 법관이 될 수 없다*Nemo judex in causa propria*"는 말은 이러한 성질을 잘 지적해 준다.

그러나 법에도 상인의 상업장부 작성의무(상법 제29조)와 같이 의무만 있고 권리가 없는 경우가 있고, 카우프만*Arthur Kaufmann*(1923~2001)의 견해와 같이 곤궁에 처한 자의 부조청구권과 같은 도덕적 권리도 있을 수 있다.

(6) 법의 현실성과 도덕의 이상성

법은 현실을, 도덕은 이상을 목표로 하므로, 법규범은 평균인*L'homme moyen*을 대상으로 최소한으로 실천할 수 있는 것만을 내용으로 하나, 도덕은 "네 이웃을 사랑하라"와 같이 인간 누구나가 쉽게 실천할 수 없는 이상인을 요구하고 있다.

이와 같이 법은 생활규범의 성격이 강한 데 반하여, 도덕은 개인생활규범의 성격이 강하다. 그러나 법에서도 높은 이상을 무시할 수 없고, 도덕에서도 교통도덕과 같은 현실적인 내용도 포함하고 있다.

(7) 기타의 구별방법

이상에서 설명한 구별방법 외에도 법은 국가권력이 제정한 경험적*a posteriori*인 규범을 의미하나 도덕은 인간이성에 뿌리박은 선험적*a priori*인 규범을 의미하는 것으로서, 전자는 현실적인 목적을 위하여 제정된 인위적인 규범이나 후자는 인간의 이성과 양심에 호소하는 "인간의 내면에서 울려나오는 하늘의 소리"를 의미한다는 견해도 있다.

또한 법은 문자로 표시되나 도덕은 그러하지 아니하고, 법은 주로 가언적 명제로 도덕은 단언적 명제로 표시된다. 그러나 관습법이나 불문법도 있고, 도덕에도 국민교육헌장과 같은 문자로 표시된 윤리요강이 있다.

2. 법과 도덕의 관계

(1) 법과 도덕의 일원론

법과 도덕은 형식은 다를지언정 내용은 같은 것이라는 동일성론이다. 도덕에 합치되지 아니하는 법은 법이 아니며 준수할 필요가 없다고 보는 도덕주의자들도 법과 도덕을 같은 것으로 보았다. 예컨대 "살인하지 말라", "훔치지 말라"는 규범은 그것이 바로 도덕이요 법이라는 것이다.

그러나 재건축에 관한 법과 같이 양자가 전혀 관계없는 것도 있다.

(2) 법과 도덕의 이원론

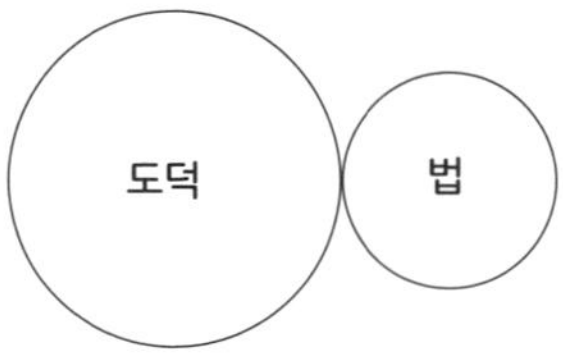

법의 합법성과 도덕의 도덕성이라는 이질성을 강조하는 입장이다. 칸트에 의하여 대표되는 이러한 주장은 법은 법이고 도덕은 도덕이라는 입장이다. 법과 도덕의 분리론은 양자가 충돌할 때 어떻게 해결할 것인가 하는 문제를 안고 있다. 이에 대하여 법과 도덕은 각각 그 고유한 영역을 가지고 있지만 도덕의 법이 상위의 법이고 실정법의 타당성의 근거이다.

따라서 양자 간 충돌이 있을 때에는 도덕에 유리하게 해결하여야 한다는 견해와 양자를 철저히 준별하는 법실증주의자들과 같이 양자가 충돌하더라도 법은 법이며 설령 악법이라 하더라도 그것이 적법절차에 따라 제정된 이상 시민은 법에 복종하여야 한다는 견해가 있다. 다만 베르그봄*Bergbohm*(1849~1927)은 후자의 경우 시민은 자기의 양심에 따라 악법에 복종하지 아니할 수 있다고 하였다. 또한 양심적 병역거부와 병역법이나 낙태를 허용하는 모자보건법 및 예속을 거스르는 건전가정의례준칙 등 법과 도덕의 적대적 대립*feindlicher Widerstreit*관계도 생각할 수 있다.

(3) 법은 도덕의 최대한론

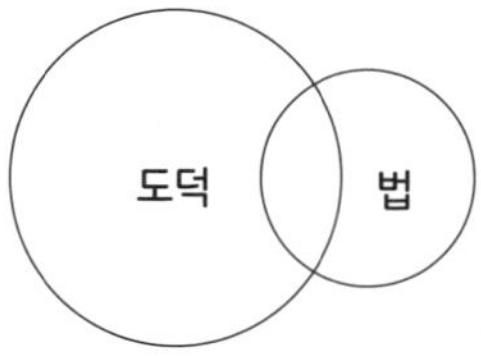

이 도식은 법과 도덕을 양으로 보는 것이 아니고 질로 본 것이다. 도덕은 법과 달라 개인의 의사에 기초하여 자기의 양심이나 사회적 비난에 의한 판단에 의하여 그 실효성이 보장된다. 그러나 도덕이 법규화되면 강제력에 의하여 그 실효성을 보장받게 된다. 이와 같이 도덕이 법규화될 때 그 도덕은 최대한으로 실효성을 보장받게 되는 것을 가리켜 슈몰러는 법은 '도덕의 최대한*das ethisches Maximum*'이라고 하였다.

(4) 법은 도덕의 최소한론

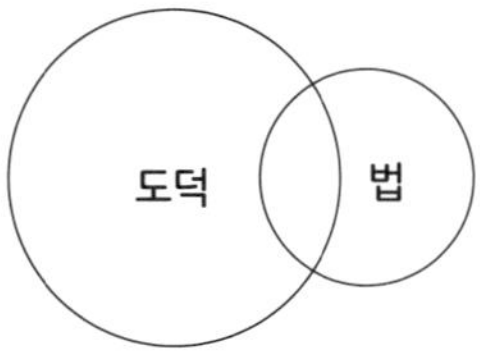

법이 규율하는 범위와 도덕이 규율하는 범위는 중복되는 범위와 그렇지 아니하는 범위가 있다. 예컨대, 가족 질서나 기본권 보장 및 절도죄 등에 있어서는 도덕과 법의 규정은 중복 내지 일치하고, 우측통행과 같은 도로교통법은 본래 도덕과 관계 있는 것은 아니었고, 소송법·세법·유가증권법 등 기술적인 법은 도덕과 무관하다. "너의 원수를 사랑하라", "누가 네 오른편 뺨을 때리면 왼편 뺨도 돌려 대라"든지 하는 것은 법을 초월한 문제이다.

이와 같이 법과 도덕은 다 같이 사회의 공동정신*Gemeingeist*의 산물이며, 양자 사이에는 구조적 일치성*Struktureinstimmung*을 보인다. 따라서 법과 도덕은 내용적으로는 상당한 수렴관계에 있기 마련이다. 그러나 법은 도덕의 전부를 법규화할 수는 없다. 옐리네크는 법은 '도덕의 최소한*das ethisches Minimum*'이라고 하였는데 확실히 법은 최소한도의 도덕이며 또 그러하여야 할 것이다.

(5) 법과 도덕의 관련론

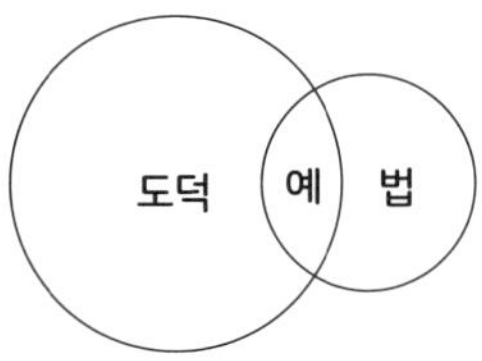

라드브루흐는 법과 도덕은 서로 떨어져 무관하게 분리*Trennung*될 수는 없고 서로 강조점을 달리하여 특수하게 발달하는 의미에서 구별*Sonderung*될 수 있을 뿐이라고 한다. 그는 법의 도덕의 왕국으로의 귀화와 도덕의 법의 왕국으로의 귀화가 가능함을 설명하고 있다.

위 도식과 같이 법과 도덕이 서로 엇물리는 중간영역을 도덕의 최소한 또는 도덕의 최대한의 영역으로 이해할 수도 있겠으나 여기서는 이것을 예로 보고자 한다. 예는 공자를 위시하여 동양고전에서 강조되었고 그 내용도 매우 다양하여 쉽게 설명될 성질이 아니다. 공자는 예를 "인과 덕을 행하는 행위"로 보고 "예가 아니면 보지도 말고, 예가 아니면 듣지도 말고, 예가 아니면 말하지도 말고, 예가 아니면 움직이지도 말라〔非禮勿視 非禮勿聽 非禮勿言 非禮勿動〕"고 하였다.

예는 사람과 사람 사이에 없어서는 안 될 일종의 사회규범이다. 법률이 미완한 시대에는 예가 법을 대신하였다. 예는 질서의 원리이다. 질서란 인간생활에 있어서 상하좌우를 체계 짓는 규범이다. 그리하여 유교에서는 예를 사양하는 마음, 공경하는 마음이라 하였다.

이 예를 서양에서는 습속*mores; Sitte*·자연법*natural law* 또는 인간 상호 간의 정당한 도덕행위*correct moral behavior between people*로 번역하기도 한다. 이는 마치 습속 또는 관습*custom*이 도덕과 법으로 분화되기 이전의 규범이듯이 예도 법 이전에 인간의 올바른 행위를 규율하는 생활원리로 볼 수 있다.

이와 같이 예는 법과 도덕의 중간영역에서 양자와 牽聯관계에 있다고 볼 수 있으나, 예를 법의 관점에서 볼 때에는 도덕적 내용에 가깝고, 도덕적 관점에서 볼 때에는 법률적 내용에 가깝다 할 수 있다. 분명한 것은 예만 지키면 법과 도덕을 어느 정도 충족시킬 수 있다는 사실이다.

3. 법과 도덕의 협력

위난을 당하여 구조를 필요로 하고 있는 사람을 구조하지 않을 때 이를 도덕적으로 비난만 할 것인가 아니면 법적으로 처벌하여야 할 것인가 하는 문제가 제기된다. 독일·프랑스 등 서구사회에서는 법의 새로운 윤리화*neue Ethisierung des Rechts* 현상으로 선한 사마리아인 조항*the good Samaritan clause*을 형법 속에 신설하여 이러한 구조불이행자에 대하여는 징역 또는 벌금을 가하고 있다.

법과 도덕 내지 윤리를 판단함에 있어서 또 하나의 중요한 요소가 되는 것은 상황윤리*situation ethics*이다.[2]

상황윤리란 플레처*Joseph Fletcher*(1905~1991)의 주장에 의하면 최대다수의 최대사랑과 같이 사랑을 위하여는 도덕규범 내지 율법을 범하여도 정당화될 수 있고, 강간당한 처녀가 낙태수술을 하는 것은 정당화된다고 하는 이론이다. 그러나 정당화된다고 하여, 즉 윤리적으로 비난받지 않는다고 하여 법적 책임을 모면할 수 있을는지에 대하여는 신중을 기하여야 할 것이다.

법은 인간을 성자로 만들 사명을 가지는 것은 아니다. 다만 악마가 되는 것을 막는 역할을 하면 족하다. 이것이 법이 가진 강제성의 의미이며 내재적 한계성인 것이다. 명령과 강제는 당위를 기초로 하고 있다. 법의 근본구조는 명령*imperative*이 아니라 규범

2 라드브루흐는 도덕을 가치관련적 문화개념으로 보고, 윤리를 순수한 가치개념으로 보았다.

*norm*인 것이다. 명령은 규범 안에 포함된 가치를 실현하기 위한 수단에 불과하다. 따라서 법은 합법성만으로는 만족할 수 없고 언제나 도덕성의 요청을 받고 있다. 위에서 언급한 선한 사마리아인 조항이나 상황윤리의 개념이나 우리나라 실정법에 나타나고 있는 선량한 풍속·신의성실·조리·인간의 존엄성·기본권 보호·배우자의 부정한 행위·사회상규 등의 개념과 제도도 법과 도덕의 관련성을 나타내는 것이라 할 수 있다.

이와 같이 법은 도덕을 그 타당성의 기초와 목적으로 하여 실현하도록 노력하고 있으며, 그렇기 때문에 법과 도덕은 될 수 있는 한 상호 협력하여 공동선을 달성하려는 성질을 갖고 있는 것이다.

4. 법과 도덕 및 관습과의 관계

법과 관습*custom; Sitte; Gewohnheit*도 법과 도덕과 같이 구별하기 쉬운 일은 아니다. 법은 만들어지는 것이고 관습은 생성되어지는 것이라고 일응 말할 수 있다. 또 법과 관습의 중간에 관습법*Sitterecht; Gewohnheitsrecht*이 있다. 관습법은 단순한 사실로서의 관습과는 구별되어 이러한 관습이 반복되고 법적 성격을 갖게 될 때 관습법으로 존중된다. 또한 법은 강제 가능한 것인 데 반하여, 관습은 인간의 자유의사에 따라 이행되는 것이다. 그러나 관습도 도덕과 마찬가지로 그것이 준수되지 아니할 때 상당한 사회적 비난이 가해지는 경우가 많다. 관습도 법과 도덕이 채 분리되지 않은 前形態*Vorform*로서 파악할 수 있다.

짐멜*Georg Simmel*(1858~1918)에 의하면 "관습이란 법과 도덕의 형태를 각각 다른 방향으로 출발시키는 미분화 상태"라고 할 수 있다. 예컨대 자선이라는 관습은 한편으로는 자비라는 도덕적 의무로 발전하고, 다른 한편으로는 빈민구제라는 법제도로 발전하기도 한다. 관습이 법제도로 발전하였을 때에는 외면화·공권화하여 갔고, 도덕적 의무 내지 종교의 형태로 발전하였을 때에는 내면화·자율화·개인화하여 간 것이다.

이와 같이 관습은 법과 도덕을 준비하고 그것을 가능케 한 후에 법과 도덕에 흡수되는 운명을 가지고 있다. 관습이 양자에 각각 흡수된다고 하여 관습의 사회적 기능이 소멸되는 것은 아니다. 일반적으로 관습 내지 습속과 도덕이 명확하게 식별되지 아니하고 양자가 일체시되는 경우가 많다.[3] 예컨대 사교상의 의례에 관한 내용 중 경칭사용·

3 관습 중 주로 생활양식에 관계되는 것을 습속이라 한다. 풍속과 같이 옛부터 내려오는 습관들이 생활화된 것이다. 예의는 습속의 일부분이다. 원래 습속 그 자체는 윤리·도덕과 관계없이 생겨난다. 따라서 습속은 사회생활을 쾌적하고 원만하게 하기 위해 자연스럽게 정한 규칙이다.

복장선택·착석순위 등에 관한 규범은 전형적인 습속규범이지만 미개사회에서는 이것들이 법규범이기도 하였다. 이 시대에는 법이나 도덕이나 종교가 다 같이 관습으로 존재하였던 것이다.

관습이 사회생활을 질서 지우는 기능은 법이나 도덕에 못지않는 중요성을 가지는 것이며, "로마에서는 로마법에 따르라"고 하는 격언은 주로 관습, 특히 습속규범의 위력 또는 중요성을 암시하는 것이라고 할 수 있다.

관습은 개인의 외부적 생활양태에 호소하는 점에서 개인의 내부적 양심에 호소하는 도덕과 상이하다. 또한 관습이 성립하는 사회는 비조직적 사회인 데 반하여 법이 성립하는 사회는 국가라는 공고한 조직적 사회이며, 관습의 규범력을 보장하는 것은 공공적 의견 내지 사회통념이라는 사회적 비난인 데 반하여 법을 보장하는 것은 국가권력에 의한 소극적 강제라는 점에서 법과 관습은 다르다. 그럼에도 불구하고 법과 관습은 다 같이 사회질서를 유지하는 기능을 하고 있으며 상호 협력하면서 때로는 법규범화하기도 하는 것이다.

연습문제

1. 법과 도덕은 구별할 수 있는 것인가?
2. 법과 도덕의 구별에 관한 여러 학설을 설명하라.
3. 법과 도덕은 어떠한 관계에 있는가?
4. 선한 사마리아인 조항이란 무엇인가?
5. 상황윤리란 어떤 이론인가?
6. 법과 도덕 및 관습은 어떤 관계에 있는가?

로스쿨 대비

LEET 논술 / 면접 (출제예상문제)

<제시문 (가)>

대전에서 60대 택시기사가 운행 도중 사고를 내고 심장마비로 쓰러졌지만 승객들은 바쁘다는 이유로 자신들의 짐만 챙겨 현장에서 그대로 빠져나가 논란이 일고 있다. 택시기사는 인근 주민의 신고로 병원으로 옮겨졌지만 결국 숨졌다. …… 경찰은 목격자 진술 등을 토대로 사고 당시 이 씨의 택시에 타고 있던 승객 2명이 의식을 잃은 이 씨에 대한 구호 조치 없이 트렁크에서 골프채 등 자신들의 짐을 꺼낸 뒤 다른 택시를 타고 현장을 떠난 것으로 파악하고 있다. 경찰 관계자는 "이들이 사고가 난 지 4시간여 뒤인 낮 12시 30분쯤 경찰에 전화를 걸어 '사고가 난 택시에 탔던 승객인데 일본으로 골프 여행을 가는 비행기를 타야 하는데 공항버스 시간이 10여분 밖에 남지 않아 현장을 떠났다'고 했다"고 말했다. 구호 조치를 하지 않은 승객들이 형사처벌을 받게 될지는 미지수다. 도로교통법에는 교통사고가 발생했을 때 차량 운전자 및 승무원에게 사상자 구호 등 필요한 조치를 취할 것을 의무화하고 있지만 승객에 대한 규정은 따로 없다.

출처: 「한국일보」, 2016년 8월 25일 자 기사, "60대 택시기사 주행 중 심정지로 사망…… 승객들은 택시기사 두고 빠져나가"

<제시문 (나)>

프랑스와 독일을 비롯한 세계 여러 나라에는 '선한 사마리아인 법'이라는 것이 시행되고 있다. 이 법의 명칭은 누가복음 속 이야기에서 유래한 것으로, 타인이 위험에 빠졌을 때 사람들로 하여금 구조에 나서게 하고 또 구조에 나선 사람들을 보호하기 위해 제정되었다. 이 법의 목적은 크게 두 가지로 나뉜다. 하나는 어려움에 빠진 사람을 구조하는 것이 자신에게 위험하지 않음에도 구조에 나서지 않을 경우 이를 처벌하는 것이고, 다른 하나는 구조자가 구조 과정에서 위험에 빠진 사람에게 손해를 줄 경우 이에 대한 책임을 묻지 않도록 하는 것이다. 즉, 제사장이나 레위인과 같은 사람은 처벌하고 사마리아인과 같은 사람은 보호함으로써 서로 돕고 사는 사회분위기를 조성하는 한편 인간의 생존권을 보장하기 위해 마련된 법적 장치인 셈이다. 우리나라도 '응급의료에 관한 법률'을 개정하면서 선한 사마리아인 법의 취지를 반영하였는데, 이에 따르면 생명이 위급한 환자에게 응급의료 또는 처치를 제공하는 과정

에서 발생한 재산상의 손해와 사상에 대하여 고의 또는 과실이 없는 경우 그 행위자는 민사책임과 상해에 대한 형사책임을 지지 않고 사망에 대한 형사책임은 감면하도록 하고 있다.

출처: 「한국경제신문」, 2013년 3월 22일 자 기사, "[인문학과 경제의 만남] 〈100〉 '선한 사마리아인 법'과 정부의 공공부조"

질문 위 〈제시문 (가)〉와 〈제시문 (나)〉를 읽고 선한 사마리아인 법 제정에 대한 귀하의 견해를 밝히시오.

조건 1. 찬성과 반대 중 하나의 입장을 선택하시오.

2. 도덕적인 의무를 법으로 강제화*The enforcement of morals*할 수 있는지에 대한 본인의 견해를 포함시키시오.

해설 법과 도덕의 관계는 법철학의 핵심 주제 중 하나이다. 법과 도덕이 분리 가능한지 아니면 필연적 관련성을 지니는지에 대한 생각을 해보기 바란다. 선한 사마리아인 법은 형법의 과잉 도덕화라는 비판을 받을 수도 있다.

LEET 논술 / 면접 (출제예상문제)

<사례>

1950년대에 영국에서 '동성애범죄와 성매매에 관한 위원회*the Committee on Homosexual Offences and Prostitution*'가 설치되었고 위원장이던 울펜덴의 이름을 딴 「울펜덴 보고서*the Wolfenden Report*」가 만들어졌다. 이 보고서는 심리 분석과 사회과학 이론을 인용하여 성매매행위와 동성애에 대하여 다루고 있다.

이 보고서에 의하면 공공장소에서의 성매매행위에 대하여는 전보다 강화된 처벌을 할 것을 권고하였다. 반면 동성애의 경우에는 살인이나 절도, 강도, 폭행 등과는 달라 그 행위만으로는 타인의 이익을 침해하지 않는다고 하였다. 예외적인 경우가 아니라면 형법이 개인들의 도덕에 관여해서는 안 된다는 원칙에 따라, 성인들 사이에서 서로 합의한 인간의 동성애는 형법상의 처벌에서 제외되어야 한다는 주장을 하고 있다.

<제시문 (가)>

밀*J. S. Mill*의 『자유론*On Liberty*』(1859)에 의하면 남에게 구체적인 해악*harm*을 끼치지 않는 행위에 대한 개인의 자유를 옹호하고 있다. 다른 사람에게 해악을 끼치지 않는 행위에 대한 법적인 규제를 반대하는 입장이다. 만일 누군가의 의사에 반하여 권력을 정당하게 행사할 수 있다면 그 이유는 다른 사람에 대한 해악의 방지에 있다. 이를 해악원리라고 부른다. 법으로 도덕을 강제하는 문제를 놓고 데블린 판사와 열띤 논쟁을 벌였던 하트*H. L. A. Hart*의 견해도 해악원리를 따르고 있다. 부도덕하다는 것 자체만 가지고는 법적인 처벌을 정당화하지 못한다는 것이 하트의 주장이다.

<제시문 (나)>

「울펜덴 보고서」의 내용에 반박하였던 영국의 데블린 판사는 『도덕의 강제*The enforcement of morals*』라는 책을 펴내며, 국가 전복행위를 진압하는 것이 법의 하여야 할 일인 것처럼 악을 억압하는 것 역시 법의 역할이라고 보았다. 국가가 도덕적이지 못하다고 인정되는 행위에 대한 법적 규제를 가할 수 있다는 주장으로, 이를 법적 도덕주의*legal moralism*라고도 부른다.

질문 〈사례〉를 읽고 〈제시문 (가)〉와 〈제시문 (나)〉의 입장 중 하나를 택하여 자신의 견해를 논술하시오.

조건 1. 〈제시문 (가)〉와 〈제시문 (나)〉의 입장 중 선택하지 않은 입장에 대하여 비판하시오.
2. 자신이 선택한 입장에 대하여는 논거를 추가하여 제시하시오.

해설 이 문제 역시 법으로 도덕을 강제할 수 있는지를 다룬다. 동성애뿐 아니라 간통, 중혼, 성매매, 음란물 판매 등 성에 관한 범죄, 마약, 도박, 안락사와 같이 부도덕하다고 생각되는 행위이지만 그 자체가 남에게 구체적인 해악*harm*을 끼치지 않는 행위에 대하여도 법적 책임을 물을 수 있는가?

LEET 논술 / 면접 (출제예상문제)

질문 우연히 아들의 살인을 목격한 어머니가 법정에서 증언을 거부한다면 재판부는 어머니를 처벌할 수 있는가?

해설 형법 제155조 제1항에 의하면, 타인의 형사사건 또는 징계사건에 관한 증거를 인멸, 은닉, 위조 또는 변조하거나 위조 또는 변조한 증거를 사용한 자는 5년 이하의 징역 또는 700만 원 이하의 벌금에 처한다. 하지만 친족 또는 동거의 가족이 본인을 위하여 죄를 범한 때에는 처벌하지 아니한다(형법 제155조 제4항).

LEET 논술 / 면접 (출제예상문제)

질문 8촌 이내 혈족 사이의 혼인을 법으로 금지하는 것은 혼인의 자유를 침해하는가?

해설 법과 도덕의 관계에서 생각해 볼 때, 도덕적 가치를 반영한 법률에 대하여 판단하는 문제이다. 헌법재판소는 8촌 이내 혈족 사이의 혼인을 금지한 민법 제809조 제1항에 대하여 낸 헌법소원 사건(2018헌바115)에서 재판관 5(합헌)대 4(위헌)의 의견으로 민법이 8촌 이내 혈족 사이의 혼인을 금지한 것은 합헌이라고 결정하였다. 위헌의견이 4명으로 금혼조항이 과잉금지원칙에 위배하여 혼인의 자유를 침해한다는 견해도 주목할 필요가 있다. 다만 재판관 전원일치 의견으로 8촌 이내 근친혼을 혼인무효 사유로 정한 민법 제815조 제2호에 대해서는 헌법불합치 결정하였다.

V. 법과 종교는 어떤 관계에 있는가?

- 가이사의 것은 가이사에게 돌리고, 하나님의 것은 하나님에게 돌려라.
- 너희 중에 죄 없는 사람이 먼저 이 여인에게 돌을 던져라.
- 너희 원수를 사랑하며 너희를 핍박하는 자를 위하여 기도하라. —Jesus Christ
- 이 세상에서 가장 빛나는 것은 약자에게 보내는 연민의 정이다. — 김성식
- 하나님을 안다는 것은 곧 인생을 아는 것이다. —Tolstoi
- 십계명은 인간에게 주어진 모든 법의 어머니이다. —G. W. William

1. 법과 종교의 관계

종교*religion*란 인간의 여러 가지 어려운 문제 중에서도 통상의 방법으로는 해결이 불가능한 죽음·불안·고통과 같은 가장 기본적인 것에 관하여 경험을 초월한 절대자와 연결 지어 의미를 부여하고 또 그 힘을 빌려 해결하려는 관계이다. 교리나 행사의 차이에 따라 그리스도교·불교·이슬람교·천도교 등이 있다.

종교는 가치와 반가치의 대립을 극복하는 가치초월적 태도*wert berwindendes Verhalten*이고 모든 존재의 궁극적 긍정이며, 사랑하는 것의 가치 혹은 무가치를 고려하지 않는 무조건적인 사랑이요, 행복과 불행의 피안에 있는 至福 내지 法悅*Seligkeit*이며, 유죄·무죄를 넘어선 은총*Gnade*이요, 모든 이성의 문제를 초월한 고차원의 평화*Friede*이다. 자연의 왕국이 존재를, 가치의 왕국이 당위를, 문화의 왕국이 의미를 그 대상으로 한다면 종교의 왕국은 본질을 그 대상으로 한다. 따라서 종교의 경지는 과학·도덕·예술의 극치이며, 진·선·미의 최고의 이상을 이루는 것이다.

종교는 도덕을 전제 내지 긍정하며 법의 최종근거이기도 하다. 왜냐하면 죄가 없으면 속죄의 필요성은 없어질 것이며, 행위와 절망이 없으면 신앙도 필요 없고, 율법이 없으면 은총도 필요 없을 것이기 때문이다. 결국 종교는 죄로부터의 구원이며 율법으로부터의 해방이므로 법과 도덕의 극복이 되기 때문이다.

법과 종교는 원시사회에서는 미분화상태에 있었다. 고대인들은 이미 터부*Taboo*(금기)라든가 모세의 십계 등의 규범을 가졌는데, 이것들이 종교규범이요 법규범이며 습속규

범이었음은 이미 설명한 바 있다.

우리나라에서도 고조선의 단군과 삼한의 천군, 신라의 차차웅 등은 주술사나 巫를 의미하였고, 신라의 화랑오계는 종교규범이면서 법규범이었다.

중세에 있어서도 종교의 힘은 강력하여 종교규범은 법과 도덕의 거의 전부를 포괄하고 있었다. 이 시대에는 법학은 신학의 일부에 지나지 않았고 오직 신의 뜻을 따르는 것이 정의였다. 신정일치의 사회로서 종교가 국가를 지배하였다.

서양의 신성로마제국과 이슬람교국가들, 동양의 유교국가나 불교국가가 그 대표적인 예이다.

정교분리가 된 근대 이후에 있어서는 교회법은 종교 내부에서만 적용되는 자치법으로서의 효력을 갖게 되었다.

그러나 오늘날에 있어서도 독일과 같이 국가와 교회가 밀접하게 관계하면서 교회법이 적용되는 국가가 있는가 하면, 이란과 같은 이슬람교국가나 이탈리아와 같은 가톨릭국가 및 태국과 같은 불교국가들이 있다.

이와 같이 현대에 있어서도 아무리 과학화와 세속화를 주장하여도 종교의 가치와 필요성은 점점 고조되고 있어 법은 종교를 최대한 수용 또는 존중하는 경향에 있다.

그러나 종교와 법은 분리되어 있는 것이 원칙이고 또 모순되기도 한다. 신앙이 있는 자에게는 종교도 역시 준수하여야 할 규범이지만 이것은 본래 개인적인 문제이다. "하늘에 계신 너희 아버지의 온전하심과 같이 너희도 온전하라"고 요구하는 것은 개인에 대한 종교의 요구이지 법의 요구는 아니다. 또 살인범에 대하여 "네 원수를 사랑하라", "사람을 심판하지 말라"고 한 그리스도의 가르침은 법과 긴장관계에 서기도 한다.

이와 같이 법과 종교는 때로는 이율배반적이요 긴장하면서도 어쩔 수 없이 서로 협력하여 평화를 추구하여야 할 피할 수 없는 관계에 있다고 할 수 있다.

다음에서 각 종교별로 법과의 관계를 살펴본다. 종교가 법에 미친 영향을 살펴보기 위하여서는 각 종교가 가진 교리와 특징을 알아야 한다. 법학개론의 연구대상이 아니지만 참고로 이를 고찰하면서 그 영향을 살펴보고자 한다.

2. 그리스도교와 법

그리스도교*Christianity*는 예수 그리스도*Jesus Christ*의 인격과 교훈을 중심으로 하는 종교이다. 그리스도교의 하나님은 우주의 창조주이며 모든 존재의 근원으로 자존하는 신으로서 그의 본질은 사랑*agape*이다. 그리스도교의 하나님은 인간과 인격적 관계를 맺는 신으로서 그 자신이 삼위의 인격을 가지고 있다. 즉 성부·성자·성령이 그것이다. 성부로서의 하나님은 역사의 주인이요 심판자로서 구약성서를 통하여 자신을 드러내었고, 성자로서의 하나님은 사람이 되어 세상에서 살았고, 또 죽었다가 부활하여 지금도 살아 있는 예수 그리스도이며, 성령으로서의 하나님은 역사 속에서 항상 새로운 힘으로 작용한다. 이와 같은 삼위일체의 신앙 위에서 영혼의 구원을 위하여 예수 그리스도를 믿는 사람들로 이루어진 종교가 곧 그리스도교이다.

그리스도교는 역사적으로 변천을 겪는 동안에 로마 가톨릭교회와 그리스 정교회 및 프로테스탄트 교회의 세 갈래로 크게 갈라졌다. 우리나라에서는 가톨릭교회를 구교 또는 천주교라 하고, 프로테스탄트 교회를 신교 또는 기독교로 부르고 있다.

예수의 궁극적 관심은 세상의 법에 있는 것이 아니라 하나님나라의 구현에 있다. 그는 "남을 심판하지 말라", "이웃을 사랑하고 원수를 미워하지 말라"고 한다. 그는 실정법을 넘어서 정의와 사랑의 문제에 깊은 관심을 갖고 있다. 이와 같이 예수 그리스도의 가르침의 중심사상은 바로 '사랑'이다. "네 마음을 다하고 목숨을 다하고 뜻을 다하여 주 너의 하나님을 사랑하라", "네 이웃을 네 몸같이 사랑하라(마태복음 22:37–40)"고 한 예수의 말씀 속에 그의 모든 가르침이 요약되어 있다고 할 수 있다.

사랑을 본질로 하는 그리스도교가 법에 미친 영향으로는 다음과 같은 것을 들 수 있다.

① 그리스도교는 인간의 존엄성·자유·평등을 법세계의 기본 구성요소로 보고 자유와 책임, 권리와 의무를 상호 관련하여 생각하였다.

② 종교법이 범죄자에 대하여 내심적 의사를 판단의 기준으로 한 것은 근대 형법으로 하여금 犯意와 동기를 중시하고 과실범을 예외적으로 또 가볍게 처벌하는 원칙을 취하게 하였다.

③ 교회법이 범죄자에게 치료를 위한 제재를 원칙으로 한 것은 근대 형법으로 하여금 목적형주의 내지 교육형주의로 기울게 하는 데 영향을 주었다.

④ 교회재판에서 진실 발견을 위한 소송방식이나 신 앞에 진실을 선서케 한 것은 근대 소송법상의 선서와 위증죄의 문책 등 소송법에 영향을 미쳤다.

⑤ 교회재판에서 소송 당사자의 인종이나 국적에 구애받지 아니한 것이 국제재판소의 기원이 되었고, 사형을 인정하지 아니한 데에서 일부 국가로 하여금 사형제도를 폐지하게 하는 데 영향을 주었다.

⑥ "保를 받고 놓으니라(사도행전 17:9)"는 保釋제도의 성립에 영향을 주었다.

⑦ 또한 계약이론을 위시하여 노예해방·혼인의 성립·효력·이혼·準正제도·형평 및 사정변경의 원칙·이자제한법·선의·악의·유언제도·법인제도 등 여러 제도와 법이론의 정립에 그리스도교가 미친 영향은 지대하였다.

3. 불교와 법

불교라는 말은 부처가 설한 교법이라는 뜻과 부처가 되기 위한 교법이라는 뜻을 포함한다. '佛'이란 깨달음을 얻은 사람으로 후에 석가를 가리키는 말이 되었다. 일반적으로 불교란 석가모니*Sakyamuni*(釋迦牟尼)를 교조로 삼고 그가 설한 교법을 宗旨로 하는 종교를 말한다. 여기서 석가*Sakya*는 민족명이고 모니*Muni*는 성자라는 말로 '샤카족의 성자'라는 뜻이다. 본래의 성은 고타마*Gautama*이고 이름은 싯다르타*Siddhartha*(B.C. 565~B.C. 485 또는 B.C. 465~B.C. 386)이며, 후에 깨달음을 얻어 붓다*Buddha*(佛陀)로 불리었다.

불교가 지닌 중요한 특징은 다음과 같다. ① 신을 내세우지 않음으로써 창조자나 정복자와 같은 자세는 취하지 아니한다. ② 지혜와 자비로서 대표된다. ③ 자비는 무한, 무상의 애정이라 할 수 있어 증오나 원한을 전혀 가지지 아니한다. 그러므로 관용을 베풀고 일체의 평등을 관철하고자 한다. ④ 지혜의 내용은 여러 가지로 발전하는데, 일체를 縱으로 절단하는 시간적 원리인 '무상'과 일체를 橫으로 연결하는 공간적 원리인 '緣起'가 중심에 있어 이것은 후에 '空'으로 표현된다. ⑤ 현실을 직시하는 경향이 강하다. ⑥ 모든 일에 집착과 구애를 갖지 않고 실천만이 강조된다. ⑦ 조용하고 편안하며 또 흔들리지 않는 각성 내지 해탈*moksa*을 이상의 경지로 삼아 이를 열반*nirvana*이라 한다.

붓다의 가르침의 핵심은 三法印·五蘊·無記·法*dharma*·六入·四諦·八正道·연기·해탈·열반 및 일체중생의 평등이다. 붓다는 세계의 존재양식을 삼법인으로 요약하고 있다. 삼법인의 첫째는 모든 세계현상은 상주하는 것이 없고 모두가 변한다는 諸行無常이요, 둘째는 인간의 육체〔色〕·감각〔受〕·지각표상〔想〕·의지작용〔行〕·의식〔識〕 등 존재의 5대요소인 오온을 포함한 일체 존재도 모두 소멸하여 없어지게 되는, 즉 무상이므로 무아라는 諸法無我요, 셋째는 인생을 구성하는 모든 정신적·육체적 요소가 전부 괴롭다는 一切皆苦이다.

무기란 일체의 형이상학적 질문에 대답하지 않고 실천을 지향하는 것이며, 법이란 모든 존재에 일관하는 보편적 진리를 말한다. 육입이란 법의 분류로서 六根이라고도 하는데 일정한 작용을 일으키는 6가지의 강력한 힘, 즉 根으로서 眼·耳·鼻·舌·身·意의 총칭이다.

그의 가르침은 中道의 선언으로부터 시작하였다. 쾌락에 치우치는 편견도 금욕에 치우치는 편견도 버리고 중도를 걸어야 한다는 것이다. 중도를 걷는 데는 엄격한 실천이 요청된다. 여기에는 견식을 바르게 하고〔正見〕, 생각을 바르게 하고〔正思〕, 말을 바르게 하고〔正語〕, 생활을 바르게 하고〔正業〕, 행동을 바르게 하고〔正命〕, 노력을 바르게 하고〔正精進〕, 마음가짐을 바르게 하고〔正念〕, 마음 정하는 것〔靜慮〕을 바르게 하는〔正定〕 8가지 팔정도가 바로 그 실천 덕목이다.

그런데 중도를 걸으려면 如實知見, 즉 인생을 있는 그대로 볼 줄 알아야 한다. 인생이 일체개고에서 벗어나는 길을 四聖諦에서 가르치고 있다.

즉 인간존재는 다 苦라고 하는 苦諦와 渴愛와 집착과 번뇌 때문에 고가 쌓이는 集諦, 무한히 계속되는 욕망인 갈애를 버릴 때 집착과 번뇌는 사라지고 따라서 고도 없어진다는 滅諦,[4] 이러한 갈애를 소멸하기 위하여는 팔정도를 따를 수밖에 없다는 道諦가 그것이다. 이 사성제가 이루어질 때 이상경지인 열반에 도달한다는 것이다.

연기란 만물의 존재양식은 서로 相依相待의 상관관계에 있다는 것이다. 이것이 있으므로 저것이 있고, 이것이 없으므로 저것이 없다.

나라는 독자 독존보다는 '나와 너'라는 연기적 관련성을 중시하며 이 연기관계를 무한히 연장·확대하면 지구상의 모든 인류 한 사람 한 사람이 다 너가 되어 나와는 연기에 의하여 깊은 상관관계에 놓이게 된다. 그러므로 인류의 한 사람이 불행에 빠져 있다면 그 책임은 나에게도 있다. 그러므로 한 사람의 목숨을 빼앗으려는 죄악은 전 인류를 멸망시키려는 죄악과 동등하게 다스려야 한다는 것이다.

인간의 마음이 번뇌의 속박에서 지혜와 진리를 깨달아 진리와 일체가 되고 공포·고통·애욕에 흔들림이 없게 되는 것이 깨달음이다. 깨달음은 마음이 번뇌의 속박에서 해방된 상태이기 때문에 해탈*moksa*이라 하고, 이 해탈한 마음에 의하여 깨우친 진리를 열반이라 한다. 해탈을 자유라 한다면 열반은 평화라 할 수 있다.

우리는 불교의 이러한 자비와 평등사상이 헌법의 기본권이나 평등권을 위시하여 모

---

4 集은 苦에 원인이 있고 그 원인은 애욕이며 생존욕이며 無有의 慾이어서 이를 번뇌라 한다. 滅은 苦의 원인을 멸할 수 있다는 진리이다.

든 실정법에 미친 영향이 큰 것으로 짐작할 수 있다.

또한 불교에 있어서의 달마〔法〕는 카르마*karma*(業)까지 포괄하는 역사와 영겁의 변화질서까지 생각하는 넓은 법으로서 우주의 보편적인 자연법 원리를 추구하는 것으로 볼 수 있다.

4. 이슬람교와 법

이슬람교는 7세기 초 아라비아의 예언자 마호메트*Mahomet*(570~632)에 의하여 완성된 정교일치의 종교로서 아라비아 민족신앙에 그리스도교와 유대교를 섭취하여 전지전능의 유일최고신인 알라*Allah*에 대한 절대 신앙을 기초로 하는 세계 3대 종교의 하나이다. 마호메트교·회회교 또는 회교라고도 한다.

마호메트는 다른 모든 신을 허위라 하여 부정하고 오직 알라만을 유일신으로 내세웠으며, 알라는 만물의 창조주이며 이와 동등하거나 비교되는 존재는 없다고 한다. 알라신은 언제나 관대하고 자애가 넘쳐 잘 용서하고 잘 들어주고 잘 돌보아준다. 마호메트는 이 알라가 인류를 구제하기 위하여 예언자 모세와 예수 그리스도를 지상에 미리 보냈지만 큰 성과를 거두지 못하였기에 최후로 가장 우수한 예언자인 자기를 보냈다고 하면서, 알라와 예언자인 자기를 믿고 이에 대한 의무를 다하면 죽은 뒤에 반드시 재생할 것이라고 설파하였다. 알라는 진리이며 빛이며 동서남북 어디에서고 골고루 존재하며 모든 것을 알고 있다고 한다. 알라의 계시를 모은 것이 코란*Koran*이다. 코란이란 아라비아 말로 '읽어야 한다'는 뜻이다.

이슬람교는 계시록인 코란과 천사·예언자·부활·심판 등의 신앙 및 기도·喜捨·단식·성지순례의 근행을 강령으로 하고 있다. 교주권은 성역 전면에 미치고 교조의 후예가 전승하였다. 이처럼 信과 行이 완비됨으로써 비로소 진정한 신자(모슬렘*Moslem*)가 된다. 모슬렘과 신은 직접 교섭하게 되므로 중간에 승려나 목사 또는 신부와 같은 성직자는 필요 없게 된다.

이슬람법*Islamic law*은 사라센법 또는 회교법이라고 하는데 이슬람신학과 함께 이슬람교도의 생활을 전통적으로 지배하여 왔다.

이슬람교는 일부다처의 법률제도와 절도 등에 대한 엄한 형벌 및 정숙과 청결을 약속하는 의식으로서의 여성할례, 혼인 시 지참금제도, 부부간 불화를 해결하는 '다우샤'라는 여론재판인 관습법 등 오늘날 이슬람교국가의 법에 미친 영향은 거의 절대적이다.

5. 유교와 법

유교는 종교는 아니지만 공자를 시조로 하는 중국 고대의 대표적 사상이다. 仁으로써 모든 도덕을 일관하는 최고이념으로 삼고 修身·齊家·治國·平天下의 실현을 목표로 하는 일종의 윤리학 내지 정치학이라 할 수 있으며, 동양사회의 사상을 지배하여 왔다. 공자가 가장 중시한 인은 곧 孝이며 悌라 하여 인의 근본을 가족적 결합의 윤리에서부터 시작하여 육친 사이에 우러나오는 진심으로부터의 애정을 강조하는 한편, 그것을 인간사회의 질서 있는 조화적 결합의 원리로 삼고 정치에까지 확장시켰다. 仁은 人과 같은 개념으로 인간다움을 나타내는 德이며〔仁者人也〕, 부모 자식 간의 자연스런 애정에 기초한 성실한 덕이라 할 수 있다.

공자는 회복하여야 할 도덕성으로 仁을 내세웠다. 인이 인간다움을 나타내는 덕이라고 한다면 무엇이 인간다운 것인가? 공자는 인간다움의 바탕으로 부모에 대한 효와 형제에 대한 우애〔悌〕를 든다. 이 2가지를 바탕으로 해서 남을 사랑하고〔愛人〕, 내가 하기 싫은 일을 남에게 강요하지 않으며〔己所不欲 勿施於人〕, 내 마음을 미루어서 남을 헤아리는 마음이 인간다움이다. 또한 예를 따르는 것이 인이다〔克己復禮〕. 건전한 사회질서를 회복하는 데 인과 예가 필수적이라고 하였다.

이와 같은 공자의 사상은 당시의 인간주의적 풍조의 영향을 받아 인간 내면에 존재하는 도덕성에 주목하고 이 도덕으로부터 현실사회의 혼란을 구제하려 하였던 데에서 기인한다. 여기에서 공자는 훌륭한 정치를 하였던 주나라의 예악을 끌어들여 그 실행을 강조하면서 '禮'는 법과 도덕의 중간 형태로서 전통적·관습적인 사회규범이며 그것은 곧 인의 사회성·객관성을 보증하는 것이라 하였다.

맹자는 인의 실천을 위한 義의 덕을 내세워 인의를 함께 주장하고 인간의 본성은 원래 선이라 하여 내면적인 도덕론을 펴고, 선한 본성에서 우러나오는 덕치로서의 왕도론을 주장하였다. 순자는 맹자의 성선설에 반대하여 인간의 본성은 악하고 이익을 좋아하고 쾌락을 추구하며 자신의 욕구를 만족시키려는 본성을 가지고 있다고 하였다. 이 욕구는 아무리 채워도 끝이 없으므로 외면적이며 객관적인 예에 의해서만 수양이 완성된다고 예를 강조하였다. 또 공자나 맹자가 의식하였던 不可知인 하늘의 존재를 무시하고 인간의 독자적 입장을 주장하였다.

공자는 법의 지배와 개선이 단순히 법 자체에만 집착해서 이루어지는 것이 아니라 인간의 덕을 개발하는 데에서 이루어진다고 보았다. 이것이 강조되면 법치주의보다는 덕치주의·예치주의 또는 인치주의라고 할 수 있을지 모르지만, 공자의 덕치주의는 현실적 법질서를 부정하는 의미가 아니라 오히려 양자가 보완되는 관계로 보았다. 유교사상은 원래 신비적 요소를 싫어하고 합리성과 윤리성 및 실천성을 강조함으로써 미신적인 요소를 배격하였다.

이와 같은 유교사상은 우리나라에 많은 영향을 끼쳤다. 삼국시대·고려시대·조선시대를 거치면서 우리나라의 정치·사회·교육 및 군사 등의 여러 분야에서 중국의 학제·법제·토지제도 등을 수용 내지 모방하기에 이르렀고, 가정윤리·사회윤리·국가윤리의 생성·발전에도 많은 영향을 주었다. 특히 유교는 조선 양반사회의 지배이념과 생활규범이 되었다.

6. 결론

종교란 신앙과 예배의 체계로서 예배라는 형태로 표현된 절대자에 대한 봉사와 경배이다. 초월적인 존재의 실존에 대한 헌신·충성·깨달음 내지 확신이다. 이러한 요소들은 절대자에 대한 공경·사랑·감사·순종 내지 봉사하고자 하는 의지를 불러일으키는 점에서 모든 종교에 공통점이 있다고 할 수 있다.

그러나 그리스도교가 다른 종교, 특히 불교와 상이한 점은, 불교는 그 추종자들이 자신의 노력으로 부처님을 발견하고 또 부처님에게 도달할 수 있다고 하지만 그리스도교에 있어서는 인간은 하나님을 발견할 수 없으며 오히려 하나님께서 인간에게 내려왔고 인간을 찾았다는 데 있다. 그러므로 하나님께서 이미 이루어 놓은 일을 성도들이 시인하고 응답하는 것이 중요한 문제이다.

또한 다른 종교에서는 죄와 죄의식에 대한 해결책을 가지고 있지 않은 데 반하여, 그리스도교에서는 죄와 죄의식이라는 이 근본적인 문제를 솔직하게 다루고 있고, 하나님이 우주만물의 유일한 창조자로서 지금도 우주의 질서와 역사를 주관하고 있다고 하는 데 특이성이 있다.

이슬람교는 아라비아의 민족신앙과 유대교 및 그리스도교의 교리를 바탕으로 하여 완성한 종교로서 한 손에는 칼을 들고 다른 한 손에는 코란을 든 모습이 상징하듯이 종교활동이 적극적인 면을 갖고 있다.

유교는 종교는 아니지만 종교 이상으로 가족질서나 사회질서 및 정치질서, 특히 관습·도덕·법률에 미친 영향이 컸고, 우리나라의 천도교도 인간의 존엄성과 자유·평등

사상을 전파한 것을 보면 불교의 자비와 평등사상, 그리스도교의 사랑의 정신과 유사하다 하겠다.

종교는 도덕에 대하여 이중적 관계에 설 수 있다. 종교는 한편으로는 도덕규범의 원천으로 나타나고, 또 이 규범에 따라 도덕을 완성시키는 추진력이 되기도 하고, 다른 한편으로는 괴테의 '파우스트'에서와 같이 종교가 법 위에 있으며, 법의 최종 근거이기도 하다. 법과 도덕과 종교의 관계를 보면, 법은 도덕을 체계화한 것이고, 그 도덕의 상당부분은 그리스도교의 전통을 바탕으로 하고 있다.[5] 아무튼 종교 없는 문화가 지구상에 존재한 적은 없다. 이처럼 종교는 우리의 도덕·관습·법률의 생성·발전에 지대한 영향을 미쳐 왔다.

연습문제

1. 종교란 무엇이며 법 및 도덕과 어떻게 다른가?
2. 그리스도교가 인류의 법문화에 미친 영향은 어떠한가?
3. 불교와 법의 관계를 설명하라.
4. 이슬람교가 법에 미친 영향은 어느 정도인가?
5. 유교 사상이 우리의 법률제도에 미친 영향은 무엇인가?

5 마이클 샌델, 『정의란 무엇인가』, 김영사, 2010, 344면.

VI. 법은 무엇을 목적으로 하는가?

- 당신은 지금까지 하나의 사상을 끝까지 생각하면서 모순에 부딪치지 않은 때가 한번이나 있었는가?—Ibsen
- 세상은 망하더라도 정의는 세우라*Fiat justitia, preat mundus*.
- 민중의 행복이 최고의 법률이다*Salus populi suprema lex est*.
- 정의롭지 못한 법도 무질서보다는 낫다.—Göthe
- 법의 목적은 평화이다.—Jhering
- 정의의 여신은 눈을 가리고 저울을 들고 있으므로 정의는 어디까지나 현실적이며 공평·냉정하며 합리적이다.

법의 목적*Zweck* 내지 이념*Idee*이란 법은 무엇을 위하여 존재하는가 또는 법은 왜 존재하는가에 대한 물음이다. 법은 결코 맹목적으로 존재하는 것이 아니며 무엇인가의 목적과 가치를 실현하기 위하여 존재하는 것이다. 따라서 법은 목적과 결부시켜 이해하지 않으면 그 본질을 파악할 수 없다. 법의 목적은 법의 개념과 다르다. 전자는 법의 근원에 존재하면서 법의 형성이나 실현의 목표가 되는 것으로서 법을 법답게 하는 것, 즉 법의 개념에 내재하는 보다 근원적·내용적·실재적인 법을 말하고, 후자는 법이 무엇이냐에 관한 법의 외형적·형식적인 문제이다.

법의 본질을 명확히 이해하기 위하여는 법이 실현하고자 하는 목적 내지 가치를 알아볼 필요가 있다. 법의 목적에는 개별적인 법이 갖는 목적과 법 전체가 갖는 목적이 있다. 개별적인 법의 목적은 제정 시에 법 제1조에서 밝혀두는 것이 보통이다. 예컨대 환경정책기본법의 목적은 "환경보전에 관한 국민의 권리·의무와 국가의 책무를 명확히 하고 환경정책의 기본 사항을 정하여 환경오염과 환경훼손을 예방하고 환경을 적정하고 지속가능하게 관리·보전함으로써 모든 국민이 건강하고 쾌적한 삶을 누릴 수 있도록 함을 목적으로 한다(제1조)"고 규정하고 있는 것과 같다. 그러나 형법과 같이 목적을 직접 규정하지 아니한 법도 있다. 그렇다고 형법의 목적이 없다고는 할 수 없다. 형법은 법 전체의 성질로 보아 범죄자로부터 사회를 방위하고 법익에 대한 불법한 침해로부터 보호하는 것을 목적으로 하고 있다고 할 수 있다.

개별적인 법에는 다시 각 조문이 갖는 목적도 있다. 그러나 여기에서 연구하고자 하는 것은 각 조문의 목적이나 개별적인 법의 목적이 아니라 개개의 모든 법이 공통으로 가지고 있는 법일반의 목적이다. 법의 목적은 세계관에 따라 다를 수 있다. 개인주의적 세계관에 따르면 개인의 자유와 행복이 최상의 가치가 될 것이고, 국가주의 내지 단체주의적 세계관에 따르면 국가의 안전과 유지 내지 국민 전체의 복지가 중요시될 것이다. 플라톤이나 아리스토텔레스는 법의 목적을 정의를 원칙으로 하는 도덕생활의 실현에 두었고, 루소*J. J. Rousseau*(1712~1778)는 개인의 자유와 평등의 확보 및 발전에 두었으며, 피히테*Fichte*(1762~1814)는 민족의 유지·발전에 두었다. 또 칸트는 도덕적인 인격의 확보에, 예링은 사회이익의 확보에, 벤담은 최대다수의 최대행복에 법의 목적을 두었다. 이와 같이 법의 목적은 세계관에 따라 다를 수 있고, 또 도덕적·경제적·사회적·문화적 분야에서 각각 그 목적을 갖고 있으며 궁극적으로는 인간으로서의 존엄과 가치의 인정 및 행복추구에 있다고 할 수 있을 것이다.

법의 목적에 관한 연구도 법철학적으로 어려운 문제의 하나이다. 이는 인간의 삶의 목적이 무엇이냐와도 관련되어 있기 때문이다. 그러나 괴테의 말처럼 이념을 회피하는 자는 결국 개념도 파악할 수 없으므로, 여기에서는 법의 목적에 관하여 일반적으로 설명하고 있는 라드브루흐의 법적 안정성·정의·합목적성을 중심으로 법의 목적을 검토하고자 한다.

1. 법적 안정성*stability of law; Rechtssicherheit*

법은 법 자체의 안정성과 사회질서의 안정성을 다 함께 요구한다. 법 자체의 안정성이 보장되면 사회질서의 안정성도 보장되는 것이 원칙이다. 법이 자주 변경되면 국민이 행동의 지침을 잃게 되므로 법적 안정성은 사회질서의 안정을 위하여 절실히 요구된다. "정의롭지 못한 법도 무질서보다는 낫다"는 괴테의 말은 이런 의미로 사용된다. "법의 목적은 평화이다"라고 한 예링의 말과 같이 법적 안정성이 없다면 사회질서는 만인의 만인에 대한 투쟁이 계속되어 안심하고 생활할 수 없게 될 것이다.

법적 안정성을 위하여는 다음과 같은 사항이 필요하다.

첫째로, 법의 내용이 명확하여야 한다. 정치적 동맹파업을 규제하려는 법이 규제의 범위와 한계를 명확히 하지 아니한 경우에 노동파업까지도 포함하는 것으로 해석된다면 근로자는 불안하여 안심하고 노동권을 행사할 수 없게 되므로 법이 명확하다고 할 수 없다. 불문법보다는 성문법이 명확성의 정도가 더욱 높고 법적 안정성의 요청에 합치된다.

둘째로, 법은 함부로 변경되어서는 아니 된다. 법은 쉽게 변경될 수 있어서는 아니 되며 입법자의 자의나 전권에 의하여 조령모개로 되어서는 아니 된다. 근대국가가 권력분립제도를 택한 것은 입법절차에 신중을 기함으로써 법적 안정성을 보장하려는 취지도 포함하고 있다. 법이 자주 변경될 때 이를 안 자와 알지 못한 자 사이에 법적용에 차이가 발생하고 그 결과 사회질서에 혼란을 가져옴으로써 개인의 자유로운 사회활동을 위축시켜 안심하고 사회생활을 할 수 없게 된다.

셋째로, 법은 실제로 행사되어야 한다. 아무리 내용이 훌륭한 법이라도 실제로 행하여지고 있지 않으면 사회질서 유지의 기능을 다하지 못하여 법적 안정성을 기대할 수 없다. 형법은 개인적 법익이나 사회적·국가적 법익을 침해하는 행위를 처벌하며, 또한 민·상법은 사유재산 보호와 가족생활의 유지 및 거래의 안전 등을 위하여 경우에 따라서는 강제집행과 같은 강제력을 동원함으로써 사회질서를 유지한다.

넷째로, 법은 국민의 법의식*Rechtsbewußtsein*에 합치되어야 한다. 법이 너무 존엄하다든지 이상적이어서 국민의 법의식과 동떨어진 경우에는 그 법은 사회를 규율할 수 없으며 법으로서의 목적을 달성할 수 없다. 주의하여야 할 점은 법의 안정을 위하여 법 자체로서도 일정한 제도를 두고 있다는 점이다. 예컨대 민법상의 소멸시효제도나 점유제도 및 선결례의 구속력의 인정 등이 그것이다. 혁명도 실패하면 범죄가 되지만 성공하면 새로운 법의 기초가 되는 것도 법적 안정성의 요청에서 나오는 부득이한 타협의 산물이다.

2. 정의*justitia; justice; Gerechtigkeit*

정의란 무엇인가에 관한 물음은 법철학에 있어서 가장 근본적인 문제이다. 법은 정의의 이념을 통하여 사회질서가 유지되고 법이 법으로서의 가치를 가지며 정당한 것으로 된다. 칸트가 "만약 정의가 소멸하면 이미 인간이 지상에 생존하여야 할 어떠한 목적도 존재하지 아니한다"고까지 말한 보편적 타당가치로서의 정의는 법의 고유한 목적의 하나이다. 그러나 이름은 법이라고 해도 그 가운데 정의의 이념이 없으면 이것은 법으로서의 가치가 없는 단순한 폭력에 불과하다. "세상은 망하더라도 정의는 세우라*Fiat justitia, preat mundus*"는 말에서와 같이 법은 정의실현의 수단이기도 하다.

이와 같이 법과 정의는 옛날부터 불가분의 관계에 있었다. 그리스에서는 법*Dike*과 정의*Dikaion; Dikaiosyne*는 불가분의 것이며, 로마에서도 법은 '정의와 형평의 術'이라고 한 것으로 보아, 법*jus*이라는 명칭은 정의*Justitia*로부터 유래되었음을 알 수 있다. 오늘날에도 영어의 justice는 정의라는 의미 외 사법이라든지 법원 내지 재판이라는 뜻을 가지고 있으며, 또 Recht·Pravo·Droit·Diritto 등의 각국어도 법과 정의의 의미를 함께 포함하고 있다.

동양에 있어서도 dharma는 우주법칙의 관념에서 유래하여 우주법칙은 곧 天則으로 '인간행위의 규범'으로 해석되었고, 법은 바로 이 dharma의 한역이다. 법의 고어인 '灋'도 정의의 뜻을 갖고 있다 함은 이미 설명한 바와 같다. 그러나 중국에서는 정의라기보다는 義 내지 義理라고 하였으며 法治主義보다는 德治主義 및 禮治主義가 성행하여 도덕규범을 중시하였다.

이와 같이 동서고금을 막론하고 법과 정의는 불가분의 관계에 있어 법이 지향하는 이상이 정의에 있음을 알 수 있다. 정의는 법이 실현하고자 하는 궁극의 목적으로서 진선미와 같은 최고의 가치로서 사회질서의 이상화를 목표로 하고 있다고 일응 말할 수 있을 것이다.

정의의 내용에 대하여 많은 학자들의 주장이 있지만 여기서는 중요하다고 생각되는 견해만을 추려서 설명하고자 한다.

① 고대 이집트의 법사상은 종교감정에서 정의의 관념이 형성되었다. 왕인 Pharao는 최고의 神官이요 권력자로서 정의의 구현자이기도 하였다. "모든 물건을 소유주에게 돌려주라. 그리고 너는 너 스스로의 생활을 하라"는 이집트의 교훈은 계급사회의 질서와 도덕을 반영한 것이었다.

② 세계문화사에서 선구적 지위를 차지하는 바빌로니아의 법문화의 유산은 역시 계급사회의 법인 함무라비 법전에서 나타나고 있다. 이 법전에는 함무라비왕이 정의를 국내에 빛내기 위하여, 악인과 간자를 없애기 위하여, 강자가 약자를 학대하는 것을 없애기 위하여, 인민의 육체를 양호하게 하기 위하여, 정의의 법규로서 공포한다는 취지를 전문 및 결문에서 규정하고 있다.

③ 이스라엘 민족의 법사상은 종교사상 그 자체였다. 모세의 율법*Torah*이 그 대표적 예로서 그것이 바로 종교규범이요 도덕규범이요 법규범이었다. 철두철미한 신정정치를 행한 그들은 사유재산제가 확립되어 있었고, 同形復讐*Lex Talionis*를 인정하였으며 도피소*Asylum*에 들어감으로써 부당한 보복을 면할 수 있었다. 유일신 신앙과 여호와*Je-*

*hovah*와 선민과의 계약사상은 법 그 자체를 정의의 관념으로 이해하는 사상으로 전개되었다.

④ 서양법사상의 연원은 그리스의 법사상에서 찾을 수 있다. 피타고라스*Pythagoras*(B.C. 580~B.C. 500)는 만물의 본질을 수에서 찾았고 우주질서는 수리에 의하여 지배된다고 보았다. 우주는 하나의 정연한 질서체로서의 Cosmos이며 국가도 이 Cosmos의 조화에 의하여 지배된다. 그에 의하면 정의는 제곱수이며 제곱수의 기본은 四로서 이는 평등 내지 공평을 의미하고, 정의에 위배되는 일이 있으면 수리적 필연성에 의하여 그에 대한 응보와 배상이 요구된다고 하였다.

⑤ Sophist의 대표자인 프로타고라스*Protagoras*(B.C. 485~B.C. 415)는 "인간은 만물의 척도*Man is the measure of all things*"라고 하여 정의에 대한 객관적인 가치척도를 부인하고 주관적 상대주의를 주장하였다.

⑥ 소크라테스*Socrates*(B.C. 470?~B.C. 399)는 Sophist들의 주관적 상대주의를 배척하고 보편적이요 불변의 지에 기초하여 知와 덕 및 행복의 일치를 주장하고, 우연적이고 일시적인 정욕이나 감정을 억제하고 극기·절제함으로써 진정한 행복의 상태에 도달할 수 있다고 하였다. 진정한 덕은 지에 기초하여야 하고 지의 첫걸음은 "자기 자신을 아는 길"이라고 하였다. 그는 법과 정의를 같은 것으로 보고, 법과 정의는 개인적인 이해관계에서 나오는 것이 아니라 인간의 본성에서 나오는 것이라고 하였다.

그에 의하면 국가는 단순한 이해관계나 자의의 산물이 아니라 세계질서 가운데 깊게 기초를 두고 있는 실체이다. 이러한 국가에 대하여 자발적으로 복종하는 것이 행복을 성취하는 길이며, 실정법에 순종하는 것이 정의를 실현하는 길이요 시민의 의무라고 하였다. "선량한 시민이 악법을 따르는 것은 악한 시민이 양법까지도 침범하게 되는 것을 방지하기 위하여 필요한 것"이라고 하였다. 그가 "악법도 법이다"라는 말을 남기면서 독배를 마시기까지 국법의 존중을 끝까지 주장하였던 것도 이런 이유에서였다.

⑦ 플라톤은 정의를 인간의 이성에서 발견하려고 하였다. 그에 의하면 인간의 정신 내지 영혼*psyche*은 본래 영적 존재로서 천상의 Idea, 즉 진리의 세계에서 살다가 육체의 옷을 입고 지상의 현세에 내려오면서 Idea의 세계를 망각하고 살다가 마음속 한구석에 고향에 대한 향수를 느끼게 된다. Psyche의 Idea에 대한 향수, 정신적 진리에 대한 사랑, 인간의 진리사모의 정신, 이것을 플라톤은 eros라고 불렀다.

이와 같이 인간의 영혼은 Idea에 접근할 수 있는 정도에 따라 상·중·하로 나누어진다. 육체를 떠나 Idea로 향하는 부분이 理性*logistikon*이요, 육체의 영향을 받으면서도 Idea를 향하는 중간부분은 氣槪*thymeoeides*요, 전적으로 육체에 예속하는 부분은 物慾 *epthymetikon*이다. 이들 3자는 각각 특유한 덕을 가지고 있는데, 이성의 덕은 지혜요, 기개의 덕은 용기이며, 물욕의 덕은 절제이다. 그리고 지혜에 뛰어난 사람은 철인계급이요, 용기에 뛰어난 사람은 무인계급이며, 기타의 계급은 생산계급에 속한다. 이 세 부분이 각각 자기의 본분을 지키고 守分知足하며 타 계급에 간섭하지 아니하고 각자에게 그의 몫을 주어 이성의 지휘 아래 조화될 때 善福*eudaimonia*의 이상향은 도래할 것이며, 이것이 정의*dikaiosyne*의 상태이다. 정의의 상태가 되면 모든 것이 질서가 잡히고 아름답게 되어 고대 그리스인이 바라던 Cosmos의 상태가 도래한다고 하였다.

이와 같이 플라톤에 의하면 정의는 계급적 정의로서 지혜와 용기와 절제의 부분덕목이 조화될 때 이루어지는 종합덕목이다.

⑧ 아리스토텔레스는 정의의 개념을 윤리적 입장에서 고찰하여 최초로 이론화한 학자이다. 그는 정의를 사람이 이행하여야 할 최고의 완전한 덕이라고 함과 동시에 정의는 단순한 개인의 도덕이 아니고 각자가 타인과의 관계에서 실현하여야 할 사회적인 도덕이라고 생각하였다. 덕은 과도의 악덕과 과소의 악덕 사이의 중간 상태이다. 이것이 유명한 중용의 이론*doctrine of mesótes*이다.

그는 정의를 일반적 정의와 특수적 정의로 나누었다. 일반적 정의는 광의에 있어서의 정의로 인간의 심정과 행동을 공동생활의 일반원칙에 적합하게 하는 것으로서, 아테네의 법을 준수한다든지 국가를 위하여 순직하는 것 등을 일반적 정의로 보았다. 특수적 정의는 협의에 있어서의 정의로, 법의 구체적 원리에 따라 각자의 정신적·물질적 이해관계를 평등히 하는 것, 즉 '평등*Ison*'을 특수적 정의로 보았다. 그래서 아리스토텔레스는 과도도 아니요 과소도 아닌 중용*Mésote*의 상태가 정의의 상태라고 하였다. 평등에는 절대적 평등과 상대적 평등이 있는데, 전자를 평균적 정의*commutative justice*라 하고 후자를 배분적 정의*distributive justice*라 한다. 평균적 정의는 부족을 보충하고 과잉을 방지함으로써 모든 사람을 같게*like for all* 취급하는 데 반하여, 배분적 정의는 국가가 개개의 가치·지위·능력에 따라 이에 상응한 배분을 함으로써 같은 것은 같게, 같지 않은 것은 같지 않게*like for like, unlike for unlike* 처리하는 원리이다. 전자를 급부와 반대급부, 손해와 배상, 범죄와 형벌 등의 절대적·산술적 평등으로서 양 대상 간의 동등가치*Aquivalenz*에 따라 이루어지는 횡적 질서로 본다면, 후자는 빈부에 따른 차등과세, 능력과 책임에 상응하는 보수지급 등의 상대적·비례적 평등으로서, 실질적 평등을 목표로 이루어지는 종적 질서로 볼 수 있다.

아리스토텔레스는 이와 같이 정의를 개인주의와 단체주의의 양 측면으로 나누어 이의 조화를 꾀한 것으로 후세의 학자들에게 많은 영향을 주었다. 라드브루흐도 이의 영향을 받아 정의의 궁극적인 이념은 배분적 정의에서 찾을 수 있다고 하였다. 그러나 아리스토텔레스의 정의론도 무엇이 같은 것이고 무엇이 같지 않은 것인지를 해결하기가 어렵고, 여하히 같은 것은 같게, 같지 않은 것은 같지 않게 취급할 것인가가 어려운 문제로 남아 있다.

⑨ 로마의 울피아누스는 켈수스*Celsus*(B.C. 30?~A.D. 45?)의 정의에 따라 법을 선과 형평의 기술*jus est ars bani et aequi*로 파악하고, 정의는 "각자에게 그의 몫을 돌리려는 항구적 의지"라고 하였다.

⑩ 키케로*Marcus Tullius Cicero*(B.C. 106~B.C. 43)는 전 세계의 유기적 조화와 통일을 규정하는 보편적 자연법칙*lex naturae*의 존재를 인정하고 이것을 신과 인간이 다 함께 따라야 할 윤리적 세계질서로 보아 여기에서 나오는 자연법*jus naturale*에 적합한 심정 및 행위방식을 정의로 보았다. 이와 같이 자연법의 내용을 이루는 정의는 "타인을 해치지 말라*niminem leadere*", "정직하게 살아라*honeste vivere*", "각자에게 그의 몫을 돌려주라*suum cuique tribere*"라는 명제로 압축된다.

⑪ 중세 초기의 교부로서 『참회록*The Confessions*』과 『신국론*The City of God; De Civitate Dei*』을 발표하였으며 성 오거스틴*Saint Augustine*으로 불리는 아우구스티누스*Aurelius Augustinus*(354~430)는 덕은 올바른 방법으로 서로 사랑할 것을 가르치는 것이라고 하였다. 그에 의하면 그리스도인도 질서유지를 위하여는 국가권력과 지상의 법에 복종하여야 한다. 그러나 정의가 없는 정치나 법은 강도단과 다름없다고 하면서 그리스도가 말하는 '사랑의 힘'이 곧 정의라고 하였다. 어머니의 기도의 영향으로 방탕한 생활을 청산하고 하나님의 섭리를 체험한 그는 인간은 결코 사랑하지 않고는 견딜 수 없는 존재임을 깨닫고 사랑이 인간행위의 원동력이며, 사랑 그 자체에 인간의 참된 행복이 있다고 하였다. 그러므로 정의란 하나님의 뜻에 따르면서 사랑을 실천하는 것으로 이해하였다.

⑫ 스콜라 철학의 대표자요 중세사상의 저수지로 불리는 토마스 아퀴나스는 법을 신이 모든 사물을 영구적으로 계획한 永久法*lex aeternae*, 선을 행하고 악을 행하지 말라는

사물의 본성을 기준으로 하는 자연법*lex naturlis*, 시민법과 만민법으로 구별하며, 공동선*bien commune*을 목적으로 인간이 만든 人定法*lex humana*과 구약과 신약으로 나누어지는 神法*lex divina*으로 분류하고, 정의는 "각자에게 각자의 것을 주려는 항구불변의 의지"라고 하였다. "사람이 세습적인 통치자에게 복종할 의무를 지는 것은 정의의 명령이 요구하는 범위 안에서이다"라고 하고, 만약 통치자가 이에 위반하여 부정한 행사를 명한다면 신민은 복종할 의무가 없다고 하였다. 토마스 아퀴나스는 아우구스티누스와 같이 그리스도교적 세계관에 근거하여 신의 뜻에 따르면서 사랑*caritatis*을 실현하는 것을 정의로 보았다.

⑬ 애덤 스미스는 정의를 교환적 정의*commutative justice*와 배분적 정의*distributive justice*로 나누고, 전자는 침해로부터의 안정이라는 소극적 덕으로 보았고, 후자는 적극적 덕으로서 실현되어야 하나 그 실현을 강제할 수 없는 불완전한 권리*imperfect right*로 보았다.

⑭ 라이프니츠*Gottfried W. Leibniz*(1646~1716)는 정의를 자연법의 3단계로 설명하였는데 "타인을 해치지 말라*mininem laedere*"는 匡正的 正義와 "각자에게 그의 몫을 주라 *suum cuique tribuere*"는 配分的 正義 및 "성실하게 살아라*honeste vivere*"는 普遍的 正義로 나누어 설명하고 있다.

⑮ 흄*David Hume*(1711~1776)은 "정의는 효용성의 목적을 위하여 인간의 이성이 만들어낸 덕이다. 정의는 인간의 본능적 감정에서가 아니라 인간생활의 유익한 경향에 대한 이성의 반성에서 생긴다"라고 하여 정의의 본질이 사회에 대한 효용성에 있다고 보았다.

⑯ 법과 도덕을 구별한 토마지우스에 의하면 행복이 인간생활의 궁극적 목적이요 자연법의 최종적 과제이다. 생활을 행복하게 하는 일을 행하고 불행하게 하는 일을 피해야 하는 것이 넓은 의미의 자연법의 최고원리이다. 이러한 자연법의 최고원리로부터 성실*honeste*·正禮*dacorum*·정의*justum*의 3원리가 생긴다고 하면서 성실은 도덕의 원리요, 정례는 정치의 원리며, 정의는 법의 원리라고 하였다. 이 중에서 법의 원리인 정의는 "네가 타인에 의하여 행하여지기를 바라지 않는 것은 너도 또한 타인에 대해서 행하지 말라"는 원리이다.

⑰ 홉스는 무질서한 사회를 평화와 질서의 사회로 변혁시키기 위하여는 절대왕권이 필요하다고 하였다. 그에 의하면 정의와 불의를 구별하는 기준은 국가권력의 의사결정

여하에 있게 된다.

⑱ 칸트는 법은 자연적 인간성의 결과도 아니고 단순한 행복추구의 수단도 아니며, 바로 인간의 도덕적 사명을 완성하기 위하여 없어서는 안 될 생활법칙으로 보았다. 그에 의하면, 권리의 바른 분배를 공적 정의*öffentliche Gerechtigkeit*라고 하는데, 이에는 분배적 정의·보호적 정의 및 상호취득적 정의가 있다. 이 중에서 분배적 정의는 공법관계에, 나머지 두 정의는 사법관계에 적용된다고 하였다.

또한 칸트는 정의가 소멸하면 인간이 지상에서 존재한다는 것은 하등의 가치가 없다고 하면서 "하늘이 무너져도 정의(법)는 세워야 하고, 만일 어느 섬이 해체되는 날이 온다면 마지막 날 해야 할 일은 감옥의 사형수를 처형하는 일"이라고 하였다. 이와 같이 그는 정의의 원칙을 평등의 원리로 파악하고, 형벌에서의 응보를 정의의 실현으로 보았다.

⑲ 켈젠은 "정의의 객관적 기준은 도대체 있을 수 없다. 착한 일을 하고 악한 일은 하지 말라는 정의론은 무엇이 착하고 무엇이 악한지를 대답할 수 없다. 그리하여 나는 절대적·보편적 정의를 제시할 수 없다. 나에게 있어서 정의란 자유의 정의·평화의 정의·민주주의, 즉 관용의 정의가 있을 뿐이다"라고 하여 가치 상대주의의 정의관을 주장하였다.

⑳ 라드브루흐에 의하면 법의 이념은 단순히 정의로만 끝나는 것이 아니라 법의 합목적성과 법적 안정성의 삼위일체를 이루어야 한다. 그는 아리스토텔레스의 평균적 정의와 배분적 정의 중 배분적 정의야말로 정의의 근본적 형태로 보고 정의의 판단은 각자의 가치관 내지 세계관에 의하여 결정될 수밖에 없다고 하였다.

㉑ 코잉*Helmut Coing*(1912~2000)에 의하면 법의 이념의 핵심을 이루고 있는 것은 정의·인간의 존엄성*Menschenwürde*·신뢰·신의·신용·성실성 등의 가치들이다. 코잉은 정의의 3가지 기본원리로 ① 정직하게 살아라, ② 누구도 해치지 말아라, ③ 각자에게 그의 것을 주어라는 것을 들고, 이러한 원리로부터 평균적 정의·배분적 정의·보호적 정의의 원칙이 성립된다고 하였다. 이것은 결국 자기와 타인의 인격을 존중하고 모든 인격을 평등하게 대하라는 원리로 생각할 수 있다.

㉒ 드워킨*Ronald Dworkin*(1931~2013)에 의하면 정의란 기본적인 평등권을 존중하는 것으로, 일반적으로 자유 및 정치적 권력의 분배에 관한 것과 부의 분배에 관한 것으로 구별한다.

㉓ 롤스*John Rawls*(1921~2002)의 정의론은 일반적으로 공정*fairness*으로서의 정의의

이론으로 대변된다. "한 사회가 가져야 할 덕목은 안정성·효율성·정의이다. 사회는 경쟁과 협동이 공존하는 장소이다." 그러나 공동의 노력으로 창출된 가치를 분배함에 있어서 각 개인은 가능한 한 자신의 몫이 많기를 바란다는 점에서 상호갈등의 관계가 있다. 문제는 어떻게 협동의 관계를 파괴하지 않으면서 구성원 모두에게 골고루 혜택을 보장하는 정의의 원칙을 도출하는가에 달려 있다.

롤스에 의하면 정의의 문제는 크게 2가지 측면을 갖는데, ① 하나는 평등한 자유원리로서 국민의 기본적 자유와 평등에 관한 문제요, ② 또 하나는 격차원리 및 기회의 공정한 평등원리로서 사회적 및 경제적 가치들의 분배에 관한 문제이다. 자유와 기회·재산과 소득·자기존중의 근거 등 모든 사회적 기본가치들은 균등하게 분배하는 것을 원칙으로 하되 이러한 가치들의 불균등한 분배가 허용되는 것은 그 불균등한 분배에 있어서 가장 불리한 처지에 놓이는 사람들을 위해서도 그것이 도리어 유리한 경우에 국한하여야 한다는 것이 롤스의 근본사상이다. "평등이 기계적으로 적용되어 모두가 못사는 것보다는 불평등이 공정하게 이루어지는 것이 더욱 정의롭다"고 하고 있다.

㉔ 동양의 정의사상은 정의라는 말보다는 의 내지 의리라는 말이 즐겨 사용된다. 법치주의보다 예치주의·덕치주의가 더 높이 평가되고 법규범보다 도덕규범이 중시된다. 禮主法從·德主刑補라는 말과 같이 법은 도덕이나 예규범의 실천을 위한 보조물에 불과하다.

㉕ 니체*Nietzsche*(1844~1900)는 근대문명을 비판하고 이를 극복하는 데 사상적 기초를 두었다. 그는 인간은 권력에의 의지를 체현하는 초인이라는 이상을 향하여 끊임없는 자기 극복을 하여야 한다고 주장하면서, 우선 자기집 앞마당부터 청소하는 것을 정의의 실천으로 보았다.

㉖ 페렐만*Chaim Perelmann*(1912~1984)은 "정의는 품위가 높으면서도 착종된 개념이다. 정의의 개념은 워낙 변화무쌍하고 다양하기 때문에 명백하고 정확한 개념규정은 불가능하다"고 하면서 일반적으로 가장 널리 쓰이는 정의관념으로서 ① 각자에게 똑같은 것을, ② 각자에게 그의 공적*merits*에 따라, ③ 각자에게 그 일의 결과*works*에 따라, ④ 각자에게 그의 필요*needs*에 따라, ⑤ 각자에게 그의 계급*rank*에 따라, ⑥ 각자에게 법적 자격*legal entitlement*에 따라와 같이 6가지를 들고 있다.

㉗ 플레처는 "사랑과 정의는 동일한 것이다. 정의는 분배된 사랑에 불과하다"라고 하여 브루너*Emil Brunner*(1889~1966)가 말한 "사랑은 정의를 초월하여 있다"는 이원론

적 입장과 반대된다. 브루너에 의하면, 정의란 한 인간이 사물의 창조질서에 있어서 그의 위치에 준하여 적당한 대우를 받는 것을 말하는 데 반하여, 사랑은 사랑을 받을 가치가 있는 자만이 아니라 가치를 못 가진 자까지 사랑하는 것이 사랑이다. 따라서 사랑은 "……에도 불구하고*in spite of*"의 사랑이지 "…… 때문에*because*"의 사랑이 아니라고 하였다. 아무튼 플레처는 본질적으로 선한 것은 사랑뿐이라고 하면서 사랑만이 유일한 규범이요 정의이기 때문에 사랑과 율법이 모순될 때에는 율법을 버리고 사랑을 따라야 한다고 강조한다.

㉘ 그리스도교의 정의는 하나님의 본질적 속성이며 정의의 원리는 응보*retribution*이다. 하나님이 절대적이듯이 그의 정의도 영원·불변의 절대적인 것이다. 하나님은 정의의 화신이므로 하나님에 대한 사모는 정의에 대한 사모이다. 창세기 3장 16절 이하에서 하나님이 아담에게 "네가 너의 아내의 권유를 따라 내가 먹지 말라 한 과실을 먹었으니 땅이 너로 인하여 저주를 받고 네가 사는 동안 수고함으로 살리라"고 하였고, 또 이브에게 말하기를 "너는 해산의 고통을 가질 것이다. 너는 수고하여 자식을 낳을 것이요, 남편을 사모하고 남편의 다스림을 받을 것이다"라고 한 것은 응보에 의한 정의의 실현을 표현한 것이다. 이와 같이 하나님은 사랑과 정의의 속성을 함께 가지고 있으며, 구약에 있어서 정의의 관념은 하나님과 이스라엘 사이의 언약*covenant*관계에 대한 성실성을 의미하였고, 이 정신이 오늘날 계약관계에 그대로 나타나고 있다.

㉙ 마르크스는 신이 인간을 창조한 것이 아니라 인간이 종교를 만든 것이며, 종교는 공상일 뿐이며 인민의 아편으로 인간소외를 가져오므로 사회를 개혁하기 위하여는 종교로부터 벗어나야 한다고 하는 무신론의 입장에 서서, 법을 정의 혹은 도덕관념에 결부시키기보다는 집권계급의 지배수단으로 생각하였다. 그에 의하면 모든 악의 근원인 생산수단의 사적 소유와 지배계급이 폐지됨으로써 법은 사멸하고 정의로운 공산주의 사회가 도래한다는 것이며, 이것은 역사의 필연이라는 것이다. 그러나 소비에트국가 탄생 초기부터 레닌과 공산당은 법의 준수와 강화를 최우선 과제로 삼았고, "우리는 법에서 한 발자국도 벗어나서는 안 된다"고 한 레닌의 말은 마르크스의 사상이 비현실적이었음을 증명해 준다.

㉚ 마이클 샌델*Michael J. Sandel*(1953~)은 정의를 공리나 행복의 극대화, 즉 최대다수의 최대행복을 추구하는 것이라든지 선택의 자유를 존중하는 것이라고 하는 견해보다는 "미덕을 키우고 공동선을 고민하는 것"으로 보고 있다.

㉛ 결론

지금까지 여러 학자나 사상가들의 정의에 관한 견해를 살펴본 바와 같이 정의의 구체적 내용에 대하여 사람들의 의견이 다르다는 것을 알았다. 그러나 지금까지 보아 온 바에 의하면 정의는 각자에게 자기 몫을 돌려주려는 의지로서 평등을 핵심으로 하고 있다고 할 수 있다. 그러나 평등도 구체적으로 음미해 보면 불평등의 추상에 불과하며, 형식적·근사적 평등에 불과하다 할 것이다. 따라서 정의는 자기의 이기심을 자제하면서 타인의 자유와 권리를 존중하고 이성과 양심에 근거하여 각자에게 그의 몫을 공정하게 돌려주려는 의지를 가지고 문제의 해결에 접근할 때 은연중에 나타나는 빛과 같은 것이라고 할 수 있다.

요컨대 법은 정의를 내용으로 실현되는 것이다. 법이 정의를 내용으로 함으로써 법이 법으로서의 가치를 가진 정당한 법이 되고, 사람으로 하여금 법을 준수하게 하는 강력한 힘을 갖게 되는 것이다.

3. 합목적성*Zweckmäigkeit*

합목적성이란 목적에 맞추어 방향을 결정하는 원리이다. 즉 어느 국가의 법질서가 일정한 표준과 가치관에 의하여 구체적으로 제정되어 실시되는 원리를 말한다. 정의는 같은 것은 같게, 같지 않은 것은 같지 않게 취급하려는 형식적 이념에 불과하므로, 어떻게 같은 것은 같게, 같지 않은 것은 같지 않게 취급할 것인가는 국가와 사회가 처해 있는 상황에 따라서 대처하여야 할 문제이다. 개인주의에 기초하여 자유주의적 정치형태를 맞출 것인가 또는 초개인주의에 기초하여 사회주의적 정치형태를 취할 것인가는 그 국가의 가치관에 따라 다르다. 따라서 법의 목적도 국가가 선택하는 가치관에 따라 합목적적으로 조정할 수밖에 없다는 것이다.

라드브루흐는 가치관의 종류로서 개인주의·초개인주의·초인격주의 3가지를 들고 있다. 개인주의*Individualismus*에 있어서는 개인이 가치의 궁극적 기준이며 개인의 자유와 행복이 최대한 보장되도록 노력한다. 국가나 단체는 개인보다 하위의 가치에 서게 되며, 모든 개인이 평등하게 존중되도록 평균적 정의가 강조된다. 니체는 『차라투스트라는 이렇게 말했다』에서 "국가가 없어지는 곳에 비로소 참된 인간이 나타나게 된다. 거기에 필연의 노래와 비교될 수 없는 곡이 시작된다"고 하여 개인의 가치를 중시하였다.

초개인주의*Überindividualismus* 또는 단체주의는 이와 반대로 민족이나 국가와 같은 단체를 최고의 가치로 신봉하며 개인의 가치는 단체의 구성부분으로 단체의 가치를 실현하는 범위 안에서 인정되고 존중된다. 여기에는 단체의 유지·발전이라는 목적이 중시되며 배분적 정의가 강조된다.

초인격주의*Transpersonalismus* 또는 문화주의는 개인주의와 초개인주의의 중간에 위치하는 견해인데, 법가치의 본래적인 담당자는 개인도 단체도 아닌 개인이 단체 속에서 창조하는 작품 내지 문화이다. 고딕의 대성당, 베토벤의 교향곡, 괴테의 '파우스트', 라파엘로의 그림이나 이집트의 피라미드와 같은 문화업적이 가치의 연원이며 불난 집의 아이나 수천만의 노예보다도 더 귀중하므로 보호되어야 한다는 입장이다. 개인과 국가는 이러한 문화의 창조에 이바지하는 한도에서만 부차적인 가치를 가진다. 이 견해에 의하면 인생의 최고의 사명을 인생 자체 안에서나 개인 또는 단체의 인격 안에서 구하지 아니하고, 개인이 창조하여 후세에 남기는 작품 내지 업적과 그 총체인 문화에서 구하고, 또한 작품과 함께 공동사회가 생기며 인격이 생긴다고 한다. 그러나 초인격주의는 대학이나 가톨릭교회와 같은 부분적인 공동체에서만 타당하며 어느 국가나 정당에서도 채택하기 어려운 이데올로기이다.

그리하여 법의 목적은 가치관의 차이에 근거하여 개인주의·초개인주의·초인격주의와 같은 여러 견해가 대립하고 있다. 이런 점에서 본다면 법의 이념은 더 이상 유일하고 절대적인 의미를 가질 수 없게 되어 가치관의 제약을 받는 상대적인 가치로 낮아지는 것이다. 이것이 라드브루흐의 상대주의*Relativismus*정신이다. 내 것이 소중하기 때문에 네 것도 소중하다는 것이 진정한 상대주의의 정신이요 관용이다. 우리 헌법은 공산주의나 전체주의 독재국가와는 달라 개인의 자유와 가치를 존중하고 민의의 존중과 국민의 참여 및 권력분립·법치주의 등을 내용으로 하는 자유민주주의와 공공복리의 원리를 중시하는 복지국가주의 및 문화국가주의 등을 기본이념으로 함으로써 상대주의적 세계관에 입각하고 있다. 이러한 입장에서 개인의 자유와 평등과 타인이나 사회 또는 국가의 이익을 서로 존중하고 조화시켜 사회정의의 실현을 위하여 합목적적으로 조정하는 것이 법의 또 하나의 이념인 합목적성이다.

4. 법목적 상호 간의 관계

합목적성·정의·법적 안정성의 세 이념은 상호모순*Antinomien*의 관계에 있으면서도 상호보완의 관계에 있다고 하겠다. 법적 안정성만을 강조하면 "악법도 법이다*Dura lex,* *sed lex*", "정의롭지 못한 법도 무질서보다는 낫다"고 주장한다. 그러나 정의만을 강조하면 "세상은 망하더라도 정의는 세워라*Fiat justitia preat mundus*", "정의는 통치의 기초이다*Justitia fundamentum regnorum*"라고 주장한다. 또한 합목적성만을 강조하면 "민중의 행복이 최고의 법률이다*Salus populi suprema lex est*", "민심이 천심이다", "국민이 원하는 것이 법이다*Was das Volk wünscht, ist das Recht*"라고 주장하게 된다. 이와 같이 세 이념은 서로 긴장하면서 모순관계에 있음을 보여준다.

특히 정의와 법적 안정성은 상호모순, 긴장관계에 있는 수가 많다. "법의 극치는 불법의 극치이다*Summa jus, summa injuria*"라고 하여 법적 안정성을 위하여 법을 지나치게 강조하는 것은 불법 내지 부정의를 가져온다는 것이다. 정의만을 강조하면 법적 안정성이 침해될 수 있다. 정의를 위하여 법적 안정성을 포기할 수는 없다. 그렇다고 법적 안정성을 위하여 정의를 무시할 수도 없다. 법적 안정성은 정의의 요청이기 때문이다. 실정법이 아무리 안정적으로 시행되더라도 그것이 정의롭지 못하면 시체의 정숙이요 묘지의 평화에 불과하다.

자연법론자들에 의하면 법적 안정성의 요구는 정의의 요구에 의하여 길을 비켜야 하고, 정의를 무시하는 법은 불법으로 더 이상 법으로서의 효력이 인정될 수 없고 준수될 필요도 없다고 한다. 이에 비하여 법실증주의자들은 법이 적법절차에 따라 제정되었으면 악법도 법이므로 준수되어야 한다고 주장한다. 다만 베르그봄에 의하면 시민의 도덕적 양심에 따라 이러한 악법을 거부할 수 있다고 한다.

정의를 법내용에 관한 법이념이라 한다면 법적 안정성은 법질서의 정립이라고 하는 법기능에 관한 법이념이라 할 수 있다. 법의 과제는 법적 안정성을 유지함과 동시에 그 범위 안에서 정의를 실현하는 데 있다. 그러나 법의 반윤리성과 不正義가 지나친 경우에는 법적 안정성을 희생하여서라도 정의를 살려야 할 것이다. 이렇게 본다면 법의 세 이념은 상호 모순되기도 하나 서로 협조하고 조화되어야 한다. 자연법론에 따르든 법실증주의에 따르든 악법에 대하여는 비판적으로 대처하는 것이 민주주의 발전을 위하여 모든 시민에게 부과된 숭고한 의무이다.

문화와 작품이 중요하지만(문화주의), 그것은 진정한 인격의 발로로써 이루어지는 것이다(개인주의). 그러면서도 인류의 위대한 이상을 찾아 노력하는 예술은 불가피하게도 민족적 내지 국민적이며 인류적이다(전체주의). 여기에서 모든 가치가 상대적이고 또 소중하기 때문에 서로를 존중해 주는 정신에서 법의 합목적성에 따라 정의를 실현하며 동시에 법적 안정성을 유지하도록 노력하여야 할 것이다. 왜냐하면 정의만을 지키려는 자는 정의를 잃을 것이요, 법적 안정성을 위하여 정의를 버리려고 하는 자는 정의까지도 지킬 수 있기 때문이다.

이와 같이 이들은 서로 모순되면서도 서로를 요구하고 있다. 때로는 날카로운 긴장을 보이면서도 이 이념들이 마침내 법을 전면적으로 지배하고 있다. 철학이란 사람들을 결단에서 해방시키는 것이 아니라 결단의 한발 앞에 머무르게 하며, 인생을 손쉽게 하는 것이 아니라 복잡하게 하는 것이다. 만일 인생이 복잡하지 아니하고 결단이 어렵지 않다면 사람이 산다는 것이 얼마나 허망한 것일까? 마찬가지로 법의 이념도 복잡하지만 이를 조화시켜 공동선을 이루려고 노력하는 데서 그 의미를 찾을 수 있을 것이다.

법이 공동선을 이루려고 노력하는 데서 그 의미를 찾을 수 있다면 법의 목적은 결국 정의와 사랑으로 요약할 수 있다. 법이 아무리 엄격하고 정밀하다 해도 사람이 만들어낸 제도에는 허점이 있게 마련이다. 잘못된 법의 집행은 정의의 허울이며, 그 실체는 폭력일 뿐이다. 그러므로 입법자도 법집행자도 언제나 관용의 원칙을 지키고 최대한의 자기억제를 미덕으로 삼아야 한다. 왜냐하면 법은 강자보다도 약자를 보호하는 사랑이며 사회의 오염을 방지하는 소금이 되어야 하고, 우리 사회를 보이지 않게 지탱하고 있는 것은 바로 정의와 사랑이기 때문이다.

연습문제

1. 법의 개별적 목적과 법일반의 목적은 다른 것인가?
2. 법의 목적으로는 어떤 것을 들 수 있는가?
3. 법은 무엇을 위하여 존재하는가?
4. 법의 목적과 법의 개념은 같은 것인가?
5. 정의에 관한 학자들의 견해를 정리하여 보아라.
6. 정의란 무엇인지 요약할 수 있는가?
7. 그리스도교의 정의관과 마르크스의 법률관을 비교 설명하라.
8. 법의 목적 내지 이념을 어떻게 조화시킬 것인가?
9. 법은 누구의 편인가?

로스쿨 대비

LEET 논술 / 면접 (출제예상문제)

<제시문>

친일행위자의 재산을 환수할 수 있도록 하는 친일반민족행위자 재산의 국가귀속에 관한 특별법(약칭: 친일재산귀속법)이 제정되었다. 이 법은 일본 제국주의의 식민통치에 협력하고 우리 민족을 탄압한 반민족행위자가 그 당시 친일반민족행위로 축재한 재산을 국가에 귀속시키고 선의의 제3자를 보호하여 거래의 안전을 도모함으로써 정의를 구현하고 민족의 정기를 바로 세우며 일본제국주의에 저항한 3·1운동의 헌법이념을 구현함을 목적으로 한다(제1조). 하지만 이에 대하여 소급입법 금지 원칙 위반, 재산권 침해 우려 등이 제기된 바 있다. 정부가 제기한 일부 소송에서는 과거의 일에 대한 입증이 쉽지 않아 정부가 패소하는 경우도 종종 발견된다.

질문 〈제시문〉을 읽고 권력형 부정축재 등으로 축적한 재산에 대한 환수를 소급입법을 방식으로 제정하는 것에 대한 귀하의 생각을 논술하시오.

조건 '정의'와 '법적 안정성'이라는 단어를 포함시키시오.

해설 전직 대통령 등 부정한 방법으로 재산을 축적한 자의 은닉재산에 대한 국가환수를 특별법으로 제정하는 것도 논의가 되어오고 있다. '법적 안정성'을 저해하는 소급입법의 방식을 통해서라도 '정의'를 실현시켜야 할 것인가?

Ⅶ. 법은 어떤 형태로 존재하는가?

- 법의 생명은 논리에 있는 것이 아니라 경험에 있다. —Holmes
- 條理는 관습의 원천이다*Reason is the source of custom.*
- 先例는 정의와 마찬가지로 법이다*Precedents have as much law as justice.*

지금까지 우리는 법이라는 말을 사용하여 왔는데, 현실의 법이 구체적으로 어떠한 모습으로 존재하고 있는지 궁금하다. 법이 존재하고 있는 형식 내지 종류를 법의 연원 *sources of law* 또는 法源*Rechtsquelle*이라고 한다.[6] 법원에는 문장의 형식으로 나타나는 성문법과 不文의 형식으로 나타나는 불문법이 있다. 성문법은 대륙법계 국가에서, 불문법은 영미법계 국가에서 원칙으로 하고 있다.

1. 성문법*written law; droit écrit; geschriebenes Recht*

성문법은 문자로 표현되고 일정한 형식 및 절차에 따라서 제정되는 법이다. 입법작용에 의하여 성문화되고 제정되었다는 점에서 제정법*Gesetzesrecht*이라고도 한다. 이에 반하여 입법작용 이외의 방법으로 성립되는 관습법이나 판례법은 불문법이다. 근대국가에 있어서는 성문법이 중요부분을 차지하고 있음은 물론이다. 한 나라의 법이 대부분 성문법으로 이루어져 있는 경우에 그 나라를 성문법주의의 국가라 하고, 그렇지 아니하고 불문법을 제1차적 법원으로 인정하는 나라를 불문법주의의 국가라고 한다. 독일·프랑스·일본·중국·우리나라는 성문법주의 국가요, 영국·미국·캐나다·호주 등은 불문법주의 국가이다.

성문법주의와 불문법주의의 장단점을 비교하면 〈표 2〉와 같다.

6 法源은 여러 가지 의미로 사용된다. 즉 법의 타당근거로서의 법원, 법의 인식자료로서의 법원, 법의 존재형식으로서의 법원이 그것이다. 법의 타당근거란 법의 효력의 근거로서 법은 왜 구속력을 갖느냐의 근거를 말하는 것인데, 법철학에서 법원이라 할 때에는 이런 의미로 사용된다. 법의 인식자료란 법의 존재를 인식할 수 있는 자료, 즉 법전, 판례집, 저서, 공문, 논문 등으로 실무상 법원이란 이런 의미로 사용되는 경우가 있다. 그러나 가장 일반적으로 사용되는 법원은 법이 존재하는 형식을 말한다.

〈표 2〉 성문법주의와 불문법주의 장단점 비교

사항	성문법주의	장단점	불문법주의	장단점
1. 법의 통일·정비	용이하다	장점	곤란하다	단점
2. 법적 질서의 안정성	확정적이다	장점	유동적이다	단점
3. 법의 명확성	명확하다	장점	불명확하다	단점
4. 시민의 권리보호	유리하다	장점	불리하다	단점
5. 법의 경화	경화하기 쉽다	단점	그렇지 않다	장점
6. 사회사정의 변화에 대한 적응성	적응하기 어렵다	단점	적응하기 쉽다	장점
7. 법적 질서의 유동성	저해하는 수가 많다	단점	저해하는 수가 적다	장점

성문법의 규정은 목적적·인위적으로 제정되는데 이것은 여러 가지의 규범으로 분류될 수 있다. 즉 형법의 살인 금지규정은 윤리적 규범이요, 민법의 양자에 관한 규정은 관습적 규범이며, 어음법의 배서에 관한 규정은 기술적 규범이요, 노동조합 및 노동관계조정법의 쟁의행위의 제한에 관한 규정은 정책적 규범이다. 성문법에 속하는 법원으로서는 헌법·법률·조약·명령·규칙·자치법규 등이 있다.

(1) 헌법*constitution; droit constitutionnel; Verfassung*

헌법은 국가통치의 조직과 작용의 원리를 정하고 국민의 기본권을 보장하는 근본법이다. 헌법은 국가에 있어서 최고의 규범이며, 하위법인 법률·명령·규칙 등은 헌법에 저촉되어서는 아니 된다. 또한 국가기관의 행위가 헌법에 위반될 경우에는 무효가 된다. 우리나라를 비롯하여 대부분의 나라들의 헌법은 성문헌법이며 경성헌법이다. 우리나라 헌법은 1948년 7월 12일에 제정되어 동년 7월 17일에 공포·시행되었는데 지금까지 9차에 걸친 개정이 있었다.

(2) 법률*act; loi; Gesetz*

법률이란 광의로는 법 그 자체, 즉 모든 법규명령을 포함하는 법일반을 의미하나, 협의로는 국회의 의결을 거쳐 제정·공포된 법률만을 의미한다. 여기에서 설명하는 법률이란 협의의 법률을 말한다. 법률은 헌법을 제외하면 가장 큰 효력을 가지므로 법률의 규정에 저촉되는 명령은 무효이다. 법률은 국회의 의결을 거쳐 대통령이 공포함으로써 성립한다(헌법 제53조). 헌법은 국민의 권리·의무에 관한 사항, 기타 중요한 사항은 반드시 법률로써 규정할 것을 요구하고 있다. 이를 법률사항 또는 입법사항이라 한다.

(3) 명령*ordinance; règlemant; Verordnung*

명령은 국회의 의결을 거치지 아니하고 권한 있는 행정기관이 단독으로 정하는 법규이다. 명령은 법률보다 하위에 있는 성문법이므로 명령에 의하여 헌법 또는 법률을 개폐할 수 없다. 다만 대통령의 긴급명령*Notstandsverordnung*과 긴급재정·경제명령의 경우는 예외가 된다(헌법 제76조). 긴급명령은 국가의 안위에 관계되는 교전상태에 있어서 국가를 보위하기 위한 긴급한 조치가 필요하고 국회의 집회가 불가능한 때에 한하여 대통령이 발하는 법률의 효력을 가지는 명령을 말하고, 긴급재정·경제명령은 중대한 재정·경제상의 위기에 있어서 국가의 안전보장 또는 공공의 안녕질서를 유지하기 위하여 긴급한 조치가 필요하고 국회의 집회를 기다릴 여유가 없을 때에 한하여 대통령이 최소한으로 필요한 재정·경제상의 처분을 내렸을 때에 이러한 긴급재정·경제처분의 실효성을 뒷받침하기 위한 긴급입법조치로서 발하는 법률의 효력을 가지는 명령을 말한다.

대통령이 긴급명령이나 긴급재정·경제명령을 한 때에는 지체 없이 국회에 보고하여 그 승인을 얻어야 한다. 승인을 얻지 못한 때에는 그 명령은 그때부터 효력을 상실하고, 명령에 의하여 개정 또는 폐지되었던 법률은 그 명령이 승인을 얻지 못한 때부터 당연히 효력을 회복한다. 이것은 권력분립주의 원칙의 예외가 되므로 그 발동요건을 엄격하게 해석하여야 한다.

명령을 법률과의 관계에서 실질적으로 분류하면 긴급명령과 긴급재정·경제명령, 집행명령, 위임명령으로 나눌 수 있고, 제정권자를 표준으로 형식적으로 분류하면 대통령령, 총리령, 부령으로 나눌 수 있다.

집행명령*Ausführunsverordnung*이란 헌법에 근거하여 법률을 집행하기 위하여 필요한 세칙을 행정기관이 정하는 명령이다. 집행명령의 예로서는 식품위생법 시행령 등 각종 법률의 시행령을 들 수 있다. 법률의 집행은 행정기관의 고유한 권한이지만 이를 각 행정기관의 재량에 일임한다면 혼란과 불합리한 결과를 초래할 우려가 있으므로, 법률집행에 있어서 통일성·평등성과 합리성을 기하기 위하여 법률집행에 관한 일반적 준칙을 정할 필요가 있다. 이러한 필요에서 정한 시행세칙으로서의 일반준칙이 바로 집행명령이다.

위임명령*Übertragene Verordnung*이란 헌법에 근거하고 또 법률의 위임에 따라 발하는 명령을 말한다. 법률의 위임이라 함은 일정한 사항에 관하여 명령으로써 정하도록 授權하는 것을 말한다. 헌법 제75조는 "대통령은 법률에서 구체적으로 범위를 정하여 위임받은 사항과 법률을 집행하기 위하여 필요한 사항에 관하여 대통령령을 발할 수 있다"라고 하여 대통령의 위임명령 및 집행명령 제정권을 규정하고 있다. 법률의 위임에 의하지 아니한 백지위임은 인정되지 아니한다. 위임명령은 법률의 내용을 보충하는 것이므로 보충명령이라고도 한다. 위임명령의 예로서는 '이자제한법 제2조 제1항의 최고이자율에 관한 규정'을 들 수 있다.

집행명령과 위임명령은 발동하는 기관에 따라 대통령이 발하는 명령을 대통령령, 국무총리가 발하는 명령을 총리령, 각부 장관이 발하는 명령을 부령이라고 한다. 이 중에 대통령령은 총리령과 부령보다 상위에 있으나, 총리령과 부령은 상호 간에는 동일한 위치에 있으므로 우열의 차이가 없는 것으로 본다.

명령에 관하여 주의하여야 할 개념으로 직권명령·행정명령·법규명령·비상명령 등이 있다.

직권명령은 국무총리 또는 행정 각부의 장이 소관사무에 관하여 직권으로 발하는 집행명령이다. 직권명령은 법령에 의한 수권 없이 직무권한 안에서 발하는 행정규칙 내지 행정명령에 해당되므로, 일반국민에 대한 구속력이 없다고 보는 것이 다수설이다. 그러나 헌법 제95조에 규정한 직권명령은 이를 집행명령으로 보고 국무총리는 법률이나 대통령령 등 상위법령이 규정하는 범위 안에서 그 직권명령으로 국민의 권리·의무를 규율하는 총리령을 발할 수 있다고 보아야 할 것이다.

행정명령*Verwaltunsverordnung*이란 행정기관이 헌법상 근거를 요하지 아니하고 그 고유권한으로서 일반국민의 자유 또는 권리와 직접 관계가 없는 비법규적 사항을 정하는 것으로 행정기관 내부에서만 효력을 갖는 규칙을 말한다. 행정규칙, 행정규정 또는 행정내규라고도 하며, 그 내용에 따라 조직규칙·근무규칙·영조물규칙 등의 유형이 있고, 그 형식에 따라 규칙·규정·고시·예규·훈령·지시·통첩·지침·일일명령 등의 명칭을 가지고 있다. 행정명령은 대통령·국무총리·행정 각부의 장 외에 감사원·각원·처·청의 장 등의 행정관청은 물론 국립대학의 총·학장도 제정할 수 있다.

법규명령*Rechtsverordnung*이란 행정기관이 헌법에 근거하여 국민의 자유와 권리에 관한 법규사항을 정하는 것으로 대외적·일반적 구속력을 가지는 법규로서의 성질을 가진 명령을 말한다. 이 법규명령 속에 앞에서 설명한 위임명령과 집행명령이 있다.

법규명령과 행정명령은 행정기관에 의하여 제정되는 명령이라는 점에서는 공통되나, 법규명령은 반드시 헌법에 근거가 있어야 하지만, 행정명령은 헌법적 근거와는 관계없이 행정작용의 일환으로서 행정기관이 당연히 발할 수 있는 명령이며, 따라서 법규명령은 법규의 성질을 가지지만, 행정명령은 행정기관 내부에서만 효력이 있는 내규의 성질을 가지는 점에서 차이가 있다. 또한 법규명령은 국민의 권리·의무와 관계 있는 사항도 그 대상으로 할 수 있지만, 행정명령은 그러하지 아니하다.

비상명령*Ausnahmeverordnung*이란 비상사태가 발생한 경우에 의회의 소집가능성 여부에 관계없이 행정기관이 발하는 법률의 효력을 가지는 명령을 말한다. 비상명령과 협의의 긴급명령을 합하여 광의의 긴급명령이라 한다. 비상명령과 협의의 긴급명령의 차이점은 의회의 소집가능성 여부에 있다. 협의의 긴급명령은 긴급명령과 긴급재정·경제명령을 합한 개념으로서 현행헌법은 이 협의의 긴급명령만을 규정하고 있다(헌법 제76조).

(4) 규칙

일반적으로 규칙이라고 할 때에는 다음과 같은 몇 가지의 뜻으로 사용된다.

① 첫째는 법적 성질은 명령이면서 규칙으로 불리는 것이 있다. 이에 관하여는 헌법이 특별한 기관에 규칙제정권을 부여하고 있다. 예컨대 "국회는 법률에 저촉되지 아니하는 범위 안에서 의사와 내부규율에 관한 규칙을 제정할 수 있다(헌법 제64조 제1항)"는 규정에 의하여 국회가 제정한 국회방청규칙이나 진정서 등 처리에 관한 규정, 대법원의 민사소송 등 인지규칙이나 법원공무원규칙, 중앙선거관리위원회의 정당사무관리규칙 등이 그것이다. 이러한 규칙들은 공포되지는 않으나 폐지 변경될 때까지 영속적인 효력을 가지며, 조직의 내부뿐만 아니라 외부에도 미치는 국가법규로서 법규명령의 성질을 가진다. ② 둘째는 법규의 성질을 갖지 않는 것으로서 공법상의 특별권력관계 또는 행정기관 내부의 사항을 규율하기 위한 일반적인 규범이다. 이는 헌법상의 근거 없이 가지는 행정기관의 고유권한으로, 일반국민의 자유와 권리와는 관계없이 행정기관 내부에서만 효력을 갖는 규칙이다. 행정규칙·행정명령 또는 행정내규라고도 한다. 보통 훈령·지시·일일명령·예규·통첩·지침·고시 등의 명칭을 갖는다는 것은 앞에서 설명한 바와 같다. ③ 셋째는 자치법규로서의 규칙이다. 이에 대하여는 다음의 자치법규에서 설명한다. ④ 넷째는 운동경기 규칙과 같이 일반적으로 준거하여야 할 표준*rule*을 가리키는 수도 있다. 여기서 말하는 규칙은 두 번째를 말한다.

(5) 자치법규*autonome Satzung*

자치법규란 지방자치단체가 상위법규인 법률 또는 명령이 위임하는 범위 안에서 제정하는 자치에 관한 법규를 말한다. 그 제정의 주체가 지방의회일 경우에는 조례라 하고 지방자치단체의 장일 경우에는 규칙이라고 한다. 여기에서 말하는 자치법규에는 회사나 노동조합 등에서 제정한 정관이나 노동협정 등은 포함되지 아니한다. 자치법규는 그 자치단체의 지역 안에서만 효력을 갖는다. 조례와 규칙과의 관계는 법률과 명령과의 관계와 같이 상하관계에 있으므로 조례에 위반하는 규칙을 제정할 수 없다. 현행 지방자치법에 의하면 지방자치단체로는 정부의 관할 아래 특별시와 광역시, 특별자치시 및 도, 특별자치도를 두고, 시와 군 및 구를 도의 관할 아래 두고 있다. 이 외에 지방자치법에 의한 특별지방자치단체가 생길 수 있다.

(6) 조약*treary; Vertrag*

조약은 문서에 의한 국제법 주체 간의 명시적인 합의이다. 조약의 당사자는 원칙적으로 국가이지만 국가 이외의 국제법의 주체인 각국의 국제기구도 조약의 당사자가 될 수 있다. 구체적으로는 조약이라는 말 이외에 협약*convention*·협정*agreement*·의정서*protocol*·헌장*charter*·선언*declaration*·결정서*act*·각서*note*·규약*covenant*·규정*statute*·교환공문*exchange of notes*·잠정협정*modus vivendi* 등으로도 불린다.

그러나 국제관행상으로는 조약이 가장 격식을 갖춘 합의를 뜻하고, 협약·협정 등은 그 중요성이 비교적 낮아 격식이 엄하지 않은 합의를 의미한다. 또 결정서는 정식회의의 결과를 요약한 합의를, 의정서는 국제회의에서의 의사록을 의미하고, 헌장·규정·규약 등은 국제기구를 수립하는 중요한 합의에 사용된다. 조약의 체결은 보통 교섭·서명·비준·비준서의 교환·등록·공표 등의 과정을 거친다. 우리 헌법 제6조 제1항은 "헌법에 의하여 체결·공포된 조약과 일반적으로 승인된 국제법규는 국내법과 같은 효력을 가진다"고 하여 국제평화주의를 취하고 있다.

2. 불문법*unwritten law; ungeschriebenes Recht*

불문법이란 문자로 표현되지 않은 법을 말한다. 연혁적으로는 불문법이 성문법에 선행한다. 성문법주의와 불문법주의의 장단점은 앞에서 설명한 바와 같다. 불문법에는 관습법·판례법·조리를 들 수 있다.

(1) 관습법*customary law; droit coutumier; Gewohnheitsrecht*

관습법이란 사회에서 스스로 발생한 관행이 단순한 의례적·도덕적인 규범으로서 지켜질 뿐만 아니라 사회의 법적 확신 내지 법적 인식을 수반하여 다수인에 의하여 법과 다름없이 준수될 정도로 된 것을 말한다. 따라서 관습법이 성립하려면 ① 관습이 존재하여야 하고, ② 그 관습이 법규범이라고 인식될 정도로 일반인에게 법적 확신 내지 법적 인식이 있어야 하며, 그 관습이 선량한 풍속, 기타 사회질서, 즉 公序良俗*Public policy; öffentliche Ordnung und gute Sitte*에 합치하여야 한다. 관습법의 성립근거에 관하여는 위 ①의 관행설(지텔만*Ernst Zietelmann*), ②의 확신설(사비니*Savigny*, 기르케*Gierke*, 푸흐타*Puchta*, 라반트*Laband*)과 ③ 국가승인설(라손*Lasson*, 바인딩*Binding*)이 있다. 그러나 국가승인설에 대하여는 국가가 승인하기 이전에 관습법이 엄연히 존재한다는 점에서 이를 인정하지 아니하는 견해가 많다.

관습법의 효력에 대하여는 관습법과 사실인 관습의 관계와 관습법과 성문법의 관계로 나누어 검토하여야 한다.

첫째로, 사실인 관습은 법으로서 효력을 갖지 아니하는 단계에 있는 관습이다. 민법 제106조는 "법령 중의 선량한 풍속 기타 사회질서에 관계없는 규정과 다른 관습이 있는 경우에 당사자의 의사가 명확하지 아니한 때에는 그 관습에 의한다"고 하여 법률행위 해석의 기준이 되는 사실상의 관습에 대하여 사법상의 효력을 인정하고 있다. 법령 중의 선량한 풍속, 기타 사회질서에 관계 있는 규정은 강행법규요, 관계없는 규정은 임의법규이다. 강행법규에 위반하는 관습은 그 효력을 인정할 수 없지만 임의법규와 다른 관습은 법률행위의 해석에 관한 한 임의법규보다 우선하여 적용되고, 당사자의 의사가 명확하지 아니한 때에는 사실인 관습을 적용한다. 당사자가 관습에 의할 것임을 명확히 한 때에는 그 관습은 법률행위의 내용이 되므로 민법 제105조에 의하여 당연히 그 관습이 적용된다. 반대로 당사자가 관습에 의하지 않겠다는 의사를 표시한 때에는 그 관습을 적용할 수 없음은 물론이다. 이와 같이 임의법규와 다른 사실상의 관습이 있을 때 당사자의 의사가 명확하지 아니한 경우에만 그 관습에 의한다는 것이다. 이리하여 사실인 관습은 당사자의 의사표시를 보충하고 해석하는 자료로서의 효력을 갖게 된다. 따라서 관습은 임의법규를 개폐하는 결과로 된다.

관습법과 사실인 관습의 관계에 대하여는 양자를 구별하는 견해와 구별하지 아니하는 견해로 나누어져 있다. 양자를 구별하는 통설과 판례에 의하면 양자는 법적 확인의 유무와 관습의 존재에 대한 당사자의 주장·입증책임의 유무 및 그 성질·효력·적용범위에 있어서 차이가 있다고 한다. 그러나 법적 확신의 유무를 구별하는 기준을 구한다는 것이 어려우며, 법률행위의 해석기준으로서의 관습은 사실은 의사해석의 기준 그 자체가 되는 관습이고, 또한 의사보충의 효력도 가지는 관습이기 때문에 양자를 구별한다는 것은 어려운 일이며, 양자 모두 재판규범이며 법률문제에 속한다고 보아야 할 것이다. 이런 입장에서 민법 제1조의 "민사에 관하여 법률에 규정이 없는" 경우의 법률을 강행규정으로 본다면 민법 제106조와 해석상의 어려움은 해결될 것이다.

둘째로, 관습법과 성문법의 관계이다. 관습법의 성문법에 대한 우열의 관계에서 보충적 효력만을 인정할 것인가 아니면 대등적 효력 내지 변경적 효력까지 인정할 것인가가 문제이다. 민사에 관하여 민법 제1조는 관습법의 보충적 효력을 인정하고 있다. 상사에 관하여는 상법 제1조에서 "상사에 관하여 본법에 규정이 없으면 상관습법에 의하고 상관습법이 없으면 민법의 규정에 의한다"고 하여 상관습법이 민법의 규정에 우선하여 적용된다. 또한 민법 제185조는 "물권은 법률 또는 관습법에 의하는 외에는 임의로 창설하지 못한다"고 하여 대등적 효력을 인정하고 있다. 민법 제106조의 사실인 관습이 임의법규보다 우선하여 적용되는 경우가 있음은 앞에서 설명한 바와 같다. 이러한 규정을 종합하여 볼 때 관습법은 성문법에 대하여 보충적 효력 외에 대등적 효력도 있는 것으로 봄으로써 그 결과 성문법 개폐력까지 인정하여야 할 것이다. 그러나 죄형법정주의가 기본원리로 되어 있는 형법에 있어서는 관습법 효력을 인정할 여지가 없음은 물론이다.

(2) 판례법*case law, judge−made law; Fallrecht Judikaturrecht*

판례법이라 함은 일정한 법률문제에 관하여 동일취지의 판결, 즉 선례*precedents; Gerichtsgebrauch*가 계속 반복됨으로써 사실상 법원을 구속하게 된 규범을 말한다. 판례법은 관습법의 특수한 형태로 볼 수 있으나 법원에서 형성되는 점에서 일반 관습법과 다르다.

원래 법원의 판결은 당해 사건에 대해서만 구속력을 갖는 데 불과하지만 장래 동일한 사건의 재판에 이것이 선례가 되어 동일한 판결이 반복될 것이기 때문에 판결은 동종사건에 대하여 사실상 법적 구속력을 갖게 된다. 그리고 그 판결이 불합리하지 않은 한 사람들은 같은 사건에 대하여 같은 취지의 판결이 내려질 것을 예상하고 각자의 행동을 규율하게 된다.

영국의 보통법*common law*은 그 대부분이 판례의 누적으로 되어 있고 제정법*statute law*은 보통법을 정정·보충·정리할 필요가 있을 때에 한하여 제정된다. 영국의 계약법도 주로 판례법이다. 영미에서는 상급법원의 판결례는 그 후 당해 법원이나 하급법원이 동일한 사건에 관하여 다르게 판결할 수 없다는 선례구속의 원칙*doctrine of stare decisis*이 있기 때문에 동일취지의 판결이 반복되어 살아 있는 법으로서의 판례법의 형성이 가능하게 된다.

이와 반대로 유럽대륙의 성문법주의 국가들에 있어서는 법전주의에 입각하기 때문에 법원은 동급 및 상급법원의 판결에 구속받지 않는 것이 원칙이다. 법원은 법의 적용만을 담당하고 법의 창조에는 아무런 권한이 없다는 성문법주의 국가에 있어서는 판례는 단지 법적용의 성과 내지 침전물에 불과하므로 판례법은 법원으로 인정될 수 없다.

우리나라에서도 사정은 같다. 판례를 법원으로 인정한다는 명문규정도 없다. 법원조직법 제8조는 "상급법원 재판에서의 판단은 해당 사건에 관하여 하급심을 기속한다"고 하고 있으나, 이것은 오직 '해당 사건'에 한하며 일반적으로는 하급심을 구속하는 효력이 없다는 것을 의미한다. 그러나 판례의 구속력은 인정하지 않으나 상급법원의 판례가 법의 안정이라는 목적 때문에 '사실상의 구속력'을 가진다는 사실은 부인할 수 없다. 법원조직법 제7조 제1항 3호에서도 대법원이 그의 판례의 일관성을 유지하고 안정된 법률생활을 영위하기 위하여 자신은 판결에 구속되고 종래의 판결을 변경할 때에는 대법관 전원의 3분의 2 이상의 합의체에서 행하도록 하고 있다. 더욱이 법원의 심판에 삼심제를 채택하고 있는 우리나라에 있어서 대법원의 판결은 사실상 하급심을 구속하는 효력을 가질 수밖에 없을 것이다.

(3) 條理*nature of things; Natur der Sache*

조리라 함은 우리의 정의심에서 이러이러하여야 한다고 의식되는 이치로서 사물의 본성·근본적 도리·경험법칙·사회통념·사회적 타당성·공서양속·신의성실·정의·형평 등으로 표현되기도 한다.

민법 제1조는 "민사에 관하여 법률에 규정이 없으면 관습법에 의하고 관습법이 없으면 조리에 의한다"고 규정하고 있다. 이것은 민사재판에 있어서 법의 흠결*Rücken im Recht*이 있는 경우에 조리에 의할 것을 규정한 것이다. 형사재판이 아닌 민사재판에 있어서는 적용할 법규가 없다고 하여 재판을 거부할 수는 없으므로 이때에는 조리에 의하여 재판하라는 규정이다.

법의 흠결을 조리로 보충하려는 외국의 입법례를 보면 오스트리아 민법 제9조의 '자연적 법원리*die natürlichen Rechtsgrundsätze*'라든지, 스위스 민법 제1조의 '입법자로서 제정함 직한 규칙*die Regel, die der Gesetzgeber aufstellen würde*' 등을 들 수 있다.

조리의 법원성에 관하여는 민법 제1조의 규정에 의하여 조리도 법원으로 보는 견해가 다수설이지만, 정확히 말하면 조리는 재판의 기준은 되지만 법 그 자체는 아니다. 조리는 결국 법관의 심중에 있는 무형적인 것이기 때문에 형식적 법원으로 보기는 어려울 것이다.

연습문제

1. 法源이란 무엇인가?
2. 법은 어떤 형태로 존재하는가?
3. 관습법은 언제 성립하는가?
4. 사실인 관습과 관습법은 다른 것인가?
5. 관습법은 성문법을 개폐할 수 있는가?
6. 선례구속의 원칙이란 무엇인가?
7. 조리는 法源인가?
8. 성문법과 불문법의 장단점은 무엇인가?

Ⅷ. 법의 효력은 어떠한가?

• 내가 원하기 때문에 네가 해야 한다고 하는 것은 의미가 없다. 그러나 내가 해야 하기 때문에 너도 해야 한다고 하는 것은 바른 판단이며, 이것이 바로 법의 기초이다.

— J. G. Seume

1. 법효력의 개념

법이 법인 까닭은 법이 현실로 행하여지는 데 있다. 법이 행하여질 가능성을 가진 실현력 또는 규범력을 법의 효력*validity of law; Geltung des Rechts*이라고 한다. 법효력의 문제는 법이냐 법이 아니냐를 결정하는 것으로서 법의 개념과 밀접하게 관련되어 있어 법철학의 중추적인 문제로 다루어지고 있다.

법의 효력을 어떠한 맥락에서 다룰 것인가 또 그 근거는 무엇인가에 대해서는 학자들 간에 견해가 갈리어 있다.

일찍이 마이어*Mayer*(1875~1923)는 "마치 둥지에서 쫓겨난 새처럼 효력의 개념은 가는 곳마다 자리 잡으나 어느 곳에서도 안정을 찾지 못하고 법철학의 여기저기를 날아다닌다"고 묘사하였다. 그러나 법의 효력의 문제를 영원한 방랑객으로 내버려 둔다는 것도 문제가 있기 때문에, 여기서는 법이 현실생활 속에서 실현되는 근거는 무엇인가 하는 실질적 효력과 법이 어떤 시기에 어떤 장소에서 어떠한 사람에게 적용되는가 하는 형식적 효력으로 나누어 검토하고자 한다.

2. 법의 실질적 효력

법이 효력을 가지려면 타당성*validity; Richtigkeit*과 실효성*effectiveness Wirksamkeit; Geltigkeit*을 함께 가져야 한다. 타당성이란 법이 구속력을 가질 수 있는 정당한 자격 내지 권능을 의미하고, 실효성이란 법이 현실로 지켜지고 실현되는 근거를 말한다. 타당성이 없는 법은 실효성이 있다 하더라도 악법에 불과하고, 반대로 실효성이 없는 법은 타당성이 있다 하더라도 실정법으로서의 임무를 다하지 못하는 하나의 空文에 불과하게 되므로 법이 효력을 갖기 위하여는 규범적 타당성과 사실적 실효성을 동시에 갖추어야 한다.

이와 같은 법의 이중적 구조 가운데 그 어느 하나라도 결여되면 실정법으로서의 존재가치를 잃게 된다. 이와 같이 한편으로는 법은 모든 사람에게 준수를 요구하는 소위 규범성을 가진 당위*Sollen*이기도 하고, 다른 한편으로는 사람들에 의하여 현실로 복종되고 있다는 사실성을 가진 존재*Sein*이기도 하다. 당위로서의 타당성과 존재로서의 실효성은 본질적으로 다른 내용이지만 양자는 상호 밀접·불가분의 관계에 있다.

타당성과 실효성이 합치되는 경우 법의 효력은 가장 충분하게 발휘되고, 양자가 합치되지 않을 경우에는 법의 가치에 의문을 낳게 한다. 나치스 정권의 폭정을 목격한 라드브루흐는 "타당성이 없는 악법에 복종하는 것은 범죄행위"라고 하였고, 야스퍼스도 "나치스의 악법에 복종한 독일 국민 전체가 전범자"라고까지 하였다. 이것은 법의 실효성보다 타당성을 중시하며 악법에 대한 거부와 함께 저항권*Widerständsrecht*을 강조한 것이라고 할 수 있다. 반대로 법이 타당성은 있지만 실효성이 없는 경우도 있다. 그러나 지금 당장은 실효성이 없다 하더라도 법이 타당성만 가진다면 실효성을 보장할 수 있는 '가능성'은 언제나 가지고 있다고 보아야 할 것이다.

법이 법으로서의 효력을 가지면 구속력은 저절로 생기게 된다. 벨첼*Hans Welzel*(1904~1977)은 "법의무나 법효력은 법을 통한 규범적 구속력*normative Bindung*이라는 동일한 사태의 2개의 상이한 국면에 불과하다"고 하였고, 라드브루흐도 법효력의 문제는 의무부과력*Verpflichtungskraft*에 관한 문제라고 하였다. 그러면 이러한 효력이 법에 있어서 발생하는 근거는 무엇인가?

3. 법효력의 근거

법이 무엇에 의하여 법이 되는가? 다시 말하면 법에 있어서 효력이 발생하는 근거는 무엇인가에 대하여는 옛날부터 많은 학자들의 견해가 나누어져 왔다.

(1) 철학적 효력론

가. 신의설

신의설은 법의 효력의 근거를 천지만물의 지배자인 신의 의사에서 구하는 견해이다. 법은 신앙에 기초한 심리적 강제, 즉 神罰의 제재에 의하여 준수된다는 견해로 종교에 의하여 뒷받침되었다. 함무라비법전·마누법전·모세법전 등과 같은 고대사회의 법전과 중세로부터 근세 초두에 이르기까지의 왕권신수설도 신의설이라고 생각된다.

아우구스티누스는 영구법은 신의 의사와 동일한 것이며, 신의 합리적 의지가 바로 영구법이라고 하였다. 토마스 아퀴나스도 법을 영구법·신법·인정법·자연법으로 나누고, 영구법은 신의 이성으로부터 발생한 세계지배의 원리라고 하였다.

나. 자연법설

이 설은 자연의 섭리·신의 섭리·인간의 이성 등에 입각한 것이 자연법이라고 하고, 이 자연법은 때와 장소를 초월하는 영구불변의 법칙으로서 입법자는 마땅히 이 자연법에 기초하여 실정법을 제정하여야 하므로 실정법이 자연법에 저촉되는 경우에는 그 효력이 상실될 수밖에 없다는 주장이다. 이와 같이 자연법은 실정법 이전에 존재하는 법으로서 실정법의 기본원리로 그 타당성을 갖는 근거 내지 기준이 된다.

이 설은 그리스의 스토아 학파에서 시작하여 로마의 울피아누스에 의하여 주장되었다. 중세에는 아우구스티누스, 토마스 아퀴나스에 의하여 그리스도교 신학과 결합하여 중세 자연법 사상이 완성되었다. 근세에는 그로티우스*Grotius*(1583~1645)·홉스·푸펜도르프*Pufendorf*(1632~1694)·라이프니츠*Leibnitz*(1646~1716)·볼프·몽테스키외*Montesquieu*(1689~1755)·루소·칸트 등에 의하여 주장되었다.

그로티우스로부터 프랑스 혁명에 이르기까지의 근세의 자연법 사상은 자아의 해방을 위하여 자유와 평등을 기치로 내걸고 중세적 질서로부터 해방을 부르짖은 것이다.

19세기에 역사법학파라는 실증주의 법학의 전성으로 자연법은 잠시 자취를 감추었는데, 19세기 중반 슈탐러에 의하여 비판주의적 자연법 사상이 발흥하여 자연법 사상은 다시 지지되고, 샤르몽*Charmont*(1859~1922) 등에 의하여 재생자연법이 주장되었다.

자연법의 내용은 시대에 따라 달리 해석하여 왔는데 고대에 있어서는 '자연의 질서'에, 중세에 있어서는 '신의 섭리'에, 근대에 이르러서는 '인간의 이성'에 두고 있다. 그러나 시간과 장소를 초월하여 변함없는 자연법이 존재한다는 점에 대해서는 극히 근본적인 규범 외에는 이를 인정할 수 없으며 켈젠이 지적한 바와 같이 자연법이론은 관념적·무정부주의적이라는 비난을 면치 못할 것이다. 또한 모든 실정법의 근거가 자연법이라는 사상은 옳지 않으며 실정법의 효력을 실정법 자체에서 구하지 못하였다는 단점이 있다.

(2) 법학적 효력론

대표적인 것으로 켈젠의 법단계설*Stufen Theorie des Rechts*을 들 수 있다. 이에 의하면 실정법질서는 헌법·법률·명령·규칙의 순서로 상하의 단계구조를 이루어 상위규범은 하위규범을 통하여 구체화된다는 것이다. 그리고 종국적으로는 최상위인 근본규범 *basic norm; Grundnorm*에 의하게 되는데, 이 근본규범은 동일한 질서에 속하는 모든 규범의 효력에 대한 공통적인 원천이며 효력근거이다. 켈젠에 의하면 근본규범이란 법을 제정할 수 있는 최고 권위의 소재를 가리키는 국가의 정치적 근본원리 내지 국민의 정치적 결단이다.

켈젠은 당위와 존재를 엄격히 구별하여 방법이원론에 의한 순수법학을 내세우지만, 근본규범도 결국은 사물의 근본 이치와 같은 필연적 존재로 볼 수 있지 않을까 하는 의문이 생긴다. 이와 같이 이 설은 헌법보다 상위에 있는 근본규범이 무엇인지에 대하여 설명이 충분하지 못하며 법의 타당성의 근거에 관한 이론을 지나치게 형식화하고 있다는 비판을 받는다.

(3) 사회학적 효력론

순수한 철학적·법학적 효력론으로서는 법효력의 문제를 해결할 수 없다면 오히려 사회학적 내지 역사적 효력론으로 설명하려는 방법이다.

가. 역사법설

사비니*Friedrich Karl von Savigny*(1779~1861)에 의하여 제창되고 푸흐타*Georg Friedrich Puchta*(1798~1846)에 의하여 완성된 역사법설에 의하면 법이란 자연적으로 발생하는 민족정신의 발현이며, 법의 효력의 근거는 민족의 법적 확신에 있다고 한다. 법은 언어와 마찬가지로 민족과 유기적인 관계를 갖고 자연적으로 생성 발전하는 산물이지 결코 제정되는 것은 아니다. 즉 법은 만들어지는 것이 아니라 발견되는 것으로서 관습법이 유일한 법원이라고 주장한다. 그러나 이 설은 법의 형성과정에 있어서 민족적 특수성을 지나치게 중시하고 제정법의 현실성을 무시하고 있다. 또한 대부분의 국가도 타국법을 계수하는 것이 오늘의 현실이고, 하나의 국가도 여러 민족으로 형성되는 경우가 많기 때문에 비현실적인 주장이다.

나. 실력설

법을 만들고 법을 움직이고 법에 효력을 부여하는 근거를 지배자의 피지배자에 대한 실력으로 보려는 견해이다. "실력이 법이요 정의이다*Macht ist Recht*"라고 하는 영국의 법언이나, "실력이 법에 앞선다*Macht geht vor Recht*"고 하는 독일의 법언이나, "이기면 충신, 지면 역적"이라는 우리의 속담 속에서 이 사상을 찾아볼 수 있다. 실력설은 주장 방법에 따라 다음과 같이 분류할 수 있다.

첫째는, 사람들이 법에 복종하는 것은 강자가 그의 권리로써 실력을 행사하기 때문이라고 하는 지배자권리설이다. Sophist들에 의하여 대표되고 칼리클레스*Kallikles*나 메르켈*Merkel*(1836~1897) 등이 설명하는 '권력으로서의 법' 등도 이에 속한다.

둘째는, Marxism의 견해이다. 마르크스주의자들은 "법을 사회의 물질적 생산력에 대응하는 생산단계를 토대로 하여 그 위에 구축된 상부구조이며 계급적 지배의 수단으로 보고, 법은 지배계급이 국가권력과 결합하여 규범화한 것으로 법이 곧 권리이다"라고 한다. 그러나 지배자가 왜 법의 효력을 지지할 수 있을 만한 실력을 가지는지 그 이유를 밝히지 못하고 있다.

셋째는, 사실의 규범력설이다. 이 설은 법의 타당성의 근거를 힘에서 찾으려는 견해이다. '사실의 규범력*normative Kraft des Faktischen*'이란 옐리네크에 의하면 '사실' 그 자체 속에 규범으로 바뀔 힘이 내재하고 있다는 것이다. 그는 관행이라는 사실로부터 관습 내지 관습법이라는 규범이 생기고, 또 혁명이라는 사실에 의하여 종래의 규범체계가 부정되고 새로이 탄생된 규범체계가 효력을 가지게 되는 것을 사실의 규범력으로 설명한다. 그러나 이 견해도 관행이나 혁명이라는 실력을 단순한 사실에 지나지 않는다고 보는 것은 정당하다고 할 수 없고, 또 아무런 의미나 목적을 가지지 않는 단순한 사실이 법규범으로 전환될 수는 없다.

넷째는, 솜로*Felix Somlo*(1873~1920)의 법실력설이다. 그에 의하면 실력의 기본적 의미를 단순히 물리적 강제력에 한정하지 아니하고, 규범복종자의 신앙, 관습 또는 윤리적 감정과 같은 윤리적 확신 등을 더욱 중요시한다.

이상과 같이 법이 권력을 가지고 실력으로 행사되고 있다는 사실은 어떠한 이론을 취하더라도 일면의 진리를 포함하고 있음을 부인할 수는 없다. 실력설은 법의 성립과정이나 원인을 설명하는 것으로는 유력한 견해이다. 그러나 실력설은 법에 단순한 실력이 나타남에 불과하다고 함으로써 법의 이념이나 가치관에 있어서 법의 타당성의 근거를 설명하는 데는 불충분하다. 또한 실력설에 의하면 법과 폭력의 구별은 불가능하고, 폭력에 의한 법의 파괴도 적법한 행위로서 인정되어야 하는 모순이 생기며, 관습법이나 자연법의 효력의 근거를 설명하기가 매우 어려워진다.

다. 명령설

오스틴*John Austin*(1790~1859)에 의하면 법학의 대상은 엄밀한 의미에서의 실정법에 한정되고, 실정법의 본질은 주권자 또는 지배자의 명령이라고 한다. 이 설은 강제를 내용으로 하는 점에서 실력설과 유사하지만 실력설은 오로지 물리적 강제를 근거로 하는 데 반하여, 명령설은 법적 권위로서의 주권자의 명령에 있다는 것이다. 법을 신의 의사에 대신하여 주권자의 의사라고 하는 사상은 로마의 법학자나 근세의 홉스에 의하여 주장되었으나 학문적으로 정리하여 체계화한 학자는 오스틴이다. 그에 의하면 법은 단순한 욕구의 표시가 아니라 주권자인 명령자가 피지배자인 受命者에게 유효한 제재수단을 가지고 실효성을 확보하려고 내리는 욕구의 표시이다. 따라서 법을 제정하거나 개정하는 근거는 당연히 주권자의 실력 또는 지배자의 의지에 있다고 한다. 그러나 지배자의 실력이 왜 유효하게 행하여지며, 지배자의 힘이 왜 타당성을 갖게 되는지에 대한 설명은 없다. 또한 관습법이나 자연법을 포함한 모든 법을 국가주권의 발동에서 구하며 법을 주권자의 명령이라고 하는 것은 옳지 않다.

라. 승인설

비얼링*Ernst Rudolf Bierling*(1841~1919)에 의하여 대표되는 승인설*Anerkennungstheorie*은 법의 효력의 근거를 국민에게서 찾는다. 국민이 사회생활의 규범으로서 승인한 것이 법이라고 한다. 법의 구속력이 사회구성원인 국민의 승인에 의하여 생긴다고 하는 사상은 근세 자연법의 계약설로부터 비롯되었지만 승인설에서의 승인은 계약관념보다도 넓은 것으로서 강제된 승인과 무의식의 승인 및 비자발적인 승인까지도 포함된다. 따라서 백치나 유아는 물론 현행법에 반대하는 사람들도 법에 복종하는 한 승인한 것으로 된다.

그러나 이것은 현실을 무시한 일종의 의제로서 수긍하기에는 어려운 점이 많다. 법의 효력은 반드시 현실로 행해지고 있는 법의 전부를 지지 내지 승인하고 있다는 뜻은 아니며 오히려 법의 권위를 인정하는 것은 사회일반의 심리이어야 한다. 또한 승인의 내용도 극히 막연하고 불명확하여 논리상 피할 수 없는 모순을 안고 있으며 법의 이념 내지 가치가 설명되지 못하는 불충분한 설이라 할 수 있다.

마. 사회계약설

로크*John Locke*(1632~1704)와 루소가 주장한 사회계약설에 의하면 국가는 인민의 합의계약에 의하여 성립된 것이라고 하고, 국가의 권력이나 법의 근거는 인민의 일반의사 *Volonté générale*에 있다고 하였다. 입헌민주국가에 있어서는 이러한 일반의사를 주권이라 하고, 그 행사방법을 국민의 대표기관에 맡기고 그 대표기관인 국회에서 제정한 법은 국민의 의사로 간주된다. 이리하여 법에 복종하는 것은 타율적 지배 때문이 아니라 자기구속의 원칙*self-binding principle*에 의한 자발적 복종 내지 승인이라는 것이다. 이러한 의미에서 승인설은 사회계약설에서 유래된 것으로 볼 수 있다.

그러나 실증적인 측면에서 볼 때 국가나 법이 반드시 사회계약에 의하여 성립되었다고 볼 수 없고 또한 계약이 어떠한 이유로 후손을 구속하는가에 대한 명백한 근거를 제시할 수도 없으므로 이 학설은 하나의 가설에 불과하다.

바. 사회의식설

사회는 구성원 간에 공통된 사회의식이 있어야 하며 그 사회의식의 내용이 법이라는 학설이다. 사회의식의 내용이 되는 법은 개인의 의사를 구속하고 준수되는 것이라고 한다. 승인설의 경우에는 승인을 반대하는 자에 대해서도 법이 구속력을 가진다는 근거가 빈약하게 되나 사회의식설에 따르면 이러한 결함은 보완된다. 그러나 어떤 의사가 사회의 공통적인 의사로 성립되는지가 확실치 아니하며 또한 그 의사가 법적 기초가 된다고 하는 것은 논리의 비약이 크다고 할 수 있다.

사. 여론설

영국의 다이시*Albert Venn Dicey*(1835~1922)는 여론*public opinion; öffentliche Meinung*이야말로 법의 효력의 근거이며 법창설의 연원이라고 하였다. 그는 "여론이란 일정한 법을 유익하다고 인정하고 다른 법을 해롭다고 인정하는, 사회에서 널리 통용되는 신념이다"라고 주장하였다. 그러나 다수의 신념도 소수의 신념에 의하여 배제되어 법을 창조할 힘을 상실하게 될 때에는 여론은 법을 창조하여 이를 지지하는 최후의 힘이 될 수 없다. 또한 어느 것이 진정한 여론이고 어느 것이 사이비여론인지 파악하는 문제도 쉬운 일은 아니다.

(4) 법철학적 효력론

라드브루흐에 의하여 개척된 이 이론은 한마디로 법의 효력을 법이념 내지 가치와 관련지어 설명하려는 일종의 법이념설 내지 정당성설이라 할 수 있다. 그에 의하면 "법의 효력은 힘이나 승인 내지 여론 같은 사실에 의거할 수 없고 오로지 더 높은 당위, 즉 하나의 초실정적인 가치*überpositive Wert*에만 의거할 수 있다"고 하였다. 벨첼은 "힘으로서의 법은 강제일 뿐이며 가치로서의 법만이 의무를 부과시킨다"고 하였고, 카우프만은 "법이념이란 법이 법으로서 효력을 갖기 위하여 지향하여야 하는 법의 목적이다"라고 하였으며, 라렌츠*Karl Larenz*(1903~1993)도 "법은 의미 있는 현실*Sinn-Wirklichkeit*이며, 말하자면 이념의 실현으로서 효력이 있는 것이 법이다"라고 하였다.

그러나 법의 근본목적이나 이념은 결코 초역사적인 특정내용을 갖는 것도 아니요 또한 단일 요소로 환원될 수 있는 것도 아니다. 법이념과 결부시켜 법효력을 설명한다고 하지만 법을 타당성과 실효성의 양면으로 나누어 보면 법철학적 효력론만으로는 충분한 설명이 되지 못한다 할 것이다. 예컨대 아무리 이념적으로 잘 뒷받침된 혁명의 기도도 실패할 경우에는 기존의 법의 효력에 영향을 줄 수 없기 때문이다.

(5) 결론

지금까지 법효력의 타당근거에 관하여 여러 학자들의 견해를 살펴보았다. 법의 구속성의 근거를 힘과 강제에만 의존하려는 실력설은 단순한 실효성은 생길지 모르나 진정한 규범적 구속성과 의무부과적인 당위는 기대할 수 없다. 실력설과 이웃하고 사회계약설에서 생성된 승인설도 왜 동의하지 않은 국민에게도 준수되어야 하는가를 시원하게 대답하지는 못하고 있다.

법효력은 존재와 당위, 규범적인 것과 사실적인 것의 교차점인 것으로서 '존재하는 당위'라고 표현할 수 있다. 존재하는 당위라면 존재의 측면에서 보면 그것은 대중심리적으로 이해될 사실적인 승인에 뿌리박고 있고, 당위의 측면에서 보면 그것은 단지 자의적 요구나 전제적 명령이 아니라 법제정 당국에 의한 법이념의 구체화이기 때문에 법은 법으로서 효력이 있다고 보아야 할 것이다.

4. 법의 형식적 효력

법의 형식적 효력은 효력범위를 정하는 문제이다. 실정법은 구체적 사실에 적용된다. 적용되는 사실이 어떠한 시기에 누구에 의하여 어디에서 발생되었는가가 문제 되는데, 법의 형식적 효력으로서 時에 관한 효력, 사람에 관한 효력, 장소에 관한 효력이 그것이다.

(1) 時에 관한 효력

법은 언제부터 언제까지 법으로서의 효력을 가지느냐에 관한 문제이다.

가. 법의 시행

법의 효력은 시행일부터 폐지일까지 계속된다. 이 기간을 법의 시행기간 또는 유효기간이라 한다. 법은 시행에 앞서 공포*promulgation; Publikation*하여야 한다. 공포는 법의 성립과 내용을 국민에게 알리기 위한 것으로서 원칙적으로 관보에 의한다(법령 등 공포에 관한 법률 제11조). 공포일부터 시행일까지의 기간을 주지기간이라 한다. 주지기간은 보통 당해 법령의 부칙에서 규정한다. 다만, 그 기간이 정해져 있지 아니하면 법은 공포일로부터 20일이 경과하면 효력이 발생한다(헌법 제53조 제7항). 법령 등의 공포일은 법령 등을 게재한 관보 또는 신문이 발행된 날로 한다. 또한 국민의 권리제한 또는 의무부과와 직접 관련되는 법률·대통령령·총리령·부령은 긴급히 시행하여야 할 특별한 사유가 있는 경우를 제외하고는 공포일로부터 적어도 30일이 경과한 날로부터 시행되도록 하여야 한다(법령 등 공포에 관한 법률 제13조의2).

나. 법의 폐지

법의 효력은 폐지 사유의 발생으로 소멸하는데, 이에는 명시적 폐지와 묵시적 폐지가 있다. 명시적 폐지*abrogation*에는 신법에서 명시규정으로 구법의 전부 또는 일부를 폐지하는 경우와 법령에서 유효기간을 정한 경우에 그 기간의 종료로서 당연히 폐지되는 경우가 있다. 후자와 같은 경우를 한시법*Zeitgrenzerecht*이라 한다.

묵시적 폐지*derogation*에는 법령의 효력을 소멸케 한다는 명시적 규정은 없으나 후법우선의 원칙*lex posterior derogat priori*이나 특별법우선의 원칙*lex specialis derogat generali* 및 상위법우선의 원칙*lex superior derogat inferiori* 등에 의하여 신법과 구법이 모순 내지 저촉될 때 그 한도에서 구법은 당연히 폐지된 것으로 보는 경우이다.

다. 법률불소급의 원칙*Prinzip der Nichtrückwirkung*

법의 효력은 시행 후에 생긴 사항에 관하여서만 적용되고 시행 이전에 생긴 사항에 대해서는 소급하여 적용되지 않는다는 원칙이다. 이 원칙은 법률생활의 안정성과 기득권 존중의 요구로 인정된다. 사후법제정금지의 원칙이나 기득권 존중의 원칙*vested right; wohlerworbenes Recht*들은 이 원칙의 정신을 살리기 위한 원칙들이다. 이 원칙은 절대적인 것은 아니다. 사회의 실정이나 국민의 정의 형평의 요구가 있는 때에는 입법에서 예외를 두는 수가 있다. 민법 부칙 제2조, 상법시행법 제2조 등에서 소급효를 인정하고 있으며, 법률불소급의 원칙이 가장 엄격히 적용되는 형법에 있어서도 제1조 제2항에서 "범죄 후 법률이 변경되어 그 행위가 범죄를 구성하지 아니하게 되거나 형이 구법보다 가벼워진 경우에는 신법에 따른다"고 하여 소급적용의 규정을 두고 있다. 소급입법의 예로는 반민주행위자공민권제한법, 부정선거관련자처벌법, 정치활동정화법, 부정축재자처리법(5·16 이후), 정치풍토쇄신을위한특별법 등이 있다.

라. 경과법*transitive law; transitorisches Recht; Übergangsvorschriften*

구법 시에 발생한 사항이 신법 시까지 진행되는 경우에 신·구 양 법 중 어느 법을 적용할 것인가가 문제 된다. 이러한 문제를 해결하기 위하여 구법을 개폐하는 신법을 제정하는 경우에 양 법 중 어느 법을 적용할 것인가에 관하여 그 법령의 부칙 또는 별도의 시행법령에 특별규정을 두는 것을 경과법 내지 경과규정 또는 시제법이라 한다.

(2) 사람에 관한 효력

법이 어떠한 사람에게 적용되는가 하는 문제이다.

가. 속지주의 우선의 원칙

법은 원칙적으로 그 시행지역 안의 모든 사람에게 적용된다. 즉 국가의 영역 내에 있는 사람이면 자국민이든 외국인이든 그 국가의 법에 복종하여야 한다. 이것을 속지주의*Territorialprinzip*라 한다. 이에 대하여 국적을 기준으로 하여 당해 국가의 국민이 어디에 있든 자국법의 적용을 받게 되는 것을 속인주의*personalprinzip*라고 한다. 근대국가에 있어서는 속지주의가 속인주의에 우선한다는 원칙이 일반적으로 인정되어 있다.

나. 예외

① 외국에 있는 자국민에게 자국법을 적용하는 경우

참정권·청원권·병역의무 등과 같이 성질상 속지주의를 채택할 수 없는 사항에 대하여는 속인주의에 의하여 외국에 있는 자국민에게도 자국법을 적용한다.

② 외국에 있는 외국인에게 자국법을 적용하는 경우

형법은 내란죄, 외환죄, 국기에 관한 죄, 통화에 관한 죄, 유가증권·우표와 인지에 관한 죄 등의 일정한 범죄에 대하여는 대한민국 영역 외에서 죄를 범한 외국인에 대하여도 우리나라의 형법을 적용한다고 규정하고 있다(형법 제5조).

③ 자국에 있는 외국인에게 자국법을 적용하지 아니하는 경우

자국에 주재하는 외국의 원수·외교사절·영사 및 그 가족과 수행원, 군함의 승무원, 군대 등과 같이 치외법권*exterritoriality; extraterritoriality* 내지 외교특권을 가지는 외국인에게는 자국법을 적용하지 아니한다. 이들에게는 일반국제관습법이나 영사조약 및 주둔군 지위협정 등에 의하여 치외법권이 인정되고 있다.

④ 자국에 있는 자국인에게 자국법을 적용하지 아니하는 경우

대통령은 내란 또는 외환의 죄를 범한 경우를 제외하고는 재직 중 형사상의 소추를 받지 아니하며(헌법 제84조), 국회의원은 현행범인 경우를 제외하고는 회기 중 국회의 동의 없이 체포 또는 구금되지 아니한다(헌법 제44조 제1항)고 규정하여 자국법의 적용을 제외하고 있다.

(3) 장소에 관한 효력

법의 장소적 효력에 관하여는 다음과 같은 원칙들이 적용된다.

가. 속지주의

이것은 속지주의 우선의 원칙에서 설명한 바와 같이 사람의 국적 여하를 불문하고 자국영토 안에서 발생한 일체의 사항에 대하여는 우리나라의 법을 적용하는 원칙이다.

나. 속인주의

장소의 여하를 불문하고 자국민에 대하여는 우리나라의 법을 적용하는 원칙이다.

다. 보호주의

이것은 범죄인의 국적이나 범죄지 여하를 불문하고 자국 또는 자국민의 법익을 침해하는 범죄에 대하여 우리나라의 법을 적용하는 원칙이다.

라. 세계주의

범죄에 대한 사회방위의 국제적 연대라는 견지에서 범죄인의 국적 및 범죄지 여하를 불문하는 원칙이다. 우리나라는 속지주의를 기본원칙으로 하고 속인주의 및 보호주의를 가미하고 있다. 그러나 위의 원칙에 대하여는 약간의 예외가 있다. 지방자치단체에서 제정한 조례와 규칙은 그 지방에 한하여 적용되며, 도시계획법은 당해 도시에 한하여 적용된다. 또 선박·항공기는 자국영역의 연장으로 보기 때문에 비록 공해상이나 타국영역 내에 있을지라도 자국법의 적용을 받는다.

어느 주의를 채택하고 있는가는 나라마다 다르다. 또 각국이 모두 속지주의를 우선적으로 채용하는 경우에는 법률의 저촉*conflict of laws; Kollision der Gesetze*이 생긴다. 이 저촉을 해결하기 위하여 규정한 법이 국제사법이다. 그러나 법이 적용되는 것은 영역 그 자체가 아니고 영역 내에 존재하는 사람 또는 사람의 행위이므로 법의 장소에 관한 효력의 문제는 결국 법의 사람에 관한 효력의 문제로 귀결된다고 할 수 있다.

연습문제

1. 법의 효력에 대하여 설명하라.
2. 법의 실질적 효력이란 무엇인가?
3. 악법이란 무엇인가? 소크라테스가 악법에 따라 죽음을 선택한 것은 어떤 의미가 있는가?
4. 우리는 언제 법을 지키고 또 언제 저항해야 하는가?
5. 법의 효력의 근거를 논하라.
6. 법의 형식적 효력을 설명하라.
7. 법률불소급의 원칙은 절대적인 것인가?
8. 치외법권이란 무엇인가?
9. 법의 장소적 효력에 관한 원칙에는 어떤 것이 있는가?

Ⅸ. 법은 어떻게 적용하고 해석할 것인가?

- 법은 형평과 절제로써 사물을 해석한다*Law construth things with equity and moderation.*
- 문자는 죽이는 것이요 정신은 살리는 것이다. ―고린도후서 3:6
- 법학적 해석은 앞서 생각된 것을 追考하는 것이 아니라 생각된 것을 마지막까지 생각하는 것이다. ―Radbruch
- 모든 사물은 반증이 있을 때까지 정당하게 행하여진 것으로 추정된다.
- 법이 없으면 의제도 없다*There is no fiction without law.*

1. 법적용의 개념

법의 적용은 재판과정에서 가장 잘 나타난다. 재판에 있어서는 적용해야 할 추상적 법규를 대전제로 하고 사회에서 발생하는 구체적 사건을 소전제로 하여 판결이라는 결론을 도출해 내는 삼단논법*syllogism*의 형식을 밟아 적용된다. 예컨대 "타인의 재물을 절취한 자는 6년 이하의 징역 또는 1천만 원 이하의 벌금에 처한다(형법 제329조)"는 법규를 대전제로 하고, A가 어느 날 어디에서 B의 재물을 절취하였다는 사실을 소전제로 하여 판결을 내리게 될 때 절도죄에 관한 형법 제329조를 적용하는 것이 된다. 이와 같이 법을 적용하기 위해서는 2가지 단계가 필요하다. 그 하나는 사실의 확정이며 다른 하나는 법의 해석이다. 사실의 확정을 사실문제라고 한다면, 법의 해석은 법률문제이다.

2. 사실의 확정

법규를 적용하려면 먼저 소전제가 되는 사실을 확정하여야 한다. 절도행위를 하였다는 사실, 즉 A의 절도행위를 확정하지 못하면 어떠한 법규를 적용하여야 할 것인지를 결정하지 못할 것이다. 이와 같이 법률적용의 기초가 되는 사실의 확정에는 다음과 같은 방법이 있다.

(1) 사실의 입증

사실의 입증은 증거*Beweis*에 의한다. 재판에서 사실의 존부에 관하여 확신을 얻게 하는 자료가 증거이다. 이는 재판관의 사실인정*fact finding*의 객관성을 담보한다.

특히 형사소송에서는 사실의 진부는 확정하는 자의 주관적·자의적 판단에 좌우되어서는 아니 되며 객관적 증거에 의하여 확정되어야 한다. 증거는 원칙적으로 그 사실을 주장하는 측에서 입증하여야 하며, 이것을 입증책임*burden of proof; Beweislast* 또는 거증책임이라고 한다.

(2) 사실의 추정

추정*Vermutung*이란 증거에 의하여 확정하지 못한 사실을 우선 있는 사실대로 확정하여 법률효과를 발생시키는 것을 말한다. 법문에 "……한 것으로 추정한다"라고 규정하고 있는데, 특히 반증이 없는 한 일정한 사실의 성립을 인정하는 것이다. 추정은 입증의 어려움을 면하기 위하여 설정한 규정이므로 당사자가 반대의 증거를 들어 이 규정의 적용을 부정할 수 있음은 물론이다. 예를 들어 민법 제830조 제2항에서 "부부의 누구에게 속한 것인지 분명하지 아니한 재산은 부부의 공유로 추정한다"고 규정하고 있는데, 만약 그 재산이 부의 재산으로 입증된다면 추정규정의 효과는 생기지 아니한다.

(3) 사실의 의제

의제*fiction; Fiktion*는 사실 여하를 불문하고 법에 의하여 일정한 효과를 부여하는 것으로서 간주라고도 하는데, 법문에서는 "……로 본다"라는 용어를 쓰고 있다. 예컨대 민법 제28조에서 "실종선고를 받은 자는 전조의 기간(실종기간)이 만료한 때에 사망한 것으로 본다"고 규정하고 있는데, 이것은 실종자를 중심으로 하는 법률관계에 결말을 지어주기 위하여 실종선고를 사망과 동일시하여 혼인의 해소, 상속개시 등의 효과를 주기 위한 것이다.

간주 내지 의제는 추정과 달라서 상대적 법률효과를 인정하는 것이 아니라, 반증을 들어도 당장에 그 효과를 뒤집을 수 없다고 하는 절대적 법률효과를 인정하는 데 그 차이가 있다. 위의 예에서 실종선고를 받은 자가 생존하고 있음을 입증하더라도 당장에 선고의 효과가 뒤집어지는 것이 아니라 별도로 실종선고 취소의 선고를 받아야 한다. 이렇게 볼 때 간주규정은 공익, 기타 법정책상의 이유로 설정된 제도이기 때문에 추정규정보다 효력이 더 강함을 알 수 있다.

3. 법의 발견

위의 절도행위에 있어서와 같이 구체적 사실이 증거에 의하여 확정된 후에도 그 사실에다가 적용*Anwendung*할 법을 발견하여야 한다. 그런데 법을 발견한다*Rechtsfindung*는 것은 쉬운 일이 아니다. 가령 어떤 물건을 '빌려준다', '빌린다'는 경우 빌리는 물건이 소비물이냐 아니냐에 따라 소비대차 또는 임대차가 되고, 임대료를 지급하느냐의 여부에 따라 유상임차 또는 사용대차로 된다. 어떠한 사실에 적용할 법을 발견하기 위하여는 먼저 법의 의미내용을 명확히 하여야 한다. 이와 같이 법의 의미·내용을 명확히 하는 것을 법의 해석*interpretation of law; Rechtauslegung*이라 한다.

법관은 한편에서는 사실을 확정한 다음에 또 한편에서는 법을 발견하여 해석한 법을 사실에 적용하게 된다. 그러므로 사실의 확정과 법의 해석은 법의 적용을 통하여 연결되는 일련의 과정이다.

4. 법의 해석

(1) 유권해석

유권해석*authentic interpretation*이란 권한을 가진 국가기관에 의하여 행하여지는 해석을 말한다. 유권해석은 공적인 구속력을 가지는 것이 보통이다. 공권해석이라고도 한다.

가. 입법해석*legislative interpretation*

민법 제98조에서 "본법에서 물건이라 함은 유체물 및 전기 기타 관리할 수 있는 자연력을 말한다"고 규정하고 있는 바와 같이 입법기관이 법을 제정할 때 법문으로 어떤 용어의 뜻을 확정하여 두는 경우를 말한다. 이와 같이 해석규정을 두는 경우를 입법해석, 법규해석, 또는 법정해석이라 한다. 그러나 해석규정 역시 학리해석의 대상이 된다.

나. 행정해석*administrative interpretation*

행정관청에 의하여 행하여지는 해석으로서, 법집행의 형식 또는 상급관청의 하급관청에 대한 훈령·회답·지령의 형식으로 이루어진다. 행정관청 상호관계에서는 상하의 명령·복종이 있게 되고, 이에 따라 감독방법이 철저하다. 행정해석은 주로 사전적 감독방법인 훈령을 통해서 하는 것이 보통이다. 하급관청의 문의에 대하여 내리는 명령을 지령이라고도 한다. 훈령이든 지령 또는 회답이든 상급관청의 법해석이 전제되는 것은 물론이다. 행정해석은 최종적 구속력이 있는 해석이 아니다. 잘못된 법의 집행은 최종적으로 법원의 판결에 의하여 가려진다.

다. 사법해석*Judicial interpretation*

법원에 의하여 행해지는 해석으로서 이는 판결의 형식으로 이루어진다. 법원에서 이루어지므로 재판해석이라고도 한다. 사법해석은 입법해석과 같은 절대적 구속력은 없으나 하급법원은 상급심에서 자신의 판결이 파기되지 않도록 노력한다. 대법원의 판결은 하급법원에 대하여 사실상의 구속력을 가지므로 당해사건에 관한 한 사법해석은 원칙적으로 최종적인 구속력이 있다. 그러나 최고법원의 판결이라도 그 후 다른 사례에서 번복될 여지는 있다.

(2) 학리해석*doctrinal interpretation*

학리해석 내지 무권해석이란 법률학자나 일반 사인 등 개인에 의하여 순학문적인 입장에서 행하는 해석이다. 이는 하등의 구속력이 없는 무권해석이지만 유권해석에 상당한 영향을 주는 것은 물론 법학발전에 커다란 역할을 하여 왔다. 그리하여 법학자들의 학설이 입법의 근간이 되고 재판의 기준이 되는 것을 이유로 이를 法源으로 인정하여 학설법*wissenschaftliches Recht*이라는 견해도 있다. 학리해석에는 성문법의 조문과 문장의 의미내용을 파악하는 문리해석과 논리법칙에 따라서 해석하는 논리해석 및 타 법규와 대조 또는 관련하여 통일성·체계성을 유지하도록 하는 체계해석이 있다. 이러한 단계를 법해석의 삼단계라고 한다.

가. 문리해석*grammatical interpretation; grammatische Auslegung*

문리해석이란 법률의 문자와 문장의 의미를 기초로 하여 법규의 의미를 확정하는 것을 말한다. 문리해석은 법문의 국어학적인 해석 또는 문법적 해석을 꾀하는 것인데 법해석의 기초적 작업이며 제1단계의 해석이다. 문리해석은 법규의 문자 및 문장의 의미를 하나하나 밝힌 후에 다시 조문 전체의 문장의 구성을 검토하여 그 의미내용을 파악하게 되는데, 예컨대 '선의로'는 통속적으로는 '호의로'를 뜻하나 법률용어로서는 '어떤 사정을 알지 못하고'의 의미로 해석하는 것과 같다.

문리해석에 있어서 법문의 자구의 의미를 어느 시점의 의미로 해석하여야 할 것이냐에 대해서는 제정 당시의 의미로 해석하여야 한다는 연혁적 해석론과 해석 당시의 의미로 해석하여야 한다는 진화적 해석론이 있다. 후자가 다수설이다. 그런가 하면 법령 중에는 사회의 발전이나 시대의 변천에 따라서 법문의 해석을 달리할 것을 전제로 한 것이 있다. 예를 들면 민법 제103조에서 규정한 '선량한 풍속 기타 사회질서'라는 개념은 시대나 장소에 따라서 같지 않음을 예상한 규정이라 할 수 있다.

문리해석이 해석의 기본방법이기는 하나 너무 자구의 의미파악에만 구애되어 법의 진의를 잘못 파악하거나 사회사정의 변동을 무시하고 구체적 타당성을 잃는 해석이 되기 쉽다. 이리하여 다음의 논리해석과 체계해석이 필요하게 된다.

나. 논리해석*logical interpretation; logische Auslegung*

논리해석이란 법문의 자구나 문장을 무시하는 것은 아니지만 법문의 자구나 문장에 구애됨이 없이 또 입법자의 심리적 의사에 관계없이 논리법칙에 따라 법문의 의미를 밝히는 것을 말한다. 논리해석은 문리해석과는 달리 법 전체의 논리적 구조·조직, 법질서 전체와의 유기적·논리적 관계, 제정의 목적과 취지, 연혁 및 입법정신 등을 고려하여 논리적 추리에 의하여 해석하는 방법을 택한다. 그러나 논리해석이 법규의 주관적 의미를 초월한 객관성의 보장에 이바지하기는 하지만 과도한 형식논리로의 편중은 개념법학*Begriffsjurisprudenz*의 폐단에서 보는 바와 같이 실제사회에 적합하지 않게 되는 모순이 발생하게 된다. 논리해석에는 다음과 같은 여러 가지의 해석방법이 있다.

① **확장해석***intensive interpretation; ausdehnende Auslegung*

법문의 의미를 보통의 뜻보다 넓게 해석하는 방법이다. 문리해석에 의한 법문의 단순한 해석으로서는 너무 좁아서 법규의 진정한 의도를 실현할 수 없는 경우에 취하는 태도이다. 예컨대 형법에서 "사람을 살해한다"는 법문은 부작위에 의한 살인까지 포함한다고 해석한다든지, '상해'는 신체의 생리적 기능에 장해를 일으키는 것 외에 여성의 두발을 절단함으로써 외관상 손상을 초래하는 것도 포함한다고 해석하는 것과 같다.

② **축소해석***restrictive interpretation; restictiv Auslegung*

법문의 의미보다 좁게 해석하는 방법이다. 제한해석이라고도 한다. 예컨대 민법 제212조에서 "토지의 소유권은 정당한 이익 있는 범위 내에서 토지의 상하에 미친다"고 한 경우에 '상하'라 함은 '무한한'의 뜻은 아니며, 또 형법 제329조의 절도죄의 객체인 '재물'에는 부동산은 포함되지 않는다고 해석하는 것과 같다.

③ **반대해석***argumentum a contrario*

법문이 표시한 요건과 반대되는 요건이 존재할 경우 법문이 표시한 효과와 반대되는 효과를 인정하는 해석방법이다. 예를 들면 민법 제832조에 "부부의 일방이 일상의 가사에 관하여 제3자와 법률행위를 한 때에는 다른 일방은 이로 인한 채무에 대하여 연대책임이 있다……"고 한 경우에 일상 가사에 관하지 않는 한 연대책임이 없다고 하는 경우와 같다. 반대해석은 형식적으로는 당연한 것처럼 보이나 반드시 그러한 것은 아니고 법의 일반목적에 따라 목적론적 해석에 의하여야 하는 것이다.

④ 유추해석*analogy; Analogie*

법령에 규정이 없는 사항에 관하여 그와 유사한 사항에 관한 규정을 적용하는 것이다. 예를 들면 민법 제326조에 "유치권의 행사는 채권의 소멸시효의 진행에 영향을 미치지 아니한다"고 규정되어 있지만, 같은 성질의 質權에 대하여는 이와 같은 규정이 없다. 그러나 동일한 성질의 것은 동일하게 취급하는 것이 법의 정신이므로 질권에 대해서도 유추적용하는 것과 같은 것이다. '권리능력이 없는 社團'의 법률관계에 관하여도 법인격을 전제로 하는 것을 제외하고는 법인의 규정을 유추적용하여야 할 것이다.

유추는 법규의 해석도 적용도 아닌 법조리에 의한 법의 결함을 보충하는 방법에 불과하다. 그러므로 확장해석과도 구별하여야 한다. 확장해석은 법조문의 어의를 논리적 추리에 의하여 언어적 표현 자체의 의미보다 확장해석함으로써 법의 진의를 확정하려는 해석인 데 반하여, 유추해석은 명문규정에 없는 사항이 명문규정에 있는 사항과 유사함을 이유로 확대적용한 경우이다.

유추해석은 반대해석과도 차이가 있다. 반대해석은 법조문의 언어적 표현과는 반대의 의미로 해석하므로 그 법조문에 근거를 두고서 해석한다. 이에 반하여 유추해석은 문제가 되는 사례에 관하여 법규가 존재하지 않을 때 다른 법규를 가져다가 적용하는 방법이므로 반대해석과는 다르다. 유추는 準用*entersprechende Anwendung*과 구별하여야 한다. 준용은 입법기술상 규정의 중복과 번잡을 피하고 법조문의 간략을 위하여 동일한 사항에 관하여 본질이 다른 법규의 적용을 명문으로 규정한 경우이므로 유사한 다른 사항에 확장하여 적용하는 유추와는 다르다. 예를 들어 한정치산자의 능력을 미성년자의 경우와 동일하게 입법하려 할 때 미성년자의 능력에 관한 민법 제5조 내지 제8조의 4개 조문을 다시 중복하여 규정하지 아니하고 준용규정을 둠으로써 입법경제상 도움이 된다. 그러나 법규의 검색을 번잡하게 할 뿐만 아니라 때로는 해석상 의문을 가져오는 단점이 있다.

이와 같이 준용은 명문의 규정이 있는 경우에 하는 것인 데 반하여, 유추는 명문의 규정이 없는 경우에 그와 비슷한 예에 관한 법규를 적용한다는 점에서 다르다. 유추가 법해석상의 방법이라면 준용은 입법기술상의 방법이라 할 수 있다. 끝으로, 유추해석은 죄형법정주의를 원칙으로 하고 있고, 또 "의심스러울 때는 피고인에게 유리하게*in dubio, pro reo*"라는 원칙이 인정되는 형법에서는 허용되지 아니하는 것이 원칙이다.

⑤ 물론해석

법령에 일정한 사항을 규정하였을 경우에 그 규정의 취지로 보아 다른 사항까지도 포함시키는 것이 당연하다고 해석하는 방법이다. 예컨대 '과실' 속에는 '고의'도 물론 포함되며, '담배꽁초'는 버리지 말라고 하는 경우에 '담배'도 물론 버리지 말라는 뜻이 포함되는 것으로 해석하는 경우이다. 이와 같이 물론해석은 법문의 자구 속에 다른 사항이 당연히 포함되어 있다고 해석하는 데 대하여, 확장해석은 법문의 자구 외로 확장하여 해석한다는 점에서 양자는 차이가 있다.

⑥ 변경해석

법령의 문구가 틀렸거나 부정확하다고 생각되는 경우에 이를 변경하여 해석하는 방법이다. 보정해석이라고도 한다. 민법 제7조는 "법정대리인은 미성년자가 아직 법률행위를 하기 전에는 전2조의 동의와 허락을 취소할 수 있다"고 규정하고 있으나, 여기의 '취소'는 '철회'로 해석하여야 하는 것과 같다.

⑦ 연혁해석

법이 성립한 연혁에 기하여 법의 의미를 밝히는 해석방법이다. 예컨대 법안의 이유서, 제안자의 의견, 의사록, 입법정책상의 이유, 또는 외국법의 모법적 관계 등을 참작하여 해석하려는 방법이다. 이 중에서 입법자의 의사를 탐구하여 법규의 의미내용을 밝혀 보려는 방법을 특히 의사해석이라 한다. 그러나 입법 당시와 적용 시의 사회상황은 다르므로 입법자의 의사해석으로 법을 해석하는 방법은 옳지 않다.

⑧ 목적해석

법의 목적에 따라 행하여지는 해석방법이다. 목적론적 해석*teleologische Auslegung*이라고도 한다. 개개의 법규의 목적뿐만 아니라 법 전체의 목적이 고려되어야 하고, 제정 당시의 목적뿐만 아니라 법 적용 시의 목적도 함께 고려하여야 한다. 목적해석은 논리해석이 막다른 골목에 부딪쳤을 때 헤어날 수 있는 방법이지만 잘못하면 목적 때문에 본래의 의미를 왜곡할 위험도 있다.

⑨ 비교해석

법규를 구법과 신법, 국내법과 국외법, 모법과 자국법 등과 같이 서로 비교하면서 해석하는 방법이다.

다. 체계해석

문리해석과 논리해석이 끝나면 법규의 체계해석을 하여야 한다. 학자에 따라서는 논리해석 자체도 체계적으로 해석해야 하므로 체계해석을 따로 구별하지 아니하고 논리해석과 동일시하는 견해도 있다. 그러나 해석의 과정을 보면 체계해석은 마지막 종합단계에서 등장하는 해석방법으로 볼 수 있다. 즉, 법해석은 문리해석·논리해석·체계해석의 3단계 해석과정을 거친다고 보아야 할 것이다. 원래 법규는 단편적으로 존재하지 아니하며 다른 법규와 더불어 통일적인 법체계를 이루고 있으므로 한 법규의 의미내용을 다른 법규와 대조 내지 관련시켜서 법규 사이에 서로 모순이 없도록 해석하려는 체계해석은 중요하다.

이상에서 우리는 법의 적용방법을 사실의 확정에서부터 법해석의 단계까지 살펴보았다. 이러한 방법을 모두 동원하여 법을 적용하려고 하여도 실제문제를 해결하는 데는 여전히 어려운 문제가 남게 마련이다. 이를 위하여는 지금까지의 해석방법과 법의 이념 등을 종합하여 사건에 대한 구체적 타당성과 법적 안정성을 합목적적으로 조화 내지 조정하도록 노력하여야 할 것이다.

연습문제

1. 법의 적용이란 무슨 뜻인가?
2. 입증책임은 누구에게 있는가?
3. 추정과 간주는 어떻게 다른가?
4. 법의 발견이란 무슨 의미인가?
5. 유권해석이란 어떤 해석인가?
6. 학리해석에는 어떤 것이 있는가?
7. 체계해석이란 무엇인가?
8. 법의 적용은 어떻게 하는 것인지 요점을 정리하라.
9. 공원입구에 '제차통행금지'라는 표지판이 있다. 이때 유모차의 출입도 금지되는 것으로 해석해야 하는가?

로스쿨 대비

LEET 논술 / 면접 (출제예상문제)

<제시문>

법은 원칙적으로 불특정 다수인에 대하여 동일한 구속력을 갖는 사회의 보편타당한 규범이므로 이를 해석함에 있어서는 법의 표준적 의미를 밝혀 객관적 타당성이 있도록 하여야 하고, 가급적 모든 사람이 수긍할 수 있는 일관성을 유지함으로써 법적 안정성이 손상되지 않도록 하여야 한다. 그리고 실정법이란 보편적이고 전형적인 사안을 염두에 두고 규정되기 마련이므로 사회현실에서 일어나는 다양한 사안에서 그 법을 적용함에 있어서는 구체적 사안에 맞는 가장 타당한 해결이 될 수 있도록, 즉 구체적 타당성을 가지도록 해석할 것도 요구된다. 요컨대, 법해석의 목표는 어디까지나 법적 안정성을 저해하지 않는 범위 내에서 구체적 타당성을 찾는 데 두어야 한다. 그리고 그 과정에서 가능한 한 법률에 사용된 문언의 통상적인 의미에 충실하게 해석하는 것을 원칙으로 하고, 나아가 법률의 입법 취지와 목적, 그 제·개정 연혁, 법질서 전체와의 조화, 다른 법령과의 관계 등을 고려하는 체계적·논리적 해석방법을 추가적으로 동원함으로써, 앞서 본 법해석의 요청에 부응하는 타당한 해석이 되도록 하여야 한다. 한편, 법률의 문언 자체가 비교적 명확한 개념으로 구성되어 있다면 원칙적으로 더 이상 다른 해석방법은 활용할 필요가 없거나 제한될 수밖에 없고, 어떠한 법률의 규정에서 사용된 용어에 관하여 그 법률 및 규정의 입법 취지와 목적을 중시하여 문언의 통상적 의미와 다르게 해석하려 하더라도 당해 법률 내의 다른 규정들 및 다른 법률과의 체계적 관련성 내지 전체 법체계와의 조화를 무시할 수 없으므로, 거기에는 일정한 한계가 있을 수밖에 없다.

출처: 대법원 2009. 4. 23. 선고 2006다81035 판결.

<주장 (가)>

하트는 '공원 안에 탈것*vehicle* 반입금지'라는 사안을 들어서 '표준적 사례 또는 확정적 의미로 이루어진 견고한 핵심부*core*'와 불확실성을 띠는 '반영부*penumbra*'라는 경계선상*borderline* 법적 불확정성의 사안들이 있을 수 있다고 보았다. 이때 경계선상의 사안에서 법관의 사법재량*judicial discretion*이 발생한다고 보았다. 그리고 이 경우에 법적 논증과정에서 법과 도덕의 교차로에 들어서게 된다고 고백할 수밖에 없었다. 교차로라는 말 자체는 서로 다른

길을 가다가 만나는 좁은 사각형의 면적을 의미한다. 바로 이 교차로에서 법관의 사법재량의 권한은 인정받으며, 하트는 여기에서 법의 지배*rule of law*가 가능하다고 보았다.

출처: 김연미, "법시학적 제안으로서 법의 본질론", 『법철학연구』 26(1), 한국법철학회, 2023. 4, 266~267면, 271면.

〈주장 (나)〉

풀러는 하트가 주장하는 표준적 사례에 대한 반론을 "모든 기차 역에서의 수면은 5달러의 벌금형에 처해지는 경범죄이다"라는 사례를 들어 비판한다. 이 사례에서 풀러는 '수면'의 표준적 사례를 찾을 수 있는지 반문한다. 예를 들어 술 취한 노숙인이 역내 벤치에서 코를 골면서 자는 행위의 경우, 노숙인이 담요를 들고 역내에 들어와 잠을 청하기도 전에 체포된 경우, 아니면 새벽 3시에 연착된 기차를 타기 위해 역내 벤치에 똑바로 앉아서 졸고 있는 사람의 경우 중 표준적 사례는 어느 경우인가? 만일 첫 번째, 두 번째 사례의 사람들은 벌금형에 처해지고, 세 번째 사람은 방면되었다면, '수면'에 대한 의미는 핵심적인 표준적 사례를 제대로 설명한 것인지 풀러는 의문을 제기한다. 이 경우 수면에 대한 법해석은 법에 대한 충실의 무라는 목적 없이는 가능하지 않다. 풀러는 법률의 목적을 알지 못하고 법률의 단어를 해석하는 것은 실제로 가능하지 않다고 본 것이다.

출처: 김연미, "법시학적 제안으로서 법의 본질론", 『법철학연구』 26(1), 한국법철학회, 2023. 4, 266~267면, 271면.

질문 〈주장 (가)〉와 〈주장 (나)〉 중 하나의 입장을 택하여 〈제시문〉을 논평하시오.

조건 1. 근거를 들어 본인이 선택하지 않은 주장을 비판하시오.
2. "법을 해석하고 적용함에 있어 법률의 문언에 반드시 구속되어야 하는가?"에 대한 본인의 생각을 포함시키시오.

해설 하트가 『실증주의 그리고 법과 도덕의 분리』를 발표하자 법과 도덕을 분리하는 법실증주의의 전제에 반대하는 풀러는 자연법론을 발전시키며, 법이 법으로 불리기 위해 갖추어야 할 최소한의 도덕이 있음을 주장하였다. 이 둘 사이의 오랜 논쟁은 법학계에서 매우 유명한 이야기이다.

X. 권리란 무엇인가?

- 권리 위에 잠자는 자는 보호받지 못한다. ―Jhering
- 자기 자신의 권리를 모른다는 것은 법의 不知이다.
- 권리는 사법의 중심개념이며 다양한 법생활의 최종적 추상화이다. ―von Tuhr
- 다른 사람의 권리를 해치지 아니하는 정도로 자기의 권리를 향유하라.
- 권리의 행사는 자기 자신을 위해서뿐만 아니라 사회공공에 대한 의무이다. ―Jhering

1. 법률관계와 권리·의무

(1) 법과 권리

법과 권리의 관계는 서양에서는 같은 단어로 표현하기도 한다. 불어의 le droit나 독일어의 das Recht는 법이라는 말로 사용될 때도 있고, 권리라는 말로 사용될 때도 있다. 그러나 양자를 굳이 구별한다면 법은 객관적이고 권리는 주관적인 성질을 가지고 있다고 할 수 있다. 즉 객관적인 권리가 법이라면 객관적인 법을 주관적으로 분해한 것이 권리라고 할 수 있다.

(2) 법률관계의 의의

법률관계*Rechtsverhältnis; raport jurisdique*의 의의에 관하여는 법적 생활관계설과 법적 연계설의 대립이 있다.

가. 법적 생활관계설

사회생활관계는 종교·도덕·관습 등 사회규범에 의하여 규율되는 것도 있고 법규범에 의하여 규율되는 것도 있는데, 이 중에서 법률관계는 법에 의하여 규율되는 생활관계라는 학설이다. 이 설이 독일의 다수설이며 우리나라의 통설이다.

나. 법적 연계설

이 설은 법률관계를 법에 의하여 규율되는 생활관계라고 정의하는 것은 '생활'이라고 하는 사실과 '법'이라고 하는 규범을 혼동한 것으로서 부당하다고 비판하고, 법률관계를 사람과 사람의 법적 연계로 보고 있다. 그러나 이 설은 채무이행관계와 같은 채권관계를 설명하기에는 편리하나 물권관계를 설명하는 데는 난점이 있다.

(3) 법률관계의 내용

가. 본체적 권리·의무

법률관계의 내용은 구체적인 권리와 의무의 관계이다. 예컨대 매매에 의하여 매도인은 소유권이전의무를 지고 매수인은 소유권이전청구권을 가지며, 반면에 매도인은 매매대금을 청구할 권리를 갖고 매수인은 이를 지급할 의무를 진다. 이것이 매매관계로부터 발생하는 본체적 권리·의무이다. 우리의 생활관계는 사람과 물건과의 관계, 사람과 장소와의 관계, 사람과 사람과의 관계로 나누어 볼 수 있으나 이들 관계는 결국은 사람과 사람과의 관계로서 한쪽은 권리자요 또 한쪽은 의무자의 관계로 귀결된다고 할 수 있다. 이렇게 볼 때 법률관계는 권리·의무의 관계를 주된 내용으로 하고 있다고 할 수 있다. 역사적으로 볼 때 법은 의무 본위에서 권리 본위로 발전하여 왔으나 20세기에 들어오면서 의무를 강조하는 경향이 나타나게 되었다.

나. 부수적 권리·의무

법률관계의 내용을 이루는 권리·의무는 부수적인 것일 수도 있다. 예컨대 매도인은 위에서와 같은 본체적 권리·의무 외에도 매매물건이 파손되지 않도록 포장할 의무나 물건의 사용방법을 상세히 설명하여 줄 의무를 진다.

다. 이익의 가능성

법률관계는 위와 같은 권리·의무관계뿐만 아니라 매도인이 매매목적물로부터 과실을 수취하는 것과 같은 이익의 가능성을 내용으로 하기도 하고(민법 제587조), 손해의 확대를 방지하지 않으면 손해배상액이 경감 또는 면제되는 것과 같은 책무를 내용으로 하는 수도 있다(민법 제396조).

(4) 법률관계와 인간관계

인간관계*menschliche Beziehung*라 함은 가족·우의·애정·예의관계와 같은 생활관계이다. 예컨대 아버지가 아들에게 생일선물을 하기로 약속하는 것, 특정한 날에 은사를 예방하기로 약정하는 것, 친구 간에 서로 여행을 함께 하기로 약정하는 것, 결혼식을 특정한 종교방식으로 할 것을 약정하는 것 등은 모두 인간관계에 기한 약속으로서 이로부터 법률관계가 발생하는 것은 아니다. 그러므로 이러한 약속을 어겨도 그 이행을 강요할 수 있다든지 손해배상을 청구할 수 있는 것은 아니다.

그러나 여러 사람이 함께 여행하기로 하였는데 그중 한 사람이 불참함으로써 손해를 입은 경우에 손해를 배상하여야 할 것인가와 같이 순수한 인간관계와 법률관계를 구별하는 것은 용이한 일이 아닐 수도 있다. 인간관계인가 법률관계인가의 구별은 법의 보호를 받을 이익이 있는가 없는가를 고려하여 결정하여야 할 것이다.

(5) 법률관계와 호의관계

호의관계*Gefälligkeitsverhältnisse*라 함은 글자 그대로 호의에 의하여 어떤 이익을 주고받는 생활관계이다. 호의관계는 보통 법률관계 밖에서 시작하여 이에서 끝나는 수가 많지만, 경우에 따라서는 호의관계에 수반하여 손해가 발생한 경우에 그 손해를 누가 부담하여야 하는가 하는 문제가 발생할 수 있다. 예컨대 지나가던 행인이 어떤 자동차의 후진을 도우려 신호를 보냈으나 잘못 신호하여 사고가 발생한 경우, 주유소에서 휘발유를 거저 주었으나 그 휘발유의 질이 좋지 아니하여 기계에 고장이 생긴 경우, 호의로 자동차를 무료로 태워주다가 과실로 상해 내지 사망사고가 발생한 경우 등이다.

호의관계가 법률문제로 되는가의 구별기준은 당사자의 구체적인 의사에서 찾아야 할 것이다. 독일판례는 "호의관계는 이익을 주는 자가 자기행위에 대하여 법적 구속의 의사를 가지고 있고 상대방도 이러한 의미에서 그 이익을 수취한 경우에는 법률관계로 된다"고 판시하였다.[7] 여기에서 법적 구속의 의사가 있는가의 여부는 결국 의사해석의 문제로서 당사자의 이해관계와 거래관행 및 信義則 등을 고려하여 구체적 사안에 따라 신중하게 결정하여야 할 것이다.

호의관계가 법률관계로 인정되더라도 그 호의성에 비추어 그 책임을 전부 인정할 수 없고, 위에서 지적한 의사표시 해석의 기준 외에 무상계약에 관한 법리를 유추적용하여 책임의 경감 내지 면책을 인정하여야 할 것이다. 독일판례는 자동차의 운전자와 보유자가 함께 휴가여행 중에 사고가 발생한 경우와 자동차를 사기 위하여 시승하다가 사고가 발생한 경우에 과실상계의 법리를 적용하여 그 책임을 경감하고 있다.[8]

(6) 기타의 법률관계

가. 신사협정

당사자가 어떤 약정을 하면서도 그 약정에 대한 법적 구속을 배제하기로 특약하는 것을 신사협정*gentlemansagreement*이라고 한다. 이러한 특약이 있는 경우에는 상대방이 그 약정에 기한 의무를 이행하지 않는 경우에도 그 급부를 청구하거나 손해배상을 청구할 수 없다. 신사협정은 법률관계이지 인간관계나 호의관계는 아니다.

---

7 BGHZ 21, 102.

8 BGH NJW 1979, 414; 1980, 1981.

나. 무효사유를 알고 한 계약체결

당사자가 약정의 내용이 강행법규 또는 선량한 풍속, 기타 사회질서에 반하여 무효라는 것을 알면서도 약정을 하는 경우에는 그 약정의 법적 구속을 포기하는 것이 아니라 오히려 무효가 되는 것을 피할 수 있다는 의욕으로 하는 행위이므로 이러한 약정의 효과는 신사협정에 있어서와 같이 취급하여야 할 것이다.

다. 호의지급의 상여금

고용주가 근로자에게 특별상여금 또는 휴가비 등을 지급하면서 "이것은 호의로 지급하는 것으로서 고용주에 대하여 어떠한 법적 청구권도 존재하지 않는다"는 취지의 의사표시를 명백히 한 경우와 같이 법적 청구권을 배제하면서 지급하는 특별상여금 또는 휴가비는 실질적으로는 근로의 대가이고, 특히 그 지급이 반복되면 근로자는 이에 대한 기대를 갖게 되므로 이 기대는 보호되어야 할 것이다.

이상과 같은 사례들은 겉으로 보기에는 인간관계나 호의관계와 대단히 비슷하나 언제나 법률관계로 되고 있다. 법률관계는 권리·의무관계이고 권리와 의무는 표리관계에 있다. 톨스토이는 "인간과 인간의 관계가 사랑 없이 권리·의무관계로 규정될 수 있다고 믿는 것이 법률가의 죄악이다"라고 하였고, 라드브루흐는 "법률가는 미묘한 빛깔의 영롱한 세계상을 오직 무지개의 7색으로만 바라본 것을 후회할 날이 올 것이다"라고 경고하였다.

2. 권리의 본질

권리의 본질에 대해서는 마치 "사람의 본질이 무엇인가", "돈의 본질이 무엇인가"라는 물음과 같이 정확한 해답을 구할 수는 없지만 권리는 법률관계와 더불어 사법의 중심개념이다. "권리는 사법의 중심개념이며 다양한 법생활의 최종적 추상화"라는 법언이 있다. 권리의 본질에 관하여는 옛부터 많은 논의가 있어 왔다. 크게 둘로 나누어서 권리를 독립된 실체로 규명하려는 고전적 방법론과 법률관계나 법률제도의 한 구성요소로 파악하려는 근대적 방법론이 있다.

(1) 고전적 방법론

가. 의사설*Willenstheorie*

사비니, 푸흐타, 빈트샤이트*Windscheid*(1817~1892)에 의하여 주장된 학설로서 권리를 법에 의하여 주어진 의사의 힘*Willensmacht* 또는 의사의 지배*Willensherrschaft*라고 한다. 즉 권리자가 자유롭게 자기의 의사를 전개할 수 있도록 보호하는 것이 권리라고 한다. 그러나 이 학설에 의하면 유아나 정신병자와 같이 의사능력이 없는 자도 권리를 가지는 이유를 설명하지 못한다는 비난이 있다.

나. 이익설*Interessentheorie*

예링이 처음으로 주창한 학설로서 법에 의하여 보호되는 이익을 권리라고 한다. 법익설이라고도 한다. 권리를 특정한 이익의 향유라고 하지만 권리의 주체는 항상 이익을 향유하는 주체와 같은 주체일 수는 없다. 예컨대 친권과 같이 이익 없는 자의 권리도 있는 것이다. 이 학설은 권리와 이익, 권리의 목적과 권리의 본질을 혼동한 견해라 할 수 있다.

다. 권리법력설*Rechtsmachttheorie*

에넥체루스*Enneccerus*(1911~1971)가 의사설과 이익설을 결합하려는 절충설을 발전시킨 것으로서, 이에 의하면 권리란 자기의 이익을 주장할 수 있는 법률상의 힘 내지 일정한 이익을 향유케 하기 위하여 법이 인정하는 힘을 말한다. 따라서 반사적 이익과 같은 생활이익 그 자체는 권리가 아니다. 대체로 권리의 본질을 바르게 파악한 설이라 할 수 있다.

라. 기타 학설

위의 학설 외에도 실정법상의 권리는 법률에 의하여 구체적으로 확립되고 보장되지만 권리의 원천은 더욱 근원적으로는 자연법에서 비롯되었다고 보는 자연법설과 모든 권리는 실정법에 의하여 부여된 법률상의 지위에 불과하다는 권리부정설 내지 법률상 지위설 등이 있다.

(2) 근대적 방법론

이는 권리를 사법의 중심개념으로 보려는 방법론을 반성하고 권리 대신에 법률관계를 사법의 중심개념으로 대체하려는 견해이다. 권리를 법률관계로 대체할 때 권리자의 권리뿐 아니라 의무도 동시에 파악하는 것이 가능하게 된다. 루드비히 라이저*Ludwig Raiser*(1904~1980)가 권리보호와 동시에 법률제도의 보호를 강조하는 점이라든지, 코잉이 법질서는 개개인의 법적 지위를 보호할 뿐만 아니라 법률공동체 구성원의 공동이익도 보호하고 있다고 하는 것은, 다 같이 법률제도의 보호 없이는 권리보호도 기대할 수 없다는 점을 강조하고 있다.

(3) 권리와 구별되는 개념

가. 권한

권한*Befugnis*이란 타인을 위하여 그 자에 대하여 일정한 법률효과를 발생케 하는 행위를 할 수 있는 법률상의 자격을 말한다. 예컨대 대리인의 대리권, 법인이사의 대표권, 사단법인 사원의 결의권, 선택채권의 선택권 등을 들 수 있다. 그러나 권한자가 권한행사에 이익도 가지는 경우에는 이를 권리라고 할 수 있다.

나. 권능

권능*Zuständigkeit; Kompetenz*이란 권리의 내용을 이루는 각개의 법률상의 힘이다. 예컨대 소유권은 권리이지만 그 내용인 사용권·수익권·처분권 등은 권능이다. 권리의 내용이 하나의 권능으로 이루어지는 경우에는 권리와 권능은 같다.

다. 반사적 이익

법률이 특정인 또는 일반인에게 어떤 행위를 명하는 경우에 다른 특정인이나 일반인이 어떤 이익을 누리게 되는 지위를 반사적 이익 내지 반사적 효과*objektives Reflexrecht*라 한다. 예컨대 각종의 교통법규에 의하여 사람들이 안전하게 왕래할 수 있는 이익과 같은 것이다. 반사적 이익에 불과하므로 권리반사*Rechtsreflex* 또는 반사권*Reflexrecht*이라고 부르는 것은 정확한 표현이 아니다.

사례

1. 감염병의 예방 및 관리에 관한 법률에 의하면 국가는 결핵 등 일정한 질병에 대해서 정기예방접종을 하도록 규정되어 있다. 그런데 접종약의 부족으로 예방접종이 늦어지고 있음을 이유로 개인은 국가를 상대로 예방주사를 청구할 수 있는가?

   힌트 감염병의 예방 및 관리에 관한 법률로부터 국민의 보건이라는 이익은 얻게 되지만 그렇다고 개개인에게 주사를 맞을 권리가 인정되는 것은 아니다. 즉 반사적 이익에 불과하다.

3. 권리의 종류

권리는 공권과 사권으로 크게 나누어진다. 이 밖에도 사회법상 인정되는 권리인 사회권이 있다.

(1) 공권

공권*subjektive öffentliche Recht; droits publics*이란 공법관계에서 권리주체가 직접 자기를 위하여 일정한 이익을 주장할 수 있는 법률상의 힘을 말한다. 공권은 공법상의 권리로서 국가 또는 공공단체가 법규에 의하여 가지는 국가적 공권과 개인이 국가 또는 공공단체에 대하여 가지는 개인적 공권이 있다. 국가적 공권은 그 목적상으로는 조직권·형벌권·경찰권·재정권·공기업특권 등으로 나누어지고, 내용상으로는 하명권·강제권·형성권·기타 공법상의 지배권 등으로 나누어진다. 개인적 공권은 헌법상의 개인적 공권과 행정법상의 개인적 공권으로 나눌 수 있다. 자유권·수익권·참정권과 같은 것은 전자에 속하고, 후자는 행정법상 구체적 권리에 관한 것이기 때문에 구체적이고 기술적인 의미의 공권으로 나타난다. 예컨대 헌법상의 공권인 자유권이 행정법상의 공권인 위법한 처분의 취소청구권이나 손해배상청구권으로, 수익권이 영조물 이용권이나 공물사용권으로, 참정권이 공직취임권 등으로 나타나는 경우와 같다.

공권은 사권과 달리 공공성·공익성을 지니고 있다. 따라서 공권은 권리인 동시에 의무의 성질도 가지고 있으므로 선거권과 같이 임의로 포기할 수 없는 것도 있다. 또 공권은 一身專屬性을 가진 것이 많으므로 양도·상속 등 이전이 제한되거나 국가배상청구권이나 공무원연금 청구권 등과 같이 압류가 금지·제한되는 경우가 있다.

이 밖에 공권은 소송절차나 시효제도 등에 있어서 절차법적 특수성을 지니고 있다.

(2) 사권

권리의 주된 기능을 중심으로 사권을 분류하면 다음 〈표 3〉과 같다.

〈표 3〉 사권의 분류

- ① 지배권＝절대권(對世權)
  - 재산권＝非專屬權
    - 物權
    - 準物權
    - 지식 재산권(無體재산권)
  - 비재산권＝一身專屬權
    - 인격권
    - 사원권
    - 가족권
      - 친족권
      - 상속권
- ② 청구권＝상대권(對人權) －債權
- ③ 형성권
- ④ 항변권
- ⑤ 기대권

이러한 권리 중에서 어떤 권리는 다른 권리에 종속하는 수가 있다. 예컨대 이자채권은 원본채권에, 질권 및 저당권은 피담보채권에, 보증인에 대한 채권은 주채무자에 대한 채권에 각각 종속한다. 이러한 권리를 主된 권리에 대한 從된 권리라고 한다. 주된 권리가 이전하면 종된 권리도 이전함이 원칙이다. 또 권리는 대체로 실질적 이익을 내용으로 한다. 이에 대하여 형성권이나 관리권 또는 대리권은 직접적으로는 이러한 이익을 내용으로 하지 아니한다. 전자를 실질권, 후자를 형식권이라고도 한다.

가. 지배권*Herrschaftsrecht*

객체에 대한 직접적 지배를 제1차적 내용으로 하는 권리이다. 즉, 타인의 적극적 행위를 필요로 하지 않고 단지 권리자의 의사만으로 그 내용이 실현되는 것을 본래의 목적으로 하는 권리이다. 지배권은 권리자가 모든 사람에 대하여 주장할 수 있는 권리이므로 이를 절대권*Absolutesrecht* 내지 대세권이라고도 한다. 지배권에는 재산권과 비재산권이 있다. 재산권은 대체로 양도가 가능한 비전속권으로서 이에는 물권·준물권·지식 재산권이 있고, 비재산권은 대체로 양도가 불가능한 일신전속권으로서 이에는 인격권·사원권·가족권이 있다. 가족권에는 다시 친족권과 상속권이 있음은 〈표 3〉에서 본 바와 같다.

① 물권

물건을 직접 지배하여 이익을 얻는 배타적 권리이다. 이에는 가장 전형적인 전면적 지배권으로서의 소유권, 일면적 용익물권으로서의 지상권·지역권·전세권, 일면적 담보물권으로서의 질권·유치권·저당권과 물건에 대한 사실상의 지배상태를 일단 권리로서 보호하는 점유권 등이 있다.

② 준물권

광업권·어업권과 같이 물건을 직접 지배하지는 않으나 물건을 전속적으로 취득할 수 있는 권리가 있고 제3자의 협력 없이 일방적으로 권리를 취득하는 특징이 있다. 물권과 유사하다 하여 준물권이라 한다.

③ 지식 재산권(무체재산권)

지식 재산권*intellectual property*이란 지적 창작물을 독점적으로 이용하는 권리로서 특허권·실용신안권·디자인권·상표권·저작권 등으로서 정신적 소유권*propriétéintellectuelle*, 또는 무체재산권*unkörperliche Vormögensrechte*, *Immaterialgüterrecht*이라고도 하지만, 최근에는 지식 재산권이라는 말을 많이 사용하고 있다.

지식 재산권의 보호범위에 관하여 세계지적재산권기구*WIPO* 설립협약 제2조에는 "① 문화, 예술 및 과학작품, ② 연출 예술가의 공연, 음반 및 방송, ③ 인간 노력의 모든 분야에 있어서의 발명, ④ 과학적 발견, ⑤ 공업디자인, ⑥ 등록상표, 서비스마크, 상호 및 기타 명칭, ⑦ 부정경쟁에 대한 보호 등에 관한 관리와 공업, 과학, 문학 또는 예술분야의 지적활동에서 발생하는 기타 모든 권리"라고 정의하고 있다.

지식 재산권은 특허권·실용신안권·디자인권·상표권 등을 내용으로 하는 산업재산권(종래의 공업소유권)과 편집저작물의 권리대여권·방송권·응용미술에 관한 저작권 등을 내용으로 하는 저작권으로 나누어진다. 이들 권리에 관하여는 대체로 물권법의 법리가 유추적용되고 있으나, 특허법·저작권법과 같이 모두 특별법이 있고 또 국제적으로 보호되는 특색이 있다.

④ 인격권*Persönlichkeitsrecht*

인격의 주체로서 개인이 갖는 권리이다. 이것은 생명·신체·정조·명예·신용·성명·초상·창작 등을 독점적·배타적으로 향유할 수 있는 권리이다. 근래에 강조되고 있는 사생활의 비밀과 자유에 관한 권리도 인격권의 일종이다. 인격권은 헌법 제10조, 제17조 등과 민법 제3조, 제751조 등으로부터 당연히 도출되고, 권리의 주체와 분리하여 양도할 수 없는 일신전속권이다. 법인이나 권리능력 없는 사단 및 재단도 제한적으로 인격권을 갖는다. 그러나 인간의 존엄을 바탕으로 하는 인격권의 보호가 더욱 중요한 과제가 되고 있음은 당연하다.

⑤ 사원권*Mitgliedschftsrecht*

단체의 구성원이 그 구성원이라는 지위 내지 자격에 기하여 그 단체에 대하여 가지는 포괄적인 권리이다. 사단법인의 사원의 권리, 주식회사의 주주의 권리 등이 그 예이다. 사원권에는 결의권·소수사원권과 같은 공익권과 이익배당청구권·잔여재산분배청구권 등과 같은 자익권이 있다. 사원권은 청구권적 성격도 있으나 인격권과 유사한 지배권적 성격이 더욱 강한 포괄적인 권리이다.

⑥ 가족권*Familienrecht*

신분권이라고도 하며 친족권과 상속권이 있다. 친족권은 남편·아내·부모·자식 등 친족상의 신분으로부터 발생하는 권리이다. 친권이 그 좋은 예이다. 친족권이 침해되면 물권적 청구권과 유사한 신분적 청구권이 발생한다. 친족권은 신분상의 지위에 따르는 이익을 내용으로 하는 권리이면서 의무적 색채가 강한 것이 그 특색이다.

상속권은 어떤 사람이 사망한 경우에 그 死者(피상속인)의 재산법상의 지위 내지 권리·의무를 그 사자와 일정한 친족관계에 있는 자(상속인)가 포괄적으로 승계하는 권리이다. 상속권이 침해되면 상속회복청구권이 발생한다.

나. 청구권*Anspruch*

청구권이란 특정인에 대하여 일정한 작위 또는 부작위를 요구할 수 있는 권리이다.

전형적인 것이 채권이다. 그러나 채권은 청구권을 본질적 내용으로 하지만 그 외에도 급부를 수령하여 보유할 수 있는 효력이 있으므로 청구권과 동일한 것은 아니다.

청구권은 로마법상의 actio에서 유래한 소송법상의 개념이었으나 독일민법에서 이를 실체법적 청구권으로 명문화하였다(독일민법 제194조 제1항). 청구권은 채권뿐만 아니라 모든 권리에 기하여서도 발생할 수 있다. 예컨대 물권에 기한 물권적 청구권, 점유권에 기한 점유보호청구권, 친권에 기한 유아인도청구권, 가족권에 기한 동거청구권이나 부양청구권, 상속권에 기한 상속회복청구권 등이 그것이다.

이들 청구권은 그 기초가 되는 권리와 불가분적으로 결합하고 있으므로 청구권만을 분리하여 양도하지는 못한다. 또 청구권은 특정인에 대한 권리이므로 상대성을 특질로 한다.

다. 형성권*Gestaltungsrecht*

권리자의 일방적인 의사표시에 의하여 법률관계의 발생·변경·소멸을 일어나게 하는 권리이다. 권리자가 상대방의 협력 없이도 일방적으로 법률관계를 변동시킬 수 있는 가능성을 가진다는 의미에서 가능권*Kannrecht*이라고도 한다. 따라서 형성권의 행사에 조건이나 기한을 붙일 수 없고 원칙적으로 형성권 행사의 철회도 할 수 없다.

형성권에는 전속적 취득권(준물권)과 같이 타인과 아무런 관계없이 행사할 수 있는 권리와 동의권·취소권·추인권·해제권·해지권·상계권·상속포기권·매매의 일방예약완결권 등과 같이 권리자의 일방적 의사표시에만 의하여 행사하는 권리 및 채권자취소권·친생부인권·재판상이혼권·재판상파양권·입양취소권 등과 같이 법원의 확정판결에 의하여 행사하는 권리 등이 있다. 법원의 이러한 판결을 형성판결이라 한다. 형성권의 행사를 형성판결에 의하도록 하는 것은 중요한 사항의 변경을 국가가 확인할 수 있게 하고 또 법률관계를 명료하게 함과 동시에 형성권 행사로 발생하는 효과가 제3자에게도 영향을 미치기 때문이다.

형성권에는 이외에도 해제와 같이 법률관계를 해소시키는 소극적 형성권*negative Gestaltungsrecht*과 매매의 일방예약완결권과 같이 법률행위를 발생케 하는 적극적 형성권

*passive Gestaltungsrecht*이 있다.

라. 항변권*Einrede*

청구권의 행사에 대하여 그 작용을 저지할 수 있는 권리를 말한다. 반대권이라고도 한다. 이에는 청구권의 행사를 일시적으로 저지할 수 있는 연기적 항변권*dilatorische Einrede*과 영구적으로 저지할 수 있는 영구적 항변권*peremtorische Einrede*이 있다. 동시이행의 항변권(민법 제536조)과 보증인이 가지는 催告·검색의 항변권(민법 제437조)은 전자에 속하고, 상속인의 한정승인의 항변권(민법 제1028조)은 후자에 속한다. 이들은 모두 실체법적 항변권으로서 소송법적 항변권과는 다른 개념이다. 소송법적 항변권은 무효사유·취소사유 등을 소송절차에서 주장할 수 있는 권리를 말한다.

항변권의 성질에 관하여는 학자 간에 다툼이 있으나 그것은 상대방의 권리를 부인하거나 변경 내지 소멸시키는 것이 아니라 상대방의 권리는 인정하면서 그 권리의 작용에 일방적인 변경을 일으키는 점에서 '특수한 형성권'(가능권)이라고 한다. 그러나 항변권은 연혁적으로 볼 때 형성권과는 별개의 발전과정을 거쳐 왔음을 유의하여야 한다.

마. 기대권*Anwartschaftsrecht; Wartrecht*

장래에 일정한 사실이 발생하면 일정한 법률적 이익을 향유할 수 있다고 하는 기대 내지 희망을 내용으로 하는 권리이다. 희망권*Hoffnungsrecht*이라고도 한다. 권리의 성립요건을 전부 갖추고 있는 경우를 완전권*Vollrecht*이라 하고, 할부매매에서 매수인이 매매대금을 완불하기 전에 갖는 소유권 취득의 기대와 같이 권리성립요건의 일부만 갖춘 경우를 생성 중의 권리 또는 기대권이라고 한다. 기대권에는 이외에도 조건부 권리·기한부 권리·상속개시 전의 상속인의 권리 등이 있다. 기대권, 특히 물권적 기대권은 소유권과 같이 상속·양도·압류의 대상이 될 수 있다.

사례

1. 甲은 법률서적 10권을 10개월 할부로 구입하고 현재 6개월째 할부금을 납부하였다. 책의 소유권은 누구에게 있는가?

   힌트 책의 소유권은 판매업자에게 있다. 그러나 아직 매매대금을 완불하지 않은 상태이지만 買受人에게도 소유권 취득의 기대권은 보호되어야 한다.

바. 기타의 분류

권리를 의무자의 범위를 표준으로 분류하면 절대권(또는 대세권)과 상대권(또는 대인권)으로 나누어지고, 권리와 그 주체 간의 밀접한 정도를 표준으로 분류하면 일신전속권과 비전속권으로 나눌 수 있다. 가족권·인격권은 대부분이 일신전속권이고 재산권은 대체로 비전속권이다. '주된 권리'에 대하여 종속관계에 있는 권리를 '종된 권리'라고 한다. 또 권리의 완성요건의 실현 정도에 따라 완성권과 기대권으로 분류하고, 실질적 이익의 유무에 따라 실질권과 형식권으로 나눌 수 있음은 앞에서 설명한 바와 같다.

(3) 사회권*Sozialrecht*

노동법·경제법·사회보장법 등 사회법상 인정되는 권리이다. 자본주의의 발전에 따른 폐해와 빈부격차의 해결을 위하여 국가가 개인 간에 이루어지는 법영역에 개입하게 됨으로써 사회법이 생겨나고, 이에 따라 개인에게는 사회권이라는 형태의 권리가 인정되었다.

사회권에는 헌법상 인정되는 단결권·단체교섭권·단체행동권 등을 위시하여 근로기준법·노동조합 및 노동관계조정법·사회보장기본법·산업재해보상보험법·국민건강보험법·국민연금법·장애인복지법·소비자기본법 등에서 인정되는 권리가 많이 있다.

4. 의무

(1) 의무의 의의

의무는 일정한 행위를 하여야 할 또는 하여서는 아니 될 법률상의 구속이다. 즉 의무자의 의사 여하와는 관계없이 반드시 따라야 하는 것으로 법에 의하여 강요되는 것을 말한다. 이와 같이 의무는 타인의 이익을 위하여 자기에게 가하여진 구속이라고 할 수 있다.

의무는 권리의 反面이며 권리와 의무는 서로 대응하는 것이 보통이다. 대응관계는 채권·채무의 관계에서 쉽게 알 수 있다. 그러나 이 대응은 언제나 반드시 그런 것은 아니다. 즉 권리가 대응하지 않는 의무도 있는가 하면 의무가 대응하지 않는 권리도 있다. 등기의무·공고의무·감독의무 등은 전자의 예이고, 민법상의 동의권·취소권·해제권 등의 형성권은 후자의 예이다. 그런가 하면 친권자가 미성년인 자를 보호·교양할 권리를 가지는 동시에 의무를 지는 것과 같이(민법 제913조) 동일한 사항이 권리이면서 동시에 의무인 경우도 있다.

(2) 의무의 종류

의무 중에서 하여야 할 의무를 적극적 의무 또는 작위의무, 하여서는 아니 될 의무를 소극적 의무 또는 부작위의무라고 한다. 부작위의무에는 단순한 부작위의무와 특히 타인의 일정한 행위에 대하여 참아야 할 인용의무가 있다. 민법 제217조 제2항에 만약 그 매연 등의 방산물이 이웃 토지의 통상의 용도에 적당한 것인 때에는, 이웃 거주자는 이를 인용할 의무가 있다고 한 것이 그 예이다. 의무에도 권리의 경우와 마찬가지로 공의무와 사의무가 있다. 공의무는 공법상 받는 법률상의 구속이다. 이에는 납세·국방·교육·근로 등 국내법상의 공의무와 국가 간에 부담하는 국제법상의 의무가 있다. 사의무는 사법상 받는 법률상의 구속이다. 이에는 채무와 같은 재산법상의 의무와 부부간의 동거의무 등 가족법상의 의무가 있다.

의무는 간접의무*indirekte Verpflichtung; Obliegenheit*와 구별하여야 한다. 간접의무는 승낙연착의 통지의무나 하자통지의무 및 고지의무와 같이 의무를 이행하는 것이 당사자 자신에게 이익이 되기는 하지만 반드시 이행하도록 의무로서 강제되어 있는 것은 아니다. 따라서 간접의무를 위반하면 일정한 불이익을 받게 되지만, 그렇다고 해서 의무위반의 경우와 같이 손해배상의무를 부담한다든지 訴 또는 강제집행을 당하지는 아니한다.

(3) 의무와 책임

의무자가 부담하는 의무내용을 실현하는 것을 의무의 이행이라 한다. 의무를 이행하지 않을 때에는 현실적으로 이행이 강제되거나 손해배상을 해야 하고 또는 형법상의 처벌을 받게 된다. 이와 같이 의무이행의 강제라는 측면이 책임이다. 즉 의무위반이 있을 때에 형벌·강제집행·손해배상 등의 제재를 받게 되는 것이 책임이다.

의무와 책임은 일반적으로 전일적으로 존재하지만 그것이 분리되는 경우도 있다. 즉 의무는 있으되 책임이 없는 경우가 있는가 하면, 책임은 있으되 의무가 없는 경우도 있다. 전자는 의무자가 임의로 이행하면 유효한 변제가 되지만 권리자가 訴의 방법으로 이행을 강제할 수 없는 것으로 이를 '자연채무*Naturalobligation*'라고도 한다. 승소의 종국판결 후에 채권자가 소를 취하한 경우의 채무가 그 예이다. 후자는 법률상의 의무 없이 타인의 채무에 관하여 책임을 인수하여 그 타인의 이행이 없는 때에 책임을 지는 것을 말하며, '채무 없는 책임'이라고도 한다. 타인의 채무를 위하여 자기의 재산을 담보로 제공하는 물상보증인의 지위(민법 제341, 370조)가 이에 해당한다.

연습문제

1. 법률관계·인간관계·호의관계는 어떻게 다른가?
2. 신사협정이란 무슨 말인가?
3. 권리란 무엇이라고 말할 수 있는가?
4. 권리·권한·권능·반사적 이익을 구별할 수 있는가?
5. 공권과 사권을 구별하는 기준은 무엇인가?
6. 준물권이란 무엇인가?
7. 형성권과 항변권을 설명하라.
8. 권리와 의무는 어떠한 관계에 있는가?
9. 자연채무와 채무 없는 책임은 어떻게 다른가?

제2장 헌법

- 어느 누구라도 자신의 조국을 부인할 수는 없다*No man can renounce his own country.*
- 모든 사법은 공법의 지반 위에 존립한다. —F. Bacon
- 국왕은 신과 법 아래에 있다. —Edward Coke
- 我大韓人民은 我國이 독립국임과 我民族이 자유민임을 선언하도다. 此로써 세계만방에 고하야 인류평등의 대의를 극명하였으며 此로써 자손만대에 고하야 민족자존의 正權을 영유케 하였도다. 반만년 역사의 권위를 代하야 2천만 민족의 誠忠을 합하야 민족의 항구여일한 자유 발전을 위하야 조직된 대한민국의 인민을 대표한 임시의정원은 민의를 體하야 원년(1919) 4월 11일에 발포한 10개조의 임시헌장을 기본삼아 본임시헌법을 제정하야써 公理를 唱名하며 공익을 증진하며 국방 급 내치를 주비하며 정부의 기초를 공고히 하는 보장이 되게 하노라.

—대한민국 임시헌법(1919. 9. 11.) 전문

Ⅰ. 헌법이란 무엇인가?

헌법*constitution; Verfassung*은 국가의 근본법으로서 국가의 통치조직과 통치작용의 원리를 정하고 국민의 기본권을 보장하는 최고법이다.

헌법이란 용어는 동양의 고전에는 없고, 영어의 constitution을 번역한 말로서 처음에는 근본율례·朝綱·國制·국헌 등으로 번역하여 사용하다가 1870년대에 일본에서 헌법이라는 말로 바꾸어 쓰게 되었다.

헌법이 다른 법규범보다 우선적인 효력을 가져야 하는 이유 내지 헌법의 본질에 대해서는 헌법관에 따라 견해가 다르다.

규범주의적 헌법관에 의하면 '헌법은 국가의 조직과 작용에 관한 근본규범'으로서 한 나라의 권력구조와 국민의 기본권을 규정하는 국가의 기본질서를 뜻하기 때문에 다른 법률보다 우위의 효력을 가진다고 본다. 크라베*H. Krabbe*(1894~1927)의 법주권론과 켈젠*Kelsen*(1881~1973)의 규범논리주의 내지 순수법학이론을 그 논리적 바탕으로 하고 있는 이 견해는 헌법의 우선적 효력과 최고규범성은 헌법이 국가의 기본질서라는 헌법규범의 내재적 논리로부터 당연한 결론이라고 한다. 그러나 이러한 견해는 헌법이 왜 국가의 법적 기본질서가 되는 것인지를 설명하였다기보다는 오히려 이를 당연한 전제로 하고 있을 뿐만 아니라 헌법의 우선적 효력을 규범성에서 찾으려고 함으로써 불문헌법이나 연성헌법의 헌법적 효력을 설명하는 데 어려움을 느끼게 한다.

결단주의적 헌법관에 의하면 헌법이란 헌법제정권자인 국민이 사회공동체의 정치적 생활방식에 대해서 내린 '정치적 결단'이다. 슈미트*Carl Schmitt*(1888~1985)에 의하면 헌법제정권자의 정치적 결단을 위한 의지야말로 헌법이 우선적 효력을 가지는 근거가 될 뿐만 아니라 동시에 정당성의 근거가 된다고 한다. 그러나 이러한 견해는 독재자에 의하여 자기정당화의 논리로 악용될 수 있는 위험이 따른다.

통합과정론적 헌법관에 의하면 헌법은 사회공동체가 가지고 있는 다양한 이해관계를 일정한 가치체계를 바탕으로 하여 국가를 조직하기 위한 하나의 수단으로서 사회통합을 위한 공감대적인 가치질서이다. 스멘트*R. Smend*(1851~1913)에 의하여 정립된 이 통합과정론은 국가를 동화적 통합과정으로 보고 헌법을 동화적 통합과정의 생활형식 내지 법질서로 이해한다. 그러나 이 이론은 부분보다는 전체를, 다양성보다는 통합을 강조함으로써 헌법의 정당성을 주장할 수도 있겠으나, 규범을 통합과정이라는 사실 속에 끌어들이려는 노력 때문에 헌법의 규범성을 지나치게 소홀히 한 단점이 있다.

따라서 위의 3가지 헌법관을 고려하여 표현한다면, 헌법이란 공감대적인 가치를 바탕으로 하는 국가사회의 동화적 통합을 실현시키고 촉진시키기 위한 정치규범이라고 할 수 있고,[1] 규범적 헌법개념으로 표현한다면 국가의 통치조직과 통치작용의 근본원칙을 정하고 국민의 기본권을 보장하는 최고법이라고 할 수 있다.

아래에서는 법학적 헌법개념 내지 법규범으로서의 헌법개념을 살펴보자.

1. 고유의 의미의 헌법

고유의 의미의 헌법 내지 본래의 의미의 헌법이란 국가최고기관의 조직과 권한, 국가최고기관 상호 간의 관계, 국가와 국민의 관계에 관한 기본원칙을 정한 국가의 근본법을 말한다. 이러한 의미의 헌법은 시대와 국가를 막론하고 국가가 존재하는 곳이면 성문이든 불문이든 가리지 않고 반드시 존재하는 헌법을 말한다.[2]

2. 근대 입헌주의적 헌법

입헌주의*constitutionalism*라 함은 국민의 기본권 보장과 권력분립을 규정한 헌법에 의거하여 통치할 것을 요구하는 정치원리를 말하고, 입헌주의적 헌법이라 함은 이와 같은 입헌주의를 그 기본원리로 하는 헌법을 말한다. 최근에는 입헌주의를 헌법주의라고도 한다. 1789년 프랑스의 '인간과 시민의 권리선언' 제16조는 "권리의 보장이 확보되지 아니하고 권력의 분립이 규정되지 아니한 사회는 헌법을 가진 것이라 할 수 없다"라고 함으로써 근대 입헌주의적 헌법의 특성을 잘 설명하고 있다. 이와 같이 입헌주의적 헌법이라 함은 개인주의·자유주의·법치주의·의회주의 등과 같은 일정한 이데올로기를 그 기초로 하면서 개인의 자유와 권리의 보장 및 권력분립에 의하여 국가의 권력남용을 억제할 것을 내용으로 하는 헌법을 말한다. 이와 같은 헌법은 근대시민혁명 이후에 비로소 등장하였기 때문에 이러한 헌법을 가리켜 근대적 의미의 헌법, 역사적 의미의 헌

---

1 허영, 『한국헌법론(전정20판)』, 박영사, 2024, 20면.

2 헌법*Verfassungsrecht*과 국가법*Staatsrecht*의 관계에 관하여 K. Stern은 "헌법과 국가법은 그 내용이 일부 중복되지만 국가법은 헌법에 비하여 보다 포괄적인 개념이다. 헌법은 언제나 국가법을 의미하지만 국가법 중에는 헌법에 해당하지 않는 부분도 있다. 말하자면 헌법은 국가법의 중심영역을 이루고 있다"고 한다.

법, 또는 시민국가의 헌법이라고도 한다.[3]

1776년의 미국 버지니아헌법을 비롯하여 1787년의 미국연방헌법, 1791년의 프랑스 헌법 등이 대표적인 근대 입헌주의 헌법이며, 그 후의 각국 헌법은 모두 이와 같은 특성을 가지고 있는 헌법들이다.

근대 입헌주의적 헌법의 기본원리로는 국민주권주의·기본권보장주의·의회주의·권력분립주의·법치주의 및 성문법주의 등을 들 수 있다.

3. 현대 복지국가적 헌법

현대 복지국가적 헌법은 모든 국민에게 인간다운 생활을 보장하는 생존권적 기본권을 보장하고 국민의 복지향상과 법치주의적 이념에 입각하고 있다. 양차 대전을 겪으면서 근대 입헌주의적 헌법은 그 내용 면에서 많은 변화를 보여 주었다. 근대적 의미의 헌법이 재산권의 불가침과 경제활동의 자유와 형식적 평등에 중점을 둔 데 반하여, 현대적 의미의 헌법은 인간다운 생활을 보장하기 위하여 필요한 범위 안에서 재산권의 제한과 경제활동에 관한 규제 및 조정을 할 수 있도록 하여 실질적 평등을 꾀하고 있다(헌법 제119조 참조).

현대 복지국가적 헌법은 복지국가화와 행정국가화의 경향, 실질적 법치주의의 확립, 헌법재판제도의 강화와 정당제도의 법적 수용 및 국제평화주의 등을 그 특징으로 하고 있다.

4. 실질적 헌법과 형식적 헌법

(1) 실질적 헌법

국가적 공동생활에 관한 기본사항 내지 헌법사항인 국가최고기관의 조직과 권한, 국가최고기관 상호 간의 관계 및 국가와 그 구성원인 국민의 관계에 관한 기본사항을 정하는 법규범 전체를 실질적 의미의 헌법 또는 실질적 헌법*die materielle Verfassung*이라 한다.

실질적 헌법은 헌법전을 비롯하여 법률·명령·규칙·관습법 등 성문·불문 등 형식이나 효력을 불문하고 헌법사항을 규정한 것이면 모두 포함된다. 헌법의 법원으로서 헌법전 외에 성문법·불문법을 열거할 경우가 있는데, 이것은 헌법을 실질적 의미로 파악

3 권영성, 『헌법학원론(개정판)』, 법문사, 2010, 7면.

한 경우이다. 영국과 같이 성문헌법을 갖지 않은 나라도 이와 같은 실질적 의미의 헌법은 있게 마련이다. 이와 같이 실질적 헌법은 법의 형식에 구애됨이 없이 기본적인 통치관계에 관한 법규범의 전부를 지칭하는 것으로서 고유의 의미의 헌법과 표리관계에 있다고 할 수 있다.[4]

(2) 형식적 헌법

법에 규정되어 있는 내용이 무엇인가를 묻지 아니하고, 한 나라의 법질서에 있어서 최고의 형식적 효력을 가진 헌법전을 형식적 의미의 헌법 또는 형식적 헌법*die formelle Verfassung*이라고 한다. 형식적 헌법은 그 효력에 있어 법률보다 상위에 있고 개정절차도 법률보다 까다로운 것이 보통이다.

(3) 양자의 관계

형식적 헌법은 대부분 실질적 헌법에 해당할 것이나 양자는 그 내용이 반드시 일치하는 것은 아니다. 왜냐하면 실질적 헌법에 해당하는 방대한 사항들을 남김 없이 헌법전에 수록한다는 것은 입법기술상 곤란하고, 실질적 헌법에 해당하는 사항이라도 빈번하게 개정할 필요가 있는 것은 헌법에 규정하지 않는 것이 편리할 뿐만 아니라, 반대로 실질적 헌법에 해당하지 아니하는 사항일지라도 특별히 개정을 곤란하게 할 필요가 있는 것은 헌법전에 수록할 수 있기 때문이다. 또한 어떤 사항이 실질적 헌법에 해당하는 사항이냐 하는 것은 때와 장소에 따라 변천될 수도 있다.[5]

연습문제

1. 헌법이란 무엇인가?
2. 사회주의 국가에도 헌법이 있는가?
3. 입헌주의적 헌법이란 어떤 헌법인가?
4. 현대 복지국가적 헌법의 특징을 설명하라.
5. 실질적 헌법과 형식적 헌법은 어떻게 다른가?

---

4 권영성, 위의 책, 9면.

5 권영성, 위의 책, 10면.

Ⅱ. 헌법은 어떻게 분류할 수 있는가?

헌법의 분류라 함은 세계 각국에서 과거에 시행되었거나 현재에 시행되고 있는 헌법을 일정한 기준에 따라 공통성을 가진 것끼리 묶어 몇 가지 그룹으로 유형화*Gruppierung*하는 것을 말한다. 헌법을 유형화함으로써 헌법의 일반적 성격이나 특징을 추정할 수 있다는 데 헌법분류의 의미가 있다고 하겠다. 헌법의 유형은 관점과 구별기준에 따라 여러 가지로 분류될 수 있다.

1. 전통적 분류방법

(1) 성문헌법·불문헌법

헌법의 존재형식이 성문이냐 불문이냐에 의한 구별이다. 영국이나 1978년 12월의 신헌법제정 이전의 스페인 및 현재의 이스라엘 등은 불문헌법*unwritten constitution*주의를 취하고 있고, 그 밖의 국가들은 성문헌법*written constitution; Verfassungsgesetz*주의를 취하고 있다. 그러나 영국·스페인·이스라엘 등도 엄격한 의미에서는 불문헌법국가라 할 수 없다. 왜냐하면 예컨대 영국의 경우 의원내각제라든가 장관조언제 등 중요한 헌법상의 원칙이 불문율이나 관행으로 확립된 것은 사실이지만, '대헌장*Magna Carta*'(1215)·권리청원(1628)·인신보호법(1679)·권리장전(1689)·왕위계승법(1701)·의회법(1911)이나 국가긴급권에 관한 여러 입법 등 성문법에 의한 헌법적 규율이 상당히 많기 때문이다. "영국에는 헌법이 없다"고 한 토크빌*Alexis de Tocqueville*(1805~1859)의 말은 다른 국가들처럼 통일된 헌법전*Verfassung surkunde*을 가지고 있지 않다는 것을 강조한 것뿐이다.[6]

(2) 연성헌법·경성헌법

개정절차의 난이에 따른 분류방법으로 연성헌법*flexible constitution; die biegsame Verfassung*은 일반법률의 개정과 동일 또는 유사한 방법으로 개정할 수 있는 헌법을 말하고, 경성헌법*rigid constitution; die starre Verfassung*은 일반법률의 개정과는 상이하거나 그것보다 까다로운 방법으로 개정하는 헌법을 말한다. 대부분의 나라의 헌법은 경성헌법에 속하고, 영국과 1848년의 이탈리아헌법 및 1947년 이후의 뉴질랜드헌법은 연성

---

6 권영성, 위의 책, 18면 각주 1.

헌법에 속한다.

헌법은 이념상 경성헌법이어야 한다. 헌법은 국가의 기본법이므로 정국의 안전을 위하여 빈번히 개정되어서는 아니 되고, 헌법이 일반법률과 동일한 절차와 방법으로 개정될 수 있다면 집권자가 집권의 편의를 위하여 헌법을 빈번히 개정할 것이므로 헌법의 악용을 방지하고 헌법의 항구성의 보장과 헌법에 대한 존중의 요청 때문에 경성헌법이어야 할 필요가 있다.

(3) 흠정헌법·민정헌법·협약헌법

제정주체나 제정절차를 기준으로 한 분류이다. 흠정헌법*die oktroyerte Verfassung*은 제정주체가 군주이고, 군주주권 사상을 바탕으로 하는 헌법이다. 1814년의 프랑스헌법, 1889년의 일본의 명치헌법 등이 이에 해당한다.

민정헌법*die demokratische Verfassung*이라 함은 국민이 국민투표로 직접 제정하거나 국민의 대표로 구성된 제헌의회가 제정한 헌법을 말한다. 미국 각주의 헌법·1946년과 1958년의 프랑스헌법 등을 위시하여 오늘날의 거의 모든 공화국헌법이 이에 속한다.

협약헌법*die paktierte Verfassung*이라 함은 군주와 국민 또는 국민의 대표자와의 합의에 의하여 제정되는 헌법을 말한다. 1809년의 스웨덴헌법·1830년의 프랑스헌법이 이에 속한다.

2. 새로운 분류방법

전통적인 분류방법은 형식적이고 비현실적인 것일 뿐만 아니라 근대헌법의 성격을 오인시킬 염려가 있기 때문에, 다음과 같이 새로운 관점에서 헌법을 유형화하려는 노력이 이루어지고 있다.

(1) 케네드 위어*K. C. Wheare*의 분류방법

케네드 위어(1907~1979)는 헌법을 중앙정부와 지방정부 간에 통치권력이 어떻게 배분되어 있는가에 따라 연방국가헌법*federal constitution*과 단일국가헌법*unitary constitution*으로 분류하고, 또 권력분립의 원리가 어느 정도로, 어떻게 채택되어 있는가에 따라 대통령제헌법·의원내각제헌법·의회정부제(회의제)헌법으로 분류하고 있다.

(2) 카를 뢰벤슈타인*K. Löwenstein*의 분류방법

가. 독창적 헌법과 모방적 헌법

독창적(창조적·창성적·시원적) 헌법*die originäre Verfassung*이란 다른 헌법을 모방하지 아니한 헌법을 말하고, 모방적(전래적·파생적) 헌법*die abgeleitete Verfassung*이란 외국의 기존헌법을 자국의 정치적 현실에 적합하게 재구성한 헌법을 말한다. 대부분의 헌법은 모방적 헌법에 해당한다. 독창적 헌법으로는 1787년의 미연방헌법의 대통령제·1793년의 프랑스헌법의 국민공회정부제·1918년의 소련헌법의 (노동자·농민·병사의) 평의회제·1931년의 중국 국민당 헌법의 5권분립제·1935년의 폴란드의 필수츠키*Pilsudski*헌법의 신대통령제 등을 들 수 있다.

나. 규범적 헌법·명목적 헌법·장식적 헌법

헌법규범과 정치적 현실이 일치하는가 아니하는가를 기준으로 하는 존재론적 분석 내지 헌법의 효력에 의한 분류방법이다. 생문헌법과 사문헌법의 구별도 이 범주에 속한다.

규범적 헌법*die normative Verfassung*은 개인의 자유와 권리의 보장을 헌법의 최고이념으로 할 뿐만 아니라 현실적으로도 규범으로서의 실효성을 발휘하고 있는 헌법이다. 규범적 헌법은 현실의 권력과정을 규범적으로 구속하기 때문에 현실의 권력과정도 헌법에 규정된 방식과 절차에 따라 진행된다.[7] 의복으로 비유하면 맞춤복이라고 할 수 있고, 미국·영국·스위스·프랑스·캐나다·오스트리아 등 서구의 선진국 헌법이 이에 속한다.

명목적 헌법*die nominalistische Verfassung*은 헌법이라는 것이 있기는 하지만, 헌법의 내용을 구현하는 데 필요한 전제조건의 결여로 현실규범으로서의 효력을 발휘하지 못하고 있는 헌법이다. 이러한 헌법은 옷으로 비유하면 기성복에 해당하며, 서구로부터 기성복을 수입한 아시아·아프리카 및 멕시코 등 남미 제 국가와 같은 후진국의 헌법이 이에 속한다고 할 수 있다.

장식적 헌법*die semantische Verfassung*은 개인의 자유와 권리의 보장이 아니라 현재 권력을 장악하고 있는 자의 지배를 안정시키고 영구화하는 데 이용되는 수단에 불과한 헌법이다. 이러한 헌법은 의복이 아니라 변장 내지 가면복(학자에 따라서는 예복이나 외투)과 같은 것으로서, 나폴레옹 3세의 헌법·히틀러나 무솔리니 및 소련과 그 위성국가들의 헌법·신대통령제 국가의 헌법·북한의 헌법 등이 이에 속한다. 이러한 헌법은 권위주의체제나 군사독제체제 국가에서 독재를 위장하기 위한 방법으로 채택되었다.

그러나 존재론적 분류방법은 각국의 헌법의 내용과 현실을 면밀히 분석한 후 분류하여야 한다는 어려움이 있다.

---

7 권영성, 위의 책, 20면.

(3) 자본주의적 헌법·사회주의적 헌법

사회·경제체제의 異同을 기준으로 한 분류방법이다. 사회주의적 헌법은 자본주의적 경제체제를 청산하고 생산수단의 사적 소유와 자유경쟁의 원리를 부인하는 헌법이고, 그렇지 아니한 헌법이 자본주의적 헌법이다.

3. 우리나라의 헌법

우리나라 헌법은 1948년 제헌 이후 일관되게 성문 경성헌법의 유형에 속해 왔다. 우리 헌법은 미국이나 일본의 헌법처럼 헌법이 최고의 법이라는 최고법조항*supreme law−clause*이라는 직접적 규정은 두지 않았지만 헌법개정에 대한 특별한 가중절차(헌법 제128~130조)를 두고 있고, 또 법률 등에 대한 위헌심사 내지 위헌결정권(헌법 제107조, 제111조 제1항, 제113조 제1항 등)을 따로 규정함으로써 간접적으로나마 헌법의 우선적 효력을 명백히 하고 있다. 또한 우리 헌법은 형식적 헌법인 헌법전 외에도 국회법·정부조직법·각종선거법 등에서 실질적 의미의 헌법이 규정되고 있다.[8]

연습문제

1. 헌법은 어떻게 분류하는 것이 좋겠는가?
2. "영국에는 헌법이 없다"는 말은 무슨 의미인가?
3. 연성헌법을 취하는 국가는?
4. 경성헌법은 헌법의 안정성을 보장하는가?
5. 우리나라 헌법은 경성헌법인가? 이유를 밝혀 설명하라.
6. 독창적 헌법과 모방적 헌법을 설명하고, 해당 국가를 열거하여 보라.
7. 헌법을 규범적 헌법과 명목적 헌법으로 분류할 때 우리나라 헌법은 어디에 해당하는지 그 이유를 들어 설명하라.
8. 여러 가지 방법으로 헌법을 분류할 때 우리나라 헌법은 각각 어디에 해당하는지를 정리하여 보아라.

---

8 허영, 앞의 책, 38면.

III. 헌법의 제정과 개정

1. 헌법의 제정

(1) 헌법제정의 의미

헌법의 제정*Verfassunggebung*이라 함은 실질적으로는 "정치적 통일체의 종류와 형태에 관하여 헌법제정권자가 내린 근본적인 결단을 규범화하는 것"을 말하고, 형식적으로는 "헌법사항을 성문헌법으로 법전화하는 것"을 말한다. 헌법제정의 의미를 실질적으로 이해할 때에는 헌법의 제정이란 헌법제정권력의 근본적인 결단을 의미한다고 할 수 있다.

(2) 헌법제정권력의 의의

헌법제정권력*constitution power; Verfassunggegebe Gewalt; pouvoir constitution*이란 헌법을 창조하는 힘을 말한다. 국민의 정치적 존재형식에 관하여 근본적인 결단을 내리는 국민의 정치적 권력인 동시에 정치적인 의사라는 이중성을 갖는다. 즉, 사실상의 힘이라는 측면과 헌법을 정당화시키는 권위라는 측면을 함께 가지고 있다.

헌법제정권력에 관한 사상은 존 로크*John Locke*(1632~1704)의 『시민정부이론*Two Treaties of Civil Government*』에서 찾아볼 수 있고, 다음에서 말하는 프랑스의 시에예스 *E. J. Sieyès*(1748~1836)에 의하여 체계화되었다. 그러나 독일의 법실증주의자들에 의하여 부정되었다가 후에 슈미트에 의하여 다시 강조되었다.

(3) 헌법제정권력의 주체

헌법제정권력이라는 관념을 처음으로 체계화한 시에예스는 프랑스혁명 전야에 발간한 「제3신분이란 무엇인가」라는 팸플릿에서 "헌법은 그 어느 것이나 헌법제정권력의 작품이다. …… 헌법제정권력은 국민만이 가지며, 국민은 어떠한 법적 제한에도 따르지 아니하고 무슨 법이든 만들 수 있다. 이것은 자연법 위에 있는 자연법에 의하여 인정된 원칙이다"라고 하였다.

이와 같이 시에예스는 국민만이 헌법제정권력의 주체라고 하였다. 슈미트는 중세에는 신, 왕정복고시대(1815~1830)나 전제군주국가에서는 군주, 귀족제나 과두제의 경우에는 조직된 집단, 그리고 미국의 독립선언과 프랑스혁명 이후에는 국민이 헌법제정권력의 주체가 된다고 하였다.

그러나 오늘날의 민주주의 이념에 따르면 국민만이 유일한 헌법제정권력의 주체가 되어야 할 것이다.

(4) 헌법제정권력의 본질

헌법제정권력은 국민의 정치적 존재형식에 관하여 근본적인 결단을 내리는 정치적 의사인 동시에(사실성) 법적 권능이며(규범성), 국가적 질서와 헌법적 질서를 시원적으로 창조하는 권력(시원성)이다. 헌법제정권력은 어떠한 법형식이나 절차에 따르지 아니하는 권력으로서 스스로 의도하는 바에 따라 발동되는 자율성을 가지며, 한번 행사되었다고 소멸하는 것이 아닌 항구성을 가진다. 또한 헌법제정권력은 헌법개정권이나 통치권의 포괄적 기초가 되고 분할할 수 없는 단일불가분성을 가지며, 국민 외에 누구에게도 양도할 수 없는 불가양성을 가진다. 이와 같이 헌법제정권력의 본질은 사실성·규범성·시원성·최고성·독립성·실정법초월성·자율성·항구성·단일불가분성·불가양성 등에 있다고 할 수 있다.

(5) 헌법제정권력의 한계

헌법제정권력이 시원적 권력이라 할지라도 무제한의 절대적 권력은 아니고 그 행사에 한계가 있다고 본다. 한계에 대하여는 긍·부 양설이 있다.

가. 한계부정설

슈미트에 의하면 헌법제정권력은 규범적 정당성이나 추상적 정당성에 의존하지 않음은 물론이고, 헌법제정권력의 행위는 규범과 대립하는 사실로서의 힘이기 때문에 이것을 제약하는 한계는 있을 수 없다고 한다.

나. 한계긍정설

베르너 캐기*W. Kägi*(1901~1979)는 "헌법은 일정한 가치체계로서 불변의 근본규범과 기타 규범과의 중간에 위치하는 것이므로 헌법제정권력도 불변의 근본적 가치에는 구속된다"고 하고, 마운츠*Maunz*(1901~1993)도 "헌법제정권력은 전 국가적 인권과 같은 자연법상의 원리에 의하여 제약을 받는다"고 한다. 자연법상의 원리의 핵심이 되는 것으로는 인간의 존엄과 가치의 존중을 전제로 하는 불가침적 인권의 보장과 민주주의의 원리 및 법치국가의 원리 등을 들 수 있다.

다. 사견

한계부정설에 따를 경우 나치 등에 의한 인권유린도 정당화될 수 있으며, 한계긍정설에 따를 경우 헌법제정권력이 초국가적 자연법의 제약을 무시하고 어떠한 결정을 내린다면 그 헌법은 정당성을 가질 수 없는 것이 된다. 한계긍정설이 타당하다. 독일연방법원의 판례와 우리나라의 통설도 이러한 입장을 따르고 있다.[9]

(6) 헌법제정권력과 구별하여야 할 개념

가. 헌법제정권력과 헌법개정권력

헌법제정권력은 헌법을 시원적으로 창조하는 권력인 데 대하여, 헌법개정권력은 헌법의 기본적 동일성을 유지하면서 헌법의 개개의 조항을 변경하는 권력이다. 후자는 전자의 하위에 위치하며, 헌법개정권은 헌법제정권에 종속한다.

나. 헌법제정권력과 주권 및 통치권

슈미트는 헌법제정권력과 주권을 같은 것으로 보고 있다. 이러한 입장이 독일의 다수설이며 일본의 통설이다. 헌법제정권력이 "정치적 통일체의 종류와 형태에 관하여 근본적인 결단을 내리는 실력"이요, 주권은 "국가의사와 국가적 질서를 전반적·최종적으로 결정할 수 있는 최고의 결단권력"이라 한다면 양자는 사실상 동일한 권력이라고 할 수밖에 없다.

이에 대하여 입법권·집행권·사법권 등의 총합을 의미하는 통치권은 주권에 의하여 만들어지고 주권의 하위에 있는 권력이므로 주권과 통치권은 동일한 권력이 아니다.[10]

(7) 헌법제정권력의 행사방법

헌법제정권력은 시원적·창조적이기 때문에 그 발동형태 내지 행사방법에 관한 규범적 절차는 존재하지 않으며, 또 미리 정할 수도 없다. 그러나 그 행사에 절차법적 규범은 필요없다 하더라도 결단에 필요한 최소한의 요건은 필요할 것이다. 프리드리히 *Friedrich*는 "그 결단은 개인이나 소수인이 아닌 국민다수에 의한 민주적인 방법으로 행하여져야 한다. 국민은 그 결단에 반드시 참가하여야 하며, 그렇지 아니한 헌법의 제정은 혁명이나 다름 없다. 결단은 숙의에 도달한 결과라야 하며, 언론·출판·집회·결사의 자유는 반드시 보장되어야 한다"고 하였다.

이와 같이 헌법의 제정은 국민의 총의에 의하여 행하여져야 하며, 현재 거의 모든 나라의 헌법 전문에는 헌법제정권력의 행사방법을 규정하고 있다. 이러한 행사방법에는 1791년·1848년·1875년의 프랑스헌법과 미국연방헌법 및 미국 각주의 헌법과 같이 국민의 대표들로 구성된 헌법회의제도와 프랑스 제5공화국헌법 및 우리나라 헌법과 같이

---

9 권영성, 앞의 책, 54면.

10 권영성, 위의 책, 48면.

국민투표제도가 있다. 현재 대부분의 국가는 국민투표제를 채택하고 있다.

(8) 한국헌법에 있어서의 헌법제정권력

헌법 제1조 제2항 전단의 주권재민에 관한 조항이 헌법제정권력에 관한 규정이다. "대한민국의 주권은 국민에게 있고"라고 함으로써 헌법제정권력의 주체가 국민임을 선언하고 있다. 또 헌법전문에서 "자유민주적 기본질서를 더욱 확고히 하여"라고 한 것과 제1조 제1항의 '민주공화국'이라는 국가형태의 결정은 바로 슈미트가 말하는 헌법제정권력의 주체가 내린 정치적 결단이라고 할 수 있다.[11]

2. 헌법의 개정

(1) 헌법개정의 의의

헌법개정*amendment; Verfassungsänderung*이라 함은 헌법에 규정된 개정절차에 따라 헌법의 기본적 동일성을 유지하면서, 헌법의 특정조항을 수정 또는 삭제하거나 새로운 조항을 추가하는 것을 말한다. 헌법개정은 성문헌법과 경성헌법에서만 문제 된다.

헌법개정은 헌법에 규정된 절차에 따라 기존헌법을 개정하는 작용이라는 점에서 새로이 헌법을 제정하는 헌법제정과 다르고, 동일성을 유지한다는 점에서 동일성을 파괴하는 헌법파괴와도 다르다. 또 헌법개정은 합법적인 헌법변경작용이므로 비합법적인 방법으로 헌법을 변경하는 혁명이나 쿠데타와도 구별되고, 의식적인 헌법변경행위라는 점에서 암묵적인 헌법변경인 헌법변천과도 구별되며, 당해 조항의 효력을 종국적으로 변경 또는 상실하게 된다는 점에서 당해 조항의 효력을 일시적으로 중단하는 헌법의 정지와도 다르다.

국가의 최고법규이며 기본법인 헌법이 자주 변경된다면 성문헌법주의정신에 반한다. 국민의 기본권보장을 영구화하고 국가기본질서의 안정을 유지하기 위하여 대부분 국가의 헌법은 성문의 경성헌법으로 하여 헌법개정의 곤란성을 채택하고 있다.

그러나 헌법개정은 다음과 같은 이유에서 불가피하다고 본다. 첫째로, 끊임없이 변천하는 사회경제적·정치적 상황에 대응하여 헌법의 불비와 흠결을 보완하고 헌법의 규범력을 유지하려면, 다시 말해서 헌법의 현실적응성과 실효성의 유지를 위하여는 헌법개정이 불가피하다. 둘째로, 헌법개정을 절대로 인정하지 않을 경우 그 헌법에 불만을 가진 정치세력들이 혁명이나 쿠데타와 같은 방법으로 헌법을 파괴하는 사태가 발생할 수

11 권영성, 위의 책, 48~49면.

도 있으므로 폭력에 의한 헌법의 파괴를 예방하고 정치과정의 마찰을 지양하기 위해서도 헌법개정은 필요하다. 셋째로, 헌법제정 과정에 참여하지 못한 새로이 형성된 정치집단에게도 헌법형성에 참여할 수 있는 균등한 기회를 마련해 주기 위한 정책적 이유에서도 헌법개정은 필요하기 때문이다.[12]

(2) 헌법개정의 유형

가. 헌법개정의 형식

헌법개정의 형식에는 미연방헌법의 경우처럼 기존의 조항들을 그대로 둔 채 개정조항만을 추가하는 증보형식의 유형*additional amendment*과 기존의 조항을 수정 또는 삭제하거나 새로운 조항을 삽입하는 형식의 유형*revision*이 있다. 또한 현재의 헌법전을 거의 다 바꾸는 전면개정과 일부조항만을 수정하는 부분개정이 있다. 부분개정이 일반적이다.

나. 헌법개정의 방법

헌법개정의 방법에는 ① 호주·스웨덴·서독·한국의 건국헌법과 같이 국회의 의결만으로 개정이 가능하나, 일반법률의 개정절차보다는 곤란한 절차에 따르게 하는 유형, ② 오스트리아·일본·프랑스 제5공화국·한국의 1980년 헌법과 1988년 헌법과 같이 국민투표에 의하여 헌법개정이 확정되는 유형, ③ 미국·스위스·멕시코 등과 같이 일정수에 달하는 연방구성주의 동의를 요건으로 하는 유형, ④ 벨기에·네덜란드·노르웨이 등과 같이 헌법개정을 발의하기 위하여 헌법회의를 소집하는 유형, ⑤ 자유중국(중화민국)이나 1972년의 한국헌법과 같이 의회의 의결 후에 특별한 기관의 동의를 얻게 하거나 국민투표에 의한 승인을 요건으로 하는 등의 유형이 있다. 우리나라의 현행헌법 개정은 국회에서 일반법률의 개정보다는 어려운 요건으로 결의한 후 또 이를 국민투표에 붙이는 방법을 취하고 있다.

(3) 헌법개정의 한계

헌법의 개정조항에 따른다면 어떠한 조항도 모두 개정할 수 있는가, 아니면 개정조항에 따른다 하더라도 개정할 수 없는 규정이나 내용이 있는가 하는 문제가 논란의 대상이 되고 있다.

가. 개정무한계설

개정무한계설은 “헌법에 규정된 개정절차를 밟기만 하면 어떠한 조항이나 내용도 개정할 수 있으며, 심지어 명문으로 개정을 금지하고 있는 조항까지도 개정할 수 있다”라

---

12 권영성, 위의 책, 52면.

고 함으로써 헌법개정에는 아무런 한계가 없다고 하고 있다.[13]

이 학설에 의하면 헌법을 비롯한 모든 법규범은 인간의 사회생활에 봉사하는 수단이라는 데 의미가 있으며, 사회생활의 내용이 변화하면 헌법도 변화하지 않으면 안 된다는 헌법의 현실적응성의 요청에서 보아 헌법개정의 한계는 인정될 수 없다고 본다. 또한 헌법제정권과 헌법개정권은 실질적으로는 같은 것이며 헌법규범을 개정할 수 없는 상위의 규범과 개정할 수 있는 하위의 규범으로 구별할 이론적 근거도 없다는 것이다.

나. 개정한계설

개정한계설은 헌법의 개정행위에는 일정한 한계가 있으며, 헌법개정조항에 규정된 절차에 따를지라도 일정한 조항이나 내용은 개정할 수 없다고 한다. 독일 및 우리나라의 통설이다.[14]

이 학설의 논거로서 드는 것은 다음과 같다. 첫째로, 헌법제정권과 헌법개정권은 다른 것으로서 헌법개정권은 헌법에 의하여 조직되고 헌법에 의하여 제도화된 권력이므로 헌법을 제정한 헌법제정권력의 소재나 헌법제정권자가 결단한 헌법의 기본원리는 변경할 수 없으며, 만약 이를 변경한다면 그것은 헌법개정의 한계를 벗어난 법적 의미에서의 혁명이다. 둘째로, 자연법상의 원리에 의한 제약으로서 실정헌법의 상위에는 헌법제정권력까지도 구속하는 자연법상의 원리가 존재하므로 이에 위반되는 헌법개정은 할 수 없다. 셋째로, 헌법규범 상호 간에도 위계질서가 있어 헌법에 규정된 조항들은 형식적으로는 그 효력이 동일하지만 실질적으로는 동일하지 아니하므로 헌법의 기본원리가 되는 상위규범은 개정할 수 없고, 하위규범만 개정의 대상이 된다.

다. 사견

개정무한계설은 법실증주의 입장에서 규범의 실질적 성격을 외면한 채 형식적 합법성만을 절대시할 뿐 실질적 합리성이나 정당성을 무시하고 있을 뿐만 아니라 자연법의 존재까지도 부인하고 있다. 그러므로 헌법에 개정금지규정이 있든 없든 헌법개정에는 법이론상 일정한 한계가 있다고 보는 개정한계설을 따라야 옳을 것이다.[15]

---

13 독일에서는 절대적 법실증주의자인 Laband와 Anschütz, 형식적 법실증주의자인 Thoma, 계몽적 법실증주의자인 Jellinek와 프랑스의 Burdeau 및 우리나라의 박일경 교수가 개정무한계설을 취하고 있다.

14 독일에서는 Triepel·Schmitt·Smend·Haug·Wintrich·Bachof·Maunz·Ehmke·Henke 등이 이 학설을 지지하고 있다.

15 권영성, 앞의 책, 54면.

(4) 개정금지사유

헌법개정의 한계성을 인정하는 경우에도 헌법의 개정을 구체적으로 제약하는 개정금지사유가 무엇인가에 관해서는 견해가 나뉘고 있다. 개정금지사유로는 초헌법적 사유·헌법내재적 사유·실정헌법상의 사유 등을 들 수 있다.

가. 초헌법적 사유

엠키*Ehmke*(1927~2017)는 헌법개정을 제한하는 초헌법적인 사유로서 자연법상의 원리와 국제법상의 일반원칙 등을 들고 있다.

나. 헌법내재적 사유

헌법제정권자의 기본적 결단사항을 개정하거나 헌법의 기본적 동일성 내지 헌법의 본질적 부분을 파괴하는 개정은 허용되지 아니한다. 이는 헌법 자체에 내재하는 제약 때문이다. 헌법내재적 사유에는 법논리상, 시기상, 방법상의 제약이 있고, 기타 헌법개정조항의 개정에도 제한이 있다.

슈미트, 스멘트, 엠키 등에 의하면 헌법존립의 기초가 되는 국가의 기본질서나 국가형태와 같은 기본적 규정은 헌법의 개정절차에 의하여도 개정할 수 없다. 이를 허용한다는 것은 곧 헌법의 자살을 의미하는 것이므로 법논리적으로 불가능하다고 한다.

비상사태나 외국군대의 점령하에서의 헌법개정은 공정한 개정을 기대할 수 없으므로 이를 금지하기도 하고, 또는 헌법개정의 빈도를 억제하기 위하여 일정한 기간 내의 개정을 금지하는 등 시기상의 제약이 있다.

헌법에 따라서는 개정방법에 제한을 가하여 전면개정을 금지하는 경우도 있다. 또 헌법개정조항은 헌법개정권자의 자의로부터 헌법을 수호하기 위한 규정이므로 개정절차를 규정한 개정조항도 개정의 대상이 될 수 없다고 보아야 한다.

다. 실정헌법상의 사유

헌법 자체가 특정조항이나 특정사항의 개정을 금지하는 명문의 규정이 있는 경우에 이와 같은 실정헌법상의 개정금지조항을 개정할 수 있는가에 대하여는 3가지 견해가 대립하고 있다. 제1설에 의하면 개정금지조항은 법적으로 의미가 없는 것이기 때문에 헌법의 개정절차에 따라 언제나 개정이 가능하고, 제2설에 의하면 개정금지조항부터 개정하면 어떠한 조항이나 내용도 개정할 수 있고, 제3설에 의하면 개정금지조항을 개정하는 것은 물론, 이중의 절차에 의한 개정도 불가능하다.[16] 헌법에 명문의 규정이 있는 이상 헌법제

16 권영성, 위의 책, 55~56면.

정권력자의 의사를 존중하여야 하므로 제3설이 타당하다고 생각된다.[17]

헌법에 명문으로 개정을 금지한다는 규정이 없는 경우에 개정금지사항이 구체적으로 무엇이냐에 대하여는 견해가 통일되어 있지 않다. 일반적으로 국가형태·정치적 기본질서·의회주의·핵심적인 기본권의 보장·권력분립제 등은 그것을 전폐하거나 부인하는 개정이 금지되어야 할 것이다.

개정의 한계를 무시하고 개정한 헌법조항의 법적 효력을 어떻게 평가할 것인가?

법적으로 무효라고 할 수도 있을 것이고, 현행헌법을 파괴하고 새로운 헌법을 제정한 일종의 혁명행위라고도 할 수 있을 것이다. 그러나 법적으로는 무효이지만 사실상 시행되고 있을 경우에는 어떻게 할 것인가? 이러한 경우에는 이미 헌법개정론의 영역을 벗어난 경우로서 그것은 헌법보장제도 내지 저항권행사의 문제로서 다루어져야 할 것이다.[18]

(5) 한국헌법의 개정절차와 한계

가. 개정절차

한국헌법의 개정절차는 제10장 헌법개정에 상세히 규정되어 있다. 현행헌법은 1980년 헌법과 마찬가지로 대통령이 발의한 것이든 국회의원이 발의한 것이든 모든 헌법개정안을 국회의 의결과 국민투표에 의하여 확정하도록 일원화하고 경직성을 강화함으로써 국회의 기능을 강화하고, 정치적 목적을 위한 빈번한 개정을 방지하는 효과도 가지게 되었다.

① 제안

헌법개정안을 발의 내지 제안할 수 있는 자는 국회의원과 대통령이다. 국민은 개정안을 제안할 수 없다. 국회의원이 헌법개정을 발의함에는 재적의원 과반수의 찬성이 있어야 한다(헌법 제128조 제1항). 대통령은 국무회의의 심의를 거쳐 헌법개정안을 제안할 수 있다(제89조 제3호).

② 공고

제안된 헌법개정안은 대통령이 국민에게 주지시키기 위하여 20일 이상의 기간 동안 이를 공고하여야 한다(제129조). 그러나 좀 더 장기간 공고하여 국민이 자유롭게 충분히 토론하도록 하는 여유가 필요하다고 본다.

17 권영성, 위의 책, 56면.

18 권영성, 위의 책, 56면.

③ 의결과 확정

헌법개정안은 공고된 날로부터 60일 이내에 국회가 의결하여야 한다. 헌법개정안에 대한 국회의 의결은 재적의원 3분의 2 이상의 찬성을 얻어야 한다(제130조 제1항). 이때 헌법개정안은 수정의결할 수 없다. 국회의 의결을 거친 헌법개정안은 국회가 의결한 후 30일 이내에 국민투표에 회부되고, 국회의원 선거권자 과반수의 투표와 투표자 과반수의 찬성을 얻어야 헌법개정이 확정된다(제130조 제2항, 제3항).

④ 공포와 발효

헌법개정안이 확정되면 대통령은 즉시 이를 공포하여야 한다(제130조 제3항). 따라서 부칙에 따로 규정이 없는 한 공포한 날로부터 개헌의 효력이 발생한다. 20일경과시설이 아니고 공포시설이 관례이다.

나. 헌법개정의 한계

우리 헌법에서 개정의 대상이 될 수 없는 사항이나 내용이 어떤 것이냐에 관하여는 견해가 나뉘고 있다. 대체로 다음과 같은 사항은 개정할 수 없다고 보아야 한다. ① 제1조의 민주공화국과 국민주권주의를 비롯한 자유민주적 기본질서, ② 핵심적인 기본적 인권, 즉 인간으로서의 존엄성존중과 행복추구권·평등권·생명 및 신체의 자유·사생활의 비밀과 자유·양심의 자유·종교의 자유·언론의 자유 등과 같이 역사적으로나 논리적으로 민주주의원리와 불가분의 관계에 있는 기본권, ③ 국제평화주의·복수정당제·사유재산제·시장경제질서 등의 전면적 부정을 위한 개정은 할 수 없다.[19]

다만, 헌법 제128조 제2항의 "대통령의 임기연장 또는 중임변경을 위한 헌법개정은 그 헌법개정 제안 당시의 대통령에 대하여는 효력이 없다"는 규정은 임기연장이나 중임변경을 위한 개정도 가능하나, 대통령의 장기집권을 방지하기 위하여 헌법개정 제안 당시의 대통령에 대해서만 개정의 효력을 배제한다는 뜻이다.

3. 한국헌법의 제정과 개정의 역사

(1) 한국헌법의 제정

일본제국의 무조건 항복으로 해방을 맞이한 우리나라는 1948년 2월 27일 "가능한 지

19 현행헌법상 개정의 대상이 되지 아니하는 것으로, 김철수 교수는 헌법전문, 제1조의 민주공화국과 국민주권주의, 제4조의 평화통일주의, 제5조의 국제평화주의, 제8조의 복수정당제의 보장, 제10조의 인간의 존엄성존중조항, 제119조의 사회적 시장경제의 원칙을 들고 있고, 허영 교수는 사회정의구현, 통일지향성, 자유주의 사상, 권력분립주의, 민주주의, 법치주의, 평화적 정권교체 등을 들고 있다.

역 내에서의 총선거"라는 유엔 소총회의 결의에 따라 실시된 소위 '5·10 총선거'에 의하여 198명의 의원들로 구성된 제헌국회에서 이른바 '건국헌법'을 제정, 같은 해 7월 17일에 이를 공포함으로써 대한민국의 법적 기초를 마련하게 되었다.

건국헌법은 단원제국회, 대통령제, 권력분립, 기본권의 보장 및 통제경제정책 등을 주요한 내용으로 하였다.

(2) 한국헌법의 개정

자유에 대한 정신적 기반과 민주주의적 전통을 결여한 우리의 정치사회는 처음부터 헌법을 정치적으로 악용할 가능성이 예견되었고, 또 실제로 빈번히 악용된 바 있다. 1948년의 건국헌법이 제정된 지 불과 60여 년 동안에 12차례에 걸쳐 개헌안이 제출되었고, 9차에 걸친 개헌이 단행되었다.

이러한 헌법개정의 주된 내용은 권력구조에 관한 것이 거의 전부였다. 예컨대 제1공화국시대에 있었던 제1차개헌(1952. 7. 4. 발췌개헌)은 정·부통령의 직선제 및 양원제의 채택이었고, 또한 제2차개헌(1954. 11. 27. 사사오입개헌)은 초대 대통령의 3선제한 폐지가 주요 골자였다. 4월 혁명에 의하여 성립한 제2공화국시대에 있었던 제3차개헌(1960. 6. 15.)은 권력구조를 대통령책임제에서 내각책임제로 바꾸었고, 연이은 제4차개헌(1960. 11. 29.)은 3·15부정선거의 주모자들과 부정선거에 항의하는 군중을 살상한 자들을 처벌할 헌법적 근거를 마련한 것으로서 형벌불소급의 원칙의 예외가 된 부정선거 처벌을 위한 개헌이었다. 그러나 제2공화국헌법은 1961년의 5·16군사정변에 의하여 단명으로 끝나고, 제3공화국의 법적 기초를 마련하기 위한 제5차개헌(1962. 12. 26.)은 권력구조를 다시 대통령제로 바꾸었던 것이다. 제6차개헌(1969. 10. 21.)은 대통령의 3기 계속재임의 허용을 주된 목적으로 하였다. 유신헌법으로 불리는 제7차개헌(1972. 12. 27.)은 제4공화국의 법적 기초가 됨과 동시에 통일주체국민회의에 의한 대통령의 간선제 채택과 대통령의 연임제한 규정을 철폐하여 1인에 의한 장기집권의 길을 열었을 뿐만 아니라, 대통령에게 입법·행정·사법의 3권을 통합하고 조정하는 영도자적 지위까지 부여하였다.

1979년 이른바 10·26사태 이후 출범한 제8차개헌(1980. 10. 27.: 제5공화국헌법)은 대통령의 선거를 대통령선거인단에 의한 간선제로 하고, 임기를 7년 단임으로 하는 한편, 행정부의 독주를 막기 위하여 대통령의 권한을 제한하고 국회와 사법부의 기능을 강화하였다.

제9차개헌(1987. 10. 29.)은 1985년 2월 12일에 실시된 제12대 국회의원선거를 계기로 표면화된 민주화에 대한 요구와 대통령직선제를 통한 국민의 자유로운 정부선택권과 기본권보장의 확대·강화를 골자로 하는 국민적 개헌요구, 요컨대 군정종식과 문민정부를 부르짖는 6월항쟁을 당시 민정당의 노태우 대표위원이 '6·29 민주화선언'에 의하여 이를 수용함으로써 실현된 것이다. 제9차개헌에 의하여 탄생된 제6공화국헌법은 최초의 여·야합의 개헌으로서 16년 만에 대통령직선제를 부활시키고, 대통령의 권한을 축소하며 국정감사권을 부활하는 등 국회의 권한을 강화하는가 하면, 사법부의 독립을 실질적으로 보장하고 기본적 인권을 대폭 신장시켜 오늘에 이르고 있다.

이와 같은 헌법개정 과정에서 나타난 특징을 요약하면 다음과 같다.

① 서구 선진국에 비하여 개정의 빈도가 잦았다. ② 헌법개정의 주된 내용이 대통령의 집권연장을 위한 중임금지조항의 수정 내지 삭제이었거나, 아니면 대통령의 선거방식을 간선제에서 직선제로 하거나 그 반대로 하는 것이었다. ③ 개헌 추진세력이 거의 언제나 집권자 아니면 집권여당이었다. ④ 개헌추진방식이 발췌개헌, 사사오입개헌, 별관에서의 심야처리 등 변칙적인 것이었고, 개헌준비작업이 은밀하게 진행되었다. ⑤ 개헌의 정당성 내지 정통성에 관한 비난을 면하기 위하여 국민투표로 이를 확인하는 절차를 택하였다. ⑥ 개헌 전후에 계엄선포나 긴급조치와 같은 비상사태를 선포하였다. ⑦ 개헌의 경우에 기성정치인의 정치활동을 제한하거나 부정축재를 환수하기 위한 소급법제정의 근거를 헌법부칙에 규정하였다는 점 등이다.

이와 같이 개정헌법의 대부분이 절차상의 하자나 내용상의 반민주성 때문에 그 정당성이 의문시되었다. 그러나 1987년의 제9차개헌은 평화적인 방법과 민주적인 절차에 따라 국민적 여망을 수용한 여야합의로 이루어진 개헌이므로 한국헌정사상 특기할 만한 것이다.[20] 이리하여 현행헌법은 전문 및 본문 10장 130개조와 부칙 6개조로 구성되어 있다.

---

20 권영성, 앞의 책, 101면.

연습문제

1. 헌법제정이란 무엇을 뜻하는가?
2. 헌법제정권력이란 무엇이며 주체는 누구인가?
3. 헌법제정권력의 행사에 한계가 있는가?
4. 헌법제정권력과 헌법개정권력은 어떻게 다른가?
5. 헌법제정권력은 주권 및 통치권과는 어떻게 다른가?
6. 헌법개정이란 무엇이며, 그 종류와 방법을 설명하라.
7. 헌법개정에는 한계가 있는가?
8. 헌법개정 금지사유에는 어떤 것이 있는가?
9. 한국헌법의 개정절차와 한계를 설명하라.
10. 한국헌법은 언제, 어떤 형태로 제정되었는가?
11. 한국헌법은 어떤 형태로 개정되어 왔는가?
12. 한국헌법의 개정과정에서 나타난 특징을 요약하라.

Ⅳ. 헌법의 보장

1. 헌법의 보장이란 무엇인가?

헌법의 보장 내지 헌법의 수호*Schutz der Verfassung*라 함은 헌법의 침해나 파괴로 말미암아 헌법의 규범력과 기능이 상실 또는 변질되지 아니하도록 위헌적 행위를 사전에 예방하거나 사후에 배제함으로써 헌법의 최고 법규성과 실효성을 확보하려는 제도를 말한다. 헌법을 보장하는 제도는 국가와 시대에 따라 동일하지 않지만 어느 국가나 어느 시대에도 그 특유의 헌법보장제도를 가지고 있다.

2. 헌법보장의 기관

누가 헌법의 수호자가 되어야 하느냐에 관하여는 학자 간에 견해가 나뉘어 있다. 슈미트는 "헌법의 수호자 역할은 국민에 의하여 선출된 중립적 권력인 대통령에게 담당시켜야 한다"고 주장하였는 데 대하여,[21] 켈젠은 "헌법이 막강한 권력의 행사를 위임하고 있기 때문에 헌법을 침해할 법적 기회와 정치적 충동을 가지게 될 대통령이나 의회에 헌법보장의 기능을 담당시키는 것은 부적당하다"고 하면서 헌법법원의 중요성을 강조하였다. 또한 영국의 키스*Keith*(1955~)는 헌법의 수호자를 국왕이라고 한 데 대하여, 래스키*Laski*(1893~1950)는 내각이라고 하였다.

생각건대 헌법의 침해나 위협은 어느 누구에 의하여도 야기될 수 있다. 따라서 대통령·의회·법원 등의 각종 국가기관과 국민이 침해자가 될 수 있고, 또 이들이 모두 수호자가 될 수 있다. 그러나 헌법의 최종적인 수호자는 국민이 될 수밖에 없을 것이다.

3. 헌법보장제도의 유형

(1) 유형

헌법보장제도는 무엇을 기준으로 하느냐에 따라서 여러 가지로 분류할 수 있다. 대체로 정치적 보장과 사법적 보장, 국가권력에 의한 보장과 국민에 의한 보장, 제도화된 보장과 제도화되지 아니한 보장, 실체적 보장과 절차적 보장, 평상적 보장과 비상적 보장 등으로 나눌 수 있다.

---

21 Carl Schmitt, *Der Hüter der Verfassung*, 2 Aufl., Berlin 1931, S. 13 ff.

평상적 보장제도에는 사전예방적 보장과 사후교정적 보장이 있고, 비상적 보장제도로는 대통령의 비상조치나 긴급명령 또는 계엄선포와 같은 국가긴급권과 국민의 저항권행사 등을 들 수 있다.

(2) 사전예방적 보장제도

현행헌법상의 사전예방적 보장제도로서는 헌법의 최고법규성의 선언(명문규정은 없지만 제107조와 제111조 제1항 제1호 및 부칙 제5조에서 간접적으로 선언하고 있음), 헌법수호의무의 선언(제66조 제2항 및 제69조), 국가권력의 분립(제40조, 제66조 제4항, 제101조 제1항), 경성헌법성(제128~130조), 공무원의 정치적 중립성 보장(제7조 제2항), 군의 정치적 중립성의 준수(제5조 제2항)와 방어적·전투적 민주주의의 입장에서 반국가적·반민주적 정당의 출현을 사전에 예방하기 위한 위헌정당해산제도(제8조 제4항) 등을 들 수 있다.

(3) 사후교정적 보장제도

또한 사후교정적 보장제도로서는 위헌법령·처분심사제(제107조 제1항 및 제2항, 제111조 제1항), 탄핵제도(제65조 제1항), 위헌정당해산제도(제8조 제4항), 헌법소원제도(제111조 제1항), 국회의 국무총리·국무위원해임건의제도(제63조 제1항), 국정감사·조사제도(제61조 제1항), 긴급명령·긴급재정경제처분 및 명령승인제도(제76조 제3항), 계엄해제요구제도(제77조 제5항), 공무원책임제도(제29조 제1항) 등을 들 수 있다.

(4) 비상적 보장제도(국가긴급권)

가. 의의

국가긴급권*emergency power; Staatsnotrecht*이라 함은 천재·지변·전쟁·내란·재정경제상의 위기나 경제공황과 같이 국가의 존립이나 헌법질서를 위태롭게 하는 비상사태가 발생한 경우에, 정부가 평상시의 헌법상의 제한을 무시하고 국가의 안전과 헌법질서를 유지 내지 회복하기 위하여 필요한 조치를 강구할 수 있는 비상적 권한을 말한다.[22] 이러한 비상적 위기를 극복하기 위한 정부체제를 긴급사태정부 또는 위기정부*Krisenregierung*라고 한다.

나. 근거

국가긴급권의 이론적 근거가 무엇이냐에 관하여는 견해가 나뉘고 있으나 대체로 다음과 같은 3가지로 요약할 수 있다. 첫째로, 평상시의 법치주의기구로는 위기에 적절히 대응할 수 없다는 점이다. 입헌민주국가의 정치기구는 그 본질상 평상시의 평온상태에

---

22 권영성, 앞의 책, 67면.

서만 기능을 발휘하도록 설계된 것으로 비상시의 위기에 대처하기에는 적당하지 못하다. 그러므로 통상의 기구만으로 대처할 수 없는 긴급한 사태가 발생한 경우에는 필요에 따라 예외적인 비상수단을 인정하지 않을 수 없다.

둘째로, 비상수단이 요구되는 상황을 처음부터 예측할 수 있다면, 이를 미리 합법적인 제도로서 헌법에 규정하여 두는 것이 합목적적이다.

셋째로, 예외적인 비상수단을 헌법에서 그 발동의 조건·기한·방식 등을 규정함으로써 긴급권의 남용을 방지하는 기능도 기대할 수 있다는 점이다.

헌법이 국가긴급권을 전혀 규정하고 있지 아니한 경우나, 규정하고 있는 경우에도 그 긴급권을 가지고서는 극복할 수 없는 극한적 상황이 발생한 경우에 합헌적 긴급권을 무시한 초헌법적 긴급권을 발동할 수 있는가에 대하여는 긍·부 양설이 있다.

부정설에 의하면 초헌법적 긴급권은 헌법을 파괴하거나 침해하는 것으로 헌법 자체를 부정하거나 침해하는 조치는 어떠한 긴급상황에 의하여도 정당화될 수 없는 불법이므로 초헌법적 긴급권은 허용되지 아니한다고 한다.[23]

긍정설에 의하면 국가의 존립이나 법질서를 유지하기 위하여는 헌법규정에 위반하는 비상수단도 그것이 긴급하고 부득이한 것이면 정당화될 수 있다고 한다.[24] 예링*Jhering*(1818～1892)에 의하면 "법은 목적을 위한 수단이고, 그 궁극의 목적은 사회의 존립이다. 법이냐 생명이냐의 양자택일을 하여야 할 긴급한 경우에는 법을 희생하고 생명을 구할 뿐이다. 난파한 선박과 선원을 구하기 위하여는 하물을 버려야 하는 것처럼 위기에 처할 때 국가권력은 법을 파괴할 긴급권을 가진다"고 한다.[25]

그러나 이러한 학설의 대립에 대하여 마운츠는 "헌법이 국가긴급권에 관한 규정을 두고 있지 않은 경우에 긴급권행사의 정당성 여부는 일률적으로 말할 수 없다. 이는 각국의 법질서 전체를 신중히 분석한 후 결론을 내려야 한다"고 하였다.[26]

법치주의의 원칙을 무조건·절대적인 것으로 고집한다면 초헌법적 긴급권은 위헌이라는 이유로 부인되어야 하지만, 전쟁의 발발과 같이 헌법질서 전체가 파국에 직면한 극한적 상황에서는 합목적적 관점에서 초헌법적 비상수단이 정당화될 수 있을 것이다.[27]

---

23 G. Anschütz, O. Mayer, R. Thoma, H. Nawiasky 등.

24 C. Schmitt, K. Hesse, R. v. Jhering, C. Rossiter 등.

25 R. v. Jhering, *Der Zweck im Recht*, Bd. I, 1916, S. 194 f.

26 Maunz–Zippelius, *Deutsches Staatsrecht*, 25 Aufl., München 1983, S. 420.

27 권영성, 앞의 책, 71면.

다. 요건 내지 한계와 통제

국가긴급권의 인정은 국가의 위기를 극복하여야 한다는 필요성 때문이기는 하지만, 그것이 입헌주의 그 자체를 파괴할 위험도 있으므로 국가긴급권에는 일정한 내재적 또는 논리적 한계가 있다고 본다. 따라서 긴급권 발동의 목적·기한·발동상황 등에 관한 요건 내지 한계를 미리 정하여 둘 필요가 있다.

긴급권의 발동은 국가의 존립과 입헌주의체제를 유지하고 국민의 기본권을 방어하기 위한 것이어야 한다는 목적상의 한계가 있고, 그 발동은 비상사태에 대처하기 위하여 일시적·임시적이어야 한다는 기한상의 한계가 있으며, 통상의 절차로서는 극복할 수 없는 비상사태로서 긴급권의 발동이 절대적으로 필요한 것임이 객관적으로 납득할 수 있어야 하는 상황상의 한계가 있다.

국가긴급권의 남용을 방지하려면 사전에 의회의 승인을 얻도록 하고, 사후에 의회나 법원 등이 긴급권행사에 대한 책임을 추궁할 수 있도록 하여야 한다. 긴급권행사에 의회의 사전승인을 요한다면 그 본래의 목적을 달성하기 어렵다. 그러나 국가긴급권의 남용을 방지하기 위하여는 적어도 비상사태가 경과한 후에는 긴급권발동에 대한 사후면책 또는 위헌 여부가 의회나 법원에 의하여 심사되어야 하고, 또 경우에 따라서는 책임을 물을 수 있어야 한다. 만일에 의회나 법원에 의한 통제가 실효를 거두지 못하는 경우에 그에 대한 최종적인 통제는 결국 국민의 호헌의지에 의존할 수밖에 없을 것이다.[28]

라. 현행헌법상의 국가긴급권

현행헌법에 규정되어 있는 국가긴급권은 긴급입법권과 긴급처분권을 포괄하는 개념으로서, 여기에는 3가지 종류가 있다. 대통령의 긴급재정·경제처분 및 긴급재정·경제명령권(제76조 제1항), 긴급명령권(제76조 제2항), 계엄선포권(제77조)이 그것이다.

① 긴급재정·경제처분 및 긴급재정·경제명령권

a) 발동요건: 대통령의 긴급재정·경제 처분 및 명령은 다음 4가지 요건이 충족되는 경우에 가능하다. 첫째로 내우, 외환, 천재, 지변 또는 중대한 재정·경제상의 위기상황이 발생하여야 하고(상황요건), 둘째로 국가의 안전보장 또는 공공의 안녕질서를 유지하기 위하여 긴급한 조치가 필요하여야 하며(당위요건), 셋째로 국회의 집회를 기다릴 여유가 없을 정도로 긴급하여야 한다(긴급요건). 이 긴급요건은 국회가 폐회 중이어서 임시회의 집회에 필요한 1일간을 기다릴 여유조차도 없는 경우를 말한다(국회법 제5조 제2

28 권영성, 위의 책, 73면.

항). 넷째로 국무회의의 심의를 거쳐야 하고, 국무총리와 관계 국무위원이 부서한 문서로 하여야 한다(절차요건).[29]

b) 내용 및 효력: 처분이나 명령의 규율대상은 재정사항과 경제사항에 국한된다. 긴급재정·경제처분은 어디까지나 처분적 효력만이 있다. 그것이 법률적 효력을 나타내기 위하여는 긴급재정·경제명령의 형식으로 발동하여야 한다. 긴급재정·경제명령이 발동되면 이 명령은 법률의 효력을 가지므로, 이 명령으로 기존의 법률을 개정 또는 폐지하는 것도 가능하다.

대통령은 긴급조치를 한 후에는 지체 없이 이를 국회에 보고하고 그 승인을 얻어야 한다. 승인을 얻지 못한 때에는 그 조치는 그때부터 효력을 상실하고, 명령에 의하여 개정·폐지된 법률은 당연히 그 효력을 회복한다(제76조 제3항 및 제4항). 이때 대통령은 긴급조치가 효력을 상실한 사실을 지체 없이 공포하여야 한다(제76조 제5항).

대통령의 긴급재정·경제 처분 및 명령은 국회에 의한 정치적·대의적 통제 외에도 법원 또는 헌법재판소에 의한 사법적 통제도 받는다.[30]

② 긴급명령권

a) 발동요건: 긴급명령권도 다음과 같은 4가지 요건을 전제로 하여서만 그 발동이 가능하다. 첫째로 국가의 안위에 관계되는 중대한 교전상태가 발생하여야 하고(상황요건), 둘째로 국가를 보위하기 위하여 긴급한 조치가 필요하여야 한다(당위요건). 셋째로 국회의 집회가 불가능하여야 하고(실질요건), 넷째로 긴급재정·경제 처분 및 명령의 경우와 같이 국무회의의 심의를 거쳐야 한다(절차요건).

b) 내용 및 효력: 긴급재정·경제명령은 오직 재정·경제사항만을 그 규율대상으로 하는 데 대하여 긴급명령은 모든 법률사항을 그 규율대상으로 하는 점에서 양자는 차이가 있다.

③ 계엄선포권

"대통령은 전시·사변 또는 이에 준하는 국가 비상사태에 있어서 병력으로써 군사상의 필요에 응하거나 공공의 안녕질서를 유지할 필요가 있을 때에는 법률이 정하는 바에 의하여 계엄을 선포할 수 있다(제77조 제1항)". 계엄에는 비상계엄과 경비계엄이 있고, 비상계엄이 선포된 때에는 법률이 정하는 바에 의하여 영장제도, 언론·출판·집회·결

29 허영, 앞의 책, 1081면.
30 허영, 위의 책, 1083면.

사의 자유, 정부나 법원의 권한에 관하여 특별한 조치를 취할 수 있다(제77조 제2항 및 제3항). 계엄을 선포한 때에는 대통령은 지체 없이 이를 국회에 통고하여야 하고, 국회가 재적의원 과반수의 찬성으로 계엄의 해제를 요구한 때에는 대통령은 이를 해제하여야 한다(제77조 제4항 및 제5항).

(5) 저항권

가. 저항권의 의의

저항권*right of resistance; Widerstandsrecht*이라 함은 입헌주의적 헌법질서를 침해하거나 파괴하려고 하는 국가기관이나 공권력의 담당자에 대하여 다른 법적 구제방법이 더 이상 없을 경우에(저항권의 보충성), 주권자로서의 국민이 그 헌법적 질서, 특히 법치국가적 질서를 유지하고 회복하기 위하여 최후의 비상수단으로서(저항권의 최후수단성), 저항할 수 있는 권리를 말한다.[31]

그러나 국가권력의 최고담당자가 법질서를 파괴하거나 불법을 행할 경우에 저항을 하여야 하는가, 저항을 할 수 있는가, 또는 어떤 전제 아래서 어떤 목적으로 저항할 것인가, 누가 어떻게 저항할 것인가 등이 문제 될 것이다.

나. 저항권의 본질과 법적 성격

① 저항권의 본질

저항권의 본질에 관하여는 저항권을 헌법보장을 위한 수단으로 보는 견해와 기본권의 일종으로 보는 견해가 대립하고 있다. 저항권은 헌법보장을 위한 수단이면서 기본권보장을 위한 기본권의 성격도 가지고 있다.

② 저항권의 법적 성격

저항권을 기본권으로 보는 경우에도 그 법적 성격 여하에 관하여는 자연법상의 권리로 보는 견해와 실정법상의 권리로 보는 견해 또는 양자를 절충하여 보는 견해가 있다.

그러나 저항권은 자연법상의 권리로 이해하는 것이 타당하다. 헌법이 저항권을 명문으로 규정하고 있는 경우에도 그것은 자연법상의 권리를 확인하고 선언한 것에 불과하다. 저항권을 초국가적·전국가적 자연법상의 권리로 이해하는 근거는 인간의 존엄성과 가치의 존중을 그 중심가치로 하는 민주주의적 질서를 부정하고 국민주권의 원리를 유린하는 데 대한 저항은 바로 인간의 존엄과 가치를 유지하고 주권재민의 정신과 정의

---

31 C. Creifelds, *Rechtswörterbuch*, 3 Aufl., München 1973, S. 1315.

의 이념을 최후의 선에서 수호하기 위하여 부득이한 것으로 보기 때문이다.[32]

다. 저항권행사의 주체

민주주의 국가에 있어서의 저항권행사의 주체는 궁극적으로는 국민이다.

라. 저항권행사의 요건

저항권은 남용되기 쉽고 또 저항권을 빙자하여 혁명권을 행사할 가능성이 있으므로 저항권의 성립 내지 행사 요건은 다음과 같이 엄격하게 해석하여야 할 것이다.

① 민주적 기본질서를 전면적으로 부인하는 경우일 것

저항권의 행사는 개개의 헌법조항에 대한 단순한 위반이 아니라 국민주권의 원리나 민주적 기본질서 또는 기본권보장의 전 체계에 대한 중대한 침해가 행하여지고 헌법 자체가 부인되는 경우라야 한다. 국가권력의 행사가 개개의 헌법조항을 위반하는 경우에는 먼저 위헌법령심사제나 탄핵제도 또는 헌법재판 등의 방법이나 참정권에 의한 정치적 통제에 의하여 시정 또는 구제되어야 한다.

② 국가권력의 행사가 불법이라는 것이 객관적으로 명백한 경우일 것

저항권을 행사할 수 있는 상태인가 아닌가의 판단은 어려운 것이므로 객관적 판단에 의하여 명백한 경우이어야 한다. 예컨대 통치권자가 공권력을 남용하여 극단적인 악법이 통용되는 경우가 이에 해당할 것이다. 여기서 악법의 예로는 인간의 존엄성을 부정하는 법, 자유와 생명을 부정하는 법, 평등의 원칙을 부정하는 법, 권력의 분립을 부정하는 법, 소급효를 인정하는 법 등을 들 수 있을 것이다.

③ 최후의 수단일 것

다른 구제방법이 없거나 불가능한 경우에 한하여 최후의 수단으로서 저항권만이 남아 있다고 생각되는 경우라야 한다.

마. 저항권행사의 한계

저항권행사의 궁극적 목적은 언제나 인간의 존엄성존중을 그 이념으로 하는 입헌주의적 헌법체제를 유지하고 수호하는 것이어야 한다. 따라서 저항권은 국민주권의 원리와 민주적 기본질서를 유지하고 수호하기 위하여만 행사되어야 한다.

32 권영성, 앞의 책, 78~79면.

사례

1. 자유민주적 기본질서를 다음 각 기관이 침해할 때에는 어떻게 방어할 것인가?

   ① 대통령·국무위원 등 ② 정당 ③ 국회 ④ 개인

   힌트 ① ─탄핵제도 ② ─해산을 위한 제소 ③ ─위헌심판제청 ④ ─민·형법 등에 의한 호소

2. 자유민주적 기본질서가 침해당한 경우 최후의 보장수단은 무엇인가?

   힌트 실정법상의 구제수단을 모두 동원해도 해결되지 아니할 때에는 예외적으로 저항권의 행사를 인정하여야 할 것이다.

연습문제

1. 헌법보장이란 무엇이며, 우리 헌법상의 헌법보장제도로는 어떤 것이 있는가?
2. 대통령의 긴급명령과 긴급재정·경제명령 및 긴급재정·경제처분 3종류의 공통점과 차이점을 설명하라.
3. 비상계엄이란 무엇인가?
4. 저항권은 인정될 수 있는가? 인정된다면, 어떠한 경우에 행사할 수 있는가?

V. 한국헌법의 기본원리

우리 헌법전문에는 헌법이 추구할 근본이념이 표명되어 있다. 국민주권의 이념, 정의사회의 이념, 문화민족의 이념, 평화추구의 이념이 그것이다. 헌법의 기본원리도 헌법전문에 나타난 이와 같은 4가지 근본이념을 구체화하고 실현하기 위하여 나타나는 원리라고 말할 수 있다.[33]

1. 국민주권의 원리

우리 헌법은 국민주권의 이념을 그 바탕으로 하고 있다. 국민주권의 원리라 함은 국가의 최고의사를 결정할 수 있는 원동력이 되는 주권을 국민이 가지며, 모든 국가권력의 정당성의 근거가 국민에게 있다는 원리를 말한다. 보댕*Bodin*(1530~1596)이나 홉스*Hobbes*(1588~1679)의 군주주권이나 크라베의 법주권 또는 옐리네크*Jellinek*(1851~1911)의 국가주권 등의 고전적인 사상은 우리 헌법질서에서는 통할 수 없다. 그러나 국민주권의 사상은 역사적으로 보면, 보댕과 홉스의 군주주권론에 대항하여 알투지우스*Althusius*(1563~1638)가 제창하고, 로크의 신탁계약설과 루소*Rousseau*(1712~1778)의 사회계약설 등을 통하여 완성되었다.

주권을 하나의 실체적인 고전적 개념으로 이해하는 입장에서는 주권, 국가권력, 통치권, 헌법제정권력 등을 어떻게 구별할 것인가에 관하여 의견이 나누어지고 있다.[34]

우리 헌법은 국민주권의 이념을 실현시키기 위하여 통치권을 국민의 기본권에 기속시키며 자유민주주의 원리와 법치주의 원리를 헌법상의 기본원리로 채택하고 이를 구체화하기 위한 여러 가지 제도적 장치를 마련하고 있다.[35]

우리 헌법은 제1조 제2항 전단에서 "대한민국의 주권은 국민에게 있고"라고 함으로써 국민주권의 원리를 선언하고 있다. 여기에서의 주권은 대한민국의 국가의사와 국가적 질서를 전반적·최종적으로 결정할 수 있는 최고의 권력을 의미한다.

33 허영, 앞의 책, 170면. 헌법의 기본원리는 학자마다 설명이 다르다. 본서에서는 권영성 교수의 설명을 기본으로 하였음.

34 주권과 국가권력과 통치권을 같은 뜻으로 이해하면서 헌법제정권력도 주권의 당연한 내포라고 설명하려는 입장(김철수 교수)이 있는가 하면, 주권과 헌법제정권력은 같은 의미이지만 통치권 내지 국가권력과는 다르다고 주장하는 입장(권영성 교수)도 있다(허영, 위의 책, 170면 각주 1).

35 허영, 위의 책, 175면.

이와 같은 국민주권주의의 원리는 각종의 기본권보장제도에 의하여, 의회주의나 대의제를 통한 간접민주제와 국민투표를 통한 직접민주제에 의하여, 정당제도나 지방자치제도 및 직업공무원제도 등에 의하여 구현되고 있다.

특히 우리 헌법은 인간의 존엄과 가치를 핵으로 하는 국민의 기본권을 최대한 보호함으로써 국민주권의 이념을 실현시키려고 하고 있다. 이를 위하여는 통치권의 행사도 개인이 가지는 기본적 인권을 침해하지 않도록 이를 확인하고 보호하도록 행사되어야 한다. 국가권력의 행사를 기본권에 기속시키기 위하여 입법·행정·사법으로 권력을 분리하여 입법작용이 기본권실현에 역행하는 일이 없도록 입법작용의 한계를 명시하고(제37조 제2항), 법치행정의 원칙을 실현하기 위하여 행정작용의 내용과 범위를 법률로 정하도록 하고(제96조, 제100조, 제114조 제7항 등), 효과적인 권리구제를 위하여 사법권의 독립을 보장하고 있다(제101조 내지 제106조).[36]

또한 위헌법률심사제를 통하여 기본권실현에 역행하는 통치권의 행사가 그 효력을 나타낼 수 없도록 제동장치를 마련해 놓고 있으며, 대통령의 국가긴급권에 대해서도 과잉금지의 원칙을 명문화함으로써 기본권보호에 역점을 두고 있다.

2. 자유민주주의의 원리

자유민주주의란 자유주의와 민주주의가 결합된 정치원리를 말한다. 자유주의란 타인의 간섭을 배제하고 개인의 자유와 자율을 존중해 줄 것을 요구하는 주의이다. 개인의 자유를 이상으로 하고, 완전경쟁에 입각한 자율적 행동원리를 그 수단으로 하는 원리이다. 이에 대하여 민주주의라 함은 국민에 의한 지배 또는 국가권력이 국민에게 귀속되는 것을 특징으로 하는 정치원리를 말한다.[37]

우리 헌법은 국민주권의 이념을 실현하기 위하여 자유민주주의 원리를 채택하고 여러 가지 제도를 통하여 이를 구체화하고 있다. 자유민주주의 가치의 핵심이며 실질적인 내용이 되는 것은 자유·평등 및 정의이다. 우리 헌법상의 기본적 인권의 존중, 권력분립의 원리, 의회제도, 복수정당제도, 선거제도, 사유재산제와 자유시장경제질서 및 사법권의 독립 등은 자유민주주의를 실현하기 위한 수단이 된다.[38]

---

36 허영, 위의 책, 182~183면.

37 권영성, 앞의 책, 136면.

38 자유민주적 기본질서의 구성요소로 독일연방헌법법원은 인권의 보장·국민주권의 원리·권력분립의 원리·책임정치의 원리·행정의 합법률성의 원칙·사법권의 독립·복수정당제와 정당활동의 자유의 보장 등을 들고 있다.

3. 법치주의의 원리

법치주의란 말은 다의적이다. 법치주의란 의회가 제정한 법률에 따라 국가권력이 발동되어야 한다는 원리라고 할 수 있다. 즉 인의 지배*rule of man*가 아니라 법의 지배*rule of law*이다. 법이 국가작용이나 국가 내의 전체생활에 기준과 방식을 제공하는 원리이다. 따라서 법치주의란 국가가 국민의 자유와 권리를 제한한다든지 국민에게 새로운 의무를 부과하려 할 때에는 국회가 제정한 법률에 의하거나 그에 근거하여야 하며, 이러한 법률은 국민만이 아니라 국가권력의 담당자도 준수하여야 한다는 원리를 말한다. 법치주의는 국민의 자유와 권리를 보장하고자 하는 데 그 목적이 있으며, 법률의 우위, 법률에 의한 행정, 법률에 의한 재판이 그 내용이 된다.

그러나 법치주의는 형식적 법치주의 내지 법률만능주의가 되어서는 아니 되고, 국민의 자유와 평등 내지 정의가 실현되는 실질적인 법치주의 내지 법의 국가가 되어야 한다. 이와 같이 실질적인 법치주의의 원리를 실현하는 국가 또는 적어도 실현하려고 노력하는 국가가 법치국가이다.

법치주의는 국가권력의 발동근거로서의 기능과 국가권력의 제한 내지 통제 근거로서의 기능을 가지고 있다. 전자를 적극적 제1차적 기능이라고 한다면, 후자는 소극적 제2차적 기능이라 할 수 있다. 자유민주주의 국가에 있어서의 법치주의는 후자의 의미에 보다 더 비중이 두어진다.[39]

우리 헌법은 법치주의 내지 법치국가의 원리를 기본원리로 한다는 직접적인 명문규정은 없지만, 기본권보장이 선언되어 있고(제10조, 제37조 제2항 등), 권력분립 및 위헌법률심사제가 채택되고 있으며(제107조 제1항, 제111조 제1항, 제113조 등), 포괄적 위임입법을 금지하고, 행정의 사법적 통제를 보장하며, 공권력행사에 대한 예측가능성의 보장과 신뢰보호의 원칙을 보호하는 등 법치주의의 구성요소를 광범하게 채택하고 있다.

4. 사회국가의 원리

사회국가*Sozialstaat*라 함은 모든 국민에게 건강하고 문화적인 생활을 영위할 수 있도록 생활의 기본적 수요를 충족시켜 주는 것이 정부의 책임인 동시에, 그것에 대한 요구가 국민의 권리로서 인정되어 있는 국가를 말한다. 사회국가의 원리는 사회정의를 실현하기 위하여 모든 국민의 복지를 법치국가적 방법으로 실현하려는 원리를 말한다.

---

39 최종고, 『법학통론(제4전정신판)』, 박영사, 2019, 189면.

이러한 원리는 사회적 시장경제질서에 의하여 뒷받침되고, 실질적 법치국가를 그 실천 목표로 하고 있다. 따라서 사회국가를 복지국가*welfare state* 또는 사회복지국가라고 불러도 무난할 것이다.

사회국가는 산업사회에서 발생하는 계급적 갈등을 사회정의의 이념에 입각하여 사회개량을 통하여 해결하려는 국가이다. 사회정의란 사회구성원 전체의 이익이 보호되고, 복지가 균등하게 추구되며, 갖가지 공적 부담이 균등하게 배분되어 개개의 국민에게 적정수준의 경제적·문화적 생활을 보장하게 되는 분배의 원리를 말한다.

사회국가의 원리를 실현하기 위하여는 사회적 기본권의 보장, 재산권의 사회적 기능의 강조, 경제적 민주화와 경제질서에 대한 규제와 조정 및 사회보장 내지 사회복지정책의 추진 등이 요청된다.[40]

우리 헌법은 전문에서 "국민생활의 균등한 향상을 기한다"고 하여 기회균등과 사회정의의 실현을 선언하고, 구체적으로는 헌법 제10조에서 인간의 존엄성과 행복추구의 권리를, 제31조에서 제36조에 걸쳐 일련의 사회적 기본권을 보장하고 있다. 특히 제9장의 경제편에서는 사회적 시장경제질서를 규정함으로써 우리나라가 사회국가의 원리를 지향하고 있음을 밝히고 있다.

5. 문화국가의 원리

문화국가*Kulturstaat*란 국가로부터의 문화의 자유를 인정하면서도 국가도 문화의 산물임을 인정하고, 국가가 문화를 보호하고 지원하며 조정하는 것을 내용으로 하는 국가라고 할 수 있다. 따라서 문화의 국가형성력과 국가의 문화형성력이 상호작용하여 국민의 문화적 생활의 향상을 기할 수 있을 것이다.

우리 헌법은 건국헌법 이래 문화국가의 원리를 채택하고 있다. 현행 헌법은 제9조에서 "국가는 전통문화의 계승·발전과 민족문화의 창달에 노력하여야 한다" 하여 문화진흥의무를 규정하고, 대통령에게 이 의무를 다시 한번 확인시키고 있다(제69조).

6. 평화국가의 원리

양차대전을 치르면서 인류가 체험한 전쟁의 참혹성과 인간의 잔인성에 대한 반성에서 출발하여 현대국가들은 모두가 국제평화와 국제협조를 통하여 인류의 평화와 행복

40 권영성, 앞의 책, 139~143면.

을 확보하려고 하고 있다. 이러한 목적을 위하여 각국의 헌법은 예외 없이 국제평화주의를 헌법의 기본원리로 채택하고 있으며, 우리 헌법도 전문과 제5조 등에서 이를 천명하고 있다.

연습문제

1. 헌법의 기본원리를 어떻게 설명할 것인가?
2. 국민주권이란 무엇이며 우리 헌법에는 어떻게 반영되어 있는가?
2. 법치주의의 원리란 어떠한 것인가?
4. 사회국가와 복지국가는 다른 것인가?

Ⅵ. 기본권이란 무엇인가?

• 고향에서 살고 고향을 방문할 수 있는 권리야말로 기본적 인권이다. —Albert Schweitzer

1. 기본권의 개념

기본권이란 인간이 인간으로서 당연히 가지는 권리를 말한다. 이것을 인권 또는 인간의 권리*Menschenrechte*라고 한다. 이와 같은 인권을 최초로 선언한 헌법전은 버지니아 권리장전과 프랑스 인권선언이다. 이 인권 또는 인간의 권리를 독일에서는 기본권*Grundrechte*이라 한다. 엄밀한 의미에서는 인권과 기본권은 다르다. 인권은 인간이 인간이기 때문에 당연히 가진다고 생각되는 천부적 권리를 의미하지만, 기본권은 헌법이 보장하는 국민의 기본적 권리를 의미한다.

이러한 기본권의 일반적 특질은 인종·성별·사회적 신분 등에 의하여 차별받지 아니하는 보편성을 가지며, 기본권은 인간에게 고유한 권리이지 국가나 헌법에 의하여 창설된 것이 아닌 천부성을 가진다. 또한 기본권은 영구히 박탈당하지 아니하는 항구성을 가지며, 기본권의 기본적 내용은 어떠한 경우에도 침해당하지 아니하는 불가침성을 가진다.

2. 기본권의 발전과정

근대헌법의 기본권 보장의 원전은 1215년의 영국의 '대헌장*Magna Carta*'에서 찾아볼 수 있고, 근대적 인권보장의 실질적 기반은 1628년의 '권리청원*Petition of Right*', 1679년의 '인신보호법*Habeas Corpus Act*', 1689년의 '권리장전*Bill of Rights*' 등의 과정을 거치면서 확립되었다. 그러나 영국에서의 기본권의 발전과정은 기존의 자유와 권리를 재확인하거나 절차적 보장에 역점을 둔 것으로서, 미국이나 프랑스처럼 천부적 인권의 불가침성을 선언한 것은 아니라는 점에서 차이가 있다.

기본적 인권을 국민주권의 원리와 천부적 자연권으로 선언한 대표적인 사건은 1776년의 '버지니아 권리장전*Virginia Bill of Rights*'과 1789년 프랑스에서의 '인간과 시민의 권리선언*Declaration des droits de l'homme et du citoyen*'이다.

그러나 20세기에 들어와서 빈부의 차가 심해지고 무산대중의 생활이 위협을 받게 되자 사회적 기본권을 중시하게 되었고, 이와 같은 현대적 기본권의 연원은 1919년의 바이마르 헌법에서 찾을 수 있다.

3. 기본권의 성격

기본권의 성격에 관하여는 다음과 같은 3가지가 문제 된다. 즉 헌법에 규정된 기본권은 구체적이고 현실적인 권리로서 개인을 위한 주관적 공권인가, 아니면 구체적 입법에 의해서만 현실적인 권리가 될 수 있는 추상적 권리 내지 프로그램적 권리인가라는 문제와 헌법에 규정된 기본권은 실정법상의 권리인가, 아니면 자연법상의 권리인가라는 문제 및 기본권보장과 제도보장은 어떠한 관계에 있는가 하는 문제이다.

주관적 공권성 여부에 관하여는 긍·부 양설이 있다. 통설은 사회적 기본권은 구체적 입법이 있는 경우에 현실적 권리가 될 수 있는 추상적 권리이고, 그 외의 기본권은 명문의 규정 유무를 불문하고 자신을 위하여 국가의 작위, 부작위를 요구할 수 있는 현실적 권리로서 입법권·집행권·사법권을 직접 구속하는 주관적 공권이라고 하여 기본권이분설을 취하고 있다.

기본권을 실정법상의 권리로 보느냐 또는 자연법상의 권리로 보느냐는 결국 헌법선재설과 기본권선재설의 문제로 되고, 또한 자연법을 긍정하느냐 부정하느냐의 이데올로기 문제로 되기도 한다. 실정권설에 의하면 기본권은 헌법에 규정된 이상 실정법상의 권리로 보아야 하고, 권리는 실정법을 떠나서는 성립할 수 없으며, 자유는 전국가적이라 하더라도 자유권은 후국가적이라는 것이다. 이에 대하여 자연권설은 기본권은 본질적으로 인간의 본성에 근거하는 권리이고, 기본권이 자연권으로서 가지는 항의적·방어적 성격은 부정할 수 없으며, 모든 국가권력은 기본권존중이라는 근본규범에는 구속되어야 하기 때문에 기본권은 초국가적 자연권으로 보아야 한다는 것이다.[41]

우리 헌법은 제10조에서 인간으로서의 존엄과 행복추구권을 규정하고 있고, 제37조 제1항에서 국민의 자유와 권리는 헌법에 열거되지 아니하는 이유로 경시되지 아니하며, 제2항에서 자유와 권리를 제한하는 경우에도 자유와 권리의 본질적인 내용을 침해할 수 없다고 함으로써 기본권의 기본권선재설과 자연권설을 따르고 있다고 할 수 있다.

제도적 보장은 기본권보장과는 개념상 구별되는 것으로 보는 것이 일반적이다. 선거

41 권영성, 위의 책, 302면.

제도, 공무원제도, 사유재산제도, 정당제도 등 제도적 보장은 개인의 기본권을 보충하고 강화하는 것이어야지 제한하는 것이어서는 아니 된다.

사례

1. 인권과 기본권에 관한 다음 설명 중 틀린 것은?

   가. 인권은 인간으로서 당연히 누리는 권리이다.

   나. 기본권은 헌법이 보장하는 국민의 기본적 권리이다.

   다. 인권과 기본권을 동일시하는 견해가 있다.

   라. 인권은 인간의 천부적 권리라고 할 수 있다.

   마. 최초로 선언한 헌법은 독일기본법이다.

   힌트 최초로 선언한 헌법은 1776년의 버지니아 권리장전이며, 1789년의 프랑스의 인권선언도 인간의 기본 권리를 보장하고 있다.

연습문제

1. 기본권이란 무엇인가?
2. 기본권을 어떻게 분류할 것인가?

로스쿨 대비

LEET 논술 / 면접 (출제예상문제)

질문 "흡연권과 혐연권 중 무엇이 우선되어야 하는가?"

해설 헌법상 기본권끼리의 충돌문제를 해결하는 원칙을 묻는 문제가 출제될 수 있다. 헌법재판소는 기본권끼리 충돌하는 사건에서 (i) 기본권끼리의 우열관계(우선순위)를 따져 우선하는 기본권의 효력을 인정하거나, (ii) 해당 사안에서 어떠한 기본권이 가장 직접적인 관련성을 가지는지를 따지거나(이익형량), (iii) 충돌하는 기본권을 모두 실현시킬 수 있는 적절한 조화점을 찾는 방식(규범조화적 해석)을 택하였다.

Ⅶ. 인간의 존엄과 행복추구권

헌법 제10조는 "모든 국민은 인간으로서의 존엄과 가치를 가지며, 행복을 추구할 권리를 가진다……"고 하여, 인간이 인간으로서의 존엄과 가치의 소유자임을 확인하고 있다. 본조에서 말하는 인간으로서의 존엄과 가치란 인간 일반에게 고유한 가치로 간주되는 존귀한 인격주체성을 의미한다. 인격주체성이라는 초국가적 자연법원리를 실정헌법에 수용하여 법규범화한 것으로 볼 수 있다.

'인간으로서의 존엄과 가치' 조항은 직접 실현될 수 있는 구체적 권리를 보장한 조항이 아니라, 모든 기본권의 근원 내지 핵이 되는 이념적 전제가 되고, 모든 기본권보장의 종국적 목적 내지 기본이념이 되는 객관적 헌법원리를 규범화한 것을 말한다. 즉, 다른 헌법규정을 기속하는 최고의 헌법원리이다.

국가 또는 사인이 이 조항을 침해하는 경우에는 청원권과 재판청구권의 행사 및 헌법소원의 제기 등을 통하여 그 행위의 위헌 내지 무효와 손해배상을 청구할 수 있다. 인간으로서의 존엄과 가치는 모든 침해자로부터 보호되어야 하기 때문이다.

모든 국민은 안락하고 만족스러운 삶을 추구할 수 있는 행복추구권을 갖는다. 행복이란 물질적 만족과 정신적 만족이 동시에 이루어져야 하기 때문에 이는 자유권으로서의 성격과 사회적 기본권으로서의 성격을 동시에 가지는 것으로 보아야 할 것이다.

이러한 성격을 가지고 있는 행복추구권은 일종의 주관적 공권으로서 인간존재에 고유한 인간의 생래적 권리로서의 자연권이며, 포괄적 권리이다. 인간의 행복추구권은 너무도 당연한 권리이기 때문에 헌법에 규정할 이유가 없다고 하겠다.

사례

1. 수정란을 조작하여 인간을 복제하는 등 수정란에 대한 조작 및 침해행위는 인간의 존엄성을 침해하는 행위인가? 또 시체는 인격주체성이 결여되므로, 시체를 산업용으로 이용하는 것은 어떠한가? 수형자의 죄상과 사생활을 공개하는 것도 인간의 존엄성 침해인가?

   힌트 수정란은 태아 이전의 단계로 아직 생명체로 보기 어려우므로 형법상으로는 낙태죄나 상해죄로 처벌하기 어렵다. 그러나 인간의 존엄성 규정을 침해한 것으로 보아야 하지 않을까? 시체는 원칙적으로 인격주체성이 없다. 그렇다고 산업용으로 이용할 수 있을까? 수형자는 범죄인이지만 죄인은 사람이 아니란 말인가?

연습문제

1. '인간으로서의 존엄과 가치' 조항은 어떠한 의미를 가지고 있는가?
2. 행복추구권이란 어떠한 내용의 권리인가?

로스쿨 대비

LEET 논술 / 면접 (출제예상문제)

<사례>

78세의 남성 게르트너는 자신의 결의에 따라 삶을 마감하고자 한다. 그가 죽고자 하는 이유는 아내의 사망 이후 삶이 더 이상 즐겁지 않고 아무 의미가 없게 다가오기 때문이다. 주목할 점은 그가 정신적으로 신체적으로 건강한 상태라는 것이다. 그는 사람들이 통계상으로 가장 많이 선택하는 자살 방식, 즉 달리는 기차에 뛰어들거나 고층건물에서의 투신을 원치 않는다. 게르트너는 존엄하게 생을 마감하고자 의사조력자살 방식을 취하고자 한다. 그는 자신의 주치의인 여의사에게 치사량에 해당하는 나트륨-펜토바르비탈*Natrium-Pentobarbital*을 요구하지만, 거절당한다. 나트륨-펜토바르비탈은 안락사를 위해 여러 국가에서 통상적으로 사용되는 약물이다.

출처: 이숙경, "페르디난트 폰 시라흐의 논쟁극 『신』-의사조력자살을 둘러싼 서술전략에 주목하여", 『독일어문화권연구』 31, 독일어문화권연구소, 2022. 12, 128면.

<제시문 (가)>

게르트너가 단호하게 천명하고 있는 소망, 즉 평온하고 존엄하게 생을 마감하려는 열망은 어느 한 개인의 바람으로 치부하기에는 그 열망에 공감하는 층이 두텁다. 온전하게 건강한 상태로 죽고 싶은 열망은 사실 누구나 소망하는 근원적인 욕망에 해당하기 때문이다. 이 열

망은 게르트너가 의사조력자살을 택한 결정적 동인이며, 죽음을 앞두고 느끼는 통제능력 상실에 대한 두려움과 닿아 있다. 게르트너는 언젠가 병원으로 이송되어 호스에 의존해 침을 흘리길 원치 않는다. 그는 치매에 걸리길 원치 않고, 단정한 인간으로 죽고자 한다. 2년간의 심리 상담과 정신과 치료 후 그가 내린 결론은 처방 약에 의존하는 삶, 즉 '완화의료*Palliativmedizin*'가 아닌 평온한 죽음뿐이다. 그의 결의는 단호하고 호소력을 지닌다.

……

리텐 교수는 켈러 박사의 질의에 안락사 종류와 특징들, 의사조력자살을 둘러싼 법 개정의 변천사, 의사조력자살을 허용하는 네덜란드, 룩셈부르크, 벨기에, 캐나다의 다양한 선례들을 언급하며 의사조력자살 관련 규정이 지속적으로 변화해 왔고, 합의에 따라 조정이 가능한 영역임을 재고하게 한다. 그녀는 의사조력자살을 허용한 법 개정의 주안점이 "성년인 시민이 스스로 결정하는 행위*Selbstbestimmung des mundigen Burgers*"임을 강조하는 대목에서 관객의 마음을 포획한다.

출처: 이숙경, "페르디난트 폰 시라흐의 논쟁극『신』- 의사조력자살을 둘러싼 서술전략에 주목하여", 『독일어문화권연구』 31, 독일어문화권연구소, 2022. 12, 132면. 134면.

<제시문 (나)>

켈러 박사는 직업이 의사이고, 여러 해 동안 독일 윤리위원회 위원을 역임했으며 윤리위원회 초기 토론회에서 의사조력자살에 반대하였던 인물이다. 그녀는 법 전문가로 자리한 베를린 자유대 형법학 교수 리텐을 상대하며 안락사를 악용한 나치 역사를 소환하고, 「죽음에의 권리*Das Recht auf den Tod*」(1895)를 저술한 심리학자 아돌프 요스트*Adolf Jost*, 그리고 나치 범죄의 진행 과정을 예리하게 관찰한 미국인 의사 레오 알렉산더*Leo Alexander*를 인용한 철학자 로베르트 슈페만*Robert Spaemann*까지 언급하며 의사조력자살을 둘러싼 법 개정이 "돌이킬 수 없는 결과*ein Dammbruch*"를 초래할 거라 주장

……

틸 주교는 켈러 박사를 상대로 인간의 자기 결정과 자유도 좋지만, 사회의 연대, 사회복지 구제사업, 생명보호야말로 헌법의 기본가치임을 강조하면서, 생명의 가치를 저울질하거나 자살을 방조하는 행보는 돌이킬 수 없는 결과를 낳을 수 있다고 경고한다. 그는 자살을 남은 자들의 고통을 전혀 고려하지 않은 행위로 보기 때문에 순전히 이기주의의 산물이자 부도덕한 행위로 규정하고, 자살자들이 필요로 하는 것은 위로와 관심이지 자살을 돕는 의사가 아니

며, 시민들은 존엄하게 늙고 죽을 수 있도록 국가가 그들을 보호하도록 요구할 권리가 있다고 진술하고 있다. …… 그는 기원전 400년경 교회교사였던 아우구스티누스 폰 히포*Augustinus von Hippo*를 소환하며 십계명 중 다섯 번째 계명, 즉 "살인하지 말라"는 자기 자신에게도 적용되는 항목임을 지적하고 있다.

출처: 이숙경, "페르디난트 폰 시라흐의 논쟁극 『신』- 의사조력자살을 둘러싼 서술전략에 주목하여", 『독일어문화권연구』 31, 독일어문화권연구소, 2022. 12, 133~134면, 136~137면.

질문 1 〈사례〉를 읽고 의사가 자살에 필요한 약물을 건네도록 법적으로 허용하는 것이 옳은지에 대하여 〈제시문 (가)〉와 〈제시문 (나)〉 중 하나의 입장을 선택하여 자신의 주장과 근거를 밝히시오.

질문 2 〈사례〉와 같은 일반적인 자살이 아닌, 수용하기 어려운 극심한 고통을 겪는 말기 환자이고 치료법도 없는 경우라면(일명 조력존엄사) 귀하의 주장은 달라지는가?

해설 헌법 제10조에 의하면 "모든 국민은 인간으로서의 존엄과 가치를 가지며, 행복을 추구할 권리를 가진다. 국가는 개인이 가지는 불가침의 기본적 인권을 확인하고 이를 보장할 의무를 진다." 대리모, 장기매매, 안락사, 조력존엄사 합법화 등의 문제는 같은 맥락으로 자주 다루어지는 주제이다. 영화를 좋아하는 독자에게는 유사한 주제를 다루고 있는 하야카와 치에 감독의 '플랜 75'를 추천한다.

Ⅷ. 평등권

자유와 평등은 근대시민혁명 이후 인간의 정신세계와 국가적 생활을 지배해 온 2대 이념이다. 이 중에서 평등의 개념에는 참정평등과 법적용평등이 포함되며, 형식적 평등보다는 실질적 평등을 요구하게 된다. 모든 국민을 평등하게 다룰 것을 요구하는 법원칙을 평등의 원칙이라 한다. 평등의 원칙은 기본권보장을 위한 최고의 헌법원리로서, 헌법해석과 입법·집행·사법 등 모든 국가작용의 지침과 기준이 되며, 헌법개정에 의해서도 폐지될 수 없는 개정금지사항이다.

헌법은 제11조에서 모든 국민은 법 앞에 평등하다고 선언한 다음, 성별이나 종교 또는 사회적 신분에 의하여 정치적·경제적·사회적·문화적 생활의 모든 영역에서 차별을 받지 아니하고, 사회적 특수계급제도는 인정하지 아니하며, 훈장 등의 영전은 이를 받은 자에게만 인정하고 있다(영전일대의 원칙).

이 밖에도 현행헌법에는 평등에 관한 조항이 여러 곳에서 발견된다. 즉 헌법전문의 '모든 영역에 있어서 각인의 기회균등', 제31조 제1항의 '교육의 기회균등', 제32조 제4항의 '근로관계에서의 여성의 차별금지', 제36조 제1항의 '혼인과 가족생활에서의 양성의 평등', 제41조 제1항 등에서의 '선거와 선거운동의 평등', 제119조 제2항의 '균형 있는 국민경제의 성장', 제123조 제2항의 '지역 간의 균형 있는 발전' 등이 그것이다.

평등권이란 국가로부터 차별적 대우를 받지 아니할 뿐만 아니라, 국가에 대하여도 평등한 처우를 요구할 수 있는 개인의 주관적 공권을 말한다. 평등권은 인간이 그 자연적 상태에서 누려온 생래적·천부적 권리로서 전국가적 자연권이며, 주관적 공권이다.

차별금지사유로서는 헌법은 제11조에서 성별, 종교, 사회적 신분에 의한 차별금지 등을 예시적으로 나열하고 있다. 차별이 금지되는 영역은 인간의 모든 생활영역이다. 다만 상대적 평등의 입장에서 보면 합리적 차별은 인정되어야 할 것이다.

사례

1. 노약하여 생활능력도 없고 슬하에 자녀도 없는 A여인에게 국가에서 작업장에서의 심야작업금지 처우와 생계비로 월 100만 원을 지급하여 왔다. 이와 비슷한 처

지에 있으나 자녀의 봉급으로 생활하는 B여인이 평등처우를 주장하면서 자신에게도 A여인과 같은 처우를 해달라고 요구하였다. 국가는 이에 응하여야 하는가?

힌트 같은 것은 같게, 다른 것은 다르게 취급하는 것이 평등인데, A와 B는 같은 처지에 있는가?

2. 위 사례의 경우를 고려하면서 미국의 우선처우론*theory of preferential treatment*과 역평등론*reverse discrimination*을 설명하라.

힌트 생활무능력자 등에게 인도주의정신에서 생계비지급 등을 함으로써 실질적 평등을 실현하려는 현대적 평등보호원리를 우선처우론이라 하고, 우선처우의 결과 이제는 생활능력자 쪽에서 역차별을 가져와 불평등을 초래한다고 한다(권영성, 앞의 책, 392면, 각주 1 참조).

3. 검사가 고소사건의 수사를 현저히 소홀히 하는 등 잘못 다룬 끝에 불기소처분을 하였기 때문에 피해를 본 고소인은 차별대우와 재판절차진술권(헌법 제27조 제5항)의 침해를 이유로, 검사의 불기소처분에 대한 헌법소원을 청구할 수 있는가?

힌트 검사는 고소인이든 피고소인이든 법질서유지 차원에서 공평무사하게 수사하여야 한다(헌법재판소 1990. 12. 26. 선고 89헌마198).

판례

1. 국·공립사범대학 출신자를 교육공무원인 국·공립학교 교사로 우선하여 채용하도록 규정한 교육공무원법 제11조 제1항은 사립사범대학 졸업자와 일반대학의 교직과정이수자가 교육공무원으로 채용될 수 있는 기회를 제한 또는 박탈하게 되어 …… 헌법상 평등의 원칙에 어긋난다(헌법재판소 1990. 10. 8. 선고 89헌마89).

연습문제

1. 평등권이란 무엇이며, 평등의 원칙은 기본권보장을 위하여 필요한가?
2. 우선처우론과 역평등론이란 무엇이며, 양자는 서로 어떠한 관계에 있는가?
3. 남녀성별과 학연 및 지역에 따른 차별을 해결할 수 있는 방안은 없는가?

로스쿨 대비

LEET 논술 / 면접 (출제예상문제)

<제시문>

홀어머니 밑에서 자란 셰릴 홉우드는 넉넉하지 못한 가정환경 때문에 아르바이트 등을 하면서 고등학교와 캘리포니아대학을 졸업하였다. 이후 텍사스로 이사한 그녀는 텍사스 로스쿨에 지원했으나 합격하지 못하였다. 그녀의 학점은 3.8점이었고 LSAT도 상위권이었다. 미국의 대학들은 1960년대 중반경부터 소수집단 우대 정책*affirmative action*에 근거해 정원의 일정비율을 사회적 소수자로 선발하는 할당제를 실시해 왔다. 텍사스대학 역시 마찬가지로 이 정책을 시행하고 있었다. 합격한 학생들 중에는 그녀보다 학점과 LSAT 점수가 낮은 흑인과 멕시코계 미국인들이 있어서 그녀는 자신이 떨어진 것이 부당하다고 생각하였다. 그녀는 자신이 차별에 희생당했다며 소송을 제기했고 대학은 인종적·민족적 다양성을 높이는 것이 텍사스 로스쿨의 사명 중 하나라고 항변하였다. 텍사스주에서 흑인과 멕시코계 미국인이 차지하는 비율은 전체 인구의 40%인 반면, 이 대학원은 15%의 학생을 소수 집단에서 뽑는 정책을 실시하고 있었다.

출처: 마이클 샌델, 『정의란 무엇인가』, 김영사, 2010, 235면.

질문 1. 〈제시문〉을 읽고 소수 집단 우대 정책에 대한 자신의 견해를 밝히시오.
2. 대한민국의 지역인재 채용할당제에 대한 귀하의 견해는 어떠한가?

해설 이후 이와 유사한 사건인 '베커 소송'(1978년)에서 할당제는 연방 대법원으로부터 위헌 판결을 받았다. 당시 대법관들은 5대 4로 할당제가 위헌이라고 판결하였다. 이후 미국의 많은 대학은 할당제 대신에 소수 집단에게 가산점을 부여하는 가산점제를 도입하여 사용해 왔다. 가산점제는 평등권을 보장하는 헌법을 위반하지 않는가?

Ⅸ. 자유권적 기본권

1. 자유권적 기본권의 개념과 성격

자유권적 기본권이란 국민이 일정한 범위 안에서 국가권력의 간섭이나 침해를 받지 아니할 소극적·방어적 공권으로서 기본권 중에서 가장 기본이 되는 권리를 말한다.

자유권적 기본권은 역사적으로 보면 국가권력으로부터의 자유라는 자연권사상과 사적 자치의 보장이라는 개인주의·자유주의의 요청을 바탕으로 하고, '생명·자유 및 행복추구'의 권리 또는 '자유·재산·안전'의 권리를 최고의 가치로 하였다는 데에 그 특징이 있다.[42] 그러나 이러한 자유권도 20세기에 와서 사회적·경제적 불평등을 시정하기 위하여 자유보다는 평등을, 또는 자유와 더불어 평등을 강조하기에 이르렀다.

자유권적 기본권은 '국가로부터의 자유*Freiheit vom Staat*'냐 아니면 '국가 안에서의 자유*Freiheit im Staat*'냐에 대해서는 견해가 나누어지고 있다. 우리 헌법은 제10조에서 "국가는 개인이 가지는 불가침의 기본적 인권을 확인하고 이를 보장할 의무를 진다"라고 하고, 제37조 제1항은 "국민의 자유와 권리는 헌법에 열거되지 아니한 이유로 경시되지 아니한다"라고 하고 있으며, 동조 제2항 후단은 "자유와 권리의 본질적인 내용을 침해할 수 없다"라고 하고 있으므로, 자유권적 기본권은 국가로부터의 자유이고, 초국가적 자연권으로서 상대적 자연권에 속하며, 국가권력에 대한 방어적·소극적 권리라고 할 수 있다.

자유권적 기본권은 견해에 따라 여러 가지로 분류될 수 있지만 본서에서는 편의상 다음과 같이 분류하여 설명하고자 한다.

2. 인신의 자유권

인신의 자유는 정신적 자유와 함께 인간의 시원적 요구인 동시에 인간생존을 위한 최소한의 조건이므로, 이것이 보장되지 아니하면 그 밖의 자유나 권리의 향유는 물론이고 인간의 존엄성 유지와 민주주의 그 자체의 존립은 불가능한 것이 되고 만다. 따라서 인신의 자유는 정신적 자유와 더불어 헌법이념의 핵심인 인간으로서의 존엄과 가치를 구현하기 위한 가장 기본적인 자유로서 모든 기본권보장의 전제조건이 된다.

42 권영성, 위의 책, 404면.

여기에는 신체의 자유를 비롯하여 헌법에 명문의 규정은 없지만 생명권과 신체를 훼손당하지 아니할 권리 등이 있다.

생명권은 인간의 권리이므로 내외국인을 막론하고 그 주체가 된다. 태아의 생명도 보호되어야 한다. 국가는 인간의 생명의 존엄과 가치를 최대한으로 보호할 의무를 진다. 생명권에 대한 침해행위는 사형·낙태·안락사 등이 있다. 생명권침해는 불법행위를 구성하기 때문에 형사상의 처벌을 받거나 형사보상 또는 손해배상의 책임이 발생한다.

신체를 훼손당하지 아니할 권리란 '신체의 완전성'을 훼손당하지 아니할 권리를 말한다. 가혹한 가해행위와 육체적인 학대행위는 금지된다. 형벌로서의 절단형·태형·화형과 같은 신체형은 물론, 수형자에 대한 의학적 실험, 거세나 일방적인 불임시술, 또는 전기쇼크시술, 자백혈청제·마취제·안정제 등의 주입, 모발의 절단 등도 신체를 훼손하는 행위가 된다.

신체의 자유는 인간이 인간으로서 당연히 누리는 천부적·초국가적 자연권으로서, 국가에 대한 개인의 소극적·방어적 공권이다. 신체의 자유도 국가의 안전보장이나 질서유지를 위하여 불가피한 경우에는 최소한의 범위 안에서 제한이 가능한 상대적 자연권이다. 신체의 자유는 법률과 적법절차에 의하지 아니하고는 신체의 완전성과 자율성을 제한 또는 침해당하지 아니하는 자유이다.

헌법은 제12조, 제13조, 제27조, 제28조, 제30조 등에서 신체의 자유와 관련한 규정을 두고 있다. 즉, 법률에 의한 체포·구속 등 법률주의와 죄형법정주의 및 적법절차의 보장, 고문의 금지와 불리한 진술거부권 또는 묵비권, 영장제도와 적법절차 및 영장실질심사제, 변호인의 조력을 받을 권리와 국선변호인제도, 구속이유 등 고지제도, 구속적부심사제, 자택의 증거능력제한, 형벌법규불소급의 원칙과 일사부재리의 원칙(제13조 제1항), 연좌제의 금지(제13조 제3항), 신속한 공개재판청구권(제27조 제3항), 형사피고인의 무죄추정(제27조 제4항), 형사보상청구권(제28조), 범죄피해자구조청구권(제30조) 등이 그것이다.

형사절차에 관한 이와 같은 일련의 규정은 헌법상의 규정으로서는 지나칠 정도로 상세하게 규정하고 있는데, 과거의 인권유린의 역사적 경험에 비추어 볼 때 충분한 이유가 있다고 할 수 있다.

사례

1. 수태한 지 2개월인 산모 A는 의사와 합의하여 낙태수술을 받았다. 이 경우 A는 태아의 생명권을 침해하였는가?

   힌트 태아의 생명권과 산모의 자기결정권의 충돌. 임신초기 3개월간은 의사와 임산부가 자유롭게 낙태할 수 있다(미국 연방대법원 판결; Roe v. Wade, 410 U. S. 113, 1973).

2. A는 현대의학의 지식과 기술에 비추어 불치의 병에 걸려 있고, 죽음을 목전에 두고 있다. 환자의 고통이 극심하여 누가 보아도 참기 어려운 상태에 있고, 또 안락사시켜 달라는 A의 진지한 애원이 있었으므로 의사 B는 이를 수락하여 고통 없이 죽게 처방하였다. B의 행위는 생명권 침해행위로 보아야 하는가?

   힌트 죽음을 목전에 두고 있고, 오로지 환자의 극심한 고통을 덜어 줄 목적 외에는 달리 이유가 없을 정도로 윤리적으로 타당하고 또 사례와 같은 사정이라면 위법성이 조각되지 아니할까? 귀하가 법관이라면 이런 경우 의사를 살인행위로 처벌할 것인가?

3. 물환경보전법의 시행 이전에 시작하여 시행 이후에 종료된 수질오염배출행위에 대하여 물환경보전법을 적용하는 것은, 행위시법주의와 법률불소급의 원칙에 반하지 아니하는가?

   힌트 법시행 이전에 오염을 배출하였으나 법시행 이후에 종료된 점을 고려할 것.

4. 과태료 처분을 받고 이를 납부하였는데, 그 후 형사처벌을 하는 것은 일사부재리의 원칙에 위반되는가? 형벌과 보호감호를 서로 병과하여 선고하는 경우는 어떠한가?

   힌트 과태료는 행정질서벌이므로 형벌과는 다르다. 보호감호도 헌법 제12조 제1항을 근거로 한 보안처분이므로 형벌과는 다르다.

5. 국가정보원은 A를 영장 없이 연행한 후 일반영장을 발부받았으나 2일간 영장 없이 구속한 결과가 되었다. A는 긴급구속에 의한 사후영장을 청구하지 아니하고, 2일간 영장 없이 구금당한 데 대한 손해배상을 청구할 수 있는가?

   힌트 구속에는 반드시 사전이든 사후이든 영장이 발부되어야 한다.

6. 음주운전으로 교통사고를 낸 A는 증거인멸의 염려는 있지만, 해외도피 등 도주의 염려가 없는 자이다. 판사는 A에 대한 구속영장을 기각할 수 있는가?

   힌트 영장실질심사제도에 의하면 증거인멸의 염려가 있거나 도주의 우려가 있으면 구속영장을 발부할 수 있다.

7. 임의동행의 형식을 취한 경우에도 그것이 강제력을 사용하거나 피의자에게 심리적 압박을 가하는 경우에는 위법한 강제수사가 되는가? 또한 임의동행을 강요하는 경찰관에 대하여 임의동행을 거부하는 방법으로 폭행·협박을 하게 되었다면, 공무집행방해죄가 성립되는가?

힌트 물리적·정신적 강제성을 띤 경우에는 임의동행으로 볼 수 없다. 따라서 강제동행에 힘으로 저항하는 자를 비난할 자 누구인가?(대법원 1991. 5. 10. 선고 91도453 판결)

8. 즉결심판 등 약식재판에서는 자백만으로도 유죄선고를 할 수 있는가?

힌트 일본과 우리나라의 판례가 서로 다름. 일본은 인정하는데 우리는?

9. 다음과 같은 경우는 위헌이라고 할 수 있는가?

(1) 국가정보원 면회실에서 청구인이 변호인과 접견할 때 국가정보원 소속 수사관이 참여하여 대화내용을 엿듣거나 기록한 경우, 또는 변호인과의 접견요구를 거부하고 행한 심문행위.

힌트 이 수사관은 변호인의 조력을 받을 권리(헌법 제12조 제4항)도 모르나?

(2) 미결수용자의 변호인 접견에 교도관이 참여할 수 있게 한 행형법(현재 형의 집행 및 수용자의 처우에 관한 법률로 개정됨) 제18조 제3항의 규정.

힌트 헌법재판소 결정취지에 따라 행형법 개정(헌법재판소 1992. 1. 28. 선고 91헌마111 결정).

(3) 변호인의 조력을 받을 권리와 묵비권이 있음을 고지하지 아니하고 심문하는 경우.

힌트 질문 같지 않은 질문이라고요?

10. 대학생인 갑은 등굣길에서 경찰관의 동행요구를 거절하자 주위에 있던 여러 경찰관들이 동시에 위협하여 부득이 경찰서로 가게 되었다. 경찰은 갑에게 진술거부권이 있음을 고지하지 아니하고, 잠도 거의 재우지 않은 채 폭언·폭행을 하였고, 갑은 견디기 어려워 범죄혐의를 모두 인정한다는 허위자백을 하였다.

한편 갑이 심문을 받고 있는 동안 다른 경찰은 갑의 자취방에 들어가 집주인 을의 압수수색영장의 제시요구를 무시한 채, 갑이 읽고 있던 공산주의 관련 이념서적들을 가져갔다. 그리하여 갑이 연행된 지 48시간 만에 국가보안법 제7조의 반국가단체찬양·고무 및 이적표현물 소지 등의 혐의로 구속영장이 발부되었다.

갑이 구속된 직후 갑의 변호인은 갑과의 접견을 요구하였으나, 거절당하였다.

검찰로 송치된 갑은 경찰에서 당한 고통스럽고 불안한 심리상태에서 벗어나지 못하여 검찰에서도 같은 취지의 자백을 하였다. 이에 검찰은 국가보안법 제7조의 위반 혐의로 갑을 기소하면서 위 압수한 서적을 법원에 증거물로 제출하였다.

재판과정에서 갑은 경찰과 검찰에서의 자백은 고문과 가혹행위로 인한 허위자백이라고 주장하였으나, 재판장은 오히려 갑에게 "빨갱이가 아니냐"는 등의 반말을 하면서 편파적인 재판을 수행하면서 징역 3년을 선고하였다. 이에 갑은 항소했으나 항소를 기각당하였고, 결국 대법원에 상고하게 되었다. 대법원은 고등법원의 증거조사 및 사실인정에 법률위반이 있다는 이유로 원심을 파기하고 사건을 고등법원으로 돌려보냈고, 고등법원은 대법원의 판결취지에 따라 갑에게 무죄를 선고하였다. 이러한 고통을 당한 갑은 구제를 위하여 어떠한 권리를 행사할 수 있겠는가?

힌트 ① 갑이 경찰서에 연행된 것은 경찰관직무집행법상의 임의동행인가, 아니면 불법체포 및 구금에 해당하는가?

② 갑은 해당 경찰관과 경찰관서장을 불법체포의 죄(형법 제124조)와 폭행 및 가혹행위(형법 제125조)로 고소할 수 있는가? 아니면 민법상의 손해배상책임을 물을 수밖에 없는가?

③ 갑이 임의동행을 한 경우에도 갑을 구금한 행위는 불법감금에 해당하는가?

④ 갑의 자취방을 압수수색영장도 없이 수색하여 서적을 압수한 경찰관에 대하여 주거침입 및 절도죄로 고발할 수 있는가?

⑤ 갑에게 구속영장이 발부된 후에는 누가 구속적부심사를 청구할 수 있는가?

⑥ 진술거부권을 고지하지 아니한 경우에는 위법수집증거 배제의 원칙에 의하여 자백의 증거능력은 부정되고, 또한 고문으로 얻어낸 자백은 유죄의 증거로 인정할 수 없다(헌법 제12조 제7항).

⑦ 변호인의 갑과의 접견을 거절한 행위는 정당한가? 접견은 허용하되 옆에서 대화의 내용을 듣는다든지 기록하는 행위는 변호인의 조력을 받을 권리를 침해하는 것은 아닌가?

⑧ 재판장이 빨갱이로 표현한다든지 반말을 하는 것은 문제가 없는가? 피고인은 유죄의 판결이 확정될 때까지 무죄로 추정되는 것은 아닌가?

⑨ 대법원에서 상고를 기각하였다면 갑은 구제받을 길이 없는가?

⑩ 무죄판결이 확정된 갑은 어떠한 권리를 행사할 수 있는가?

3. 사생활자유권

사생활 영역에서는 개인은 자유로이 사고하고 행동할 수 있으며, 자유로이 타인과 접촉하고 대화할 수 있고, 자신이 원하는 공간에 자유로이 거주하고 또한 이동할 수도 있으며, 사적 생활공간에 대한 부당한 간섭을 받지 아니할 권리를 가진다. 또한 사적 생활의 평온을 교란받지 아니하고, 자신에 관한 사적 사항을 함부로 공표당하지 아니하며, 악용당하지 아니할 권리를 가진다.[43]

이와 같이 사생활자유권에는 거주·이전의 자유, 주거의 자유, 사생활의 비밀과 자유, 통신의 자유 및 자기정보관리통제권 등이 포함된다.

(1) 거주·이전의 자유(제14조)

거주·이전의 자유란 국가권력의 간섭을 받지 아니하고 자신이 원하는 곳에 주소 또는 거소를 정하거나, 그곳으로부터 자유로이 이전할 수 있는 권리를 말한다. 이러한 권리에는 국외이주와 해외여행의 자유 및 국적이탈의 자유도 포함된다. 거주·이전의 자유는 인간존재의 본질적 자유로서 인신의 자유, 정신적 자유 및 경제적 자유로서의 성격도 아울러 갖고 있다.

(2) 주거의 자유(제16조)

주거의 자유란 자신의 주거를 공권력이나 제3자로부터 침해당하지 아니할 권리를 말한다. 주거의 안전이 보장되어야 사생활의 안전을 기할 수 있다. 여기서 주거란 사람이 거주하는 시설물로서 널리 사생활을 하는 장소를 포함한다. 주거에 대한 압수·수색에는 영장을 제시하여야 한다.

(3) 사생활의 비밀과 자유(제17조)

헌법은 제17조에서 "모든 국민은 사생활의 비밀과 자유를 침해받지 아니한다"고 규정함으로써 사생활의 비밀과 자유의 불가침을 보장하고 있다. 헌법은 국민이 사생활의 영역에서 인간으로서의 존엄과 가치를 침해받는 일이 없도록 사생활자유권을 보장하고 있다. 이러한 권리에는 사생활의 내용이 공개당하지 아니할 권리, 사생활의 자유로운 형성과 전개를 방해받지 아니할 권리 및 자신에 관한 정보를 스스로 관리·통제할 수 있는 권리 등을 포함하고 있다.

사생활의 비밀과 자유는 프라이버시*privacy*권 및 인격권과는 각각 어떠한 관계에 있는가? 프라이버시권은 원래는 '혼자 있을 권리*right to be let alone*' 내지 '원하지 않는

43 권영성, 위의 책, 449~450면.

공개로부터의 자유*freedom from unwanted publicity*'라는 소극적 개념에 국한하였으나, 현대정보사회에 와서는 '자기에 관한 정보를 관리·통제할 수 있는 권리'라는 적극적 개념까지 포함하는 뜻으로 파악되고 있다. 이러한 의미에서 보면, 사생활의 비밀과 자유는 프라이버시권을 의미하게 되지만, 프라이버시권을 넓게 해석하면 여기에는 주거의 불가침과 통신의 자유 등도 포함하게 된다.

인격권*Persönlichkeitsrecht*이라 함은 권리주체와 분리할 수 없는 인격적 이익의 향유를 내용으로 하는 권리이다. 여기에는 생명·신체·건강·명예·정조·성명·초상 및 사생활의 비밀과 자유 등이 포함된다. 이상 3자의 관계는 사생활의 비밀과 자유 < 프라이버시권 < 인격권으로 표시할 수 있을 것이다.

(4) 통신의 자유(제18조)

모든 국민은 통신의 비밀을 침해받지 아니한다. 통신의 비밀의 불가침 내지 통신의 자유란 개인이 그 의사나 정보를 서신·전화·전신 등의 수단에 의하여 전달 또는 교환하는 과정에서 그 내용 등이 본인의 의사에 반하여 공개되지 아니할 자유를 말한다. 사생활의 비밀과 자유를 통신의 측면에서 보장하려는 것이다.

여기에서 통신이라 함은 격지자 간의 의사의 전달로서, 서신·전화·전신·텔렉스·팩스, 기타의 우편물과 같이 체신기관에 의하여 다루어지는 격지자 간의 의사의 전달은 물론 물품의 수수까지 포함한다. 또한 "침해받지 아니한다"라는 말은 서신을 개피하거나 발·수신자 및 통신의 내용 등을 도청하거나 인지하는 것을 금지하는 것을 의미한다.

(5) 자기정보관리통제권

자기정보관리통제권이라 함은 자기정보의 열람·정정·사용중지 및 삭제 등을 요구할 수 있는 권리를 말한다. 자기정보관리통제권은 사생활의 비밀과 자유의 하나로서 보장되는 권리이지만, 궁극적으로는 인격의 자유로운 발현과 법적 안전성을 보호법익으로 하는 청구권적 성격이 강한 인격권의 일종이다.

미국은 불법도청·정보절취·개인기록 악용 등으로 인한 사생활에 대한 위협에 대처하기 위하여 프라이버시법*Privacy Act*(1984년 개정)을 중심으로 사생활보호법률들이 제정되었다. 우리나라는 통신비밀보호법, 개인정보 보호법 등이 시행되고 있다.

사례

1. 해외이주법은 해외이민을 정부의 허가사항으로 하고 있다. 이와 같은 해외 이주의 허가제는 거주·이전의 자유를 침해한 것으로서 위헌으로 보는가? 또한 병역의 무자에 대한 해외여행허가나 귀국보증제도 및 그 위반자와 귀국 보증인에 대한 처벌제도는 거주·이전의 자유를 침해한 제도가 아닌가?

   힌트 악질적인 이민의 방지와 이민사업의 장래를 생각하면 위헌은 아니겠지. 병역 의무는 헌법과 법률에 규정하고 있는데, 자유 이전에 의무도 생각해야지.

2. 대리시험 응시자의 시험장입장은 주거침입죄에 해당하는가? 또한 남편의 외출 중에 아내의 허락을 받고 간통의 목적으로 주거에 들어간 경우에도 주거침입이 되는가?

   힌트 주거침입죄에 있어서의 주거란 주택만이 아니라 사무실·교실·영업소 등이 포함된다. 아내의 허락이 있었다고 깨어진 가정의 평화와 남편의 분노를 수습할 수는 없겠지.

3. 마약단속관이 피의자를 긴급체포하기 위하여 자택을 급습하였으나 부재중이었으므로, 피의자가 귀가하면 곧 체포하기로 하고, 동 가택을 수색하여 마약을 압수하고, 수색이 끝날 무렵 귀가한 피의자를 긴급체포한 경우에 위의 수색 및 압수는 위헌이 아닌가?

   힌트 위의 수색 및 압수는 체포에 선행된 것이기는 하나, 시간적으로 체포와 밀착되고, 장소적으로 체포의 현장과 동일하다.

연습문제

1. 자유권적 기본권의 의의와 성격을 설명하라.
2. 인신의 자유를 설명하라.
3. 적법절차란 무엇인가?
4. 법정에서 한 자백은 증거능력이 있는가?
5. 변호인의 조력을 받을 권리란 어떤 것인가?
6. 연좌제連坐制와 연좌제緣坐制는 다른 것인가?
7. 사생활자유권에는 어떤 것이 있는가?
8. 사생활의 비밀과 자유, 프라이버시권, 인격권 등은 각각 어떠한 관계에 있는가?

9. 국회의원이 직무상 입수한 전국교직원노동조합원 명단을 인터넷에 공개한 것은 사생활의 비밀과 자유 및 노조의 단결권을 침해한 것인가?
10. 자기정보관리통제권이란 무엇인가?
11. 영장실질심사제란 어떠한 제도인가?

로스쿨 대비

LEET 논술 / 면접 (출제예상문제)

질문 대한민국에서 성매매를 직업으로 선택할 수 있는가? 성매매를 금지하는 법률은 성매매를 직업으로 선택할 수 있는 자유를 침해하는가?

해설 성매매알선 등 행위의 처벌에 관한 법률에 의하면 성매매를 금지한다. 헌법 제15조에 의해 모든 국민은 직업선택의 자유를 가진다. 법률이 성매매라는 직업선택의 자유를 침해할 수도 있지 않은가? 개별 법률이 헌법상 기본권을 침해하는 경우는 자주 묻고 있다. (i) 유해성, 위험성 존재하는 경우 (ii) 공공복리, 사회질서의 유지를 위해 기본권을 제한할 수 있을 것이다. 단, 그 경우에도 (i) 적법절차에 따라야 함은 물론이고 (ii) 명확하고 구체적이며 현존하는 기본권 제한의 근거가 있어야 할 것이다. (iii) 또한 법률이 기본권의 본질적 속성을 제한할 수는 없다는 점을 잊어서는 안 된다.

LEET 논술 / 면접 (출제예상문제)

질문 '성폭력범죄자의 성충동 약물치료에 관한 법률'은 헌법상의 기본권을 침해하는가?

해설 헌법 제12조에 의하면 모든 국민은 신체의 자유를 가진다. 법률로 기본권을 제한할 수 있다면 어떠한 경우에 가능한지를 묻고 있다. 위 문제와 같은 맥락이다. 헌법재판소에 의하면 국민의 기본권을 제한하는 법률이 헌법적으로 인정을 받기 위해서 (i) 목적의 정당성, (ii) 수단의 적합성, (iii) 침해의 최소성, (iv) 법익의 균형성을 갖추어야 한다. 이를 과잉금지過剩禁止의 원칙原則 또는 비례의 원칙이라고 한다.

LEET 논술 / 면접 (출제예상문제)

질문 미국은 12세 미만 아동을 상대로 성범죄를 저지른 범죄자의 거주지를 제한하는 제시카법을 시행 중이다. 한국형 제시카법 시행에 대한 귀하의 생각은?

해설 헌법 제14조에 의하면 모든 국민은 거주·이전의 자유를 가진다.

X. 정신적 자유권

- 출판의 자유가 없으면 헌법은 장난감에 불과하다. —F. R. Chateaubriand
- 언론·출판의 자유를 제한하는 정부는 전제정부라 하지 않을 수 없다.

—버지니아 권리장전 제12조

정신적 자유권은[44] 인간의 존엄성을 유지하기 위한 기본조건으로서 최고의 기본권이며, 민주주의적 체제와 질서를 존립시키는 불가결의 전제가 된다. 따라서 공익을 위하여 자유권을 제한하는 경우에도 경제적 자유의 경우보다 더욱 엄격한 기준에 의하지 않으면 아니 된다(합헌성 판단의 이중기준론). 다만 오늘날과 같은 체제대립의 상황에서 국가는 가치중립적이기보다는 방어적 민주주의의 원리를 도입하지 않을 수 없게 되는데, 여기서 정신적 자유의 보장을 어떻게 소화시킬 수 있는가 하는 어려운 문제가 제기된다.

정신적 자유에는 양심의 자유, 종교의 자유, 언론·출판·집회·결사의 자유, 학문·예술의 자유가 있다.

1. 양심의 자유(제19조)

헌법 제19조는 "모든 국민은 양심의 자유를 가진다"고 규정하고 있다. 양심의 자유 *Gewissensfreiheit*라 함은 양심상 결정의 자유와 각자의 논리의식과 사상을 외부에 표명하도록 강요당하지 아니할 자유(침묵의 자유)를 말한다.

양심상 결정의 자유는 내심의 작용이므로, 어떠한 경우에도 제한될 수 없는 절대적 자유이다. 침묵의 자유는 인간의 내면세계에서 결정되거나 형성된 양심을 외부에 표명하도록 강제받지 아니할 자유를 말한다. 침묵의 자유로부터 '良心推知의 금지'와 '양심에 반하는 행위의 강제금지'가 파생한다. 양심추지란 물리적 압력을 가하여 내면의 양심을 일정한 행동으로 표명하도록 강제하고, 그 행동을 보고 내면의 양심을 추정하는 것을 말한다. 제2차 세계대전 당시 기독교인을 가리기 위하여 일제가 강요한 '십자가 밟기'는 그 대표적인 예이다. 이러한 양심추지는 침묵의 자유를 침해하는 것이므로 금

44 정신적 자유권은 '정신적 기본권'(헌법재판소) 또는 '정신생활에 관한 기본권'(대법원)으로 표현되기도 한다.

지되어야 한다. 공무원이 국가 또는 헌법에 대한 충성선서를 하는 것은 당연한 것이지만, 현 정부나 여당에 대한 충성선서는 역시 침묵의 자유를 침해하는 것이 된다. 사죄광고를 명하는 판결은 양심표명의 강제인 동시에 인간의 존엄성을 침해하는 것으로 보아 양심에 반하는 행위로서 그 강제는 금지되어야 할 것이다.

이러한 양심의 자유는 각자에게 고유한 양심의 세계를 보장하고, 각자의 개성과 윤리적 가치관이 존중되도록 하고, 국가의 독점적 결정권을 배제함으로써 자유민주적 기본질서를 유지하는 등의 기능을 수행한다. 이와 같은 양심의 자유가 보장되지 아니하면 종교·학문·예술의 자유는 물론, 정치적 활동의 자유까지 보장될 수 없으므로, 양심의 자유는 최상의 기본권*Supergrundrecht*이라 할 수 있다. 양심의 자유는 자연법상의 권리로서 이것이 내심의 작용으로 머무르는 한 전혀 제한을 받지 아니하는 절대적 자유권이다.

2. 종교의 자유(제20조)

헌법은 종교의 자유와 국교의 불인정 및 정교의 분리를 선언하고 있다. 종교의 자유에는 신앙의 자유, 종교행사의 자유, 종교적 집회 및 결사의 자유, 포교 및 종교교육의 자유 등이 있다. 이 중에서 신앙의 자유는 인간 내심의 작용이므로 제한될 수 없는 절대적 자유이나 종교행사의 자유와 같이 종교의 자유가 외부에 표현될 때에는 일반적 법률유보조항에 의하여 제한될 수 있는 상대적 자유권이다.

따라서 종교의 자유를 내세워 사회질서를 파괴하는 행위는 인정될 수 없다. 예컨대 시한부종말론을 내세워 신도들로부터 고액의 헌금을 받은 행위는 사기죄에 해당하고, 국기에 대한 경례를 종교상의 우상숭배라 하여 거부한 학생에게 학칙에 따라 제적처분한 징계는 정당하다 할 것이다.

사례

1. 공무원에게 강요한 충성선서*Loyalty Oaths*는 양심의 자유에 반하는가? 또한 일기에 반국가단체를 이롭게 하는 내용을 쓴 것은 처벌의 대상이 되는가?

   힌트 미국 판례인 Keyishian v. Board of Regents of University of State of N. Y., 385 U. S. 598(1967) 및 대법원 1975. 12. 9. 선고 73도3392 판결 참조.

2. 양심적 집총거부자에게 병역을 강요하는 것은 종교와 양심의 자유를 침해하는가?

   힌트 대법원 1985. 7. 23. 선고 85도1094 판결, 독일기본법 제4조 3항, 미국 판례인 Gillette v. United States, 401 U. S. 437(1971) 등 참조.

판례
1. 피고인(다미선교회 이장림 목사)이 1992년 10월 28일 휴거에 대한 확신도 갖고 있지 않은 채 시한부종말론을 내세워 신도들로부터 전 재산이나 재산의 상당부분에 달하는 극단적인 헌금을 개인적으로 거둬들인 행위는 헌법에 보장된 종교의 자유를 넘어선 사기행위에 해당한다.

3. 언론·출판·집회·결사의 자유(제21조)

(1) 언론·출판의 자유

언론·출판의 자유*freedom of speech and press* 또는 표현의 자유라 함은 사상 또는 의견을 불특정다수인에게 발표하는 자유를 말한다. 언론이라 함은 담화·토론·연설·방송 등과 같은 구두에 의하여 사상이나 의견을 발표하는 것을 말하고, 출판이라 함은 문서·도화·사진·조각 등과 같은 문자와 형상에 의하여 사상이나 의견을 발표하는 것을 말한다.

넓은 의미에서 언론·출판의 자유라 함은 사상이나 의견을 발표하는 자유 외에 알 권리·액세스권·반론권·언론기관설립권 등은 물론 언론기관의 취재의 자유와 편집·편성권 및 그 내부적 자유까지도 포괄하는 의미이다. 오늘날은 언론·출판이 가지는 기능적 다양성과 발전적 추세에 비추어 언론·출판의 자유는 넓은 의미로 이해하여야 할 것이다.

여기서 알 권리*right to know*라 함은 모든 정보원*source of information*으로부터 일반적 정보를 수집하고 처리할 수 있는 권리를 말한다. 알 권리의 핵심은 국민의 정부에 대한 일반적 정보공개를 구할 권리라고 할 수 있다. 따라서 형사소송기록을 열람·복사할 수 있는 권리를 인정하는 명문규정이 없다고 하여 이를 거절하는 것은 국민의 알 권리를 침해한 것으로 된다. 이와 같이 알 권리는 자유권으로서의 성격과 청구권으로서의 성격을 함께 가진 복합적 권리이다.

액세스권*right of access to mass media*은 일반국민이 자신의 사상이나 의견을 발표하기 위하여 언론매체에 자유로이 접근하여 이것을 이용할 수 있는 권리이다. 액세스권은 헌법에 명문규정은 없지만 알 권리와 마찬가지로 헌법 제21조 제1항을 비롯하여 제10조, 제34조 제1항 등을 근거로 하여 헌법상 보장되는 권리이다.

반론권*right of reply* 내지 반박보도청구권 또는 정정보도청구권이라 함은 정기간행물이나 방송에서 공표된 사실에 의하여 피해를 입은 자가 발행인이나 편집자에 대하여 피해를 입었다는 그의 주장을 게재하여 줄 것을 요구할 수 있는 권리를 말한다. 반론권의 헌법상의 근거로는 제21조 제4항의 "언론·출판은 타인의 명예나 권리, ……를 침해하여서는 아니 된다. 언론·출판이 타인의 명예나 권리를 침해한 때에는 피해자는 이에 대한 피해의 배상을 청구할 수 있다"라는 규정을 들 수 있다. 이에 근거하여 언론중재 및 피해구제 등에 관한 법률에서도 정정보도청구권(제14조, 제15조), 반론보도청구권(제16조), 추후보도청구권(제17조)을 규정하고 있다. 또한 언론중재위원회에 중재를 신청할 수 있고, 법원에 반론보도청구소송을 제기할 수도 있다.

언론·출판의 자유는 표현의 자유에 포함된다. 표현의 자유*freedom of expression*는 내심의 사상이나 의견을 외부에 표현하는 자유로서, 개인적 표현의 자유인 언론·출판의 자유와 집단적 표현의 자유인 집회·결사의 자유를 포괄하는 개념이다. 그러나 표현의 자유의 핵심은 역시 언론·출판의 자유이다. 또한 흑색리본의 패용이나 연좌데모와 같이 비언어적 매체나 행동 등에 의한 상징적 표현도 표현의 자유 속에 포함된다고 할 수 있다.

언론출판의 자유는 국가권력의 방해를 받지 아니하고 자유로이 의견이나 사상을 발표할 수 있는 주관적 공권(대국가적 방어권)인 동시에, 개인의 인격발현과 정치적 의사형성을 위하여 정보를 수집청구 할 수 있어야 한다는 청구권으로서의 성격을 가지고 있으며, 또한 민주적 법치국가적 질서를 위한 자유로운 여론형성과 여론존중이라는 제도적 보장으로서의 성격을 동시에 가지고 있다.

언론·출판의 자유가 정신적 자유권의 핵이요, 민주사회의 초석이므로 최대한 보장되어야 함은 물론이다. 그러나 언론·출판의 자유도 절대적 무제한적 자유는 아니므로, 자유민주적 기본질서에 위배되거나, 국가의 존립을 위태롭게 하거나, 타인의 명예를 훼손하거나 도덕률에 위반되어서는 아니 되는 내재적 한계가 있다. 언론·출판의 자유도 명예훼손이나 외설 내지 음란 및 폭언 등의 경우에는 제한받게 된다. 우리나라에서는 고야의 「나체의 마야」, 박승훈의 『영년 구멍과 뱀의 대화』, 마광수 교수의 『즐거운 사라』 등이 외설을 이유로 유죄판결을 받은 바 있다.

언론·출판에 대한 허가나 검열은 인정되지 아니한다(제21조 제2항). 언론·출판에 대한 허가나 검열제는 언론·출판의 자유의 본질적 내용을 침해하는 것이 되기 때문이다.

언론·출판의 자유에 대한 규제는 경제적 기본권에 대한 규제보다 엄격한 기준에 따라 그 합리성 유무를 판단하여야 한다(이중기준의 원칙). 언론을 규제하기 위하여는 언론이 법률상 금지된 해악을 초래할 정도로 명백하고 현존하는 위험을 가지고 있음을 입증하여야 할 것이다.

언론기관 또는 사인이 개인의 언론·출판의 자유를 침해한 경우에는 기본권의 제3자적 효력에 관한 간접적용설에 따라 구제받을 수 있고, 언론기관이 개인의 명예와 권리를 침해한 경우 피해자는 정정보도청구권과 추후보도청구권을 행사할 수 있다.

사례

1. 뉴스위크지는 이화여대 교문을 나서는 학생들의 사진을 찍어 이 사진에 "성의 노예들"이란 설명을 붙여 기사와 함께 잡지에 실었다. 기사의 내용과는 아무 관련이 없는 학생들이 세계적으로 큰 모욕을 당했다고 생각하고 초상권 침해를 이유로 뉴스위크사로부터 사과와 손해배상을 받아내고자 한다. 가능한가?

   힌트 초상권이란 자기의 용모나 용태를 허락 없이 그림이나 조각, 사진 등으로 만들거나, 신문·잡지·도서 등에 게재되거나 발표되지 못하게 하는 권리이다. 사과와 손해배상을 받아 낸 사건이다(서울민사지방법원 1993. 7. 8. 선고 92가단57989 판결).

2. 언론사의 기자는 취재원에 관하여 묵비할 수 있는가?

   힌트 기자가 취재원에 대하여 묵비할 수 있는 권리를 취재원묵비권, 취재원비익권, 또는 취재원에 관한 증언거부권이라고 한다. 그러나 본 문제는 기자 자신이 형사사건의 당사자가 되어 묵비권을 행사하는 경우와는 다르다.

(2) 집회·결사의 자유

집회란 다수인이 공동의 목적을 가지고 일정한 장소에서 일시적으로 집합하는 행위를 말하고, 결사라 함은 다수의 자연인 또는 법인이 공동의 목적을 위하여 단체를 결성할 수 있는 자유를 말한다. 집회의 개념적 요소로서는 다수인, 공동의 목적, 일시적 회합을 들 수 있고, 결사의 그것으로서는 결합과 결합의 계속성, 결합의 자발성, 공동의 목적과 조직적 의사에의 복종 등을 들 수 있다.

집단적 시위나 시위행렬은 '움직이는 집회'로서 집회의 개념에 포함된다고 보아야 할 것이다. 집회에는 옥내집회와 옥외집회, 공개집회와 비공개집회, 주간집회와 야간집회 및 평화적 집회와 비평화적 집회 등으로 구별된다.

집회의 자유*Versammlungsfreiheit*에는 집회를 개최하는 자유와 개최하지 아니할 자유, 집회를 사회 또는 진행하는 자유 및 집회에 참가하는 자유와 참가하지 아니할 자유 등이 있다. 결사의 자유*Vereinigungsfreiheit*에는 단체결성의 자유, 단체존속의 자유, 단체활동의 자유, 결사에 가입할 자유와 가입하지 아니할 자유 및 결사에의 잔류의 자유와 탈퇴의 자유 등이 있다.

집회·결사의 자유는 인간의 절대적 고립화를 방지하려는 목적으로 인정된 초실정법적 자유권적 기본권리이고, 타인과의 교섭을 통하여 자신의 인격발전을 이룩할 수 있는 주관적 권리이며, 민주국가에서의 의사형성과 의견발표를 위한 정치적 민주적 기본권이라 할 수 있다.

집회결사에 대한 허가제는 인정되지 아니한다(제21조 제2항). 다만 신고제나 등록제 및 금지통고제 등은 성질상 인정된다.

사례

1. 화염병과 돌멩이들을 진압경찰관을 향하여 무차별 던지는 시위현장에서 A는 화염병은 던지지 않고 돌멩이만을 던졌는데도 화염병에 맞아 입원한 피해자에게 손해배상책임이 있는가? 만약 피해자가 없다면 책임이 없는가?

힌트 피해자가 있든 없든 집회의 자유를 넘어선 행위로, 화염병사용 등의 처벌에 관한 법률에 위반되어 화염병투척의 공동정범이 된다.

4. 학문과 예술의 자유

헌법 제22조 제1항은 "모든 국민은 학문과 예술의 자유를 가진다"고 하여 학문과 예술의 자유를 보장하고 있다. 학문의 자유*academic freedom*라 함은 학문적 활동에 관하여 공권력에 의한 간섭이나 방해를 받지 아니하는 자유를 말한다. 학문은 인간정신의 귀중한 성과이며 인류문화의 집중적 표현이기 때문에 특별한 배려와 신중한 대응이 요청되고, 학문의 진보는 문화의 선구적 역할을 담당하는 것이므로 모든 구속으로부터 해방되어야 하며, 학문은 새로운 지식의 개척이기에 자유로운 토의와 연구에 맡겨져야 하므로 학문의 독자성은 존중되어야 한다.[45]

학문의 자유에는 연구의 자유, 강학 내지 교수의 자유, 연구결과 발표의 자유 및 이를 위한 집회 결사의 자유와 대학의 자유(자치)가 포함된다. 이러한 학문의 자유는 대학의 교수나 연구소의 연구원뿐만 아니라 모든 국민에게 보장되는 만인의 기본권*Jeder-*

45 권영성, 앞의 책, 545면.

*mannsgrundrecht*이다.

예술활동은 인간의 창조적 정신의 표현이며, 자유로운 예술활동의 보장은 헌법의 최고이념인 인간존엄성의 보장을 위하여 필요하다. 예술의 자유도 학문의 자유와 마찬가지로 모든 인간에게 보장되는 주관적인 공권이다. 예술의 자유에는 예술창작의 자유, 예술표현의 자유 및 예술적 집회결사의 자유 등이 포함된다.

사례

1. A맥주주식회사의 영업부장 갑은 회사의 영업을 위한 선전광고용으로 여성의 누드사진을 포스터로 대량제작하여 각 업소에 배포하고, 신문에 광고까지 하였다. 이에 구속기소된 갑은 법정에서 자신의 행위가 예술의 자유, 언론·출판의 자유 및 직업수행의 자유에 해당한다고 주장하였다. 갑의 주장은 정당한가, 아니면 음화제조 및 반포죄로 형사처벌을 받게 될 것인가?

힌트

① 영리적 상업광고와 예술의 자유

갑의 행위는 예술품보급을 위하여 상업부문을 수단으로 이용하였는가, 상업적 판매목적을 위하여 예술작품을 수단으로 이용하였는가? 상업적 목적의 광고행위는 전시나 공연 등과 같이 예술적 관념을 전파하는 전형적인 수단으로 볼 수 있는가? 예술가의 인격성과 결부된 정신적 고유가치의 표출이라고 볼 수 있는가?

② 영리적 상업광고와 언론·출판의 자유

누드사진의 광고는 영리목적의 순수상업광고이지, 회사의 정보전달이나 의견 전파 등으로 공중의 이익에 봉사하는 측면을 발견하기 어려우므로 언론·출판의 자유의 보호범위에 속한다고 할 수 없다.

③ 영리적 상업광고와 직업수행의 자유

직업선택의 자유(제15조)에는 직업결정·직업수행·직업이탈 등 직업에 관한 포괄적인 자유를 보장하고 있다. 직업수행의 자유에는 공공무해성이라는 내재적 한계가 있다. 음란한 도화를 이용한 광고행위가 공공무해성의 요건을 충족한다고 할 수 있을까?

연습문제

1. 양심추지의 금지란 무엇인가?

2. 종교의 자유로서의 집총거부는 인정하는가?

3. 알 권리와 액세스권은 어떻게 다른가?

4. 반론권은 어떤 경우에 인정하는가?

5. 언론·출판의 자유와 표현의 자유는 다른 것인가?

6. 집회와 결사의 자유는 어떻게 다른가?

7. 집회와 결사의 자유는 어떤 경우에 제한받는가?

8. 학문과 예술의 자유가 보호되어야 하는 이유는 무엇인가?

9. 학문의 자유가 만인의 기본권이 되어야 하는 이유는?

로스쿨 대비

LEET 논술 / 면접 (출제예상문제)

<제시문>

종교적 신념 등을 이유로 한 이른바 양심적 병역거부자를 형사 처벌하는 병역법 제88조 제1항은 합헌이라는 헌법재판소 결정이 나왔다. 헌재는 그러나 양심적 병역거부자들이 대체복무할 수 있는 여건을 마련하지 않은 병역법 제5조 제1항에 대해서는 헌법불합치 결정을 내렸다. 양심적 병역거부자를 형사 처벌한 것은 위헌이라고 볼 수 없지만, 정부와 국회는 이들이 대체복무를 통해 병역의무를 이행할 수 있도록 시급히 관련 조치를 마련하라는 뜻이다. 헌재는 28일 종교적 이유로 입영을 거부했다가 병역법 위반 혐의로 기소된 A씨 등이 낸 헌법소원 사건(2011헌바379 등)에서 병역의 종류를 정한 병역법 제5조 제1항에 대해서는 재판관 6(헌법불합치)대 3(각하)의 의견으로 헌법불합치 결정을 내렸다. 그러나 양심적 병역거부자에 대한 형사처벌 근거 조항인 병역법 제88조 제1항에 대해서는 재판관 4(합헌)대 4(일부위헌)대 1(각하)의 의견으로 합헌 결정했다.

출처: 「법률신문」, "양심적 병역거부 처벌 '합헌'… 대체복무제 미비 '헌법불합치'", 2018년 6년 28일 자 기사.

질문 〈제시문〉을 읽고 본 헌법재판소 결정에 대한 귀하의 견해를 근거를 들어 밝히시오.

LEET 논술 / 면접 (출제예상문제)

<사례>

배우 L씨에 대한 마약 관련 정보를 토대로 내사 중이라는 경찰의 말이 언론에 보도되면서, 사건과 관련된 내용들이 언론에 지속적으로 보도되었다. 배우 L씨는 수사를 받던 중 극단적인 선택을 하게 되었다. 전직 대통령 역시 검찰 수사를 받던 중 극단적 선택을 하였다.

<제시문>

형법 제126조(피의사실공표) 검찰, 경찰 그 밖에 범죄수사에 관한 직무를 수행하는 자 또는 이를 감독하거나 보조하는 자가 그 직무를 수행하면서 알게 된 피의사실을 공소제기 전에 공표公表한 경우에는 3년 이하의 징역 또는 5년 이하의 자격정지에 처한다.

피의사실공표죄에서 항상 논의되는 것이 피의사실과 관련하여 범행에 대한 사회예방적 내지 사회방어적 측면에서 국민의 알 권리를 보장하는 문제이다. 왜냐하면 피의사실의 공표가 헌법이 요구하는 바에 따라 재판의 결과가 나올 때까지 무죄추정원칙이 적용되고 아울러 피의자의 인격권이 최대한 보장되어야 한다는 원칙이 적용되지만, 다른 한편에서 국가의 공권력 행사로 인한 국민에 대한 책무, 즉 범죄수사권과 형벌권 등의 행사에 있어서 공정성을 담보하고 수사의 과정이나 그 결과를 알려야 할 책무가 있기 때문이다. 또한 이와 함께 국민은 자신의 기본권을 보장받고 범죄로부터 보호받기 위하여 관련된 정보가 필요하고, 이런 정보에 접근하고 수집하여 취득함으로써 알 권리가 보장되기 때문이다.

알 권리는 우리 헌법에 명문의 규정을 갖고 있지 않지만, 인류사회가 정보사회로 진전되면서 등장한 인간의 권리로 정보의 자유로운 소통을 위한 중요한 권리가 되면서 헌법 차원에서 그 보장이 요구된 권리이다. 알 권리는 정보에 접근할 수 있는 권리라는 점에서 표현의 자유를 받아들이는 사람의 지위에서 재구성한 것이다. 그런 점에서 오늘날 대부분의 국가에서는 알 권리를 중요한 기본권으로 인식하여 보장하고 있다. 알 권리는 일반적으로 접근할 수 있는 정보원으로부터 자유롭게 정보에 접근하여 정보를 취사·선택하고 의사형성이나 여론형성에 필요한 정보를 수집하는 권리를 말한다. 또한 알 권리는 국민이 국가에 대하여 정보의 공개를 요구할 수 있는 권리이기도 하다.

출처: 김상겸, "피의사실공표의 허용범위와 한계", 『형사법의 신동향』 통권 제27호, 2010, 13면.

질문 1. 〈사례〉와 〈제시문〉을 읽고 피의사실공표죄는 국민의 '알 권리'와 상충하는지에 대한 견해를 밝히시오.

2. 이 경우 헌법상 기본권과 개별법률 중 무엇을 우선시해야 한다고 생각하는가? 그 기준은 무엇인가?

LEET 논술 / 면접 (출제예상문제)

〈사례〉

방통심의위원이던 한 대학교수가 자신의 SNS 공간에 남성의 성기 노출 사진을 올렸다. 이는 방통심의위가 특정 사진을 '음란물'로 규정해 차단하기로 한 결정에 이의를 제기하기 위한 의도적 행위였다. 1심 법원은 '정보통신법'상 음란물 유포죄로 벌금 300만 원을 선고했으나 2심 법원은 무죄를 선고하였다. 또한 이 교수는 여성의 성기를 그린 귀스타브 쿠르베의 그림 '세상의 기원'을 올리면서 음란물 범위와 처벌, 표현의 자유에 대한 논란을 촉발시켰다.

질문 〈사례〉를 읽고 대학교수의 유·무죄 여부를 판단하되, 아래 조건을 충족시켜 서술하시오.

조건 1. 음란물에 대하여 정의하시오.

2. 만일 성기 노출 사진이 교육적·사상적·과학적·학술적 가치가 있다면 음란물이 아닌지에 대한 본인의 판단을 포함시키시오.

3. 표현의 자유 한계에 대한 본인의 생각을 포함시키시오.

해설 위 대학교수의 음란물 사진 게시 사건에서 대법원 재판부는 무죄를 확정하였다. "이 게시

물을 통한 이 사진들의 게시는 목적의 정당성, 그 수단이나 방법의 상당성, 보호법익과 침해법익 간의 법익균형성이 인정되므로 법질서 전체의 정신이나 그 배후에 놓여 있는 사회윤리 내지 사회통념에 비춰 용인될 수 있는 행위에 해당한다"고 대법원 재판부는 설시하였다.

잊혀질 권리, 혐오표현, 집회의 자유와 관련하여 장애인 지하철 탑승시위, 성소수자 퀴어축제 등과 관련하여서도 같은 맥락에서 출제가 가능하다.

XI. 경제적 기본권

경제적 기본권이라 함은 직업선택의 자유와 재산권을 주된 내용으로 하는 경제적 자유권과 최근에 강조되고 있는 소비자기본권과 같은 새로운 유형의 경제적 권리들을 합한 개념으로서, 경제생활에 관한 자유와 권리들을 경제적 기본권이라 할 수 있다.

1. 직업선택의 자유(제15조)

직업선택의 자유라 함은 자신이 원하는 직업을 자유로이 선택하고 이에 종사하는 등 직업에 관한 종합적이고 포괄적인 직업의 자유*Berufsfreiheit*를 말한다. 1919년 바이마르 헌법(제111조)을 효시로 하여 오늘날에는 대부분의 헌법이 이를 규정하고 있다. 직업선택의 자유에는 직종결정의 자유, 전직의 자유 및 무직업의 자유까지 포함된다. 그러나 징역형을 선고받은 수형자에게는 무직업의 자유가 인정되지 아니함은 물론이다. 직업선택의 자유는 자신이 원하는 직업을 선택하는 자유라는 측면에서 보면 국가로부터의 자유라는 성격을 가짐과 동시에, 생활의 경제적 수요를 충족시키기 위한 경제적 소득활동이라는 측면에서 보면 사회적 기본권과 경제적 기본권으로서의 성격도 가지고 있다. 직업선택의 자유는 독립적이고 수익적인 활동을 의미하는 영업의 자유*Gewerbefreiheit*보다는 넓은 개념이다. 또한 직업선택의 자유는 선택한 직업을 수행할 직업수행의 자유 내지 직업종사의 자유와 그것을 포기하거나 이탈할 자유를 당연히 포함한다.

직업선택의 자유도 절대적 자유는 아니므로 헌법 제37조 제2항에 의하여 국가안전보장이나 질서유지 또는 공공복리를 위하여 필요한 경우에 이를 제한할 수 있다. 다만 직업의 결정과 이탈은 내심의 작용에 준하므로 이를 제한할 수 없고, 직업수행의 자유는 정신적 자유에 비하여 제한될 가능성이 많다. 헌법상의 직접적 제한으로는 병역복무(제39조)를 들 수 있고, 법률에 의한 제한으로는 도박·인신매매·매춘·마약거래 등을 들 수 있다. 대표적 법률로는 의료법·근로기준법·독점규제 및 공정거래에 관한 법률 등이 있다.

2. 재산권(제23조)

재산권이라 함은 경제적 가치가 있는 모든 공법상 및 사법상의 권리를 말한다. 재산권의 보장은 국민의 경제적 개성신장을 뒷받침하고, 사회생활의 물질적 기반을 조성하며, 자본주의적 자유경제질서의 이념적 기초를 확립하는 기능을 하고 있다. 재산권의 보장은 초국가적 자연권으로서의 재산권만을 보장한다는 의미는 아니고, 사유재산제로서의 제도적 보장도 함께하고 있는 권리·제도 동시보장설이 타당하다.

재산권에는 동산·부동산에 대한 모든 종류의 물권은 물론, 재산적 가치가 있는 채권 등이 모두 포함된다. 헌법은 재산권은 보장하되 그 내용과 한계는 법률로 정한다고 하여, 사유재산제의 한계에 관한 법정주의를 취하고 있다. 또 헌법은 재산권의 행사는 공공복리에 적합하도록 하여야 한다고 규정함으로써, 재산권행사의 공공복리적합성 내지 재산권의 사회적 구속성을 명시한 개별적 헌법유보조항을 두고 있다.

공공필요에 의한 재산권의 수용, 사용 또는 제한 및 그에 대한 보상은 법률로써 하되, 정당한 보상을 지급하여야 한다(제23조 제3항). 따라서 공공필요에 의하지 아니한 재산권의 침해, 법률에 근거하지 아니한 재산권의 침해, 과잉금지의 원칙에 위배되는 재산권의 침해에 대하여는 원상회복이나 손해배상을 청구할 수 있다.

3. 소비자의 권리

소비자의 권리라 함은 소비자가 자신의 소비생활을 위하여 양질의 상품 또는 용역을 적절한 유통구조를 통하여 공정한 가격으로 적기에 구입하거나 사용할 수 있는 권리를 말한다. 따라서 소비자의 권리 내지 소비자기본권은 자유권적 기본권, 경제적 기본권, 청구권적 기본권 및 사회적 기본권 등의 성질을 갖춘 복합적 기본권이라 할 수 있다. 이러한 이유로 본서에서는 이를 경제적 기본권의 하나로 다루고자 한다.

우리 헌법은 제124조에서 "국가는 건전한 소비행위를 계도하고 생산품의 품질향상을 촉구하기 위한 소비자보호운동을 법률이 정하는 바에 의하여 보장한다"라고 하여 소비자권리문제를 소비자보호운동의 차원에서 규정하고 있다. 따라서 소비자기본권의 헌법적 근거를 어디에서 찾을 것인가가 문제 된다. 소비자기본권이 복합적 기본권이라고 한다면 그 근거도 복합적으로 찾을 수밖에 없다. 즉 인간의 존엄성존중과 행복추구권을 이념적 근거규정으로 하고, 제124조를 부분적인 직접적 근거규정으로 하며, 헌법에 열거되지 아니한 자유와 권리도 경시되지 아니한다는 제37조 제1항을 보완적 근거규정으로 하면서, 재산권의 보장(제23조), 인간다운 생활의 보장(제34조 제1항) 및 보건에 관한 권리(제36조 제3항) 등을 간접적 근거규정으로 한다고 해석할 수 있을 것이다.[46]

46 권영성, 위의 책, 585면.

소비자권리의 주요 내용은 소비자기본법에서 규정하고 있다. 즉 소비자기본법은 소비자보호를 위하여 안전의 권리, 알 권리, 자유선택권, 의견반영권, 피해보상권, 소비자운동권 등을 규정하고 있다.

소비자권리가 사업자 등 사인에 의하여 침해된 경우에는 한국소비자원에 그 구제를 청구할 수 있고, 이때 합의권고나 소비자분쟁조정위원회의 조정을 받아 적절한 구제를 받을 수 있다. 소비자권리가 국가 또는 지방자치단체에 의하여 침해된 경우에는 청원권이나 행정소송 또는 헌법소원 등의 제기로 구제를 받을 수 있다.

사례

1. 이미 약방을 경영하고 있는 A는 당국으로부터 제2의 약방의 개설을 제한당하였다. 이 경우 A는 직업선택의 자유를 침해당한 것으로 보고 이의 구제를 청구할 수 있겠는가?

   힌트 직업선택의 자유와 직업수행의 자유는 구별되어야 하고, 이 구별에 따라 제한에 차이를 둘 수 있다. 독일의 단계론*Stufemtheorie* 참조. 예컨대 백화점의 바겐세일의 횟수제한이나 택시의 합승제한 및 유흥업소의 심야영업제한 등은 제1단계 제한으로서 직업선택의 자유를 침해한 것은 아니다. 또한 법조인이나 의사가 되기를 원하는 자에게 일정한 자격시험을 요구하는 것 등은 제2단계 제한으로서, 화약류의 제조판매 제한 등은 제3단계 제한으로서 직업의 자유를 침해하는 것은 아니라고 보는 것이 직업의 자유에 대한 제한에 관한 단계론이다.

연습문제

1. 경제적 기본권에는 어떤 것이 있는가?
2. 국가독점사업이나 영업에 대한 허가제나 관세사나 세무사 자격 등을 특정공무원에게만 부여하는 것은 직업선택의 자유를 침해하는 것인가?
3. 재산권은 어떠한 성격을 가지고 있는가?
4. 소비자의 권리를 설명하라.

로스쿨 대비

LEET 논술 / 면접 (출제예상문제)

<제시문>

이자제한법 제8조 제1항에서는 동법 제2조 제1항에서 정한 최고이자율을 초과하여 이자를 받은 자는 1년 이하의 징역 또는 1천만 원 이하의 벌금에 처한다고 규정함으로써 최고이자율을 초과하여 단 1회라도 이자를 받는 경우 채무자에게 피해가 발생하였는지 여부를 묻지 않고 일률적으로 처벌하고 있다. 이자제한법은 제2조 제3항에서, 제1항에서 정한 최고이자율을 초과하는 부분은 무효로 한다고 정하고 있는바, 위 조항만으로 입법 목적을 달성할 수 있음에도 불구하고 이자제한법 제8조 제1항이 채무자에게 실질적인 피해가 발생하지 않은 경우에까지 최고이자율을 초과하여 이자를 받는 채권자를 처벌하는 것으로 보는 한 이는 수단의 적합성과 침해의 최소성을 갖추지 못한 것이다.

질문 헌법 제119조 제1항에 의하면 대한민국의 경제질서는 개인과 기업의 경제상의 자유와 창의를 존중함을 기본으로 한다. 헌법이 보장하는 자유시장 경제질서를 부정하며, 사회국가원리를 가미한 듯한 이자제한법 제8조 제1항의 처벌규정에 대한 귀하의 견해는?

해설 이자제한법 제8조 제1항이 과잉금지원칙을 위반하여 청구인의 신체의 자유를 침해한다며 헌법소원심판을 청구하였다[헌법재판소 2023. 2. 23. 선고 2022헌바22 전원재판부 결정(이자제한법 제8조 제1항 위헌소원)]. 헌법재판소는 심판대상조항이 과잉금지원칙에 위반되지 않는다고 판단하였다.

XII. 정치적 기본권

정치적 기본권*politisches Grundrecht*이라 함은 국민이 국가의 정치적 의사형성과정에 직접·간접으로 참여할 수 있는 참정권뿐만 아니라, 정치적 사상이나 의견을 자유로이 표명하거나 기타의 방법으로 국가의 의사형성에 협력하는 정치적 활동권을 총칭한다. 정치적 활동은 인간의 본성에 바탕을 둔 원초적 욕구이고, 정치적 질서가 국민에 의하여 형성되어야 하므로 헌법개정에 의해서도 전면적으로 폐지될 수 없는 기본권이다. 정치적 기본권은 정치적 자유에서 참정권으로, 참정권에서 정치권 기본권으로 확대·발전되어 왔다.

민주정치를 뒷받침하는 헌법상의 원칙은 정치적 자유의 보장이다. 이 정치적 자유는 정치적 사상이나 의견을 자유로이 표명할 수 있는 정치적 언론의 자유와 정치적 출판의 자유, 정치적 집회·시위의 자유, 정치적 결사의 자유를 포함한다.

정치적 기본권의 핵심은 참정권이다. 참정권은 국민표결권·선거권·피선거권·공직취임권 등 국민이 국정에 참여하거나 국가기관을 구성하는 권리를 말한다. 또 참정권은 직접참정권과 간접참정권으로 분류할 수 있다. 전자에는 국민발안권과 레퍼렌덤*Referendum*과 플레비지트*Plebiszit*와 같은 국민표결권 및 국민소환권 내지 국민파면권이 있고, 후자에는 선거권과 공무담임권이 있다.

레퍼렌덤은 일정한 중요사항을 직접투표로써 최종적으로 확정 짓는 국민표결제이다. 헌법안을 국민투표에 회부하여 최종적으로 확정한다든지 법률안에 대하여 국민의 의사를 직접 묻는 제도이다.

이에 대하여 플레비지트는 통치권자가 특정한 사안에 대하여 국민의 의사를 묻거나 집권자의 계속집권 여부에 관하여 신임을 묻는 국민표결제이다.

레퍼렌덤이 헌법에 규정되어 있는 헌법규범적인 사항에 대한 국민투표인 데 반하여, 플레비지트는 대체로 헌법에 제도화되어 있지 않은 헌법현실적인 사안에 대한 국민투표라는 점에서 차이가 있다.

연습문제

1. Referendum과 Plebiszit의 차이점은 무엇인가?

XIII. 청구권적 기본권

청구권적 기본권이라 함은 국민이 국가에 대하여 일정한 행위를 적극적으로 청구할 수 있는 주관적 공권을 말한다. 청구권적 기본권은 국민의 권리나 이익이 침해되거나 침해될 우려가 있을 때에 이를 확보하기 위한 수단적 권리이므로 이를 기본권보장을 위한 기본권이라고도 한다.

자유권적 기본권이 국가로부터의 자유를 내용으로 하는 데 대하여, 청구권적 기본권은 국가에 대하여 일정한 행위의 요구를 내용으로 한다. 또한 자유권적 기본권이 소극적 방어적 권리라면, 청구권적 기본권은 국가적 행위나 국가적 급부의 청구를 내용으로 하는 적극적 권리이다. 이에 비하여 사회적 기본권이 사회국가의 원리를 반영한 새로운 유형의 기본권이라면, 청구권적 기본권은 자유권적 기본권과 더불어 고전적 기본권의 하나이다.[47] 청구권적 기본권에는 청원권, 재판청구권, 국가배상청구권, 국가보상청구권, 범죄피해자구조청구권 등이 있다.

1. 청원권(제26조)

헌법 제26조는 "모든 국민은 법률이 정하는 바에 의하여 국가기관에 문서로 청원할 권리를 가진다. 국가는 청원에 대하여 심사할 의무를 진다"고 하여 청원권을 보장하고 있다. 헌법 제89조 제15호는 '정부에 제출 또는 회부된 정부의 정책에 관계되는 청원의 심사'는 국무회의의 심사를 거쳐야 한다고 하고 있다. 청원에 관한 일반법으로는 청원법이 있고, 특별법으로는 국회법과 지방자치법에 해당규정들이 있다.

청원권*right to petition*이라 함은 국가기관에 대하여 일정한 사항에 관한 의견이나 희망을 진술할 권리를 말한다. 이와 같은 청원권은 자유권과 청구권의 성격을 가지는 이중적 성격의 권리이다.

청원사항으로는 피해의 구제, 공무원의 비위의 시정 또는 징계나 처벌의 요구, 법률 명령규칙의 제정·개정 또는 폐지, 공공의 제도 또는 시설의 운영, 기타 공공기관의 권한에 속하는 사항 등이다. 다만 재판에 간섭하는 것이거나, 국가원수를 모독하는 것이나, 타인을 모해할 목적으로 허위의 사실을 적시한 청원은 할 수 없다(청원법 제6조).

47 권영성, 위의 책, 602면.

2. 재판청구권(제27조)

모든 국민은 헌법과 법률이 정한 법관에 의하여 법률에 의한 재판을 받을 권리가 있다. 재판에는 민사재판·형사재판·행정재판·헌법재판 등이 있다. 모든 국민은 헌법 제27조 제2항에서 예외적으로 군사법원의 재판을 받는 경우를 제외하고는 원칙적으로 군사재판을 받지 아니할 권리가 있다. 또한 모든 국민은 헌법과 법률이 정한 법관에 의하여 재판을 받을 권리가 있다. 군사재판의 상고심은 원칙적으로 대법원의 관할로 되어 있고, 재정범에 대한 국세청장·세무서장·세관장 등의 벌금·과료 또는 몰수 등의 통고처분과 교통범칙자에 대한 경찰서장의 통고처분도 불응 시에는 정식재판의 절차가 보장되어 있으므로 재판을 받을 권리에 위배되지 아니한다. 기타 행정기관에 의한 재결 또는 결정이나 특허심판이나 해난심판 등에 관하여도 정식재판의 절차가 보장되어 있는 한 재판을 받을 권리가 침해되는 것은 아니다.

모든 국민은 신속한 공개재판을 받을 권리가 있다. 다만 국가의 안전보장 또는 안녕질서를 방해하거나 선량한 풍속을 해할 염려가 있을 때에는 법원의 결정으로 심리에 한하여 이를 공개하지 않을 수 있다. 그러나 선고 내지 판결은 반드시 공개하여야 한다.

3. 국가배상청구권(제29조)

헌법 제29조는 공무원의 직무상 불법행위로 손해를 받은 국민은 법률이 정하는 바에 의하여 국가 또는 공공단체에 정당한 배상을 청구할 수 있다. 이 경우 공무원 자신의 책임은 면제되지 아니한다. 다만, 군인·군무원·경찰공무원 등 국가와 공법상 특수한 법률관계를 맺고 있는 자에 대해서는 전투훈련 등 직무집행과 관련하여 받은 손해에 대해서는 법률이 정하는 보상 외에 별도의 국가배상청구권을 부인한다고 규정하고 있다.

국가배상청구권은 직접적 효력을 발행하는 현실적 권리로서 공권적 청구권이다. 재산권과 구별되는 청구권적 기본권이며, 이에 관한 국가배상법도 사법이 아닌 공법이다.

국가배상청구권의 주체는 한국인과 한국의 법인만이 그 주체가 된다. 외국인에 대하여는 국가배상법 제7조의 상호보호주의에 따라 한국 국민에 대하여 국가배상책임을 인정하고 있는 국가의 국민에 대해서만 국가배상청구권이 인정된다. 다만, 우리나라에 주둔하는 미국군대의 구성원·고용원·한국증원부대구성원(카투사)의 공무집행 중의 행위로 피해를 받은 자는 국가배상법이 정하는 바에 따라 한국정부에 배상을 청구할 수 있다.

국가배상청구의 유형에는 공무원의 직무상 불법행위로 인한 손해발생의 경우와 영조물의 설치·관리의 하자로 인한 손해발생의 경우가 있다. 공무원의 직무상 행위란 사법상의 행위를 제외한 공권력의 행사로서의 권력행위와 비권력적 행위인 관리행위만을 의미한다. 국가배상책임의 본질은 자기책임이며 무과실책임이다.

4. 국가보상청구권

국가보상청구권이란 적법한 또는 무과실의 공권력발동으로 인하여 자유나 권리를 침해당한 국민이 국가에 대하여 손실보상이나 형사보상 등을 청구할 수 있는 권리이다.

손실보상청구권은 공공수용·공용사용·공용제한 등 적법한 공권력의 행사로 말미암아 재산상 특별한 희생을 당한 자가 공평부담의 견지에서 재산적 손실에 대한 정당한 보상을 청구할 수 있는 권리이다(제23조 제3항). 재산권을 침해당한 자는 제23조 제3항에 의하여 직접 손실보상을 청구할 수 있는 현실적 권리이다. 정당한 보상이란 피침해재산이 가지는 재산적 가치를 충분하고 완전하게 보상*full and perfect compensation*하는 완전보상이어야 하고, 특별한 경우에는 예외적으로 상당보상도 인정되는 보상이라고 보아야 한다.

형사보상청구권이란 형사피의자 또는 형사피고인으로 구금되었던 자가 법률이 정하는 불기소처분을 받거나 확정판결에 의하여 무죄선고를 받은 경우에 물질적·정신적 손실을 보상하여 주도록 국가에 청구할 수 있는 권리이다(제28조).

형사보상의 본질에 대하여는 손해배상설과 손실보상설이 대립되고 있다. 형사보상은 인신의 구속으로 인한 손실의 발생에 대하여 무과실손실보상책임으로 보는 것이 통설이다.

불기소처분에는 협의의 불기소처분, 즉 법률이 정하는 불기소처분과 기소중지처분, 기소유예처분의 3가지가 있다. 기소중지처분이나 기소유예처분을 받은 자는 형사보상을 청구할 수 없다. 이들은 범죄가 성립되고 혐의가 충분함에도 불구하고 검사가 여러 가지 사정을 고려하여 기소편의주의에 따라 기소를 중지하거나 유예한 경우이기 때문이다.

5. 범죄피해자구조청구권(제30조)

범죄피해자구조청구권이란 타인의 범죄행위로 인하여 생명·신체에 대한 피해를 받은 국민이 법률이 정하는 바에 의하여 국가로부터 구조를 받을 수 있는 권리이다. 국가는 범죄의 예방과 진압 책임이 있다. 대부분의 경우 범죄자는 무자력이므로 사회국가의 이념에 비추어 국가는 사회보장적 측면에서 피해자의 피해를 구조해 주어야 한다. 이러한 견지에서 볼 때 범죄피해자구조청구권은 국가배상적 사회보장청구권이라고 할 수 있다.

연습문제

1. 청원을 할 수 있는 사항과 할 수 없는 사항을 설명하라.
2. 국세청장의 재정범에 대한 벌금부과는 재판을 받을 권리를 침해하는가?
3. 군인이 전투훈련 중에 손해를 당한 경우에 법률이 정하는 보상 외에 별도의 국가배상청구권을 인정하지 아니한다는 규정은 위헌이 아닌가?
4. 손실보상청구권과 형사보상청구권은 어떻게 다른가?
5. 범죄피해자구조청구권은 어떤 경우에 행사할 수 있는가?

XIV. 사회적 기본권

사회적 기본권*soziale Grundrechte*이라 함은 국민이 인간다운 생활을 영위하기 위하여 일정한 국가적 급부와 배려를 요구할 수 있는 권리를 말한다. 사회적 기본권은 모든 국민의 최저한의 생존을 보장하고 실질적 평등이라는 사회정의를 구현하기 위하여 강조된 것으로서, 1919년 바이마르 헌법 제151조에서 처음으로 규정되었다.

우리 헌법에서도 제31조 이하에서 교육을 받을 권리, 근로의 권리와 최저임금수령권, 근로3권, 인간다운 생활권과 사회보장수급권, 환경권, 보건권 등 일련의 권리를 규정하고 있다.

사회적 기본권이 프로그램적 권리냐 법적 권리냐에 관하여는 다툼이 있고, 법적 권리로 보는 견해도 다시 추상적 권리설과 구체적 권리설로 나누어진다. 우리나라의 다수설은 추상적 권리설이다. 그러나 모든 헌법규정은 재판규범으로 보아야 하고, 가난한 국민에게는 사회적 기본권의 실질적 보장이 어느 기본권보다 절실한 의미를 가지며, 사회국가의 원리를 헌법의 기본원리로 채택하고 있는 국가에서는 사회적 기본권의 실현에 역점을 두어야 하기 때문에 사회적 기본권도 불완전하나마 구체적 권리로 보아야 할 것이다.[48]

1. 교육을 받을 권리(제31조)

교육을 받을 권리라 함은 교육을 받는 것을 국가로부터 방해받지 아니할 뿐만 아니라, 교육을 받을 수 있도록 국가가 적극적으로 배려하여 주도록 요구할 수 있는 권리(수학권)를 말한다. 교육을 받을 권리는 우리 헌법이 지향하는 문화국가와 복지국가의 이념을 실현하는 방법의 기초이기도 하다.

헌법 제31조는 제1항에서 "모든 국민은 능력에 따라 균등하게 교육을 받을 권리를 가진다"라고 하여 교육을 받을 권리를 규정하고 있고, 제2항 이하에서 교육을 받게 할 의무, 무상의무교육, 교육의 자주성·전문성·정치적 중립성과 대학의 자율성, 국가의 평생교육진흥의무, 교육제도의 법정주의 등을 규정하고 있다.

---

48 권영성, 위의 책, 648면.

사례

1. A는 지체부자유라는 이유 때문에 대학 입학시험에서 불합격판정을 받았다. 이 불합격처분은 유효한가?

힌트 평등하게 교육을 받을 권리와 대학의 자유 내지 자율권과의 충돌이다.

2. 근로의 권리(제32조)

근로의 권리*right to labour*라 함은 자신의 능력과 취미에 따라 자신의 의사로 근로의 종류·내용·장소 등을 선택하여 근로관계를 형성하고, 타인의 방해를 받음이 없이 근로관계를 계속 유지할 수 있는 권리를 말하며, 또한 근로의 기회를 얻지 못한 경우에는 국가에 대하여 근로의 기회를 제공하여 줄 것을 요구할 수 있는 권리를 말한다.

근로의 권리에는 생활비지급청구권은 포함되지 않고, 근로기회제공청구권을 그 내용으로 하고 있다고 보아야 한다.

임금과 그 지불방법, 취업시간과 휴식시간 등 근로조건의 기준은 법률로 정하도록 되어 있다. 여자와 연소자의 근로는 특별한 보호를 받는다. 이러한 규정은 국가에 대해서뿐만 아니라 제3자인 사용자에 대해서도 직접적 효력을 갖는다.

무노동·무임금의 원칙이 적용되는 경우에도 각 사업장의 취업규칙 또는 관행에 따라 결근·지각·조퇴 시에도 지급하도록 되어 있는 생활보장적 임금은 그 명목 여하에 불구하고 쟁의행위로 근로를 제공하지 아니한 경우에도 지급하여야 한다.

3. 근로3권(제33조)

근로3권 내지 노동3권이라 함은 근로자들이 근로조건의 향상을 위하여 자유로이 단결하여 자주적인 조직체를 결성하고, 그 조직체의 이름으로 교섭하며, 단체교섭이 원만하게 이루어지지 아니할 경우에 단체행동을 할 수 있는 권리를 말한다. 즉 근로자의 단결권·단체교섭권·단체행동권이 그것이다. 근로3권은 자유권적 측면과 사회권적 측면을 갖고 있다. 오늘날에 있어서는 사회권적 측면을 보다 중시하고 있다.

단결권은 종국적으로는 노동조합의 결성권을 의미하게 된다. 단체교섭권은 근로조건의 유지 및 개선을 위한 것이므로 사용자가 독점적으로 보유하는 경영권·인사권·이윤취득권 등 근로조건과 무관한 사항은 원칙적으로 교섭의 대상이 될 수 없다.

단체행동권이라 함은 노동쟁의가 발생한 경우에 쟁의행위를 할 수 있는 권리를 말한다. 노동쟁의란 임금·근로시간·복지·해고 등 근로조건에 관한 노동관계 당사자 간의 주장의 불일치로 인한 분쟁상태를 말하고, 쟁의행위란 파업*Strike*·태업*Sabotage*·보이콧 *Boycott*·피케팅*Picketting*·직장폐쇄, 기타 노사관계 당사자가 그 주장을 관철할 목적으로 행하는 행위와 이에 대항하는 행위로서 업무의 정상적인 운영을 저해하는 행위를 말한다(노동조합 및 노동관계조정법 제2조).

4. 인간다운 생활권(제34조)

모든 국민은 인간다운 생활을 할 권리를 가진다. 인간다운 생활권 내지 생존권이라 함은 인간의 존엄성에 상응하는 건강하고 문화적인 생활을 할 권리를 말한다. 제34조는 제10조와 더불어 헌법에 있어서의 최고조항이라 할 수 있다.

인간다운 생존을 헌법의 차원에서 보장하는 기준은 인간이 정상적인 사회생활을 할 수 있는 정도의 인간다운 최저생존수준이라고 할 수 있을 것이다.

헌법은 모든 국민에게 인간다운 생활을 보장하기 위하여 제34조 제2항 이하에서 일련의 사회보장수급권을 규정하고 국가에 대해서는 사회보장증진의무를 부과하고 있다. 즉 "국가는 사회보장·사회복지의 증진에 노력할 의무를 진다", "국가는 여자의 복지와 권익의 향상을 위하여 노력하여야 한다", "국가는 노인과 청소년의 복지향상을 위한 정책을 실시할 의무를 진다", "신체장애자 및 질병·노령 기타의 사유로 생활능력이 없는 국민은 법률이 정하는 바에 의하여 국가의 보호를 받는다", "국가는 재해를 예방하고 그 위험으로부터 국민을 보호하기 위하여 노력하여야 한다"라고 규정하고 있는 것이 그것이다.

5. 환경권(제35조)

헌법 제35조는 제1항에서 "모든 국민은 건강하고 쾌적한 환경에서 생활할 권리를 가지며, 국가와 국민은 환경보전을 위하여 노력하여야 한다"고 함으로써 환경권의 보장과 함께 국가와 국민의 환경보전의무도 규정하고 있다. 동조 제2항에는 환경권의 내용과 행사에 관하여는 법률로 정할 수 있게 하였고, 동조 제3항에서는 "국가는 주택개발정책 등을 통하여 모든 국민이 쾌적한 주거생활을 할 수 있도록 노력하여야 한다"고 함으로써 쾌적한 주거생활권까지 보장하고 있다. 환경권은 성질상 자연인에게만 한정한다.

환경분쟁이 발생한 경우에는 受忍限度論을 적용하여 가해자 측의 사정과 피해자 측의 사정 및 지역적 특성 등을 비교형량하여, 피해가 일반인으로 하여금 통상 견딜 수 있는 한도를 넘어서는 경우에는 위법성이 인정된다고 할 것이다. 또한 인과관계의 입증과 관련하여서는 개연성이론을 적용하여 침해행위와 손해발생 간에 인과관계가 존재하는 상당한 정도의 가능성이 있다는 입증으로서 족하고, 과학적으로 엄밀한 증명을 요하지 아니한다고 할 것이다. 가해자는 이에 대하여 반증을 한 경우에만 인과관계의 존재를 부인할 수 있을 것이다.

환경분쟁의 조정에 대하여는 환경분쟁조정법이 시행되고 있고, 동법에 의하여 환경부장관 소속하에 중앙환경분쟁조정위원회가 있고, 각 시·도지사 소속하에 지방환경분쟁조정위원회가 운영되고 있다.

6. 보건권과 모성을 보호받을 권리(제36조)

모든 국민은 보건에 관하여 국가의 보호를 받는다(제36조 제3항). 이에 따라 모든 국민은 자신과 가족의 건강을 유지하는 데 필요한 국가적 급부와 배려를 요구할 수 있는 권리를 가진다. 건강은 생존과 행복의 전제이고 인간다운 생활의 필수적 요소이므로, 보건권은 생명권·행복추구권·인간다운 생활권 등과 함께 이념적으로 일체를 이룬다.

헌법 제36조 제2항은 "국가는 모성의 보호를 위하여 노력하여야 한다"라고 하여 국가의 모성보호의무를 규정하고 있다. 이와 같은 입법취지는 모성은 자녀를 가진 여성으로서 가족의 핵심적 구성요소가 될 뿐만 아니라 국민의 생산적 모체가 되므로, 모성의 보호는 가족과 국가사회의 건전한 발전과 안전을 위하여 필요하기 때문이다.

연습문제

1. 사회적 기본권의 성격을 설명하라.
2. 수학권이란 무엇인가?
3. 무노동·무임금의 원칙은 생활보장적 임금에도 적용되는가?
4. 쟁의행위란 무엇이며, 이에는 어떤 것이 있는가?
5. 우리 헌법은 인간다운 생활을 보장하기 위하여 어떠한 규정들을 두고 있는가?
6. 환경분쟁에 있어서 수인한도론과 개연성이론이란 무엇인가?
7. 국가는 국민의 보건과 모성의 보호를 위하여 얼마나 노력하고 있는가?

로스쿨 대비

LEET 논술 / 면접 (출제예상문제)

<제시문>

노란봉투법은 노동조합 및 노동관계 조정법(이하 노동조합법) 제2조와 제3조에 대한 개정안을 지칭하는데, 2014년에 법원이 쌍용자동차 파업 노조원들에 대하여 47억 원의 손해배상 판결을 하면서 시민들이 노란봉투에 성금을 담아 전달하면서부터 노란봉투법이라는 이름이 유래되었다. 노란봉투법 제정에 관한 쟁점은 다음과 같다.

쟁점 1 사용자 범위 확대

노란봉투법의 핵심적인 첫 번째 내용은 '사용자의 범위 확대'에 있다. 노동조합법 제2조 제2호에 따르면, 사용자는 사업주, 사업의 경영담당자 또는 그 사업의 근로자에 관한 사항에 대하여 사업주를 위하여 행동하는 자로 정의하고 있다. 노란봉투법은 사용자의 개념을 "근로조건에 대해 실질적이고 구체적으로 지배·결정할 수 있는 자"라고 하고 있다. 근로자와 근로계약을 직접 체결하지 않더라도 임금이나 근로시간에 실질적 영향을 끼치면 사용자라고 볼 수 있는 것이다.

쟁점 2 노동쟁의를 할 수 있는 범위 확대

노란봉투법과 관련하여 핵심적인 두 번째 내용은 노동자가 '노동쟁의를 할 수 있는 범위'를 확대한 것이다. 현행법에는 노동쟁의의 대상을 "근로조건의 결정에 관한 사항"으로 한정했지만 노란봉투법에서는 해당 문구에서 '결정'이라는 문구를 삭제하였다. 이제까지는 노사가 합의하여 결정하는 임금, 근로시간, 복지 등에 대하여 의견이 불일치할 때 노동쟁의가 발생하였지만, 노란봉투법이 시행되면 노사가 합의하여 결정할 사안이 아닌 해고자 복직, 부당 징계 철회 등에 대해서도 노사 간 의견이 불일치하면 노동쟁의를 할 수 있게 된다.

쟁점 3 노조의 손해배상책임 제한(불법행위에 대한 개별 배상)

손해배상책임과 관련하여 현재 법원은 노동조합 및 조합원들의 공동불법행위에 대하여 이들 각각의 불법행위 책임 범위 여부를 구체적으로 산정하지 아니하고 모든 공동불법행위자 각자에게 총손해발생액 전부를 부담시키고 있다. 개정안은 제3조 제2항에 "법원은 조합원 등의 쟁의행위 등으로 인한 손해배상책임을 인정하는 경우 그 손해에 대하여 각 배상의무자별로 각각의 귀책사유와 기여도에 따라 개별적으로 책임범위를 정하여야 한다"는 내용을 신설하자는 것이다. 이는 파업에 참여한 노동자가 손해배상액 전부를 함께 부담하는 '부진정연대책임'을 지지 않고 손해발생에 영향을 미친 만큼만 책임을 지도록 하는 것인데, 파업에 참여한 노동자가 여러 명일 경우에 각자가 발생시킨 손해액을 개별적으로 산정하여야 한다.

출처: 김나래, "노란봉투법에 관한 쟁점과 동향", 『한국법학원 현안보고서』 제2023-12호, 2~15면.

질문 〈제시문〉을 읽고 노란봉투법의 제정과 관련하여 찬성과 반대 주장을 펴시오.

조건 1. 각 쟁점별르 나누어 답하시오.
2. 각 쟁점별르 찬성과 반대 중 하나의 입장을 택하고 논거를 제시하시오.

해설 만일 [쟁점 3]에서 반대의 입장을 취하는 경우라면 다음과 같은 논거의 제시가 가능할 것이다.

"경영계는 개정안이 시행되면, 노동자의 불법적인 쟁의행위에 대한 손해배상 요구도 사실상 무력화된다고 보고 있고, 사실 손해배상청구가 노동자의 불법파업에 대응할 수 있는 유일한 수단인데, 이로 인한 피해를 사용자가 감당할 수밖에 없게 된다. 특히 사용자가 불법파업에 대한 손해배상을 청구할 때 개별 조합원이 불법파업에 기여한 정도 등과 같은 책임의 범위를 입증해야 하는데 사실상 불가능해진다. 그 결과 법원으로서는 사용자의 손해배상청구를 기각하게 되어 아예 손해배상청구를 못하게 만드는 결과가 발생할 것이다. 또한 불법적인 노동쟁의행위를 한 경우에 민법 제760조에 따른 공동불법행위자의 책임의 예외가 적용되어 연대책임을 부정하는 것은 민법의 원칙에 반한다. 책임소재가 불분명한 집단적 불법행위가 발생할 경우에 여러 명의 불법행위의 가해자에게 공동으로 손해배상책임을 지게 하는 것이 합리적이다."

출처: 김나래, "노란봉투법에 관한 쟁점과 동향", 『한국법학원 현안보고서』 제2023-12호, 2~15면.

XV. 국민의 기본적 의무

국민의 기본적 의무*Grundpflichte*라 함은 국민이 부담하는 여러 의무 중에서 특히 헌법이 규정하고 있는 의무를 말한다. 따라서 국민의 기본적 의무를 헌법상의 의무 또는 공의무라고도 한다.

국민의 기본적 의무에는 납세의 의무(제38조) 및 국방의 의무(제39조)와 같은 고전적 의무와 교육을 받게 할 의무(제31조), 근로의 의무(제32조), 환경보전의 의무(제35조)와 같은 사회국가적 의무가 있다. 국민의 기본적 의무는 무제한적인 의무를 뜻하는 전국가적 의무는 아니고, 헌법과 법률에서 인정하여야 하는 실정법상의 의무이다.

모든 국민은 법률이 정하는 바에 의하여 납세의 의무를 진다. 납세의무는 조세평등주의와 조세법률주의 원칙에 따라 부과된다. 조세평등의 원칙은 조세의 부담이 공평하게 배분될 수 있도록 법을 제정하여야 하며, 법을 해석 적용함에 있어서도 모든 국민을 평등하게 취급하여야 한다는 원칙이다. 또한 조세법률주의는 과세요건법정주의, 과세요건명확주의 및 소급과세금지의 원칙 등을 핵심내용으로 하고 있다.

모든 국민은 법률이 정하는 바에 의하여 국방의 의무를 진다. 누구든지 병역의무의 이행으로 불이익한 처우를 받지 아니한다. 국방의 의무는 국방을 위한 직접·간접의 병역형성의 의무를 내용으로 한다. 직접적인 병역형성의 의무는 병역법에 따른 징집에 응할 의무를 말하고, 간접적인 병역형성의 의무는 예비군복무의무, 민방위응소의무, 비상대비에 관한 법률에 의한 훈련에 응할 의무 등을 말한다.

모든 국민은 그 보호하는 자녀에게 적어도 초등교육과 법률이 정하는 교육을 받게 할 의무를 진다(제31조 제2항)고 하여 교육을 받게 할 의무를 부과하고 있다. 교육을 받게 할 의무는 모든 국민으로 하여금 생존에 필요한 최소한의 교양과 능력을 함양하게 함과 동시에 문화국가의 이념을 실현하기 위한 제2세대 교육이라는 성격을 띠고 있다. 교육을 받게 할 의무자는 학령아동의 보호자인 친권자 또는 후견인이다. 의무의 대상이 되는 교육은 초등교육과 법률이 정하는 교육이다. 의무교육은 무상으로 한다. 무상의 범위에는 수업료면제와 교과서의 무상배부 등이 포함된다. 이 밖에도 국가적 재정이 허락한다면 급식비나 학용품 등도 무상으로 제공하여야 할 것이다.

헌법 제32조 제2항은 "모든 국민은 근로의 의무를 진다. 국가는 근로의 내용과 조건을 민주주의원칙에 따라 법률로 정한다"고 하여 근로의 의무를 규정하고 있다. 근로의 의무라 함은 근로의 능력이 있음에도 불구하고, 근로하지 아니하는 자에 대해서는 윤리적·도덕적 비난이 가해져야 한다는 의미로 해석되고 있다. 강제노역이 금지되고(제12조 제1항), 인간으로서의 존엄과 가치가 존중되며(제10조), 무직업의 자유 및 사유재산제가 보장되는(제23조 제1항) 경우에는 일하지 아니하고 먹는 것도 자유라고 하지 않을 수 없으므로, 근로의 의무를 법적 의무로 보기보다는 윤리적 도덕적 의무로 볼 수밖에 없을 것이다.

환경보전의 의무는 외국인도 포함하는 전 인류의 의무이다. 개인 또는 기업이 공해를 유발하거나 환경파괴행위를 하는 경우에는 피해자는 그 원인행위의 배제를 청구할 수 있고, 국가도 제재를 가할 수 있다.

헌법 제23조 제2항은 "재산권의 행사는 공공복리에 적합하도록 하여야 한다"고 규정하고 있다. 이에 대하여는 재산권행사의 공공복리적합의무를 규정한 것이라는 견해와 의무라기보다는 재산권의 내용 자체를 제한하는 재산권행사의 사회적 구속성을 규정한 것으로 보는 견해가 있다.

헌법 제23조 제2항은 재산권을 절대시한 종래의 경향에 대하여 공공복리를 이유로 재산권의 사회적 제약성을 특히 강조한 것이다. 재산권행사의 공공복리적합성은 재산권행사의 남용금지와 더불어 헌법에 명문규정이 없는 경우에도 당연히 요청되는 법의 일반원리이기 때문에 제23조 제2항은 의무라기보다는 재산권 자체에 필연적으로 수반되는 내재적 제약성을 명문화한 헌법적 원리로 보아야 할 것이다.[49]

연습문제

1. 직접적인 병역형성의 의무와 간접적인 병역형성의 의무는 어떻게 다른가?
2. 의무교육에 있어서 무상의 범위는 어디까지인가?
3. 근로의 의무의 법적 성질은 무엇인가?
4. 환경보전의무의 주체는 누구이며, 의무위반의 효력은 어떠한가?

---

49 권영성, 위의 책, 726면.

XVI. 정부형태

정부형태란 넓은 의미로는 국가권력이 입법부·행정부·사법부에 각각 어떻게 배분되고 행사되며, 이들 3자 간의 관계가 어떠한가라고 하는 국가통치기구의 형태를 말하고, 좁은 의미로는 행정부의 조직형태를 뜻한다. 정부형태는 전통적인 분류방법에 의하면 의원내각제, 대통령제 및 의회정부제 등으로 나누어진다.

1. 의원내각제

의원내각제*parliamentary government*는 의회에 의하여 구성되고 의회에 대하여 정치적 책임을 지는 내각*cabinet* 중심으로 국정이 운영되는 정부형태이다. 의원내각제의 집행부는 대통령 또는 군주와 내각의 두 기구로 구성되는 이원적 구조를 특색으로 한다. 그러나 대통령 또는 군주는 의례적 연출적 권한만이 인정되는 명목상의 원수를 의미할 뿐, 행정에 관한 실질적인 권한은 내각에 전속하는 것을 원칙으로 하고 있다. 이것을 오류*M. Hauriou*(1856~1929)는 쌍두의 집행부라 하고, 배젓*W. Badgehot*(1826~1877)은 존엄적 부분과 실천적 부분이라고 한다. 의원내각제의 대통령은 명목상의 국가원수이지만 정치적으로는 국가의 정치적 위기를 수습하는 조정적 기능, 국가의 항구성에 대한 인격적 상징 및 헌법의 수호자 기능 등을 행사하게 된다. 영국의 오랜 정치적 경험의 산물로서 19세기 이후 그 기반이 된 입헌주의 및 의회제도와 함께 전 세계로 전파되었다.

의원내각제에서는 내각의 수반이 의회에 의하여 선출되고 내각이 의회에 대하여 연대하여 정치적 책임을 지는 것과 같이 내각의 성립과 존속이 의회의 신임에 의존한다.

이에 대하여 내각은 의회해산권을 가지고 의회의 내각불신임권에 대항하여 의회를 견제할 수 있다. 이와 같이 내각불신임권과 의회해산권이 상호 견제수단이 되어 입법부와 행정부 간에 한편으로는 권력적 균형이 유지되고, 다른 한편으로는 행정부가 법률안제출권을 가지며 각료와 의원의 겸직이 가능하여 각료가 의회에 출석하여 발언할 수 있는 등 相互共和 및 협조관계가 형성된다.

영국과 같이 내각이 의회해산권을 가지고 있는 경우를 정통의원내각제라 하고, 프랑스 제3, 4공화국과 같이 내각이 의회해산권을 가지고 있지 않거나 그 의회해산권이 유명무실한 경우를 不眞正의원내각제라고도 하는 등[레드슬로브*R. Redslob*(1882~1962)],

같은 내각책임제라 하더라고 성질에 따라서는 절름발이의원내각제, 혼합형의원내각제, 부진정의원내각제, 또는 이원정부제 등으로 부르기도 한다.

의원내각제의 장점으로는 내각의 존속과 진퇴가 국민의 대표기관인 의회에 의존하기 때문에 민주주의적 요청에 부합되고, 내각이 의회에 대하여 연대책임을 지기 때문에 책임정치를 구현할 수 있고, 의회와 내각이 대립하는 경우에는 불신임결의 또는 의회해산으로 정치적 대립을 신속히 해결할 수 있으며, 의회의 신임을 얻어 내각을 유지하기 위하여는 유능한 인재를 등용하는 점 등을 들 수 있다.

의원내각제의 단점으로는 군소정당이 난립하거나 의회의 타협적 태도가 결여된 때에는 정국이 불안정하고, 의회가 정권획득을 위한 정쟁의 장소가 될 수 있고, 내각이 연명을 위하여 의회의 눈치를 보게 됨으로써 강력한 정치를 추진할 수 없으며, 최악의 경우에는 내각이 원내 다수당과 결탁하여 다수의 횡포를 자행할 수 있는 점 등을 들 수 있다.

의원내각제가 성공하기 위하여는 안정된 복수정당제, 직업공무원제의 확립, 지방자치제의 정착, 언론과 정치적 자유의 보장, 국민의 시민의식 내지 정치수준의 향상, 정치인의 투철한 공직의식 등의 요소들이 충족되어야 할 것이다.

2. 대통령제

대통령제*presidential government; Präsidialsystem*라고 함은 엄격한 권력분립주의에 입각하여 행정부의 수반인 대통령이 국민에 의하여 선출되고, 임기 동안 의회에 대하여 전혀 책임을 지지 아니하며, 의회로부터 완전히 독립한 지위를 유지하는 정부형태이다. 대통령중심제, 대통령책임제 또는 대통령주의제라고도 하며, 미국에서 창안되어 오늘날까지 가장 성공적으로 운용되고 있다.

대통령제의 고전적 원형이라 할 수 있는 미국의 대통령제를 중심으로 그 본질 내지 구조적 원리를 보면, 첫째로, 대통령의 국민에 의한 직선제와 임기제를 들 수 있다. 따라서 대통령은 의회에 대하여 책임을 지지 않는 정치적 무책임성을 본질적 요소로 하고 있다. 둘째로, 행정부의 일원성으로서 대통령은 국가원수인 동시에 행정부의 수반이며, 국무회의는 보좌기관 내지 자문기관에 불과하다. 셋째로, 입법부와 행정부를 상호 독립시켜 국무위원의 국회의원 겸직이 금지되고, 국무위원의 국회출석발언권과 행정부의 법률안제출권이 없으며, 대통령의 법률안거부권이 인정되는 등 대통령과 의회의 상호독립성을 요소로 하고 있다. 대통령제는 양원제가 대부분이고 부통령제가 있는 것이 원칙이다.

대통령제의 장점으로는 임기 중 정국의 안정, 정책의 계속성 보장, 소수자의 이익보호, 국회의 졸속입법방지 등을 들 수 있고, 단점으로는 대통령의 독재의 위험성, 국정의 통일적 수행의 방해 외에 입법부와 행정부가 충돌할 때에 그 해소방법을 찾기가 곤란하여 국가기능이 마비될 위험이 있고, 의원내각제에 비하여 국민의 정치훈련의 기회가 적다는 점 등을 들 수 있다.

대통령제가 성공하기 위하여는 국민의 반독재의식과 고도의 정치적 소양이 있어야 하고, 각종 선거의 공정한 실시와 여론의 자유와 존중 및 정치인과 시민의 사회적 동질성이 있어야 하며, 입법부와 행정부 간에 상호 억제와 균형의 원칙이 유지되어야 하고, 법원의 헌법수호자로서의 권위가 유지되어야 할 것이다.

신대통령제와 반대통령제는 대통령제와는 다른 개념이다. 신대통령제*neo-presidential system*는 대통령제라는 명칭을 가지고는 있지만, 미국형 대통령제와는 거리가 먼 권위주의적 정부형태이다. 신대통령제에 있어서의 대통령은 의회나 사법부에 대하여 절대적인 우위에 있으며, 어떠한 국가기관도 대통령의 권력독점에 대항하거나, 그 권력행사를 견제할 수 없다. 신대통령제에 있어서는 권력분립의 원칙이 부분적 또는 불균형적으로 채택되어 있고, 대통령의 권력행사에 대한 통제나 권력남용을 방지하기 위한 제도적 장치가 마련되어 있지 않거나, 마련되어 있는 경우에도 실효성이 없는 것이 특징이다. 이와 같이 신대통령제는 사이비입헌주의, 사이비민주주의로서 폭력적 지배를 은폐하기 위한 제도라고 할 수 있다.

반대통령제 내지 준대통령제*Das Semi-Präsidentielle System*는 학자 간에 통일된 개념은 없지만, 대체로 반대통령제에 있어서의 대통령은 간접선거로 선출되고, 의원내각제의 대통령이 보유하는 권한 이상의 권한을 가지는 정부형태이다. 이것도 권위주의적 대통령제의 일종이라고 할 수 있다.

3. 기타의 정부형태

(1) 이원집정부제

이원집정부제란 의원내각제의 요소와 대통령제의 요소가 결합된 정부형태로서 이원정부제라고도 한다. 원칙적으로 위기에 있어서는 대통령이 행정권을 전적으로 행사하나, 평상시에는 내각수상이 행정권을 행사하며, 하원에 대하여 책임을 지는 의원내각제의 형식으로 운영되는 정부형태이다. 오스트리아, 핀란드, 바이마르독일, 프랑스 제5공화국의 정부형태가 여기에 속한다. 이 형태는 독재화의 우려가 있고, 국민주권의 원리에 충실하지 못할 가능성이 있으며, 여론을 외면한 행정이 행해지기 쉬운 단점이 있다.

(2) 의회정부제

의회정부제*conventional government*란 집행부의 성립과 존속이 전적으로 의회에 의존하고, 집행부는 의회를 해산할 권한이 없는, 그야말로 집행부에 대한 의회의 권한이 절대적 우위에 있는 정부형태이다. 회의제라고도 한다. 의회정부제는 의회가 국가권력구조의 정점인 동시에 집행부는 전적으로 의회에 종속하며, 양자의 관계는 위임자와 수임자의 관계와 같다. 국가원수가 없는 것이 특징이며, 있다 하더라도 의례적이며 명목적인 기능을 가질 뿐이다. 집행부 구성원은 의회에 의하여 선임되고, 의회에 대하여 연대책임을 지며, 의회는 언제나 집행부를 불신임할 수 있지만, 집행부는 의회를 해산할 수 없다. 의회는 상시 개회하고 선거민에 대해서만 책임을 지고, 의회가 해산되면 집행부도 퇴진하게 되는 등 의회가 모든 국가기관을 지배함으로써 권력체계가 일원화되어 있는 것이 특징이다. 의회제의 특이한 형태로 중국의 인민회의제와 북한의 인민회의제가 있다.

(3) 우리나라의 정부형태

1948년 건국헌법의 정부형태는 대통령제와 의원내각제가 혼합되고 변형된 대통령제였고, 1960년 헌법의 정부형태는 순수한 영국형 의원내각제였으며, 1961년 5·16 군부쿠데타로 집권한 군사정부는 국가재건최고회의를 설치하고 여기에 모든 국가권을 집중시켰으므로 회의제 내지 의회정부제의 형태였다. 1962년 헌법의 정부형태는 의원내각제 요소가 가미된 변형된 대통령제였고, 1972년 헌법의 정부형태도 기본적으로는 대통령제였지만 변형된 대통령제라 할 수 있고, 1980년 헌법의 정부형태는 넓은 의미에서는 프랑스 제5공화국 헌법의 정부형태와 유사하나, 엄격한 의미에서는 오히려 반대통령제 또는 신대통령제의 범주에 포함된다고 할 수 있다.

현행헌법은 1980년 헌법에 규정되었던 대통령의 비상대권적 권한들을 삭제하는 대신에 국회의 권한과 헌법재판소의 권한을 확대하고, 사법권의 권한을 강화하는 등 권력의 분산과 억제 및 균형의 원칙을 살리고 있다. 현행헌법은 의원내각제 요소가 가미되어 있지만, 기본적으로는 대통령제 정부형태라고 할 수 있을 것이다.

연습문제

1. 의원내각제와 대통령제를 비교하여 설명하라.
2. 이원집정부제는 바람직한 제도인가?
3. 의회정부제의 특징을 설명하라.
4. 우리나라의 정부형태는 어디에 속하는가?

XVII. 통치기구

대의제를 기본원리로 하는 현대민주국가에 있어서는 국민이 주권자라 하여 언제나 모든 국가의사를 직접 결정할 수는 없고, 어떠한 조직된 국가기구가 국민의 의사를 구현할 필요가 있다. 이 조직된 국가기구가 국회·대통령·법원·헌법재판소 등이다.

유권적 시민의 총체인 주권자로서의 국민은 국회의원의 선거(제41조 제1항), 대통령의 선거(제67조 제1항), 국가안위에 관한 중요정책에 관한 국민투표(제72조), 헌법개정안의 확정(제130조)만을 직접 담당하고, 일반통치권인 입법·행정·사법권은 국민에 의하여 직접 간접으로 선출 또는 위임된 국회·대통령·법원·헌법재판소 등에 의하여 담당하게 하고 있다. 양자의 이러한 관계를 옐리네크는 제1차국가기관(원시기관)과 제2차국가기관(대표기관)이라고 한다.

1. 국회

(1) 국회의 헌법상의 지위

가. 국민대표기관으로서의 국회

대의제민주주의에 있어서는 의회 또는 의원은 국민을 대표한다고 한다. 그러나 의회의 대표기관성에 대하여는 견해가 대립된다. 부인설은 법실증주의자의 주장으로 국회는 헌법이 정한 입법기관일 뿐이고, 국민과는 아무런 관계가 없다는 것이다. 긍정설은 크게 정치적 대표기관설과 법적 대표기관설로 나누어진다. 정치적 대표기관으로 보아야 할 것이다. 왜냐하면 의원의 선거는 국민이 의회를 구성하는 합성행위에 지나지 아니하고, 선출된 의원은 선거인의 지시나 훈령에 따르지 아니하며, 심지어 국민의 의사와 모순되는 의결도 유효하고, 또 사후보고의 의무도 없기 때문이다. 그러나 이러한 정치적 대표기관설마저도 오늘날에는 정당정치의 발달로 인하여, 의원이 국민을 대표한다기보다는 오히려 정당을 대표하는 기관으로 전락하고 있는 징후를 보이고 있다.[50]

나. 입법기관으로서의 국회

의회가 입법기관이라는 것은 입법에 관한 권한은 헌법에 다른 규정이 없는 한, 원칙적으로 의회가 행사한다는 의회입법의 원칙을 의미한다. 그러나 이와 같은 원칙에도

50 권영성, 위의 책, 869면.

불구하고, 입법과정에 있어서 집행부의 역할증대와 위원회중심제의 의회운영 및 정당정치의 발달로 인하여, 의회는 입법부가 아니라 통법부라는 말이 나올 정도이다. 그럼에도 불구하고 국회가 입법기관으로서 의회입법의 원칙을 유지하여야 할 이유가 있다면, 그것은 입법과정을 공개함으로써 국민의 여론이 입법에 반영될 수 있게 한다는 민주주의적 요청을 만족시켜 주는 데 있다.[51]

국회입법의 원칙에는 다음과 같은 예외가 헌법상 인정되고 있다. 즉 대통령의 긴급명령권과 긴급재정·경제명령권, 대통령령·총리령·부령 등 각종 행정입법권, 대법원·헌법재판소·중앙선거관리위원회의 규칙제정권, 지방자치단체의 자치입법권 등이 그것이다.

다. 국정통제기관으로서의 국회

의회의 국민대표기관으로서의 지위와 입법기관으로서의 지위는 점차 약화되고 있는 반면에, 집행부와 사법부를 감시·비판하는 국정통제기관으로서의 지위는 강화되고 있다. 의회의 국정통제기관으로서의 지위는 대통령제보다 의원내각제나 의회정부제인 경우에 더욱 강력하다. 그러나 어느 정부형태이든 의회의 국정통제기관으로서의 지위에는 공통적인 면이 있다.

우리 헌법상 국회는 일정한 경우의 대통령선출권, 국무총리 및 감사원장의 임명동의권, 예산심의와 결산심사권, 탄핵소추권, 국정감사 및 조사권, 입법권 등을 통하여 집행부를 통제하기도 하고, 대법원장·대법관·헌법재판소장의 임명동의권, 탄핵소추의 의결이나 국정감사 및 조사를 통하여 사법부를 통제하기도 한다.

또한 의회는 여론을 수렴하고 이를 대변하는 여론의 장으로서의 지위를 가진다. 의회가 국가의 최고기관이냐에 관하여는 정부형태에 따라 다르다. 의원내각제나 의회정부제의 국가에서는 의회가 국가의 최고기관이라고 할 수 있지만, 대통령제 국가에 있어서는 그렇지 않다.

(2) 국회의 구성

가. 양원제와 단원제

양원제 또는 이원제라 함은 의회가 두 합의체로서 구성되고(보통은 상원과 하원), 이들이 각각 독립하여 의사를 결정하고, 결정한 의사가 합치하는 경우에만 의회의 의사로 채택하는 의회제도를 말한다. 양원제는 영국의 귀족원*House of Lords*과 평민원*House of*

---

51 권영성, 위의 책, 869면.

*Commons*의 이원제에서 출발하여 미국·독일·프랑스·이탈리아·일본·스페인 등에서 채택하고 있다.[52]

양원제의 장점으로는 의안의 심의를 신중히 하여 경솔한 의결과 과오를 방지할 수 있고, 입법부의 권력분립적 구성으로 지나친 우월을 견제할 수 있고, 상원은 국회와 정부 간의 충돌을 완화할 수 있으며, 지역대표와 직능대표제를 활용할 수 있는 점 등을 들 수 있다. 양원제의 단점으로는 의안처리의 지연과 예산의 낭비, 책임소재의 불명, 의회의 대정부견제력의 약화와 양원의 의견이 일치될 때에는 일원의 존재는 불필요한 것이 되고, 불일치될 때에는 상원은 보수화의 위험이 있고 또한 국민의 정치적 대표성에 의문이 생긴다.

단원제 또는 일원제라 함은 의회가 전부 또는 일부의 민선의원으로 조직되는 단일합의체의 의회제도를 말한다. 특히 신생국가나 위기정부와 같이 국정의 신속하고 능률적인 처리를 바라는 국가에서는 단원제가 바람직하다. 이스라엘·뉴질랜드·덴마크 등 60여 개 국가에서 단원제를 채택하고 있다.

단원제의 장점으로는 신속하고 능률적인 의안처리, 정부에 대한 의회의 지위강화, 예산의 절감 및 책임소재의 명확 등을 들 수 있다. 단점은 대체로 양원제의 장점에 반대되는 경우라고 할 수 있다.

나. 현행헌법상의 국회의 구성

현행헌법상 국회는 단원제로 구성된다. 국회는 국민의 보통·평등·직접·비밀선거에 의하여 선출된 의원으로 구성된다. 의원은 선거일 현재 18세 이상의 국민으로서 결격사유가 없어야 한다. 하나의 국회의원지역선거구에서 선출할 국회의원의 정수는 1인으로 한다. 국회의 의원정수는 지역구국회의원 254명과 비례대표국회의원 46명을 합하여 300명으로 한다. 의원의 임기는 4년이다.

(3) 국회의 조직과 운영

국회에 의장 1인과 부의장 2인을 둔다(제48조). 의장의 지휘·감독하에 국회의 사무를 처리하기 위하여 국회사무처를 설치하고, 사무처장 1인과 기타 필요한 공무원을 둔다. 의장과 부의장의 임기는 2년으로 하고, 국회에서 무기명투표로 선거하되, 재적의원 과반수의 득표로 선출된다. 의장은 국회대표권, 의사처리권, 질서유지권, 사무감독권, 방

---

52 미국은 상원*senate*과 하원*house of representative*, 프랑스는 원로원과 국민회의, 독일은 연방참사원*Bundesrat*과 연방의회*Bundestag*, 일본은 참의원과 중의원으로 구성된다.

청허가권 등을 가진다.

국회에 소입법부라 할 수 있는 위원회를 두고 있다. 위원회에는 상임위원회*standing committee*와 특별위원회*special committee*가 있다. 특별위원회에는 일반특별위원회 외에 예산결산특별위원회와 윤리특별위원회가 있다.

또한 국회에 20인 이상의 소속의원을 가진 정당은 하나의 교섭단체를 두고, 교섭단체를 대표하는 의원을 원내총무*floor leader*라고 한다.

국회는 매년 1회 정기회를 소집하고, 임시집회의 필요가 있을 때에는 임시회를 소집한다. 정기회는 매년 9월 1일 소집되어 예산안과 법률안 기타의 의안을 심의·의결하며, 정부의 시정연설을 듣고 대정부질문을 한다. 임시회는 국회의 재적의원 4분의 1 이상의 요구가 있을 때에 소집되며, 회기는 30일을 초과할 수 없다. 국회의 회의는 공개함을 원칙으로 한다(제50조 제1항).

정족수*quorum*에는 의안의 심의에 필요한 의사정족수와 의결에 필요한 의결정족수가 있다. 의사정족수는 재적의원 4분의 1 이상이다. 의결정족수에는 다시 일반정족수와 특별정족수가 있다. "국회는 헌법 또는 법률에 특별한 규정이 없는 한 재적의원 과반수의 출석과 출석의원 과반수의 찬성으로 의결한다(제49조)"고 하여 일반정족수를 밝히고 있다. 특별정족수에 대하여는 법률안의 재의결, 헌법개정안의 의결, 의원의 제명, 대통령에 대한 탄핵소추의 의결, 계엄의 해제 등 각 경우마다 달리 규정하고 있다.

국회에서 의안을 심의하고 의사를 결정하는 과정과 절차는 민주적이고 능률적이어야 한다. 이를 위하여 국회는 다수결의 원칙, 의사공개의 원칙, 회기계속의 원칙, 일사부재의의 원칙 등을 지켜야 할 것이다.

(4) 국회의 권한

국회의 권한에는 의결권·동의권·승인권·통고권 등의 형식적 권한과 실질적 권한이 있다. 여기에서는 다음 설명과 같이 실질적 분류방법에 의하여 살펴보기로 한다.

국회의 입법에 관한 권한으로서는 헌법개정에 관한 권한, 법률제정에 관한 권한, 조약의 체결 및 비준에 대한 동의권, 국회규칙제정권 등을 들 수 있다.

재정은 행정작용에 속하나 국민의 재산과 권리에 미치는 영향이 크기 때문에 헌법은 재정에 관한 중요한 사항은 반드시 국회의 의결을 거치도록 하고 있다. 즉 조세에 관한 법률제정권, 예산안심의·확정권, 긴급재정·경제 명령 및 처분 승인권, 재정적 부담을 지우는 조약의 체결·비준에 대한 동의권, 결산심사권, 예비비지출에 대한 승인권, 기채

동의권, 예산 외에 국가의 부담이 될 계약체결에 대한 동의권, 기타 기금에 대한 통제 등이 그 예이다.

국회는 헌법기관구성에 관한 권한도 가지고 있어 일정한 경우에 대통령선출권도 있으며, 대통령의 국무총리·대법원장·감사원장·대법관 등의 임명에 대한 동의권을 가지며, 헌법재판소의 재판관과 중앙선거관리위원회의 위원 일부를 선출하는 권한도 가진다.

국정통제기관으로서의 국회는 국방 및 외교정책에 대한 동의권(제60조), 국정감사·조사권(제61조), 국무총리·국무위원 등의 국회출석요구 및 질문권(제62조 제2항), 국무총리·국무위원의 해임건의권(제63조), 대통령을 비롯한 고급공무원에 대한 탄핵소추권(제65조), 비상조치해제요구권(제77조 제5항), 일반사면에 대한 동의권(제79조 제2항) 등 국정통제를 위한 권한을 가진다.

또한 국회는 다른 국가기관의 간섭을 받지 아니하고 議事와 내부사항을 독자적으로 결정할 수 있는 권한을 가진다. 즉 집회 등에 관한 권한, 의사와 내부규율에 관한 규칙제정권, 질서유지에 관한 권한, 의원의 자격심사권 및 사직허가권, 의원에 대한 징계권, 내부경호권과 국회가택권 등을 가진다(국회법 제141조 등).

2. 대통령

(1) 대통령의 지위

가. 국민대표기관으로서의 지위

대통령은 국민에 의하여 직접 선출되고 임기 중 탄핵결정에 의하지 아니하고는 퇴임하지 아니함으로써 통일적 국가이익을 대표하는 국민대표기관으로서의 지위를 가진다.

나. 국가원수로서의 지위

대통령은 국가의 원수이며, 외국에 대하여 국가를 대표한다(제66조 제1항). 이에 따라 대통령은 외국과 조약을 체결·비준하고 외교사절을 신임·접수 또는 파견하는 등 대외적으로 국가를 대표할 지위를 가지고, 긴급명령권과 계엄선포권 등 국헌의 수호자로서의 지위를 가지며, 또한 법률안제출권, 사면·감형·복권에 관한 권한, 헌법개정안의 제안권 등 국정의 통합·조정·중재자로서의 지위 및 대법원장·감사원장·헌법재판소장의 임명 등 헌법기관구성자로서의 지위를 가진다.

다. 행정부 수반으로서의 지위

행정권은 대통령을 수반으로 하는 정부에 속한다(제66조 제4항). 대통령은 행정에 관한 최고지휘권자, 최고책임자로서의 지위를 가지며, 국무총리 및 국무위원의 임명 등 행정부조직권자로서의 지위도 가지며, 국무회의의 의장으로서 이를 소집하고 주재한다.

(2) 대통령의 선거

대통령은 국민의 보통·평등·직접·비밀선거에 의하여 선출한다(제67조 제1항). 다만 대통령선거에서 후보자가 1인일 때에는 그 득표수가 선거권자 총수의 3분의 1 이상이 아니면 대통령으로 당선될 수 없고(제67조 제3항), 최고득표자가 2인 이상인 때에는 국회의 재적의원 과반수가 출석한 공개회의에서 다수표를 얻은 자를 당선자로 한다(제67조 제2항).

18세 이상의 국민은 누구든지 대통령선거권이 있으며, 대통령으로 선거될 수 있는 자는 국회의원의 피선거권이 있고 대통령선거일 현재 40세에 달하여야 한다(제67조 제4항, 공직선거법 제15조). 대통령은 내란 또는 외환의 죄를 범한 경우를 제외하고는 재직 중 형사상의 소추를 받지 아니하며(제84조), 탄핵결정에 의하지 아니하고는 공직으로부터 파면되지 아니한다(제65조 제4항, 제111조).

임기만료로 인한 대통령선거는 임기만료일 전 70일 이후 첫 번째 수요일에 실시한다(공직선거법 제34조 제1항). 대통령의 궐위로 인한 선거 또는 재선거는 그 선거의 실시사유가 확정된 때로부터 60일 이내에 실시한다(제68조). 대통령의 임기는 5년으로 하며 중임할 수 없다(제70조).

(3) 대통령의 권한

가. 대통령의 비상적 권한

대통령에게 비상적 권한을 부여하고 있는 것은 대통령은 국가의 독립·영토의 보전·국가의 계속성과 헌법을 수호할 책무를 지고, 위기적 상황을 극복할 책임과 조국의 평화적 통일을 위한 성실한 의무를 지고 있기 때문이다.

① 긴급처분권과 긴급입법권

대통령은 내우·외환·천재·지변 또는 중대한 재정·경제상의 위기에 있어서 국가의 안전보장 또는 공공의 안녕질서를 유지하기 위하여 긴급한 조치가 필요하고, 국회의 집회를 기다릴 여유가 없을 때에 한하여, 최소한으로 필요한 재정·경제상의 처분을 하거나, 이에 관하여 법률의 효력을 가지는 명령을 발할 수 있다(제76조 제1항). 또한 대통령은 국가의 안위에 관계되는 중대한 교전상태에 있어서, 국가를 보위하기 위하여 긴급한 조치가 필요하고 국회의 집회가 불가능한 때에 한하여, 법률의 효력을 가지는 명령을 발할 수 있다(동조 제2항).

이와 같이 대통령은 제76조 제1항의 긴급재정·경제처분권과 긴급재정·경제명령권 및 동조 제2항의 긴급명령권을 가진다. 긴급명령과 긴급재정·경제명령은 다 같이 형식적으로는 명령이지만 실질적으로는 법률의 효력을 가지는 긴급입법조치이다. 그러나 긴급명령은 국가안위에 관계되는 중대한 교전상태에 있어서 국가를 보위하기 위한 것이고, 국회의 집회가 불가능한 때에 한하여 입법사항 전반을 대상으로 하는 데 반하여, 긴급재정·경제명령은 내우·외환·천재·지변 또는 중대한 재정·경제상의 위기에 있어서 국가의 안전보장 또는 공공의 안녕질서를 유지하기 위한 것이고, 국회의 집회를 기다릴 여유가 없을 때에 재정·경제사항만을 대상으로 하는 점에서 차이가 있다.

또한 긴급재정·경제처분과 긴급재정·경제명령은 요건·목적·내용·대상 등을 같이 하지만, 전자가 처분적 조치인 데 반하여 후자는 입법적 조치인 점에서 차이가 있다.

대통령이 긴급저정·경제처분과 긴급재정·경제명령 및 긴급명령을 발동하려면, 국무회의의 심의를 거쳐야 하고, 특히 안전보장에 관련된 사항일 경우 그에 앞서 국가안전보장회의의 자문을 거쳐야 한다(제91조). 이러한 처분과 명령들은 문서의 형식으로 하여야 하고, 국무총리와 관계 국무위원의 부서가 있어야 한다(제82조). 이러한 처분과 명령을 발한 때에는 지체 없이 국회에 보고하고 그 승인을 얻어야 한다(제76조 제3항). 이 경우 대통령은 국회에 보고하여 승인을 요청하였다는 사실과 승인 여부를 즉시 공포하여야 한다(제76조 제5항). 국회의 승인을 얻지 못한 처분과 명령은 그때까지의 효력에는 변함이 없지만, 그 이후부터는 효력을 상실한다.

대통령의 긴급재정·경제처분과 긴급재정·경제명령 및 긴급명령은 국회의 승인 또는 수정승인과 법원 및 헌법재판소에 의한 위헌심판에 의하여 통제된다.

② 계엄선포권

대통령은 전시·사변 또는 이에 준하는 국가비상사태에 있어서 병력으로써 군사상의 필요에 응하거나 공공의 안녕질서를 유지할 필요가 있을 때에는 법률이 정하는 바에 의하여 계엄을 선포할 수 있다(제77조 제1항). 계엄*martial law*은 전시·사변 등의 경우 이에 대처하기 위한 군사상의 필요가 있을 때에나(군사계엄), 공공의 안녕질서를 유지할 필요가 있을 때에(행정계엄) 대통령이 전국 또는 일정한 지역을 병력으로써 경비하고, 당해 지역의 행정 및 사법 사무의 전부 또는 일부를 군의 관할하에 두며, 경우에 따라 국민의 기본권을 제한할 수 있는 국가긴급권의 발동이다. 계엄의 선포와 시행 및 해제 등에 관하여는 계엄법에서 정하고 있다.

계엄에는 비상계엄과 경비계엄이 있다. 비상계엄은 전시·사변 또는 이에 준하는 국가비상사태에 교전상태에 있거나 사회질서가 교란되어 행정 및 사법 기능의 수행이 현저히 곤란한 경우에, 군사상의 필요에 응하거나 공공의 안녕질서를 유지할 필요가 있을 때 발동하는 데 반하여, 경비계엄은 위와 같은 경우에 일반행정기관만을 가지고는 치안을 확보할 수 없는 경우에 발동하는 계엄이다. 경비계엄에 의하여 국민의 기본권을 제한할 수는 없다.

비상사태가 평상상태로 회복되면 대통령은 계엄을 해제하고 이를 공고하여야 한다. 또한 국회가 재적의원 과반수의 찬성으로 계엄의 해제를 요구한 때에는 대통령은 국무회의의 심의를 거쳐 이를 해제하여야 한다(제77조 제5항, 제89조). 계엄이 해제되면 해제된 날로부터 모든 행정사무와 사법사무는 평상상태로 복귀한다.

③ 국민투표부의권

대통령은 필요하다고 인정할 때에는 외교·국방·통일, 기타 국가안위에 관한 중요정책을 국민투표에 붙일 수 있다(제72조). 이를 국민투표부의권이라고 한다. 우리나라는 건국 이후 지금까지 헌법개정안과 대통령의 신임을 묻는 국민투표를 6차례 부의한 바 있다.

나. 헌법기관구성에 관한 권한

대통령은 국가원수로서 대법원·헌법재판소·중앙선거관리위원회 및 감사원 등의 헌법기관을 구성할 권한이 있다. 즉 대통령은 국회의 동의를 얻어 대법원장과 대법관을 임명하고(제104조), 헌법재판소의 재판관 9인 중 3인을 임명하고, 재판관 중에서 재판장을 국회의 동의를 얻어 임명하며(제111조), 중앙선거관리위원회의 9인 위원 중 3인을 임명하고(제114조), 국회의 동의를 얻어 감사원장을 임명하며, 감사원장의 제청으로 감사위원을 임명한다(제98조).

다. 행정에 관한 권한

행정권은 대통령을 수반으로 하는 정부에 속하므로(제66조 제4항), 대통령은 행정에 관한 최고결정권과 최고지휘권을 가지며, 국회가 제정한 법률을 공포하고 집행할 법률집행권을 가진다. 또한 대통령은 국가원수로서 외국에 대하여 국가를 대표하고 외교에 관한 여러 가지 권한을 가진다. 즉 각종 조약의 체결권, 외교사절의 파견접수권, 선전포고 및 강화권, 국군의 해외파견권, 외국군대의 국내주류허용권, 정부구성권과 공무원임명권, 군정권·군령권·군사재판권 등의 국군통수권, 재정에 관한 권한, 영전수여권 등이 그것이다.

라. 국회와 입법에 관한 권한

대통령은 국회임시회의 집회를 요구할 수 있고, 휴회 중인 국회에 대하여 집회를 요구할 수도 있고(임시회 및 집회요구권), 국회에 출석하여 발언하거나 서한으로 의견을 표시할 수 있다(국회출석발언권). 대통령은 헌법개정안과 법률안을 제안할 권한과 법률안 재의요구권인 법률안거부권을 가지며, 국회에서 의결된 법률안이 정부에 이송되면 15일 이내에 공포하여야 하는 법률공포권을 가진다(제53조).

또한 대통령은 위임명령과 집행명령을 발하는 등의 명령제정권 내지 행정입법권을 가진다. 위임명령과 집행명령, 긴급명령과 비상명령, 법규명령과 행정명령, 대통령령·총리령·부령 등에 관한 상세한 내용은 '법은 어떤 형태로 존재하는가?'의 장을 참조하기 바란다.

마. 사법에 관한 권한

대통령은 정당의 목적이나 활동이 민주적 기본질서에 위배될 때에는 헌법재판소에 그 해산을 제소할 수 있는 위헌정당해산제소권이 있다(제8조 제4항). 또한 대통령은 법률이 정하는 바에 의하여 사면·감형 또는 복권을 명할 수 있다(제79조). 사면·감형·복권에 관한 법률로는 사면법이 있다.

사면에는 일반사면과 특별사면이 있다. 일반사면〔大赦〕이란 범죄의 종류를 지정하여 이에 해당하는 모든 범죄인에 대하여, 선고받은 형량의 전부 또는 일부를 소멸시키거나, 형의 선고를 받지 아니한 자에게는 공소권을 소멸시키는 제도를 말한다. 이에 대하여 특별사면이란 이미 형의 선고를 받은 특정인에 대하여 형의 집행을 면제하는 제도이다. 특별사면은 대통령의 명령으로써 하되, 일반사면은 국회의 동의를 얻어야 한다.

3. 정부

(1) 정부의 개념

정부라는 용어는 다의적이다. 넓은 의미로는 국가 그 자체 또는 공권력을 행사하는 모든 기관*government*을 의미한다. 좁은 의미로는 입법부와 사법부에 대응하는 행정부*the executive*만을 의미하고, 가장 좁은 의미로는 대통령을 제외한 내각*cabinet*의 의미로 사용된다. 또한 국가재정법 등에서는 정부를 국고*treasury*의 의미로 사용하기도 한다.

헌법 제66조 제4항에서 말하는 정부는 협의의 정부를 말하는 것으로서 이 경우의 정부는 대통령을 수반으로 하여 국무총리·국무위원·행정각부·감사원 및 기타의 자문기관으로 구성되는 국가기관을 말한다.

(2) 국무회의

국무회의는 대통령제 국가에서는 비헌법기관으로서 대통령의 자문기관에 불과함이 원칙이고, 의원내각제 국가에서는 필수적인 최고의결기관이다. 우리 헌법은 그 중간적인 성격인 심의기관으로서의 헌법기관이다. 따라서 국무회의의 심의를 거치지 아니한 대통령의 국무행위는 탄핵소추의 원인이 될 뿐 그 효력발생에는 영향이 없다. 그러나 국무회의는 행정부의 권한에 속하는 중요한 정책을 심의하는 행정부의 최고합의제심의기관으로서 헌법상의 필수기관이라고 할 수 있다.

국무회의는 대통령, 국무총리와 15인 이상 30인 이하의 국무위원으로 구성된다. 대통령은 국무회의 의장이 되고, 국무총리는 부의장이 된다. 국무회의는 대통령이 소집하고, 구성원 과반수의 출석으로 개의하고, 출석한 국무위원 3분의 2 이상의 찬성으로 의결한다. 국무회의의 심의를 반드시 거쳐야 할 사항으로는 헌법 제89조에서 17가지를 규정하고 있다.

(3) 국무총리와 국무위원

국무총리는 대통령이 국회의 동의를 얻어 임명하며, 대통령을 보좌하고 행정에 관하여 대통령의 명을 받아 행정각부를 통할하는 지위에 있다. 국무총리는 대통령이 궐위되거나 사고로 인하여 직무를 수행할 수 없을 때에는 대통령의 권한을 대행한다. 국무총리는 또한 국무회의의 구성원으로서의 지위와 행정기관으로서의 지위를 가지며, 대통령의 국무위원 임명에 대한 제청권과 국무위원 해임건의권이 있다. 이 밖에도 국무총리는 국무회의에서의 심의권, 副署權, 국회출석발언권, 행정각부통할권, 총리령발포권 등을 가진다.

국무위원은 국정에 관하여 대통령을 보좌하며, 국무회의의 구성원으로서 국정을 심의한다(제87조 제2항). 국무위원의 성격은 미국형 대통령제의 각부 장관과 의원내각제의 각료의 중간에 위치한다. 국무위원은 국무총리에 이어 대통령의 권한대행권이 있고, 국무회의 소집을 요구하고, 의장을 통하여 의안을 제출하며, 국무회의에 출석·발언하고, 그 심의와 의결에 참가할 권한과 의무가 있다. 또한 대통령이 문서로써 하는 국법상의 행위에 대하여 관계국무위원이 부서할 권한과 의무가 있다(제82조). 국무위원은 국회나 그 위원회에 출석하여 국정처리상황을 보고하거나 의견을 진술하고 질문에 응답할 권한이 있고, 또 국회나 그 위원회의 요구가 있을 때에는 출석·답변하여야 한다.

(4) 행정각부

행정각부는 대통령을 수반으로 하는 행정부의 구성단위로서 국무회의의 심의를 거쳐 대통령이 결정한 정책과 기타 행정부에 속하는 사항을 집행하는 중앙행정기관이다. 행정각부는 대통령이나 국무총리의 보좌기관에 그치지 아니하고, 이들의 하위에 있는 행정관청이다. 따라서 행정각부의 장은 국무위원으로서의 지위와 행정각부의 장이라는 이중적 지위를 가지게 된다. 그러나 양자의 지위는 다르다. 하나는 국무회의의 구성원이요, 다른 하나는 행정관청이다. 국무위원인 경우에는 사무의 한계가 없지만, 행정각부의 장인 경우에는 자신의 부의 관할에 속하는 사항만을 담당하는 한계가 있다. 국무위원은 국무회의에서는 대통령과 국무총리와 대등한 지위에 있지만, 행정각부의 장으로서는 대통령과 국무총리의 지휘·감독을 받는 하위관청이다.

행정각부의 장은 소관사무를 통할하고, 소관사무에 관하여 법률이나 대통령의 위임 또는 직권으로 부령을 발하기도 하고, 정책을 입안하고, 예산을 편성하며, 소관직무의 관리와 처리를 위하여 행정처분을 내리기도 한다. 또한 소속직원을 지휘·감독하며, 소관사무에 관하여 지방행정을 지휘·감독한다.

행정각부의 설치·조직과 범위는 법률로 정한다(제96조). 이에 관한 법률이 정부조직법이다. 행정각부의 장은 국무위원 중에서 국무총리의 제청으로 대통령이 임명한다(제94조). 다만, 정무장관은 국무위원이지만 행정각부의 장은 아니다. 정무장관은 2인 이내로 하며, 대통령의 명을 받아 국무총리가 특히 지정하는 사무를 수행한다.

4. 감사원

감사원은 세입·세출의 결산, 국가 및 법률이 정한 단체의 회계검사와 행정기관 및 공무원의 직무에 관한 감찰을 그 권한으로 하는 대통령 소속하의 헌법상 독립된 중앙행정기관이다(제97조). 이와 같이 감사원은 대통령 소속하의 헌법상의 필수독립기관으로서 감사위원회의에서 업무를 처리하는 합의제기관이다.

감사원은 원장을 포함한 5인 이상 11인 이하의 감사위원으로 구성한다(제98조 제1항). 원장은 국회의 동의를 얻어 대통령이 임명하고, 그 임기는 4년으로 하되, 1차에 한하여 중임할 수 있다(제98조 제2항). 감사원은 세입세출의 결산을 매년 검사하여 대통령과 차

년도 국회에 그 결과를 보고하여야 한다(제99조).

감사원은 행정기관과 공무원의 직무에 관한 감찰을 행할 권한을 가진다(감사원법 제20조). 감찰권에는 공무원의 비위적발에 관한 비위감찰권뿐만 아니라, 공무원의 근무평정 또는 행정관리의 적부심사분석과 그 개선 등에 대한 행정감찰권까지 포함한다.

감사원은 위의 권한 외에도 변상책임 유무의 판정권, 징계처분 및 문책 요구권, 시정 및 주의 등의 요구권, 법령이나 제도 및 행정의 개선요구권, 수사기관에의 고발권, 재심의권, 감사원규칙제정권 등을 가진다.

5. 법원

헌법은 "사법권은 법관으로 구성된 법원에 속한다(제101조 제1항)"고 하여, 권력분립의 원칙과 사법권의 독립을 밝히고 있다.

(1) 법원의 헌법상의 지위

"법관은 헌법과 법률에 의하여 그 양심에 따라 독립하여 심판한다(제103조)"고 함으로써 사법권의 독립과 법원의 정치적 중립성을 강조하고 있다. 또한 법원은 헌법재판소와 함께 사법기관으로서의 지위를 가지고, 헌법재판과 행정재판을 통하여 헌법수호자로서의 역할을 담당하고 있으며, 기본권보장자로서의 지위를 가지고 있다.

(2) 사법권의 독립

사법권의 독립*Richterliche Unabhängigkeit*은 공정한 재판을 보장하기 위하여, 법원을 입법부와 행정부로부터 독립시키고, 판결의 자유를 위하여 법관이 재판함에 있어 누구의 지시나 명령에도 구속당하지 않게 하고, 사법부의 인사의 독립과 법관의 신분보장을 함으로써 실현될 수 있다.

이와 같이 사법권의 독립은 법원의 독립과 법관의 독립을 내용으로 한다. 법원의 독립은 권력분립의 원리에 따라 법원의 조직·운영·기능 면에서 입법부와 행정부로부터 독립하여야 함을 의미한다. 입법부로부터의 독립은 의원은 법관을 겸직할 수 없고, 의회가 재판을 할 수 없듯이 법원도 법률을 제정할 수 없다. 행정부로부터의 독립은 행정부의 구성원은 법관을 겸직할 수 없으며, 법원이 행정처분을 할 수 없듯이 행정부도 재판과정에 간섭할 수 없다.

법원의 독립이 유지되려면 법원의 내부규율과 사무처리가 외부로부터 간섭을 받지 아니하고, 법원이 자율적으로 처리할 수 있는 사법적 자치와 자율성이 확립되어야 한다. 이를 보장하기 위하여 헌법은 제108조에서 대법원의 규칙제정권을 규정하고 있다.

법관의 독립은 재판상의 독립과 신분상의 독립을 내용으로 한다. 재판상의 독립 또는 직무상의 독립*sachliche Unabhängigkeit*이라고 함은 법관이 재판을 함에는 오로지 헌법과 법률 및 자신의 양심에 따를 뿐, 국회 또는 행정부의 지시나 영향을 받지 않음은 물론, 사법부 내에서도 소속법원장이나 상급법원의 지시 또는 명령을 받지 않아야 한다는 원칙이다. 헌법 제103조는 "법관은 헌법과 법률에 의하여 그 양심에 따라 독립하여 심판한다"고 규정하여 이를 보장하고 있다. 양심에 따라 독립하여 심판하므로 타 국가기관으로부터, 소송당사자로부터, 사회적·정치적 세력으로부터, 또는 사법부 내부의 작용으로부터 독립하여 양심에 따라 심판하여야 할 것이다.

신분상의 독립 또는 인적 독립이라 함은 재판상의 독립을 확보하기 위하여 법관의 인사의 독립과 법관의 자격 및 임기를 법률로 규정함으로써, 법관의 신분을 보장하는 것을 의미한다. 이를 위하여 법관의 임기제·연임제·정년제를 법정화하고(제105조), 파면사유의 제한 등 신분상의 보장규정을 두고 있다(제106조).

(3) 법원의 조직

법원은 최고법원인 대법원과 각급법원으로 조직된다. 법원조직법에 의하면 법원에는 대법원·고등법원·특허법원·지방법원·가정법원·행정법원 및 회생법원의 7종이 있다.

가. 대법원

대법원은 최고법원이며 서울특별시에 둔다. 대법원은 대법원장과 대법관으로 구성되지만, 법률이 정하는 바에 의하여 대법관이 아닌 법관을 둘 수 있다(제102조 제2항). 대법원장과 대법관은 국회의 동의를 얻어 대통령이 임명한다. 다만 대법관은 대법원장의 제청이 필요하다(제104조). 대법관의 수는 대법원장을 포함하여 14인으로 한다.

대법원에는 대법관전원합의체와 대법관 3인으로 구성되는 일반부와 특별부를 둘 수 있다. 대법관전원합의체는 대법관 전원의 3분의 2 이상으로 구성되고 대법원장이 재판장이 된다. 일반부에는 민사부와 형사부가 있고, 특별부에서는 행정·조세·노동·군사·특허 등의 사건을 전담한다.

대법원에는 대법관 전원으로 구성되는 대법관회의를 두며, 대법원장이 그 의장이 된다. 대법관회의는 대법관 전원의 3분의 2 이상의 출석과 출석대법관의 과반수의 찬성으로 의결한다. 대법관회의에서는 대법원규칙의 제정과 개정, 판사의 임명에 대한 동의권 등을 의결한다.

대법원은 상고심, 명령·규칙의 위헌·위법 여부의 최종심사, 위헌법률심판의 제청, 선거소송과 기관소송사건, 항고법원·고등법원 또는 항소법원의 결정·명령에 대한 재항고사건 등을 관할한다.

나. 고등법원

고등법원에는 고등법원장과 판사를 둔다. 고등법원에는 민사부·형사부·특별부를 두고, 부에는 부장을 둔다. 고등법원의 심판은 판사 3인으로 구성되는 합의부에서 행한다. 고등법원에서는 지방법원합의부의 제1심판결 또는 가정법원합의부의 제1심판결에 대한 항소사건, 지방법원합의부 또는 가정법원합의부의 제1심 결정·명령에 대한 항고사건, 기타 다른 법률에 의하여 고등법원의 권한에 속하는 사건(예: 행정재판권) 등을 관할한다.

다. 지방법원

지방법원에 지방법원장과 판사를 둔다. 지방법원에는 민사부와 형사부를 두며, 민사지방법원과 형사지방법원에 부를 둔다. 부에는 부장을 두되 판사로써 보한다. 지방법원의 심판은 단독판사가 행하며, 합의심판을 요할 때에는 판사 3인으로 구성되는 합의부에서 행한다.

지방법원본원과 지원의 단독판사는 대법원규칙이 정하는 민사사건, 절도·폭행사건 등과 단기 1년 미만의 징역이나 금고 또는 벌금형에 처할 형사사건을 관할한다. 지방법원 본원 합의부는 지방법원단독판사의 판결에 대한 항소사건과 지방법원단독판사의 결정명령에 대한 항고사건을 제2심으로 심판한다(법원조직법 제32조 제2항). 다음 사건은 지방법원합의부의 제1심사건으로 한다. 즉 합의부에서 심판할 것을 합의부에서 스스로 결정한 사건, 대법원규칙으로 정한 민사사건, 사형·무기 또는 단기 1년 이상의 징역 또는 금고에 해당하는 사건 등이다.

지방법원지원과 지방법원소년부지원에는 지원장을 두며, 판사로써 보한다. 또 지방법원과 가정법원의 사무의 일부를 처리하기 위하여 그 관할구역 안에 순회심판소를 둘 수 있다. 순회심판소는 다음의 사건을 관할한다. 즉 소액사건심판법의 적용을 받는 민사사건, 화해·독촉 및 조정에 관한 사건, 20만 원 이하의 벌금·구류·과료에 처할 범죄사건 등이다. 20만 원 이하의 벌금·구류·과료에 처할 범죄사건은 즉결심판하고, 이로 인하여 유죄선고를 받은 피고인은 고지를 받은 날로부터 7일 이내에 정식재판을 청구할 수 있다(법원조직법 제34조, 제35조, 즉결심판에 관한 절차법 제11조 등).

라. 가정법원

가정법원 및 가정법원지원의 합의부는 다음의 사건을 심판한다. 즉 가사소송법에서 정한 가사소송과 마類 가사비송사건 중 대법원규칙으로 정하는 사건, 가정법원판사에 대한 제척·기피사건, 다른 법률에 의하여 가정법원합의부의 권한에 속하는 사건 등이다. 가정법원 본원 합의부는 가정법원단독판사의 심판·결정·명령에 대한 항소·항고사건을 제2심으로 심판한다(법원조직법 제40조).

마. **특별법원**(군사법원)

모든 재판은 법관에 의한 재판이어야 하고, 최종심은 대법원이어야 한다. 따라서 법관이 아닌 자에 의한 재판 또는 대법원이 최종심이 아닌 재판을 인정하는 특별법원은 설치할 수 없다. 다만 군사법원과 같이 헌법이 직접 규정하고 있는 것(제110조)을 제외하고는 예외법원설치금지의 원칙에 따라 법률로써도 특별법원은 설치할 수 없다고 본다.

(4) 법원의 권한

법원은 민사소송·형사소송·행정소송·선거소송 등과 같은 법적 쟁송에 관하여 재판할 쟁송재판권을 가진다. 법원은 또한 명령·규칙심사권을 가진다. 이는 재판의 대상이 되고 있는 구체적 사건에 적용할 명령·규칙의 효력을 심사하여 무효로 판단되면, 그 명령 또는 규칙을 그 사건에 적용하지 아니할 권한을 말한다.

법률이 헌법에 위반되는 여부가 재판의 전제가 된 경우에는 법원은 헌법재판소에 제청하여 그 심판에 의하여 재판한다(제107조 제1항). 이를 법원의 위헌법률심판제청권이라 한다. 또한 법원은 법정의 질서를 유지하고, 심판을 방해하는 행위를 배제 또는 제지하기 위하여 법정질서유지권 내지 법정경찰권을 가진다.

법원의 심리와 판결은 공개한다. 다만 일정한 경우 심리에 대하여는 공개하지 아니할 수 있다.

연습문제

1. 국회의 헌법상의 지위를 설명하라.
2. 양원제와 단원제의 장단점을 설명하라.
3. 우리나라의 국회는 어떻게 구성되는가?
4. 위원회의 국회에서의 역할을 설명하라.
5. 교섭단체란 무엇인가?
6. 국회의 의안심의에 있어서의 정족수를 설명하라.
7. 대통령의 헌법상의 지위를 설명하라.
8. 대통령의 비상적 권한을 설명하라.
9. 정부의 의미는 무엇인가?
10. 국무회의의 법적 성질은 무엇인가?
11. 국무위원과 행정각부의 장은 어떠한 지위에 있는가?
12. 감사원의 권한은 무엇인가?
13. 사법권의 독립을 위한 제도와 방안을 설명하라.
14. 특별법원이란 어떠한 법원인가?

XVIII. 헌법재판소

1. 헌법재판소의 구성

헌법재판소는 법관의 자격을 가진 9인의 재판관으로 구성된다. 재판관은 대통령이 임명하지만, 이 중 3인은 국회에서 선출하는 자를 임명하기로 되어 있고, 3인은 대법원장이 지명하는 자를 임명한다. 헌법재판소의 장은 재판관 중에서 대통령이 국회의 동의를 얻어 임명한다.

2. 헌법재판소의 성격

우리 헌법상의 헌법재판소는 순수한 정치기관도 사법기관도 아닌 이중적 성격을 띤 정치적 사법기관이라고 할 수 있다. 왜냐하면 헌법재판소가 수행하는 기능은 본질적으로는 사법적 기능에 해당하지만, 위헌법률심판이나 탄핵심판 및 정당해산심판과 같이 정치적 성질의 사건이 대부분인 것을 고려하면, 정치적 기관이라고도 할 수 있기 때문이다. 헌법재판소와 대법원의 관계는 수평적·상호독립적·상호통제적 관계라고 할 수 있다. 헌법재판에 관한 원칙적인 권한은 헌법재판소의 권한으로 하고, 명령·규칙위헌심사와 선거소송에 관한 심판은 대법원의 권한으로 하고 있다.

3. 헌법재판소의 권한

헌법재판소의 권한으로는 위헌법률심판권, 탄핵심판권, 정당해산심판권, 권한쟁의심판권, 헌법소원심판권, 규칙제정권 등이 있다.

헌법재판소는 법원의 제청에 의한 법률의 위헌 여부 심판을 관장한다(제107조 제1항)고 규정하고 있다. 위헌결정을 할 때에는 재판관 6인 이상의 찬성이 있어야 한다. 위헌결정을 내리면 그 결정이 있는 날로부터 그 법률 또는 법률조항은 효력을 상실한다.

현행헌법상 탄핵제도에는 탄핵소추와 탄핵심판의 두 절차가 있다. 탄핵의 소추는 대통령·국무총리·감사원장·법관·참모총장 등 고위직 내지 특수직공무원이 직무집행에 있어서 헌법이나 법률을 위배한 때에 국회가 의결하여 행한다. 탄핵심판은 국회법제사법위원회의 위원장이 소추의결서 정본을 헌법재판소에 제출하면 탄핵심판청구의 효력이 발생하고, 헌법재판소가 이를 심판하게 된다. 여기에도 재판관 6인 이상의 찬성이 있어야 한다. 탄핵결정을 받은 공직자는 공직으로부터 파면된다.

정당의 목적이나 활동이 민주적 기본질서에 위배될 때에는 정부는 국무회의의 심의를 거쳐 헌법재판소에 정당의 해산을 제소하게 되고, 헌법재판소는 재판관 6인 이상의 찬성으로 정당의 해산을 명하는 결정을 내릴 수 있다(제113조). 헌법재판소가 해산결정을 선고하면 그 정당은 그때부터 위헌정당이 되기 때문에 정당의 특권을 상실한다.

권한쟁의심판이라 함은 국가기관 또는 지방자치단체 간에 권한의 존부나 범위에 관하여 분쟁이 발생한 경우에, 독립적 지위를 가진 제3의 기관이 그 분쟁을 해결하는 제도를 말한다. 현행헌법상 헌법재판소가 권한쟁의심판권을 가진다. 헌법재판소의 결정은 모든 국가기관과 지방자치단체를 기속한다.

헌법소원심판권에 있어서의 헌법소원이라 함은 헌법에 위반하는 공권력의 행사나 불행사로 인하여 자신의 기본권이 침해당한 자가 헌법재판소에 당해 공권력의 위헌심사를 청구하여 기본권을 구제받는 제도를 말한다. 청구인은 자연인뿐만 아니라 법인 또는 권리능력 없는 사단도 될 수 있다. 다만, 변호사강제주의의 채택으로 당사자인 사인은 변호사든지 변호사를 대리인으로 하여야 한다. 헌법소원의 인용결정은 모든 국가기관과 지방자치단체를 기속한다.

헌법재판소는 법률에 저촉되지 아니하는 범위 안에서 심판에 관한 절차와 내부규율 및 사무처리에 관한 규칙을 제정할 수 있다(제113조 제2항).

사례

1. 갑은 을에게 1,000만 원을 빌려주었는데, 이를 변제기가 지나서도 돌려받지 못하였다. 이에 갑은 을을 사기죄로 고소하였으나 검사는 을에게 「혐의 없음」의 불기소처분을 하였고, 갑은 검찰청법에 따라 항고 및 재항고를 제기하였으나 모두 기각되었다. 갑은 아직도 돈을 돌려받지 못하고 있는 상황이다. 갑은 처음부터 돈을 갚을 의사가 없었던 을에 대한 검사의 처분을 이해할 수 없었다. 갑은 헌법소원심판을 통하여 이러한 검사의 불기소처분을 취소할 수 있는가?

힌트 검사의 불기소처분이 행정권의 작용으로서 헌법재판소법 제68조 제1항 소정의 '공권력의 행사 또는 불행사'에 해당하므로 헌법소원심판의 대상이 될 수 있다(헌법재판소 1989. 4. 17. 선고 88헌마3 결정, 2001. 5. 31. 선고 2000헌마429 결정).

헌법재판소는 "범죄의 피해자인 고소인은 헌법 제11조 제1항에서 보장된 모든 국민의 평등권에 의하여 국가기관인 검사에 대하여 차별 없는 성실한 직무 수행을 요구할 권리와 헌법 제27조 제5항에서 보장된 재판절차 진술권이 있으므로, 검사가 어느 고소사건을, 수사를 현저히 소홀히 하는 등 잘못 다룬 끝에 불기소처분 하였다면 이는 검사가 검찰권의 행사에 있어 그 고소인을 차별대우하여 평등권을 침해하고 또한 재판절차진술권을 침해한 것이라고 아니할 수 없을 것이므로, 이러한 검사의 불기소처분에 대하여는 고소인은 당연히 헌법소원을 청구할 수 있다고 보아야 할 것이며, 이는 형사소송법상 검사의 불기소 처분에 대하여 재정신청의 길이 막혀 있는 범죄의 피해자 보호를 위하여도 필요한 것이다"라고 하여(헌법재판소 1989. 7. 14. 선고 89헌마10 결정), 검사가 수사를 소홀히 하거나 수사상의 형평성을 잃어 자의적으로 불기소처분을 한 경우에는 이러한 검사의 처분이 헌법에 위배됨을 이유로 이를 취소할 수 있다고 본다.

2. 헌법재판소의 위헌법률심판제도는 어떠한 것인가?

힌트 위헌법률심판은 국회가 제정한 법률의 위헌 여부가 일반법원에서 재판의 전제가 되는 경우에 법원이 헌법재판소에 위헌심판을 제청하고, 헌법재판소가 그 위헌 여부를 심사·판단하는 사후적·구체적인 규범통제제도이다(헌법 제107조 제1항, 제111조 제1항 제1호). 즉, 법률에 대한 '위헌제청권'은 일반법원이 담당하며, '위헌결정권'은 헌법재판소가 담당하는 구조로 되어 있다.

따라서 법률이 헌법에 위반되는 여부가 재판의 전제가 되어 당해 사건을 담당하는 법원이 '직권 또는 당사자의 신청'에 의하여 위헌제청결정을 하고(헌법재판소법 제41조 제1항), 대법원을 거쳐(헌법재판소법 제41조 제5항) 헌법재판소에 위헌제청결정서 정본을 송부하면, 헌법재판소는 이를 접수하여 사건번호와 사건명을 부여함으로써 심판절차를 진행시키는 제도이다.

3. 갑은 대학가에서 주점을 경영하는 자인데, 청소년 보호법상 청소년을 19세 미만으로 정하고 있어 대학생들에게도 주류를 판매하지 못하고 있다. 이처럼 만 18세는 지났으나 만 19세에 도달하는 해의 1월 1일을 맞이하지 못한 대학생들이나 사회인으로서 생활하는 자들에게도 주류를 판매하지 못하도록 하는 청소년 보호법 관련 규정은 갑의 직업수행의 자유가 침해되는 것은 아닌가?

힌트 청소년 보호법 제28조 제5항에서는 누구든지 청소년에게 주세법의 규정에 의한 주류를 팔지 못하도록 규정하고 있으며, 같은 법 제54조 제2항은 그 위반자에게 1,000만 원 이하의 과징금을 부과할 수 있도록 규정하고, 같은 법 제59조 제7호는 그 위반자를 2년 이하의 징역 또는 2,000만 원 이하의 벌금에 처할 수 있도록 규정하면서 같은 법 제2조 제1호에서 "“청소년”이라 함은 만 19세 미만의 자를 말한다. 다만, 만 19세에 도달하는 해의 1월 1일을 맞이한 자를 제외한다"라고 규정하고 있다.

헌법재판소 판결을 보면, “만 19세 미만의 자에게 술을 팔 수 없게 한 규정은 직업수행의 자유가 부분적으로 제한을 받는 것은 분명하지만, 만 19세 미만의 청소년들은 우리나라의 교육제도에 따라 상당수가 고등학교 또는 대학의 저학년에 재학 중인 학생들이고 그렇지 않은 경우에도 상당수가 생업이나 군복무에 갓 종사하기 시작한 사람들이어서 이들이 무절제한 음주를 할 경우 그 학업성취 및 직업 등에의 적응 그리고 심신의 건전한 성장과 발전에 중대한 지장을 받을 위험이 매우 크고, 그로 인하여 그 개인은 물론 국가와 사회가 모두 큰 피해를 입게 되므로 이들에게 술을 팔지 못하게 하는 위 법률조항은 그 합리성이 인정되고, 나아가 식품접객업자인 청구인이 위 법률조항으로 인하여 만 19세 미만의 자에게 술을 팔지 못하여 받게 되는 불이익의 정도와 청소년에 대한 술의 판매를 규제하여 청소년이 건전한 인격체로 성장하는 데 기여하게 되는 공익을 비교할 때에 전자의 불이익은 그렇게 크다고 볼 수 없는 반면, 후자의 공익은 매우 크고 중요한 것이라고 인정되어 위 법률조항이 청구인의 직업수행의 자유를 과도하게 제한하여 이를 침해하는 것이라고 할 수 없다”라고 하여(헌법재판소 2001. 1. 18. 선고 99헌마555 결정), 식품접객업자가 만 19세 미만의 자에게 술을 팔지 못하여 받게 되는 불이익보다 청소년에 대한 술의 판매를 규제하여 청소년이 건전한 인격체로 성장하는 데 기여하게 되는 공익을 우선시키고 있다.

연습문제

1. 헌법재판소와 대법원의 관계를 설명하라.
2. 헌법재판소의 권한에는 어떤 것이 있는가?

XIX. 선거관리위원회

선거관리위원회는 선거와 국민투표의 관리와 정당에 관한 사무를 처리하는 헌법상의 필수적 합의제 독립기관이다. 위원의 신분은 보장되고 정당가입이나 정치활동이 금지된다. 선거관리위원회는 국민투표와 각종 선거의 공정한 관리를 할 권한과 선거계몽의 의무를 지고 있다. 또한 정당의 설립이나 등록취소 등 정당사무관리권과 정치자금 배분권을 가진다.

선거관리위원회는 중앙선거관리위원회 9인, 특별시·광역시·도 선거관리위원회 9인, 구·시·군 선거관리위원회 9인, 읍·면·동 선거관리위원회 7인을 둔다.

중앙선거관리위원회는 9인의 위원으로 구성하되, 3인은 대통령이 임명하고, 3인은 국회에서 선출하며, 3인은 대법원장이 지명한다.

각급 선거관리위원회에 위원장 1인을 둔다. 위원장은 당해 선거관리위원회 위원 중에서 호선한다. 위원의 임기는 6년으로 한다.

각급 선거관리위원회는 위원 과반수의 출석으로 개의하고 출석위원 과반수의 찬성으로 의결한다(선거관리위원회법 제10조).

연습문제

1. 선거관리위원회의 성질과 권한을 설명하라.

XX. 지방자치

지방자치란 일정한 지역을 기초로 하는 단체나 주민이 지방적 사무를 자신의 책임하에 자신들이 선출한 기관을 통하여 처리하는 것을 말한다. 원래 자치란 개념은 자기 일은 자기가 처리한다는 사회적 개념인데, 오늘날에 있어서 지방자치는 민주정치의 교실이요, 풀뿌리 민주정치*grassroots democracy*로 불리고 있다.

지방자치의 개념에는 지역주민이 그 지역사회의 정치와 행정을 자신의 책임 아래 처리하는 주민자치의 개념과, 일정한 지역을 기초로 하는 지방자치단체가 국가로부터 독립된 법인격과 자치권을 인정받아 자체의 기관을 가지고, 자주적으로 단체의 의사를 결정하고 사무를 처리하는 단체자치의 개념이 있다. 전자를 정치적 의미의 지방자치라고 한다면, 후자는 법률적 의미의 지방자치라고 할 수 있다. 지방자치제는 주민자치와 단체자치의 개념이 혼재되어 있다.

이러한 지방자치의 주체가 지방자치단체이다. 지방자치단체는 주민·구역·자치권·고유사무라는 4대요소로 구성되어 있다. 지방자치단체의 종류는 법률로 정한다. 지방자치법에 의하면 특별시·광역시·특별자치시·도·특별자치도와 시·군·구(자치구)의 두 종류가 있다. 이 중 전자는 정부의 관할 아래 두고, 시는 도 또는 특별자치도, 군은 광역시·도 또는 특별자치도의 관할구역 아래 두며, 자치구는 특별시와 광역시의 관할구역 아래 둔다.

지방자치단체의 기관으로는 의결기관이요 합의제기관인 지방의회와 도지사·시장·군수·구청장 등의 지방자치단체의 장이 있다. 지방자치단체는 법령의 범위 안에서 자치에 관한 규정을 제정할 수 있는데(자치입법권), 지방의회가 법령의 범위 안에서 당해 지방사무에 관하여 제정하는 조례와 지방자치단체의 장이 그 권한에 속하는 사무에 관하여 법령과 조례의 범위 안에서 제정하는 규칙이 있다.

사례

1. S시는 "자가용 승용차의 운행자에 대하여 5부제 운행을 실시하며, 이를 위반한 운행자에 대하여는 20만 원 이하의 벌금이나 구류 또는 과료에 처한다"는 조례를 제정하였다. 20만 원 벌금형의 처벌을 받은 갑은 위 조례의 내용이 ① 국민의 재

산권 행사를 과잉제한하는 것이며, ② 각 도시 시민 간의 평등권에도 위반되며, 또한 ③ 죄형법정주의 정신에도 위반된다고 주장하면서 헌법소원심판을 청구하였다. 그 후 갑은 자가용을 매각하고, K시로 이사하였다. 이 경우 갑의 주장은 인정될 것인가? 또 ④ 갑이 다른 시로 이사 간 경우에도 헌법소원심판은 계속 심리될 수 있는 것인가?

힌트 ① 지방자치법 제28조 제1항 단서에 의하면 "주민의 권리 제한 또는 의무 부과에 관한 사항"은 법률의 위임이 있는 경우에 한하여 조례로 제정할 수 있는 것이 원칙이다. 그러나 공공필요에 의하여 부득이한 경우에 일시적으로 주민의 재산 사용권을 제한(자가용의 5부제 운행)하는 것은, 시장 등이 조례로써 자동차의 운행을 제한할 수 있도록 위임 규정을 두고 있는 도시교통정비 촉진법 제55조 등을 고려하면, 조례에 의한 재산권 행사의 제한이라는 이유만으로 그 위헌성을 인정할 수는 없을 것이다.

② 지방자치단체의 권능은 자치입법권·자치행정권·자치재정권 및 자주조직권 등이 있다. 조례제정권은 자치입법권의 예이다. 사례에서 S시가 극심한 교통난을 해소하기 위하여 5부제 운행에 관한 조례를 제정하였다면, S시의 특수한 사정을 고려하면 합리적 근거가 있는 차별이라고 볼 수 있으므로(상대적 평등설), 갑이 주장하는 지역적 불평등은 갑의 기본권을 침해하는 것이라고는 할 수 없겠다.

③ 조례는 과태료의 규정을 둘 수는 있으나, 벌금·구류·과료 등의 형벌규정을 둘 수는 없다. 이 점에서 죄형법정주의에 반한다는 갑의 주장은 인정된다. 따라서 20만 원의 벌금을 부과한 것은 위헌임을 면하기 어렵다.

④ 조례제정행위도 공권력의 행사인 입법작용의 일종이므로 헌법소원심판의 대상이 된다. 헌법소원제도는 개인의 주관적인 권리구제뿐만 아니라 객관적인 헌법질서의 수호 및 유지 기능도 가진다는 것을 고려하면 소원심판계속 중에 갑이 이사를 간다는 등의 주관적 권리보호이익이 소멸하더라도 그러한 기본권침해가 반복될 우려가 있는 경우에는 심판청구의 이익을 인정하는 것이 타당하다고 본다.

연습문제

1. 주민자치와 단체자치는 어떻게 다른가?
2. 지방자치단체에는 어떤 종류가 있는가?
3. 조례와 조리 및 규칙은 어떻게 다른가?

제3장 행정법

- 헌법은 바뀌어도 행정법은 바뀌지 않는다*Verfassungsrecht vergeht, Verwaltungsrecht besteht*. —Otto Mayer
- 법 모르는 관리가 볼기로 위세 부린다.
- 삼정승을 사귀지 말고 내 한 몸을 조심하여라.

Ⅰ. 행정법총설

1. 행정의 의의

행정*administration; Verwaltung*은 "정의될 수 없고 오직 설명될 뿐이다"라고 할 만큼 정의 내리기는 곤란하지만, 대체로 행정이라 함은 권력분립을 전제로 입법과 사법에 대립하는 개념으로 사용되고 있다. 행정은 제도적인 측면에서 파악하는 형식적 의미의 행정과 기능적인 측면에서 파악하는 실질적 의미의 행정으로 나누어 볼 수 있다. 형식적 행정에 의하면 행정입법·행정쟁송과 같이 성질상 입법 또는 사법에 해당하는 작용도 행정에 포함된다. 그러나 행정이 입법 또는 사법과는 구별된다는 것을 밝히기 위하여는 실질적 행정의 개념정리가 필요하게 된다. 이러한 필요에서 실질적 의미의 행정을 정의한다면, 행정이란 법 아래에서 현실적으로 국가목적 또는 공익을 실현하기 위하여 행하는 능동적이고 적극적인 활동이라고 할 수 있다. 이는 입법 및 사법의 개념을 행정과 비교하여 살펴보면 더욱 뚜렷하게 될 것이다.

(1) 행정과 입법

입법이라 함은 일반적 추상적인 성문규범을 정립하는 국가작용이라고 할 수 있다. 이에 대하여 행정은 법을 구체화하고 집행함으로써 현실적으로 국가목적을 실현하는 작용이라고 할 수 있다.

(2) 행정과 사법

사법이라 함은 법률상의 쟁송에 대하여 이해당사자의 쟁송제기를 기다려 구체적 사실을 확정하고, 확정된 사실에 대하여 법을 해석·적용하여 분쟁을 해결하는 소극적 법집행작용을 말한다. 이에 대하여 행정은 능동적·계속적인 법집행작용이라고 할 수 있다.

(3) 행정의 의미

따라서 행정이란 행정주체가 사회공동생활을 대상으로 국가목적 내지 공익을 위하여 행하는 미래지향적인 사회형성적 작용으로서, 한편으로는 포괄적인 지도와 통제를 받고, 다른 한편으로는 개별적인 사안에 대하여 구체적인 조치를 취하는 등 그 나름의 재량이나 판단의 여지도 인정되는 작용이라고 할 수 있다. 이와 같은 행정은 그 목적달성을 위하여 행정행위·행정계획·행정지도·확약 등 다양한 행위형식을 갖기도 한다.

2. 행정법의 의의와 특성

행정법*administrative law; Verwaltungsrecht; droit administratif*은 형식적인 법전이 있는 것도 아니고, 법령상 행정법의 정의가 있는 것도 아니며, "어떠어떠한 법은 행정법이다"라고 하는 명확한 구별이 있는 것도 아니다. 행정의 조직 및 작용에 관한 다수의 법령에 산재하는 공통적인 특색에 착안하여, 이러한 법체계를 행정법이라고 하고 있다.

요컨대 행정법은 행정권의 조직과 작용 및 구제에 관한 국내공법이라고 할 수 있다. 행정법은 행정주체의 조직과 행정주체 상호 간의 관계 및 행정주체와 개인 간의 관계를 규율함과 동시에, 행정작용에 대한 개인의 권리구제에 관한 법이다. 그러므로 행정법은 행정을 그 중심개념으로 하고 있다.

행정법은 국내법이라는 점에서 국제법과 구별된다. 다만 헌법에 의하여 체결·공포된 조약과 일반적으로 승인된 국제법규는 행정법의 일부를 구성한다. 행정법은 국내법이지만 국내법의 전부를 가리키는 것이 아니라, 행정관계에 특수하고 고유한 법만을 가리킨다. 행정법은 공법이기 때문에 사법의 적용을 받는 국고작용은 그 규율대상에서 제외된다.

행정법은 국민을 강행적으로 규율하는 것이 보통이므로 예측가능성과 법적 안정성을 위하여 성문법으로 되어 있고(성문성), 규율대상의 가변성·다양성·전문성으로 인하여 법형식도 법률·명령·조례·규칙·고시 등 매우 다양하다(규정형식의 다양성). 행정법은 구체적 합목적성과 공공복리를 위하여 집행권자에게 재량을 인정하는 경우가 많고(자유재량성), 행정목적을 달성하기 위하여 당사자의 의사를 무시하고 획일적이고 일방적인 취급을 하기 때문에 강제성을 가지는 경우가 많다(획일성·강행성).

행정법은 이 밖에도 행정주체의 우월성·공익우선성·기술성·수단성·집단성·평등성 등을 특성으로 하고 있다.

3. 행정법의 기본원리

행정법은 헌법의 집행법이며, '구체화된 헌법'〔베르너*Flume Werner*(1908~2009)〕이라고 하는 바와 같이 행정법의 기본원리는 헌법의 내용과 불가분의 관계가 있다.

(1) 법치행정의 원리

행정권의 발동은 법률에 근거가 있어야 하고, 행정은 법률이 규정하고 있는 요건과 절차에 따라서 행해질 뿐만 아니라, 사후에 재판의 통제를 받는 원리를 말한다.

법치행정의 원칙은 행정의 조직과 작용에 관한 것들은 모두 법으로 정하지 않으면 안 되고, 모든 행정은 국회에서 제정한 법률에 위반해서는 안 된다(법률우위의 원칙). 또한 국민의 자유와 권리를 침해하는 행정권의 발동은 법을 전제로 법에 종속됨을 요하며, 국민의 권리와 자유를 제한하거나 새로운 의무를 부과할 때에는 국회에서 제정한 법률로써만 할 수 있다(법률유보의 원칙). 또한 법치행정은 실질적인 보장을 위하여 위헌법률심사제 등 사법심사제가 확보되어야 한다.

(2) 민주행정의 원리

모든 행정은 국민주권의 원칙에 따라 국민을 위하여 수행되고 국민에게 책임을 지는 행정이 되어야 한다는 주의이다. 이러기 위하여는 행정조직과 작용이 민주화되어야 하고, 책임행정이 이루어져야 한다.

(3) 복리행정의 원리

복리행정이란 공공복리의 실현을 목적으로 국가가 국민생활에 적극적으로 관여함으로써 국민의 인간다운 생활을 보장하려는 행정이다. 우리 헌법은 전문에서 "국민생활의 균등한 향상을 기하고……"라고 선언하고, 제10조에서 인간의 존엄과 가치를 선언하고 있으며, 제34조 제1항에서 "모든 국민은 인간다운 생활을 할 권리를 가진다"고 하여 생존권적 기본권을 보장하고 있다. 또한 제9장 경제편에서 국가는 균형 있는 국민경제의 성장 및 안정과 적정한 소득의 분배를 유지하고, 시장의 지배와 경제력의 남용을 방지하며, 경제주체 간의 조화를 통한 경제의 민주화를 위하여 경제에 관한 규제와 조정을 한다고 함으로써 복리행정의 원리를 선언하고 있다.

(4) 지방분권의 원리

우리 헌법은 제8장에서 지방자치제를 보장하고 있다. 즉 지방행정사무는 지방자치단체의 사무임을 원칙으로 하여 지방자치단체의 자주적 기관에 의하여 행하도록 하며, 지방재정도 확립되도록 하고, 지방자치에 대한 국가의 감독도 원칙적으로 중요한 최소한의 법적 감독에 그치도록 함으로써 지방분권의 원리를 채택하고 있다.

4. 행정법의 종류

행정법은 국가의 행정법과 공공단체의 행정법으로 분류할 수도 있으나, 학문상으로나 실제상으로 중요한 분류는 행정조직법과 행정작용법이다.

(1) 행정조직법

행정조직법이란 행정에 관한 내부의 조직을 규율하는 법이다. 행정관청의 설치와 행정기관의 구성 및 권한을 정하는 법이다. 여기에는 정부조직법·지방자치법·국가공무원법·지방공무원법과 대통령령으로 정한 각종 직제가 있다.

(2) 행정작용법

행정작용법이란 행정과 국민의 관계를 규율하는 법으로 본래 의미의 행정법이다. 국가안전보장을 위한 각종 군사법과 공공의 질서유지를 위한 각종의 경찰법 및 공공복리를 위한 각종의 복지행정법이 여기에 속한다.

(3) 행정절차법

행정절차법은 행정청이 행정적 결정을 하기 전에 반드시 거쳐야 하는 절차를 규정하는 법이다. 행정절차법은 관료적이고 독선적인 행정에서 파생될 수 있는 여러 가지 폐단을 사전에 시정할 수 있는 방법을 보장해 주기 때문에 행정작용법에 못지않게 중요한 법이다.

행정절차의 주된 내용은 이해관계인에 대한 사전통지와 청문이다. 이 외에도 재결이나 재정 등과 같은 준사법적 행위에 있어서 재결기관의 공정성을 확보하는 절차 등이 있다.

(4) 행정구제법

행정구제법이란 위법한 행정에 의하여 국민의 권리가 침해되었을 경우에는 지체 없이 이를 시정함과 동시에 침해된 권리를 구제하는 수단이 완비될 것을 요구하는 것을 내용으로 하는 법이다. 행정법이 보장하고 있는 구제수단은 손해배상·손실보상·행정심판·행정소송제도 등이 있다.

5. 행정법관계의 특질

행정법관계란 행정법에 의하여 규율되는 법률관계를 말한다. 행정법관계는 행정주체와 국민의 법률관계이며, 공권과 공의무의 관계이다. 행정주체와 국민의 법률관계에서 행정주체가 우월한 지위에 서게 되므로 사법관계와는 다른 특성이 있다.

행정법관계의 특질은 권력관계와 관리관계에 따라 다르다. 공정력·확정력·강제력은 권력관계에만 인정되는 특질이고, 권리의무의 특수성이나 권리구제수단의 특수성은 양자에 공통적인 특질이다.

(1) 행정행위의 공정력

공정력 또는 豫先的 효력이라 함은 국가나 공공단체, 기타 행정주체의 의사는 비록 그 성립에 흠이 있을지라도 하자가 중대하고 명백하여 당연무효인 경우를 제외하고는 권한 있는 기관이 취소하기까지는 적법·유효하다는 추정을 받는 힘을 말한다.

행정행위의 공정력은 비권력행정이나 행정행위가 부존재하거나 당연무효인 경우에는 인정되지 아니한다.

(2) 행정행위의 확정력

행정행위가 있은 후에 일정기간의 경과 또는 일정한 사유로 인하여 그 상대방은 행정행위의 효력을 다툴 수 없게 되는 힘이 생기며(행정행위의 불가쟁력), 또 어떤 행정행위는 그 행위를 한 행정청 자신이 그 효력을 변경할 수 없는 힘을 가진다(행정행위의 불가변력).

(3) 행정행위의 강제력

행정행위의 강제력이라 함은 국세체납의 경우에 법원의 판결 없이 바로 납세자의 재산을 압류할 수 있는 것과 같이 행정행위에 위반하여 그 의무를 이행하지 않는 자에 대하여 행정기관 자신이 스스로 강제집행을 할 수 있는 힘을 말한다. 이러한 강제집행도 법률에 근거가 있는 경우에 할 수 있음은 물론이다.

(4) 권리의무의 특수성

행정법관계에서의 권리의무는 공공성으로 인하여 포기·이전·대행이 제한되는 경우가 많다.

(5) 권리구제수단의 특수성

행정법관계에서는 사법관계에서와는 달리 행정심판과 행정소송이라는 2가지 쟁송형태가 인정되고, 또한 손해배상과 손실보상 등이 인정되고 있다.

Ⅱ. 행정조직법

1. 의의

행정조직법이란 행정관계의 조직에 관한 법이다. 행정조직은 능률과 민주적 통제라는 2개의 요청을 기초로 하고 있다. 이에 따라 행정조직은 국가행정조직과 지방행정조직으로 크게 나눌 수 있다.

2. 국가행정조직법

국가행정조직법이란 국가행정기관의 설치구성 및 권한에 관한 법을 의미하고, 국가행정조직은 특히 국민생활에 직접 간접으로 관계를 가지므로 법률주의를 원칙으로 한다. 국가행정조직은 국가행정을 담당하기 위한 국가 자신의 행정기관조직을 말한다. 국가행정기관은 광의로는 국가의 행정을 담당하는 모든 기관을 의미하고, 협의로는 국가의 의사를 결정하고 표시하는 기관인 행정관청을 의미한다.

(1) 국가행정기관의 분류

가. 행정관청

행정관청이란 행정에 관한 국가의사를 결정하고 표시하는 권한을 가진 행정조직의 중심이 되는 행정기관을 말한다. 여기에는 부·처·청의 장, 특별시장·광역시장·도지사·시장·군수·구청장·서장 등이 포함된다.

나. 보조기관

보조기관은 스스로 행정에 관한 국가의사를 결정하거나 표시할 권한은 없고, 행정관청에 소속되어 그 권한의 행사를 보조하는 것을 임무로 하는 행정기관이다. 각 부처의 차관·국장·과장·계장이나 각 도의 부지사·기획관리실장·각국장·과장 등이 여기에 해당된다.

다. 의결기관

의결기관은 국가의사를 의결의 형식으로 결정하는 권한을 가진 합의제행정기관을 말한다. 각종 징계위원회나 소청심사위원회가 여기에 속한다. 의결기관은 의사를 외부에 표시할 권한이 없는 점에서 행정관청과 구별되며, 또한 그 의결에 행정관청이 구속되는 점에서 자문기관과도 다르다.

라. 자문기관

자문기관은 행정관청의 자문에 응하거나 자진하여 행정관청의 의사결정에 참고가 될 의견을 제공하는 것을 임무로 하는 행정기관이다. 합의제인 것이 보통이며 위원회나 심의회의 명칭을 가진다.

마. 집행기관

집행기관은 행정관청의 명을 받아 실력으로 국가의사를 집행함을 임무로 하는 행정기관이다. 집행기관으로는 경찰공무원과 소방공무원 및 세무공무원을 들 수 있다.

바. 감사기관

행정기관의 사무 또는 회계를 감사하여 그 비위를 적발하고 시정함을 임무로 하는 행정기관으로 감사원이 이에 속한다.

(2) 중앙행정기관

중앙행정기관이란 그 권한이 전국에 미치는 행정기관을 말한다. 여기에는 대통령을 위시하여 국무회의·국무총리·행정각부 등이 있다.

(3) 지방행정기관

지방행정기관은 국가행정기관 중에서 그 권한이 일부지역에만 미치는 행정기관이다. 보통지방행정기관과 특별행정기관으로 나누어진다. 전자는 특정한 중앙행정기관에 소속되지 아니하고, 관할구역 내에서 국가의 행정사무를 담당하는 지방행정기관이다. 특별시장·도지사·광역시장·시장·군수·구청장 등이 여기에 속한다. 후자는 특정한 중앙행정기관에 소속되어 그 기관이 관장하는 사무만을 담당하는 지방행정기관을 말한다. 지방국세청이 여기에 속한다.

3. 자치행정조직법

(1) 의의

자치행정이란 독립적 법인격을 가진 공법인이 국가로부터 독립하여 일정지역의 행정사무나 특정지역의 행정사무를 그 구성원의 참여 아래 처리하는 것을 말한다.

(2) 장점

자치행정은 민주주의 요청에 합치되며, 각 지방의 환경과 사정에 알맞은 처리를 지방주민의 자치에 맡기는 것이 효과적이고, 중앙의 정변에 영향을 적게 받는 등의 장점이 있다.

(3) 자치행정의 주체

자치행정의 주체는 공공단체 또는 자치단체 내지 공법인이다. 공공단체에는 지방단체와 공공조합 및 영조물법인이 있다.

가. 지방단체

지방자치단체 또는 지방공공단체라고도 한다. 지방단체는 일정한 지역을 기초로 하여 주민을 구성원으로 한다.

나. 공공조합

일정한 조합원 또는 사원을 구성원으로 하는 사단법인이다. 사단법인이라는 점에서 사법상의 사단법인과 같지만, 존립목적이 국가적인 점에서 다르다. 따라서 공공조합은 공법상의 사단법인이다. 상공회의소·농지개량조합·농업협동조합·수산업협동조합이 여기에 속한다.

다. 영조물법인

영조물법인이란 국공립대학·도서관·학술연구소 등 국가 또는 공공단체의 공공시설이 국가 또는 공공단체로부터 독립하여 법인격을 가진 것을 말한다. 우리나라에서는 공공시설은 국가 또는 공공단체의 사업으로 운영되고 있고, 법인격이 부여된 것은 없다. 한국조폐공사·한국토지주택공사·한국은행·한국산업은행·한국방송공사 등이 영조물법인과 유사하다.

4. 공무원제도

(1) 공무원의 의의

공무원이라는 말은 최광의·광의·협의의 3가지 의미로 사용되고 있다. 최광의의 공무원은 국가 또는 공공단체의 모든 기관구성원을 말한다. 이런 의미에서는 초등학교의 강사와 공공조합의 직원도 공무원이 된다. 광의의 공무원은 국가 또는 공공단체와 특별한 공법상의 근무관계를 맺고 공무를 담당하는 기관구성원이다. 대통령·국회의원·교육위원회위원·선거관리위원회위원 등이 여기에 속한다. 협의의 공무원은 국가 또는 공공단체와 협의의 공법상의 근무관계를 맺고 공무를 담당하는 기관구성원이다.

(2) 공무원의 종류

가. 국가공무원과 지방공무원

국가에 의하여 임명되고 국가의 사무를 집행하는 공무원이 국가공무원이고, 지방자치단체에 의하여 임명되고 지방자치단체의 사무를 집행하는 공무원이 지방공무원이다.

나. 경력직공무원과 특수경력직공무원

경력직공무원이란 실적과 자격에 의하여 임용되고 신분이 보장되는 직업공무원을 말한다. 경력직공무원에는 일반직공무원·특정직공무원·기능직공무원이 있다. 특수경력직공무원이란 경력직공무원을 제외한 비직업공무원을 말한다. 여기에는 정무직공무원·별정직공무원·전문직공무원·고용직공무원 등이 있다.

(3) 공무원의 의무와 권리

공무원의 의무는 공무원의 종류와 직무의 성질에 따라 그 내용이 다르며, 각종의 법령에서 개별적으로 규정하고 있다. 공무원에게 공통되는 일반적 의무로는 선서의무·성실의무·직무상의 의무 및 품위유지의무가 있다. 또 직무상의 의무에는 복종의무·직무전념의무·친절공정의무·법령준수의무 등이 있다.

공무원에 대한 징계에는 파면·사임·감봉·정직·견책 등이 있고, 일정한 경우 변상책임을 지게 된다.

공무원의 권리에는 신분상의 권리와 재산상의 권리가 있다.

Ⅲ. 행정작용법

행정작용법이란 행정작용에 관한 국내공법이다. 행정작용이라 함은 국가 또는 지방자치단체와 같은 행정기관이 행정상의 목적을 달성하기 위하여 행하는 일체의 법률적·사실적 작용을 말한다. 행정작용은 그 형식에 따라 행정행위·행정입법·공법상의 계약과 합동행위·행정지도·행정강제 등으로 분류되고, 그 목적에 따라 질서행정·급부행정·규제행정·공용부담행정·재무행정·사법행정·군사행정·내무행정·외무행정 등으로 분류된다. 오늘날 행정작용은 급부행정 또는 규제행정에 중점을 두는 경향이 있다.

1. 행정행위

(1) 행정행위의 개념

행정행위는 행정주체가 법 아래서 구체적 사실에 관하여 법집행으로 행하는 권력적 단독행위인 공법행위이다. 행정행위는 여러 가지 표준에 의하여 분류할 수 있다.

(2) 행정행위의 종류

가. 주체를 표준으로 한 분류

여기에는 국가의 행정행위와 지방자치단체나 공공조합 또는 공권력을 수여받은 법인 등이 행하는 기타행정주체의 행정행위가 있다.

나. 구성요소와 법률효과의 발생원인을 표준으로 한 분류

법률행위적 행정행위와 준법률행위적 행정행위가 있다. 전자는 의사표시를 요소로 하고 법률효과가 의사표시의 내용대로 발생하는 행위이고, 후자는 의사표시 이외의 판단이나 관념 또는 인식 등의 정신작용을 요소로 하고 효과는 법정되어 있는 행위이다.

다. 행정행위의 기초가 되는 권력관계를 표준으로 한 분류

일반권력관계에서의 행정행위와 특별권력관계에서의 행정행위로 나누어진다.

라. 행정주체의 재량유무를 표준으로 한 분류

행정주체에 재량이 없는 기속행위와 재량이 있는 재량행위가 있다. 재량행위는 다시 기속재량행위와 자유재량행위로 나누어진다.

마. 상대방의 수령을 요하는가에 따른 분류

수령을 요하는 행정행위와 수령을 요하지 않는 행정행위로 나누어진다. 전자는 의사표시

가 상대방에게 도달하여야만 효력이 발생하고, 후자는 고시나 공고가 효력발생요건이다.

바. 행위형식을 요하느냐를 표준으로 한 분류

불요식행위와 요식행위로 나누어진다. 행정행위는 원칙적으로 불요식행위이다. 요식행위로는 납세의 독촉이나 행정심판의 재결 등에서 나타난다.

사. 현재의 상태에 대한 변경을 가져오느냐의 여부를 표준으로 한 분류

적극적 행정행위(허가·하명·인가 등)와 소극적 행정행위(신청의 거부 또는 부작위)로 나누어진다.

아. 상대방의 협력을 요건으로 하느냐의 여부에 따른 분류

독립적 행정행위와 쌍방적 행정행위로 나누어진다. 전자는 직권에 의한 행정행위라고도 하고, 후자는 신청을 요하는 행정행위 또는 동의를 요하는 행정행위라고도 한다.

자. 법률효과의 성질을 표준으로 한 분류

수익적 행정행위와 부담적 행정행위 및 이중효과적 행정행위로 나누어진다. 수익적 행정행위는 국민에게 권리나 이익을 부여하는 등의 행위이고, 부담적 행정행위는 국민의 권리나 이익을 제한하거나 의무를 부담시키는 등의 행위이다. 이중효과적 행정행위(복효적 행정행위)는 하나의 행정행위가 2가지 효과를 동시에 발생시키는 행위이다.

판례

1. 법에 기속된 처분에 있어서도 행정청은 적용하여야 할 법의 구성요건에 해당하는 사실 유무를 조사하고, 그 사실이 있다고 인정하는 경우에 있어서는, 반드시 그 사실에 대하여 법을 적용하여서 일정한 처분을 하지 아니하면 아니 되는 소위 기속처분이 있는바, 이 경우에 있어서는 행정청은 무엇이 합목적적이어야 함을 탐구하지 못하고, 다만 무엇이 법이어야 함을 판단하는 데 불과하며, 이에 대하여 법은 단지 행정청이 어떠한 행정처분을 어느 범위 내에서 하느냐 함을 행정청의 재량에 일임함으로써 복잡하고도 다기한 사회현상에 따라 구체적 타당성에 적합하도록 처분케 하는, 소위 자유재량처분이 있는바, 이 경우에 있어서는 무엇이 법이냐 함을 판단하기보다는 무엇이 공익이며 어떻게 하는 것이 합목적적인가를 행정청의 자유재량에 의하여 결정케 하고, 그 결정에 따라 일정한 처분을 하도록 하는 것이다(대법원 1962. 4. 26. 선고 4294행상115 판결).

사례

1. 갑은 주거지역에서 3층 빌라를 건축하고자 건축허가신청을 하였다. 갑의 건축허가신청은 건축법 등에 위반되지 아니함에도 불구하고 구청장은 건축을 반대하는 인근주민과의 합의를 종용하면서 계속하여 건축허가를 보류하고 있다. 이 경우 갑이 취할 수 있는 구제수단은 무엇이가?

힌트 이 사례는 우선 구청장이 건축허가를 보류하고 있는 것이 위법한 행위인가를 검토하여야 한다. 위법행위가 되기 위하여는 건축허가의 법적 성질이 재량행위가 아닌 기속행위이어야 한다.

갑의 건축허가 신청이 건축법 등 관계법의 규정에 합치함에도 불구하고 다만 인근주민들과의 합의가 성립되지 않았음을 이유로 건축허가를 계속 보류하는 것은 구청장의 위법한 무작위에 해당한다고 볼 수 있을 것이다.

이에 따라 갑은 행정쟁송으로서 의무이행심판이나 부작위위법확인소송을 청구할 수 있고, 또한 행정상 손해배상소송을 제기할 수도 있을 것이다.

(3) 행정행위의 내용

법률행위적 행정행위와 준법률행위적 행정행위의 내용을 살펴보면 다음과 같다.

가. 법률행위적 행정행위

① 명령적 행위

명령적 행위란 행정주체가 그 상대방인 국민에게 특정한 의무를 명하거나 이를 해제 또는 면제하는 행정행위이다. 이에는 하명·허가·면제 등이 있다.

a) 하명: 행정주체가 상대방인 국민에게 작위·부작위·급부·수인을 명하는 행위이다. 부작위를 명하는 행위를 금지라고도 한다. 위법건축물의 철거명령·영업금지·도로통행금지·조세부과처분 등이 하명에 해당한다.

b) 허가(금지의 해제): 금지된 자연적 자유를 특정한 경우에 행정주체가 이를 해제하는 행위이다. 허가는 운전면허와 같이 부작위의무를 해제하여 국민이 가진 본래의 자유를 회복시켜 주는 행위이다.

c) 면제: 병역면제와 같이 법규에 의하여 부과된 작위·급부·수인의 의무를 특정한 경우에 해제하여 주는 행위이다.

② 형성적 행위

형성적 행위란 국민에게 일정한 권리능력, 기타의 법률상의 힘을 설정·변경·소멸시키는 행위이다. 이에는 특허와 인가 및 대리 등이 있다.

a) 특허(설권행위): 특허란 특정인을 위하여 새로운 권리나 능력을 설정하거나 법률상의 지위를 부여하는 행위이다. 공기업의 특허나 광업허가가 여기에 해당한다.

b) 인가(보충행위): 인가는 제3자의 법적 행위를 보충하여 그 법률상의 효력을 완성시켜 주는 행정행위이다. 법인설립의 인가와 같이 인가의 대상이 되는 제3자의 행위는 공법행위일 때도 사법행위일 때도 있다.

c) 대리: 대리란 제3자가 행하여야 할 행위를 행정주체가 대신하여 행하는 것을 말한다.

판례
1. 행정행위인 허가 또는 특허에 붙인 조항으로서 종기인 기한에 관하여는 일률적으로 기한이 왔다고 하여 당연히 그 행정행위의 효력이 상실된다고 할 것이 아니고, 그 기한이 허가 또는 특허된 사업의 성질상 부당하게 짧은 기한을 정한 경우에 있어서는 그 기한은 그 허가 또는 특허의 조건의 존속기한을 정한 것이며 그 기한이 옴으로써 그 조건의 갱신을 고려한다는 뜻으로 해석하여야 한다(대법원 1962. 2. 22. 선고 4293행상42 판결).

나. 준법률행위적 행정행위

준법률행위적 행정행위라고 함은 판단이나 인식 및 관념 등과 같이 효과의사 이외의 정신작용을 표시하고, 그 효과는 행위자의 효과의사에 의해서가 아니라 법률의 규정에 따라 발생하는 행정행위를 말한다. 다음과 같은 것이 있다.

a) 확인: 확인이란 특정한 사실 또는 특정한 법률관계의 正否나 존부에 관하여 다툼이 있거나 의문이 있는 경우에, 공적인 권위로써 그러한 다툼이나 의문을 판단하여 선언하는 행정행위이다. 실정법상으로는 확인이라는 용어 외에 발명특허·합격자결정·하천지역의 인정·검정·사정·재결 등의 용어가 사용된다. 확인은 쟁송제기에 의하여 행하여지는 수도 있고, 행정청의 직권으로 행하는 수도 있다.

b) 공증: 공증이란 특정한 사실 또는 법률관계의 존부를 행정주체가 공적으로 증명하는 행정행위이다. 등기·등록·감찰·여권·합격증서 등이 그것이다.

c) 통지: 통지란 행정주체가 특정인 또는 불특정 다수인에게 특정한 사항을 알리는 행정행위이다. 특허출원의 공고·대집행의 계고·납세독촉·귀화고시 등이 그것이다.

d) 수리: 수리란 행정주체가 행정객체의 행위를 유효한 행위로 인정하여 접수하는 행위를 말한다. 소장의 수리나 고시원서의 접수 등이 그것이다.

2. 행정벌과 행정강제

행정법상의 의무에 대한 위반이나 불이행에 대한 제재의 방법으로 행정벌과 행정강제가 있다. 행정벌이 과거의 의무위반에 대한 제재인 데 반하여, 행정강제는 장래의 의무의 실행을 강제하는 점에서 양자는 다르다.

(1) 행정벌

행정벌과 집행벌 및 징계벌은 다르다. 행정벌은 과거의 의무위반에 대한 제재인 데 대하여, 집행벌은 행정상 강제집행의 하나로서 장래의 의무이행을 강제하기 위한 수단이다. 또한 행정벌은 일반통치권에 의하여 과하는 제재인 데 대하여, 징계벌은 특별권력관계에 의하여 과하는 제재인 점에서 서로 다르다.

행정벌도 처벌이기 때문에 형사벌과 같이 죄형법정주의가 적용되므로 법률의 근거가 있어야 한다. 행정벌은 성질을 기준으로 행정형벌과 행정질서벌로 나눌 수 있다.

가. 행정형벌

행정형벌은 형법에 있는 형벌인 사형·징역·금고·자격상실·자격정지·벌금·구류·과료·몰수 등을 과하는 형벌이다. 따라서 형법의 규정이 적용되고 과형절차에 있어서 형사소송법이 적용된다.

나. 행정질서벌

행정질서벌은 직접적으로 행정목적이나 사회법익을 침해하는 것이 아니라 간접적으로 행정상의 질서에 장해를 초래할 우려가 있는 의무태만에 대한 처벌이다. 즉 형법이나 형사소송법이 적용되지 아니하고 비송사건절차법을 적용하여 과태료를 과하는 경우이다. 이러한 행정질서벌은 신고·보고·등록·서류비치·장부기재 등의 의무위반에 과하는 벌이다. 이는 또한 어떤 행정분야에서의 범죄인가에 따라 경찰질서벌·재정벌·군정벌·공기업벌·규제벌 등으로 나누어지기도 한다.

도로교통법에 의하면 경찰서장 또는 제주특별자치도지사는 특별한 경우 외에는 범칙자로 인정되는 사람에 대하여는 이유를 명시한 범칙금납부통고서로 범칙금을 납부할 것을 통고할 수 있다. 제주특별자치도지사가 위와 같은 통고처분을 한 경우에는 관할 경찰서장에게 그 사실을 통보하여야 한다(동법 제163조).

(2) 행정강제

행정강제는 행정주체가 행정목적을 달성하기 위하여 국민의 신체나 재산에 실력을 가하여 행정상 필요한 상태를 실현하는 작용을 말한다. 행정강제에는 행정상 강제집행과 행정상 즉시강제가 있다.

가. 행정상 강제집행

행정상 강제집행이란 행정상의 의무불이행에 대하여 행정주체가 실력을 가하여 그 의무를 이행시키거나 또는 이행된 것과 동일한 상태를 실현하는 작용이다. 행정상 강제집행의 수단으로는 대집행·집행벌·직접강제·행정상 강제징수가 있다.

판례
1. 행정상 강제집행은 행정상의 의무불이행에 대하여 행정권이 실력을 가하여 그 의무를 이행시키거나 또는 이행된 것과 같은 상태를 실현하는 작용을 말하는 것으로서, 사법상 의무 또는 소송법상 의무의 강제가 법원의 힘을 빌려야 하는 것과 다르다(대법원 1968. 3. 19. 선고 63누172 판결).

① 대집행

대집행이란 대체적 작위의무를 의무자가 이행하지 않는 경우(예컨대, 위법한 건축물을 본인이 철거하지 않을 때)에 행정청이 스스로 그 의무를 이행하거나 또는 제3자로 하여금 이행하게 하고, 그 비용을 의무자로부터 징수하는 것을 말한다. 이에 관한 법으로는 행정대집행법이 있다.

② 집행벌

집행벌이란 행정상의 부작위의무나 타인이 대신할 수 없는 작위의무를 간접적으로 강제하기 위하여 과하는 금전벌을 말한다. 이것은 소정기간 내에 의무를 이행하지 않으면 일정한 과태료를 과하겠다는 뜻을 예고함으로써 심리적 압박을 가하여 그 의무의 이행을 간접적으로 강제하는 제도로서 우리나라에서는 인정되지 않고 있다.

③ 직접강제

불대체적 작위의무 또는 부작위의무 불이행의 경우에 의무자의 신체 또는 재산에 직접 실력을 가하여 필요한 상태를 실현시키는 제도이다. 인권침해의 우려가 많으므로 특별법에서만 인정된다.

④ 행정상 강제징수

행정상 강제징수란 국세징수법에 의한 국세징수와 같이 금전급부의무를 이행하지 아니하는 경우에 행정관청이 강제적으로 의무가 이행된 것과 동일한 상태를 실현하는 작용이다. 예컨대, 국세체납의 경우에 독촉하고 압류·매각·청산하는 경우와 같다.

나. 행정상 즉시강제

행정상 즉시강제는 행정강제의 일종으로 목전의 급박한 행정상 장해를 제거할 필요가 있는 경우에, 미리 의무를 명할 시간적 여유가 없을 때 또는 그 성질상 의무를 명하여 가지고는 목적달성이 곤란할 때에, 직접 국민의 신체 또는 재산에 실력을 가하여 행정상 필요한 상태를 실현하는 작용이다(헌법재판소 2002. 10. 31. 선고 2000헌가12).

이와 같이 즉시강제는 의무가 없는 자에게도 실력을 가하는 행위이므로, 법적 안정성과 예측가능성을 파괴할 위험성이 크므로 엄격한 법의 근거와 신중한 권력발동이 요구된다.

IV. 행정구제법

행정구제란 행정청의 행위로 권리 또는 이익이 침해되었거나 침해될 것으로 주장하는 자가 행정청이나 법원에 대하여 그 행정행위의 취소·변경 또는 손해의 전보를 구하는 절차를 총칭한다. 행정구제제도의 완비는 법치행정과 국민의 기본권보장을 원리로 하는 근대법치국가의 실현에 중요한 의미를 갖는다. 행정구제제도는 행정상의 손해배상과 손실보상 및 행정쟁송 제도로 나눌 수 있다.

1. 손해배상

행정상의 손해배상이란 위법한 행정작용으로 인하여 국민에게 손해를 가한 경우에 국가가 그 손해를 배상하는 제도이다. 헌법은 제29조에서 손해배상청구권을 국민의 기본권의 하나로 규정하고 있고, 국가배상법은 이를 구체화하고 있다.

이에 의하면 공무원의 직무상 불법행위로 인한 손해배상책임(국가배상법 제2조)과 도로, 하천, 기타 공공의 영조물의 설치관리에 하자가 있기 때문에 타인의 재산에 손해를 가한 때에는 일종의 무과실책임으로서 국가 또는 지방자치단체는 영조물의 설치관리의 하자로 인한 손해배상의 책임이 있다.

2. 손실보상

행정상의 손실보상이란 적법한 행정작용으로 개인이 받은 특별한 희생에 대하여 사유재산권의 보장과 공평부담의 원칙에서 행정주체가 그 손실을 보전하는 제도이다. 손실보상청구권은 사권적 성질을 가지므로 이에 관한 소송은 민사소송이다. 헌법 제23조는 제3항에서 "공공필요에 의한 재산권의 사용·수용 또는 제한 및 그에 대한 보상은 법률로써 하되, 정당한 보상을 지급하여야 한다"고 하여 손실보상에 관한 원칙을 명시하고 있다.

사례

1. S시는 교통체증을 해결하기 위하여 지하차도를 건설하기 시작하였다. 이를 위하여 공사장 주변의 교통은 상당한 기간 동안 봉쇄되었다. 이 때문에 공사장 주변에

서 가구점을 운영하는 갑은 고객이 줄어들어 도산위기에 처하였다. 갑은 S시에 대하여 손실보상을 청구할 수 있겠는가?

힌트 (1) 헌법 제23조 제3항—공공필요에 의한 재산권의 수용·사용 또는 제한 및 그에 대한 보상은 법률로써 하되, 정당한 보상을 지급하여야 한다.

(2) 도로법 제99조—이 법에 따른 처분이나 제한으로 인한 손실을 입은 자가 있으면 국토교통부장관이 행한 처분이나 제한으로 인한 손실은 국가가 보상하고, 행정청이 한 처분이나 제한으로 인한 손실은 그 행정청이 속해 있는 지방자치단체가 보상하여야 한다.

(3) 다만 손실보상청구권을 행사하기 위하여는 다음과 같은 요건이 충족되어야 한다.

① 재산권에 대한 공권적 침해

지하차도공사는 전형적인 공행정작용으로 갑의 재산권이 침해되었다고 볼 수 있다.

② 공공의 필요

재산권에 대한 공권적 침해는 공공의 필요를 위하여만 인정된다. 사례에서 공권적 침해는 공공필요를 위하여 행해졌음을 이해할 수 있다.

③ 침해의 적법성

국가배상청구권과 달리 손실보상청구권은 침해의 적법성을 요구한다.

④ 특별한 희생

독일의 판례는 현대도시의 복잡하고 가중된 교통난을 해결하기 위하여 도로 공사의 불가피함을 부각시켜 원칙적으로 인접영업자의 보상이 없는 수인의무를 인정하고 있다. 다만 침해가 비정상적으로 심각하다든지 또는 영업이 도산하는 위기에 처한 경우에는 보상하여야 한다고 하였다[BGH, NJW 1965, 1907(Buschkrugbruecke)].

이상에서 알 수 있는 바와 같이 갑은 헌법이나 도로법의 규정을 근거로 하여 지하차도공사로 인한 교통봉쇄기간 동안 자신의 영업이익의 상실에 대하여 정당한 보상을 청구할 수 있다고 할 것이다.

3. 행정쟁송

행정쟁송이란 행정법규의 적용에 관한 분쟁을 가리는 모든 절차이다. 협의로는 행정심판제도만을 말한다. 보통 행정쟁송이란 말은 행정심판과 행정소송을 합하여 호칭하는 것이나 그렇지 않은 경우도 있다.

(1) 행정심판

행정심판이란 행정청의 위법 또는 부당한 처분, 기타 공권력행사에 관하여 취소 등의 시정을 요구하는 제도이다. 행정심판은 행정구제제도라는 면에서 보면 재판에 준하는 성격을 가지고, 행정의 자기반성 및 자기통제의 면에서 보면 행정작용의 성격을 가진다. 실정법상으로는 행정심판이라는 말 이외에도 재조사신청·재심청구·재결신청 등의 용어가 사용되고 있다.

행정심판법에 의하면 행정심판의 종류로 처분의 취소 또는 변경을 구하는 행정심판과 처분의 효력의 유무나 존재 여부의 확인을 구하는 무효등확인심판 및 행정청의 부작위로 방치된 처분의 이행을 구하는 의무이행심판의 3가지가 있다.

행정청의 처분 또는 부작위의 위법 또는 부당 여부를 심판하는 재결청은 당해 행정청 또는 당해 행정청의 직근상급행정청이 된다. 심판청구는 서면으로 작성하여 피청구인의 행정청을 거쳐 제기하여야 한다. 행정심판법에 의한 행정심판청구는 처분이 있음을 안 날로부터 원칙적으로 90일 이내에, 처분이 있은 날로부터 180일 이내에 제기하여야 한다. 행정심판의 청구를 심리·의결하기 위하여 각 재결청에 행정심판위원회를 둔다.

사례

1. 갑식당은 구청으로부터 위생검사를 받고 한 달간 영업정지처분을 받았다. 갑식당의 입장에서 이런 처분은 가게문을 닫는 것과 마찬가지로 치명적이었다. 갑식당이 구제받을 방법은 없겠는가?

   힌트 처분이 있은 날로부터 90일 내에 처분을 한 행정관청에 서면으로 이의신청을 하고, 그 상급관청이 이를 받아들이면 그 처분은 수정되고, 처분이 옳다고 보면 신청을 기각한다. 갑은 기각결정문을 받은 날로부터 90일 내에 행정소송을 제기할 수 있다. 그러나 갑은 처분의 진행으로 생길 중대한 손해를 예방할 긴급한 필요가 있으므로 예외적으로 곧바로 행정소송을 제기하고, 동시에 행정 처분에 대한 집행정지결정을 신청할 수 있다.

(2) 행정소송

가. 행정소송의 의의

행정소송이란 행정청의 위법한 행정처분으로 인하여 권익을 침해당한 자가 법원에 대하여 행정소송법에 의한 재판을 요구하는 것을 말한다. 행정소송은 행정법상의 법률관계에 관한 분쟁이라는 점에서 민사소송이나 형사소송과 구별되고, 또한 심판기관이 법원이라는 점에서 행정심판과 구별된다.

나. 행정소송의 특수성

행정소송은 그 소송사항이 행정행위라는 점에서 여러 가지 특수성이 있다. 즉, 제1심의 관할법원을 행정법원으로 하고 있는 외에 피고의 특수성·직권탐지주의·사정판결의 인정·관련청구의 경합 등의 특수성이 인정된다.

다. 행정소송의 종류

① 항고소송

위법한 행정처분 또는 위법한 부작위로 인한 피해자가 제기하는 행정소송이다. 이 항고소송에는 취소소송·무효등확인소송·부작위위법확인소송 등이 있다.

② 당사자소송

당사자소송이란 행정청의 처분 등을 원인으로 하는 법률관계나 기타 공법상 권리관계에 관한 소송으로서 그 법률관계의 한쪽 당사자를 피고로 하는 소송을 말한다. 행정청의 처분 등을 원인으로 하는 법률관계에 관한 소송의 예로는 조세부과처분이 무효이거나 취소된 경우에 이미 납부한 세금을 반환청구하는 소송을 들 수 있고, 공법상의 권리관계에 관한 소송의 예로는 공무원봉급 및 연금청구소송을 들 수 있다.

③ 객관적 소송

여기에는 민중소송과 기관소송이 있다. 민중소송은 국가 또는 공공단체의 기관이 법률에 위반되는 행위를 한 때에 자신의 법률상의 이익과 관계없이 그 시정을 구하기 위하여 제기하는 소송이다. 예컨대, 주민소송이나 선거소송을 들 수 있다. 이들은 모두 대법원에 제기한다. 기관소송이란 국가 또는 기관 상호 간에 권한의 존부 또는 그 행사에 관한 다툼이 있는 경우에 제기하는 소송이다. 예컨대, 지방자치단체의 장이 지방의회 의결의 월권 또는 법령위반을 이유로 지방의회를 피고로 하여 대법원에 소를 제기하는 경우이다.

라. 행정소송의 절차

행정소송을 제기하려면 원칙적으로 행정심판을 먼저 거쳐야 하고, 이에 불복하는 경우에만 행정소송을 제기할 수 있다. 이것을 '행정심판전치주의'라고 한다. 행정소송은 원칙적으로 처분청을 피고로 하여 그 처분행정청의 소재지를 관할하는 고등법원에 제소한다. 따라서 고등법원이 제1심법원이 되고, 그 판결에 불복하는 경우 대법원에 상고

할 수 있다.

사례

1. 갑은 국가공무원으로서 음주운전으로 교통사고를 야기하여 징역 6월에 집행유예 1년형을 선고받았다. 이 때문에 갑은 공무원직에서 퇴직하게 되었는데, 이 경우 행정소송으로 다투어 볼 수 있는가?

힌트 행정소송법 제1조에 의하면 "이 법은 행정소송절차를 통하여 행정청의 위법한 처분 그밖에 공권력의 행사·불행사 등으로 인한 국민의 권리 또는 이익의 침해를 구제하고, 공법상의 권리관계 또는 법적용에 관한 다툼을 적정하게 해결함을 목적으로 한다"라고 규정하고 있고, 같은 법 제2조 제1항 제1호에 의하면 ""처분 등"이라 함은 행정청이 행하는 구체적 사실에 관한 법집행으로서의 공권력의 행사 또는 그 거부와 그밖에 이에 준하는 행정작용 및 행정심판에 대한 재결을 말한다"라고 규정하고 있다.

그러므로 위 사례에서 갑의 당연퇴직이 위 행정소송의 대상이 되는 행정처분인지 여부에 관하여 살펴볼 필요가 있는데, 관련 판례를 보면 "국가공무원법 제69조에 의하면 공무원이 제33조 각 호의 1에 해당할 때에는 당연히 퇴직한다고 규정하고 있으므로, 국가공무원법상 당연퇴직은 결격사유가 있을 때 법률상 당연히 퇴직하는 것이지 공무원관계를 소멸시키기 위한 별도의 행정처분을 요하는 것이 아니며, 당연퇴직의 인사발령은 법률상 당연히 발생하는 퇴직사유를 공적으로 확인하여 알려주는 이른바 관념의 통지에 불과하고 공무원의 신분을 상실시키는 새로운 형성적 행위가 아니므로 행정소송의 대상이 되는 독립한 행정처분이라고 할 수 없다"라고 하였다(대법원 1995. 11. 14. 선고 95누2036 판결).

따라서 위 사례의 경우에 행정소송으로 다투어 볼 수 없을 것으로 본다.

연습문제

1. 행정과 행정법의 개념을 비교 설명하라.
2. 행정법의 기본원리를 설명하라.
3. 행정법에는 어떤 법률이 있는가?
4. 행정법관계의 특질이란 어떤 것인가?
5. 국가행정기관에는 어떤 것이 있는가?

6. 누가 자치행정의 주체가 될 수 있는가?
7. 공무원에는 어떤 종류의 공무원이 있는가?
8. 행정행위에는 어떤 종류가 있는가?
9. 법률행위적 행정행위와 준법률행위적 행정행위를 비교 설명하라.
10. 행정벌과 행정강제는 어떻게 다른가?
11. 행정쟁송이란 무엇인가?

로스쿨 대비

LEET 논술 / 면접 (출제예상문제)

<제시문>

국민연금이란 국민이 국가에 일정액을 보험료로 내고 노후에 연금으로 돌려받는 사회보험 제도이다. 출산율 저하로 인한 고령화가 점점 심화되고 있는 상황이어서 국민연금 고갈에 대한 우려가 높아지고 있다. 국민이 내야 하는 연금보험료 금액은 가입자의 기준소득월액에 연금 보험료율을 곱하여 계산된다. 소득대체율이란 연금액이 가입자의 생애 평균소득에서 차지하는 비율을 의미한다. 소득대체율이 늘어날수록, 나중에 가입자가 돌려받는 금액은 커진다. 현재 국민연금의 보험료율은 9%, 소득대체율은 40% 수준이다. 인구 고령화가 빠르게 진행됨에 따라 현재의 보험료율과 소득대체율이 유지될 경우, 2055년에는 기금이 바닥날 것으로 예측된다. 개혁안으로 아래 1안과 2안이 제시되고 있다.

【1안】 보험료를 더 내고 소득대체율도 늘려서 '소득을 보장'하는 개혁안이다. 구체적으로 보험료율은 현재의 9%에서 13%로 점차 인상하고 소득대체율은 현재의 40%에서 50%로 확대하자는 안이다. 소득대체율을 높여 취약계층이 빈곤에서 벗어날 수 있게 하자는 입장이다.

【2안】 보험료를 더 내지만 소득대체율을 유지해 '재정 안정'을 강화하자는 개혁안이다. 구체적으로 보험료율은 현재의 9%에서 12%로 점차 인상하고 소득대체율은 현재의 40%로 유지하자는 안이다. 보험료는 현재보다 더 내지만, 소득대체율을 현 수준으로 유지하여 재정 안정을 강화하자는 입장이다.

질문 〈제시문〉을 읽고 두 개혁안 [1안]과 [2안] 중 하나를 선택하시오. 자신이 선택한 입장에 따라 선택하지 않은 입장을 반박하시오.

LEET 언어이해 (2016년 기출문제 변형)

아래 지문 내용과 일치하는 것은?

현대 사회에서 국가는 개인의 권리와 이익에 영향을 주는 다양한 행정 작용을 한다. 이에 따라 국가 활동으로 인하여 손해를 입은 개인을 보호할 필요성이 커지게 되었다. 국가배상 제도는 국가 활동으로부터 손해를 입은 개인을 보호하기 위하여 국가에 손해배상 책임을 지운다. 이 제도는 19세기 후반 프랑스에서 법원의 판결 곧 판례에 의하여 도입된 이래, 여러 나라에서 법률 또는 판례에 의하여 인정되었다. 우리나라도 국가배상법을 제정하여 공무원의 법을 위반한 직무 집행으로 손해를 입은 개인에게 국가가 그 손해를 배상하도록 하고 있다.

법관이 하는 재판도 국가 활동에 속하는 이상 재판에 잘못이 있을 때 국가가 전적으로 손해배상 책임을 지는 것이 타당하다고 볼 수도 있다. 그러나 재판에는 일반적인 행정 작용과는 다른 특수성이 있어 재판에 대한 국가배상 책임을 제한할 필요성이 인정된다. 그 특수성으로 먼저 생각할 수 있는 것은 재판의 공정성을 위하여 법관의 직무상 독립이 보장되고 있다는 점이다. 만일 법관이 재판을 함에 있어서 사실관계의 파악, 법령의 해석, 사실관계에 대한 법령의 적용에 잘못을 범하였다는 이유로 국가가 손해배상 책임을 지게 되면, 법관은 이러한 손해배상 책임에 대한 부담 때문에 소신껏 재판 업무에 임할 수 없게 될 것이다.

A는 헌법재판소에 헌법소원 심판을 청구하였다. A는 적법한 청구 기간 내인 1994년 11월 4일에 심판 청구서를 제출했으나, 헌법재판소는 청구서에 찍힌 접수 일자를 같은 달 14일로 오인하였다. 헌법재판소는 적법한 청구 기간이 지났음을 이유로 하여 재판관 전원 일치의 의견으로 A의 심판 청구를 받아들이지 않는다는 결정을 하였다. 당시에는 헌법재판소의 결정에 대한 불복 절차가 마련되어 있지 않았기 때문에 A는 위 결정의 잘못을 바로잡을 수 없었다. A는 법을 위반한 헌법재판소 결정으로 인해 손해를 입었다고 하여 1997년 법원에 국가배상 청구를 하였고, 2003년에 이 청구에 대한 대법원의 판결이 내려졌다.

① 법관의 직무상 독립 보장만을 이유로 이 사건에서 국가배상 책임을 부인할 수는 없다.

② 법원은 A의 심판 청구서가 적법한 청구 기간 내에 헌법재판소에 제출되었다고 보아 헌법재판소 결정의 위법성을 인정할 수 있다.

③ 1997년에는 헌법재판소의 결정에 대한 불복 절차가 마련되어 있지 않았기 때문에 A의 국가배상 청구는 법원이 받아들이지 않았을 것이다.

④ 프랑스를 비롯한 여러 나라에서 국가배상 제도가 법률로 도입되었다.

⑤ 법관이 하는 재판도 국가 활동에 속하는 이상, 재판에 대한 국가배상 책임을 제한할 수 없다.

정답: ②

제4장 형법

- 자살은 타인을 살해하는 것보다 더 큰 죄이다.
- 인간을 벌할 수도 사면할 수도 있다. 그러나 인간을 인간으로 보지 않으면 안 된다. —Göthe
- 법은 불법에 양보할 필요 없다*Das Recht braucht dem Unrecht nicht zu weichen*.

Ⅰ. 형법이란 어떠한 법인가?

1. 형법의 의의

형법이란 범죄와 범죄에 대한 법률효과인 형벌 또는 보안처분을 규정하는 법규범의 총체이다. 범죄와 형벌 또는 보안처분은 별개의 개념이 아니라, 서로 밀접한 관계를 가지고 있는 개념이다. 왜냐하면 범죄는 형벌의 기초이고, 형벌은 범죄에 대한 법률효과에 지나지 않기 때문이다. 따라서 형법이라는 명칭도 국가에 따라 형법*Strafrecht; droit pénal* 또는 범죄법*criminal law; droit criminel*이라는 용어가 혼용되고 있다. 대륙법국가에서 사용하고 있는 형법이라는 용어도 범죄와 형벌 중에서 형벌에 중점을 둔 명칭에 불과하다.

형법도 협의와 광의의 2가지 의미로 사용된다. 협의의 형법, 즉 형식적 형법은 1953년 9월 18일 법률 제293호로 공포되어 같은 해 10월 3일부터 시행된 형법전을 말한다.

광의의 형법, 즉 실질적 형법은 범죄와 형벌을 정하는 모든 법률 및 명령을 포함하는 것으로, 여기에는 형식적 의미의 형법인 형법전 외에도 국가보안법·폭력행위 등 처벌에 관한 법률·특정범죄 가중처벌 등에 관한 법률·경범죄 처벌법·관세법·도로교통법·식품위생법·성폭력방지 및 피해자보호 등에 관한 법률 등이 포함된다.

형법학은 광의의 형법을 연구의 대상으로 한다.

2. 형법의 기능

(1) 보호적 기능

형법의 보호적 기능은 '법익의 보호'와 '사회윤리적 행위가치의 보호'를 내용으로 하고 있다. 형법은 인간의 공동생활에 있어서 불가결한 가치를 보호하기 위하여 형벌이라는 보호수단을 발동하므로, 법익의 보호는 보호적 기능의 핵심이 된다. 형법이 보호하는 법익으로는 개인적 법익, 사회적 법익, 국가적 법익이 있다. 또 형법은 법익만 보호하는 것이 아니라, 인간의 사회윤리적 행위가치도 보호한다.

(2) 보장적 기능

형법은 국가의 형벌권의 한계를 명백히 하여 자의적인 형벌로부터 국민의 자유와 권리를 보장하는 기능을 한다. 형법은 2가지 측면에서 보장적 기능을 한다. 하나는 형법은 일반국민에 대하여 형법에 규정되어 있는 범죄 외에는 어떤 행위를 하더라도 범죄자로서 처벌하지 않는다는 보장이며, 다른 하나는 범죄인에 대하여도 형법에서 정하고 있는 형벌의 범위 안에서만 처벌하겠다는 보장이다. 이를 두고 형법은 범죄인의 마그나 카르타*Magna Charta*라고 한다.

(3) 사회보호적 기능

인간의 공동생활은 법질서의 유지를 전제로 한다. 형법은 형벌이나 보안처분이라는 수단을 이용하여 법질서를 침해하는 범죄에 대하여 사회질서를 유지하고 보호하려고 하는 사회보호적 기능을 수행한다. 형법은 형벌을 통하여 일반국민으로 하여금 죄를 짓지 못하도록 억압하는 일반예방적 기능을 하기도 하고, 범죄인에게 사회복귀를 촉진하는 특별예방적 기능도 수행한다.

3. 죄형법정주의

(1) 죄형법정주의의 의의

"법률 없으면 범죄 없고 형벌도 없다*nullum crimen, nulla poena sine lege*"는 근대형법의 기본원리를 죄형법정주의라고 한다. 즉 어떤 행위가 범죄로 되고, 그 범죄에 대하여 어떤 처벌을 할 것인가는 미리 성문인 법률로 규정해 두어야 한다는 원칙이다.

헌법 제12조 제1항의 "누구든지 법률과 적법한 절차에 의하지 아니하고는 처벌·보안처분 또는 강제노역을 받지 아니한다"는 규정과 제13조 제1항의 "모든 국민은 행위 시의 법률에 의하여 범죄를 구성하지 아니하는 행위로 소추되지 아니한다"는 규정 및 형법 제1조 제1항의 "범죄의 성립과 처벌은 행위 시의 법률에 따른다"는 규정은 모두가 죄형법정주의를 표명한 것이다. 죄형법정주의는 형법학의 산물이라기보다는 근세 자연권적 인권사상 내지 계몽주의 사상의 산물이라고 할 수 있다. 그러나 현대적 의미의 죄형법정주의는 법치국가원리에 그 근거를 두고 있다.

또한 죄형법정주의는 국가형벌권의 확장과 남용으로부터 시민의 자유와 권리를 보장하기 위한 '형법의 최고원리'이며, 형법의 보장적 기능도 죄형법정주의의 준수에 의하여 비로소 그 효과를 발휘할 수 있게 된다.[1]

---

1 이재상, 『형법총론(제12판)』, 박영사, 2024, 11~12면.

(2) 죄형법정주의의 내용

가. 법률주의

범죄와 형벌은 국회에서 제정된 성문의 법률에 의하여 규정되지 않으면 안 된다. 법률주의는 관습형법의 금지를 그 내용으로 하므로 법률주의를 '관습형법금지의 원칙'이라고도 한다. 관습형법금지의 원칙은 관습형법이 직접 형법의 法源이 될 수 없다는 뜻이지, 관습형법이 형법의 해석에 간접적으로 영향을 미칠 수 없다는 뜻은 아니다.

나. 소급효금지의 원칙

범죄와 형벌은 행위 시의 법률에 의하여 결정하지 않으면 안 된다는 원칙이다. 법률불소급의 원칙 또는 형벌불소급의 원칙이라고도 한다. 이 원칙은 법적 안정성과 법률에 대한 예측가능성을 위한 법치국가이념에 그 근거를 두고 있다.

다. 명확성의 원칙

형법에 "행실이 불량한 자 또는 사회질서에 반한 자는 5년 이상의 징역에 처한다"는 규정이 있다면, 이러한 규정은 명확성이 없기 때문에 죄형법정주의에 반하는 법률이 될 것이다. 이와 같이 형벌법규의 내용이 추상적이고 불명확하면 법률해석에 있어서 법관의 자의가 허용되어, 소급금지의 원칙은 무의미하게 되고, 국민의 인권은 보장될 수 없는 결과가 될 것이다. 따라서 형법은 범죄의 구성요건과 법적 결과를 명확하게 규정하지 않으면 아니 된다. 이러한 원칙을 명확성의 원칙이라 한다.

그런데 명확성의 원칙과 관련하여 문제가 되는 것은 부정기형이다. 부정기형이란 형의 선고 시에는 기간을 특정하지 않고, 형의 집행단계에서 그 기간을 결정하는 것을 말한다. 부정기형에는 형의 장기와 단기가 전혀 특정되지 아니하는 절대적 부정기형과 형의 장기와 단기 또는 그 장기가 법정 되어 있는 상대적 부정기형이 있는데, 이 중에서 절대적 부정기형이 죄형법정주의에 반한다. 그리고 보안처분의 기간은 정기일 것을 요하지 않는다. 왜냐하면 보안처분은 성질상 기간의 부정기를 본질로 하기 때문이다.

라. 유추해석금지의 원칙

아무리 법규의 내용이 명확하다 할지라도 법관이 법률의 해석과 적용을 잘못한다면, 명확성의 원칙은 무의미하게 되고, 경우에 따라서는 자의에 의한 입법을 허용하는 결과가 된다. 확장해석은 허용되지만, 유추해석은 금지된다는 것이 우리나라의 통설이다.[2]

---

2 이재상, 위의 책, 36면.

마. 적정성의 원칙

죄형법정주의의 정신에 따라 형법의 보장적 기능을 다하기 위하여는 법률의 내용이 적정하여야 한다는 원칙이다. 적정하여야 한다는 것은 법률의 내용이 국가와 사회가 지향하여야 할 가치에 부합하고 정의로워야 한다는 의미이다. "내용이 적정한 법률이 없으면 범죄 없고 형벌도 없다"는 원칙이 실질적 정의의 요청으로서 죄형법정주의의 내용이 되어야 한다.

연습문제

1. 형법이란 어떤 법인가?
2. 형법은 '범죄인의 마그나 카르타'라고 하는 의미는 무엇인가?
3. 죄형법정주의의 내용을 요약하여 설명하라.
4. 범죄와 형벌을 적용함에 있어서 죄형법정주의를 강조하는 이유는 어디에 있는가?

Ⅱ. 형법이론

형법이론은 범죄이론과 형벌이론을 내용으로 하고 있다. 범죄이론은 형벌의 전제가 되는 범죄의 본질이 무엇인가에 관한 이론임에 대하여, 형벌이론은 형벌의 본질과 목적이 무엇인가에 관한 이론이다.

1. 범죄이론

범죄이론에 대하여는 객관주의와 주관주의의 대립이 있다.

(1) 객관주의

객관주의*Objektivismus*란 형법적 평가의 비중을 범죄가 외부에 나타난 행위와 결과에 두고, 형벌의 종류와 경중도 이에 상응하여 부과하여야 한다는 이론이다. 형벌의 대상은 어디까지나 범죄사실이어야 한다는 점에서 객관주의를 범죄주의, 사실주의, 또는 현실주의라고도 한다.

(2) 주관주의

주관주의*Subjektivismus*란 범죄인은 특수한 성격의 소유자이므로, 형벌의 대상은 범죄사실이 아니라 범죄인이며, 형벌의 종류와 경중도 범죄인의 악성이나 사회적 성격 내지 사회적 위험성에 의하여 결정하여야 한다는 이론이다. 이러한 점에서 주관주의를 범인주의, 성격주의, 또는 범죄징표주의라고도 한다.

(3) 양 주의의 차이점과 비판

객관주의가 행위와 결과라는 행위중심의 사상이라면, 주관주의는 행위자 중심의 사상이다. 따라서 객관주의는 행위를 벌하는 데 대하여, 주관주의는 행위자를 벌하는 것이 된다. 그러나 객관주의라고 하여 범죄의 주관적 요소를 무시하고, 주관주의라고 하여 객관적 요소를 부인하는 것은 아니다. 다만 어느 것을 중시하느냐의 차이가 있을 뿐이다. 따라서 두 주의 가운데 어느 하나가 절대적으로 옳고 다른 하나가 부당하다고는 말할 수 없다.

우리 형법은 원칙적으로 객관주의에 입각하고 있으면서 주관주의를 고려한 절충주의를 채택하고 있다.

2. 형벌이론

형벌이론에는 응보형주의와 목적형주의가 있고, 목적형주의는 다시 일반예방주의와 특별예방주의로 나누어진다.

(1) 응보형주의

응보형주의*Vergeltungstheorie*란 형벌의 본질이 범죄에 대한 정당한 응보에 있다는 사상이다. 범죄는 위법행위이므로 범죄인에게 그 범죄행위에 상응하는 처벌을 하는 것이 바로 형벌이라는 것이다. 따라서 형벌의 본질은 응보에 있고, 형벌의 내용은 악에 대한 보복으로서의 고통을 의미한다.

칸트*Immanuel Kant*(1724~1804)는 "형벌은 정의의 명령이기 때문에 지구가 종말에 도래하여 국가가 해체되는 경우에도 사형수는 한 사람도 남김 없이 사형을 집행하여야 정의가 실현될 수 있고, 그렇지 않은 경우에는 인간이 지상에서 살아갈 가치가 없다" 하면서 '형벌의 同害的 응보'를 주장하였다.

그러나 응보형주의에 대하여는 형벌을 가하는 것은 법질서와 법익을 보호하기 위한 것이지 응보에 있는 것이 아니다는 것과 단순히 해악에 대하여 해악으로 응보한다는 것은 야만행위라고 하는 비판이 있다.

(2) 목적형주의

목적형주의*Präventive theorie*란 형벌의 목적이 장래의 범죄를 예방하는 데 있다는 사상이다. 응보형주의가 절대설이라면, 목적형주의는 상대설에 속한다.

가. 일반예방주의

형벌의 목적은 잠재적 범죄인*potentieller Täter*이라고 할 수 있는 일반인에 대한 위하에 의한 범죄의 예방에 있다는 견해이다. 일반예방에는 형집행에 의한 것과 형예고에 의한 것이 있다. 오늘날은 대체로 형예고에 의한 일반예방의 의미로 사용되고 있다.

그러나 일반예방주의에 대하여는 대부분의 범죄는 이익과 불이익에 대한 이성적 계산의 결과라고 할 수 없으며, 다른 사람의 범죄를 예방하기 위하여 왜 범인을 처벌하여야 하는지 분명한 이유가 되지 않는다는 등의 비판이 있다.

나. 특별예방주의

형벌의 목적은 범죄인에 대한 위하와 범죄인의 사회로부터의 격리나 사회복귀를 통하여 그 범죄인으로 하여금 다시 죄를 범하지 않도록 하는 데 있다는 주장이 특별예방주의*Spezial Präventionstheorie*이다.

특별예방주의에 대해서도 특별예방주의를 일관할 때에는 형벌은 보안처분으로 대체되어야 할 것이라는 점과 범죄인의 사회복귀를 위한 교육이라는 이유만으로 형벌의 정당성을 인정할 수는 없다는 등의 비판이 있다.

이상에서 보아 온 바와 같이 어느 하나의 주의나 견해에 따를 수는 없고, 이들 이론의 장점을 결합하여 형벌의 목적이나 이론을 설명하는 절충설 내지 결합설의 입장을 취하는 것이 무난한 태도라고 하겠다. 우리 형법도 이와 같은 태도에서 범죄와 형벌에 관한 규정을 두고 있고, 또 적용하고 있다고 할 수 있다.

3. 구파와 신파

칸트, 헤겔*Hegel*(1770~1831)의 응보형주의와 베카리아*Beccaria*(1738~1794), 포이어바흐*Feuerbach*(1775~1833)의 일반예방주의는 객관주의와 결합하여 법치국가를 이념으로 하는 형법사상을 형성하였는데, 이러한 일련의 학파를 구파라고 부른다. 이에 대하여 신파는 19세기 이후에 형성된 학파로서 형벌의 개별화, 부정기형의 채용, 형벌과 보안처분의 일원화 등을 내용으로 하는 특별예방주의는 주관주의와 결합되어 문화국가를 이념으로 하는 법사상으로 발전하였다. 롬브로소*Lombroso*(1836~1909), 리스트*Liszt*(1851~1919), 가로팔로*Garofalo*(1851~1934) 등으로 대표되는 이러한 일련의 학파를 신파라고 부른다.

연습문제

1. 주관주의와 객관주의의 차이점은 무엇이며, 신파와 구파와의 관계는 어떠한가?
2. 응보형주의와 목적형주의의 장단점을 지적하라.
3. 범죄와 형벌이론과 관련하여 우리 형법은 어떠한 입장에 서 있는가?

Ⅲ. 범죄론

1. 범죄의 의의

범죄*crime; Verbrechen*의 개념에는 형식적 의미의 범죄와 실질적 의미의 범죄가 있다. 형식적 의미의 범죄라 함은 형벌법규에 의하여 형벌을 과하는 행위를 말하고, 실질적 의미의 범죄라 함은 사회의 안전과 이익을 해치는 모든 반사회적 행위를 말한다. 즉 범죄의 형사정책적 의의라고 할 수 있다.

2. 범죄의 성립조건

형식적 의미의 범죄가 성립하기 위하여는 행위의 구성요건해당성·위법성·행위자의 책임이 필요하게 된다. 이 중에서 하나라도 갖추지 못한 때에는 범죄는 성립하지 않는다.

(1) 구성요건해당성

"사람을 기망하여 재물의 교부를 받거나 재산상의 이익을 취득한 자"는 형법상의 사기죄가 성립되어 10년 이하의 징역 또는 2,000만 원 이하의 벌금을 물게 될 것이다. 이와 같이 형법 제347조의 규정을 범죄의 구성요건이라고 하고, 어떠한 행위가 실제로 이러한 형법상의 구성요건에 해당된다고 해석된다면 그 행위는 구성요건해당성*Tatbestandsmässigkeit*을 갖게 된다. 구성요건이론은 죄형법정주의와 함께 인권보장을 위한 것으로, 마이어*Mayer*(1875~1923)와 벨링*E. Beling*에 의하여 확립되었다. 이와 같이 구성요건해당성이 없으면, 아무리 반사회적·반도덕적 행위라 할지라도 범죄는 성립될 수 없게 된다.

(2) 위법성

가. 의의

위법성*Rechtswidrigkeit*이라 함은 어떤 행위가 법에 위반하여 허용되지 않는 성질을 말한다. 행위의 위법성은 행위자의 능력과 인식을 기초하여 판단하여야 할 것인가 또는 능력과 인식과는 관계없이 객관적으로 판단하여야 하는가가 문제 된다. 전자의 견해를 주관적 위법성설이라 하고, 후자의 견해를 객관적 위법성설이라 한다. 행위자의 주관적 평가는 모두 책임의 문제로 돌리고, 위법성은 행위의 객관적 측면에 관한 평가에 국한하여야 한다는 것이 지배적인 견해이다.

형법은 위법성을 적극적으로 규정하지 않고 구성요건에 해당하면 일단 위법성이 추정된다는 것을 전제로 하여, 어떤 특별한 사정이 있으면 이 추정을 깨뜨려 위법성이 없다고 하고 있다. 이를 위법성 조각사유라고 하는데 현행법상 다음과 같은 것이 있다.

나. 위법성 조각사유

어떤 행위가 구성요건에 해당하더라도 다음과 같은 위법하지 않는 사유가 있으면 범죄가 성립되지 아니한다. 이러한 사유를 위법성 조각사유라고 한다.

① 정당행위

법령에 의한 행위(예: 범인체포), 업무로 인한 행위(예: 의사의 수술행위), 기타 사회상규에 위배되지 않는 행위(예: 군인의 적병살상)는 정당한 행위로서 그 위법성이 조각된다(제20조). 사회상규와 관련하여 위법성이 문제되는 예로서는 안락사를 들 수 있다.

사례

1. 갑은 을을 때릴 생각으로 일부러 술을 마신 후 만취상태에서 을에게 상처를 입혔다. 다음 날 술에서 깨어난 갑은 이러한 일을 전혀 기억할 수 없었다. 이러한 경우에도 갑은 처벌되는가?

   힌트 갑은 을에게 상해를 가하려고 일부러 술을 마셔서 책임능력의 결함상태를 초래한 것이므로, 형법 제10조 제3항(위험의 발생을 예견하고 자의로 심신장애를 야기한 자)에 해당되어 상해죄로 처벌된다(원인에 있어서 자유로운 행위).

2. 술집에서 술을 마시다가 손님과 시비가 붙었지만, 피하여 밖으로 나왔는데 집 근처까지 따라 오면서 싸움을 걸어오므로 이를 제지하려고 멱살을 잡고 밀어 넘어지게 하였다. 그 결과 이마와 코에 피가 흐르고 양복이 찢어지는 사건이 생겼다. 검찰의 통지를 받고 출두하였더니 상해죄로 고소된 상태였다. 상해죄로 구속될 행위인가?

   힌트 형법 제20조는 "법령에 의한 행위 또는 업무로 인한 행위 기타 사회상규에 위배되지 아니하는 행위는 벌하지 아니한다"고 규정하고 있다. 사회상규에 위배되지 아니하는 행위란 사회통념상 용인될 수 있는 행위로서 바로 위와 같은 행위가 이에 해당된다고 할 것이다. 왜냐하면, 피해자가 집 근처까지 끈질기게 따라오며 귀찮게 싸움을 걸어와 이를 막으려고 멱살을 잡고 넘어뜨리는 행위는 사회통념상 용인될 수 있는 행위로 볼 수 있기 때문이다.

② 정당방위

자기 또는 타인의 법익에 대한 현재의 부당한 침해를 방위하기 위한 행위는 상당한 이유가 있는 때에는 벌하지 아니한다(제21조 제1항). 정당방위*Notwehr*가 성립하기 위하여는 그 침해가 현재의 침해이어야 하고, 부당하여야 하며, 방위자에게 자기 또는 타인의 법익을 보호하기 위한 방위의사가 있어야 할 뿐만 아니라 상당한 이유가 있어야 한다. 예컨대 권총을 발사하는 강도를 살해하는 행위는 정당방위가 성립되어도, 좀도둑을 권총으로 살해한 행위는 정당방위도 과잉방위도 성립되지 아니한다. 정당방위는 부당한 침해를 반격한다는 점에서 '부정 대 정' 내지 '불법 대 법*Recht gegen Unrecht*'의 관계에 있다. 이와 같은 이유에서 정당방위를 인정하는 근거도 개인의 자기보호원리와 법수호의 원리에 있다고 하겠다.

사례

1. 사소한 말다툼이 패싸움으로 발전되면서, 상대방이 먼저 뺨을 때리는 바람에 이를 맞받아친 경우에 정방방위가 성립되는가?

   힌트 이미 말싸움을 벌이고 있었으므로 싸움의 경우에는 가해행위가 방어행위인 동시에 공격적인 성격을 가지고 있으므로, 정당방위라고 볼 수 없다(대법원 1993. 8. 24. 선고 92도1329 판결).

2. 여학생 갑은 밤늦게 귀가하던 중 을이 다가와서 강제로 키스를 하면서 강간을 하려고 하므로, 이를 물리치려는 과정에서 을의 혀를 깨물어 상처를 입혔다. 갑은 상해죄로 처벌받게 되는가?

   힌트 정당방위가 성립하려면 현재의 부당한 침해가 있어야 하고, 그 방위행위가 자기나 타인의 생명이나 정조를 보호하기 위한 행위이어야 하며, 또한 그러한 방위행위는 상당한 이유가 있어야 한다. 정당방위가 성립되면 갑은 처벌받지 아니한다(형법 제21조). 갑은 자기의 정조를 방위하는 과정에서 을의 혀를 깨물게 되어 상처를 입혔다면 이는 정당방위가 성립된다고 본다. 을의 혀의 일부분이 절단되어 말을 할 수 없을 정도가 되었다면 과잉방위가 되어 과실치상죄로 처벌받아야 한다는 견해도 있으나, 야간에 불안한 상태에서 발생한 사건으로 미루어 보아 방위행위에 상당성이 인정되어 정당방위가 성립한다고 보아야 할 것이다.

③ 긴급피난

자기 또는 타인의 법익에 대한 현재의 위난을 피하기 위한 상당한 이유가 있는 행위를 긴급피난*Notstand*이라고 한다(제22조 제1항). 맹견의 침해로부터 자신의 신체를 보호하기 위하여 맹견을 사살하는 경우나, 질주하는 자동차를 피하기 위하여 도로변 상점의 유리창을 깨뜨린 경우가 여기에 해당한다. 정당방위의 경우와는 달리 침해가 사람의 행위든 자연현상이든 불문하고, 침해가 부당한 것임을 요하지 않으며(정 대 정의 관계), 피난방법으로서 다른 방법이 없었고(보충의 원칙), 또한 지키려는 법익과 피난으로 인하여 침해받는 법익 사이에 균형(법익균형의 원칙)이 유지되어야 한다.

사례

1. A남은 평소 가깝게 지내던 B녀가 마음이 변한 것을 알고 강간하려 하였으나, B녀가 A남의 혀를 깨물고 놓아주지 않으므로, A남은 B녀의 코를 막고 때림으로써 간신히 위기에서 탈출하였다. 이 과정에서 B녀의 코가 부러지고 옷이 찢어졌다. 이 경우 ① A남은 B녀를 상해죄로 고소할 수 있는가? ② B녀가 A남에게 강간치상죄 또는 상해죄와 재물손괴죄로 고소한 경우에, A남은 긴급피난에 해당하는 행위로 주장할 수 있는가? ③ B녀가 식욕감퇴 등 히스테리증을 야기한 경우에도 강간치상죄가 성립되는가?

힌트 ① B녀의 행위는 정당방위에 해당하므로, A남은 상해죄로 고소할 수 없다.

② A남은 긴급피난임을 주장할 수 없다. 왜냐하면, 스스로 야기한 행위에 대하여는 긴급피난을 인정할 수 없다고 보아야 한다. 따라서 A남은 B녀에게 강간치상죄로의 죄책을 면할 수 없을 것이다.

③ 상해는 반드시 외관상의 상해가 발생할 것을 요하지 아니하고, 수면장애나 식욕감퇴 등 기능의 장애도 상해로 볼 수 있다.

④ 자구행위

숙박비를 지급하지 않고 도주하는 손님을 붙잡아 그 대금을 받는다든지, 날치기를 추적하여 자기 물건을 탈환하는 것과 같이, 권리자가 그 권리를 침해당한 때에 공권력의 발동에 의하지 아니하고, 자력에 의하여 침해당한 권리를 구제 내지 실현하는 행위를 자구행위*Selbsthilfe*라고 한다. 이는 민법상의 자력구제(민법 제209조)와 같은 뜻이다.

자구행위가 성립하기 위하여는 법정절차에 의하여 청구권을 보전하기가 불가능한 경우에, 청구권의 실행불능 또는 현저한 실행곤란을 피하기 위한 행위로서 상당한 이유가 있어야 한다(제23조). 법치국가에 있어서는 사권의 구제는 국가권력에 의하여야 하고, 피해자의 자력에 의한 구제는 인정하지 않는 것이 원칙이다. 그러나 경우에 따라서는 시간의 경과를 필요로 하는 법정절차에 의하여 권리의 보전을 바란다는 것은 불가능한 경우가 있으므로, 이러한 경우에는 피해자로 하여금 공서양속에 반하지 않는 범위 안에서 허용하고 있는 제도가 자구행위이다.

사례

1. 을은 갑에게 진 5억 원의 채무를 피하기 위해 가산을 정리하여 해외로 도피하려고 한다. 이러한 사실을 알게 된 채권자 갑은 인천공항에 잠복 중 출국하려는 을을 체포하였다. 갑은 체포죄를 범한 것은 아닌가? 또 체포하기 위하여 구타하여 을에게 상처를 입힌 경우에는 어떠한가?

   힌트 외국으로 도망간 후에는 을에 대한 강제집행이 불가능하므로 갑의 행위는 체포죄의 구성요건에는 해당되지만 위법성이 없으므로 처벌하지 아니한다. 그러나 을을 구타하여 상처를 입힌 경우에는 구타하는 행위는 상당성을 인정받기 어렵다. 다만 자구행위에 부수하여 일어나는 폭행이나 협박 정도는 인정되어야 할 것이다.

⑤ **피해자의 승낙**

피해자의 승낙*Einwilligung des Verletzten*이라 함은 피해자가 가해자에 대하여 자기의 법익을 침해하는 것을 허락하는 것을 말한다. 처분할 수 있는 자의 자기 법익에 대한 훼손행위이다. 예컨대 A병원이 환자 B에게 수혈하기 위하여 C의 승낙을 얻어 C의 피를 뽑는 행위는 상해죄가 성립되지 않는 것과 같다. 그러나 피해자의 승낙에 의한 살인행위는 살인죄가 성립되는 것과 같이, 승낙행위도 법률에 특별한 규정이 없는 경우에 한하여 위법성이 조각된다.

양해와 승낙은 개념이 다르다. 양해는 예컨대 주거침입에 있어서의 주거권자의 동의와 같이 구성요건해당성 자체를 조각하는 경우이고, 승낙은 위법성을 조각하는 사유이다.

(3) 유책성

어떤 행위가 구성요건에 해당하고 또 위법성이 있다 하더라도 그 행위에 대한 책임을 행위자에게 귀속시킬 수 없는 경우에는 범죄는 성립되지 아니한다. 위법성이 범죄성립의 객관적 요건이라면, 책임은 주관적 요건이다.

가. 책임의 의의

책임*Schuld*이란 위법한 행위에 대하여 행위자를 개인적으로 비난할 수 있게 되는 것을 말한다. 책임판단의 대상은 행위자의 의사와 의사에 의하여 실현된 행위이다. 이런 의미에서 책임은 의사책임이며, 책임의 본질은 의사형성에 대한 '비난가능성'이다.

"책임 없으면 형벌 없다"는 책임주의의 원칙은 인간의 결정의 자유 내지 자유의사를 논리적 전제로 한다. 그가 자유롭게 달리 행위할 수 있었는데도 범죄행위를 한 데 대한 책임이다. 그러나 인간이 과연 자기의 행위를 지배할 수 있는 의사의 자유를 가졌느냐라고 하는 책임의 근거와 관련하여 도의적 책임론과 사회적 책임론이 대립하고 있다.

도의적 책임론이 책임의 근거를 자유의사에 두는 데 대하여, 사회적 책임론은 그것을 행위자의 반사회적 성격에 두고 있다. 두 이론이 모두 일면적 진리를 가지고 있다.

나. 책임능력

책임능력이란 사물을 정상적으로 이해하고 자기의사를 자유로이 결정할 수 있는 능력을 말한다. 즉 행위자가 법규범의 명령 또는 금지의무를 이해하고, 규범에 따라 행동할 수 있는 능력을 의미한다. 책임은 책임능력을 논리적 전제로 하며, 책임능력은 귀책능력을 의미한다. 형법은 책임능력을 적극적으로 규정하지 아니하고, 책임능력이 없거나 부족한 경우의 책임에 대해서만 규정하고 있다.

책임무능력자에는 형사미성년자, 심신상실자와 같은 절대적 무능력자와 책임능력이 부족한 자로서는 심신미약자, 농아자(청각 및 언어 장애인)와 같은 상대적 무능력자가 있다. 형사미성년자는 14세가 되지 아니한 자로 이는 절대적 무능력자로 하여 벌하지 아니한다(제9조). 그러나 형사미성년자에게는 형벌을 과할 수 없다는 것이지, 소년법에 의하여 보안처분을 할 수 없다는 것은 아니다. 그리고 18세 미만인 소년에 대하여는 사형 또는 무기형을 처할 경우에는 15년의 유기징역으로 한다(소년법 제59조).

저항할 수 없는 폭력이나 자기 또는 친족의 생명이나 신체에 대한 위해를 방어할 방법이 없는 협박에 의하여 강요된 행위는 벌하지 아니한다(제12조). 심신장애로 인하여 사물을 변별할 능력이 없거나 의사를 결정할 능력이 없는 심신상실자의 행위는 벌하지 아니한다(제10조 제1항). 그러나 심신장애로 인하여 사물을 변별할 능력이나 의사를 결정할 능력이 '미약'한 자의 행위는 형을 감경한다(제10조 제2항). 듣거나 말하는 데 모두

장애가 있는 사람의 행위에 대해서는 형을 감경한다(제11조).

다. 책임조건

위법한 행위를 한 자가 가졌던 심리상태를 책임조건이라고 한다. 여기에는 고의*Vorsatz*와 과실*Fahrlässigkeit*이 있다. 범죄사실을 인식하고 행위를 한 경우가 고의이고, 인식할 수 있었는데도 불구하고 부주의로 인하여 인식하지 못한 경우가 과실이다. 이러한 고의 및 과실이라는 심리적 요소를 책임조건이라고 한다. 형법은 원칙적으로 고의로 인한 행위만을 처벌하고, 과실로 인한 행위에 대하여는 예외적인 경우에만 처벌한다. 즉 제13조의 "죄의 성립요소인 사실을 인식하지 못한 행위는 벌하지 아니한다"는 규정과 제14조의 "정상적으로 기울여야 할 주의를 게을리하여 죄의 성립요소인 사실을 인식하지 못한 행위는 특별한 규정이 있는 경우에만 처벌한다"는 규정이 그것이다.

법률상 범죄가 되는 행위인데 범죄가 안 되는 줄로 알고 행한 법률의 착오인 경우에는 설령 법률을 몰랐다 하더라도 범죄의 성립에는 영향이 없다. 그러나 토끼인 줄 알고 쏘았으나 사실은 사람인 것과 같은 사실의 착오인 경우에는 행위자가 알았던 것보다 더 무거운 결과가 발생한 데 대하여 행위자가 인식하지 못했던 중한 죄로 처벌할 수 없다(제15조).

사례

1. 갑은 마을 입구로 들어가고 있는 멧돼지 두 마리를 발견하고 엽총으로 총을 쏘아 두 마리를 다 잡았다. 이 와중에서 그 마을에 사는 사람이 총에 맞아 사망하는 불상사가 발생하였다. 마을이 너무 가까워 위험하다고 생각하였으나, 지금까지 그런 일이 없었고, 또한 그런 일은 없을 것이라고 생각하고 총을 쏘았던 것이다. 그러나 검사가 살인죄로 구속하였는데, 그 사망자를 보고 쏜 것도 아닌데도 살인죄가 성립될 수 있는가?

   힌트 미필적 고의에 의한 살인죄가 성립된다. 살인죄가 성립되기 위하여는 살인의 의도가 있을 것을 요한다. 그러나 그 의도는 특정인을 살해하겠다는 확정적 고의를 필요로 하는 것이 아니라, 사례의 경우와 같이 자신의 행위로 인하여 누군가가 사망할지도 모른다는 사실을 예견하고 인식할 정도의 불확정적인 고의만 있어도 충분하다고 본다. 이와 같이 그 인식 및 예견이 불확정적이더라도 미필적 고의는 성립된다고 하는 것이 통설 및 판례의 태도이다.

3. 범죄의 처벌조건

처벌조건*Strafbarkeitsbedingung*이라 함은 범죄가 성립한 경우에 형벌권의 발동을 위하여 필요한 조건을 말한다. 처벌조건은 범죄의 성립조건과 구별된다. 성립조건을 결한 경우에는 무죄판결을 선고함에 반하여, 처벌조건이 없는 때에는 형의 면제판결을 받게 된다. 처벌조건에도 처벌조각사유가 있다. 예컨대 직계혈족·배우자·동거친족 등의 신분관계에 있는 자 사이의 절도행위는 인적처벌조각사유에 해당되어 형벌권이 발생하지 아니한다.

4. 범죄의 소추조건

소추조건 또는 소송조건*Peozessvoraussetzung*이라 함은 범죄가 성립하고 형벌권이 발생한 경우라도 그 범죄를 소추하기 위하여 소송법상 필요한 조건을 말한다. 소추조건은 범죄의 성립이나 형벌권의 발생과 관계없는 공소제기의 유효조건에 지나지 않는다.

형법이 규정하고 있는 소추조건에는 친고죄와 반의사불벌죄가 있다. 친고죄*Antragsdelikte*란 공소제기를 위하여는 피해자, 기타 고소권자의 고소를 요하는 범죄를 말한다. 고소가 있어야 논할 수 있는 범죄라는 뜻에서 이를 정지조건부 범죄라고 한다. 반의사불벌죄란 폭행죄나 명예훼손죄에 있어서와 같이 피해자의 의사와 관계없이 공소를 제기할 수는 있으나, 피해자의 명시한 의사에 반하여는 논할 수 없는 범죄를 말한다. 피해자가 처벌을 희망하지 아니한 경우에는 처벌할 수 없다는 점에서 이를 해제조건부 범죄라고도 한다.

5. 미수

(1) 미수범

형법에서 범죄라고 할 때에는 일반적으로 기수*Vollendung*를 의미한다. 기수는 구성요건이 완전히 실현된 경우이며, 미수*Versuch*는 범죄의 실행에 착수하여 행위를 종료하지 못하였거나 결과가 발생하지 아니한 경우이다. 미수는 실행에 착수한 점에서 예비*Vorbereitung*와 구별되고, 범죄가 완성하지 않은 점에서 기수와 다르다. 미수범의 형은 기수범보다 감경할 수 있다(제25조 제2항).

(2) 중지미수

중지미수*Rücktritt vom Versuch*라 함은 범죄의 실행에 착수한 자가 자의로 이를 중지하거나 결과의 발생을 방지한 경우를 말한다. 자의로 중지한다는 것은 범죄가 완성되기 전에 자기의 의사에 의하여 중지한다는 의미이다. 중지범 또는 임의미수라고도 하며, 중지미수는 그 형을 감경 또는 면제한다(제26조).

(3) 불능미수

불능범과 불능미수는 다른 개념이다. 불능범과 불능미수는 위험성의 유무에 의하여 구별된다. 불능범은 결과의 발생이 사실상 불가능할 뿐만 아니라 위험성이 전혀 없기 때문에 벌할 수 없는 행위인 데 대하여, 불능미수는 결과의 발생은 불가능하지만 위험성이 있기 때문에 미수범으로 처벌되는 경우를 말한다. 시체에 대한 살인행위, 임신하지 아니한 부녀의 낙태, 치사량 미달의 독약으로 인한 살인미수는 불능미수이지만 위험성이 있기 때문에 독일의 판례는 이들의 경우 모두 불능미수로 처벌하였다.

불능미수는 처벌하지 않는 것이 원칙이지만 위험성이 있는 때에는 그 형을 감경 또는 면제한다(제27조).

사례

1. 다음과 같은 경우에 갑은 처벌될 것인가?
   (1) 을을 살해하려고 하였으나 지금 죽으면 너무 억울하니 며칠만 여유를 달라고 애원하므로 그렇게 하기로 허락한 경우
   (2) 을을 살해하려고 맥주에 청산가리를 탔으나 치사량 미달인 경우
   (3) 이미 사망한 을을 살아있는 것으로 잘못 알고, 살인의 의사로 칼로 찌른 경우

   힌트 (1)은 중지미수 중 착수미수이고, (2)는 불능미수로 수단의 착오로 결과발생이 불가능하고, (3)은 불능미수로 대상의 착오에 해당한다. 중지미수는 형을 감경 또는 면제하고, 불능미수는 형을 감경 또는 면제할 수 있다.

(4) 예비·음모

예비란 범죄실현을 위한 준비행위로서 아직 실행의 착수에 이르지 아니한 일체의 행위를 말한다. 음모는 범죄를 실행할 목적으로 2인 이상이 합의를 하였지만 아직 실행에 착수하지 아니한 경우를 말한다.

예비죄가 성립하기 위하여는 고의가 있어야 하고, 범죄실현을 위한 준비행위임이 객관적으로 명백히 나타나야 한다. 범행도구의 구입, 알리바이를 조작하기 위한 사전의

대인접촉, 범행장소의 답사 등은 인적 또는 물적 준비행위가 외부에 객관적으로 나타난 행위라고 할 수 있다.

6. 공범

공범*Teilnahme*은 2인 이상이 서로 협력하여 범죄를 행하는 경우이다. 단독범에 대응하는 개념이다. 형법상의 공범은 다음과 같다.

(1) 공동정범(제30조)

갑과 을이 강도를 공모하여 갑은 피스톨을 겨누고 을은 돈을 빼앗은 경우와 같이 2인 이상이 공동하여 범죄를 실행하는 것을 공동정범이라고 한다. 이 경우 각자는 단독범에 있어서의 정범과 같이 전범죄사실에 대하여 책임을 진다. 형법은 제30조에서 "2인 이상이 공동하여 죄를 범한 때에는 각자를 그 죄의 정범으로 처벌한다"고 규정하고 있다.

판례

1. 공모공동정범에 있어서 공모는 법률상 어떤 정형을 요구하는 것은 아니고 2인 이상이 공모하여 범죄에 공동가공하여 범죄를 실현하려는 의사의 결합만 있으면 되는 것으로서, 비록 전체의 모의과정이 없었다고 하더라도 수인 사이에 순차적으로 또는 암묵적으로 상통하여 그 의사의 결합이 이루어지면 공모관계가 성립하고, 이러한 공모가 이루어진 이상 실행행위에 직접 관여하지 아니한 자라도 다른 공범자의 행위에 대하여 공동정범으로서의 형사책임을 진다(대법원 1995. 9. 5. 선고 95도1269 판결).

사례

1. 갑, 을, 병은 유흥비조달을 위하여 편의점을 털기로 하였다. 갑은 망을 보고, 을과 병은 편의점에 들어가 주인을 칼로 위협하여 돈 50만 원을 빼앗았다. 이 경우에 갑도 특수강도죄의 공동정범이 되는가?

   힌트 범행에 직접 가담하지 않고 망만 보았다 하더라도 함께 공모를 한 이상 특수강도죄의 공동정범이 된다.

(2) 교사범(제31조)

교사범*Anstiftung*이란 타인으로 하여금 범죄를 결의하여 실행하게 한 자를 말한다. 예컨대 갑이 을을 꾀어서 병을 살해하게 한 경우에 을은 정범, 갑은 교사범이 된다. 이때 갑은 을과 동일한 형으로 처벌을 받게 된다.

사례

1. 갑은 을을 사주하여 을의 아버지 소유물인 스마트폰을 절취하여 오게 하였다. 갑과 을은 어떠한 처벌을 받는가?

힌트 갑은 범죄의 의사가 없는 을을 교사하여 절도죄를 범하게 하였으므로, 절도죄의 교사범으로 처벌된다. 을은 아버지의 물건을 훔쳤으므로 형법 제328조 제1항의 친족상도례가 적용되어 처벌받지 않게 된다.

(3) 종범(제32조)

종범*Behilfe*이란 정범을 방조한 자를 말한다. 따라서 방조범이라고도 한다. 여기서 방조라 함은 정범이 범죄를 실행하는 것을 알고 정범으로 하여금 구성요건의 실행을 가능하게 하거나, 쉽게 하거나, 또는 정범에 의한 법익침해를 강화하는 것을 말한다. 방조의 방법에는 언어방조와 거동방조가 있다. 종범의 형은 정범의 형보다 감경한다.

사례

1. 갑은 그를 존경하고 따르던 부하 을에게 병 때문에 소신껏 정치를 못하겠다고 하면서 그를 없애야겠다고 말하니, 을이 자기도 그렇게 생각한다고 하였다. 이에 권총을 을에게 주었는데, 을은 권총을 사용하지 않고 칼로 심장을 찔러 병을 살해하였다. 갑은 어떠한 처벌을 받는가?

힌트 을은 갑이 건네준 권총을 사용하지는 않았지만, 갑은 권총을 줌으로써 을의 범죄 실행에 도움을 주었으므로 을의 살인죄를 방조한 것이므로, 을의 살인죄 방조범으로 처벌된다.

(4) 간접정범(제34조)

간접정범*mittelbare Täterschaft*이라 함은 정신이상자를 충동하여 방화하게 하거나, 내용을 모르는 간호사에게 독약을 주어 환자를 살해하게 하는 경우와 같이 타인을 도구로 이용하여 범죄를 실행하는 경우를 말한다.

형법은 제34조 제1항에서 "어느 행위로 인하여 처벌되지 아니하는 자 또는 과실범으로 처벌되는 자를 교사 또는 방조하여 범죄행위의 결과를 발생하게 한 자는 교사 또는

방조의 예에 의하여 처벌한다"고 하여 간접정범을 규정하고 있다.[3]

사례
1. 甲은 통화를 위조하여 행사하기 위하여 컴퓨터 디자이너 모집광고를 내면서, 5만 원짜리 지폐를 만들어 제출하라고 하였다. 甲은 어떠한 처벌을 받는가? **힌트** 甲은 응모자를 이용하여 행사하기 위하여 지폐를 위조하였으므로 통화위조죄의 간접정범이 된다. 그러므로 甲은 교사 또는 방조의 예에 의하여 처벌된다.

7. 누범과 경합범

(1) 누범(제35조)

누범*Rückfall*이라 함은 범죄를 누적적으로 범하는 것을 말한다. 금고 이상의 형을 받아 그 집행이 종료되거나 면제를 받은 후, 3년 내에 금고 이상에 해당하는 죄를 범한 자는 누범으로 처벌한다. 누범과 상습범은 동일한 개념은 아니다. 상습범은 동종의 범죄를 반복 실행하는 행위자의 상습성에 착안한 개념이다. 이에 대하여 누범은 범행횟수를 바탕으로 하는 개념이다. 그러나 누범은 범죄를 누적적으로 반복하여 범한다는 의미에서 상습범과 밀접한 관계가 있다.

누범의 형은 당해 죄에 정한 형의 장기의 2배까지 가중한다. 누범은 행위자에 대한 도의적 비난과 사회적 위험성이 크기 때문이다.

(2) 경합범(제37조)

경합범*Realkonkurrenz; Tatmehrheit*이라 함은 판결이 확정되지 아니한 수 개의 죄 또는 판결이 확정된 죄와 그 판결이 확정되기 전에 범한 죄를 말한다. 1개의 행위로 수 개의 죄(상상적 경합범)를 범하거나, 수 개의 행위로 1개의 죄(포괄적 1죄)를 범한 때에는 경합범이 아니다.

경합범을 동시에 판결할 때에는 다음의 구별에 의하여 처벌한다(제38조).

① 가장 중한 죄에 정한 형이 사형 또는 무기징역이나 무기금고인 때에는 가장 중한 죄에 정한 형으로 처벌한다.

② 각 죄에 정한 형이 사형 또는 무기징역이나 무기금고 이외의 동종의 형인 때에는 가장 중한 죄에 정한 장기 또는 다액에 그 2분의 1까지 가중하되 각 죄에 정한 형의 장

---

3 이재상, 위의 책, 476면.

기 또는 다액을 합산한 형기 또는 액수를 초과할 수 없다. 다만 과료와 과료, 몰수와 몰수는 병과할 수 있다.

③ 각 형에 정한 형이 무기징역이나 무기금고 이상의 이종의 형인 때에는 병과한다.

④ 징역과 금고는 동종의 형으로 간주하여 징역형으로 처벌한다.

사례

1. 갑은 특수절도죄를 범하여 징역 2년을 선고받아 복역한 후 출소하여, 다시 사기죄로 재판 중이다. 갑이 선고받을 수 있는 최고의 형량은 얼마인가?

   힌트 갑은 누범의 가중요건에 해당한다. 사기죄의 법정형은 10년 이하의 징역 또는 2,000만 원 이하의 벌금에 처한다(제347조 1항). 상습범일 경우에는 2분의 1까지 가중하므로(제351조), 1년 6월 이상 15년 이하의 징역 또는 75,000원 이상 3,000만 원 이하의 벌금에 처하게 된다. 그러나 제42조에 의하여 유기징역을 가중하는 경우에는 25년까지로 하므로, 갑은 최고 25년까지 받게 될 것이다.

2. 탈옥한 갑은 타인의 승용차를 훔쳐 타고 다니다가 검문하던 경찰관을 때리고 도망쳤다. 다음 날 그 경찰관이 손에 붕대를 감은 채 운전하는 것을 보고 그 차의 유리창을 부수려고 돌을 던진 것이, 창문이 열려 있어 경찰관의 얼굴에 맞아 부상을 당하였다. 갑의 죄책은 어떠한가?

   힌트 갑은 탈옥하였기 때문에 제145조의 도주죄에 해당한다(1년 이하의 징역). 타인의 승용차를 훔친 행위는 제329조의 절도죄로 6년 이하의 징역 또는 1,000만 원 이하의 벌금을 받게 된다. 경찰관을 때리고 도주한 행위는 제136조의 공무집행방해죄(5년 이하의 징역 또는 1,000만 원 이하의 벌금)에 해당된다. 이때 폭행치상은 공무집행방해죄에 흡수된다(법조경합관계). 이상은 갑이 수 개의 죄를 범한 경합범이 되어 가장 중한 형인 6년의 2분의 1을 가중한 9년 이하의 징역 또는 1,000만 원의 2분의 1을 가중한 1,500만 원 이하의 벌금형에 처하게 된다.

   또한 유리창을 부수려고 돌을 던져 결과적으로 경찰관을 부상시켰으니 재물손괴죄의 미수(제366조: 3년 이하의 징역 또는 700만 원 이하의 벌금)와 과실치상(제266조: 500만 원 이하의 벌금, 구류 또는 과료)의 상상적 경합에 해당하므로 가장 중한 죄인 재물손괴미수죄로 처벌받게 된다.

연습문제

1. 구성요건해당성이란 무엇인가?
2. 위법성 조각사유에는 어떤 것이 있는가?
3. 절대적 책임무능력자와 상대적 책임무능력자는 어떻게 다른가?
4. 고의, 과실 및 착오와 형사책임의 관계를 설명하라.
5. 범죄의 처벌조건과 소추조건은 어떻게 다른가, 예를 들어 설명하라.
6. 중지미수와 불능미수는 어떻게 다른가?
7. 공범에는 어떤 종류가 있는가?
8. 경합범과 상상적 경합범은 어떻게 다른가?

Ⅳ. 형벌론

1. 형벌의 의의

형벌*Strafe*이란 국가가 범죄행위에 대한 법률적 효과로서 행위자에게 과하는 법익의 박탈이다. 형벌의 주체는 국가이다. 사인은 어떠한 경우에도 형벌을 가할 수 없다. 형벌은 범죄를 전제로 하며, 범죄가 없으면 형벌도 없다. 형벌은 보안처분과 다르다. 보안처분이 특별예방을 목적으로 하는 미래에 대한 제재라면, 형벌은 행위자의 책임에 터 잡아 과거의 행위에 대한 제재이다.

2. 형벌의 종류

형법이 정하는 형벌의 종류에는 사형·징역·금고·자격상실·자격정지·벌금·구류·과료·몰수의 9종이 있다(제41조). 형벌은 또한 박탈되는 법익의 종류에 따라 생명형(사형), 자유형(징역·금고·구류), 명예형 또는 자격형(자격상실·자격정지) 및 재산형(벌금·과료·몰수)의 넷으로 구분할 수 있다.

사형*death penalty; Todesstrafe*은 생명을 박탈하는 형벌 중에서 가장 중한 죄로 극형이라고도 한다. 사형은 교도소 내에서 교수형으로 집행한다. 다만 군형법에서는 총살형을 인정하고 있다. 사형폐지론을 최초로 주장한 학자는 1764년 『범죄와 형벌』이라는 저서를 통하여 주장한 베카리아이다. 사형폐지론의 주된 논거는 사형제도가 인간의 존엄과 가치를 보장하고 있는 헌법의 규정과 상치되고, 정책으로도 합리적인 형벌이 될 수 없다는 점이다.

징역이란 수형자를 교도소 내에 구치하여 定役에 복무하게 하는 것으로서 무기징역과 유기징역이 있다. 무기는 종신형이지만, 10년이 지나면 가석방이 가능하다. 유기는 1개월 이상 30년 이하로 한다. 유기징역에 대하여 형을 가중하는 때에는 50년까지로 한다(제42조).

금고는 수형자를 교도소 내에 구치하되, 정역에 복무하지 않는 점이 징역과 다르다. 금고에도 무기와 유기가 있으며, 그 형기에 대하여는 징역과 같다.

구류는 수형자를 교도소 내에 구치하는 것을 내용으로 하는 자유형이다. 다만, 그 기간이 1일 이상 30일 미만인 점에서 징역이나 금고와 다르다.

벌금은 50,000원 이상으로 하며, 상한에는 제한이 없다. 이를 총액벌금형제도라고 한다. 벌금은 판결확정일로부터 30일 이내에 납입하여야 한다. 선고하는 벌금이 1억 원 이상 5억 원 미만인 경우에는 300일 이상, 5억 원 이상 50억 원 미만인 경우에는 500일 이상, 50억 원 이상인 경우에는 1,000일 이상의 유치기간을 정하여야 한다(제70조).

과료는 2,000원 이상 50,000원 미만으로 한다. 금액이 적다는 점에서 벌금과 구별된다. 과료는 과태료와 다르다. 과태료는 행정질서벌로서 형벌이 아니다.

몰수는 범죄반복의 방지나 범죄에 의한 이득의 금지를 목적으로 범죄행위와 관련된 재산을 박탈하는 제도이다. 원칙적으로 다른 형에 부가하여 과하는 부가형이다. 몰수의 대상은 범죄행위에 제공하였거나 제공하려고 한 물건, 범죄행위로 인하여 발생하였거나 이로 인하여 취득한 물건 등이다.

자격상실이란 사형, 무기징역 또는 무기금고의 판결을 받은 경우에는 그 형의 효력으로서 당연히 다음과 같은 자격이 상실되는 것을 말한다. 즉 공무원이 되는 자격, 공법상의 선거권과 피선거권, 법률로 요건을 정한 공법상의 업무에 관한 자격, 법인의 이사·감사·지배인·검사역·재산관리인 등이 되는 자격 등은 상실된다.

자격정지란 일정한 기간 동안 일정한 자격의 전부 또는 일부를 정지시키는 것을 말한다. 자격정지에는 일정한 판결을 받은 자는 당연히 정지되는 당연정지와 판결의 선고에 의하여 정지되는 경우가 있다. 후자에 의한 자격정지기간은 1년 이상 15년 이하이다.

3. 보안처분

보안처분은 형벌의 내용 또는 그 보충으로서 하는 처분으로서 소년과 같이 형벌을 가함이 적당치 않은 자 또는 사회에 대하여 위험한 행동을 할 우려가 있는 자에 대하여 과하는 보호·예방·개선·교육 등의 처분을 말한다. 형법전에는 보안처분에 관한 규정이 없으나, 치료감호 등에 관한 법률에는 치료감호가, 보호관찰 등에 관한 법률에는 보호관찰이 규정되어 있고, 소년법에는 보호처분이 규정되어 있다.

4. 형의 선고유예, 집행유예 및 가석방

(1) 선고유예

1년 이하의 징역이나 금고, 자격정지 또는 벌금의 형을 선고할 경우에는 범인의 연령·성행·지능과 환경, 피해자에 대한 관계, 범행의 동기 및 수단과 결과, 범행 후의 정황 등을 참작하여 개전의 정상이 현저한 때에는 그 선고를 유예할 수 있다. 다만 자격정지 이상의 형을 받은 전과가 있는 자에 대하여는 선고유예를 할 수 없다. 형을 병과할 경우에도 형의 전부 또는 일부에 대하여 그 선고를 유예할 수 있다(제59조).

선고유예의 판결을 하는 경우에는 범죄사실과 선고할 형을 결정하여야 한다. 이러한 의미에서 선고유예도 유죄판결이라고 하여야 한다. 형의 선고유예를 받은 날로부터 2년을 경과한 때에는 면소된 것으로 간주한다(제60조). 면소는 무죄와 구별된다. 면소판결은 소송추행의 이익이 없으므로 소송을 종결시키는 형식재판을 의미하기 때문이다.

(2) 집행유예

집행유예란 형을 선고함에 있어서 일정한 기간 동안 형의 집행을 유예하고, 이 유예기간을 경과한 때에는 형의 선고의 효력을 상실시키는 제도를 말한다(제62조). 유예기간은 1년 이상 5년 이하의 범위에서 법원의 재량으로 결정한다. 형의 집행을 유예하기 위하여는 3년 이하의 징역이나 금고 또는 500만 원 이하의 벌금의 형을 선고할 경우로서, 정상을 참작할 만한 사유가 있고, 금고 이상의 형의 선고를 받아 집행을 종료하거나 면제된 후 3년이 경과하였어야 한다.

또한 집행유예로 선고받는 피고인들에게는 쓰레기 청소나 장애인 간병 50시간 등 보호관찰명령과 사회봉사명령을 내릴 수 있다.

집행유예의 선고를 받은 후 그 선고의 실효 또는 취소됨이 없이 유예기간을 경과한 때에는 형의 선고는 효력을 잃는다(제65조). 따라서 형의 집행이 면제되고, 처음부터 형의 선고가 없었던 것으로 된다. 그러나 형의 선고가 있었다는 기왕의 사실까지 없어지는 것은 아니다.

(3) 가석방

가석방이란 수형자가 개전의 정이 현저하다고 인정되는 때에는 기간만료 전에 그를 석방하고, 일정한 기간을 경과한 때에는 형의 집행을 종료한 것으로 간주하는 제도를 말한다. 수형자의 사회복귀를 위한 특별예방사상을 실현하기 위한 제도이다.

가석방은 징역 또는 금고의 집행 중에 있는 자가 무기에 있어서는 20년, 유기에 있어서는 형기의 3분의 1을 경과하여야 하고, 행상이 양호하여 개전의 정이 현저하며, 벌금 또는 과료의 병과가 있는 때에는 그 금액을 완납한 경우에 가석방심사위원회의 具申에 의하여 법무부장관이 행한다.

가석방의 처분을 받은 후 처분이 실효되거나 취소됨이 없이 가석방기간을 경과한 때에는 형의 집행을 종료한 것으로 본다. 형의 집행이 종료된 것으로 보는 데 그치며, 집행유예와 마찬가지로 형의 선고가 효력이 없어지는 것은 아니다.

5. 사면

사면법에는 일반사면과 특별사면이 규정되어 있다. 일반사면은 죄를 범한 자에게 행하여지며, 형의 언도의 효력이 상실되며, 그 절차는 대통령령으로 정한다. 특별사면은 형의 언도를 받은 자에게 행하여지고, 그 집행이 면제된다. 특별사면은 법무부장관이 대통령에게 상신하여 대통령이 행한다(사면법 제9조, 제10조 참조).

연습문제

1. 형벌의 종류를 요약하여 설명하라.
2. 형벌과 보안처분은 어떻게 다른가?
3. 재산형에는 어떤 것이 있으며, 그들 간의 차이점은 무엇인가?
4. 선고유예와 집행유예는 어떻게 다른가?
5. 가석방의 요건과 취지를 설명하라.
6. 보호관찰명령과 사회봉사명령이란 무엇인가?

Ⅴ. 각종의 죄

형법 각론에는 각종의 범죄에 대한 구성요건과 형벌의 종류 및 범위에 관하여 규정하고 있는데, 보호법익을 기준으로 하여 다음과 같이 분류하여 개관하기로 한다.

1. 개인적 법익에 대한 죄

개인의 인격적 가치와 재산적 가치를 보호하기 위한 범죄로서, 다음과 같이 5가지로 분류할 수 있다.

(1) 생명과 신체에 대한 죄

가. 살인의 죄(제250~253조)

살인죄*Homicide; Tötungsdelikt*라 함은 사람을 살해함으로써 그 생명을 침해하는 것을 내용으로 하는 범죄를 말한다. 살해의 수단과 방법에는 제한이 없다(제250~255조). 작위, 부작위를 구별하지 아니한다. 안락사와 존엄사는 경우에 따라서는 위법성이 조각된다. 자기 또는 배우자의 직계존속을 살해한 자에게는 형을 가중한다. 반대로 영아살해죄와 촉탁 또는 승낙에 의한 살인죄는 형을 감경한다.

나. 상해와 폭행의 죄(제257~262조)

상해*Körperverletzung*와 폭행*assault; Gewalt*의 죄는 사람의 신체에 대한 침해를 내용으로 하는 범죄이다. 신체의 불가침성 내지 안전성을 보호법익으로 한다. 상해죄는 신체의 건강을 보호하려는 것임에 대하여, 폭행죄는 신체의 건재를 보호법익으로 한다고 할 수 있다.

상해란 말하자면 신체의 생리적 기능을 훼손하는 행위이다. 성병감염이나 보행불능, 식욕감퇴 등의 기능장해를 일으킨 경우에도 상해에 해당한다고 할 수 있다. 폭행의 개념은 형법상 언제나 동일한 개념은 아니고, 법률의 종류에 따라 넓게 또는 좁게 사용된다. 임차인으로부터 집을 명도받기 위하여 수도, 전기, 또는 가스를 끊는다든지 문을 폐쇄하는 것이라든지, 심지어는 폭언을 수차 반복하는 것도 폭행이 될 수 있다.

상해나 폭행에 의하여 사람을 사망에 이르게 하면 상해치사죄 또는 폭행치사죄가 성립된다.

다. 과실치사상의 죄(제266~268조)

과실치사상의 죄*homicide and injury by negligence*; *fahrlässige Tötung und Körperverletzung*란 과실로 인하여 사람을 사망에 이르게 하거나 사람의 신체를 상해하는 것을 내용으로 하는 범죄이다. 과실범은 원칙적으로 처벌하지 않으나, 사람의 생명과 신체의 중요성 때문에 본죄를 규정한 것이다. 또한 업무상 과실이나 중과실이 있는 경우에는 형이 가중된다.

사례
1. 갑이 을의 술집에서 술값 때문에 시비가 붙어 욕설을 퍼붓고 물컵을 던지는 행위를 한 경우 폭행죄가 성립되는가? 갑의 동생 병이 이 사실을 알고 늦은 밤 시간마다 을에게 음란한 전화를 걸어 이에 시달린 을이 신경쇠약에 걸린 경우 병을 처벌할 수 없는가? **힌트** 갑은 폭행죄에 해당한다. 폭언을 반복한다든지, 물건을 던진다든지, 갑자기 고함을 질러 사람을 놀라게 한 경우 폭행죄가 된다. 병은 폭행치상죄(제262조)로 처벌할 수 있다. 생리적 기능의 훼손도 상해에 해당하고, 밤늦게 음란 전화를 하는 것은 폭행에 해당하기 때문이다.

라. 낙태의 죄(제269조, 제270조)

낙태죄*abortion*; *Schwangerschafsabbruch*; *Abtreibung*란 임신중절에 의하여 태아를 살해하는 것을 내용으로 하는 범죄를 말한다. 낙태죄의 보호법익은 태아와 산모의 생명과 신체의 안전이다. 하지만 헌법재판소가 낙태죄 조항을 위헌으로 판단하고 헌법불합치 결정을 내려 현재의 법은 개정 이전까지만 한시적으로 적용된다.

마. 유기와 학대의 죄(제271~275조)

유기죄*abandon*; *Aussetzung*란 노유·질병, 기타 사유로 인하여 부조를 요하는 자를 보호할 법률상 또는 계약상의 의무가 있는 자가 유기함으로써 성립하는 범죄이다. 유기는 요부조자를 보호 없는 상태에 둠으로써 그 생명 또는 신체에 위험을 가져오는 행위이다. 유기에는 존속유기, 영아유기 등이 있다. 형법에는 보호의무 없는 자가 유기하는 것에 대한 처벌규정이 없다. 독일형법은 위난 등 구조를 요하는 자에 대하여 자신의 위험 없이 구조할 수 있음에도 불구하고 구조하지 아니한 자에 대하여는 처벌하는 규정을 두고 있다(독일형법 제323조 c).

사례

1. 어린 시절에 부모님을 잃은 갑은 혼자이신 고모님이 키워주신 덕분으로 결혼까지 하게 되었다. 결혼한 갑은 아내와 협의하여 고모님을 모시고 살았으나, 90이 넘은 지금은 노망기가 생겨 대소변도 가리지 못하고 집을 나가면 돌아올 줄을 모르게 되었다. 고생을 참다 못한 아내는 고모님을 버리든지 자기를 버리든지 둘 중에 하나를 택하라고 하였다. 갑은 고민 끝에 강가에 텐트를 치고 고모님의 허리에 끈을 묶어 도망가지 못하게 하고, 매일 밥을 갖다 드리고, 옷을 갈아 입혀 주었지만 경찰은 갑을 유기죄로 구속하였다. 유기죄가 성립되는가?

힌트 유기죄가 성립된다. 형법 제271조는 "나이가 많거나 어림, 질병 그 밖의 사정으로 도움이 필요한 사람을 법률상 또는 계약상 보호할 의무가 있는 자가 유기한 경우에는 3년 이하의 징역 또는 500만 원 이하의 벌금"에 처하도록 되어 있다. 고모님은 직계혈족은 아니지만 혼자서 일상생활이 불가능한 자이므로 부조를 필요로 하는 자에 해당되고, 갑을 어릴 때부터 데려다 키워주었으므로 갑은 부양의무자로 된다. 강가에 텐트를 치고 고모님의 허리를 끈으로 묶어 둠으로써 강물이 불어나도 꼼짝없이 위험에 빠질 위험이 있으므로 생명과 신체를 추상적인 위험상태에 두는 셈이 되므로 유기행위가 된다.

(2) 자유에 대한 죄

가. 체포와 감금의 죄(제276~282조)

불법하게 사람을 체포 또는 감금하여 사람의 신체적 활동의 자유를 침해하는 범죄이다. 체포*arrest; Festnahme*란 사람의 신체에 대하여 직접적이고 현실적인 구속을 가함으로써 행동의 자유를 박탈하는 것이고, 감금*Einsperrung*이란 일정한 장소 밖으로 나가지 못하게 하여 활동의 자유를 제한하는 것을 말한다. 장소적 제한이 있는 점에서 체포와 구별된다. 체포·감금의 수단 또는 방법은 묻지 않는다.

나. 협박과 강요의 죄(제283~286조, 제324조)

협박과 강요의 죄는 사람의 의사결정과 활동의 자유를 침해하는 것을 내용으로 하는 범죄이다. 협박죄*Bedrohung*는 사람을 협박함으로써 성립하는 죄이다. 협박이란 상대방에게 해악을 고지하여 공포심을 일으키게 하는 것을 말한다.

강요죄*Nötigung*는 폭행 또는 협박으로써 사람의 권리행사를 방해함으로써 성립하는 죄이다. 권리행사를 방해한다 함은 행사할 수 있는 권리를 행사하지 못하게 하거나, 의무 없는 일을 행하게 하는 것을 포함한다. 예컨대 폭행 또는 협박에 의하여 계약포기서에 날인케 한 경우나 부하직원의 해고를 강요하는 것이 여기에 해당된다.

협박죄가 개인의 의사결정의 자유를 보호법익으로 하는 데 대하여, 강요죄는 의사결정의 자유뿐만 아니라 그 활동의 자유도 보호법익으로 한다.

사례

1. 갑은 을로부터 멱살을 잡히고 뺨을 얻어맞는 중에 옆에 있던 사람들의 만류로 서로 떨어졌다. 분이 풀리지 않은 갑은 길에 있던 소주병을 깨어 을을 향하여 높이 쳐들고 큰 소리를 쳤다. 그 후 을은 갑을 협박죄로 고소하였다. 갑이 소주병을 휘두르거나 내리친 것도 아닌데 협박죄가 성립되는가? 오히려 정당방위가 성립되는 것은 아닌가? 갑은 을을 폭행죄로 고소할 수는 없는가?

   힌트 갑은 자신을 보호하기 위하여 한 정방방위라고 주장할 수 있겠으나, 옆에 있던 사람들이 만류하였음에도 불구하고 맨손으로 대응하는 을에게 위험을 초래할 수도 있는 병을 깨어 높이 들고 고함을 친 것은 비록 내리치지는 않았지만 협박죄가 성립된다고 보겠다. 반대로 갑은 을을 상대로 폭행죄로 고소할 수는 있을 것이다.

다. 약취와 유인의 죄(제287~296조)

사람을 약취 또는 유인하는 것을 내용으로 하는 범죄이다. 형법은 미성년자를 약취유인한 자는 10년 이하의 징역에 처한다고 하고, 또 미수범도 처벌한다고 규정하고 있다. 약취와 유인을 합하여 '인취행위'라고 한다. 다만, 약취는 폭행 또는 협박을 수단으로 하는 데 대하여, 유인이란 기망 또는 유혹을 수단으로 하는 점에서 차이가 있다.

약취와 유인은 영리·추행·간음·부녀매매·국외이송·결혼 등 여러 가지 목적에서 행하여지고 있다.

라. 강간과 추행의 죄(제297~305조)

사람의 성적 자유 내지 애정의 자유를 침해하는 죄이다. 강간죄·준강간죄·강제추행죄·준강제추행죄·미성년자의제강간강제추행죄·미성년자 심신미약자 간음추행죄·강간강제추행치사상죄·유년자추행죄·업무상 위력 등에 의한 간음죄 등이 여기에 속한다.

(3) 명예와 신용에 대한 죄

가. 명예에 관한 죄(제307~312조)

공연히 사실을 적시하여 사람의 명예를 훼손하거나, 사실을 적시하지 않고 공연히 사람을 모욕하는 것을 내용으로 하는 범죄이다. 전자가 명예훼손죄요, 후자가 모욕죄이다. 명예훼손죄는 사람의 명예에 대한 사회적 가치판단을 저해하는 행위로서 사람의 사회적 가치를 침해하는 행위이다. 법인은 물론 사자도 명예의 주체가 된다. 명예훼손죄는 반의사불벌죄이고 모욕죄는 친고죄이다.

사례

1. 갑은 을에게 병이 자기 아이들은 돌보지 않고 젊은 남자와 돌아다니며 불건전한 생활을 하는 것 같다고 말을 하였는데, 이를 우연히 알게 된 병은 갑을 명예훼손죄로 고소하였다. 명예훼손죄가 성립되는가?

   힌트 형법 제307조는 "공연히 사실을 적시하여 사람의 명예를 훼손한 자는 2년 이하의 징역이나 금고 또는 500만 원 이하의 벌금에 처한다"고 규정하고 있다. 갑은 을 한 사람에게 사실을 적시하였으므로 공연히 사실을 적시하였다고 할 수 없다고 생각할지 모르나, 을이 불특정 다수인에게 전파할 가능성이 있으므로 공연히에 해당한다고 할 수 있으므로 명예훼손죄가 성립된다.

나. 신용, 업무와 경매에 관한 죄(제313~315조)

사람의 신용을 훼손하거나, 업무를 방해하거나, 경매 및 입찰의 공정성을 침해하는 죄이다. 허위의 사실을 유포하거나 위계로써 사람의 신용을 훼손한 경우에 신용훼손죄가 성립하고, 허위의 사실을 유포하거나 위계 또는 위력으로써 사람의 업무를 방해한 경우에는 업무방해죄가 성립하며, 위계 또는 위력, 기타 방법으로 경매 또는 입찰의 공정을 해하게 되면 경매·입찰방해죄가 성립한다.

이들 경우에 유포는 언어에 의하든 문서에 의하든 불문한다. 위계란 상대방의 착오나 부지를 이용하는 일체의 행위를 말한다. 위계는 비밀로 행하든 공공연하게 행하든, 기망에 의하든 유혹에 의하든 불문한다.

(4) 사생활의 평온에 대한 죄

가. 비밀침해의 죄(제316~318조)

비밀침해의 죄란 개인의 사생활의 비밀을 침해하는 것을 내용으로 하는 범죄이다. 여기에는 봉함, 기타 비밀장치한 타인의 편지·문서 또는 도화를 개봉함으로써 성립하는 비밀침해죄와 의사·변호사·조산사 등이 그 업무처리 중에 지득한 타인의 비밀을 누설함으로써 성립하는 업무상 비밀누설죄가 있다.

나. 주거침입의 죄(제319~322조)

주거침입죄*Hausfriedensbruch*는 주거 또는 관리하는 건조물이나 선박 또는 점유하는 방실에 침입하여, 주거의 평온과 안전을 침해하는 것을 내용으로 하는 범죄이다. 주거권자의 의사에 반하여 주거에 침입하는 행위이다.

단체 또는 다중의 위력을 보이거나 위험한 물건을 휴대하고 침입하였을 때에는 특수주거침입이 되어 형이 가중된다. 또 퇴거요구를 받고 이에 응하지 아니한 자에게는 퇴거불응죄로, 주거침입죄의 형과 같이 처벌한다.

(5) 재산에 대한 죄

가. 절도의 죄(제329~332조)

절도죄*larceny; Diebstal*는 타인의 재물을 절취하는 죄이다. 강도죄·사기죄·공갈죄가 재물 이외에 재산상의 이익도 객체로 하는 데 대하여, 절도죄는 횡령죄·장물죄 및 손괴죄와 같이 재물만을 객체로 하는 순수한 재물죄이다.

사례

1. 갑회사에서 제품설계를 담당하고 있는 A가 을회사로 옮기면서 그동안 근무하면서 모아 둔 자료들을 복사해서 을회사로 가지고 갔다. 이 경우 갑회사는 A를 상대로 절도죄로 고소할 수 있는가?

   힌트 A는 자기가 관계하였던 서류를 복사하였는데도 자기의 재산이 아니고 회사의 재물이 되는가?

나. 강도의 죄(제333~343조)

폭행 또는 협박으로 타인의 재물을 약취하거나 기타 재산상의 이익을 취득하거나 제3자로 하여금 이를 취득하게 함으로써 성립하는 죄이다. 행위는 폭행 또는 협박이고,

행위의 객체는 타인의 재물 또는 재산상의 이익이다. 절도 시 재물의 탈환을 항거하거나 체포를 면탈하거나 죄적을 인멸할 목적으로 폭행 또는 협박을 가한 때에는 준강도죄가 성립되어 강도죄와 같이 처벌된다. 또 사람을 약취하여 그 석방의 대상으로 재물을 취득한 때에는 약취강도죄가 성립된다.

이 밖에 강도와 관련한 죄로서는 특수강도죄·강도상해치상죄·강도살인치사죄·강도강간죄·해상강도죄·상습강도죄·강도예비음모죄 등이 있다.

사례

1. 갑은 해결사 을을 고용하여 외상대금을 받아 줄 것을 의뢰하였다. 이에 을은 채무자 병을 찾아가 칼을 목에 대고 찌를 듯이 위협하면서 돈을 갚지 않으면 죽여버리겠다고 협박하여 대금을 받아 주었다. 갑과 을은 어떤 죄에 해당하는가?

   힌트 을은 병에게 폭행과 협박으로 타인의 재물을 강취하였으므로 강도죄(제333조)의 정범이 되고, 갑은 을을 교사한 것이므로 강도죄의 교사범이 된다.

다. 사기의 죄(제347~349조)

사기죄는 사람을 기망하여 재물을 편취하거나 재산상의 불법한 이익을 취득하거나 타인으로 하여금 이익을 얻게 함으로써 성립하는 죄이다. 형법은 사기의 죄와 관련하여 사기죄·준사기죄·부당이득죄·상습사기죄 등을 규정하고 있다. 사람을 기망하여 재물의 교부를 받거나 재산상의 이익을 취득하는 경우가 사기죄요, 미성년자의 지려천박 또는 사람의 심신장애를 이용하여 재물의 교부를 받거나 재산상의 이익을 취득하는 경우가 준사기죄며, 사람의 궁박한 상태를 이용하여 현저하게 부당한 이익을 취득한 경우가 부당이득죄에 해당한다.

사례

다음과 같은 경우에 사기죄가 성립되는가?

1. 카드 사용으로 인한 대금결제의 의사와 능력이 없으면서도 카드회사를 기망하여, 카드사용을 허용하게 하여 가맹점을 통하여 물품구입대금대출을 받아 카드발급회사로 하여금 피해를 입게 한 경우.
2. 종전에 출하한 일이 없던 신상품에 대하여 첫 출하 시부터 종전가격 및 할인가격을 비교표시하여 곧바로 세일에 들어가는 이른바 변칙세일의 경우.

힌트

1. 대법원 1996. 4. 9. 선고 95도2466 판결

2. 대법원 1992. 9. 14. 선고 91도2994 판결

판례

1. 백화점의 식품매장에서 당일 판매되지 못하고 남은 생식품에 대하여 그다음 날 아침 포장지를 교체하면서 가공일자가 재포장일자로 기재된 바코드라벨을 부착하여 재판매하는 행위 내지 판매기법은 제품의 신선도에 대한 소비자들의 신뢰를 배신하고 그들의 생식품 구매동기에 있어서 중요한 요소인 가공일자에 관한 착오를 이용하여 재고상품을 종전 가격에 판매하고자 하는 것으로서 그 詐術의 정도가 사회적으로 용인될 수 있는 商術의 정도를 넘은 기망행위이다(대법원 1995. 7. 28. 선고 95도1157 판결).

라. 공갈의 죄(제350~353조)

사람을 공갈하여 재물의 교부를 받거나 재산상의 이익을 취득하거나, 타인으로 하여금 이를 얻게 함으로써 성립하는 죄이다. 공갈이란 재물을 교부받거나 재산상의 이익을 취득하기 위하여 폭행 또는 협박으로 공포심을 일으키게 하는 행위이다. 강도죄와의 차이점은 재물의 교부 등이 피해자의 의사에 기하여 이루어지는 점이다. 상습으로 공갈의 죄를 범한 자는 형이 가중된다.

마. 횡령의 죄(제355~361조)

횡령죄*Veruntreuung*란 타인의 재물을 보관하는 자가 그 재물을 횡령하거나 반환을 거부하는 죄이다. 횡령은 소비·은닉·착복·점유의 부인과 같은 사실행위이든 매매·입질·저당권설정·가등기와 같은 법률행위이든 묻지 않는다.

업무상의 임무에 위배하여 횡령한 경우에는 업무상횡령이 되어 형이 가중되고, 유실물이나 표류물 또는 타인의 점유를 이탈한 재물을 횡령한 경우에는 점유이탈물횡령이 되어 횡령죄보다 가볍게 처벌한다.

사례

1. 다음의 경우에는 횡령죄가 성립되는가?

   (1) 부동산의 명의 수탁자가 신탁재산을 임의로 처분한 경우

   (2) 질권자가 그 원한을 초월하여 질물을 처분한 경우

   (3) 할부금의 잔액이 남아 있는 상태에서 구입한 물건을 처분할 경우

   (3) 뇌물로 전달하라고 받은 돈을 소비한 경우

   힌트 (1), (2), (3)은 횡령죄가 성립하고, (4)는 성립하지 아니한다. 불법한 원인으로 급여한 것이므로 반환의무도 없다.

바. 배임의 죄(제355~361조)

배임죄*Untreu*란 타인의 사무를 처리하는 자가 그 임무에 위배하여 재산상의 이득을 취득하거나, 제3자로 하여금 이를 취득하게 하여 본인에게 손해를 가하는 범죄이다. 타인의 사무를 처리하는 자가 그 임무에 관하여 부정한 청탁을 받고 재물 또는 재산상의 이익을 취득한 경우에는 배임수증죄가 된다.

사례

1. 갑은 자신의 땅을 을에게 매도하기로 하고 계약금과 중도금을 받았다. 그 후 갑은 이 땅을 병에게 보다 높은 가격으로 매도하여 등기이전까지 해주었다. 갑은 어떠한 처벌을 받게 되는가?

   힌트 갑은 중도금까지 받았으므로 타인의 사무를 처리하는 자가 되어 을에 대하여 배임죄가 성립된다.

사. 장물의 죄(제362~365조)

장물죄*Hehlerei*란 장물, 즉 절도·강도·횡령·기타 재산침해를 내용으로 하는 범죄로 취득한 재물임을 알면서 이를 취득·운반·보관·양여하거나 또는 이를 알선하는 죄이다.

아. 손괴의 죄(제366~372조)

손괴죄*Sachbeschädigung*란 타인의 재물이나 문서를 손괴 또는 은닉, 기타의 방법으로 그 효용을 해치는 범죄이다. 여기에는 재물손괴죄·공익건조물파괴죄·중손괴죄·특수손괴죄·경계침범죄 등이 있다.

자. 권리행사를 방해하는 죄(제323~328조)

타인의 점유 또는 권리의 목적이 된 자기의 물건에 대한 타인의 권리행사를 방해하거나 강제집행을 면할 목적으로 채권자를 해하는 죄이다. 강제집행을 면할 목적으로 재산을 은닉·양도·허위양도 또는 허위의 채무를 부담하여 채권자를 해칠 경우에는 강제집행면탈죄가 성립된다. 폭행 또는 협박으로 타인의 점유에 속하는 자기의 물건을 강취한 자에 대하여는 점유강취죄로 처벌한다.

2. 사회적 법익에 대한 죄

(1) 공공의 안전과 평온에 대한 죄

가. 공안을 해하는 죄(제114~121조 등)

공공의 법질서 또는 공공의 안전과 평온을 해하는 범죄이다. 형법은 공안을 해하는 죄로 범죄단체조직죄·소요죄·다중불해산죄·전시공수계약불이행죄·공무원자격사칭죄 등을 규정하고 있다.

나. 폭발물에 관한 죄(제119~121조)

폭발물을 사용하여 사람의 생명이나 신체 또는 재산을 해하거나, 기타 공안을 문란케 함으로써 성립하는 공공위험범죄이다.

여기에는 폭발물사용죄·전시폭발물사용죄·폭발물사용예비음모죄 등이 있다.

다. 방화와 실화의 죄(제164~172조)

방화*Brandstiftung*와 실화*fahrlässige Brandstiftung*의 죄는 고의 또는 과실로 불을 놓아 건조물 또는 물건을 소훼하는 것을 내용으로 하는 공공위험죄이다. 여기에는 현주건조물 등 방화죄·공용건조물 등 방화죄·일반건조물 등 방화죄·일반물건방화죄·연소죄·방화예비음모죄·준방화죄·폭발물파열죄·단순실화죄·중실화죄·업무상실화죄·과실 또는 업무상과실, 중과실폭발물실화죄 등이 있다.

사례

1. 초등학생이 혼자서 집에서 라면을 끓여 먹다가 실수로 불이 나서 순식간에 아파트를 태우고 앞집까지 번진 후에야 진화되었다. 이 경우 법률관계는 어떻게 되는가?

   힌트 방화이냐 실화이냐에 따라 책임이 달라진다. 주거 등 現住建造物에 대한 방화일 경우에는 무기 또는 3년 이상의 징역에 처한다(형법 제164조 제1항). 이 경우 사람을 상해에 이르게 한 때에는 무기 또는 5년 이상의 징역에 처하고, 사망에 이르게 한 때에는 사형, 무기 또는 7년 이상의 징역에 처한다(동조 제2항). 그러나 과실로 인하여 불이 난 때에는 1,500만 원 이하의 벌금에 처하게 된다(형법 제170조).

이 사례는 방화가 아니고 실화에 해당한다. 그러나 초등학생이므로 대개의 경우 형사미성년자에 해당되어 처벌받지 아니한다. 그렇다고 부모님에게 실화의 책임을 물을 수도 없다. 그렇다면 민사상의 책임도 물을 수 없겠는가?

라. 일수와 수리에 관한 죄(제177~184조)

일수죄*Überschwemmung*는 수해를 일으켜 공공의 안전을 해치는 것을 내용으로 하는 범죄이다. 예컨대 물을 넘겨서 건물이나 차량 등을 침해하거나 홍수 시에 방수용의 시설 또는 물건을 손괴 또는 은닉하거나, 기타의 방법으로 방수를 방해한 때에 성립하는 범죄이다. 고의와 과실에 관계없이 성립된다. 현주건조물 일수죄, 공용건조물 일수죄 등이 있다.

수리방해죄는 제방을 결궤하거나 수문을 파괴, 기타의 방법으로 수리를 방해한 경우에 성립하는, 수리권을 보호법익으로 하는 범죄이다.

마. 교통방해의 죄(제185~189조)

교통방해죄*Verkehrsstraftaten*란 교통설비를 손괴 또는 불통하게 하여 교통을 방해하는 범죄이다. 이에는 육로, 수로, 또는 교량을 손괴 또는 불통하게 하거나 기타 방법으로 교통을 방해하는 일반교통방해죄와 기차선박등교통방해죄·기차등전복죄·교통방해치사상죄·과실교통방해죄·업무상과실중과실교통방해죄 등이 있다.

(2) 공공의 신용에 대한 죄

가. 통화에 관한 죄(제207~213조)

통화에 관한 죄*Geldfälschung; Münzverbrechen*란 행사할 목적으로 통화를 위조 또는 변조하거나, 위조 또는 변조한 통화를 행사·수입·수출 또는 취득하거나, 통화유사물을 제조하는 행위를 말한다. 통화에 관한 죄는 문서위조죄의 특수한 형태로서 통화에 관한 죄가 성립되면, 문서위조죄는 성립하지 않는다. 통화에는 화폐·지폐·은행권이 있다.

나. 유가증권, 우표와 인지에 관한 죄(제214~224조)

행사할 목적으로 유가증권을 위조, 변조 또는 허위작성하거나, 위조·변조·허위작성한 유가증권을 행사하거나 행사할 목적으로 수입 또는 수출하는 죄이다. 유가증권은 어음·수표·화물상환증·창고증권·선하증권·상품권 등을 말한다.

다. 문서에 관한 죄(제225~236조)

문서에 관한 죄*Urkundenstraftaten*란 행사할 목적으로 문서를 위조 또는 변조하거나 허위의 문서를 작성하거나, 위조·변조·허위작성된 문서를 행사하거나 부정행사함으로써 성립하는 범죄이다. 형법상 문서에 관한 죄는 문서위조변조죄·허위문서작성죄·위조등문서행사죄 및 문서부정행사죄의 4가지 유형이 있다.

문서란 문자 또는 이를 대신할 부호에 의하여 사상이나 관념을 표시한 물체이다. 따라서 문서에는 도화와 같은 것도 포함한다. 형법은 문서를 공문서와 사문서로 구별하고 있다. 공문서는 공무소 또는 공무원이 직무에 관하여 작성한 문서이고, 사문서는 사인 명의로 작성한 문서이다.

라. 인장에 관한 죄(제238~240조)

행사할 목적으로 인장·서명·기명 또는 기호를 위조 또는 부정사용하거나 위조 또는 부정사용한 인장·서명 등을 행사하는 범죄이다. 인장에는 지장이나 무인도 포함한다. 사인등위조죄·공인등위조죄·위조사인행사죄·위조공인행사죄 등이 있다.

(3) 공중의 건강에 대한 죄

가. 음용수에 관한 죄(제192~197조)

음용에 제공할 정수 또는 그 수원에 오물, 독극물, 기타 건강을 해칠 물건을 혼입하거나, 수도, 기타의 시설을 손괴하거나 불통하게 하여 공중의 음용수의 이용과 그 안전을 위태롭게 함으로써 성립하는 범죄이다. 여기에는 음용수사용방해죄·음용수유해물혼입죄·수도음용수사용방해죄·수도음용수유해물혼입죄·음용수혼독치사죄·수도불통죄 등이 있다.

나. 아편에 관한 죄(제198~206조)

아편을 흡식하거나 아편 또는 아편흡식기구를 제조·수입·판매 또는 소지함으로써 성립하는 범죄이다. 여기에는 아편흡식등죄·아편흡식등장소제공죄·아편등제조수입판매목적소지죄·아편흡식기제조수입판매, 판매목적소지죄·세관공무원의 아편등수입, 수입허용죄·상습아편흡식, 아편등제조수입판매등죄·아편등소지죄 등이 있다.

(4) 사회의 도덕에 대한 죄

가. 성풍속에 관한 죄(제242~245조)

성생활에 관계된 범죄이다. 형법은 성생활에 관한 범죄를 강간죄와 강제추행죄 등의 정조에 관한 죄와 음행매개죄·음란물죄 및 공연음란죄 등의 풍속을 해하는 죄로 나누어 규정하고 있다.

사례
1. 갑은 일본작가가 제작한 누드집을 국내에 수입하여 인쇄·출판하였다. 이는 형법 제243조의 음화 등의 반포에 관한 죄에 해당되지 않는가? **힌트** 무엇이 음란한 도화로서 풍속을 해치는 죄가 되는지는 판단하기 어렵다. 대법원판결 내용을 소개하면서 힌트에 대신한다. "음란한 도화라 함은 일반 보통인의 성욕을 자극하여 성적흥분을 유발하고 정상적인 성적 수치심을 해하여 성적 도의관념에 반하는 것을 가리키고, 도화의 음란성의 판단에 있어서는 당해 도화의 성에 관한 노골적이고 상세한 표현의 정도와 그 수법, 당해 도화의 구성 또는 예술성, 사상성 등에 의한 성적 자극의 완화의 정도, 이들의 관점에서 당해 도화를 전체로서 보았을 때 주로 독자의 호색적 흥미를 돋우는 것으로 인정되느냐의 여부 등을 검토하는 것이 필요하고 이들의 사정을 종합하여 그 시대의 건전한 사회통념에 비추어 그것이 공연히 성욕을 흥분 또는 자극시키고 또한 보통인의 정상적인 성적 수치심을 해하고 선량한 성적 도의관념에 반하는 것이라고 할 수 있는가의 여부를 결정하여야 한다"(대법원 1995. 6. 16. 선고 94도1758 판결).

나. 도박과 복표에 관한 죄(제246~249조)

도박*Glückspiel*과 복표*Lotterie*에 관한 죄는 도박하거나 도박장을 개설하거나 복표를 발매하거나 중개 또는 취득함으로써 성립하는 범죄이다. 여기에는 단순도박죄·상습도박죄·도박개장죄·복표발행, 중개, 취득죄 등이 있다.

다. 신앙에 관한 죄(제158~163조)

신앙에 관한 죄란 종교적 평온과 종교감정을 침해하는 것을 내용으로 하는 범죄이다. 여기에는 장식제전예배설교방해죄·사체유골유발오욕죄·분묘발굴죄·사체등손괴유기은닉영득죄·변사자검시방해죄 등이 있다.

3. 국가적 법익에 대한 죄

(1) 국가의 존립과 권위에 대한 죄

가. 내란의 죄(제87~90조)

내란죄란 폭동에 의하여 국가의 존립과 헌법질서를 위태롭게 하는 범죄이다. 내란의 죄는 외환의 죄와 함께 국가존립을 보호하는 정치형법이다. 여기에는 국토를 참절하거나 국헌을 문란할 목적으로 폭동함으로써 성립하는 내란죄와 내란목적살인죄 및 내란예비음모선동선전죄 등이 있다.

나. 외환의 죄(제92~103조)

외환의 죄는 외환을 유치하거나 대한민국에 항적하거나 적국에 이익을 제공하여 국가의 안전을 위태롭게 함으로써 성립하는 범죄이다. 외환을 유치한다 함은 외국과 통모하여 대한민국에 전단을 열게 하는 행위를 말한다. 여기에는 적국과 합세하여 대한민국에 항적하는 여적죄, 외환유치죄·모병이적죄·시설제공이적죄·시설파괴이적죄·물건제공이적죄·일반이적죄·이적예비음모선동선전죄·간첩죄·전시군수계약불이행죄·국가모독죄 등이 포함된다.

판례
1. 국가보안법상 반국가단체나 이적단체 모두 그 궁극적인 목적은 동일한 것에 귀결되나, 반국가단체와 이적단체의 구별은 각 단체가 그 활동을 통하여 직접 달성하려고 하는 목적을 기준으로 하여, 그 단체가 정부참칭이나 국가의 변란 자체를 직접적이고도 1차적인 목적으로 삼고 있는 때에는 반국가단체에 해당되고, 별개의 반국가단체의 존재를 전제로 하여 그 반국가단체의 활동을 찬양하는 등의 방법으로 동조하는 것을 목적으로 하는 경우에는 이적단체에 해당한다고 보아야 한다(대법원 1995. 7. 28. 선고 95도1121 판결).

다. 국기에 관한 죄(제105조, 제106조)

국기에 관한 죄란 국기 또는 국장을 손상, 제거, 오욕, 또는 비방함으로써 성립하는 범죄이다. 여기에는 대한민국을 오욕할 목적으로 국기 또는 국장을 손상, 제거, 오욕함으로써 성립하는 국기국장모독죄와 국기 또는 국장을 비방함으로써 성립하는 국기국장비방죄가 있다.

라. 국교에 관한 죄(제107~113조)

국교에 관한 죄는 국제관계를 침해하여 국제법상 보호되는 외국의 이익을 해치고, 외국과의 국교관계 내지 자국의 대외적 지위를 위태롭게 하는 범죄를 말한다. 여기에는 외국원수 또는 외국사절에 대한 폭행 또는 협박죄·외국국기국장모독죄·외국에 대한 사전죄·중립명령위반죄·외교상비밀누설죄 등이 있다.

(2) 국가의 기능에 대한 죄

가. 공무원의 직무에 관한 죄(제122~135조)

공무원의 직무에 관한 죄란 공무원이 의무를 위반하거나 직권을 남용하여 국가기능의 공정을 해치는 것을 내용으로 하는 범죄이다. 국가의 기능이 직권남용이나 뇌물, 기타의 이유로 부패되는 것을 방지함을 목적으로 하고 있다. 여기서 공무원이라 함은 법령에 의하여 공무에 종사하는 직원을 말한다. 여기에는 직무유기죄·피의사실공표죄·공무상비밀누설죄·직권남용죄·불법체포감금죄·폭행가혹행위죄·선거방해죄·뇌물죄·단순수뢰죄·사전수뢰죄·뇌물공여죄·수뢰후부정처사죄·사후수뢰죄·알선수뢰죄·증뢰물전달죄(증뢰죄) 등이 있다.

판례

1. 뇌물죄에 있어서 직무는 법령에 의하여 정하여진 직무뿐만 아니라 그와 관련 있는 직무, 과거에 담당하였거나 또는 장래 담당할 직무 및 사무분장에 따라 현실적으로 담당하지 않는 직무 등 공무원이 그 직위에 따라 공무로 담당할 일체의 직무를 말한다. 뇌물죄에 있어서 뇌물의 내용인 이익은 금전, 물품, 기타의 재산적 이익뿐만 아니라 사람의 수요, 욕망을 충족시키기에 족한 일체의 유형, 무형의 이익을 포함한다(대법원 1995. 6. 30. 선고 94도993 판결).

나. 공무방해에 관한 죄(제136~144조)

국가 또는 공공기관이 행사하는 기능을 방해함으로써 성립하는 범죄이다. 여기에는 직무를 집행하는 공무원에 대하여 폭행 또는 협박함으로써 성립하는 공무집행방해죄를 비롯하여 공무원에게 직무상의 행위를 강요하거나 저지하거나 그 직을 사직케 할 목적으로 폭행 또는 협박함으로써 성립하는 직무사직강요죄, 기타 위계에 의한 공무집행방해죄·법정국회의장모욕죄·인권옹호직무방해죄·공무상봉인등무효죄·공무상비밀

침해죄·공용서류등무효죄·공용물파괴죄·공무상보관물무효죄·특수 공무방해죄·특수 공무방해치사상죄 등이 있다.

다. 도주와 범인은닉의 죄(제145~151조)

도주와 범인은닉의 죄는 형사사법에 있어서의 도피를 내용으로 하는 범죄이다. 도주의 죄*Gefangenbefreiung*는 체포 또는 구금된 자가 스스로 도주하거나 타인의 도주에 관여함으로써 성립하는 범죄이고, 범인은닉죄*Strafvereitelung*는 벌금 이상의 형에 해당하는 죄를 범한 자를 은닉 또는 도피하게 함으로써 성립하는 범죄이다.

도주와 범인은닉의 죄에는 단순도주죄·특수도주죄·집합명령위반죄·도주원조죄·간수자도주원조죄·범인은닉죄 등이 있다. 친족, 호주, 또는 동거의 가족이 본인을 위하여 범인은닉죄를 범한 때에는 처벌하지 아니한다.

라. 위증과 증거인멸의 죄(제152~155조)

위증죄*prejury; Meineid*란 법률에 의하여 선서한 증인이 허위의 진술을 하거나, 법률에 의하여 선서한 감정인·통역인 또는 번역인이 허위의 감정·통역 또는 번역을 함으로써 성립하는 범죄이다. 증거인멸죄*Begünstigung*란 타인의 형사사건 또는 징계사건에 관한 증거를 인멸·은닉·위조 또는 변조하거나, 위조 또는 변조한 증거를 사용하거나 또는 타인의 형사사건 또는 징계사건에 관한 증인을 은닉 또는 도피하게 하여 국가의 심판기능을 방해함으로써 성립하는 범죄이다.

여기에는 단순위증죄·모해위증죄·허위감정통역번역죄·단순증거인멸죄·증인은닉도피죄·모해증거인멸죄 등이 있다.

마. 무고의 죄(제156조)

무고죄*falsche Verdächtigung*란 타인으로 하여금 형사처분 또는 징계처분을 받게 할 목적으로 공무소 또는 공무원에게 허위의 사실을 신고함으로써 성립하는 범죄이다.

무고란 허위의 사실을 신고하는 것을 말한다. 본죄를 범한 자가 당해 무고사건에 대한 재판 또는 징계처분이 확정되기 전에 자백 또는 자수한 때에는 그 형을 감경 또는 면제한다.

사례

1. 은행의 온라인업무를 담당하고 있는 갑은 을과 공모하여 을의 예금구좌에 1억 원이 온라인 송금된 것처럼 컴퓨터를 조작한 후 을의 통장에서 현금 1억 원을 인출

하였다. 갑과 을은 이 돈을 달러로 교환한 후 미국으로 출국하려다가 세관직원 병에게 적발되었다. 이에 갑은 병에게 1,000달러를 주면서 출국허락을 요청하였다. 병이 이를 거절하고 체포하려고 하자, 옆에 있던 을이 방해함으로써 갑은 도망하였으나, 을이 붙잡히게 되었다. 병은 을이 초등학교 동기동창인 사실을 알고, 1,000만 원을 받고 을로 하여금 출국하도록 방치하였다. 이 경우 갑·을·병의 형사책임은 어떠한가?

힌트

① 컴퓨터업무방해죄의 성립 여부(형법 제314조 제2항)

정보처리장치에 대하여 가해행위를 함으로써 은행의 업무를 방해하였는가?

즉 전자계산기를 손괴하거나 작동을 정지 내지 곤란하게 하였는가?

② 컴퓨터사용사기죄의 성립 여부

허위의 정보 또는 부정한 명령을 입력하여 정보처리를 하게 함으로써 재산상의 이익을 취득하는 범죄로서 기망을 수단으로 하지 않는다. 1억 원이 송금된 것으로 입력되면 이 점에서 사기죄가 성립한다.

③ 사전자기록변작죄의 성립 여부

사전자기록변작죄는 사무처리를 그르치게 할 목적으로 권리의무 또는 사실증명에 관한 타인의 전자기록(예: 은행의 예금원장파일)을 변작하는 범죄이다.

④ 변작사전자기록행사죄의 성립 여부

변작된 특수매체기록(전자기록)을 진정한 기록으로 입력하여 정보처리할 수 있는 상태에 두는 행위이다.

⑤ 외국환거래법위반죄의 성립 여부

외국환거래법상의 지급수단밀수출죄의 성부: 외국환거래법 제17조, 제29조 등 참조.

⑥ 증뢰죄의 성립 여부

증뢰죄는 뇌물을 공여하는 행위 외에 공여의 의사를 표시하기만 하여도 성립되는가?

⑦ 도주죄의 성립 여부

도주죄는 법률에 의하여 체포 또는 구금된 자가 도주한 때에 성립한다. 병에게 체포되기 직전의 상황에서 도주한 갑은 도주죄의 주체가 될 수 있는가?

연습문제

1. 상해죄와 폭행죄는 어떻게 다른가?
2. 낙태는 죄가 되는가?
3. 체포와 감금, 협박과 강요는 각각 어떻게 다른가?
4. 반의사불벌죄란 무엇이며 어떤 것이 있는가?
5. 퇴거불응죄란 어떤 죄인가?
6. 사기죄를 설명하라.
7. 횡령죄와 배임죄는 어떻게 다른가?
8. 문서위조죄에 있어서의 문서란 어떤 의미인가?
9. 수뢰죄와 증뢰죄를 설명할 수 있겠는가?
10. 공무집행방해죄를 설명하라.

로스쿨 대비

LEET 언어이해 (2017년 기출문제 변형)

여러 사람이 탄 배가 암초에 걸려 난파하게 되었다. 바다에 빠진 갑은 난파된 배에서 흘러나온 널판을 붙잡고 겨우 바다 위에 떠 있을 수 있었다. 그가 붙잡은 널판은 한 사람을 겨우 지탱할 만한 것이었다. 이때, 미처 붙잡을 만한 것을 찾지 못한 을이 헤엄쳐 다가와 갑이 의지하고 있던 널판을 붙잡았다. 그러자 널판은 이내 가라앉으려 하였고, 갑의 생각으로 이대로 두었다가는 둘 다 빠져 죽을 것 같았다. 긴급하였던 갑이 을을 널판에서 밀어내어 결국 을은 물에 빠져 죽게 되었다. 목숨을 건진 갑은 재판에서 어떤 판결을 받아야 할까?

형식적 의미의 범죄가 성립하기 위하여는 행위의 구성요건해당성·위법성·행위자의 책임이 필요하게 된다. 이 중에서 하나라도 갖추지 못한 때에는 범죄는 성립하지 않는다. "사람을 기망하여 재물의 교부를 받거나 재산상의 이익을 취득한 자"는 형법상의 사기죄가 성립되어 10년 이하의 징역 또는 2,000만 원 이하의 벌금을 물게 될 것이다. 이와 같이 형법 제347조의 규정을 범죄의 구성요건이라고 하고, 어떠한 행위가 실제로 이러한 형법상의 구성요건에 해당된다고 해석된다면 그 행위는 구성요건해당성을 갖게 된다. 위법성이라 함은 어떤 행위가 법에 위반하여 허용되지 않는 성질을 말한다. 어떤 행위가 구성요건에 해당하고 또 위법성이 있다 하더라도 그 행위에 대한 책임을 행위자에게 귀속시킬 수 없는 경우에는 범죄는 성립되지 아니한다. 위법성이 범죄 성립의 객관적 요건이라면, 책임은 주관적 요건이다.

어떤 행위가 구성요건에 해당하더라도 다음과 같은 위법하지 않는 사유가 있으면 범죄가 성립되지 아니한다. 이러한 사유를 위법성 조각사유라고 한다. 이에는 정당행위, 정당방위, 긴급피난, 자구행위, 피해자의 승낙이 있다.

자기 또는 타인의 법익에 대한 현재의 위난을 피하기 위한 상당한 이유가 있는 행위를 긴급피난이라고 한다. 맹견의 침해로부터 자신의 신체를 보호하기 위하여 맹견을 사살하는 경우나, 질주하는 자동차를 피하기 위하여 도로변 상점의 유리창을 깨뜨린 경우가 여기에 해당한다.

1. 위 글에 대한 해석으로 가장 적절한 것은?

① 갑과 을의 행위는 형법상 살인죄의 구성요건에 해당하지 않는다.

② 을에 대한 갑의 행위는 윤리적으로 타당하기 때문에 형법상 비난받지 않는 것이다.

③ 갑의 책임 유무를 따지는 것은, 자신의 생명에 대한 위난을 피하기 위하여 남의 생명을 침해한 행위가 위법하다고 인정되기 때문이다.

④ 구성요건에 해당하지 않는 행위는 책임을 따질 필요가 없기 때문에, 갑의 책임은 인정되지 않는다.

⑤ 만약 을이 갑을 밀어 빠져 죽게 하였다면 그 행위는 범죄가 된다.

정답: ③

제5장 **민법**

- 인간이란 자연의 용어이고, 인이란 민법상의 용어이다.
- 숨겨진 意思는 나쁘다.

제1절 민법총칙

Ⅰ. 민법의 의의

민법은 사인의 사회생활에 관한 법으로, 주로 개인의 재산관계와 가족관계에 관한 법이다. 민법에는 형식적 민법과 실질적 민법이 있다. 전자는 민법전을 말하고, 후자는 사법의 일부로서 사법관계를 규율하는 원칙적인 법을 말한다. 이에는 민법전을 비롯하여 부동산등기법·가족관계의 등록 등에 관한 법률·이자제한법·입양특례법·공장 및 광업재단 저당법·유실물법·공탁법·신탁법·신원보증법·주민등록법·실화책임에 관한 법률·입목에 관한 법률 등과 같은 성문법과 관습법·판례법·조리 등의 불문법이 있다.

우리 민법전은 1958년 2월 22일에 법률 제471호로 공포되고, 1960년 1월 1일부터 시행되었다. 현행 민법전은 본문 1,118조 및 부칙 28조로 된 방대한 것으로 판덱텐체계를 따라 5편으로 구성되어 있다. 즉 제1편 총칙, 제2편 물권, 제3편 채권, 제4편 친족, 제5편 상속으로 구성되어 있다.

이와 같이 민법은 재산관계와 가족관계에 관한 법으로 일반사법에 속한다. 또한 민법은 실체법으로서 행위규범이 됨과 동시에 재판규범이기도 하다.

Ⅱ. 민법의 기본원리

1. 근대민법의 기본원리

근대 시민법은 개인주의·자유주의를 근본이념으로 하고 있다. 우리 민법의 기본적 구조도 이와 같은 자유인격의 원칙이라는 정신 위에 기초하고 있다. 따라서 개인의 사유재산제 및 자본주의적 자유경쟁을 전제로 하여 다음과 같은 3가지의 기본원칙을 포함하고 있다.

(1) 개인재산 존중의 원칙

개인에게 재산의 사적 소유를 인정하고, 그 지배의 절대성·불가침성을 인정하는 원칙이다. 사유재산권은 개인의 자유의사에 의한 사용·수익·처분이 보장되는 기반이 된다. 사유재산권 가운데 가장 전형적인 것은 소유권이기 때문에 이를 '소유권 절대의 원칙'이라고도 한다. 헌법 제23조의 재산권의 보장과 제한 및 민법 제211조의 소유권의 내용 등에서 이를 명백히 하고 있다.

(2) 사적 자치의 원칙

개인은 자유의사에 의하여 사법상의 권리·의무를 취득한다. 사적 자치는 그 목적이 공서양속에 반하지 않는 한 존중되어야 한다. 개인은 자기의 법률관계를 자기의 자유로운 의사에 의하여 형성할 수 있다는 의미에서 이 원칙을 '개인의사 자유의 원칙'이라고도 하고, 이 개인의사는 개인과 개인의 자유로운 의사의 합치인 계약에서 가장 많이 나타나므로 이를 '법률행위 자유의 원칙' 또는 '계약자유의 원칙'이라고도 한다. 이 계약자유의 원칙에는 계약체결의 자유·상대방선택의 자유·계약내용의 자유·계약방식의 자유 등이 포함됨은 물론이다. 이 원칙은 민법에 직접적인 규정은 없으나 헌법의 재산권보장규정과 민법의 소유권의 내용에 관한 규정에서 논리적으로 인정할 수 있고, 또한 사적 법률행위에 있어서 당연히 인정하여야 할 원칙이다.

(3) 자기책임의 원칙

개인은 자기의 고의·과실에 의한 행위에 대해서만 책임을 지고, 타인의 행위에 대해서는 책임을 지지 아니하는 원칙이다. 고의·과실이 있어야만 책임을 진다는 의미에서 '과실책임의 원칙'이라고도 한다. 민법의 불법행위책임과 채무불이행책임에 관한 규정 등에서 이 원칙을 이해할 수 있다. 이 원칙이 인정됨으로써 개인은 자기의 행위에 대하여 충분한 주의를 하고 있으면, 책임을 지게 될 염려가 없게 되므로 안심하고 개인 내지 기업활동을 할 수 있게 된다.

이러한 민법의 3대 원칙은 개인에게 자유로운 활동을 보장하고 과실이 있는 경우에만 책임을 지게 함으로써 오늘날 자본주의 발전에 기여한 공헌은 크다고 할 수 있다.

2. 현대민법의 기본원리

20세기에 들어와서 자본주의의 고도화와 독점화에 따른 부의 편재에 의한 경제적 불평등을 초래하기에 이르렀다. 또한 종래의 개인주의적 법사상이 반성되고, 사회존중의 사상을 기반으로 하는 새로운 법사상이 대두하면서 공공복리의 원칙이 중시되기에 이르렀다. 따라서 민법의 3대 원칙도 경우에 따라서는 다음과 같은 지도원리에 의하여 수정 내지 보완되어야 할 것이다.

(1) 소유권상대의 원칙

소유권은 사회전체의 이익을 위하여 제한을 받아야 한다는 원칙이다. 헌법 제23조 제2항의 "재산권의 행사는 공공복리에 적합하도록 하여야 한다"는 규정은 소유권상대의 원칙을 선언하고 있으며, 민법 제2조 제2항의 "권리는 남용하지 못한다"와 제211조의 "소유자는 법률의 범위 내에서 그 소유물을 사용·수익·처분할 권리가 있다"는 규정은 이 원칙을 구체화한 것이라고 할 수 있다.

(2) 계약공정의 원칙

사회질서에 반하는 계약이나 현저하게 공정을 잃은 계약은 보호받을 수 없다는 원칙이다. 계약자유의 원칙 아래 경제적 약자가 계약의 자유를 잃게 된다든지 심히 불공정한 계약이 될 경우에는 계약자유의 원칙은 가진 자의 무기로 남용될 위험성이 크게 된다. 이러한 경우에는 계약공정의 원칙으로 수정·적용되어야 할 것이다.

노동법이나 경제법 등에서 이 원칙을 적용하는 규정이 나타나고 있으며, 민법 제2조 제1항의 "권리의 행사와 의무의 이행은 신의에 좇아 성실히 하여야 한다"라는 규정이나 제104조의 불공정한 법률행위에 관한 규정 등은 이 원칙에 대한 정신을 밝히고 있다.

(3) 무과실책임의 원칙

오늘날은 대규모의 시설이나 교통수단에 의한 사고가 증대하고 있다. 이러한 사고에 대하여는 아무런 과실 없이 남에게 피해를 끼치는 경우가 많다. 타인에게는 손해를 끼치고 자기에게는 이익이 되는 경우에는 비록 그에게 과실이 없다 하더라도 무과실책임을 지움으로써 당사자 간에 형평을 기하고자 하는 원칙이다.

III. 권리의 주체

1. 권리의 주체와 권리능력

권리의 주체*Rechtssubjekt*란 권리를 향유할 수 있는 자, 즉 권리자를 말한다. 의무의 귀속자가 의무의 주체라면 권리의 귀속자는 권리의 주체가 된다. 민법학상 권리 의무의 귀속주체는 이를 법적 인격 또는 '법인격*Rechtspersönlichkeit*'이라고 한다.

권리의 주체가 될 수 있는 지위 내지 자격을 권리능력*Rechtsfähigkeit* 또는 인격*Persönlichkeit*이라고 한다. 권리주체가 될 수 있는 자로서는 자연인과 법인을 들 수 있다. 독일민법이나 스위스민법에서는 자연인과 법인의 양자를 포괄적으로 표현하는 데 'Person'이라는 말을 쓴다. 우리 민법에서도 예컨대 본인·타인·매도인·매수인·경매인 등과 같이 양자를 포함시켜 사용하는 수가 많다.

권리능력과 구별하여야 할 개념으로 의사능력·행위능력·책임능력·당사자능력(소송법상의 권리능력)·소송능력(소송법상의 행위능력) 등이 있다.

2. 자연인

모든 사람은 법률상의 인격자로서 성·연령·계급의 구별 없이 평등하게 권리능력자로 인정받고 있다. 민법 제3조에 "사람은 생존한 동안 권리와 의무의 주체가 된다"고 규정하고 있다. 따라서 사람은 출생의 시기부터 권리능력을 취득하고, 사망으로 권리능력을 소멸한다. 이와 같이 모든 자연인은 국적의 여하를 묻지 않고 평등하게 권리능력을 가지는 것이 원칙이지만 외국인에게는 국가정책상 권리능력을 제한하게 된다.

(1) 권리능력의 시기

권리능력의 시기는 태아가 살아서 모체로부터 완전히 분리되어 독립된 개체로 되는 때, 즉 출생이 완료*Vollendung der Geburt*된 때라고 할 것이다. 어느 시점을 출생으로 볼 것인가에 대하여는 다음과 같이 견해가 나누어지고 있다.

가. 수태설

정자와 난자가 결합하여 잉태가 된 시기를 권리능력의 주체로 보는 견해로, 헌법상의 통설이다.

나. 진통설

태아가 모체로부터 분리되려고 진통이 시작된 때를 출생으로 보는 견해로, 분만개시설이라고도 한다.

다. 일부노출설

모체로부터 태아의 일부가 노출된 때를 출생으로 보는 견해이다.

라. 전부노출설

태아가 모체로부터 살아서 완전히 분리된 때를 출생으로 보는 견해이다. 독일민법 제1조, 스위스민법 제31조는 이 설에 입각하고 있고, 우리 민법상의 통설이다.

마. 독립호흡설

태아가 모체로부터 전부 분리된 후 자신의 폐로 독립하여 호흡하게 된 때를 출생으로 보는 견해이다.

위의 학설 중 어느 설을 취하느냐에 따라서 상속관계의 결과가 달라질 수 있다.

예컨대 남편(갑)이 모(을), 처(병) 및 태아(정)를 남기고 사망한 경우에 정이 살아서 출생하였으나 독립하여 호흡을 하지 못하고 사망한 사례에서 전부노출설에 의하면 정은 갑의 사망 시에 출생한 것이므로 갑의 재산을 병과 공동상속하고 그 후 정의 사망으로 인하여 그 재산을 병이 상속하게 된다. 이에 대하여 독립호흡설에 의하면 정은 출생한 것이 아니므로 갑의 재산은 시어머니인 을과 며느리인 병이 공동상속하게 되는 점에서 차이가 있다.

(2) 태아의 권리능력

태아*Kind in Muterleib*라 함은 수태 시로부터 출생완료 시까지의 '전 단계 자연인'을 말한다. 태아는 아직 출생하지 않았으므로 권리능력이 없다. 그러나 이 원칙을 관철하면 법률관계는 명료하여지나 태아의 보호를 위해서는 좋지 않다. 그리하여 민법은 개별적 보호주의를 취하여 다음의 경우에는 태아가 이미 출생한 것으로 보아서 태아의 권리능력을 예외적으로 인정하고 있다.

① 불법행위에 기한 손해배상의 청구(제762조)

② 재산상속(제1000조 제3항)

③ 대습상속(제1001조)

④ 유증(제1064조)

사례

1. 임신 중인 을은 1개월 전 남편이 사망하고, 시부모와 상속문제로 의견차이가 생겼다. 을은 태아에게 상속권을 인정하여 태아와 자기가 공동상속을 하여야 한다고 주장하는 데 반하여, 시부모는 자기들과 을이 공동상속하여야 한다고 한다. 어느 주장이 정당한가? 태아가 사산인 경우에는 어떠한가? 또 시부모가 사망한 경우 태아도 남편의 형제와 함께 시부모의 재산을 상속받을 수 있는가?

   힌트 민법은 태아에게도 재산상속능력을 인정하므로 통설인 해제조건설에 의하면 을과 태아만이 공동상속하게 된다. 태아가 사산인 경우에는 이미 행한 상속관계를 고쳐 시부모와 함께 상속하게 된다. 태아에게 대습상속도 인정하고 있으므로 태아는 망부의 형제(3촌)와 함께 공동상속하게 된다.

(3) 권리능력의 終期

자연인은 사망으로 권리능력을 상실한다. 사망만이 권리능력의 유일한 소멸사유이다. 어떤 기준에 의하여 사망의 시기를 정할 것인가는 중요한 의미를 갖는다. 근래에 장기이식 등 의학의 발달로 의학상으로는 뇌의 기능이 영구적으로 정지된 때를 사망의 시기로 보는 뇌사설이 정설로 되고 있다. 그러나 종래의 통설은 '심장의 기능이 회복 불가능한 상태로 정지된 때'를 사망의 시기로 보고 있다.

민법은 사망의 증명 또는 확정이 곤란한 경우에 대비하여 인정사망·동시사망의 추정·실종선고 등의 제도를 두고 있다.

사례

1. 갑은 처 을과 장남인 병을 남겨두고 가출한 후 8년이 지나도록 소식이 없다. 이에 법원의 실종선고를 받아 낸 처 을은 남편의 재산을 처분하여 정과 재혼하였다. 그 후 사망한 것으로 믿었던 갑이 돌아왔다. 이 경우 법률관계는 어떻게 될 것인가?

   힌트 이 문제는 본 교재만으로는 해결될 수 없다. 민법총칙이나 민법연습문제집을 참고하여 풀어야 한다. 실종선고는 취소하기까지는 그대로 유효하다. 따라서 이해관계인이 법원에 청구하여 취소선고를 받아서 원래대로 회복하는 조치를 취하여야 한다. 이 과정에서도 선의의 자는 보호받는다는 원칙만은 명심하도록 하자.

2. 남편 A와 장녀 B는 해외여행 중 비행기 사고로 사망하였다. 이 경우에 시어머니 C를 모시고 있는 처 D는 시어머니와 함께 공동상속을 하는 것인가?

힌트 동시사망의 추정규정과 민법에서 규정하고 있는 상속순위에 따른다면 처 D는 단독상속인가? 아니면 시어머니와 공동상속인가?(민법 제30조, 제1000조 및 1003조 참조)

(4) 제한능력자

미성년자·피성년후견인·피한정후견인을 제한능력자라 한다. 이들은 단독으로는 유효한 법률행위를 할 수 없고, 친권자나 후견인 등 법정대리인의 대리권을 통하여 사적자치를 보완하고 있다. 다만 법정대리인의 허락을 얻은 경우나 법률에서 예외적으로 행위능력을 인정한 경우에는 단독으로 할 수 있음은 물론이다. 법정대리인의 동의를 받지 않고 한 제한능력자의 행위는 제한능력자가 詐術을 행하지 아니한 한 제한능력자 측에서 이를 취소할 수 있다.

가. 미성년자

19세로 성년이 되고(제4조), 19세에 달하지 아니한 자가 미성년자이다. 연령의 계산에는 출산일을 산입한다. 미성년자가 법률행위를 함에는 법정대리인의 동의를 얻어야 한다(제5조). 법정대리인의 동의를 얻지 아니하고 한 행위는 미성년자 본인이나 법정대리인이 이를 취소할 수 있다. 그러나 다음의 경우에는 미성년자가 의사능력이 있는 한, 법정대리인의 동의 없이 단독으로 유효한 행위를 할 수 있다.

① 단순히 권리만을 얻거나 의무만을 면하는 행위(제5조 제1항 단서)
② 처분이 허락된 재산의 처분행위(제6조)
③ 법정대리인으로부터 허락받은 영업에 관한 행위(제8조)
④ 혼인을 한 미성년자의 행위(제826조의2)
⑤ 타인의 대리인으로서 하는 대리행위
⑥ 유언행위(제1062조)
⑦ 법정대리인의 허락을 얻어 회사의 무한책임사원이 된 미성년자가 그 사원자격으로 행한 행위(상법 제7조)
⑧ 근로계약과 임금의 청구(근로기준법 제67조, 제68조)
⑨ 가족법상의 행위와 사실적 계약관계

미성년자의 법정대리인으로는 제1차로 친권자가 된다. 친권자가 없을 때에는 미성년후견인이 법정대리인이 된다. 법정대리인은 미성년자에 대한 일반적인 보호감독의 권한을 가지는 외에, 미성년자를 위하여 대리권을 행사한다든지 동의권을 행사하기도 하고, 동의를 받지 않고 한 미성년자의 행위에 대하여는 취소권을 행사할 수 있다.

나. 피성년후견인

피성년후견인이란 질병, 장애, 노령, 그 밖의 사유로 인한 정신적 제약으로 사무를 처리할 능력이 지속적으로 결여된 사람으로서 가정법원으로부터 성년후견개시의 심판을 받은 자를 말한다. 성년후견개시의 심판을 받기 위하여는 본인, 배우자, 4촌 이내의 친족, 미성년후견인, 미성년후견감독인, 한정후견인, 한정후견감독인, 특정후견인, 특정후견감독인, 검사 또는 지방자치단체의 장의 청구가 있어야 한다. 가정법원은 성년후견개시의 심판을 할 때 본인의 의사를 고려하여야 한다(제9조).

피성년후견인의 법률행위는 취소할 수 있다. 그러나 일용품의 구입 등 일상생활에 필요하고 그 대가가 과도하지 아니한 법률행위는 성년후견인이 취소할 수 없다.

다. 피한정후견인

피한정후견인이란 질병, 장애, 노령, 그 밖의 사유로 인한 정신적 제약으로 사무를 처리할 능력이 부족한 사람에 대하여 가정법원으로부터 일정한 자의 청구에 의하여 한정후견개시의 심판을 받은 자를 말한다(제12조 참조).

가정법원은 피한정후견인이 한정후견인의 동의를 받아야 하는 행위의 범위를 정할 수 있다. 한정후견인의 동의가 필요한 법률행위를 피한정후견인이 한정후견인의 동의 없이 하였을 때에는 원칙적으로 그 법률행위를 취소할 수 있다.

한정후견개시의 원인이 소멸된 경우에는 가정법원은 본인, 배우자, 4촌 이내의 친족, 한정후견인, 한정후견감독인, 검사 또는 지방자치단체의 장의 청구에 의하여 한정후견 종료의 심판을 한다(제14조).

사례

1. 다음의 행위는 미성년자가 단독으로 할 수 있는가?
   (1) 아버지로부터 받은 용돈 5만 원을 마음대로 낭비하는 행위.
   (2) 어머니로부터 허락받아 문방구점을 운영하면서 물품 구입대금을 지급하기 위하여 수표를 발행하는 행위.
   (3) 부모님의 동의가 있는 것처럼 위임장이나 위조한 주민등록증을 보여주고 물건매매계약을 체결하는 행위.

힌트 미성년자나 피한정후견인은 법정대리인의 동의를 얻어 영업행위를 하거나, 처분을 허락받은 재산을 임의로 처분할 수 있다. 제한능력자의 행위는 취소할 수 있다. 그러나 제한능력자가 법정대리인의 동의가 있는 것처럼 사술을 행하였을 때에는 취소하지 못하도록 하여 그 상대방을 보호하고 있다.

2. A는 3년 전 부인과 이혼하고 미국에 유학 중인 아들 B를 두고 있다. 어느 날 뇌출혈로 쓰러져 식물인간과 같은 상태가 되었다. B가 미국에서 돌아와서 삼촌인 C에게 아버지의 통장과 현금 등을 모두 달라는 것이다. A의 어머님 D도 생존해 계신다. A의 재산관리 등을 위하여 어떠한 조치를 취하여야 하는가?

힌트 성년후견 개시심판이 있는 경우에는 가정법원이 성년후견인을 선임하여야 한다. 법인도 성년후견인이 될 수 있다(민법 제936조 참조).

3. 피성년후견인 갑은 성년후견인의 동의서를 위조하여 자기의 승용차를 을에게 매도하였다. 이 사실을 안 성년후견인은 매매계약을 취소하였다. 을은 성년후견인이 동의하였기 때문에 취소할 수 없다 하였다. 비록 동의서가 위조되었다고 하더라도 갑이 사술행위를 하였으므로 역시 취소할 수 없다고 주장한다. 누구의 주장이 정당한가?

힌트 제한능력자가 사술행위詐術行爲를 하면 그 행위를 취소하지 못하는 것으로 하여 선의의 거래상대방을 보호하고 있다(민법 제17조 참조). 피성년후견인은 미성년자나 피한정후견인과는 달리 법정대리인의 동의를 받아도 언제나 취소할 수 있다. 그러므로 사례와 같이 동의서를 위조하였다 하더라도 취소할 수 있다. 즉 피성년후견인은 항상 성년후견인이 대리행위를 함으로써 피성년후견인을 보호하고 있다.

3. 법인

법인*juristische Person*이란 법으로 정한 사람이란 뜻이다. 따라서 법인은 자연인이 아니면서 법인격이 인정된 권리·의무의 주체를 말한다. 법인은 법률의 규정에 의하여 설립된다. 이러한 법률로는 민법·상법·노동조합법·지방자치법 등이 있다. 법인의 설립에 관하여는 자유설립주의·준칙주의·허가주의·특허주의 등 여러 주의가 있다. 민법상의 비영리법인은 허가주의, 상법상의 영리법인은 준칙주의에 의하고 있다. 민법상의 법인은 정관을 작성하고 주무관청의 허가를 얻어 설립등기를 함으로써 성립된다. 법인에게도 권리능력·행위능력·불법행위능력이 인정된다. 법인의 기관으로는 의사결정기관(사원총회)이나 의사집행기관(이사) 및 감독기관(감사) 등이 있지만, 법인의 종류에 따라 일정하지 아니하다. 이사의 성명과 주소는 등기사항이다. 이사의 직무집행을 정지하거나 직무대행자를 선임하는 가처분을 하거나 그 가처분을 변경·취소하는 경우에는 주사무소가 있는 곳의 등기소에서 이를 등기하여야 한다(제52조의2).

법인은 일정한 기준에 따라 다음과 같이 여러 가지로 나누어진다.

(1) 공법인과 사법인

공법에 의하여 만들어진 법인이 공법인이고, 사법에 의하여 만들어진 법인이 사법인이라고 일응 말할 수 있다. 그러나 공법과 사법의 구별이 쉽지 않은 것과 같이 공법인과 사법인의 구별도 쉽지 않다. 양 법인의 특징을 보면 공법인은 목적이 법률로 정해지는데 반하여 사법인은 정관으로 정해진다(목적의 법정성). 공법인은 국가의사에 의하여 설립되고 조직되기 때문에 존립과 가입 등에 강제성이 부여되는 것이 보통이다(설립·조직 등의 강제성). 공법인에 있어서는 지방재정법이나 한국토지주택공사법에 있어서와 같이 경비의 강제징수·면세·보조금의 교부 등을 위하여 국가적 공권을 부여하고 있다. 공법인은 국가의 특별한 감독을 받는다. 국가의 특별감독권은 각 개별법에서 규정하고 있다. 공법인은 민법상의 불법행위책임을 지지 않고 국가배상법에 의한 손해배상책임을 부담한다. 이 외에도 공법인이냐 사법인이냐의 구별에 관하여는 여러 가지 기준과 견해가 있지만, 종래의 지배적 견해는 법인의 설립이나 관리에 국가의 공권력이 관여하는 것은 모두 공법인이라 하고 그 밖의 법인은 사법인이라 하였다.

그러나 근래에 와서 한국은행·농업협동조합·한국토지주택공사와 같은 중간적 법인의 속출은 모든 법인을 공법인이나 사법인의 어느 하나로 분류하는 것을 불가능하게 하였으며, 위와 같은 획일적 기준에 의하여 구별하는 것도 타당하지 않다는 결과가 되었다. 그러므로 사적 자치의 원칙이 적용되는 법인이 사법인이고 그렇지 아니한 법인을 일단은 공법인으로 보고, 그 구별이 문제되는 중간적 법인에 관하여는 이를 택일적으로 공법인이냐 아니냐를 구별하려고 할 것이 아니라, 문제가 되는 법률관계를 여러 각도에서 검토하여 그것이 공법관계이냐 사법관계이냐를 결정하여야 할 것이다.

(2) 영리법인과 비영리법인

영리법인*wirtschaftliche juristische Person*이란 영리를 목적으로 하는 사단법인을 말한다. 영리법인은 사익을 꾀하고 법인의 기업이익을 구성원인 개인에게 분배하여 경제적 이익을 주는 것을 목적으로 하는 법인이다. 교통·통신·보도 등의 공공사업을 목적으로 한다 하더라도 구성원의 이익을 직접목적으로 하는 법인은 영리법인이다. 영리법인의 전형적인 예는 상법상의 각종 회사이다.

비영리법인*nichtwirtschaftliche; ideale juristische Person*이란 학술·종교·기예·사교·기타 영리 아닌 사업을 목적으로 하는 사단법인과 재단법인을 말한다. 비영리법인이라 하더라도 법인의 목적을 달성하는 데 필요한 재원을 확보하기 위하여, 예컨대 입장료를 받는 전시회나 바자회의 개최와 같이 비영리법인의 본질에 반하지 않는 정도의 영리행위를 하는 것은 가능하다. 즉 목적을 달성하기 위하여 부수적으로 영리행위를 하는 것은 허용된다. 비영리법인은 주로 민법에 의하여 규율되나 특별법에 의하여 성립되는 특수비영리법인도 있다. 민법은 법인을 영리법인과 비영리법인으로 나누고 있지만, 현행법 아래서도 공익법인이 많이 존재하고 있으므로 이를 규율하기 위하여 '공익법인의 설립·운영에 관한 법률'을 제정하여 시행하고 있다.

(3) 사단법인과 재단법인

비영리법인을 그 구성요소가 사단이냐 재단이냐에 따라 사단법인과 재단법인으로 구분한다. 사단법인*Verein*은 일정한 목적을 위하여 결합한 사람의 단체, 즉 사단을 그 실체로 하는 법인이고, 재단법인*Stiftung*은 일정한 목적에 바쳐진 재산, 즉 재단이 그 실체를 이루고 있는 법인이다. 사단법인은 사원을 요소로 하고 사원총회에 의하여 그 의사를 자주적으로 결정함에 대하여, 재단법인은 재산의 존재를 그 요소로 하고 법인설립자의 의사에 의하여 정하여진 대로 활동하는 점에 차이가 있다.

사단법인에는 영리사단법인과 비영리사단법인이 있는 데 대하여, 재단법인은 사원이 없기 때문에 이론상 영리법인이 될 수 없으므로 언제나 비영리법인이다. 이 외에도 사단법인과 재단법인은 설립행위·정관변경·意思機關·해산사유 등에서 차이점이 있다.

(4) 내국법인과 외국법인

양자의 구별기준에 관하여는 여러 학설이 있으나, 준거법설에 의하면 외국법에 의하여 설립된 법인을 외국법인이라 하고 내국법에 의하여 설립된 법인을 내국법인이라고 한다. 상법은 외국상사법인에 관하여 규정을 두고 있으나(제614조 이하 참조), 민법은 외국법인의 능력에 관하여 규정하는 바가 없으므로, 외국인의 능력에 준하여 취급할 것이다.

(5) 사단과 조합

사단은 단체성이 강하여 구성원은 개성을 상실하고 단체가 표면에 나타난다. 단체는 기관에 의하여 행동하고 그 법률효과도 직접 단체에 발생하며 구성원은 총회를 통하여 단체의 운영에 참여한다. 단체의 자산이나 부채도 모두 단체 자체에 속한다. 그리하여 구성원은 단체의 자산으로부터 배당을 받을 뿐이고, 단체의 채무에 대하여 이를 이행할 책임을 지지 아니한다. 따라서 사단은 민사소송법상 소송당사자능력이 인정된다.

이에 대하여 조합*Gesellschaft*은 단체성이 약하여 단체의 구성원이 표면에 나타난다. 즉 조합은 구성원 전원 또는 그로부터 대리권을 수여받은 자에 의하여 행동하고 그 법률효과도 조합원 전원에게 발생한다. 조합의 재산은 조합원이 합유하며 조합의 채무는 조합원 전원이 공동으로 부담한다. 따라서 조합은 민사소송법상 소송당사자능력을 가지지 못한다.

요컨대 사단은 구성원에 대하여 정관에 의하여 규율되는 데 반하여, 조합은 특정한 개인을 당사자로 하는 계약에 의하여 규율되는 점에서 본질적 차이가 있다. 그러나 사단과 조합은 그 명칭만에 의하여 구별될 성질은 아니다. 예컨대 각각의 특별법에 의하여 설립되는 노동조합·수리조합·협동조합 등은 명칭은 조합이지만 그 법적 성질은 사단법인이다. 또한 법인인가의 여부는 등기라는 형식적 표준에 의하여 정하여지기도 한다. 예컨대 상법상의 합명회사는 실질은 조합이지만 등기에 의하여 법인으로 되는가 하면, 실질은 사단이면서도 등기를 하지 아니하여 '법인격 없는 사단'으로 남아 있는 것도 있다.

사례

1. 갑농협의 정관에는 조합원 이외의 자에게는 융자를 금지하고 있다. 갑농협의 조합장 A는 비조합원인 을회사에 사업자금 1,000만 원을 대부해 주었으나, 그 후 을회사가 도산하여 대부금을 회수하지 못할 지경에 이르렀다. 갑농협은 을회사에 대부금 반환청구권을 행사할 수 있는가?

   힌트 법인의 행위능력은 법률의 규정에 좇아 정관에 정한 목적의 범위 내에서만 인정된다. 갑농협의 정관에 비조합원에게는 융자를 금한다고 규정하고 있으므로 조합장이 이를 위반한 행위는 이미 법인의 행위가 되지 못하고 조합장 개인의 행위가 된다. 따라서 을회사에 부당이득반환청구를 하는 수밖에 없는데 도산한 회사이므로 이것도 실현성이 없다. 그리하여 이로 인한 손해를 전보받기 위하여는 조합장 A에게 채무불이행(조합장으로서의 임무위반)으로 인한 책임을 물어야 하지 않을까?

연습문제

1. 민법의 기본원칙을 어떻게 정립할 수 있는가?
2. 권리능력·행위능력·의사능력·책임능력·당사자능력·소송능력은 어떻게 다른가?
3. 뇌사설은 인정하여야 하는가?
4. 권리능력 없는 사단도 권리의 주체가 될 수 있는가?
5. 법인의 본질은 무엇인가?
6. 사단과 조합은 어떻게 다른가?

IV. 권리의 행사

1. 권리행사의 의의

권리의 행사*Ausübung des Rechts; Rechtsausübung*란 권리의 내용을 실현하는 행위를 말한다. 권리의 행사는 권리 내용의 현실화라는 구체적인 실현이 있어야 하므로 권리를 주장하는 것만 가지고는 권리의 행사라고 할 수 없다. 기본권과 같은 공법상의 권리이든 사법상의 권리이든 권리행사의 형태는 권리의 내용에 따라 다르다. 물권과 같은 지배권에 있어서는 주로 사실행위이고, 채권과 같은 청구권에 있어서는 급부를 청구하고 수령하는 행위이며, 형성권에 있어서는 의사표시를 하는 것이 권리의 행사이다. 권리의 행사는 보통 그 권리의 주체를 위하여 직접 실현하는 것을 말하지만, 광의로는 소유권의 양도와 같이 권리 자체를 처분하는 것을 포함한다. 또 권리의 행사는 일반적으로는 권리의 주체에 의하여 행하여지지만 대리인이나 관리인과 같은 타인에 의하여 행하여지는 수도 있다.

2. 권리행사의 충돌과 순위

동일한 객체에 여러 개의 권리가 존재하면 권리의 충돌*Kollition der Rechte*이 있게 된다. 권리의 충돌이 있는 경우에는 다음과 같은 원칙에 의하여 해결한다. 헌법상의 기본권이 충돌할 때에는, 쌍방 당사자가 주장하는 기본권의 내용과 효력을 비교·형량하여 양쪽의 기본권이 충분히 존중될 수 있도록 해결하여야 할 것이다. 민법상의 제한물권은 소유권에 언제나 우선한다. 그러나 종류를 달리하는 제한물권 상호 간의 순위는 법률의 규정에 의하여 정하여진다. 같은 종류의 물권 상호 간에 있어서는 순위의 원칙*Prioritsprinzip*에 의하여 먼저 성립한 권리가 후에 성립한 권리에 우선한다. 이에 대하여 채권에 있어서는 순위의 원칙이 적용되지 않고 선행의 원칙*Präventionsprinzip*이 지배한다. 따라서 이중매매에 있어서와 같이 먼저 매수한 자가 나중 매수한 자에 우선하는 것이 아니라 먼저 등기 또는 인도로써 이행을 받은 자, 즉 먼저 채권을 행사한 자가 우선한다.

사례

1. 갑의 부동산 위에 A는 2024년 2월에 저당권등기를, B는 2024년 3월에 전세권등기를 하였고, C는 2024년 4월에 갑에게 현금 1,000만 원을 빌려주었다. 갑이 파산한 경우 누가 먼저 변제받을 수 있겠는가?

   힌트 답이 안 나오면, 위에서 설명한 선행의 원칙과 순위의 원칙을 다시 한번 검토하시오.

2. 아들의 생명을 구하는 길은 수혈뿐인데도 종교적 이유로 아들의 수혈을 거부하고 있을 때 충돌하는 두 기본권을 조정하는 방법은 없겠는가?

   힌트 부의 동의를 강요하는 것보다 법원이나 친족회의 동의를 얻어내는 방법을 찾을 수 있을 것이다.

3. 권리행사의 보호

권리가 침해되어 권리행사를 할 수 없을 때에는 국가에 의한 공력구제 내지 국가구제*staatliche Durchsetzung*가 원칙이고, 정당방위*Notwehr*·긴급피난*Notstand*·자력구제*Selbsthilfe*와 같은 사력구제*privatliche Durchsetzung*는 예외적으로 허용된다.

4. 권리행사의 제한

권리는 사회적 산물의 하나로서 사회적으로 승인되는 한에 있어서만 권리로서 인정되는 것이므로, 무제한적으로 그 행사를 용인할 수는 없는 것이다. 이러한 생각은 타인과의 접촉을 전제로 하는 사회공동생활에 있어서 타인의 생활영역을 존중하여야 한다는 점에서 비롯된다. 따라서 헌법에서 보장하고 있는 기본권의 불가침성이나 민법 등에서 인정하고 있는 각종의 권리행사도 타인에게 해악을 끼치지 아니하는 범위 내에서 인정된다고 하겠다. 프랑스 인권선언 제4조도 "자유는 타인을 해하지 아니하는 모든 것을 행할 수 있는 것이다"라고 하여 타인의 존재에 의한 자유의 한계를 명시하고 있다. 이와 같이 나의 자유가 소중한 만큼 남의 자유도 소중하기 때문에 내 자유를 존중받기 위해서는 남의 자유도 존중해야 한다는 의미에서 '자유의 한계성'은 바로 '자유의 본질'이라고 할 것이다.

권리행사에 대한 사회적 제약은 이를 공법상의 제약과 사법상의 제약 및 사회법상의 제약으로 나누어 볼 수 있다.

(1) 공법상의 제약

대부분의 현대국가의 헌법에서는 기본권의 한계와 제한에 관하여 명시적으로 규정하고 있는데, 이를 기본권의 명시적 제약이라 한다. 그러나 기본권은 헌법에 그 제약에 관한 명시적 규정이 없는 경우에도 무제약적·절대적 권리가 아니고 기본권 그 자체에 내재하는 묵시적 제약 내지 내재적 한계가 있다. 독일기본법 제2조 제1항은 "권리의 행사는 타인의 권리를 침해하든가 헌법질서에 위배되든가 도덕률에 위배되어서는 아니 된다"고 하고 있다.

오늘날 대부분의 헌법들은 인간의 존엄성 유지와 공공의 이익을 위하여 필요·불가결한 경우에 한하여 기본권을 제한할 수 있도록, 기본권 제한의 기준과 한계 및 방법을 헌법에 명시하고 있다. 우리 헌법에는 독일기본법 제2조 제1항과 같은 일반적 헌법유보조항은 없다. 그러나 기본권의 내재적 한계를 명시하는 일반적 헌법유보조항은 없다 하더라도, 타인의 권리·헌법질서·도덕률 등의 존중은 국가적·사회적 생활을 전제로 하는 이상 기본권의 내재적 한계요인이 될 수밖에 없다. 한편으로는 국가의 기본권 보장의무를 강조하면서 다른 한편으로는 기본권의 헌법적 한계와 일반적 법률유보조항을 두어 기본권제한을 허용하고 있다. 이와 같이 우리 헌법에는 기본권제한에 관한 일반적 헌법유보조항은 두고 있지 않으나, 다음과 같이 개별적 헌법유보조항이나 일반적 및 개별적 법률유보조항을 두고 있다.

기본권에 대한 개별적 헌법유보조항을 보면 다음과 같다. ① 헌법은 정당의 자유를 보장하되 정당의 목적이나 활동이 민주적 기본질서에 위반될 때에는 그 정당은 해산될 수 있도록 규정하고 있으며(제8조 제4항), ② 헌법은 언론·출판의 자유를 보장하면서도 언론·출판이 타인의 명예나 권리 또는 공중도덕이나 사회윤리를 침해하지 못하도록 규정하였고(제21조 제4항), ③ 국민의 사유재산권을 보장하면서도 재산권의 행사는 공공복리에 적합하도록 행사하게 하고(제23조 제2항), ④ 군인·군무원·경찰공무원 등의 손해배상청구권을 제한하고(제29조 제2항), ⑤ 공무원인 근로자는 일정한 자에 한하여 근로3권을 보장하고 있다(제33조 제2항).

법률에 의한 기본권의 제한을 보면 예컨대 "모든 국민의 재산권은 보장된다. 그 내용과 한계는 법률로 정한다(헌법 제23조 제1항)"와 같은 개별적 법률유보와 "모든 국민의 자유와 권리는 국가안전보장·질서유지 또는 공공복리를 위하여 필요한 경우에 한하여 법률로써 제한할 수 있으며……(헌법 제37조 제2항)"와 같은 일반적 법률유보가 있다.

국가안전보장을 위하여 기본권을 제한하는 법률로는 내란죄·외환죄·국교에 관한 죄 등을 규정한 형법이나 국가보안법 등이 있다. 질서유지를 위하여 기본권을 제한하는 법률로는 형법을 위시하여 집회 및 시위에 관한 법률·경찰관 직무집행법·경범죄 처벌법·화염병 사용 등의 처벌에 관한 법률·성매매특별법·소방공무원법·청소년 보호법·도로교통법 등이 있고, 공공복리를 위하여 기본권을 제한하는 법률로는 남녀고용평등과 일·가정 양립 지원에 관한 법률·독점규제 및 공정거래에 관한 법률 등이 있다.

그러나 위에서와 같은 사유에 의하여 국민의 기본권을 제한하는 경우에도 자유와 권리의 본질적인 내용을 침해할 수 없음은 물론이다.

(2) 사법상의 제약

권리의 행사는 권리자의 자유에 맡겨져 있는 것을 원칙으로 한다. "자기의 권리를 행사하는 자는 그 누구를 해하는 것도 아니다"라는 절대적 자유는 자유인격과 공공복리를 추구하는 현대사회에 있어서는 권리의 상호적 승인 내지 사회성과 모순되기 때문에 수정 내지 제한되지 않을 수 없다.

이와 같이 권리행사는 절대자유이고 본질적으로 무제약성*Schrankenlosigkeit*을 가진다는 데서 출발하여 오로지 타인을 해할 목적으로만 권리를 행사하는 것은 금한다는 시카아네의 금지*Schikane Verbot*라든가 매연·소음·기타 폐기물에 의하여 이웃 토지나 이웃 생활을 방해해서는 아니 된다는 Immission이나 nuisance 및 바이마르 헌법 제153조와 우리 헌법 제23조의 재산권 행사의 공공복리 적합의무 등의 과정을 거치면서 민법 제2조 제1항의 "권리의 행사와 의무의 이행은 신의에 좇아 성실히 하여야 한다"는 신의성실의 원칙과 동조 제2항의 "권리는 남용하지 못한다"는 권리남용금지의 원칙을 규정하기에 이르렀다.

사례

1. 갑은 을로부터 토지 500평을 1억 원에 매입하는 매매계약을 체결하고 계약금과 중도금을 치렀다. 그런데 잔금을 치르는 날 100만 원이 부족하여 이는 3개월 후에 월 2푼의 이자와 함께 지급하기로 하고 등기를 마쳤다. 이로부터 1개월 후에 땅값 상승에 자극받은 을은 잔금 미지급을 이유로 동 매매계약을 해제한다고 하였다. 이 계약은 해제된 것인가?

힌트 채무자는 신의에 좇아 성실하게 의무를 이행하였다고 볼 수 있는 데 반하여, 채권자의 행위는 신의·성실의 원칙에 어긋나며 권리남용이 되어 계약은 해제할 수 없다.

2. 갑은 자기 땅 10평을 침범하여 이층집을 지어 살고 있는 을에게 침해부분을 철거하든지, 아니면 시가보다 2배나 비싼 가격인 평당 500만 원으로 매수하든지 하라고 한다. 을의 구제방법은 무엇인가?

   힌트 갑의 행위는 권리남용이 되어 인정될 수 없다. 다만 을은 시가에 의하여 침해부분을 매수하든지, 아니면 지상권 또는 임대차 계약에 의하여 그 토지를 계속 이용할 수 있을 것이다.

(3) 사회법상의 제약

사회법상 인정되고 있는 여러 가지 권리도 헌법유보조항이나 법률유보조항에 의하여 제한될 수 있다. 특히 근로3권의 행사 등으로 인한 쟁의행위는 정당성을 가진 비폭력적·합법적인 행위이어야 한다. 노사분규로 인한 경제적·정치적·사회적 영향은 지대하므로 힘에 의한 해결방법을 지양하고 법과 질서에 따른 평화적 해결방법을 모색할 때에만 참된 노사관계의 발전을 기대할 수 있기 때문이다.

사례

1. 핵폐기물 처리장이나 쓰레기매립장 등 각종 대중혐오시설의 건설과 관련해서 지역이기주의가 심각한 문제로 등장하고 있다. 해당 지역주민은 공해방지와 주거환경보존을 이유로 반대할 수 있는가?

   힌트 님비(not in my back yard)현상은 지역이기주의와 함께 오늘날 심각한 사회 현상으로 대두되고 있다. 이것도 결국 개인의 권리행사와 관련되어 있다. 지역 이기주의를 극복하는 길은 이러한 혐오시설의 건설이 주민들에게 불이익을 주지 않고 오히려 지역사회 발전을 위하여 보탬이 될 수 있다는 설득과 수용대가로서 개발사업을 추진하는 등의 방법에 의하여 원만한 합의점을 찾도록 노력하여야 할 것이다.

연습문제

1. "권리의 행사는 자기 자신을 위해서뿐만 아니라 사회공공에 대한 의무이다"(von Jhering)라는 말은 무슨 뜻인가?
2. 병역의무와 양심상의 이유로 인한 집총거부가 문제된 경우와 같이 권리가 상충되었을 때 어떻게 하여야 하는가?
3. 어떠한 경우에 권리남용으로 되는가?
4. 신의·성실의 원칙의 파생원칙인 실효의 원칙과 사정변경의 원칙은 우리 민법상 인정되는가?

V. 권리의 객체

1. 권리의 객체란 무엇인가?

권리란 일정한 사회적 이익을 향수할 수 있는 법률상의 힘이다. 이러한 권리에 의하여 보호되는 이익을 권리의 내용 또는 목적이라고 한다. 그리고 이러한 이익을 충족하기 위한 수단인 일정한 대상, 즉 권리발생의 대상을 권리의 객체*Rechtsobjekt*라고 한다. 따라서 권리의 객체는 권리의 내용이 되는 이익에 따라 다르다. 예컨대 물권의 객체는 물건이며, 채권의 객체는 채무자의 행위〔給付〕이다.

권리의 종류에 따른 권리의 객체를 도표로 보면 다음 〈표 4〉와 같다.

〈표 4〉 권리의 종류와 객체

권리의 종류	객체
물 권	물건, 권리(채권질권과 같은 권리 위의 권리)
채 권	채무자의 행위(급부)
형 성 권	법률관계
무체재산권	저작·발명 등의 정신적 산물(창의)
항 변 권	청구권
인 격 권	권리주체 자신(신체·명예·자유·정조 등)
친 족 권	친족법상의 지위(父·母·子·夫·양자·후견인 등)
상 속 권	상속재산(피상속인의 모든 권리·의무)

민법은 권리의 주체에 대해서는 일반적인 규정을 두고 있지만, 권리의 객체에 대해서는 일반적 규정을 두고 있지 않다. 권리의 객체는 다양하기 때문에 이에 대한 통칙을 총칙편에 둔다는 것은 입법기술상 거의 불가능하며 또 그럴 필요도 없기 때문이다. 그러나 물건에 관해서는 그 중요성을 고려하여 민법총칙에서 규정하고 있다.

2. 물건

(1) 물건의 의의

물건이란 '유체물 및 전기, 기타 관리할 수 있는 자연력'을 말한다. 물건은 청구권과 같은 무체적 권리의 반대개념이다.

가. 유체물 또는 관리가능한 자연력

물건에는 유체물과 무체물이 있다. 유체물은 형체를 가지는 물질을 말하고, 무체물은 전기·열·광·음향·향기·에너지 등과 같이 형체가 없는 것을 말한다. 민법은 유체물은 모두 물건으로 하고, 무체물은 그중에서 관리가능한 자연력만을 물건으로 하고 있다.

나. 관리가능성

물건은 특정인에 의하여 관리가 가능하여야 한다. 관리가 가능하다는 것은 배타적 지배가 가능하다는 뜻이다. 배타적 지배가 가능하여야 물건을 사용·수익·처분할 수 있다. 따라서 바다나 공기는 물건이 아니다. 다만 인위적으로 일정범위를 구획하여 지배할 수 있는 것으로 될 때 바다는 어업권의 객체로 된다. 마찬가지로 공기도 물건은 아니나 탱크에 모아 놓으면 물건으로 된다.

다. 신체의 일부

사람의 신체 또는 신체의 일부는 물건이 아니다. 신체에 부착된 의치·의수·의족·의안·가발 등도 신체에 부착되어 있는 한 물건이 아니다. 그러나 모발·치아·혈액 등은 인체로부터 분리되면 물건으로 된다. 수혈이나 심장이식수술과 같이 신체의 일부를 분리시키는 채권계약 또는 절단된 물건의 처분행위는 사회질서에 반하지 않는 한 유효하다. 시체·유골도 물건이라고 하는 데는 다툼이 없다. 그러나 이에 대하여 소유권이 성립하는가에 대하여는 학설은 대체로 인정하되 특수한 소유권으로 보고 있다.

라. 독립성

권리의 객체인 물건은 배타적으로 지배할 수 있어야 하므로 그 독립성이 요구된다. 물건의 독립성에 대한 판단은 물리학적 관찰뿐만 아니라 사회생활상의 거래관념에 따라 결정된다. 일물일권주의의 원칙상 물건의 일부나 구성부분 또는 물건의 집단은 하나의 물권의 객체가 되지 못하는 것이 원칙이다. 그러나 여기에는 상당한 예외가 있다.

(2) 主物과 從物

가. 의의

물건의 소유자가 그 물건의 경제적 가치를 높이기 위하여 자기소유인 다른 물건을 이에 부속시켜 보조적으로 이용하는 수가 많다. 이러한 경우에 그 물건과 보조적인 물건은 경제적 운명을 같이하게 된다. 이때 그 물건을 주물*Hauptsache*이라 하고 보조적인 물건을 종물*Zubehör*이라 한다.

나. 종물의 요건(제100조 제1항)

첫째로, 종물은 주물의 常用에 供하여야 한다. "상용에 공한다"는 것은 사회관념상 계속하여 주물의 경제적 효용을 돕는 것을 뜻하고, 또 이것이 객관적으로 인정되어야 한다. 따라서 일시적으로 어떤 물건의 효용을 돕는 것은 종물이 아니다. 시계와 시곗줄, 가옥과 광은 주물·종물의 관계에 있으나, 주물 그 자체의 효용과 직접 관계가 없는 물건은 종물이 아니다. 예컨대 텔레비전이나 책상 등은 가옥 그 자체의 효용과 직접 관계가 없으므로 가옥의 종물은 아니다. 그리고 주물과 종물은 장소적으로도 밀접한 관계에 있어야 하나, 일시적으로 분리하여도 종물성을 잃지 아니한다.

둘째로, 독립한 물건이어야 한다. 법률상 독립한 물건인 이상 동산·부동산을 불문한다.

셋째로, 주물·종물이 동일한 소유자에게 속하여야 한다. 다만 제3자의 권리를 해하지 않는 한 다른 소유자에게 속한 물건도 종물이 될 수 있다.

다. 종물의 효과

종물은 주물의 처분에 따른다. 즉 종물은 주물과 그 법률적 운명을 같이한다.

주물·종물의 이론은 원래 물건 상호 간에 적용되는 것이나 권리 상호 간에도 준용된다. 예컨대 원본채권이 양도되면 이자채권도 양도되고, 건물이 양도되면 특별한 사정이 없는 한 그 건물의 대지임차권도 건물의 양수인에게 이전한다.

(3) 元物과 果實

가. 의의

물건으로부터 생기는 수익을 과실*Früchte*이라 하고 과실을 생기게 하는 물건을 원물*Muttersache*이라 한다. 과실은 물건으로부터 생기는 이익이므로 주식의 배당금이나 특허권의 사용료 등 권리의 과실은 과실이 아니다. 과실에는 천연과실과 법정과실이 있다.

나. 天然果實

천연과실*natürliche Früchte*은 물건의 용법에 의하여 수취하는 산출물이다. '물건의 용법에 의하여'란 원물의 경제적 용도에 따라 수취되는 물건을 의미한다. '산출물'이란 과수의 열매·우유·가축의 새끼 등과 같이 유기적으로 생산되는 물건과 석재·토사 등과 같이 무기적으로 수취되는 물건도 포함된다.

천연과실은 원물로부터 분리하는 때에 이를 수취할 권리자에게 속한다. 수취할 권리자는 원물의 소유자인 것이 원칙이다. 예외적으로 선의의 점유자·지상권자·전세권자·질권자·유치권자·저당권자·매도인·임차인·使用借主·친권자·受遺者 등도 수취권을 가진다.

미분리의 천연과실은 明認방법을 갖추는 때에는 독립성이 인정되어 타인의 소유권의 객체가 된다.

다. 法定果實

법정과실*juristische Früchte*은 집세나 지료 등과 같이 물건의 사용대가로 받는 금전 기타의 물건이다. 법정과실은 수취할 권리의 존속기간 일수의 비율로 수취한다(제102조 제2항). 이 규정은 임의규정이므로 당사자 간에 다른 약정이 있으면 적용하지 아니한다.

(4) 동산과 부동산

가. 동산·부동산의 구별 필요성

동산과 부동산은 다음과 같이 법률상 여러 가지 점에서 다르게 취급되므로 그 구별은 대단히 중요하다. 동산거래에 있어서는 공신의 원칙을 인정하나, 부동산거래에 있어서는 이를 인정하지 아니하고 진정한 소유자를 보호한다. 동산은 점유에 의하여 공시되나 부동산은 등기에 의하여 공시된다. 또 지상권·지역권·전세권과 같은 용익물권은 부동산에만 인정되므로 양자의 구별은 필요하다.

나. 부동산

토지와 그 정착물은 부동산*unbewegliche Sache*이다. 토지는 일정한 지면과 이 지면의 상하에 미친다. 암석·토사·지하수와 같은 토지의 구성물은 토지의 일부이다.

토지의 정착물은 토지에 고정되어 사용되는 물건이다. 건물·수목·돌담·교량·도로의 포장 등이다. 그러나 판잣집·假植 중의 수목·공중전화박스 또는 토지나 건물에 충분히 정착되어 있지 않은 기계 등은 정착물이 아니다.

정착물 중에서는 토지와 별개의 부동산으로 취급되는 것과 그렇지 않은 것이 있다.

건물·立木法에 의한 수목의 집단·명인방법을 갖춘 미분리의 과실이나 수목의 집단·농작물 등은 전자의 예이다.

사례

1. 건평 55평의 단층주택의 약 3분의 1에 상당하는 15평을 매매한 경우에 그 매매의 효력은 어떠한가?
2. 정당한 권한 없이 타인의 농지를 경작한 경우에 그 생산물인 배추의 소유권은 경작자에게 귀속되는가?

3. 갑은 자기 집 50미터 지하로 통과하는 지하철 공사를 토지소유권 침해를 이유로 반대할 수 있는가?

힌트 "하나의 건물의 일부분의 매매는 법률상 유효하게 성립될 수 없다." 판례에 의하면 농작물은 비록 그것이 남의 땅에서 위법한 경작 내지 재배행위에 의한 것이더라도 언제나 경작자에게 속한다고 하고 있다(대법원 1968. 6. 4. 선고 68다613, 68다614 판결; 대법원 1970. 11. 30. 선고 68다1995 판결). 토지의 소유권은 정당한 이익이 있는 범위 내에 한하여 미친다(제212조). 법원은 정당한 이익의 범위를 지하 50미터까지로 보고 소유자에게 보상해야 한다고 한 판결이 있다. 토지 소유권의 행사는 공공복리와 조화를 이루는 범위 내에서 행사되어야 할 것이다.

다. 동산

부동산 이외의 물건은 모두 동산*bewegliche Sache*이다. 가식의 수목과 같이 정착물이 아닌 토지의 부착물이나, 전기, 기타 관리할 수 있는 자연력은 동산이다. 선박·자동차·항공기·일정한 중기 등은 법률상 부동산으로 취급된다. 상품권·승차권·입장권 등 무기명채권은 동산이 아니다. 이는 증권적 채권의 일종으로서 채권편에서 다루고 있다. 금전은 동산이지만 동산에 관한 규정은 금전에는 적용되지 않는 것이 많다.

연습문제

1. 어업권 및 광업권의 객체는 무엇인가?
2. 대기 중의 공기나 전파는 물건인가?
3. 시체는 물건인가? 그렇다면 소유권의 객체가 될 수 있는가?
4. 의치·의족·모발은 물건인가?
5. 갑 소유의 임야에 매장되어 있는 광물은 갑의 소유인가?
6. 짓고 있는 집은 동산인가, 부동산인가?
7. 배와 노, 개와 개의 밥그릇, 본채와 광, 열쇠와 자물쇠 등은 각각 주물과 종물의 관계에 있는가?
8. 이웃집 감나무에서 떨어진 감은 누구의 소유인가?
9. 명인방법이란 무엇인가?
10. 토지의 정착물에는 어떤 것들이 있는가?

VI. 권리의 변동

1. 권리변동의 의의와 원인

우리의 사회생활 중에서 법의 규율을 받는 것이 법률관계이다. 법률관계는 권리와 의무의 관계이다. 우리의 생활관계가 끊임없이 발생·변경·소멸하는 것과 같이, 법률관계도 끊임없이 발생·변경·소멸한다. 이와 같이 법률관계가 변동한다는 것은 일정한 결과가 발생하는 것을 말한다. 이 원인이 되는 것을 '법률요건'이라 하고, 그 결과가 되는 것을 '법률효과'라고 한다. 법률요건은 하나 이상의 의사표시로 이루어져 있으니 이 의사표시가 '법률사실'이다. 법률사실에는 사람의 정신작용에 의하는 것과 사건과 같이 그렇지 않은 것이 있다.

예컨대, 갑이 을에게 이어폰을 10만 원에 팔라고 청약하고, 을이 이를 승낙하면 매매계약이 체결된다. 이 계약이 바로 법률요건이다. 매매계약이 성립되면 을은 갑에게 대금 10만 원을 청구할 권리가 생기고, 반대로 갑은 을에게 이어폰의 인도를 청구할 권리가 생긴다. 즉 갑과 을은 계약상의 권리·의무가 발생한다. 이것이 법률효과이다. 그리고 법률요건의 요소인 청약과 승낙이라는 의사표시가 다름 아닌 법률사실이다. 그러나 유언과 같은 것은 유언이라는 하나의 의사표시, 즉 하나의 법률사실로 바로 법률요건이 성립된다.

이와 같이 의사표시라는 법률사실을 요소로 하여 이루어지는 법률요건을 특히 법률행위라고 한다. 그런데 사람의 행위이면서 법률행위가 아닌 것도 있다. 사실행위·위법행위·법률적 행위가 그것이다. 사실행위란 주소의 설정이나 매장물의 발견 또는 물건의 인도나 선점 및 부부의 동거와 같이 행위에 의하여 생긴 결과만이 법률상의 의미가 있는 행위를 말한다. 위법행위에는 불법행위와 채무불이행이 있는데, 이러한 위법행위는 의사표시로 구성되는 것이 아니므로 법률행위가 아니다. 또한 법률적 행위는 준법률행위라고도 하는데, 여기에는 관념의 통지와 의사의 통지가 있다.

관념의 통지 내지 사실의 통지는 사단법인의 사원총회소집의 통지와 같이 통지된 사실의 내용은 어느 날 몇 시에 무슨 목적으로 사원총회를 개최한다는 것이지만, 통지의 법률효과는 통지를 받고 출석하지 아니한 사원은 의결권을 포기한 것이 된다는 데에 있다. 통지자는 이러한 법률효과를 의욕할 필요도 없고, 자기가 행하는 통지가 어떠한 법률효과를 발생하는지를 모르더라도 관계가 없다.

의사의 통지는 채무이행을 요구하는 催告와 같이 통지된 의사의 내용은 채무를 이행하여 달라는 것이지만, 그 법률효과는 시효를 중단시키며, 최고 후 일정기간 안에 이행하지 아니하면 계약을 해제할 권리가 발생한다는 등에 있다. 이것 역시 최고자 자신이 그러한 법률효과의 발생을 의욕할 필요는 없으며, 어떠한 법률효과를 발생하는지 몰랐다 하더라도 그러한 효과는 발생한다는 점에서 의사표시와 다르다.

이와 같이 권리변동의 원인에는 크게 사람의 정신작용에 의한 행위와 사건의 경우와 같이 그렇지 않은 것이 있다. 전자에는 적법행위와 위법행위가 있고, 적법행위에는 법률행위와 준법률행위가 있다. 민법은 여러 가지 법률요건 중에서 법률행위와 기간 및 소멸시효에 관한 규정을 두고 있다.

2. 법률행위

(1) 법률행위의 의의

물건을 사고 팔거나 세를 놓거나 저당권을 설정함과 같이 법률효과를 발생케 하는 행위가 법률행위*Rechtgeschäft*이다. 이와 같이 법률행위란 일정한 법률효과의 발생을 목적으로 하는 하나 이상의 의사표시를 불가결의 요소로 하는 법률요건이다. 사법상의 법률효과를 발생시키는 행위에는 적법행위와 위법행위가 있는데, 법률행위는 의사표시를 요소로 하는 적법행위에 속함은 물론이다.

(2) 법률행위의 종류

의사표시의 결합의 모습에 따라 법률행위는 계약·단독행위·합동행위로 분류된다.

계약은 매매에 있어서와 같이 서로 대립하는 둘 이상의 의사표시가 합치함으로써 성립하는 법률행위를 말한다.

단독행위란 유언과 같이 당사자의 일방적인 의사표시로 성립하는 법률행위로서 일방행위라고도 한다. 단독행위는 동의 또는 취소와 같이 상대방 있는 단독행위와 유언, 재단법인 설립행위와 같이 상대방 없는 단독행위로 나누어진다. 단독행위는 원칙적으로 법률에 규정이 있는 경우에만 그 효력이 인정된다.

합동행위란 사단법인의 설립행위와 같이 동일한 목적을 위한 복수의 의사표시가 합치함으로써 성립하는 법률행위이다. 이에 대하여 합성행위란 합의체의 의결이나 선거에 있어서와 같이 다수인의 의사의 집적에 의하여 법적으로 한 당사자의 하나의 의사를 형성하는 행정행위를 말한다.

이 밖에도 법률행위는 요식행위·불요식행위·有因행위·無因행위·채권행위·물권행위·준물권행위·생전행위·사후행위·유상행위·무상행위·보조행위·독립행위·주된 행위·종된 행위 등으로 분류할 수 있다.

(3) 법률행위의 성립과 효력

법률행위가 완전한 법률효과를 발생하려면 성립요건과 효력요건을 구비하여야 한다. 모든 법률행위에 요구되는 일반적 성립요건은 당사자·목적 및 의사표시이고, 성립한 법률행위가 효력을 발생하기 위한 유효요건으로는 당사자가 행위능력이 있어야 하며, 법률행위의 목적이 적법·가능하고 또 확정할 수 있어야 하며, 사회적 타당성이 있어야 한다. 또한 의사와 표시가 일치하고, 그 의사표시에 흠이 없어야 한다.

사례

1. 보조행위와 독립행위는 어떻게 다른가?
2. 주된 법률행위가 없어도 종된 법률행위는 존재하는가?

힌트 1. 보조행위는 직접 법률관계를 변동케 하는 것은 아니다. 단순히 다른 법률행위의 효과를 형식적으로 보충하거나 확정하는 것을 목적으로 한다. 동의·추인·허가·대리권의 수여 등이다. 이에 반하여 독립행위는 매매와 같이 법률관계의 변동을 직접 발생하게 하는 행위를 말한다.

3. 의사표시

(1) 의사표시의 의의

의사표시*Willenserklärung*란 일정한 법률효과의 발생을 원하는 의사의 표시이며, 법률행위의 요소가 되는 법률사실이다. 의사표시는 법률효과를 발생케 하려는 내심의 의사와 이것을 외부에 표시하는 표시행위로 이루어진다. 이 내심의 의사, 즉 효과의사와 표시행위가 일치하지 않을 때에는 어느 쪽의 효과를 인정할 것인가가 문제 된다. 이는 그와 같은 의사를 표시한 본인을 보호할 것인가, 이를 믿은 상대방인 제3자를 보호하여 거래의 안전을 기할 것인가의 문제가 생긴다. 여기에서 의사주의와 표시주의의 대립이 생긴다. 민법은 절충주의를 취하여 표시주의에 의한 강한 제한을 받는 의사주의를 취하고 있다.

이 문제를 두고 민법은 의사와 표시가 불일치한 경우와 의사표시에 하자가 있어서 불일치하는 경우로 나누어 다음과 같이 분류하여 규정하고 있다.

(2) 의사와 표시의 불일치

가. 진의 아닌 의사표시

표의자 자신이 의사와 표시의 불일치를 알면서 한 의사표시를 말한다. 비진의표시·단독허위표시·心裡留保라고도 한다. 예컨대 갑이 친구인 을에게 장난으로 10만 원의 차용증을 써주고 을이 이를 병에게 양도한 경우에, 병이 거짓인 줄을 몰랐던 경우에는 갑은 병에게 무효임을 주장하지 못한다. 거짓인 줄을 안 병을 보호할 필요는 없지만, 그렇지 않은 경우, 불일치를 알면서 의사를 표시한 갑을 보호할 필요는 없고, 선의의 상대방을 보호하여야 하기 때문이다(제107조 참조).

나. 허위표시

채무자가 채권자의 강제집행을 피하기 위하여 타인과 통모하여 가장매매를 하고 소유권 이전등기를 하는 것과 같이 상대방과 짜고 하는 허위의 의사표시를 허위표시*Scheingeschäft*; *Simulation*라고 한다. 허위표시 내지 통정허위표시는 무효로 한다. 그러나 이 위장된 매매를 진실한 것으로 믿은 선의의 제3자에게는 대항하지 못한다(제108조).

사례
1. A는 자기 부동산을 B와 통모하여 B 명의로 이전등기를 하였는데, B는 이를 C에게 매도하였다. 한편 A는 그 부동산을 D에게 팔기로 하고 계약을 체결하였다. 이 경우 부동산소유권은 누가 취득하는가? 힌트 민법은 제108조에서 통정허위표시는 무효로 한다. 그러나 선의의 제3자에게는 이 무효를 가지고 대항하지 못하도록 규정하고 있다. 만일 C가 선의라면 C나 D 중에 누가 먼저 이전등기를 받아내느냐에 달려 있지 않을까요?

다. 착오

착오*mistake*; *Irrtum*는 의사와 표시의 불일치를 표시자 자신이 알지 못한 경우를 말한다. 착오에는 표시의 착오(5,000원을 쓸 것을 50,000원으로 쓴 경우), 내용의 착오(원화와 엔화를 같은 것으로 알고 5,000원을 5,000엔으로 쓴 경우) 및 동기의 착오(토지 옆으로 고속도로가 지나갈 것으로 믿고 토지를 시세보다 비싸게 산 경우)가 있다. 이러한 착오는 법률행위의 중요부분에 관한 착오이고, 착오에 중대한 과실이 없어야 취소할 수 있다. 그러나 동기의 착오는 그 동기가 표시되고 상대방이 그것을 알고 있는 경우에만 착오의 문제가 된다고 보는 것이 일반적인 견해이다. 착오에 의한 의사표시의 취소도 선의의 제3자에게는 대항할 수 없다(제109조).

사례

1. A는 B로부터 부동산을 매입하여 건축을 할 수 있다는 말을 믿고 부동산을 매입하였다. 다만 잔금 5천만 원은 그린벨트가 해제되는 날 익일에 지급하기로 하였다. 그러나 그린벨트의 해제지역은 이웃지역으로 고시되었으므로, A는 착오를 이유로 매매계약을 취소하고자 한다. 가능한가?

   힌트 동기의 착오에 관한 문제이다. 착오를 당한 A만이 취소할 수 있다. B는 착오를 당한 자의 상대방이므로 취소할 수 없다. B가 사기행위를 하였다면 사기를 이유로 취소할 수도 있을 것이다. B도 착오에 빠졌다면 취소할 수 있다. 그런데 동기의 착오는 그 동기가 외부에 표시된 때에 취소할 수 있다고 보는 것이 일반적이다. 그 동기가 어디에 표시되었나요? "다만, 잔금은 그린벨트가 해제되는 날 익일에 지급한다"고 계약서에 표시된 것을 보면 확실히 A는 동기상의 착오를 일으킨 것이 분명하다.

(3) 하자 있는 의사표시

의사표시는 표의자가 자유로운 상태에서 자유롭게 행하여질 때 유효한 행위가 된다. 이와 같이 원래 자유로워야 할 의사가, 타인의 위법한 간섭으로 인하여 방해된 상태에서 자유롭지 못하게 행하여진 의사표시를 하자 있는 의사표시라고 한다. 이에는 사기*fraud; Betrug*에 의한 의사표시와 강박*coercion; Drohung*에 의한 의사표시가 있다.

전자는 타인으로부터 기만을 당하여 착오에 빠져 행한 의사표시를 말하고, 후자는 타인의 강박행위에 의하여 공포심을 가지게 되고, 그 해악을 피하기 위하여 할 수 없이 행한 의사표시를 말한다. 하자 있는 의사표시는 취소할 수 있다. 그러나 이 취소 역시 선의의 제3자에게는 대항하지 못한다(제110조 참조).

4. 대리

(1) 대리의 의의

대리*representation; Vertretung*란 대리인이 본인을 위하여 본인을 대신하여 하는 것임을 표시하여 법률행위를 하고, 그 법률효과가 직접 본인에게 귀속하게 되는 제도를 말한다. 대리인이 의사표시를 할 때에는 먼저 본인을 위한 것임을 밝혀야 한다. 이를 顯名主義라고 한다. 이를 밝히지 않고 한 의사표시는 대리인 자신의 법률행위로 된다. 또한 대리가 인정되는 것은 법률행위에 한하고, 불법행위나 사실행위에는 대리가 인정되지 않는다. 또한 대리는 재산적 법률행위에 인정되고, 가족행위에는 인정되지 않는다.

대리제도의 존재의의는 본인의 경제적 활동범위의 확장(사적 자치의 확장) 또는 무능력자의 대리에 의한 거래행위를 가능하게 하는 사적 자치의 보충에 있다.

(2) 대리의 종류

가. 능동대리와 수동대리

대리는 본인을 위하여 상대방에 대하여 의사표시를 하는 능동대리와 상대방으로부터 의사표시를 수령하는 수동대리가 있다. 특별한 사정이 없는 한 대리인에게는 계약에 있어서와 같이 능동대리권과 수동대리권이 있는 것으로 본다.

나. 임의대리와 법정대리

임의대리란 대리권이 본인의 의사에 의하여 부여되는 대리이고, 법정대리는 본인의 의사에 관계없이 법률의 규정에 의하여 부여되는 대리이다. 미성년자의 법정대리인은 제1차로 친권자인 부모가 되고, 한정치산자와 금치산자의 법정대리인은 배우자 등 후견인이 된다.

다. 유권대리와 무권대리

대리인이 정당한 대리권을 가지고 대리행위를 하는 경우를 유권대리라 하고, 대리권이 없으면서 대리행위를 하는 경우를 무권대리*Vertretung ohne Vertretungsrecht*라고 한다. 무권대리는 본인의 추인을 받지 못하는 한 자칭대리인이 책임을 져야 한다. 그러나 본인과 무권대리인 사이에 특별한 관계가 있어서 외관상 마치 대리권이 있는 것처럼 보일 만한 사정이 있는 때에는, 상대방보호를 위하여 그 의사표시의 효과를 본인에게 귀속시키게 된다. 이러한 경우를 '표현대리*Scheinvollmacht*'라고 한다. 표현대리도 무권대리의 일종이다. 표현대리 아닌 무권대리를 협의의 무권대리라고 한다.

사례

1. A는 B에게 자기 부동산 등기서류와 인감증명 등을 주면서 B의 거래은행인 C은행으로부터 융자를 부탁하였다. B는 이 서류를 가지고 대리인 자격으로 A의 부동산을 D에게 매도하였다. A는 D에게 동 부동산의 반환을 청구할 수 있는가?

   힌트 대리권을 넘은 대리로서 표현대리의 하나이다. D가 B를 A의 대리인으로 믿었고 믿는 데 과실이 없었다면, 거래의 안전을 위하여 외관야기에 책임이 있는 A가 희생되어야 할 것이다.

5. 무효와 취소

(1) 무효

무효*invalidity*, *nullity*; *Nichtigkeit*, *Ungültigkeit*라 함은 법률행위가 성립한 당초부터 법률상 당연히 그 효력이 발생하지 않는 것으로 확정되어 있는 것을 말한다. 무효는 원칙적으로 누구의 주장을 기다릴 필요 없이 또는 누구에 대하여나 누구에 의하여도 이를 주장할 수 있고, 또 무효를 주장하는 데 특별한 행위나 절차가 필요한 것도 아니며, 법률상 당연히 무효인 것이다. 이에 반하여 취소는 취소권자의 취소가 있어야 비로소 효력이 없게 되고, 일정한 시간이 경과하면 취소권은 소멸한다.

무효로 할 것이냐 취소로 할 것이냐는, 그 나라의 법률문화와 법률정책에 따라 다르다. 대체로 강행법규에 반하는 법률행위나 반사회적 법률행위는 무효로 하고 있다.

법률행위의 일부분이 무효인 때에는 그 전부를 무효로 하는 것이 원칙이다. 그러나 그 무효부분이 없더라도 법률행위를 하였을 것이라고 인정될 때에는 나머지 부분은 유효하다(제137조).

무효인 법률행위가 다른 법률행위의 요건을 갖추고, 만일 당사자가 그 행위가 무효인 것을 알았더라면, 다른 법률행위를 하였을 것이라고 인정될 때에는, 다른 법률행위로서의 효력을 인정한다(제138조). 이를 '무효행위의 전환'이라고 한다.

무효인 법률행위는 추인하여도 그 효력이 생기지 아니한다. 그러나 당사자가 무효임을 알면서 추인한 때에는 새로운 법률행위를 한 것으로 본다(비소급적 추인).

무효에는 당연무효·재판상무효·전부무효·일부무효·절대적 무효·상대적 무효 등이 있다.

(2) 취소

취소*Anfechtung*란 일단 유효하게 성립한 법률행위의 효력을 무능력 또는 의사표시의 착오·사기·강박 등을 이유로 취소권자의 의사표시에 의하여 그것을 법률행위 시로 소급하여 무효로 하는 것을 말한다. 취소권자란 법률행위를 한 무능력자, 착오·사기 또는 강박에 의한 의사표시를 한 자와 이들의 대리인 또는 그 승계인이다.

취소할 수 있는 법률행위는 취소권자가 추인하거나 취소권의 제척기간이 완성되면 확정적으로 유효하게 된다.

6. 조건과 기한

(1) 조건

조건*Bedingungen*이란 법률행위의 효력의 발생 또는 소멸을 장래의 불확실한 사실의 성부에 의존하게 하는 계약조항이다. "네가 시험에 합격하면 시계를 사주마"라는 정지조건과 "네게 학비를 주되 유학시험에 낙제하면 중지하겠다"는 해제조건 등에서 합격 또는 낙제가 조건이다.

(2) 기한

기한*Termin*; *Zeitbestimmung*이란 법률행위의 당사자가 그 효력의 발생·소멸 또는 채무의 이행을 장래에 발생하는 것이 확실한 사실에 의존하게 하는 계약조항이다. 기한이 되는 사실이 장래의 사실이라는 점에서 조건과 같으나, 장래 도래할 것이 확실하다는 점에서, 장래에 발생이 불확실한 조건과 다르다.

기한에는 시기와 종기, 확정기한과 불확정기한이 있다. "내년 1월 1일부터 임대한다"는 것은 시기이요, "금년 12월 31일까지 임대한다"는 것은 종기이다. 또한 '내년 1월 1일부터'라는 것은 확정기한이요, '갑이 사망할 때'라는 것은 불확정기한이다.

연습문제

1. 법률사실, 법률요건 및 법률효과의 관계를 설명하라.
2. 준법률행위란 무엇인가? 관념의 통지와 의사의 통지는 어떻게 다른가?
3. 법률행위의 성립요건과 효력을 설명하라.
4. 의사와 표시의 불일치에 대한 민법의 태도는 어떠한가?

5. 착오의 종류에는 어떤 것이 있으며, 착오는 어떠한 경우에 취소할 수 있는가?

6. 표현대리란 무엇인가?

7. 무효와 취소의 차이점은 무엇인가?

8. 조건과 기한에는 어떤 것이 있으며, 양자의 차이점은 무엇인가?

Ⅶ. 기간

1. 기간의 의의

기간이라 함은 어느 시점에서 어느 시점까지의 계속된 시간을 말한다. 따라서 기간은 기한과 다르다. 기간은 기일과도 다르다. 기일은 어느 특정의 시점을 가리키는 것으로 기일에는 계속의 관념이 없다. 기간의 계산은 공·사법을 묻지 않고, 법령이나 재판상의 처분 또는 당사자 간의 법률행위 등에서 달리 정한 바가 없으면, 민법상의 규정에 따른다(제155조).

2. 기간의 계산방법

기간의 계산방법에는 자연적 계산방법과 역법적 계산방법이 있다. 전자는 시간의 흐름을 순간에서 순간까지 계산하는 방법으로 정확하지만 불편하다. 후자는 曆에 따라 계산하는 방법으로 부정확하지만 편리하다. 시·분·초를 단위로 하는 단기간의 계산은 자연적 계산방법에 따라 즉시로부터 기산하고(제156조), 일·주·년을 단위로 정한 때에는 역법적 계산방법에 의하여 기간의 초일은 산입하지 아니한다. 그러나 기간이 오전 영시로부터 시작하는 때에는 초일을 산입한다(제157조). 나이는 출생일을 산입하여 만 나이로 계산하고 연수로 표시한다. 다만, 1세에 이르지 아니한 경우에는 월수로 표시할 수 있다(제158조).

기간을 일·주·월 또는 년으로 한 때에는 말일의 종료로 기간은 종료한다(제159조). 또 기간의 말일이 공휴일에 해당하는 때에는 기간은 그 익일로 만료한다(제161조).

연습문제

1. 기간의 계산방법에는 어떤 것이 있는가?

Ⅷ. 소멸시효

1. 시효의 의의

시효*prescription; Verjärung*란 일정한 사실상태가 오랫동안 계속된 경우에 그 상태가 진실한 권리관계에 합치하느냐 않느냐를 묻지 않고, 그 사실상태를 존중하여 이를 그대로 권리관계로 인정하여 주는 제도이다.

시효제도에 의하여 정당한 권리자가 아니더라도 일정한 기간 동안 권리자와 같은 외관이 계속되면 그 사람이 정당한 권리자로 인정되고, 반대로 정당한 권리자로서 권리를 행사할 수 있음에도 불구하고 일정한 기간 동안 권리를 행사하지 않는 경우에는 그 권리를 주장할 수 없게 된다. 전자를 '취득시효*Ersitzung*'라고 하고, 후자는 '소멸시효*Verjährung*'라고 부른다. 현행민법상 취득시효는 물권편에, 소멸시효는 총칙편에서 규정하고 있다.

이러한 시효제도에 의하여 정당한 권리자가 아닌 자가 권리를 취득하게 되고 채무자가 변제의무를 면하게 되는 것은 도덕에 반하는 것처럼 보인다. 이러한 이유 때문에 시효의 존재이유가 논의되어 왔다.

2. 시효제도의 존재이유

일정한 사실상태가 오랫동안 계속하면 사회는 이것을 진실한 권리관계에 합치하는 것으로 신뢰하고, 이것을 기초로 하여 다수의 새로운 법률관계가 맺어지고 사회질서가 형성된다. 이 경우 이 사실상태가 정당하지 못하다고 하여 정당한 권리관계로 환원하게 한다면, 지금까지 형성된 사회의 법률관계가 모두 뒤집어지는 결과가 된다. 이렇게 되면 거래의 안전이 위협되고 사회질서가 문란하게 된다. 따라서 법률상태와 상이한 사실상태라도 이것이 일정한 기간 동안 계속하는 때에는 이것을 그대로 인정하여 법률생활의 안정과 평화를 유지하고자 하는 데에 시효제도의 존재이유가 있다고 본다.

또한 사실상태가 오래 계속되면, 그동안에 정당한 권리관계에 관한 증거가 없어지기 쉽다. 오랜 세월이 흐르는 동안에 증서의 전부나 일부의 멸실, 증인의 사망, 기억의 상실 등이 있을 수 있고, 더욱이 오랜 기간 동안 자기의 권리를 주장하지 않은 자, 이른바 '권리 위에 잠자고 있는 자'는 법률의 보호를 받을 가치가 없다는 등의 이유로 시효제도를 인정하고 있다.

3. 시효기간

시효는 가족법상의 권리관계에는 적용이 없고, 재산권 중에서 특히 채권이 대표적인 경우이다. 채권은 10년간 행사하지 않으면 소멸시효가 완성된다(제162조). 그러나 경우에 따라서는 5년, 3년, 1년 등 시효기간을 달리 규정하고 있다. 채권과 소유권 이외의 재산권은 20년간 행사하지 아니하면 소멸시효가 완성된다. 소멸시효에 걸리지 않는 재산권으로는 소유권 이외에 담보물권·물권적청구권·공유물분할청구권 등이다.

제척기간*exclution*; *Ausschliessung*은 소멸시효와 다르다. 제척기간은 권리를 행사하여야 할 기간으로, 시효와 같은 중단제도가 없다. "취소권은 추인할 수 있는 날로부터 3년 내에, 법률행위를 한 날로부터 10년 내에 행사하여야 한다"는 규정(제146조)은 권리의 존속기간을 미리 예정하고, 그 기간의 경과로 권리가 당연히 소멸하는 제척기간이다.

시효에는 청구·압류·가압류·가처분·승인 등의 중단제도와 천재지변 등의 사유로 인한 정지제도가 있다.

4. 소멸시효의 효력

소멸시효가 완성되면 그 권리는 기산일에 소급하여 소멸한다(제167조). 소멸시효의 완성으로 권리는 당연히 소멸한다고 보는 절대적 소멸설과, 권리가 당연히 소멸하는 것이 아니라 다만 시효의 이익을 받을 자에게 권리의 소멸을 주장할 수 있는 권리가 생길 뿐이라는 상대적 소멸설이 있다.

견해 차이가 뚜렷하지만 판례와 다수설은 절대적 소멸설의 입장이다.

사례

1. A는 B에게 10년 전에 돈 100만 원을 빌리면서 차용증서도 써 주었다. 그 후 11년이 되는 지금까지 갚지 않고 있다. B는 받아낼 수 있겠는가? 만약에 A가 지금부터 1년 전에 주기로 약속하였다면 어떻게 되겠는가?

   힌트 소멸시효 완성과 중단의 문제이다. 민사채권의 소멸시효기간은 10년이지만 채무자가 채무의 이행을 시효완성 전에 약속하였다면 시효의 중단이 될 것이다.

연습문제

1. 소멸시효와 취득시효는 어떻게 다른가?
2. 시효제도는 계속 존치되어야 하는가?
3. 시효기간과 제척기간의 차이점은 무엇인가?
4. 소멸시효의 효력은 절대적인가?

제2절 물권법

- 정당하게 소유하는 재산은 이것을 잃는 일이 없다.
- 씨를 뿌린 자가 거두어들인다*Wer sät, der mäht*.

Ⅰ. 물권의 의의

물권*real righ; Sachenrecht*이라 함은 물건을 직접 지배하여 이익을 얻는 배타적 권리를 말한다. 물권은 일정한 물건을 직접 지배하는 권리이다. 직접 지배한다는 것은 타인의 행위를 개재시키지 아니하고, 물건을 직접 이용한다는 것을 의미한다. 이 점에서 타인의 행위를 필요로 하는 채권과 구별된다. 물권은 배타적으로 이익을 향유하는 권리이다. 물권은 물건을 직접 지배하여 이익을 향수하는 권리이기 때문에 어떤 물건 위에 하나의 물권이 성립한 때에는 그 물건 위에는 다시는 이와 동일한 내용의 물권은 성립할 수 없다. 물권은 이와 같은 배타성을 가지는 점에서 채권과 구별된다.

물권도 다른 권리와 마찬가지로 어떤 생활이익을 받을 것을 내용으로 한다. 시계를 차고 다니면서 시간을 보기도 하고, 토지를 경작하여 채소를 심기도 하고, 주택을 타인에게 전세 놓아 전세금을 받기도 하는 것과 같이 물건을 사용 또는 수익하기도 하고, 물건을 담보 잡고 채권의 만족을 얻지 못할 경우에는 그 담보물을 처분하여 그 대가로부터 자기채권의 만족을 취하기도 한다.

물권의 객체는 특정의 독립된 물건이다. 물권은 물건을 직접 지배하는 것이므로 물건이 특정되고 독립되어야 한다. 물건의 일부나 그 구성부분은 연립주택 등 특정한 경우를 제외하고는 원칙적으로 물권의 객체가 될 수 없다. 이와 같이 물권의 객체는 1개의 물건이어야 하며, 물건의 집합은 '일물일권주의' 원칙상 물권의 객체가 되지 못하는 것이 원칙이다.

Ⅱ. 물권의 종류

물권의 종류는 법률에 규정된 것과 관습법상 인정되는 것이 있다. 민법은 "물권은 법률 또는 관습법에 의하는 외에는 임의로 창설하지 못한다(제185조)"고 하여 물권법정주의를 선명하고 있다. 당사자가 이 밖의 물권은 자유로이 창설하지 못한다는 의미이다. 그러나 물권을 한정하는 것은 경제거래관계의 발전에 따라갈 수 없는 단점이 있으므로, 거래계의 수요에 따라 특별법에서 이를 보완하고 있다.

민법이 인정하는 물권은 점유권·소유권·지상권·지역권·전세권·유치권·질권·저당권이다. 이 중에서 지상권·지역권·전세권은 '용익물권'이라 하며, 유치권·질권·저당권은 '담보물권'이라고 부른다. 이와 같이 물권은 소유권·용익물권·담보물권·점유권의 4가지로 요약할 수 있다. 용익물권과 담보물권은 타인의 소유권의 내용의 일부를 제한한다는 의미에서 '제한물권' 또는 '타물권'이라고도 한다.

또한 소유권과 제한물권은 물권을 법률상 정당하게 점유할 수 있는 권리가 있기 때문에 이를 '본권'이라 하여 점유권과 구별한다. 왜냐하면, 점유권은 물건을 지배할 수 있는 법률상의 權原의 유무를 묻지 않고, 물건을 사실상 지배하고 있다고 하는 사실상태 그 자체를 보호하는 것을 목적으로 하는 물권이기 때문이다.

1. 소유권

(1) 소유권의 의의

소유권*property ownership*은 물건을 사용·수익·처분 등 어떠한 방법으로든지 지배할 수 있는 권리이다. 소유권은 재산권의 기초를 이루며, 물건을 부분적으로 지배하는 제한물권과 다르다. 제한물권은 일시적인 것이고, 제한물권이 없어지면 소유권은 본래의 완전한 상태로 돌아가는 탄력성을 가진다. 소유권은 자본주의의 기초를 이루며, 헌법과 형법에 의하여 강력한 보호를 받는다. 소유권의 성질을 절대불가침이라고 보는 것이 근대법의 원칙이었지만, 바이마르 헌법 이후 공공복리의 원칙이 강조됨에 따라 소유권에 대한 제한이 가해지고 있다. 소유권은 존속기간의 제한이 없으며, 소멸시효에도 걸리지 않음은 전술한 바와 같다.

(2) 소유권의 취득

소유권의 취득원인으로서 가장 중요한 것은 매매 등 법률행위임은 물론이다. 그 밖에 상속이나 토지수용 등에 의하여서도 취득된다. 민법은 제245조 이하에서 취득시효·선의취득·선점·습득·발견·부합·혼화·가공 등의 특수한 소유권의 취득원인을 규정하고 있다.

(3) 공동소유

2인 이상이 하나의 물건을 공동으로 소유하는 형태이다. 이에는 공유·합유·총유의 3가지가 있다.

공유는 갑·을·병 3인이 1필지의 토지를 공유하고 있는 경우와 같이, 공동소유자 간에 인적 결합관계가 없는 소유형태이다. 공유자는 서로 완전히 독립적이고, 지분의 처분은 자유롭고, 언제든지 공유물의 분할을 청구할 수 있다.

합유는 조합의 소유형태로서 구성원 각자는 지분을 가지나, 구성원이 조합체로서 공동목적에 의하여 구속을 받기 때문에, 구성원인 각 합유자는 합유물의 분할을 청구할 수 없고, 그 지분을 청구함에는 전원의 동의를 요한다.

총유는 권리능력 없는 사단이 집합체로서 물건을 소유하는 형태이다. 총유에 있어서는 소유권의 내용이 질적으로 분할되어 사용·수익의 권능은 각 사원에게 속하여 각 사원이 정관, 기타의 규약에 따라 행사하게 되고, 관리·처분의 권능은 사원 전체에 속하여 사원총회의 결의에 의하는 특유한 제도이다.

(4) 상린관계

상린관계라 함은 서로 인접하는 부동산소유자 사이에서 각자의 이용을 원만히 하기 위하여 소유권의 내용을 조절하는 것을 말한다. 각자의 권리를 어느 정도까지 제한하고 상호협력할 의무를 부담케 하려는 것이 상린관계의 내용이다. 상린관계는 법률상 당연히 생기며, 소유권의 내용을 이루고 있다.

민법은 상린관계에 관한 규정으로 인지사용청구권·매연 등에 의한 隣地에 대한 방해금지·수도등의 시설권·주위토지통행권·물에 관한 상린관계·경계에 관한 상린관계 등을 두고 있다(제216~243조).

사례

1. 다음과 같은 경우에 A는 어떠한 권리를 행사할 수 있는가?
   (1) 앞집 감나무 가지가 A의 담을 넘어 온 경우와 그 뿌리가 A의 마당에 뻗어 있는 경우.
   (2) A·B·C 3인의 공동소유로 등기되어 있는 토지 600평 중 A의 몫인 200평을 팔려고 하는 경우.
   (3) 건축비를 지급하지 않으므로 지급받을 때까지 동 건축을 점거하여 비워주지 않는 경우.

힌트 (1)번 사례는 상린관계의 문제로서 가지와 뿌리는 해결방법이 약간 다르다.

(2)번 사례는 공유물의 분할에 관한 문제로서 분할 가능성 여부에 따라 처리를 달리한다. 공유물의 분할에는 협의분할과 강제분할, 현물분할과 대금분할 및 가격배상이 있다.

(3)번 사례는 유치권행사의 문제로서 부동산에도 유치권행사가 가능한가라는 점을 묻고 있다.

2. 용익물권

용익물권이란 타인의 물건을 일정한 목적의 범위 내에서 사용·수익할 수 있는 물권이다. 소유권이 가지고 있는 여러 권능 중에서 사용·수익의 권능만을 타인에게 맡긴 것이므로 소유권의 입장에서 보면 소유권의 행사가 그만큼 제한을 받게 된다.

(1) 지상권

타인의 토지 위에 건물, 기타의 공작물이나 수목을 소유하기 위하여, 타인의 토지를 사용하는 권리이다. 지상권은 토지소유자와 지상권자 간에 지상권의 설정을 목적으로 하는 물권적 합의와 등기에 의하여 취득되는 것이 일반적이다. 이 밖에 유언과 지상권의 양도에 의하여도 취득된다. 현재의 거래실정은 토지임대차가 주로 이용되고, 지상권은 거의 이용되지 않고 있다. 이는 지상권의 내용이 임차권보다 여러 가지 점에서 소유자에게 불리하기 때문이다.

(2) 지역권

지역권이란 자기토지의 편익을 위하여 타인의 토지를 이용하는 권리이다. 편익을 받는 토지를 要役地, 편익을 제공하는 토지를 承役地라 한다. 요역지를 출입하기 위하여 승역지를 통행한다든지, 승역지를 통하여 요역지에 引水하는 것이 지역권의 내용이다.

지역권은 토지소유자뿐만 아니라, 지상권자·전세권자·임차인 등도 각자의 권한 내에서 지역권을 설정할 수 있다. 지역권은 따로 분리하여 처분할 수 없다.

(3) 전세권

전세금을 지급하고 타인의 부동산을 점유하여 전면적으로 사용·수익하고, 그 부동산을 반환할 때에 전세금을 반환받는 권리이다. 전세권이 물권으로 성립하기 위하여는 등기하여야 한다. 등기하지 않으면 채권계약에 불과하다. 전세권의 목적물은 토지와 부동산이다. 반드시 1필의 토지 또는 1동의 건물일 필요는 없다. 그 일부에 대하여도 전세권은 설정할 수 있다.

사례

1. A는 100평의 대지 위에 아담한 집을 지어 살고 있었는데, 사업의 부진으로 대지를 B에게 저당 잡히고 돈을 빌렸다. 돈을 갚지 못하자 저당 잡은 채권자 B가 경매신청을 하여 대지는 C에게 넘어갔다. C는 A에게 집을 철거해 달라고 하는데 철거할 수밖에 없는 것인가?

   힌트 대지와 건물이 동일 소유자였다가 대지만 소유자가 바뀐 사건으로, 경매 전에 집이 이미 있었으므로, 소위 관습법상 法定地上權이 성립되어 C는 A에게 철거를 강요할 수 없을 것이다.

2. 세 들어 사는 사람이 전세금을 안전하게 지킬 수 있는 방법에는 어떤 것이 있는가?

   힌트 임대인의 동의를 받아 전세권 설정등기를 하는 것이 가장 안전하다. 그러나 주인이 동의하지 않는 경우에는 차선책으로(효력은 거의 동일) 임대차계약서를 가지고, 관할 등기소나 공증인사무실에 가서 확정일자를 날인받고, 입주 및 전입신고를 하여야 한다.

3. 담보물권

채권담보제도에는 보증채무나 연대채무와 같은 인적 담보와 유치권·질권·저당권과 같은 물적 담보가 있다. 담보물권은 附從性·隋伴性·불가분성·物上代位性 등의 특성을 가진다.

(1) 유치권

타인의 물건 또는 유가증권을 점유하고 있는 자가 그 물건 또는 유가증권에 관하여 발생한 채권의 변제를 받을 때까지, 그 물건 또는 유가증권을 유치해서 간접적으로 변제를 강제하는 권리를 말한다. 동시이행의 항변권과 비슷하지만, 동시이행의 항변권은 쌍무계약의 본질로부터 나오는 채권적 항변권인 데 반하여, 유치권은 공평의 원칙에 기하여 법률상 당연히 발생하는 법정담보물권이다.

유치권이 성립하기 위하여는 수선비를 받기 위하여 의복을 유치하고 있는 경우와 같이 유치권의 목적물(의복)에 관하여 생긴 채권(의복수선비)이어야 하고, 그 채권이 변제기에 있고, 채권자(수선업자)가 그 목적물을 현재 점유하고 있어야 한다.

유치권은 물권이므로 확실한 변제를 받을 수 있고, 목적물 소유자가 파산한 때에는 別除權을 가진다. 이와 같이 유치권은 목적물을 유치함으로써 사실상 변제를 강제하는 효과가 있을 뿐이지 우선적 효력은 없다. 그러나 계속 유치할 수 있고 별제권과 경매권이 있으므로 우선적 효력이 있는 것과 같은 기능을 하고 있다.

(2) 질권

채권자가 채권의 담보로서 채무자나 제3자로부터 수령한 물건을 유치하고, 채무의 변제가 없는 때에는 그 물건을 매각(경매가 원칙임)하여 그 물건의 대금으로부터 다른 채권자에 우선하여 그 채권의 변제를 받을 수 있는 권리이다. 질권의 목적으로 될 수 있는 것은 동산과 권리에 한하고, 부동산은 질권의 목적이 될 수 없다.

질권은 우선적 효력이 있는 점에서 저당권과 같고 유치권과 다르며, 유치적 효력이 있는 점에서 유치권과 같고 저당권과 다르다.

민법은 경제적 약자인 질권설정자를 보호하기 위하여 상법과는 달리 *流質契約*을 금지하고 있다(제339조).

(3) 저당권

저당권이라 함은 특정한 부동산을 담보로 지정하여 등기하여 둘 뿐, 그 점유를 채권자에게 옮기지 않고, 후에 채무를 이행하지 않을 때에는 그 담보물을 경매에 붙여 그 대금으로부터 다른 채권자보다 우선하여 변제를 받을 수 있는 권리이다(제356조).

저당권의 목적물은 부동산과 지상권·전세권과 같은 부동산물권에 한정하고 있다. 그러나 저당권의 목적물의 범위에 관하여는 공장 및 광업재단 저당법·자동차 등 특정동산 저당법 등의 특별법에 의하여 보다 많이 인정되고 있다.

사례

1. A는 B의 낡은 집을 빌려 3,000만 원을 들여 수리한 후 음식점을 개업하였다. 주인 B는 임대기간이 끝날 무렵 영업이 잘되는 것을 보고, 자기가 할 속셈으로 집을 비워달라고 하였다. 임대차기간이 지났지만 A는 수리비 3,000만 원을 받을 때까지 집을 비워주지 않을 수 있겠는가?

   힌트 주인의 허락도 없이 임의로 수리하고 3,000만 원 전액을 받기 위하여 유치권을 행사한다는 것은 문제가 있다. 낡은 집을 수리한 경우에는 이 수리비는 유익비가 되겠지만, 금액에 대한 합의가 이루어지지 않으면 전문가의 감정에 의하여 결정할 수밖에 없을 것이다.

2. A는 친구들과 술을 마신 후 술값이 부족하여 100만 원짜리 결혼반지를 맡기면서 월말까지 갚아주기로 하였다. A가 다음 달 10일에 외상술값 30만 원을 갚으러 갔더니 주인 B는 그 반지는 이미 50만 원에 처분하였다고 하면서 20만 원만 돌려 주려고 한다. A는 20만원만 받아야 하는가?

   힌트 질권자는 질권을 행사하기 위하여는 경매처분 등 법에서 정하고 있는 절차에 따라야 한다. 임의로 질물을 처분하거나 또는 질물을 자기 소유로 하면서 변제에 충당한 것으로 할 수는 없다. 나머지 판단은 독자에게 맡긴다.

3. A는 친구 B의 사업자금을 융자받는 데 필요한 담보를 채권자 C에게 제공하기로 하였다. 그리하여 C는 채무자 B, 물상 보증인 A, 채권최고액 6억 원으로 A 소유 가옥에 저당권 설정등기를 하였다. 그러나 B는 사업부진으로 C에게 모두 10억 원의 빚을 지고 도산하고 말았다. 그리하여 채권자 C는 저당권설정자인 A에게 10억 원의 빚을 대신 갚지 않으면, 집을 경매하겠다고 통고하였다. A는 10억 원을 다 갚아 주어야 하는가?

   힌트 타인의 빚을 보증하기 위하여 자기의 집을 담보로 제공하는 사람을 물상보증인이라 한다. 저당권을 설정할 때 채무액이 확정되지 아니하고 다만 채권최고액만 정하여 저당권을 설정하는 경우를 근저당이라 한다. A는 등기되어 있는 채권최고액의 범위 내에서만 책임을 지는 것이 이 제도의 목적이 아닌가? 보증 한번 잘못 서주고 친구 잃고 재산 날리는 일이 없는 사회제도가 되어야 할 것이다. 성경에 남의 빚 보증 서주는 자식은 낳지도 말라는 말이 있는데…….

4. 점유권

(1) 점유권의 의의

점유권*Rechts des Besitzes*은 물건에 대한 사실상의 지배만으로 성립하는 물권으로서, 그 점유가 법률상 정당한 것인가 아닌가에 관계없이 인정되는 권리이다. 점유자에게 정당한 권리관계의 유무를 떠나서, 일단 그 사실상태를 권리로서 보호하는 것이 점유권이다. 점유를 보호하는 이유는 사실상태가 정당한 권리관계와 일치하지 아니할 때에는 적법절차에 의하여 시정하게 하고, 실력을 가지고 함부로 타인의 점유를 침해하지 못하게 함으로써 사회적 평화를 유지하려는 데 있다.

(2) 점유의 모습

점유에는 직접점유와 간접점유, 자주점유와 타주점유, 선의점유와 악의점유가 있다. 소유자의 점유와 같이 소유의 의사로 점유하는 것을 자주점유라 하고, 임차인의 점유와 같이 타인의 소유를 전제로 하는 점유를 타주점유라 한다. 선의점유란 점유할 수 있는 권리, 즉 본권이 없음에도 불구하고 본권이 있다고 오신하여 하는 점유를 말하고, 악의점유는 본권이 없음을 알면서 또는 의심하면서 하는 점유를 말한다.

(3) 점유권의 효력

점유자가 점유물에 대하여 행사하는 권리는 적법하게 보유한 것으로 추정한다(제200조). 따라서 점유자는 소유자로서 또는 유치권자로서 적법하게 소유권 또는 유치권이 있는 것으로 추정된다. 또한 점유자는 특별한 사정이 없는 한 소유의 의사로 점유하는 것으로 추정되므로, 점유자는 원칙적으로 소유자로 추정된다. 따라서 盜人의 점유도 적법한 소유자로 추정되며, 정당한 소유자는 점유자가 본권이 없다는 것을 입증하든지, 아니면 그것이 자기의 물건임을 증명하여야 한다. 이러한 효력을 '점유권의 적법추정'이라고 한다.

선의점유자는 점유물에서 생기는 과실을 취득할 권리가 있다(제201조). 이를 선의점유자의 과실취득권이라 한다. 점유자의 책임 있는 사유로 점유물이 멸실 또는 훼손된 때에는 악의의 점유자는 회복자〔本權者〕에게 손해의 전부를 배상하여야 하고, 선의의 점유자는 이익이 현존하는 범위 내에서 배상하여야 한다(제202조).

점유자는 점유물반환청구권·점유물방해제거청구권·점유물방해예방청구권 등의 점유보호청구권을 가지고(제204~206조), 또 점유자에게도 자력구제를 인정하고 있다(제209조).

III. 물권의 효력

1. 우선적 효력

우선적 효력에는 물권 상호 간에 있어서의 우선적 효력과 채권에 대한 우선적 효력이 있다. 동일물에 대한 동일내용의 물권 상호 간에서는 먼저 성립한 물권이 후에 성립한 물권에 우선한다. 예컨대 하나의 물건 위에 여러 개의 저당권이 설정된 경우에 선순위의 저당권이 후순위의 저당권에 우선한다. 하나의 물건 위에 채권과 물권이 존재하고 있는 경우에는 성립의 선후와는 관계없이 언제나 물권이 우선한다. 그러나 주택임대차보호법에 의한 예외가 있다. 점유권에는 배타성이 없으므로 우선적 효력이 없고, 제한물권은 성질상 소유권에 우선한다.

2. 물권적 청구권

물권적 청구권이란 물권의 행사가 어떤 사정으로 방해당하고 있거나 방해당할 우려가 있는 경우에 그 방해의 제거 또는 예방에 필요한 일정한 행위를 요구할 수 있는 권리를 말한다. 물상청구권이라고도 한다. 물권적 청구권은 침해의 태양에 따라 목적물반환청구권과 방해제거청구권 및 방해예방청구권으로 나누어진다.

Ⅳ. 물권의 변동

1. 물권변동의 의의

물권의 변동이란 물권의 발생·변경·소멸을 말한다. 이것을 권리주체의 입장에서 본다면 물권의 취득·변경·상실, 즉 물권의 득실변경이 된다. 이러한 물권변동을 일으키는 법률요건으로서 대표적인 것은 법률행위와 법률의 규정이다. 민법상의 물권변동은 대부분 법률행위에 의하여 발생한다. 이와 같이 물권변동을 목적으로 하는 법률행위를 특히 '물권행위'라고 한다.

법률의 규정에 의한 물권변동이란 당사자의 의사표시에 의하는 것이 아니라, 법률상 당연히 발생하는 것을 말한다. 민법상으로는 취득시효·유실물습득·매장물발견·무주물선점·상속·가공·부합·혼화 등이 있고, 공법상으로는 공용징수와 몰수 등이 있다.

물권변동은 물권행위 외에 부동산은 등기, 동산은 인도를 한 때에 그 효력이 발생한다.

2. 의사주의와 형식주의

의사주의는 물권행위만으로 물권변동의 효력이 발생하며, 등기나 인도를 필요로 하지 않는 입법주의이다. 佛法主義라고도 한다. 이 주의는 당사자 간에는 물권행위만으로 물권변동이 생기나, 제3자에 대한 관계에서는 등기 또는 인도를 하여야 대항할 수 있다. 이런 의미에서 대항요건주의라고도 한다.

형식주의는 물권행위 이외에 등기나 인도를 필요로 하는 입법주의이다. 獨法主義라고도 한다. 이 주의는 당사자 간은 물론 제3자에 대한 관계에서도 물권행위만으로는 물권변동은 생기지 아니하고, 등기나 인도를 함으로써 물권변동이 발생한다. 이런 의미에서 성립요건주의라고도 한다. 우리 민법은 형식주의를 취하고 있다.

의사주의에서는 물권변동이 발생하였느냐 아니냐가 등기나 인도에 의하여 외부에 나타나지 않으므로 이것을 판단하기가 곤란하며, 대내관계(당사자 간의 관계)와 대외관계(제3자 관계)가 불일치하는 불편이 있다. 이에 대하여 형식주의에서는 물권변동이 반드시 등기나 인도에 의하여 외부에 나타나며, 대내관계와 대외관계가 일치하므로 법률관계가 명확하고 거래의 안전을 도모할 수 있다는 장점이 있다. 그러나 형식주의라 하더라도 모든 물권변동에 등기 또는 인도를 하지 않으면 효력이 생기지 않는 것이 아니라, 법률의 규정에 의한 물권변동은 등기나 인도가 없어도 효력이 생긴다.

3. 등기와 인도

등기*registration; Eintragung*란 등기부라고 불리는 공부에 일정한 사항을 기재하는 것을 말한다. 등기에는 부동산등기를 비롯하여, 법인등기·상업등기·부부재산등기 등 여러 가지가 있다.

부동산등기부에는 토지등기부와 건물등기부가 있으며, 1필의 토지 또는 1동의 건물에 대하여 각각 하나의 등기용지를 사용한다. 하나의 등기용지에는 등기번호란·표제부·갑구 및 을구의 4개 부분으로 되어 있다.

인도*delivery; bergabe*란 점유의 이전을 말한다. 인도는 현실적으로 하는 것이 원칙이지만, 현실의 인도 이외에도 간이인도·점유개정·목적물반환청구권의 양도 등이 있다. 간이인도는 A가 B로부터 빌린 물건을 매수한 경우에, B가 A에게 그 물건을 받아서 다시 A에게 건네주는 수고를 덜고, 물건을 A에게 그대로 둔 채 인도가 이루어진 것으로 보는 경우이다.

점유개정이란 A가 B로부터 매수한 물건을 B에게 그대로 맡겨 두는 경우이다. 반환청구권의 양도란 A가 창고에 보관해 둔 물건을 B에게 양도할 때 물건은 그대로 두고, 물건반환청구권만 양도하는 경우이다.

사례

1. 갑은 을로부터 땅 1,000평을 사고 잔금까지 지불한 후 소유권이전등기를 하기 전에 을이 사망하였다. 갑은 을이 생존하고 있는 것처럼 하여 을로부터 소유권이전등기를 할 수 있는가?

   힌트 피상속인 을로부터 갑에게 소유권이전등기를 인정한 판례가 있다(대법원 1967. 6. 2. 선고 66다2642 판결). 이런 경우를 실제적 권리관계에 부합하는 등기라고 한다. 그러나 이러한 것은 예외적 경우이므로, 남용되어서는 아니 된다.

   갑은 을의 유족들이 상속등기를 한 후에 그 유족들로부터 소유권이전등기를 하는 것이 원칙이다. 부동산등기 특별조치법(제6조 및 제8조)은 사망한 자로부터 바로 등기를 넘겨받는 방법을 제한하기 위하여 등기원인을 허위로 기재하는 경우에는 3년 이하의 징역이나 1억 원 이하의 벌금에 처하도록 하고 있다.

4. 공시의 원칙과 공신의 원칙

공시의 원칙*Grundsatz der Offenkundigkeit*이란 물권변동은 언제나 외부에서 인식할 수 있는 어떤 표상(공시방법)을 수반하여야 한다는 원칙이다. 이러한 공시방법이 없으면 물권변동의 효과는 부인된다는 원칙이다. 물권의 소재나 변동을 외부에서 쉽게 알아볼 수 있도록 일정한 형식을 갖추어야 한다는 공시의 원칙은 거래의 안전을 위하여 필요하다.

민법은 형식주의를 취하여 부동산물권의 변동에는 등기, 동산물권의 변동에는 인도를 공시방법으로 규정하여, 물권의 득실변경의 효력발생요건으로 하고 있다.

공신의 원칙*Grundsatz des öffentlichen Glaubens*이란 공시방법, 즉 등기나 점유를 신뢰하여 거래한 자가 있는 경우에, 그 공시방법이 비록 진실의 권리관계와 일치하지 않는다 하더라도 그 자의 신뢰를 보호하여야 한다는 원칙이다. 이와 같이 등기가 실질적 권리관계와는 관계없이 독자적인 효력을 갖는 것을 '등기의 공신력'이라고 한다.

공신의 원칙이 인정되면 거래의 안전은 보호되나, 진정한 권리자의 이익은 희생되므로, 이 원칙을 채택할 것이냐 아니냐는 신중한 검토가 필요하다.

민법은 동산의 점유에 관하여는 공신의 원칙을 채택하였으나(선의취득), 부동산의 등기에 관하여는 공신의 원칙을 인정하지 아니하고 있다.

판례

1. 등기는 물권의 효력발생요건이고 그 존속요건은 아니므로 물권에 관한 등기가 원인 없이 말소된 경우에도 그 물권의 효력에는 아무런 변동(영향)이 없다(대법원 1988. 12. 27. 선고 87다카2431 판결).
2. 부동산에 대하여 소유권이전등기가 경료되어 있는 경우에는 그 등기명의자는 제3자에 대해서뿐만 아니라 그 전 소유자에 대해서도 적법한 등기원인에 의하여 소유권을 취득한 것으로 추정한다(대법원 1992. 4. 24. 선고 91다26379 판결).

연습문제

1. 물권이란 무엇인가?
2. 용익물권과 담보물권은 어떻게 다른가? 각각의 성질을 비교하여 설명하라.
3. 공동소유에는 어떤 형태가 있는가?
4. 상린관계란 무엇인가?
5. 유치권·질권·저당권을 비교하여 설명하라.
6. 점유권의 효력을 설명하라.
7. 물권의 효력에는 어떤 것이 있는가?
8. 물권변동에 있어서 의사주의와 형식주의를 설명하라.
9. 공시의 원칙과 공신의 원칙은 어떻게 다른가?

제3절 채권법

• 인간이 전체로서는 올바른 일을 바란다는 사실을 믿어라. 그러나, 개개의 경우에는 결코 그것을 믿지 말라*Seit immer voraus, dass der Mensch im Ganzen das Rechte will; im Einzelnen nur rechnet mir niemals darauf.*

Ⅰ. 채권의 의의

채권*right in personal; forderungsrecht, Schuldrecht*이라 함은 특정인이 특정인에게 특정한 행위(급부)*Leistung*를 청구할 수 있는 권리를 말한다. 즉, 채권자가 채무자에게 채무의 이행을 청구할 수 있는 권리이다. 채권은 물권과 함께 재산권을 이루지만 양자 간에는 여러 가지 점에서 차이가 있다.

물권은 사람과 물건과의 관계로서 물건을 직접 지배하지만, 채권은 사람과 사람과의 관계로서 채권의 내용이 물건의 급부일 때에도 채권자가 그 물건을 지배하기 위하여는 채무자의 급부행위를 통하여서만 할 수 있는 간접지배이다. 물권은 모든 사람에 대하여 주장할 수 있는 절대권이요 對世權이지만, 채권은 채무자에 대하여만 주장할 수 있는 상대권이요 대인권이다. 또한 물권의 내용은 법률에 규정되어 있지만(물권법정주의), 채권의 내용은 계약자유의 원칙에 의하여 당사자가 임의로 정할 수 있다. 그러므로 민법이 정하고 있는 15종의 전형계약은 예시적인 것에 불과하고, 당사자 간의 합의에 의하여 이와 다른 내용의 계약을 자유로이 정할 수 있다.

이와 같이 채권에 있어서 가장 강조되는 이념은 계약자유의 원칙이다. 여기에는 당사자의 상호신뢰를 바탕으로 하는 신의성실의 원칙이 최고의 이념으로 요구되고 있다.

Ⅱ. 채권의 목적

채권의 목적이라 함은 채무자의 행위, 즉 급부를 말한다. 채권의 목적은 채권의 내용 또는 채권의 객체라고도 한다. 급부의 내용은 물건의 인도·운송·보관 또는 노무의 제공과 같이 적극적인 행위(작위)일 수도 있고, 또는 건축을 하지 아니할 것, 경업을 하지 아니할 것, 소음을 내지 아니할 것과 같은 소극적 행위(부작위)일 수도 있다.

채권은 법률의 규정에 의하여 직접 발생할 수도 있으나, 원칙적으로는 법률행위, 특히 계약에 의하여 발생한다. 따라서 채권이 성립하기 위하여는 그 목적도 결국 법률행위의 목적에 관한 일반적 요건과 같이 적법하고, 가능하며, 사회적 타당성을 가지고, 확정할 수 있어야 한다.

채권은 그 목적으로 되는 급부의 종류에 따라 여러 가지로 분류할 수 있다. 즉 특정물의 인도를 목적으로 하는 특정물채권, 불특정물의 인도를 목적으로 하는 종류채권, 일정액의 금전지급을 목적으로 하는 금전채권, 이자의 지급을 목적으로 하는 이자채권, 여러 개의 급부 가운데서 선택에 의하여 결정된 하나의 급부를 목적으로 하는 선택채권 등이 그것이다.

III. 채권의 발생원인

채권의 발생원인에는 법률행위와 법률의 규정이 있다. 법률행위에 의한 채권의 발생은 주로 계약에 의한 것이고, 법률의 규정에 의한 채권의 발생은 사무관리·부당이득·불법행위·유언 등이 있다. 유언에 관한 설명은 가족법으로 미루고, 여기서는 4가지에 대하여 설명한다.

1. 계약

(1) 계약의 의의

계약*contract; Vertrag*이란 광의로는 서로 대립하는 2개 이상의 의사표시의 합치에 일정한 법률효과를 발생시키는 법률행위를 말한다. 여기에는 채권계약·물권계약·준물권계약·신분계약을 포함한다. 그러나 협의의 계약이란 채권의 발생을 목적으로 하는 채권계약만을 의미한다. 계약의 내용은 계약자유의 원칙상 당사자의 합의에 의하여 임의로 결정할 수 있지만, 민법은 일상거래의 편의를 위하여 15종의 계약의 형식을 정하고 있다. 이를 '典型계약' 또는 '有名계약'이라 하고, 그 밖의 계약을 '非典型계약' 또는 '無名계약'이라고 한다.

(2) 계약의 종류

계약의 종류로는 매매·임대차·소비대차와 같은 쌍무계약과 증여·사용대차와 같은 편무계약, 쌍방이 서로 대가적 의의를 갖는 출연을 하느냐의 여부에 따른 유상계약과 무상계약, 계약의 성립에 있어서 당사자 간의 합의만을 요하느냐, 아니면 그 밖의 물건의 인도, 기타의 급부를 요하느냐에 따른 낙성계약과 요물계약, 위에서 설명한 전형계약과 비전형계약 등으로 분류할 수 있다.

민법이 규정하고 있는 전형계약으로는 증여·매매·교환·소비대차·사용대차·임대차·고용·도급·여행계약·현상광고·위임·임치·조합·종신정기금·화해의 15가지가 있다.

사례
1. 주택임대차기간을 1년으로 정한 경우 임차인 을은 임대인 갑에게 약정 임대차기간이 만료되었음을 이유로 임차보증금의 반환을 청구하였는데, 갑은 주택임대차

보호법 제4조를 들어 임대차기간을 2년간으로 해석하여 그 반환을 거절하였다. 갑의 거절은 정당한가?

힌트 주택임대차보호법 제4조 제1항은 제10조의 취지에 비추어 보면 임차인의 보호를 위한 규정이다. 만약 사안에서 갑이 약정기간이 지났으니 집을 비워달라고 요구한다면, 을은 법정보호기간인 2년을 주장하여 거절할 수는 있을 것이다. 본 사례에서는 거꾸로 을이 약정기간을 내세워 보호기간 2년을 포기하고 임차보증금 반환청구를 주장한다면, 갑도 약정기간을 무시하고 법정기간을 주장하여 반환을 거절할 수 있는가 하는 문제이다. 이 법정기간 2년은 누구를 위한 규정일까?(대법원 1995. 10. 12. 선고 95다22283 판결 참조)

2. 갑은 서울특별시 사당동에 있는 을 소유의 아파트를 전세보증금 3억 원에 전세기간 2년간으로 하는 전세계약을 을과 체결하였다. 그러나 입주 당시 병에게 3억 원의 근저당권이 설정되어 있었고, 입주 후 1년 후에 을은 정에게 3억 원의 근저당권을 설정하여 주었다. 이 아파트가 경매될 경우 갑은 전세보증금을 반환받을 수 없는가? 갑이 보증금 1억 원에 입주하여 전입신고와 주민등록을 마친 경우에는 어떠한가?

힌트 전입신고와 주민등록을 마친 자라 하더라도 경락기일까지 경매법원에 배당요구를 하지 아니하면 우선변제권은 상실된다. 주택임대차보호법상의 보호대상이 아닌 전세보증금은 임대차계약서상에 확정일자를 받아두면 그 후에 설정되는 담보물권자보다 우선하여 보호받는 우선적 효력이 있다. 주택임대차보호법 제3조, 제8조 및 동법시행령 제10조 등 참조.

2. 사무관리

사무관리*Geschäftsf hrung ohne Auftrag*란 법률상의 의무 없이 타인을 위하여 그의 사무를 처리하는 행위이다(제734조). 예컨대, 집을 보아주는 이웃 사람이 수돗물이 새는 것을 수리하여 주거나, 길 잃은 아이를 데려다가 음식을 주고 보호하거나 집을 찾아주는 것과 같다.

사무관리가 성립되기 위하여는 법률상 의무 없이 타인의 사무를 처리하는 것이어야 하고, 그 사무를 관리하는 것이 본인에게 불리하거나 본인의 의사에 반하지 않아야 한다. 사무라는 말은 매우 넓은 관념이어서 사람의 생활상의 이익에 영향을 미치는 모든 일을 말한다.

민법은 사무관리를 적법행위로 하여 관리자와 본인 간에 일정한 채권채무관계를 발생시키고 있으므로 그 법률적 성질은 준법률행위이다. 사무관리를 개시한 때에는 관리자는 본인에게 이를 지체 없이 통지하여야 한다. 관리자는 그 사무의 성질에 좇아 본인에게 가장 이익이 되는 방법으로 관리하여야 하고, 관리자가 본인의 의사를 알거나 알 수 있는 때에는 그 의사에 적합하도록 관리하여야 한다. 이에 위반하여 관리한 때에는 관리자에게 과실이 없는 때에도 이로 인한 손해를 배상하여야 한다. 그러나 그 관리행위가 공공의 이익에 적합한 때에는 중대한 과실이 있는 경우에만 배상책임이 있다(제734조).

관리자는 본인이나 본인의 상속인 또는 법정대리인이 그 사무를 관리할 때까지 관리계속의무가 있다. 그러나 관리의 계속이 본인의 의사에 반하거나 본인에게 불리함이 명백한 때에는 그러하지 아니하다(제737조).

사무관리가 성립되면 관리자는 본인을 위하여 필요비 또는 유익비를 지출한 때에는 본인에 대하여 그 상환을 청구할 수 있다(제739조). 관리자가 사무관리를 함에 있어서 과실 없이 손해를 받은 때에는 본인에게 현존이익이 있는 한도 내에서 그 손해의 보상을 청구할 수 있다(제740조).

사례

1. 이웃집이 여름휴가를 간 사이에 폭우가 쏟아져 빗물이 부엌으로 침범 직전에 있는 것을 본 A는 인부를 시켜 하수구를 뚫어 위난을 면하였다. 이웃사람이 돌아와 그와 같은 사실을 말하고 지출된 돈 10만 원을 요구하였으나, 시키지도 않은 일을 왜 하였느냐며 돈을 줄 수 없다고 하였다. 받을 수 없는 것인가?

   힌트 이런 경우에는 사무관리가 성립된다. 사무관리가 성립되기 위하여는 의무 없이 타인의 사무를 관리하고, 또 본인의 의사에 반하지 않는 관리이어야 한다. 사무관리가 성립되면 비용청구라는 채권이 당연히 발생한다.

3. 부당이득

부당이득*unjust enrichment; ungerechtfertige Bereicherung*이란 법률상의 원인 없이 타인의 재산 또는 노무에 의하여 이익을 얻고, 그로 인하여 타인에게 손해를 입히는 것을 말한다(제741조). 무효인 매매계약에 의하여 목적물의 인도를 받았거나, 약혼예물을 받았으나 혼인이 성립되지 아니하였거나, 이중변제를 한 경우 등이 그 예이다. 이때에는 손해를 본 쪽에서 이익을 본 쪽에 부당이득의 반환을 청구할 수 있는 채권이 발생한다. 부당이득제도는 "누구라도 정당한 이유 없이 타인의 손실로 이득을 얻어서는 안 된다"는 형평의 원칙에 기초한 이론이다.

부당이득의 반환범위는 이득자의 선의·악의에 따라 다르다. 선의의 수익자는 그 받은 이익이 현존하는 한도에서 반환할 책임이 있고, 악의의 수익자는 받은 이익에 이자까지 붙여 반환하고 또 손해가 있으면 이를 배상하여야 한다(제748조). 다만 非債辨濟와 불법원인급여에 관하여는 부당이득의 성립을 제한하고 있다.

사례

1. A는 B의 부동산을 1억 원에 매수하기로 하고 계약금 1,000만 원을 B에게 지급하였다. 그 후 C에게 부탁하여 5,000만 원을 융통하여 중도금을 지급하였다. 그러나 B의 법정대리인 D는 B가 한정치산자로서 자기의 동의를 얻지 않고 팔았다고 하면서 동 계약을 해제하였다. 이로 인한 법률관계는 어떻게 해결하여야 하는가?

   힌트 한정치산자의 법률행위는 법정대리인인 후견인의 동의가 없는 경우에는 이를 취소할 수 있다. 취소되면 무능력자가 받은 돈 6,000만 원은 부당이득이 된다. 그러나 C는 무능력자에게 건네준 5,000만 원을 직접 반환청구할 수는 없다. 그는 A에게 융통해준 것이기 때문에 A에게 반환청구를 할 수 있을 뿐이다. A는 B에게 6,000만 원의 부당이득반환청구권을 행사할 수 있으나, 그가 유흥비로 사용하고 2,000만 원만 남아 있으면 어떻게 될까요? 이를 일러 현존이익의 반환이라고 하나요?

4. 불법행위

불법행위*unerlaubte Handlung*란 고의 또는 과실로 인한 위법행위로 타인에게 손해를 가하는 행위이다. 불법행위의 가해자가 피해자에게 손해배상채무를 지는 법정채권관계이다. 불법행위는 위법행위인 점에서 채무불이행과 비슷하나, 채무불이행은 채권채무관계의 존재를 전제로 하나, 불법행위에는 그러한 관계가 없다.

불법행위는 일반적 불법행위와 특수적 불법행위로 나누어 볼 수 있다. 일반적 불법행위의 성립요건으로는, ① 가해자에게 고의·과실이 있어야 하고, ② 책임능력이 있어야 하고, ③ 가해행위가 위법하여야 하며, ④ 손해가 발생하여야 하고, ⑤ 가해행위와 손해

발생 간에 인과관계가 존재하여야 한다. 특수적 불법행위의 경우로 민법은, ① 책임무능력자를 감독하는 자의 책임, ② 피용자의 행위에 대한 사용자의 책임, ③ 공작물을 점유 또는 소유하는 자의 책임, ④ 동물점유자의 책임, ⑤ 공동불법행위책임 등 5가지를 규정하고 있다.

또한 특별법에 의한 불법행위로서는 근로기준법에 의한 재해보상이나 광업법상의 鑛害賠償 등이 있다. 이들 특수한 불법행위에 관하여는 타인의 행위에 대한 책임을 인정하여, 고의·과실의 거증책임을 전환하기도 하고, 무과실책임을 인정하기도 한다.

불법행위가 성립되면 피해자는 가해자에 대하여 손해배상청구권을 가진다. 배상할 손해는 재산적·정신적 손해이다. 손해의 범위는 가해행위와 상당인과관계가 있는 모든 손해이다. 이때 피해자에게 과실이 있는 경우에는 과실상계가 인정된다.

불법행위로 인한 손해배상의 청구권은 3년의 단기소멸시효에 걸리며(제766조), 이 청구권에 관하여 태아는 이미 출생한 것으로 본다(제762조).

판례

1. 가해자가 피해자의 멱살을 잡아 밀고 당기었지만 이는 피해자가 계속 시비를 걸며 가해자의 멱살을 잡아 떠밀거나 손톱으로 할퀴는 등 부당한 공격을 가한 데서 벗어나려고 한 행위임을 알 수 있어서 그에 이르게 된 경위, 목적, 수단 등 제반 사정에 비추어 보면 사회통념상 허용될 정도의 상당성이 있으므로 위법성이 없다(대법원 1991. 11. 26. 선고 91다17375 판결).

Ⅳ. 채권의 효력

채권의 효력은 채권의 내용을 실현하기 위하여 법에 의하여 채권자에게 주어진 권능 또한 권한이라고 이해할 수도 있고 채권의 존립을 보장하는 법적 보호의 제도적 수단이라고도 할 수 있다. 이와 같은 관점에서 볼 때 채권의 효력은 채권의 대내적 효력과 책임재산보전의 효력 및 채권의 대외적 효력으로 나누어 볼 수 있고, 채권자가 수령을 지체한 경우 등의 효력도 채권의 효력에 포함시켜야 할 것이다.

1. 채권의 대내적 효력

채권의 대내적 효력에는 청구력과 급부보유, 강제이행, 손해배상 및 계약해제의 효력이 있다.

(1) 청구력과 급부보유

채권의 본래적 효력은 채무자에 대하여 급부를 청구하고(청구력), 채무자가 행한 급부를 수령하여 이를 적법하게 보유하는 데 있다(급부보유). 그런 의미에서 채무자의 임의이행은 채권실현의 본래적인 모습이며, 채권의 효력은 바로 이와 같은 청구와 급부의 수령 및 보유의 권능이라고 할 수 있다.

(2) 강제이행

채무자가 채권자의 청구에 대하여 임의이행을 하지 않을 때에는, 채권자는 채권의 실현을 위하여 법원에 강제이행을 청구하게 된다. 강제이행의 요건은 채무의 이행이 가능함에도 불구하고 이행지체에 있고, 또 채무의 실현이 강제이행에 적합한 것이어야 한다.

(3) 손해배상

강제이행이 가능한 경우라고 해서 채권자는 반드시 강제이행에 의하여 채권내용을 실현하여야 하는 것은 아니다. 강제이행을 할 것이냐 손해배상을 청구할 것이냐는 채권자의 자유에 속한다.

채권자는 채무자의 이행지체인 경우에는 그로 인한 지연배상을 청구할 수 있고 이행불능인 경우에는 보전배상(塡補賠償이라고도 함)을, 또 불완전이행 내지 적극적 채권침해인 경우에는 불완전이행으로 인한 손해배상을 청구할 수 있다.

(4) 계약해제

채무자의 불이행에 대한 채권자의 구제수단으로서 강제이행과 손해배상 이외에도 쌍무계약과 같은 채권관계에 있어서는 계약의 해제가 있다. 해제는 채권자가 부담하고 있는 반대채무를 스스로 면하게 하고, 채무자의 채무불이행으로 인한 손해를 최소화하는 데 의의가 있다.

2. 책임재산보전의 효력

채권의 실질적 가치는 책임재산의 유무와 그 대소에 있다. 따라서 채무자가 책임재산의 유지를 태만히 하거나 이를 빼돌림으로써 채권의 실질적 가치를 감소시키는 때에는 그 책임재산을 유지·회복시키는 법적 수단이 채권자에게 주어져야 한다. 이를 위한 법적 수단이 채권자대위권과 채권자취소권이다.

채권자대위권은 채권자가 자기의 채권을 보전하기 위하여 채무자에게 속하는 권리를 행사할 수 있는 권리를 말하고(제404조), 채권자취소권은 채무자가 채권자를 해함을 알고 재산권을 목적으로 한 법률행위를 한 때에 채권자가 그 취소 및 원상회복을 법원에 청구할 수 있는 권리를 말한다(제406조).

3. 채권의 대외적 효력

채권은 채무자에 대한 관계에서 그 권리내용의 실현을 위하여 필요한 법적 수단이 부여되는 데 그치지 아니하고, 제3자가 채권을 침해하는 경우에도 이에 대한 법적 보호를 받게 된다. 채권의 실현이 침해되는 모습으로는 급부의 목적물 또는 채무자의 인신에 대한 위법한 침해와 급부행위의 침해 또는 급부청구권 자체의 침해 등이 있다.

4. 채권자지체(수령지체)

채무자가 채무를 이행함에 있어서 채권자의 협력을 필요로 하는 경우에, 채권자가 협력행위를 하지 않는다든가, 특정물인도채무에 있어서 급부목적물의 수령을 거절하는 경우에 채무자는 그가 부담하는 급부를 실현하거나 완료할 수가 없게 된다. 이런 경우 채무자는 채무불이행으로 인한 책임을 그대로 부담할 수 없고, 채권자가 지체책임을 져야 할 것이다. 이러한 의미에서 채권자의 지체책임도 채권의 효력의 하나로 다루어야 할 것이다.

사례

1. A는 B를 대리인으로 하여 A의 부동산을 매도케 하였다. B는 매수인 C와 통모하여 대금을 실제로 수령한 금액보다 2억 원이나 적게 표시하여 각각 1억 원을 착복하였다. A는 B, C에 대하여 어떠한 권리를 행사할 수 있는가?

   힌트 B는 A의 대리인으로서 선관주의의무가 있다. 이 의무를 위반한 경우에는 채무불이행책임을 져야 한다(제390조). 또한 C는 계약당사자로서 매매대금차액을 착복한 것은 A의 대금채권을 침해하는 불법행위가 성립된다. 즉 제3자에 의한 채권침해가 된다.

2. TV를 수리하였는데 전기 회선을 잘못 연결한 결과 TV가 폭발하고 화재로 인하여 물건이 불탄 경우에는 어떠한 구제를 받을 수 있는가?

   힌트 이 경우에 생각할 수 있는 것은 채무의 불완전이행에 대한 책임이다. 불완전이행책임이 성립하기 위하여는 이행행위가 있지만 그 이행행위가 불완전하고, 불완전이행에 대한 채무자의 귀책사유가 있어야 한다. 이러한 요건이 성립되면 채무불이행으로 인한 TV의 손해뿐만 아니라 화재로 인한 물건에 대한 부가적 손해도 배상을 청구할 수 있다. 이 외에도 TV수리상의 고의 또는 과실로 인한 불법행위책임이 성립할 경우에는 청구권경합이라는 문제가 발생할 것이다.

3. A는 B에게 1,000만 원을 빌려주었다. B는 C와 D에게 각각 500만 원의 금전채권을 가지고 있다. B가 C와 D에 대한 채권의 추심을 게을리하고 있는 경우에 A는 B의 C와 D에 대한 채권을 대신하여 행사할 수 있겠는가?

   힌트 채권자대위권에 관한 문제이다. 채권자대위권을 행사하기 위하여는 A가 자기의 채권을 보전할 필요가 있어야 하고, 채권이 이행기에 있어야 하며, 채무자가 자기의 권리행사를 태만히 하고 있어야 한다. 이와 같은 요건이 성립되면 A는 B를 대위하여 C와 D에 대하여 B에 대한 변제를 자기에게 직접변제하라고 청구할 수 있을 것이다. 힌트가 답이 되었군요.

V. 다수당사자의 채권관계

동일한 채권관계에 관하여 다수의 채권자 또는 채무자가 존재하는 경우를 다수당사자의 채권관계라고 한다. 민법은 다수당사자의 채권관계로서 분할채권관계·불가분채권관계·연대채무 및 보증채무를 규정하고 있다.

1. 분할채권관계

분할채권관계는 1개의 可分給付에 대하여 채권자 또는 채무자가 다수인 경우에 특별한 의사표시가 없는 한, 채권 또는 채무가 다수의 채권자 또는 채무자 사이에 분할되는 채권관계를 말한다. 여기에는 채권자가 다수인 분할채권관계와 채무자가 다수인 분할채무관계가 있다. 예컨대, 갑·을·병 3인이 자동차를 6백만 원에 매각하였을 때에는 각 2백만 원의 대금채권을 취득하게 되고, 6백만 원에 매수하였을 때에는 각 2백만 원의 대금채무를 부담하는 경우와 같다. 이와 같이 분할채권관계에 있어서는 각 채권자 또는 각 채무자는 특별한 의사표시가 없으면, 균등한 비율로 분할된 채권 또는 채무를 가진다(제408조).

2. 불가분채권관계

채권의 목적인 급부가 그 성질상 또는 당사자의 의사표시에 의하여 분할할 수 없는 채권관계이다. 예컨대 갑·을·병 3인이 정으로부터 소 한 마리를 매수한 경우에 갑·을·병 중 누구든지 한 사람이 갑·을·병 전원을 위하여 정에 대하여 소의 인도를 청구할 수 있고, 정이 이행을 할 때에도 갑·을·병 중 누구에게든지 인도를 하면 갑·을·병 전원에 대한 이행이 된다. 채무자가 다수인 경우(불가분채무)에도 한 사람의 채무자가 전부의 이행을 하면, 그는 다른 채무자에게 求償權을 가짐은 물론이다.

3. 연대채무

연대채무*Gesamtschuld*란 다수의 채무자가 동일한 내용의 급부에 대하여 각자 독립하여 전부의 급부를 하여야 할 채무를 부담하고, 채무자 한 사람이 전부의 급부를 하면 모든 채무자의 채무가 소멸하는 다수당사자의 채무이다(제413조).

연대채무에 있어서 채권자는 연대채무자 중의 한 사람에 대하여 채무의 전부나 일부의 이행을 청구할 수 있고, 또한 모든 채무자에 대하여 동시 또는 순차로 채무의 전부 또는 일부의 이행을 청구할 수도 있다(제414조).

연대채무자는 원칙적으로 채무 전부의 이행을 하여야 하나, 연대채무자 상호 간에는 대내적 부담비율에 따라 채무를 부담한다. 자기의 부담부분을 넘어서 변제한 경우에는 다른 연대채무자에 대하여 구상할 수 있다.

예컨대 갑·을·병 3인이 600만 원의 연대채무를 부담하는 경우에 채권자는 갑·을·병 중 1인이나 전원에 대하여 600만 원 전액을 청구할 수도 있고, 또한 600만 원의 범위 내에서 갑·을·병 3인 중에서 1인 또는 2인을 선택하여 일정액을 청구할 수도 있다. 원래 채무는 법률의 규정이나 당사자 간에 연대계약이 없는 한 분할 채무가 원칙이다. 그러나 연대채무에 있어서는 전원 연대책임을 지므로 그만큼 채권의 담보가 강화된다.

4. 보증채무

보증채무*Bürgschaftsschuld*라 함은 채권자와 보증인 간에 체결된 보증계약에 의하여 주채무자가 채무를 이행하지 않는 경우에 보증인이 이를 이행하여야 할 채무를 말한다. 이와 같이 보증채무는 채권자와 보증인 간의 보증계약에 의하여 성립한다. 보증인과 주채무자 간의 내부관계는 영향을 미치지 않으며, 보증채무는 주채무자의 의사에 반하여도 성립한다.

주채무가 무효나 취소에 의하여 성립하지 않는 경우에는 보증채무도 성립하지 아니하고, 주채무가 소멸하면 원인 여하를 불문하고 보증채무도 소멸한다. 보증채무는 채무의 내용이나 기한 및 조건 등에서 주채무보다 무거울 수 없고, 주채무의 내용이 변경되면 보증채무도 변경된다. 또한 주채무에 대한 채권이 이전되면 원칙적으로 보증채무에 대한 채권도 이전한다.

보증인은 주채무자의 이행이 없는 경우에 그 이행을 할 책임을 진다(제428조 제1항). 채권자가 보증인에 대하여 주채무자보다 먼저 이행을 청구하는 경우에는 보증인은 채권자에 대하여 '최고·검색의 항변권'이 있다. 연대보증에는 보충성이 없고, 상사보증은 연대보증이 원칙이므로 역시 보충성이 없다. 보증인이 변제를 한 경우에는 주채무자에 대하여 구상권을 가진다.

사례

1. 갑은 을에게 돈 900만 원을 빌려주면서 A와 B를 연대보증인으로 세웠다. 을이 돈을 갚지 못하자 갑은 A에게 900만 원 전액의 채무이행을 청구하였다. 이에 A는 을에게 먼저 청구할 것과 또 자기는 300만 원만 지급하면 된다고 하였다. A의 주장은 정당한가?

   힌트 분할채무와 연대책임의 차이점은? 연대보증에도 최고·검색의 항변과 같은 보충성이 있는가? 900만 원을 전액 변제한 후에 다른 채무자에 대하여 구상권을 행사할 수 없는가 등의 문제점을 해결하여야 할 것이다.

VI. 채권의 양도와 채무의 인수

1. 채권의 양도

채권의 양도*Abtretung*라 함은 채권의 동일성을 유지하면서 채권을 이전하는 계약이다. 채권은 변제자의 대위와 같이 법률상 당연히 이전되는 수가 있고, 법원의 명령이나 유언에 의하여 이전되기도 한다. 그러나 보통 채권양도라 하면 계약에 의한 이전만을 지칭한다.

채권은 당사자의 의사표시나 법률의 규정 또는 채권의 성질에 의하여 양도가 금지되는 수도 있다. 채권양도는 채권자와 양수인 간의 계약에 의하여 성립된다. 그러므로 채무자는 당사자가 아니다.

채권양도의 경우 채무자나 제3자에게 대항하기 위하여는 공시방법을 갖추어야 한다. 지명채권의 양도에 있어서는 채무자의 승낙을 얻거나 채무자에게 통지하여야 하고(제450조), 지시채권의 양도에 있어서는 증권의 배서 교부가 있어야 한다. 무기명채권을 양도할 때에는 증서를 양수인에게 교부하면 된다.

사례

1. A는 B에 대한 100만 원의 채권을 C에게 양도하면서 그중 20만 원은 B를 위하여 양도 전에 이미 면제하였다. 그러나 채무자 B도 양수인 C도 이러한 사실을 모르고 100만 원의 채권을 받았다. 이 경우 양도의 효력은 어떠한가?

   힌트 채권양도는 양도의 사실을 채무자에게 통지하거나, 채무자의 승낙을 받지 않으면 채무자, 기타 제3자에게 대항하지 못한다(제450조). 채권양도의 사실을 B에게 통지하였다면 B는 C에게 80만 원만 지급하면 될 것이다. 왜냐하면 채권양도 당시에 B에 대한 채권은 20만 원이 면제된 80만 원이기 때문이다. C는 그러한 사실도 모르고 100만 원의 채권을 양도받은 자이므로 20만 원은 채권자에게 청구할 수 있다. 그러나 채무자가 채권양도를 승인한 경우에는 100만 원 전액에 대한 책임이 있고, 20만 원은 채권자에게 부당이득으로 반환청구를 할 수 있을 것이다. 채권자가 반환능력이 없는 경우에는 채무자의 손해로 돌아갈 것이다.

2. 채무의 인수

채무인수*Schuldübernahme*는 채무의 동일성을 유지하면서 채무를 인수인에게 이전하는 것을 목적으로 하는 계약이다. 채무의 동일성이 유지되는 점에서 종래의 채무와는 별개의 채무를 부담하게 되는 경개와 다르다.

채무인수는 채권자·채무자·인수인의 3면계약으로 할 수 있음은 물론, 채무자의 의사에 반하지 않는 한 채권자와 인수인 간의 계약으로 할 수도 있으며, 또한 채권자의 승낙에 의하여 채무자와 인수인 간의 계약으로 할 수도 있다.

인수의 효과로서 채무는 그 동일성을 잃지 않고 인수인에게 이전하고, 채무자는 채무를 면하게 된다. 인수인은 채무자가 가지고 있었던 항변으로 채권자에게 대항할 수 있다(제458조). 인수계약의 내용에 따라서는 채무자가 채무를 면하지 못하고 인수인과 함께 채무를 부담하는 병존적 채무인수도 인정된다.

Ⅶ. 채권의 소멸

채권의 소멸*extinction of claim; Erlöschen der Schuldverhältnisse*이란 채권이 객관적으로 존재하지 않게 되는 것을 말한다. 채권양도와 같이 채권의 주체가 변경되는 것은 상대적 소멸로서 채권의 이전에 불과하다.

채권의 소멸원인에는 일반적 소멸원인과 특수적 소멸원인이 있다. 일반적 소멸원인에는 법률행위의 취소·소멸시효·조건의 성취·종기의 도래·계약의 해제 등이 있고, 특수적 소멸원인에는 민법이 규정하고 있는 다음과 같은 7가지가 있다.

1. 변제

변제*Zahlung*는 채무의 내용인 급부를 실현하는 채무자의 행위이다. 변제가 있으면 채권은 소멸한다. 변제와 채무의 이행*Erfüllung*은 그 실질에 있어서 같은 것이다. 이행은 채권을 소멸케 하는 행위의 면에서 본 것이고, 변제는 채권의 소멸이라는 관점에서 본 경우의 개념이다. 금전채무의 변제는 특히 이를 지급이라고 한다.

2. 대물변제

대물변제*Leistung an Erfüllungsstatt*는 채무자가 부담하고 있는 본래의 급부에 갈음하여 다른 급부를 함으로써 채권을 소멸시키는 계약이다. 예컨대 5만 원의 채무 대신에 쌀을 급부하는 것과 같다. 대물변제는 당사자 간의 계약으로 하며, 그 급부는 변제와 동일한 효력을 가진다.

3. 공탁

공탁*deposit; Hinterlegung; consignation*이라 함은 채무자가 변제의 목적물(금전, 기타 유가증권)을 공탁서에 임치하고 채무를 면하는 것을 말한다. 공탁은 채권자가 변제의 수령을 거절하거나 수령이 불가능한 경우 또는 변제자의 과실 없이 채권자를 알 수 없는 경우에 하게 된다. 변제목적 외에도 담보를 위하여 또는 보관을 위하여 공탁할 수 있다.

4. 상계

상계*set-off; Aufrechnung, Kompensation; compensation*라 함은 채권자와 채무자가 서로 동종의 채권·채무를 가지는 경우에 그 채권·채무의 대등액을 소멸케 하는 일방적 의사표시이다. 예컨대, 갑은 을에 대하여 100만 원의 대금채권을 가지고 있고, 을도 갑에 대하여 60만 원의 대금채권을 가지고 있는 경우에, 갑 또는 을이 상대방에 대한 일방적인 의사표시로 60만 원의 금액에서 쌍방의 채권·채무를 소멸케 하는 것이 상계이다. 상계를 하고자 하는 자의 채권을 자동채권 또는 능동채권이라 하고, 상계를 당하는 상대방의 채권을 반대채권 또는 수동채권이라고 한다.

5. 경개

경개*navation; Novation, Schuldersetzung, Schuldumwandlung; novation*는 구채무를 없애 버리고 신채무를 성립시키는 계약이다. 대물변제에 있어서는 변제에 갈음하는 급부가 현실로 행하여지는 데 반하여, 경개에 있어서는 그러하지 않고 신채무가 구채무에 갈음할 뿐이다. 경개가 성립하면 구채무는 소멸하고 신채무만 남게 된다.

6. 면제

면제*Erlass; remise de la dette*는 채권을 무상으로 소멸시키는 채권자의 단독 행위이다. 채권의 포기이다. 면제의 의사표시는 명시적이든 묵시적이든 묻지 않는다.

7. 혼동

혼동*merger; Konfusion, vereinigung; confusion*이라 함은 채권과 채무가 동일인에게 귀속하게 되는 것을 말한다. 예컨대, 혼동은 채권자가 채무자를 상속하거나, 채무자가 채권을 양수하거나, 회사가 합병한 경우에 발생한다. 혼동에 의하여 채권은 소멸하는 것이 원칙이다. 그러나 그 채권이 제3자의 권리의 목적인 때에는 소멸하지 아니한다(제507조).

사례

1. B는 A로부터 5억 원을 차용하였으나 변제기에 변제하지 못하였다. A로부터 독촉이 심하자 B는 시가 5억 원 상당의 부동산을 이전하여 주기로 하고, 이전에 필요한 서류 일체를 넘겨주었다. 그러나 A는 그 부동산의 시가가 5억 원에 미치지 못

하는 사실을 알고 서류를 반환하고 채무의 이행을 청구하였다. A의 청구는 가능한가?

힌트 이 사례는 대물변제의 성립과 효력에 관한 문제이다. 금전 대신 부동산으로 이행하는 것은 대물변제로서의 효력이 있다. 그러나 이전등기를 하여야 물권변동이 있게 되는데, 사례에서는 등기 전에 서류를 반환하고 있다. 또 부동산의 시가가 5억 원에 미달된다는 사실을 알았다면 그와 같은 법률행위는 하지 않았을 것이므로, 착오로 인한 법률행위의 취소의 문제가 생길 수 있다.

연습문제

1. 채권의 의의와 목적을 설명하라.
2. 요물계약과 비전형계약이란 무엇인가?
3. 사무관리의 성립요건은 무엇인가?
4. 부당이득이란 무엇이며, 부당이득은 어떻게 반환하여야 하는가?
5. 불법행위의 성립요건은 무엇인가?
6. 채권의 대내적 효력과 대외적 효력을 설명하라.
7. 책임재산보전의 효력이란 무엇인가?
8. 연대채무와 분할채무는 어떻게 다른가?
9. 보증채무의 의의와 성질은 무엇인가?
10. 채권의 양도와 채무의 인수를 비교하여 설명하라.
11. 채권의 소멸사유를 간단히 정리하여 설명하라.

제4절 가족법

- 처와 자식은 자연의 명칭이다.
- 가정은 사회발전의 원동력이며 국가의 기초이다.
- 아이의 행동은 어버이의 모습이다.

Ⅰ. 家와 가족

1. 가족의 범위

다음의 자는 가족으로 한다(제779조).

(1) 배우자, 직계혈족 및 형제자매.

(2) 생계를 같이하는 직계혈족의 배우자, 배우자의 직계혈족 및 배우자의 형제자매.

2005년 민법의 일부개정에 의하여 종전의 호주제도는 2008년 1월 1일부터 폐지되고, 새로운 가족개념으로 조정되었다. 이에 의하면 가족은 부부를 중심으로 하여 생활공동관계에 있는 일정한 범위의 혈족과 인척으로 구성된다.

2. 자의 성과 본

성은 사람이 출생한 혈통의 표지이고, 본은 자기가 소속된 시조의 발상지명을 표시한 것으로서 본관이나 관적 또는 족본 등으로 부른다. 자는 원칙적으로 부의 성과 본을 따른다. 다만, 부모가 혼인신고 시 모의 성과 본을 따르기로 협의한 경우에는 모의 성과 본을 따른다. 부가 외국인인 경우에는 자는 모의 성과 본을 따를 수 있다. 부를 알 수 없는 자는 모의 성과 본을 따른다. 부모를 모두 알 수 없는 자는 법원의 허가를 받아 성과 본을 창설한다. 다만 성과 본을 창설한 후에 부 또는 모를 알게 된 때에는 부 또는 모의 성과 본을 따를 수 있다. 혼인 외의 출생자가 인지된 경우 자는 부모의 협의에 따라 종전의 성과 본을 계속하여 사용할 수 있다. 다만, 부모가 협의할 수 없거나 협의가 이루어지지 아니한 경우에는 자는 법원의 허가를 받아 종전의 성과 본을 계속하여 사용할 수 있다(제781조).

자의 복리를 위하여 자의 성과 본을 변경할 필요가 있을 때에는 부, 모 또는 자의 청구에 의하여 법원의 허가를 받아 이를 변경할 수 있다. 다만, 자가 미성년자이고 법정대리인이 청구할 수 없는 경우에는 제777조의 규정에 따른 친족 또는 검사가 청구할 수 있다(제781조 제6항).

성과 본이 같으면서도 동족이 아닌 경우가 있고, 성이 다르면서도 동족인 경우도 있다. 예컨대 토홍 파인 남양 홍씨와 당홍 파인 남양 홍씨는 동성동본이면서도 이족이고, 안동 권씨와 안동 김씨는 이성동본이면서도 동족이다.

Ⅱ. 친족

1. 친족의 의의와 종류

친족이란 혼인이나 혈연에 의하여 맺어지는 사람들을 지칭한다.

민법은 "배우자, 혈족 및 인척을 친족으로 한다"고 규정하고 있다(제767조). 혼인으로 결합된 부부를 배우자라 한다. 사실혼부부는 특별법에서 배우자로 보는 경우가 있으나 첩은 배우자가 아니다.

혈족이란 혈연관계에 있는 자를 말하며, 자연혈족과 법정혈족이 있다. 자연혈족은 부모와 자녀, 형제자매 및 숙질과 같이 사실상 서로 혈연관계에 있는 사람을 말한다. 자연혈족에는 직계혈족과 방계혈족이 있고, 직계혈족은 다시 직계존속과 직계비속으로 구분된다. 법정혈족이란 사실상 혈연관계는 없지만 입양에 의하여 혈연이 의제된 관계를 말한다. 종전의 계모자관계와 적모서자관계는 1990년 개정에서 폐지되었다.

인척이란 혈족의 배우자(형수, 매형), 배우자의 혈족(처남, 처제), 배우자의 혈족의 배우자(처남댁, 동서)를 말한다. 친족관계는 출생·혼인·인지·입양 등으로 발생하고, 사망·혼인의 취소·이혼·입양의 취소·파양 등으로 소멸한다. 그러나 배우자가 사망한 경우에는 처의 재혼 등 특별한 경우가 아닌 한 잔존한 배우자는 사망한 배우자의 혈족과 인척관계가 소멸하지 아니한다.

2. 친족의 범위

민법은 이러한 혈족과 인척 중에서 일정한 범위를 정하여 이를 법률상 친족으로 하고 있다. 그러나 민법 제767조에서 정하고 있는 친족의 범위는 다른 입법례에서 유례를 찾아볼 수 없을 정도로 넓다. 다만 민법은 필요한 곳에서 특별규정을 두어 개별적 한정을 하고 있다. 제777조에서 총괄적으로 한정하고 있는 친족의 범위는 다음과 같다.

① 8촌 이내의 혈족

② 4촌 이내의 인척

③ 배우자

III. 약혼

1. 약혼의 의의

약혼*engagement, promise of marriage; Verlöbnis; promesse de mariage*이란 장래 혼인할 것을 목적으로 하는 당사자 간의 계약이다. 혼인의 예약을 줄인 말이다. 약혼에 관하여는 성문으로 규정하는 입법례(독일·스위스·우리나라)가 있고, 판례상으로만 인정하는 나라(영국·미국·프랑스·일본·러시아)가 있다.

약혼은 정혼, 사실혼, 연애 등과는 다른 개념이다. 정혼은 남녀 양가의 주혼자(부모)들이 혼인할 당사자를 위하여 혼인시키기로 하는 합의로서, 법률상 구속력은 없다. 사실혼은 실질적인 혼인생활은 하고 있으나 혼인신고를 하지 않은 부부관계를 말한다.

연애는 남녀 간의 애정관계로서 서로 부부가 될 것을 약속하였다 하더라도 그것은 일시적이고 단순한 '사랑의 속삭임'에 불과한 것으로 보아 약혼으로 되지 않는 것이 일반적이다.

2. 약혼의 성립요건

(1) 당사자 간에 약혼의 합의가 있을 것(제800조)

실질적인 합의가 없는 약혼은 무효이다. 그러므로 당사자가 동의하지 않는 정혼은 효력이 없다.

(2) 약혼연령에 달할 것(제801조)

18세가 된 사람은 약혼할 수 있다.[1] 이는 혼인적령과 같다. 그러나 미성년자가 약혼을 하는 경우에는 부모의 동의를 받아야 하며, 부모 중 한쪽이 동의권을 행사할 수 없을 때에는 다른 한쪽의 동의를 받아야 하고, 부모가 모두 동의권을 행사할 수 없을 때에는 미성년후견인의 동의를 받아야 한다. 피성년후견인은 부모나 성년후견인의 동의를 받아 약혼할 수 있다(제801, 808조 참조). 동의를 받지 않은 약혼은 취소할 수 있다.

(3) 배우자 있는 자의 약혼이나 이중약혼이 아닐 것

배우자가 있는 자가 그 혼인을 해소한다는 조건으로 약혼을 하는 것은 허용될 수 없다.

---

1 조선조『경국대전』에는 남자 15세, 여자 14세였음. 그 후『춘향전』에서는 남녀 각각 16세로 묘사되고 있음.

(4) 근친 간의 약혼이 아닐 것(제809조)

8촌 이내의 혈족, 6촌 이내의 혈족의 배우자, 배우자의 6촌 이내의 혈족, 배우자의 4촌 이내의 혈족의 배우자인 인척이거나 인척이었던 자가 아니어야 한다.

(5) 약혼에 붙인 조건이나 기한이 선량한 풍속, 기타 사회질서에 반하지 아니할 것

"동거해 보고 임신을 하게 되면 혼인하기로 함"이라든지 "본처와 이혼하면 약혼하겠다"와 같은 조건부 약혼은 무효이다.

(6) 약혼의 체결형식은 규정하는 바가 없다

약혼식의 거행이나 약혼예물의 교환 없이 이루어지는 구두상의 약혼도 유효하다. 그러나 장래 발생할지도 모르는 분쟁에 대비하기 위하여는 확실한 증거자료를 갖추어 두는 것은 좋겠다.

사례

1. A남과 B녀는 같은 직장에 다니면서 서로 가깝게 지내는 동안 여러 차례 정을 통하고, 그때마다 결혼의 언약을 굳게 하였다. 그러나 그로부터 2년이 지나면서 B녀에게 위장병이 생긴 후부터 A남의 애정이 식고, 결국 A남은 C녀와 결혼해 버렸다. 이에 B녀는 A남에게 혼인예약불이행으로 인한 손해배상을 청구하였다. 당황한 A남은 약혼식도 약혼의 언약도 한 일이 없다고 하면서, 약혼사실을 완강히 부인하였다. 약혼은 성립되지 않았는가?

   힌트 당사자 간에 진정한 약혼의 합의가 있었다고 볼 수 없는가? 약혼에 형식이 꼭 필요한가? 병든 여자를 울리고 다른 여자와 결혼한 A남은 신의 있고 성실한 사람인가?

2. 한 여대생이 영어회화를 배우다가 만난 미군장교와 친해지게 되었다. 그는 유부남인데 장차 이혼하고 미국으로 가게 되면 같이 가서 함께 살자고 하면서 고급 물건과 약혼반지를 선물로 주었다. 이 여학생은 그가 유부남임을 알면서 정조를 허락하였고 호텔까지 같이 다녔다. 그러나 여자가 임신하였다고 알리자 이 미군은 딴전을 피우면서 만나 주지 아니하였다. 알고 보니 그는 지금까지 같은 수법으로 이미 3명의 여대생을 울린 사실을 알게 되었다. 이에 분개한 여인은 미군을 상대로 혼인빙자간음죄로 고소하고, 정조침해로 인한 위자료 등을 청구하려 한다. 가능한가?

   힌트 유부남인 줄 알면서 본처와 이혼한 후 결혼하겠다는 말만 믿고 육체관계를 한 것을 약혼으로 볼 수 있는가? 정조를 스스로 허락한 자도 정조침해로 인한 위자료를 청구할 수 있는가? 법은 정조를 스스로 지키려는 자를 보호하려는 것이 아닌가? 설령 약혼이 성립되었다고 하더라도 동거의무는 없지 않은가? 상대방이 유부남인 줄 알면서 스스로 정조를 허락한 자도 혼인빙자간음죄로 고소할 수 있을까?

3. 약혼의 효과

(1) 혼인할 의무의 발생

당사자는 서로 성실하게 교제하고 가까운 시기에 부부공동체를 성립시킬 의무를 진다. 이 의무를 위반하였을 때에는 상대방은 손해배상을 청구할 수 있을 뿐 강제이행을 청구할 수는 없다. 그것은 이미 돌아선 자를 강제로 혼인을 시켜도 혼인의 목적을 달성할 수 없기 때문이다.

(2) 약혼상의 권리의 보호

약혼상의 권리를 제3자가 침해하였을 때에는 약혼권침해로 인한 손해배상청구가 가능하다. 예컨대 A남과 B녀가 약혼을 하였는데 C남이 그러한 사실을 알면서 B녀와 사통하였다면, A남은 두 사람을 상대로 공동불법행위로 인한 손해배상을 청구할 수 있다.

(3) 친족관계의 불발생

독일과 스위스의 법은 약혼자 간에 가족법적 지위를 인정하나, 우리 민법은 가족법적 지위를 인정하지 아니한다. 법률상 아직도 남남에 불과하다. 따라서 이 사이에 출생한 자는 혼인 외의 자가 된다.

(4) 약혼과 성행위

약혼 중에는 성행위를 요구할 권리도, 이에 응할 의무도 없다. 따라서 약혼 중에 잠자리를 거부한다고 약혼을 파기할 수 없다.

(5) 성실교제의 의무

약혼은 혼인의 준비기간이다. 서로의 친구관계나 친족관계 등을 익히며, 장래의 가정생활이나 부부의 목표 등을 설계한다.

약혼은 배우자 선택의 최종적인 점검단계이다. 약혼기간 동안 친밀한 접촉을 통하여 상대방의 인격·성품·소질·장단점 등을 깊이 이해하며, 무엇보다도 서로 진실로 사랑하며 서로를 필요로 하고 있는가를 최종적으로 점검해 보아야 할 것이다.

4. 약혼해제의 사유

약혼은 정당한 사유가 있으면 언제든지 해제할 수 있다. 다음과 같은 사유는 약혼해제의 사유가 된다(제804조).

① 약혼 후 자격정지 이상의 형을 선고받은 경우

② 약혼 후 성년후견개시나 한정후견개시의 심판을 받은 경우

③ 성병, 불치의 정신병, 그 밖의 불치의 병질이 있는 경우

④ 약혼 후 다른 사람과 약혼이나 혼인을 한 경우(사실혼도 포함한다)

⑤ 약혼 후 다른 사람과 간음한 경우

⑥ 약혼 후 1년 이상 생사가 불명한 경우

⑦ 정당한 이유 없이 혼인을 거절하거나 그 시기를 늦추는 경우

⑧ 그 밖의 중대한 사유가 있는 경우

중대한 사유로는 사기·강박·재산상태의 착오·상대방의 불성실·상대방 또는 그 부모에 의한 모욕·냉대·혼인에 대한 부모의 동의거절·가족을 부양할 능력이 없을 정도로 재산상태의 악화·불구자가 된 경우 등을 들 수 있다. 그러나 이것은 당사자의 사회적 위치에 따라 그 정도를 판단하여야 할 구체적이고 개별적인 사유이다. 약혼의 해제는 상대방에 대한 의사표시로 한다. 그러나 상대방에 대하여 의사표시를 할 수 없는 때에는 그 해제의 원인이 있음을 안 때에 해제된 것으로 본다(제805조).

5. 약혼해제의 효과

(1) 손해배상의 청구

약혼을 해제한 때에는 당사자의 일방은 과실 있는 상대방에 대하여 이로 인한 손해배상을 청구할 수 있다(제806조 제1항). 이 경우 가정법원에 조정을 먼저 신청하여야 한다. 손해배상액은 재산상의 손해, 정신상의 손해 및 신체상의 손해를 종합하여 산정하며 과실상계의 원리를 적용한다.

가. 재산상의 손해

여기에는 약혼비용·중매인사례비·교통비·전화비·식사대·혼수감 장만에 들어간 비용과 약혼 및 혼인준비 때문에 포기한 이익, 예컨대 혼인하기 위하여 사직한 경우의 봉급 및 상여금과 약혼하였기 때문에 조건이 더 좋은 사람의 청혼을 거절한 데서 온 손해와 파혼충격으로 입원한 경우의 입원비·치료비 등이 포함된다.

나. 정신상의 손해

정신상의 고통에 대한 손해배상청구권은 양도 또는 승계하지 못한다. 그러나 당사자 간에 이미 그 배상에 관한 계약이 성립되거나 소를 제기한 후에는 양도 또는 승계할 수 있다(제806조 제3항).

다. 신체상의 손해

정조상실로 인한 손해는 산정의 곤란과 동거의무가 없는 점으로 보아 좀처럼 인정하지 아니한다. 다만 성병감염으로 인한 상해죄의 성립이 문제 된다.

(2) 약혼예물의 반환

예물이란 혼인의 불성립을 해제조건으로 하는 증여이다. 쌍방의 합의에 의하여 파혼한 경우에는 반환의무가 있고, 일방에게만 파혼의 책임이 있는 경우에는 유책자에게만 반환의무가 있다. 이는 "더러운 손은 법정에 손을 내밀 수 없다"는 법언과 유책자의 "信義則 위반"에 기초하고 있다. 혼인이 성립한 후에 혼인이 해소되더라도 예물, 기타 증여물의 반환문제는 생기지 아니한다.

사례

1. 갑재벌의 아들 A남과 을대학 영문과 출신의 B녀는 중매인을 통하여 약혼을 하게 되고, 3개월에 걸친 교제를 하면서 잠자리도 같이하였다. 그 후 A남은 일방적인 파혼을 통고하였다. 파혼의 이유인즉 중매인의 말과는 달리 가정이 생각보다 가난하다는 점과 잠자리를 같이하여 보니 처녀가 아니라는 점이다.

   이에 여자 측에서 크게 반발하여 남자를 상대로 혼인예약불이행으로 인한 위자료 등 손해배상청구소송을 제기하였고, 남자 측에서도 이를 맞받아서 약혼예물반환청구를 하였다. 어떻게 해결하여야 할 것인가?

   힌트 가정이 가난한 것이 약혼해제 사유가 되는가? 헌법이 보장하는 혼인의 순결성과도 모순된다. 한두 번 잠자리를 가졌던 것도 아닌데 이제 와서 무슨 비처녀성을 내세워? 비처녀라는 것을 알 수 있을 정도라면 그러는 자기는 숫총각일까? 유책자는 혼인예약불이행으로 인한 손해배상책임이 있고, 받은 예물은 반환하여야 하고, 반대로 준 예물은 반환을 청구할 수 없다는 것이 약혼해제의 효과이다.

Ⅳ. 혼인

1. 혼인의 의의

혼인*marriage; Ehe; mariage*이란 남녀의 육체적·정신적·경제적인 면에서의 전인격적인 결합관계이다. 혼인은 평생의 공동생활을 목적으로 하는 일남일녀의 결합이다.

2. 혼인의 성립요건

(1) 실질적 요건

가. 당사자 간에 혼인의사의 합치가 있을 것(제815조 제1호)

혼인의사는 부부관계를 성립시키려는 의사이다. 부부가 되려는 혼인의사가 없는 혼인은 무효이다. 따라서 동성혼·영혼결혼·가장결혼은 인정될 수 없다. 사기·강박에 의한 혼인은 취소할 수 있다.

나. 당사자가 혼인적령에 달하였을 것(제807조)

18세가 된 사람은 혼인할 수 있다.[2] 이는 약혼연령과 같다. 혼인적령에 미달한 자가 혼인한 때에는 당사자 또는 법정대리인이 취소할 수 있다. 그러나 혼인 중에 포태한 때에는 취소할 수 없다고 본다.

다. 미성년자 등은 부모의 동의를 얻을 것(제808조)

미성년자는 부모의 동의를, 피성년후견인은 성년후견인의 동의를 얻어야 한다. 그런데 부모가 동일한 家籍 內에 있음을 요하지 아니하고 단순히 부모라는 자격으로 동의권이 있음은 문제가 된다.

라. 근친혼이 아닐 것(제809조)

8촌 이내의 혈족 사이에서는 혼인하지 못한다. 6촌 이내의 혈족의 배우자, 배우자의 6촌 이내의 혈족, 배우자의 4촌 이내의 혈족의 배우자인 인척이거나 이러한 인척이었던 자 사이에서는 혼인하지 못한다. 또한 6촌 이내의 양부모계의 혈족이었던 자와 4촌 이내의 양부모계의 인척이었던 자 사이에서는 혼인하지 못한다.

마. 중혼이 아닐 것(제810조)

2 나이 차이가 많은 것은 관계하지 아니한다. 예컨대 이승만 대통령은 59세, 프란체스카 여사는 34세에 둘 다 재혼이었다.

일부일처제이므로 배우자가 있는 자가 중복해서 혼인할 수 없다. 중혼은 취소할 수 있다.

(2) 형식적 요건

혼인은 가족관계의 등록 등에 관한 법률이 정하는 바에 의하여 신고함으로써 성립한다. 혼인신고서에는 당사자의 성명·본·출생 연월일·주민등록번호 및 등록기준지를 기재하고, 또 당사자의 부모와 양부모의 성명·등록기준지 및 주민등록번호 등을 기재하여야 한다. 또한 당사자 사이에 태어나는 자는 母의 성과 본을 따른다는 협의가 있다면 그 협의서를 첨부하여야 하고, 이들 당사자가 8촌 이내의 혈족관계가 아니라는 사실을 기재하여야 한다.

외국에 있는 본국민 사이의 혼인은 그 외국에 주재하는 대사·공사 또는 영사에게 신고할 수 있다. 신고된 서류는 지체 없이 본국의 재외국민 가족관계등록사무소에 송부하여야 한다(제814조).

3. 혼인의 무효와 취소

혼인은 다음과 같은 경우 무효로 한다(제815조).

① 당사자 간에 혼인의 합의가 없는 때

② 8촌 이내의 혈족 사이에서 혼인한 때(헌법재판소는 이 무효조항이 헌법에 위반된다고 하여 헌법불합치 결정을 선고하였다[헌법재판소 2022. 10. 27. 선고 2018헌바115 결정])

③ 당사자 간에 직계인척관계가 있거나 있었던 때

④ 당사자 간에 양부모계의 직계혈족관계가 있었던 때

다음과 같은 경우에는 법원에 혼인의 취소를 청구할 수 있다(제816조).

① 혼인적령에 미달한 때, 부모 등의 동의를 얻지 아니한 때, 제809조 제2항과 3항을 위반한 때, 중혼인 때

② 혼인 당시 당사자 일방에 부부생활을 계속할 수 없는 악질, 기타 중대한 사유가 있음을 알지 못한 때

③ 사기 또는 강박으로 인하여 혼인의 의사표시를 한 때

취소청구권자는 당사자와 그 직계존속 또는 4촌 이내의 방계혈족이다. 동의 없는 혼인의 취소청구권은 당사자가 19세에 달한 후 또는 성년후견종료의 취소(심판)가 있은 후 3월을 경과하거나 혼인 중 임신한 때에는 그 취소를 청구하지 못한다(제819조). 근친

혼인 경우에도 혼인 중에 임신한 때에는 취소를 청구하지 못한다. 사기 또는 강박으로 인한 혼인은 사기를 안 날 또는 강박을 면한 날로부터 3월을 경과한 때, 악질, 기타 중대한 사유가 있음을 안 때는 그날로부터 6월을 경과한 때에는 그 취소를 청구하지 못한다(제820~823조).

4. 혼인의 효력

법률상 부부간의 관계를 규율하는 데 있어서는 부부공동체주의와 부부별체주의의 2가지 입법주의가 있다. 전자는 부부관계를 2개의 인격이 결합된 일체관계로 보아 부부는 신분·재산·성·주소를 같이하여야 하는 주의이다. 이 주의에 의하면 부의 인격이 처의 인격을 흡수하여 부의 인격만이 남게 된다. 이에 반하여 후자는 부부관계를 독립적이고 대등한 계약관계로 보아 부부의 재산을 각자 소유·관리·사용·수익·처분하게 되며, 각자의 법률상의 인격을 제한받지 않는 주의이다. 우리 민법은 부부별체주의를 택하고 있다.

(1) 일반적 효력

가. 친족관계의 발생

부부는 서로 배우자의 신분을 가지고 친족이 된다(제777조 제3호). 또한 부부는 상대방의 4촌 이내의 혈족, 4촌 이내의 혈족의 배우자 사이에 인척관계가 생긴다. 계모자관계와 적모서자관계도 이제는 인척관계로 개정되었다.

나. 가족관계의 발생 및 변동

전산정보처리조직에 의하여 입력·처리된 가족관계 자료를 등록기준지에 따라 가족관계등록부를 개인별로 구분하여 작성한다.

다. 부부의 성

외국과는 달리 부부는 각자 부계혈통의 성을 따른다. 즉 부부는 각자 본래의 성을 가진다.

라. 동거의무

동거의무는 거소를 같이하는 의무이다. '동거'는 부부로서의 동거이며, 단순히 장소적인 뜻이 아니다. 동거하지 않을 때에는 동거청구에 관한 조정을 신청할 수 있다. 동거의무의 위반은 악의의 유기가 되며, 다른 일방이 부양의무와 협조의무를 이행하지 않는다고 하여도 책임을 면한다고 할 것이다.

마. 부양의무

부양이란 자녀를 포함하는 부부일체로서의 공동생활에 필요한 것을 부부가 서로 공여하는 것으로서 상대방의 생활을 자기의 생활과 같은 정도로 보장하는 것이다. 따라서 친족 사이의 부양과는 성질을 달리한다. 친족 간의 부양은 자기생활에 여유가 있는 경우에 상대방의 궁핍을 외부에서 지원하는 것이다. 부부생활에 필요한 비용의 부담은 당사자 간에 다른 약정이 없으면 부부가 공동으로 부담한다(제833조). 동거와 협조의무는 성질상 강제집행이 곤란하지만 부양의무는 강제집행이 허용된다.

바. 협조의무

부부의 공동생활은 부부의 분업에 기초한 협조에 의하여 이루어진다. 분업의 방법은 당사자의 협의에 의한다.

사. 정조의무

구민법과는 달리 현행민법은 부부 모두 정조의무가 있다. 정조의무를 위반하였을 때에는 안 날로부터 6월, 부정행위가 있은 날로부터 2년 내에 이혼청구를 하여야 한다.

아. 성년의제

미성년자가 혼인하였을 때에는 성년에 달한 것으로 본다(제826조의2). 그러므로 친권행사가 가능하고, 후견인도 될 수 있다. 그러나 양친이 될 수 있는 능력은 없다.

사례
1. 남편이 다른 여자와 동거하며 집으로 돌아오지 않을 때 처가 취할 수 있는 구제방법은 무엇인가? 힌트 부부는 서로 동거·부양·정조·협조의무가 있다(제826조). 동거 및 부양을 가정법원에 청구할 수 있다. 그러나 부양은 남편의 재산에 강제집행을 할 수 있지만, 동거와 정조 및 협조의무는 강제로 이행시킬 수 없는 성질의 것이다. 남편이 응하지 않을 때에는 이혼 및 손해배상 등을 청구할 수밖에 없을 것이다.

(2) 재산적 효력

가. 부부재산의 약정과 그 변경

혼인하려고 하는 남녀가 혼인성립 전에 그 재산에 관하여 자유로이 약정하는 계약이다(제829조). 부부재산의 약정은 혼인성립 전에 남편이 될 자의 주소지를 관할하는 지방법원 또는 등기소에 '부부재산약정등기부'에 쌍방이 공동으로 신청하여야 한다. 부부재산의 약정은 혼인 중에는 이를 변경할 수 없고, 정당한 사유가 있는 때에 법원의 허가를 얻어 변경할 수 있다. 그러나 이 제도는 거의 이용되지 않고 있다.

부부재산약정서에는, 예컨대 공유재산 중 주택은 남편 6, 아내 4로, 자동차는 5 대 5의 비율로 재산권을 행사하고, 500만 원을 초과하여 보증을 설 경우에는 상대방의 서면동의를 받아야 한다. 또 가사와 육아는 남편과 아내가 4 대 6의 비율로 분담하며, 4일 이상 계속하여 늦게 귀가할 때는 용돈의 10%를 주어야 한다는 등의 내용이 적혀 있다.

또한 이혼을 할 경우 자녀 양육자에게 자신의 몫의 10%를 떼어 준다는 내용을 기재할 수 있다.

나. 법정재산제

부부가 혼인신고 전에 부부재산약정을 등기하지 않는 한, 그 재산관계는 모두 법정재산제에 의한다. 민법은 법정재산제로서 다음과 같은 것을 인정하고 있다.

① 부부별산제

부부의 일방이 '혼인 전부터 가진 고유재산'과 '혼인 중 자기의 명의로 취득한 재산'은 '특유재산'으로 한다(제830조 제1항). 이 특유재산은 부부가 각자 관리·사용·수익한다. 이것을 부부별산제라 한다. 부부의 누구에게 속한 것인지 분명하지 아니한 재산은 '공유재산'으로 추정한다(제830조 제2항). 공유재산에 대하여는 이혼 시에 지분분할청구권이 있다.

명의는 부부의 일방으로 되어 있으나 실질적으로는 공유에 속하는 것도 있을 수 있다. 부의 수입은 처의 가사노동에 힘입은 바가 크기 때문이다. 부부의 복합노동의 결과이다. 이러한 점을 고려하여 민법은 재산분할청구권제도(제839조의2)와 상속개시 시의 기여분제도(제1008조의2)를 두고 있다.

② 일상가사대리권과 일상가사비용의 연대책임

일상가사란 부부의 공동생활에서 필요로 하는 통상의 사무를 말한다. 의식주를 위한 생활비·교육비·보건비 등이 여기에 속한다. 일상의 가사에 대하여는 서로 대리권이 있고, 일상가사에 대하여 부부 중 일방이 제3자와 법률행위를 한 때에는 다른 일방도 이로 인한 채무에 대하여 연대책임이 있다(제832조).

③ 공동생활비용의 부담

부부의 공동생활에 필요한 비용은 당사자 간에 특별한 약정이 없으면 부부가 공동으로 부담한다(제833조).

사례

1. 남편이 직장에 간 사이에 전세계약을 체결하거나 해제한 경우 남편은 이를 취소할 수 있는가?

   힌트 서로 상반된 결론이 나온다. 부부는 의식주문제와 같은 일상의 거래에 대하여는 서로 일상가사대리권이 있기 때문에 대리행위에 대하여는 서로 연대하여 이행할 책임이 있다. 그러나 본 사례는 하나는 주거생활의 유지를 위한 것이고, 다른 하나는 주거생활을 해소하는 것이므로, 후자에 대하여는 일상가사대리권이 없다 할 것이다.

2. 남편의 월 평균수입은 300만 원인데 아내는 강남의 수입코너에서 팬티와 브래지어 각 1개를 300만 원에 외상으로 구입하였다면, 이에 대하여 남편은 변제하여야 할 연대책임이 있는가?

   힌트 의식주문제를 위한 일상가사대리권은 사치와 낭비를 위한 제도는 아니다. 왜냐하면 법은 성실한 자의 편이니까.

V. 사실혼

1. 사실혼의 의의

사실혼은 사실상 혼인생활을 하고 있으나 혼인신고가 없기 때문에 법률상 혼인으로 인정되지 않는 부부관계이다. 사실혼이 약혼과 다른 점은 약혼의 의의에서 설명한 바와 같다. 사실혼은 첩관계와 다르다. 첩관계는 본처가 있는 남성이 혼인의사는 없이 다른 여성을 두고 경제적 원조를 하면서 성적관계를 계속하는 관계이다. 또 사실혼은 사통관계와도 다르다. 사통관계는 부부공동생활의 실체가 없으면서 단지 은밀하게 정을 통하고 있는 관계이다.

2. 사실혼의 성립

사실혼은 사실상의 부부관계로서 혼인의사를 가지고 동거하는 사실이 있으면 성립한다. 의식과 같은 형식적 행위는 성립요건과는 무관하다. 사실혼 문제는 현실로 자생하여 버린 결합관계를 어떻게 처리하느냐가 문제이다. 선량한 풍속, 기타 사회 질서에 반하지 않는 한 보호되어야 할 것이다.

사실혼관계에 있는 당사자의 일방이 혼인신고에 협력하지 않으면, 다른 일방은 사실상혼인관계존부확인의 청구를 위하여 가정법원에 조정을 신청할 수 있다. 사실혼관계의 존재가 확인되어 재판이 확정되면, 재판서의 등본과 확정증명서를 첨부하여 혼인신고를 일방적으로 할 수 있다.

3. 사실혼의 효과

사실혼부부에게는 혼인신고를 전제로 하는 효과는 발생하지 않는다. 따라서 가족관계등록부의 작성이나 혼인신고서를 기재하는 문제, 인척관계의 발생문제, 상속문제 등은 발생하지 아니한다. 다만 상속에 관하여는 인정해야 한다는 견해가 있다. 사실혼부부는 또한 성년의제도 인정되지 않고, 중혼도 성립되지 않으며, 서로에 대한 후견인도 될 수 없다.

사실혼부부 사이에서 출생한 자녀는 '혼인 외의 자'가 된다. 父의 인지가 없으면 자는 모의 성과 본을 따른다. 사실혼부부에게도 동거·부양·협조·정조의무 등 신분적 효과는 인정하여야 한다.

또한 일상가사대리권과 연대책임, 부부별산제, 생활비용의 공동부담 등 재산상의 효과도 대체로 혼인의 효과에 있어서와 같은 취지에서 인정하여야 할 것이다.

근로기준법이나 공무원연금법 등의 특별법에서는 사실혼부부도 법률상부부와 동일하게 취급하고 있는 경우가 많다.

판례

1. 법률상의 혼인을 한 부부의 어느 한쪽이 집을 나가 장기간 돌아오지 아니하고 있는 상태에서, 부부의 다른 한쪽이 제3자와 혼인의 의사로 실질적인 혼인생활을 하고 있다고 하더라도, 특별한 사정이 없는 한 이를 사실혼으로 인정하여 법률혼에 준하는 보호를 허여할 수는 없다(대법원 1995. 9. 26. 선고 94므1638 판결).

4. 사실혼의 해소

일방당사자의 사망으로 사실혼관계가 해소됨은 물론이다. 이 밖에도 당사자 간의 합의나 일방적 파기에 의하여 해소된다. 법률상 아무런 제한이 없다. 사실혼의 공동생활체를 해체하면 그때부터 사실상 부부관계는 끝나게 된다. 다만 일방적 파기에 의하여 해소하는 경우 해소에 책임이 있는 자는 상대방에 대하여 그로 인한 손해배상의 책임을 져야 한다.

사례

1. 혼인식을 치르고 부부생활을 한 지 3년이 지나도록 남편이 혼인신고에 협조하지 않고 있다. 친정에서 병원을 지어 주면 혼인신고를 하겠다면서 지금까지 미루어 온 것이다. 그러던 중 마담 뚜의 소개를 받아 돈 많은 다른 여자와 동거하기 시작하였다. 이런 경우에 아내는 혼자서 혼인신고를 하는 방법이 없겠는가?

   힌트 가정법원에 사실혼관계존재확인의 소를 제기하여 판결을 받아 혼인신고를 하는 길이 있다. 그러나 여기서 조심하여야 할 것은 재판에는 이기고 현실에는 눈물을 흘리는 경우에 대비하여야 한다는 점이다. 예를 들면 남편이 대법원에까지 소를 질질 끌고 가면서 지연시키는 동안에 다른 여자와 먼저 혼인신고를 해버리는 불상사가 있을 수 있기 때문이다(남편의 입장에서는 불상사는 아닐 수도 있지만). 이 경우에는 재판이 끝날 때까지 남편이 다른 여자와 혼인신고를 못하도록 혼인신고정지가처분신청도 함께하는 것이 현명한 방법일 것이다.

VI. 이혼

이혼은 부부의 생존 중에 혼인관계를 장래에 향하여 소멸시키는 것으로서 협의이혼과 재판상 이혼이 있다. 혼인은 배우자의 사망 또는 이혼으로 해소된다.

1. 협의이혼

부부는 그 원인을 묻지 않고 협의에 의하여 이혼할 수 있다(제834조). 협의이혼이 유효하게 성립하기 위하여는 실질적 요건과 형식적 요건을 갖추어야 한다.

실질적 요건으로는 당사자 간에 이혼의사의 합치가 있어야 하고, 미성년자는 부모 또는 후견인의 동의를 얻어야 한다(제835조). 합의 없는 이혼은 무효이다. 형식적 요건은 가정법원의 확인을 받아, 당사자 쌍방과 성년자인 증인 2인이 연서한 서면으로 신고하여야 한다. 협의이혼한 자의 일방은 타방에 대하여 재산분할을 청구할 수 있다(제839조의2).

협의이혼을 할 때에는 반드시 숙려기간을 거쳐야 한다. 숙려기간은 자녀가 있을 경우에는 3월, 자녀가 없을 경우에는 1월로 한다. 이 기간은 배우자의 폭력행위 등 특별한 사정이 있는 경우를 제외하고 모든 협의이혼에 의무적으로 적용된다. 또한 이혼 전에 자녀의 양육자와 양육비용의 부담자, 면접교섭권의 행사 여부 및 그 방법 등에 관한 협의서를 반드시 제출하도록 하고 있다. 양육에 관한 사항의 협의가 이루어지지 아니하거나 협의할 수 없는 때에는 가정법원은 직권으로 또는 당사자의 청구에 따라 이에 관하여 결정한다(제837조).

2. 재판상 이혼

(1) 의의

법원이 관여하여 성립하는 이혼이 재판상의 이혼이다. 재판상 이혼에는 조정이 선행한다. 민법은 이혼에 관하여 '상대적 이혼원인주의'를 채택하고 있다. 즉 제840조 제1호 내지 제5호의 사유는 절대적·구체적 이혼사유인 데 반하여, 제6호는 '혼인을 계속하기 어려운 중대한 사유'가 있을 때라고 규정하여 상대적·추상적 이혼사유를 채택하고 있다.

(2) 절차

가. 조정에 의한 이혼

가사소송법은 조정전치주의를 채용하고 있으므로 이혼을 하려는 자는 우선 가정법원에 조정을 신청하여야 한다. 이리하여 당사자 간에 이혼의 합의가 성립하여 그것을 조서에 기재한 때에는 그 기재는 재판상의 화해와 동일한 효력이 생기므로 혼인은 해소된다. 조정신청자는 조정성립의 날로부터 1월 내에 이혼신고를 하여야 한다.

나. 재판에 의한 이혼

이혼의 합의가 이루어지지 않거나 법원의 결정에 의하여 조정이 성립하지 않은 경우에 당사자는 조서등본이 송달된 날로부터 2주일 내 또는 조서송달 전에 서면으로 제소할 수 있다. 이혼판결이 확정되면 혼인은 해소되며, 그 효력은 제3자에게도 미친다. 소의 제기권자는 판결이 확정된 날로부터 1월 내에 재판의 등본과 그 확정증명서를 첨부하여 이혼신고를 하여야 한다. 이 신고와는 별도로 가정법원은 지체 없이 가족관계등록 사무를 처리하는 사람에게 가족관계등록부에 등록할 것을 촉탁하거나 후견등기 사무를 처리하는 사람에게 후견등기부에 등기할 것을 촉탁하여야 한다(가사소송법 제9조, 가사소송규칙 제5, 6조).

(3) 이혼의 원인

재판상의 이혼원인으로는 다음과 같이 6가지가 있다(제840조).

가. 배우자의 부정행위

부정행위란 정조의무에 충실하지 않은 일체의 행동을 포함하며, 이른바 간통보다는 넓은 개념이다. 일반적으로 부정한 행위로 인정할 수 있기 위하여는 외형적으로는 혼인의 순결성에 반하는 행위가 있고, 내심적으로는 자유로운 의사에 의한 행위이어야 한다. 강간이나 심신상실의 상태에서 발생한 행위와 같이 자유로운 행위에 의한 행위가 아닌 경우에는 부정행위로 볼 수 없다.

부정한 행위는 1회뿐인 경우이든 계속적인 경우이든 불문한다. 그러나 배우자의 일방이 사전에 동의하였거나 사후에 용서한 때에는 이혼을 청구하지 못한다.

부정한 행위는 이를 안 날로부터 6월, 그 사유가 있은 날로부터 2년을 경과한 때에는 이혼을 청구하지 못한다(제841조).

사례

1. 아내가 혼인 전의 애인과 만나 호텔에서 과거의 아름다운 추억을 회상하며 미래의 각자의 가정의 행복한 설계를 위하여, 서로 격려하고 삶의 의미를 다시 북돋워 주는 순수한 대화를 하면서 하룻밤을 보냈을 때에도(목욕은 물론 잠시나마 누워 본 적도 없이 앉은 채로 밤을 지새웠음), 이혼사유가 되는가?

   힌트 아내가 시동생과 한 방에서 쥐 잡는 것을 보고도 의심하여 가출하는 남편도 있을 수 있는데, 아무리 동기가 순수하다 하더라도 이로 인하여 혼인생활에 파탄이 올 수도 있지 않겠는가? 당신이 그 주인공이라면(그런 경우가 없기를 바라지만), 어떻게 대처할 것인지 궁금하다.

나. 배우자의 악의의 유기

정당한 이유 없이 동거·부양·협조의 의무를 포기하는 것이다. 악의란 단순히 어떤 사실을 알고 있다는 것보다는 좀 더 적극적인 의미로서 사회적으로 비난받을 만한 윤리적 요소를 포함하고 있다. 유기란 상대방을 내쫓거나, 두고 나가 버리거나, 상대방으로 하여금 나가지 않을 수 없게 만든 다음 돌아오지 못하게 함으로써 계속하여 동거에 응하지 않는 경우를 포함한다.

다. 배우자 또는 직계존속에 의한 심히 부당한 대우

부당한 대우란 신체나 정신에 대한 학대 또는 명예에 대한 모욕을 의미한다. '심히'란 배우자의 일방이 부부의 동거생활의 계속에 고통을 느낄 정도를 말한다. 어느 정도가 심히 부당한 대우에 해당하느냐는 사회의 통념과 당사자의 사회적 지위 등을 고려하여 구체적으로 판단하여야 한다. 배우자의 직계존속으로부터의 심히 부당한 대우로 말미암아 부부관계의 유지 계속이 기대될 수 없는 정도로 파탄된 경우에는 이혼이 허락되어야 할 것이다.

사례

1. 남편과 부부싸움을 할 때마다 시어머니가 옆에서 남편 편을 들어 갖은 욕설과 심지어 머리채를 잡아당기는 등의 모욕을 주었을 때에 이혼 시에 시어머니에 대하여도 손해배상을 청구할 수 있는가?

   힌트 아니 요즈음도 이런 시어머니가 있나! 이런 시어머니는 이혼을 하게 된 데에 영향을 준 것이 분명하므로 남편과 함께 책임을 져야 할 것이다.

라. 자기의 직계존속에 대한 배우자의 심히 부당한 대우

아내의 시어머니 구박이나 남편의 장모에 대한 폭언 등에 의하여 부부생활을 계속할 수 없을 정도로 가정이 파탄된 경우로서, 위에서 설명한 바와 같이 해석하여야 할 것이다.

마. 배우자의 3년 이상의 생사불명

3년 이상 생사불명인 것과 현재도 생사불명인 것을 필요로 한다. 이 경우는 재판상의 이혼에 의하는 길밖에 없다. 공시송달과 결석판결이라는 절차를 밟아서 행하여진다.

바. 기타 혼인을 계속하기 어려운 중대한 사유

기타 혼인을 계속하기 어려운 중대한 사유로는 혼인관계가 심각하게 파탄되어 다시는 혼인에 적합한 부부생활을 회복할 수 없을 정도에 이른 객관적 사실이 있고, 이러한 경우에 혼인생활을 강요하는 것이, 배우자의 일방에게 참을 수 없는 고통이 되어야 할 것이다.[3] 이는 상대적 이혼원인으로서 구체적인 경우를 검토하여 법원이 판단하여야 할 것이다. 이로 인한 이혼청구는 이러한 사유를 안 날로부터 6월, 그 사유가 있은 날로부터 2년을 경과한 때에는 행사할 수 없다(제842조).

사례

1. 다음과 같은 사유는 이혼사유가 되는가?
   (1) 외출 후에 귀가하면 손도 씻지 아니하고 부엌에서 반찬을 만드는 아내.
   (2) 날마다 모임에 참석하면서 분수에 지나친 소비생활을 하는 아내.
   (3) 이단종교에 빠져 가족의 생활을 돌보지 않을 뿐만 아니라, 가족들까지도 강제로 믿게 하려는 남편.
   (4) 처녀시절에는 예뻤는데 지금 와서 보니 목이 자라목이요, 허리가 절구통이 되어 버린 아내.
   (5) 잠꼬대로 다른 여자의 이름을 부르면서 애정표현을 한 경우.
   (6) 남편이 사업에 실패하고 수입이 줄어들자 남편을 무시하여 오다가 가출한 아내.
   (7) 인터넷 채팅에서 남자를 만나 가출까지 하면서 결혼생활을 파탄에 이르게 한 아내.

   힌트 나쁜 버릇은 깨우쳐 주어서 고칠 수 있기 때문에 (1)은 이혼사유로 볼 수 없고, (2)와 (3)의 경우는 개선될 가능성이 없다면 이혼사유가 될 것이며, (4)는 이혼사유가 될 수 없

3 김주수·김상용, 『친족·상속법(제20판)』, 법문사, 2024, 187면.

다. 조강지처는 버릴 수 없다는 말이 있는데, 아내의 처녀시절의 아름다운 모습을 생각하면서 사는 것도 감사할 일이거늘 …….

(5) 잠꼬대로 다른 여자의 이름을 부르면서 본부인에게는 해본 적이 없는 다정한 애정표현을 하기도 하고 "간통하다 들킬 뻔했다"는 등의 표현을 하는가 하면 옷에서 화장품 냄새 등 정도를 의심케 하는 행동을 일삼아 가정불화가 생겼다면 이혼사유가 된다는 판결이 있다. 잠꼬대는 잠꼬대 같은 소리로 끝낼 것이지.

(6) 아내에게 가정을 파탄시킨 책임이 있으므로 두 사람은 이혼하고, 아내는 남편에게 위자료 3,000만 원을 지급하라는 판결이 있다(2002. 10.).

(7) 서울가정법원에서는 두 사람은 이혼하고, 아내(24세)는 남편(29세)에게 위자료 2,000만 원을 지급하라는 판결을 내렸다(2002. 8.).

3. 이혼의 효력

(1) 일반적 효력

혼인에 의하여 생긴 부부간의 모든 권리의무는 소멸한다. 동거의무·부양의무·협조의무·정조의무·부부재산관계 등은 모두 소멸하고, 종래의 인척관계도 소멸한다.

(2) 자에 대한 효력

가. 자의 친권자 결정

부모가 이혼하는 경우에는 부모의 협의로 친권을 행사할 자를 정하고, 협의할 수 없거나 협의가 이루어지지 않는 경우에는 당사자의 청구에 의하여 가정법원이 정한다. 친권자를 변경할 필요가 있는 경우에도 또한 같다(제909조 제4항).

친권에 관한 협의나 법원의 지정이 없는 경우에는 부모가 공동친권자가 된다. 친권자는 협의이혼이든 재판상 이혼이든 이혼 당시에 정하여짐이 원칙이다. 협의이혼의 경우에는 이혼신고서에 친권을 행사할 자를 기재하도록 하고 있으며(가족관계의 등록 등에 관한 법률 제74조), 재판상 이혼의 경우에는 가정법원이 부모에게 친권을 행사할 자에 관하여 미리 협의하도록 권고하여야 한다(가사소송법 제25조).

나. 자에 대한 양육권

친권자의 결정에 관한 경우와 마찬가지로 자녀의 양육에 관한 사항도 당사자의 협의에 의하여 정한다(제837조). 협의가 되지 아니하거나 협의를 할 수 없는 때에는 가정법원은 당사자의 청구에 의하여 그 자의 연령, 부모의 재산상황, 기타 사정을 참작하여 양육에 필요한 사항을 정하며, 언제든지 그 사항을 변경 또는 적당한 처분을 할 수 있다(제837조 제3~5항).

양육자는 부모 중 일방이 되는 것이 보통이지만, 구미에서와 같이 공동양육(공동감호) *joint custody*도 가능하며, 제3자에게 맡기는 것도 가능하다. 자녀가 다수인 경우에는 부모가 나누어서 양육할 수도 있다.

양육에는 교육도 포함한다. 그러므로 양육자는 자녀의 양육 및 교육에 필요한 거소지정이나 징계를 할 수 있고, 자녀를 부당하게 억류하는 자에 대하여는 자녀의 인도청구를 할 수 있다.

친권과 양육권은 구별되는 개념이다. 자녀의 충분한 보호와 교육을 위하여는 친권자와 양육자는 동일인인 것이 필요하다. 친권자와 양육자가 다를 경우에는 인도청구권은 양육자가 우선하여야 할 것이다.

다. 면접교섭권

면접교섭권이란 양육권을 갖지 않는 부모의 일방과 자녀가 상호 면접 교섭할 수 있는 권리를 말한다(제837조의2 참조). 면접교섭권은 부모에게 주어진 고유의 자연권이다. 부모와 자녀 간의 관계를 인위적으로 단절하는 것은 인정에 반하며, 부모와 계속 교류를 함으로써 정서의 안정과 교육효과를 도모할 수 있기 때문에 면접교섭권은 필요하다.

면접교섭권의 구체적인 내용은 사정에 따라 달라질 수 있다. 부모가 자녀를 방문하기도 하고, 반대로 자녀가 부모를 방문하기도 한다. 서신이나 사진 또는 선물교환, 전화 등을 포함한다.

그러나 가정법원은 자의 복리를 위하여 필요한 때에는 당사자의 청구 또는 직권에 의하여 면접교섭권을 제한하거나 배제할 수 있다(제837조의2).

(3) 재산분할청구권

재산분할청구권이란 부부가 이혼을 하는 경우에 당사자의 일방이 상대방에게 재산을 분할하여 줄 것을 청구하는 권리를 말한다. 이 권리는 신분관계를 기초로 하여 당연히 발생하는 법정채권이다. 이 권리는 자기의 몫을 분배받기 위한 것이므로 증여 및 손해배상청구권과 다르며, 특정물에 대한 권리인 공유물분할청구권과도 다르다. 특정한 재산을 대상으로 하는 것이 아니라, 상대방의 재산 전체에 대하여 포괄적으로 행사할 수 있는 재산적 청구권이므로, 상대방의 특유재산에 대하여 분할청구를 하는 것이 보통이다.

재산분할청구권은 자기가 맡긴 재산 또는 재산의 형성에 직접 기여한 부분을 반환 또는 상환받는 성질을 가지며, 재산의 형성에 간접적으로 기여한 가사노동의 가치를 상환받고, 이혼 후에도 비슷한 생활수준을 유지하도록 보호 및 부양하는 성질과 기능을 가진다.

재산분할에 관하여 협의가 되지 아니하거나 협의할 수 없는 때에는 가정법원은 당사자의 청구에 의하여 당사자 쌍방의 협력으로 이룩한 재산의 액수, 기타 사정을 참작하여 분할의 액수와 방법을 정한다.

재산분할청구권은 이혼한 날로부터 2년을 경과한 때에는 소멸한다(제839조의2).

판례
1. "부부의 일방이 혼인 중에 자기 명의로 취득한 재산은 그 명의자의 특유재산으로 추정되지만, 실질적으로 다른 일방 또는 쌍방이 그 재산의 대가를 부담하여 취득한 것이 증명된 때에는 특유재산의 추정은 번복되어 다른 일방의 소유이거나 쌍방의 공유라고 보아야 한다"(대법원 1995. 10. 12. 선고 95다25695 판결).

(4) 손해배상청구권

이혼이 성립되면 당사자의 일방은 과실 있는 상대방에 대하여, 이혼으로 인한 재산상의 손해와 정신상의 고통으로 인한 손해의 배상을 청구할 수 있다(제806조, 제843조). 정신상의 고통으로 인한 손해를 특히 위자료라 한다. 이 청구권의 성격은 불법행위로 인한 손해배상청구권이므로, 협의이혼의 경우에도 발생한다.

손해배상의 범위는 배우자나 그의 직계존속의 부당한 행위로부터 입은 재산상·정신상의 손해이다.

(5) 제3자의 불법행위책임

배우자의 일방에 대한 강간 또는 강간미수는 동시에 타방에 대하여도 독자적인 불법행위가 성립된다. 가해자가 가해 당시 배우자가 있다는 것을 알고 있었느냐 하는 것은 불문한다.

또한 제3자가 배우자의 일방에 가담하여 혼인관계에 부당하게 간섭함으로써, 당해혼인을 파탄에 이르게 한 행위도 불법행위가 되어 손해배상의 책임이 발생한다.

4. 사실상 이혼

형식적으로 법률혼 관계가 유지되고 있으나, 부부가 이혼하기로 합의하고 별거하고 있는 경우이다. 부부공동체가 사실상 해체된 경우이므로 정조의무 · 동거의무 · 협조의무 · 부양의무는 소멸하고, 부부재산제나 일상가사 대리권과 일상가사 채무에 대한 연대책임도 소멸한다고 본다. 그러나 아직 이혼신고가 수리된 상태가 아니므로 중혼이나 상속 등은 그대로 적용된다.

Ⅶ. 부모와 자

1. 친생자

친생자는 부모와 혈연관계에 있는 자로서 '혼인 중의 출생자(적출자 또는 혼중자)'와 '혼인 외의 출생자(비적출자 또는 혼외자)'가 있다.

혼인 중의 출생자는 법률상의 부부간에서 출생한 자녀이다. 민법은 혼인성립의 날로부터 200일 후 또는 혼인관계 종료의 날로부터 300일 내에 출생한 자는 혼인 중에 포태한 것으로 추정하고 있다(제844조). 이 경우 부부의 일방은 그 자가 친생자임을 부인하는 소를 제기할 수 있다(제846조).

친생부인의 소는 부 또는 처가 다른 일방 또는 자를 상대로 하여 그 사유가 있음을 안 날로부터 2년 내에 이를 제기하여야 한다. 상대방이 될 자가 모두 사망한 경우에는 그 사망을 안 날로부터 2년 내에 검사를 상대로 하여 친생부인의 소를 제기할 수 있다(제847조).

재혼한 여자가 해산한 때에는 제844조의 규정에 의하여 그 자의 부를 정할 수 없는 때에는 법원이 당사자의 청구에 의하여 이를 정한다(제845조).

혼인 외의 출생자는 법률혼관계에 있지 않은 남녀 간에서 출생한 자녀이다. 혼인 외의 출생자는 생부나 생모가 인지하면 친자관계가 생긴다. 생모와의 친자관계는 해산에 의하여 당연히 생기므로 특별히 인지를 필요로 하지 않는다고 보아야 할 것이다.

인지신고서에는 자녀의 성명·성별·출생 연월일·주민등록번호 및 등록기준지를 기재하여야 한다.

자와 그 직계비속 또는 그 법정대리인은 부 또는 모를 상대로 하여 인지청구의 소를 제기할 수 있다(제863조). 부 또는 모가 사망한 경우에는 그 사망을 안 날로부터 2년 내에 검사를 상대로 하여 인지에 대한 이의 또는 인지청구의 소를 제기할 수 있다(제864조). 자와 이해관계인은 인지의 신고가 있음을 안 날로부터 1년 내에 인지에 대한 이의의 소를 제기할 수 있다(제862조).

비적출자라도 후에 그 생부모 사이에 법률상의 혼인이 성립하면, 그때부터 적출자의 신분을 취득한다. 이를 '準正'이라 한다.

사례

1. A는 B가 본처가 있는 줄을 모르고 B와 결혼식을 올리고 아이를 낳았다. 이 아이를 남편 B의 호적에 올릴 수 있는 방법은 무엇인가?

힌트 이 아이는 혼인 외의 子로서 아버지가 인지하지 않으면 아버지의 호적에 오를 수가 없다. B가 자진해서 인지하지 않으면, A는 가정법원에 조정신청을 하고, 조정도 이루어지지 않으면 인지청구의 심판을 청구할 수 있다. 인지의 재판이 확정되면 이로부터 30일 내에 재판의 등본 및 확정증명서를 첨부하여 신고하면 된다. 이 사례와는 반대의 경우로 아버지가 친생부인의 소를 제기하는 경우도 생각할 수 있다.

2. 양자

(1) 양자제도의 의의

양자*adoptive child, adopted child; angenommenes Kind*는 자연적 혈연관계에 있지 않은 사람들 사이에 법률상의 친자관계를 의제하는 제도이다. 현행민법은 '家를 계승하기 위한 양자제도' 대신에 '자를 위한 양자제도'로 접근하고 있다.

(2) 양자의 성립요건

성년에 달한 자는 양자를 둘 수 있다(제866조 참조). 양자가 될 자가 13세 미만인 때에는 법정대리인이 그에 갈음하여 입양의 승낙을 하여야 한다(제869조 참조). 양자가 될 자가 미성년자인 경우에는 일부 예외적인 경우를 제외하고 부모의 동의를 얻어야 한다(제870조). 성년자가 양자가 될 때에도 부모의 동의를 얻어야 하고, 부모의 소재를 알 수 없는 등의 사유로 동의를 받을 수 없는 경우에는 부모의 동의를 얻지 않아도 된다(제871조).

피성년후견인은 성년후견인의 동의를 받아 입양을 할 수 있고, 또 양자가 될 수 있다(제873조).

양자는 당사자 간에 입양의사의 합치가 있어야 성립한다. 입양은 가족관계의 등록 등에 관한 법률에 따라 양자와 양친 및 성년자인 증인 2인이 연서한 서면으로 신고함으로써 그 효력이 발생한다.

성년자이면 기혼·미혼·남녀를 불문하고 양자를 둘 수 있다. 다만, 배우자 있는 자가 양자를 둘 때에는 배우자와 공동으로 하여야 하고, 배우자 있는 자가 양자가 될 때에는 다른 일방의 동의를 얻어야 한다(제874조). 양자는 1인에 한하지 않으나, 양친의 존속이나 연장자가 아니어야 한다.

(3) 입양의 효력

양자는 입양한 때로부터 양친의 적출자로서 신분을 취득하며, 양부의 혈족과 인척 간에도 친족관계가 발생한다. 양자와 친생부모, 기타 혈족과의 친족관계는 소멸하지 않으나, 양자는 양가에 입적하고, 친권은 양친이 행사하게 된다.

(4) 파양

파양은 유효한 양자관계를 인위적으로 해소하는 것이며, 협의파양과 재판상 파양이 있다. 파양은 입양으로 인하여 생긴 양친자관계의 효과를 장래에 향하여 소멸시키게 된다.

3. 친양자

親養子를 입양하려는 자는 일정 요건을 갖추어 가정법원에 친양자 입양의 청구를 하여야 한다(제908조의2).

친양자는 혼인 중의 출생자로 본다. 친양자의 입양 전의 친족관계는 친양자 입양이 확정된 때에 종료하는 것이 원칙이다(제908조의3).

친양자는 양친의 학대, 유기나 친양자의 패륜행위 등으로 파양될 수 있다. 입양이 취소되거나 파양된 경우에는 친양자관계는 소멸하고, 입양 전의 가족관계는 부활한다(제908조의5, 7).

4. 친권

친권*right and duties of the parents; elterliche Gewalt; puissance paternelle*이란 부모가 미성년자에 대하여 가지고 있는 신분상·재산상의 권리·의무의 총칭이다. 친권은 부모가 공동으로 행사한다. 양자의 경우에는 양부모가 친권자가 된다. 부모의 일방이 친권을 행사할 수 없을 때에는 다른 일방이 행사한다. 부모의 의견이 일치하지 아니한 때에는 당사자의 청구에 의하여 가정법원이 이를 정한다(제909조). 혼인 외의 자가 인지된 경우와 부모가 이혼한 경우에는 부모의 협의로 친권자를 정하여야 하고, 협의할 수 없을 때에는 가정법원에 그 지정을 청구하여야 한다(제909조).

친권의 내용은 자의 감호 및 교육이 중심이 되지만 이 밖에도 거소지정권·징계권·재산관리권·영업허락권·재산 및 신분행위의 대리권 등이 있다.

친권을 행사함에는 자의 복리를 우선적으로 고려하여야 한다. 가정법원은 자의 복리를 위하여 필요하다고 인정되는 경우에는 자의 4촌 이내의 친족의 청구에 의하여 친권자를 다른 일방으로 변경할 수 있다(제909조 제6항).

친권은 자가 성년에 달한 때에는 자의 생계능력의 유무에 불구하고 소멸된다.

5. 후견

후견*guardian*; *Vormund*; *tuteur*이란 친권에 의하여 보호받을 수 없는 미성년자·피한정후견인·피성년후견인 등을 보호하기 위하여 마련한 민법상의 직무이다.

미성년후견인은 1인으로 한다. 성년후견인은 여러 명을 둘 수 있다. 법인도 성년후견인이 될 수 있다(제930조).

후견인은 취임 후 지체 없이 피후견인의 재산을 조사하여 2월 내에 그 목록을 작성하여야 한다. 재산조사와 목록작성은 후견감독인의 참여가 없으면 효력이 없다(제941조).

후견인은 피후견인의 법정대리인으로서 재산에 관한 관리권과 대리권을 가지며, 미성년자에 대하여 보호·교양·거소지정·징계 등의 권리·의무와, 피성년후견인에 대한 요양 및 보호의무가 있다.

후견인의 종류로는 미성년후견인·성년후견인·한정후견인·특정후견인·임의후견인 등이 있다.

6. 후견감독인

미성년자에 대하여 친권을 행사하는 부모는 유언으로 미성년후견감독인을 지정할 수 있다. 지정된 미성년후견감독인이 없는 경우에는 가정법원이 이해관계인 등의 청구에 의하여 선임하고, 필요한 경우에는 직권으로 선임한다(제940조의2, 제940조의3).

성년후견감독인은 가정법원이 직권으로 또는 청구에 의하여 선임한다. 이때에는 피성년후견인의 의사를 존중하여야 하며, 여러 가지 사정도 고려하여야 한다(제940조의4).

후견감독인은 후견인의 사무를 감독하며, 급박한 사정이 있는 경우 피후견인의 신상이나 재산의 보호를 위하여 필요한 행위 또는 처분을 할 수 있다(제940조의6).

후견감독인의 종류로는 미성년후견감독인·한정후견감독인·성년후견감독인·특정후견감독인 등이 있다.

7. 부양

직계혈족 및 그 배우자 간, 기타 생계를 같이하는 친족 간에는 서로 부양할 의무가 있다(제974조). 부모와 자 사이의 부양이나 부부간의 부양이 생활유지의 부양으로서 이를 제1차적 부양의무라고 한다면, 기타 친족 간의 부양은 생활부조의 부양으로서 제2차적 부양의무라고 할 수 있다. 형제자매 사이라 하더라도 생계를 같이하지 아니하면 서로 부양의무가 없다.

부양의무는 부양을 받을 자가 자기의 자력에 의하여 생활을 유지할 수 없는 경우에 한하여 이를 이행할 책임이 있다.

사례

1. 다음의 경우에 A는 부양의무가 있는가?

(1) 외국에서 살면서 그곳에서 결혼한 외아들인 A가 한국에 홀로 살고 있는 어머니에 대한 부양.

(2) 4형제 중 막내인 A의 부모님에 대한 부양.

(3) 출가한 딸 A의 친정어머니에 대한 부양.

(4) 여동생 A의 큰오빠에 대한 부양.

(5) 어머니와 자 A를 버리고 딴 여자와 함께 가 버린 후 소식 없이 지내다가 30년이 지난 지금에야 돌아온 아버지에 대한 부양.

(6) 양자 A의 생가 부모님에 대한 부양.

힌트 부모와 자식 간에는 어디에서 살든지 관계없이 생활능력이 없는 자를 부양할 의무가 있다. 30년이 지난 후에 돌아온 아버지도 아버지이므로 부양의무가 있다. 출가한 딸도 남편과 함께 친정어머니(장모)를 부양할 의무가 있고, 자식이 많든 적든, 장남이든 막내이든, 남자든 여자든, 기혼이든 미혼이든, 직계혈족 간에는 서로 부양의무가 있다. 양자는 양부모와 생부모에게 다 같이 부양의무가 있다. 이런 점에서 A는 (1)·(2)·(3)·(5)·(6)번의 경우에 부양의무가 있다. 다만, (4)번과 같이 형제 간과 같은 친족 간에는 생계를 같이하지 아니하는 경우에는 부양의무가 없다.

Ⅷ. 상속

1. 상속의 의의

상속*inheritance, succession; Erbgang, Erbfolge; hérédité, succession*은 피상속인의 사망(또는 실종선고나 사망선고)으로 인하여 피상속인의 재산상의 지위가 상속인에게 포괄적으로 승계되는 것을 말한다.

2. 상속의 개시

사망에 의하여 상속이 당연히 개시되므로, 상속인이 피상속인의 사망을 알았느냐의 여부에 관계없으며, 사망신고나 상속등기에 관계없이 피상속인이 사망한 순간에 상속이 개시된다. 상속은 피상속인의 주소지에서 개시된다(제998조). 상속에 관한 비용은 상속재산 중에서 지급한다(제998조의2).

3. 상속인의 자격

상속인은 상속능력을 가지고 있어야 하고, 상속결격자가 아니어야 한다. 상속결격자로 민법은, ① 고의로 직계존속, 피상속인, 그 배우자 또는 상속의 선순위나 동순위에 있는 자를 살해하려 한 자, ② 고의로 직계존속, 피상속인과 그 배우자에게 상해를 가하여 사망에 이르게 한 자, ③ 사기 또는 강박으로 피상속인의 상속에 관한 유언 또는 유언의 철회를 방해한 자, ④ 사기 또는 강박으로 피상속인의 상속에 관한 유언을 하게 한 자, ⑤ 피상속인의 상속에 관한 유언서를 위조·변조·파기 또는 은닉한 자로 규정하고 있다(제1004조).

4. 상속순위

상속은 ① 피상속인의 직계비속, ② 피상속인의 직계존속, ③ 피상속인의 형제자매, ④ 피상속인의 4촌 이내의 방계혈족의 순위로 한다. 동순위의 상속인이 수인인 때에는 최근친을 선순위로 하고, 동등친의 상속인이 수인인 때에는 공동상속인이 된다. 태아는 상속순위에 있어서는 이미 출생한 것으로 본다(제1000조).

피상속인의 배우자는 피상속인의 직계비속 또는 직계존속과 공동상속하고, 피상속인의 직계비속도 직계존속도 없는 때에는 피상속인의 형제자매에 우선하여 단독상속한다(제1003조).

상속인이 될 자가 상속개시 전에 사망하거나 결격자가 된 경우에 그 직계비속 또는 배우자가 있는 때에는, 이들이 사망자 또는 결격자의 순위에 갈음하여 상속인이 된다(제1001조). 이것을 대습상속이라고 한다(제1001조, 제1003조).

5. 상속분

상속분*Erbteil*이란 공동상속인 간의 상속재산에 관하여 각자가 가지는 몫을 말한다. 상속분에는 유언에 의한 '지정상속분'과 법률의 규정에 의한 '법정상속분'이 있다.

피상속인은 유언에서 직접 공동상속인의 상속분을 지정할 수 있고, 그 지정을 제3자에게 위탁할 수도 있다. 또 상속개시의 날로부터 5년을 초과하지 않는 범위 내에서 그 기간 동안 분할을 금지시킬 수도 있다(제1012조).

상속분의 지정이 없는 때에는 법률의 규정에 의하여 법정상속분을 적용한다. 동순위의 법정상속분은 균분으로 한다. 다만, 배우자의 상속분은 직계비속 또는 직계존속과 공동상속할 때에는 그들의 상속분의 5할을 가산한다(제1009조). 예컨대 남편 A가 사망할 당시 남편의 처 B, 아들 C, 딸 D 및 어머니 E가 생활하고 있다고 하자. 실제로 상속받을 재산은 7,000만 원이라고 한다면, 어머니는 제2순위가 되어 상속을 받을 수 없고, 직계비속인 C, D와 배우자 B가 공동상속하게 된다. 이에 따라 B는 3,000만 원, C와 D는 각각 2,000만 원의 상속을 받게 될 것이다.

6. 상속의 효력과 상속회복청구권

상속인은 상속이 개시된 때로부터 피상속인의 일신에 전속한 것을 제외하고는, 피상속인의 재산에 관한 일체의 권리와 의무를 승계한다. 상속재산은 소극적 재산이든 적극적 재산이든 불문한다.

상속할 권리가 없는 자가 고의로 상속재산을 점유하거나, 가족관계등록부상의 착오로서 선의로 사실상의 상속을 한 때에는 상속권자 또는 그 법정대리인은 참칭상속인에게 상속회복의 청구를 할 수 있다. 상속회복청구권은 상속인 또는 그 법정대리인이 상속권을 침해당한 사실을 안 날로부터 3년, 상속권의 침해행위가 있은 날로부터 10년을 경과하면 소멸한다(제999조).

7. 상속의 승인 및 포기

상속의 승인이란 피상속인에 속하였던 재산상의 모든 권리·의무가 상속인에게 귀속하는 효과를 거부하지 않겠다는 의사표시이다. 승인에는 단순승인과 한정승인이 있다. 단순승인은 상속의 효과를 전면적으로 그대로 승인하는 것이고, 한정승인이란 상속인이 상속으로 인하여 취득한 재산의 한도에서 피상속인의 채무와 유증에 의한 채무를 변제할 것을 조건으로 하는 상속이다.

상속의 포기란 상속의 개시로 인하여 상속인에게 승계될 재산상의 권리·의무를 거절하는 행위이다. 상속의 승인과 포기는 상속재산에 관하여 포괄적으로 행하여야 하고, 그 일부에 대해서만 하여서는 아니 된다.

상속인은 상속개시 있음을 안 날로부터 3월 내에 단순승인이나 한정승인 또는 포기를 할 수 있다. 그러나 그 기간은 이해관계인 또는 검사의 청구에 의하여 가정법원이 이를 연장할 수 있다(제1019조 제1항).

상속인은 상속의 승인이나 포기를 하기 전에 상속재산을 조사할 수 있다(제1019조 제2항).

상속인이 상속개시 있음을 안 날로부터 3월 내에 상속채무가 상속재산을 초과하는 사실을 중대한 과실 없이 알지 못하고 단순승인을 한 경우에는, 그 사실을 안 날로부터 3월 내에 한정승인을 할 수 있다(제1019조 제3항).

8. 유류분

유류분*Pflichtteil; réserve légale*은 상속재산의 일정부분을 상속인을 위하여 유보하는 제도이다. 유류분은 피상속인의 입장에서 본다면 상속인을 위하여 반드시 남겨 두어야 할 일정한 재산이라 할 수 있고, 상속인의 입장에서 본다면 상속인으로서 법률상 취득할 것이 보장되어 있는 일정한 재산이라고 할 수 있다.

상속인의 유류분은 다음과 같다. 즉 피상속인의 직계비속 또는 배우자는 그 법정상속분의 2분의 1이고, 피상속인의 직계존속 또는 형제자매는 그 법정상속분의 3분의 1이다(제1112조).

유류분은 피상속인이 상속개시 시에 가진 재산의 가액에 증여재산의 가액을 가산하고, 채무의 전액을 공제하여 이를 산정한다(제1113조). 피상속인의 증여 및 유증으로 인하여 유류분에 부족이 생긴 때에는, 유류분 권리자는 부족한 한도에서 그 재산의 반환을 청구할 수 있다(제1115조).

유류분 반환의 청구권은 유류분 권리자가 상속의 개시와 반환하여야 할 증여 또는 유증을 한 사실을 안 때로부터 1년 내에 하지 않으면 시효에 의하여 소멸한다. 상속을 개시한 때로부터 10년을 경과한 때도 같다(제1117조).

IX. 유언

유언*will; Testament; testament*은 유언자가 사망과 동시에 일정한 법률효과를 발생시킬 것을 목적으로 하는 법률행위이다. 유언은 상대방 없는 단독행위이다. 17세 이상인 자는 단독으로 유언할 수 있고, 금치산자(피성년후견인)는 그 의사능력이 회복된 때에 유언할 수 있다.

유언은 민법에서 정하고 있는 방식에 따라 하지 않으면 그 효력이 없는 요식행위이다. 이와 같이 엄격한 요식행위로 하는 것은 유언자의 진의를 확보하기 위함이다. 유언의 방식에는 자필증서·녹음·공정증서·비밀증서·구수증서의 5가지가 있다.

유언은 유언자가 사망한 때에 효력이 발생한다. 유언자는 유언으로 유언집행자를 지정할 수 있고, 그 지정을 제3자에게 위탁할 수 있다(제1093조, 제1094조). 지정유언집행자가 없는 때에는 상속인이 유언집행자가 된다(제1095조). 유언집행자가 없거나, 사망·결격, 기타 사유로 인하여 없게 된 때에는, 법원은 이해관계인의 청구에 의하여 유언집행자를 선임하여야 한다(제1096조).

사례

1. 다음의 물음에 답하시오.

(1) 아버지를 살해한 자식도 상속권이 있는가?

(2) 처와 자녀를 두고 남편이 사망한 경우, 시어머니는 상속순위에서 제외되는가?

(3) 출가한 자녀와 미혼자녀, 장남과 막내, 배우자 등의 사이에는 상속분이 다른가?

(4) 사실상의 처도 재산상속을 할 수 있는가?

(5) A의 첩 B와 그 자는 A의 재산을 상속할 수 있는가?

(6) 태아도 재산상속을 할 수 있는가?

(7) 아버지의 빚을 제외한 적극재산만 상속할 수 있는가?

(8) 유언으로 상속재산을 전부 자선단체에 기증할 수 있는가?

(9) (8)의 경우 상속인은 한푼도 받지 못하는가?

힌트 (1)의 경우는 상속결격사유에 해당되어 상속할 수 없다. (2)의 경우 시어머니는 상속에서 제외된다. 왜냐하면 상속의 제1순위자는 직계비속이고 배우자는 이들과 함께 공동상속하기 때문이다. (3)의 경우 배우자를 제외한 사람들의 상속분은 똑같다. 배우자는 이들이 받는 몫의 2분의 1을 더 받게 된다. (4)의 경우 사실상의 처는 법률상의 처가 아니므로 재산상속권이 없다고 보아야 한다. 물론 반대설도 있다. 특별법에서는 배우자로 인정하여 연금수령권 등의 권리를 인정하고 있다. (5)의 경우 첩 B는 배우자가 아니므로 상속권이 없고, 그 자도 혼인 외의 자로 생부가 인지하지 않은 이상 상속권이 없다. (6)의 경우 태아는 예외로 출생한 것으로 보아 상속을 인정한다. (7)의 경우 적극재산만 상속할 수는 없고, 아버지의 상속재산의 범위 내에서 부채도 받겠다는 상속의 한정승인은 할 수 있다. (8)의 경우에 유언으로 자선단체에 기부하는 행위도 자유이다. 다만 생존자의 생활을 보호하는 의미에서 민법은 유류분제도를 마련하여 배우자와 직계비속은 그 법정상속의 2분의 1까지, 피상속인의 직계존속과 형제자매는 그 법정상속분의 3분의 1까지 그 재산의 반환을 청구할 수 있다.

연습문제

1. 친족이란 무엇이며, 친족에는 어떠한 종류가 있는가?
2. 약혼의 효과와 약혼해제의 효과는 어떻게 다른가?
3. 혼인의 성립요건을 설명하라.
4. 부부간의 계약취소권이란 무엇인가?
5. 부부별산제란 어떤 것인가?
6. 일상가사대리권과 일상가사에 대한 연대책임을 설명하라.
7. 재판상의 이혼원인에는 어떤 것이 있는가?
8. 친권과 양육권은 같은 것인가?
9. 면접교섭권이란 무엇인가?
10. 재산분할청구권·손해배상청구권·공유물분할청구권·불법행위로 인한 손해배상청구권은 각각 어떻게 다른가?
11. 서자와 사생자 및 준정이란 무엇인가?
12. 입양의 성립요건을 설명하라.
13. 양자와 친양자는 다른 개념인가?
14. 후견과 친족회의 관계를 설명하라.

15. 대습상속이란 무엇이며, 상속분에 관하여 설명하라.
16. 유류분이란 무엇인가?
17. 유언은 어떤 방식을 취하여야 하는가?

로스쿨 대비

LEET 언어이해 (2018년 기출문제 변형)

피상속인의 유언에도 불구하고 법정상속분 중 일정 비율을 상속인에게 귀속시킴으로써 법정상속인의 상속권을 보장하기 위한 유류분제도는 우리 민법에서 유언의 자유와 상속인들의 이해관계를 조정하는 제도로서 중요한 기능을 수행하여 왔다. 그리고 유류분반환청구는 계속하여 그 숫자가 증가하고 있으나, 유류분 조항의 문제점도 있어 현재 헌법재판소에서 그 위헌 여부에 대한 판단을 기다리고 있는 사건이 여럿이다. 필자는 유류분제도가 위헌이라고 생각하지는 않고 입법재량이 큰 영역이라고 본다. 유류분제도에 관하여 우리 민법은 제1112조에서 제1118조까지 단 7개의 조문만 두고 있을 뿐이어서 유류분반환청구권을 둘러싼 법률관계는 많은 부분을 해석에 의존해 왔다. 그런데 현재의 통설에 따른 해석은 타당하지 않은 점이 있고 또한 입법론적으로도 개선되어야 한다고 생각한다.

법제상 우리나라 유류분제도는 기본적으로 프랑스 상속법의 영향을 많이 받았다. 프랑스 민법상 유류분제도는 1804년 민법전 제정 시부터 존재해 왔고 그 내용이 상세하게 규정되어 있어, 프랑스 법 조문과 그에 대한 해석은 우리 법의 해석에 참고가 될 수 있다. 또한 프랑스 유류분제도는 2006년 합리적인 방향으로 상당 부분 개정되었을 뿐만 아니라 현재에도 개정 논의가 활발히 진행되고 있어 우리 민법을 개정함에 있어 중요한 자료가 될 수 있을 것으로 생각된다.

프랑스 혁명기의 입법자들은, 신체제에 호의적인 젊은 세대들을 반동적인 아버지들의 귀족계급적 무기인 유언으로부터 보호하고자 하였다. 그리하여 혁명세력은 처분의 자유는 약화시키고 유류분을 강화하였다.

구체제하 장자상속권을 폐지하고 균분상속을 확립한 1804년 나폴레옹 민법전은 유류분을 규정하였고, 이는 대혁명을 통하여 쟁취한 "평등에 관한 가장 위대한 성과 중의 하나"로 평가된다. 피상속인이 사후에 가족에 대한 부양의무를 이행하는 유류분은, 특히 직계비속에 대하여는 청년 상속인의 생활 및 자유를 보장하였다. 즉 유류분은 자연권인 동시에 실정법의 근원이자 목적인 분배적 정의에 해당하였다. 유언상속과 법정상속을 동시에 인정하는 프랑스 민법전이 만든 독창적 제도인 유류분제도는 로마법상의 의무분과 관습법 지역의 유류분을 합쳐 놓은 것으로, 전자로부터는 가족 간의 부양의무라는 근거를, 후자로부터는 상속의 일부분이라는 성질을 취하였다. 이와 같이 유류분은 두 전통의 화합적 산물로, 재산을 가족에게 승계시킬 사회적 의무가 피상속인의 처분의 자유보다 우세하다고 보았다.

출처: 김현진, "프랑스의 유류분 제도와 우리 민법 개정에의 시사점", 『가족법연구』 제37권 제2호, 한국가족법학회, 2023. 7, 122~123면.

1. 위 글을 통해 알 수 없는 것은?

① 유류분이란, 피상속인의 의사로부터 법정상속인을 보호하기 위하여 피상속인의 재산처분의 자유를 제한하여 상속인을 위하여 그의 몫으로 반드시 남겨 두어야 할 일정한 재산을 가리킨다.

② '1804년 나폴레옹 민법전'은 젊은 상속인의 생활을 보장하는 것이 피상속인의 의무라는 점을 들어 생전 재산 처분의 자유에 대한 제한을 정당화하였다.

③ 프랑스 민법상 유류분제도는 합리적 방향으로의 개정논의가 지속되어 왔다.

④ 우리 민법에 따르면 직계비속 및 배우자가 유류분권을 주장할 수 있는 경우에는 형제자매도 유류분권을 주장할 수 있다.

⑤ 프랑스 혁명기 입법자의 유언의 자유에 대한 태도는 자유분의 최소화로 나타났다.

정답: ④

제6장 상법

- 거래에서 우아함 같은 것은 있을 수 없다.
- 약속은 지켜져야 한다*Pacta sunt servanda*.

Ⅰ. 상법총칙

1. 상법의 의의

상법*commercial law, mercantile law, business law; Handelsrecht; droit commercial*에는 실질적 의미와 형식적 의미의 2가지 뜻이 있다. 실질적 의미의 상법이란 학문적 입장에서 통일적이고 체계적으로 파악할 수 있는 특수한 법역이다. 즉, 상법이란 기업관계에 특유한 법규의 총체이다. 따라서 상법은 기업의 조직과 활동에 관한 법이며, 시간적으로는 기업의 생성·발전·소멸에 관한 법이라고 할 수 있다.

이에 대하여 형식적 의미의 상법이란 상법전을 말한다. 현행 상법전은 1962년 법률 제1000호로 공포되어, 1963년 1월 1일부터 시행된 것으로, 총칙·상행위·회사·보험·해상·항공운송의 6편으로 구성되어 있다.

2. 상법의 이념과 특성

상법은 기업이 개인경제상으로나 국민경제상으로 차지하는 기능과 중요성을 고려하여 기업의 형성을 쉽게 하고, 이것을 유지·강화하기 위하여 여러 가지 제도를 두고 있다. 상법은 또한 기업활동을 왕성하게 하고, 거래의 간이·신속을 꾀함과 동시에 거래 상대방의 안전을 도모하고 있다.

이와 같이 상법은 '기업의 유지·강화'와 '거래의 신속·안전'을 2대 이념으로 하고 있다.

상법은 기업에 관한 특별사법이므로 다른 법역에 비하여 현저한 특성을 가지고 있다. 즉, 시간적으로는 유동적·진보적 경향을 보이고, 공간적으로는 세계적·통일적 경향을 보인다.

3. 상인

상법이 규정하고 있는 상인*merchant; Kaufmann; commercant*의 종류에는 다음과 같은 3가지가 있다.

(1) 당연상인

자기명의로 상행위를 하는 자이다(제4조). 자기명의란 자기가 상행위에서 생기는 권리·의무의 귀속주체가 된다는 뜻이다. 상행위란 상법 제46조에 열거된 기본적 상행위와 특별법에서 상행위로 인정한 것을 말한다. 당연상인이라는 개념은 상법의 적용상 인정된 개념이고, 통속적인 의미의 상인개념과는 다르다.

(2) 의제상인

의제상인에는 설비상인과 민사회사가 있다. 설비상인이란 점포, 기타 유사한 설비에 의하여 상인적 방법으로 상행위 이외의 행위를 영업으로 하는 자를 말하고, 민사회사란 상행위 이외의 행위를 영리의 목적으로 하는 회사를 말한다(제5조). 상행위 이외의 행위를 영리의 목적으로 하는 점에서, 상행위를 영리의 목적으로 하는 상사회사와 다르다.

(3) 소상인

소상인*Minderkaufmann*이란 자본금이 1,000만 원 미만으로 회사가 아닌 자를 말한다(상법 시행령 제2조). 따라서 합명회사나 합자회사는 자본금이 1,000만 원 미만이 되더라도 회사이기 때문에 소상인이 아니다. 자본금의 기준은 영업재산의 현재가격으로 평가할 수밖에 없다.

소상인에 대하여는 지배인·상호·상업장부·상업등기에 관한 규정이 적용되지 아니한다.

사례

1. 다음과 같은 경우 갑은 상인이 되는가?
   (1) 갑이 친구 을의 이름으로 영업허가를 받아 당구장을 경영하는 경우.
   (2) 갑이 미성년자로서 친권자의 허락 없이 영업을 하는 경우.
   (3) 갑이 결혼상담소를 설치하고 손님과 상담을 하는 경우.
   (4) 갑이 상호보험회사인 경우.
   (5) 갑이 구두수선기술자로서 종업원 2명을 거느리고 수선업을 하는 경우.
   (6) 갑이 회사로서 농장을 경영하는 경우.
   (7) 갑이 변호사로서 변호업무를 하고 있는 경우.
   (8) 갑이 연구목적으로 구입한 서적을 소장하고 점포를 갖추어 대여업을 하는 경우.
   (9) 갑이 농부로서 야채판매행위를 하는 경우.
   (10) 갑이 주식회사의 대표이사인 경우.

   힌트 (1) 갑이 친구 을의 이름으로 영업을 하지만 영업행위로 인한 권리·의무는 전부 갑에게 귀속하므로 갑은 상인이 된다. 을이 당구장을 대여하고 있다면 을도 대여업자로서 상인이 된다.

(2) 미성년자가 법정대리인의 허락을 받지 않았다고 상인이 될 수 없는 것은 아니다. 다만 미성년자의 거래행위는 취소사유가 될 뿐이다.

(3) 갑이 결혼상담소를 설치하고 고객으로부터 상담료를 받는다면 의제상인이 되지만, 무료로 봉사하고 있다면 상인이 아니다.

(4) 상호보험회사는 보험회사와는 달리 영리를 목적으로 하는 회사가 아니므로 상인이 아니다.

(5) 구두수선을 고용인을 두고 운영할 정도라면 상인으로 볼 수 있다. 이 경우에는 소상인으로 될 가능성이 많다. 다만, 단순히 노임을 받을 목적으로 수선을 하고 있다면 상인으로 되지 아니한다.

(6) 회사로서 농장을 경영하고 있다면 민사회사로서 의제상인이 된다.

(7) 변호사는 의사나 화가 등과 같이 사회통념상 상인으로 보지 않는다.

(8) 연구목적으로 구입하여 보관하고 있는 책을 점포를 갖추어 빌려주는 업을 하고 있더라도, 책을 구입하여 곧바로 그것으로 대책업을 하는 것은 아니니까 상인이라 볼 수 없다.

(9) 갑이 자기가 생산한 야채를 행상으로 판매한다면 상인이 아니나, 점포를 갖추어 판매하고 있다면 상인이 된다.

(10) 갑이 주식회사의 대표이사인 경우에는 회사가 당연상인이며, 갑은 회사의 대표기관에 지나지 않으므로 상인이 아니다.

4. 상업사용인

상업사용인*Handlungsgehilfe; kaufmännische Personal*이란 특정한 상인에 종속하여 그 상인의 대외적인 영업활동을 보조하는 자이다. 특정한 상인을 영업주라 한다.

상업사용인의 종류로는 지배인, 부분적 포괄대리권을 가진 상업사용인(영업부장, 판매과장 등) 및 물건판매점포의 사용인(은행점원, 물건판매점원 등)이 있다. 지배인*Prokurist*은 상업사용인 가운데 가장 큰 권한을 가진 자로서 보통 지점장·지사장·지배역 등으로 불린다. 지배인의 선임과 해임은 지배인등기부에 등기하여야 한다.

사례

1. 갑회사의 지배인 A가 장남의 유학비를 충당하기 위하여 거래처 B로부터 1,000만

원을 차용한 후, 갑회사 지배인 A의 명의로 약속어음을 발행하여 준 경우에 갑회사는 이에 대한 책임을 져야 하는가?

힌트 비록 A가 개인용도로 차용하고 약속어음을 발행하였다 하더라도, 갑회사는 선의의 거래상대방인 B에게는 지급의 책임을 져야 한다.

5. 상호

상호*trade name; Handelsfitma; raison de commerce, nom commercial*란 상인이 영업상 자기를 표시하기 위하여 사용하는 명칭이다. 상인은 자유로이 상호를 선정하여 사용하고, 타인이 부정한 목적으로 상호를 사용하는 것을 배척할 수 있는 상호권이 있다. 상호는 상호등기부에 등기하면 미등기상호보다 더 두터운 보호를 받는다. 회사가 아니면 상인은 회사임을 표시하는 문자를 사용하지 못한다.

타인에게 자기의 상호를 사용하여 영업할 것을 허락한 자는 자기를 영업주로 오인하여 거래한 제3자에 대하여 명의대여자로서 그 타인과 연대하여 책임을 져야 한다(제24조). 상호를 등기한 자가 그 상호를 폐지 또는 변경하였을 때에는 이를 등기하여야 한다(제40조).

사례

1. 갑은 크라운제과점이라는 미등기상호로 종로에서 20년째 영업을 하고 있다. 얼마 전부터 손님이 줄어드는 이유를 조사하여 보니 을이 뉴크라운제과점이라는 상호를 등기하고 광화문에서 영업을 하고 있는 사실을 발견하였다. 갑은 을에게 상호사용폐지와 등기말소청구권을 행사할 수 있는가?

힌트 이 문제는 좀 어려운 문제다. 누구든지 부정한 목적으로 타인의 영업으로 오인할 수 있는 상호를 사용하지 못한다(제23조). 이를 위반한 자에 대하여는 그 상호를 등기하였을 때도 말소를 청구할 수 있고, 또한 그 상호를 사용하지 말 것을 청구할 수 있다. 문제는 을에게 부정한 목적이 있는지를 갑이 입증하여야 한다. 이런 경우를 예상하여 갑이 미리 상호를 등기하였으면, 을이 부정한 목적이 없다는 것을 입증해야 된다. 이 점에서 미등기상호는 등기상호보다 불리하다.

뉴크라운제과점은 마치 크라운제과점과 동일인이 영업을 하고 있다고 오인을 하게 하는 유사상호라고 할 수 있다.

6. 상업장부

상업장부*trade books; Handelsbücher; livres de commerce*란 상인이 영업상의 재산 및 손익상황을 명백하게 하기 위하여 상법상의 의무로서 작성하는 장부이다. 상업장부에는 회계장부와 대차대조표가 있다. 회계장부에는 전표·분개장·원장 등이 있고, 대차대조표에는 통상대차대조표와 비상대차대조표 등이 있다. 통상대차대조표에는 다시 개업대차대조표와 결산대차대조표가 있다.

상업장부는 재무제표와 다르다. 재무제표는 주식회사와 유한회사에서 상법상의 의무로서 작성하는 장부이다. 재무제표의 하나인 대차대조표는 상업장부이지만, 그 외의 손익계산서, 이익잉여금처분계산서 또는 결손금처리계산서와 현금흐름표는 재무제표이지만 상업장부는 아니다.

7. 영업소

영업소*office; Handelsniederlassung; établissement commercial*란 기업의 존재와 활동을 공간적으로 통일하는 일정한 장소이다. 영업소는 기업활동에 관한 기본적 사항을 결정하고, 계속적인 경영활동에 관한 지휘명령을 하는 중심지이어야 하며, 인적 조직과 물적 조직에 의한 하나의 단위로서 기업활동의 결과가 보고되고 통일되는 곳이어야 한다.

영업소에는 본점과 지점이 있다. 영업소는 상행위로 인한 채무이행의 장소 등이 된다.

8. 상업등기

상업등기*commercial registration; Handelsregister; enregistrement de commerce*란 영업에 관한 중요한 사항을 상법의 규정에 의하여 상업등기부에 하는 등기를 말한다(제34조). 상업등기부는 상호·미성년자·법정대리인·지배인·합명회사·합자회사·주식회사·유한회사 및 외국회사의 9가지가 있다.

등기사항은 상업장부에 등기함으로써 권리를 취득하기도 하고 책임을 면하기도 한다.

사례
1. 갑합명회사의 사원 A는 2025년 1월 20일에 퇴사하였으나 퇴사등기는 2월 20일에 하였다. 납품회사인 을은 동년 2월 10일에 5,000만 원 상당의 물품을 납품하였으나 그 후 회사가 도산함으로써 대금을 받지 못하였다. 이에 을은 A에게 5,000만

원의 지급을 청구하여 왔다. A는 퇴사를 이유로 지급을 거절하였다. A의 지급거절은 정당한가?

힌트 A의 실제퇴사는 1월 20일이나 퇴사등기는 2월 20일이다. 그리고 을의 거래일은 2월 10일이므로, A는 을이 퇴사등기를 하기 전에 회사와 거래한 것이다. 따라서 거래 당시의 사원이었던 A는 책임을 져야 한다. 상업등기의 효력이 얼마나 무서운지 알겠죠?

9. 영업양도

영업양도*transfer of business; Geschäftsübertragung, Geschäftsveräusserung*란 영업의 동일성을 유지하면서 영업재산의 이전을 목적으로 하는 채권계약이다. 영업을 양도한 경우에는, 대내적으로는 양도인의 영업재산 이전의무와 경업금지의무 등이 발생하고, 대외적으로는 일정한 경우 영업상의 채권자 및 채무자에 대한 당사자의 책임이 발생한다.

사례

1. 갑은 아성무역이라는 상호로 영업을 하다가 을에게 상호와 함께 영업을 양도하였다. 갑의 채권자 병은 양도 전의 외상대금을 을에게 받을 수 있는가? 또 갑의 채무자인 정은 외상대금을 갑에게 갚아야 하는 것을 을에게 주었을 때에도 갑에 대한 정의 채무는 변제된 것으로 되는가?

   힌트 을이 상호를 종전에 갑이 사용하던 것을 그대로 계속 사용함으로써, 갑의 종전의 영업상의 채권자나 채무자가 주인이 바뀐 사실을 모르고 을에게 변제 또는 대금청구를 한 사건이다. 상법은 거래안전을 위하여 외관법리를 도처에서 적용하고 있다. 즉 상호의 계속 사용이라는 외관 때문에 그 외관을 신뢰한 자에게 신뢰한 대로 보호해 주라는 것이 외관법리이다. 따라서 을은 병의 지급청구에 응하여야 하고, 정의 갑에 대한 채무는 이행된 것으로 된다.

연습문제

1. 당연상인과 의제상인은 어떻게 다른가?
2. 상업사용인이란 무엇인가?
3. 상호권이란 무엇인가?
4. 상업장부와 재무제표는 어떻게 다른가?

Ⅱ. 상행위

1. 상행위의 의의와 종류

상행위*Handelsgeschäft*란 실질적으로는 영업에 관한 행위이고, 형식적으로는 상법과 특별법에서 상행위로 규정되어 있는 것을 말한다. 상행위는 민법상의 법률행위에 대하여 영리성·집단성·신속성·정형성 등에서 특성을 가지고 있으므로, 민법의 규정에 대한 여러 가지 특칙이 있다.

상행위는 여러 가지 관점에서 분류할 수 있다. 즉 영업적 상행위와 보조적 상행위, 일방적 상행위와 쌍방적 상행위, 공법인의 상행위와 사법인의 상행위 등이 그것이다. 영업적 상행위에는 당연상인이 영업으로 하는 기본적 상행위와 의제상인이 영업으로 하는 준상행위가 있다. 보조적 상행위란 영업자금의 차입이나 점원의 고용 등과 같이 상인이 영업을 위하여 하는 행위이다. 부속적 상행위 또는 부수적 상행위라고도 한다.

사례

1. 갑은 자기 집의 일부를 점포로 개조하여 장사를 하기로 하고 공사를 진행하던 중 대금이 부족하여 친구인 을에게 이러한 사정을 이야기한 후, 돈 1,000만 원을 빌렸다. 갑이 5년이 지나도 돈을 갚지 아니하자 을은 그동안의 이자까지 붙여 채무를 이행하라고 독촉하였다. 그러나 갑은 상사채권의 시효기간인 5년이 지났으므로 갚지 않아도 된다고 하면서 이행을 거절하였다. 을은 민사채권의 시효기간은 10년이므로 아직 채권이 소멸되지 않았다고 주장한다. 누구의 주장이 옳은가?

   힌트 이 문제는 갑이 언제 상행위를 함으로써 상인자격을 취득하였느냐 하는 문제이다. 갑은 친구인 을에게 장사를 하기 위하여 점포공사를 하는 데 돈이 부족하다고 하면서 차용할 때에 이미 상인자격을 취득한다고 보고 있다. 따라서 이로 인한 상사채권의 소멸시효기간은 5년이므로 갑은 을에게 돈을 갚지 않아도 된다. 법은 어떤 때는 눈물도 없는가봐! 민법의 소멸시효제도의 존재이유를 다시 한번 읽어 보자.

2. 상호계산

상호계산이란 상인 간 또는 상인과 비상인 간에 상시 거래관계가 있는 경우에 일정한 기간의 거래로 인한 채권·채무의 총액에 관하여 상계하고 그 잔액을 지급할 것을 약정하는 계약이다(제72조). 이는 일종의 대차결제의 방법으로 은행의 당좌예금의 경우나 운송업자 상호 간 또는 보험회사와 그 대리점 사이에서 이용되고 있다.

상호계산기간이 만료되어 상호계산에 계입되었던 채권·채무의 총액을 일괄 상계한 후에 잔액을 확정하면, 구채권·채무는 소멸하고 새로운 채권·채무가 발생하게 된다.

3. 익명조합과 합자조합

익명조합*undisclosed association; stille Gesellschaft; société en participation*이란 당사자 일방이 상대방의 영업을 위하여 금전이나 현물을 출자하고, 상대방은 그 영업으로 인한 이익을 분배할 것을 약정하는 계약이다(제78조). 익명조합은 경제적으로는 영업자와 익명조합원의 공동기업이지만, 법률상으로는 영업자의 단독기업이다. 따라서 영업자만이 제3자와 법률관계를 맺게 되고, 영업자만이 대외적 책임을 지게 된다.

합자조합은 조합의 채무에 대하여 무한책임을 지는 조합원과 출자가액을 한도로 하여 유한책임을 지는 조합원이 상호출자하여 공동사업을 경영할 것을 약정함으로써 성립한다(제86조의2).

합자조합은 설립 후 2주 내에 주된 영업소 소재지에서 등기하여야 한다.

4. 대리상

대리상*Handelsvertreter*이란 일정한 상인을 위하여 상업사용인이 아니면서 상시 그 상인의 영업부류에 속하는 거래의 대리 또는 중개를 영업으로 하는 자를 말한다(제87조). 거래의 대리를 하는 대리상을 체약대리상, 거래의 중개를 하는 대리상을 중개대리상이라고 한다.

대리상은 본인에 대하여 경업금지의무를 지며, 거래의 대리 또는 중개를 하였을 때에는 본인에 대하여 이를 통지하여야 한다. 대리상이 본인을 위하여 한 행위에 대하여는 보수청구권이 있으며, 또한 일정한 경우에는 유치권을 행사할 수도 있다.

대리상의 활동으로 본인의 새로운 고객을 획득하거나 영업상의 거래가 현저하게 증가하고 이로 인하여 계약의 종료 후에도 본인이 이익을 얻고 있는 경우에는 대리상은 본인에 대하여 상당한 보상을 청구할 수 있다. 이 대리상의 보상청구권은 계약이 종료한 날로부터 6개월을 경과하면 소멸한다(제92조의2).

또한 대리상은 계약의 종료 후에도 계약과 관련하여 알게 된 본인의 영업상의 비밀을 준수하여야 한다(제92조의3).

5. 중개업

중개업이란 타인 간의 상행위의 중개를 영업으로 하는 것을 말한다(제93조). 이 중개를 영업으로 하는 자를 중개인*broker; Handelsmakler; courtier*이라고 한다. 불특정다수인을 중개하는 점에서 특정상인의 영업을 중개하는 중개대리상과 다르고, 상행위의 중개를 하는 점에서 부동산중개인 등 민사중개인과 다르며, 대리가 아니고 중개를 하는 점에서 체약대리상이나 위탁매매인과 다르다.

6. 위탁매매업

위탁매매업이란 자기의 명의로써 타인의 계산으로 물건 또는 유가증권의 매매를 하는 영업을 말한다(제101조). 위탁매매업을 영업으로 하는 자를 위탁매매인*mercantile agent, factor; commissionnaire; Kommissionär*이라 한다. 위탁매매인이 자기의 명의로 하는 점에서 전혀 계약의 당사자로 나타나지 않는 중개인이나 중개대리상과 다르고, 또한 대리인으로 표시하되 본인의 이름으로 하는 체약대리상이나 기타 대리인과도 다르다. 물건 또는 유가증권의 매매를 하는 점에서 여객이나 화물의 운송을 주선하는 행위와도 다르다.

자기명의로 하기 때문에 위탁자 자신이 계약의 당사자요 권리의무의 주체가 된다. 그러나 타인의 계산으로 하기 때문에 거래에서 발생하는 손익 전부가 위탁자에게 귀속되고, 위탁자는 단지 그 수고에 대하여 보수를 받는 데 불과하다.

판례
1. 갑이 을회사의 영업부장 A에게 증권매입을 부탁하며 증권매입대금을 A에게 교부함으로써 갑과 을회사 사이에는 증권매매 위탁계약이 성립되었다고 보아야 할 것임에도 불구하고 …… (대법원 1980. 5. 27. 선고 80다418 판결).

7. 운송주선업

운송주선업이란 자기명의로 물건운송의 주선을 하는 영업이며, 이 영업을 하는 자를 운송주선인*Spediteur*이라 한다(제114조). 운송주선인은 주선의 목적이 물건운송이라는 점을 제외하면 위탁매매인과 동일하다. 물건운송은 육상·해상·공중운송의 어느 것이라도 무방하다. 운송주선인은 운송 그 자체를 인수하는 것이 아니라, 운송인과 운송계약을 체결해 줄 것을 인수하는 계약이라는 점에서 운송인과 다르다.

이와 같이 위탁매매인의 주선의 목적은 '물건 또는 유가증권'이고, 운송주선인의 주선의 목적은 '물건의 운송'이며, 준위탁매매인의 주선의 목적은 출판·광고·보험·금융 등에 관한 위탁거래와 같은 '매매 아닌 행위'라는 점에서 차이가 있다.

8. 운송업

운송업이란 육상 또는 호천·항만에서 물건 또는 여객의 운송을 하는 영업을 말하며, 이러한 운송을 영업으로 하는 자를 운송인*carrier; Frachtführer; transporteur*이라고 한다(제125조). 이 조항은 육상운송인을 규정하고 있다. 이 밖에도 운송인에는 해상운송인과 공중운송인이 있다. 또한 운송의 목적에 따라 물건운송과 여객운송으로 나눌 수도 있다.

육상운송인은 송하인으로부터 물건의 운송을 위탁받으면 화물상환증을 발행한다. 해상물건운송인이 발행하는 선하증권과 함께 운송증권이라고도 한다. 물건의 인도청구는 이 운송증권에 의한다.

판례

1. 운송인 또는 운송취급인이 이른바 保證渡의 상관습에 따라 선하증권소지인이 아닌 자에게 운송물을 인도하여 줌으로 인하여 선하증권소지인의 운송물에 대한 권리가 침해되어 손해가 발생한 경우에는 운송인 또는 운송취급인은 선하증권소지인에 대하여 고의 또는 중대한 과실로 인한 불법행위 책임을 진다고 할 것이다(대법원 1989. 3. 14. 선고 87다카1791 판결).

9. 공중접객업

극장·여관·목욕탕·음식점·미장원·커피숍과 같이 손님들이 모이기 위한 시설을 갖추어서 거래하는 영업을 공중접객업이라 하고, 이러한 영업을 하는 자를 공중접객업자라고 한다(제151조).

공중접객업자는 고객으로부터 임치받은 물건의 보관에 관하여 주의를 게을리하지 아니하였음을 증명하지 아니하면, 멸실 또는 훼손으로 인한 손해를 배상할 책임이 있다(제152조 제1항). 이러한 책임은 로마법상의 레켑툼*Receptum* 책임을 계승한 것이라고 할 수 있다.

10. 창고업

창고업이란 타인을 위하여 물건을 창고에 보관하는 영업을 말하며, 이러한 영업을 하는 자를 창고업자*warehouseman; Lagerhalter; exploitant de magasin*라고 한다(제155조). 창고업자는 임차인으로부터 물건보관의 위탁을 받으면 창고증권을 작성교부한다. 창고업자는 보관료 및 비용상환청구권 외에 유치권·공탁 및 경매권·손해배상청구권 등을 가진다.

11. 금융리스업

리스업이란 시설대여업을 말한다. 리스*Lease*의 본래 의미는, 물건의 소유자가 그 물건을 일정기간 동안 다른 사람에게 사용·수익하게 하고, 그 대가로 사용료를 받기로 하는 임대차를 말한다. 그런데 오늘날에는 리스업자가 리스이용자에게 물건의 구입자금을 융통하여 주는 대신에 리스이용자가 필요로 하는 물건을 구입하여 제공하는 물건의 융통(物融)을 의미하는 말로 사용되고 있다.

금융리스란 "리스이용자가 선정한 기계·시설·그 밖의 재산을 리스업자가 제3자로부터 취득하거나 대여받아 리스이용자에게 일정기간 이상 사용하게 하고, 그 기간에 걸쳐 일정대가를 정기적으로 분할하여 지급받으며, 그 기간 종료 후의 물건의 처분에 관하여는 당사자 간의 약정으로 정하는 물적 금융"이라고 할 수 있다.

리스는 리스이용자가 기계·설비 등에 대하여 소유권을 갖지 않으면서 그 경제적 이용권을 가지며, 리스회사는 리스기간 중의 소유권을 보유함으로써 소유와 사용의 분리를 본질로 하고 있다. 리스는 금융리스와 운용리스가 대표적인 유형이다.

리스거래에는 리스이용자와 리스업자 및 공급자의 3당사자가 있다. 리스이용자는 리스물건의 실수요자인 사용자로서 리스료를 지급하며, 리스업자는 리스물건의 법적 소유자로서 리스료를 받고 리스물건을 리스이용자에게 빌려준다. 또한 공급자는 리스물건을 생산·공급하여 그 대금을 받는 자로서 제조업자 또는 판매업자라고도 한다. 공급자는 리스계약의 당사자는 아니다.

판례

1. 리스계약은 물건의 인도를 계약성립의 요건으로 하지 않는 낙성계약으로서 리스 이용자가 리스물건 수령증서를 리스회사에 발급한 이상, 특별한 사정이 없는 한, 현실적인 리스물건이 인도되기 전이라고 하여도 이때부터 리스기간이 개시된다 (대법원 1995. 9. 29. 선고 93다3417 판결).

12. 가맹업

프랜차이즈업은 프랜차이즈 제공자가 상표나 상호 및 서비스표 등의 영업표지의 사용권, 기타 영업비결을 이용자에게 제공하고, 그 사용료를 받는 것을 영업으로 하는 것을 말한다. 프랜차이즈업은 프랜차이즈계약을 중심으로 운영된다. 프랜차이즈계약이란 프랜차이즈 제공자(가맹업자)*franchisor*가 프랜차이즈 이용자(가맹상)*franchisee*에게 자기의 영업표지를 이용하여 영업을 할 수 있도록 허가하고, 그 영업과 관련하여 통제 또는 조력하기로 하며, 프랜차이즈 이용자는 이에 대하여 프랜차이즈료(대가)를 지급할 것을 약정함으로써 성립하는 상인 간의 계약이다.[1]

프랜차이즈업의 장점으로는 프랜차이즈 제공자의 입장에서 보면, 소규모의 중앙조직만으로 큰 위험부담 없이 이윤을 획득할 수 있고, 지역사정에 밝은 프랜차이즈 이용자가 운영하기 때문에 영업성과가 좋을 수 있다는 점 등을 들 수 있고, 프랜차이즈 이용자의 입장에서 보면 비교적 적은 자금으로 유명상표나 상호를 이용하여 업계에 쉽게 등장할 수 있다는 점 등을 들 수 있다.

13. 채권매입업

채권매입업*Factoring*이란 상거래에서 발생하는 외상매출채권의 회수와 관련된 영업을 말한다. 즉 거래상인은 자신의 외상매출채권을 금융기관인 팩터(채권매입업자)*factor*에게 양도하고, 팩터는 거래상인에 갈음하여 채무자에게 매출채권을 추심하는 동시에, 채권추심과 관련된 부수적 행위를 할 것을 인수함을 기본적 행위로 하고 있다.

팩터링거래는 팩터, 거래상인 및 채무자의 3당사자 간에서 이루어진다. 팩터는 거래상인으로부터 외상매출채권을 매입하고, 이를 채무자에게 추심하는 자로서, 대체로 금융기관이 이를 담당한다. 거래상인*client; Kunde*은 상거래로 인하여 발생한 매출채권의

1 이기수, 『상법(총칙·상행위)』, 박영사, 1992, 586면.

채권자로서 이 매출채권을 팩터에게 매각하는 자이다. 채무자*customer; Drittschuldner*는 거래상인으로부터 외상으로 물건을 매수하거나 용역을 제공받은 자로서 거래상인에 대한 채무를 팩터에게 지급할 의무를 지는 자이다.

영업채권의 채무자가 그 채무를 이행하지 아니하는 경우 채권매입업자는 채권매입계약의 채무자에게 그 영업채권액의 상환을 청구할 수 있다. 다만, 채권매입계약에서 다르게 정한 경우에는 그러하지 아니하다(제168조의12).

연습문제

1. 상행위에는 어떤 종류가 있는가?
2. 대리상·중개인·위탁매매인·운송주선인 등은 각각 어떻게 다른가?
3. 화물상환증·선하증권·창고증권은 어떤 성질의 증권인가?
4. 레켑툼 책임이란 어떤 책임인가?
5. lease·franchise·factoring의 의의와 성질을 비교하라.

III. 회사

1. 회사의 개념

회사*company, corporation; Handelsgesellschaft*란 상행위, 기타 영리를 목적으로 설립된 사단법인이다. 회사는 상법 또는 특별법에 의하여 설립된다. 회사의 법적 의미는 영리성·사단성·법인성으로 요약할 수 있다.

회사의 영리성이란 말은 회사 자체의 경제적 이익만을 목적으로 하는 것이 아니라, 회사의 이익을 그 구성원인 사원에게 분배하는 것까지 포함하여 사용한다. 영리성은 회사의 설립동기이며, 그 존재와 활동의 성격을 나타내는 요소가 된다.

회사의 사단성이란 공동목적을 위한 복수인의 단체를 말한다. 이는 구성원의 단순한 집합체가 아니라 통일적인 결합체이다. 회사의 구성원을 사원이라 한다. 사원은 주식회사와 유한회사에서 인정하는 1인회사를 제외하고는 2인 이상의 사원을 요하는 것이 회사의 성립요건이요 존속요건이다.

회사의 법인성이란 회사 자체가 바로 권리·의무의 주체가 되며, 소송당사자가 되고, 회사의 재산과 사원의 재산은 별개의 독립된 재산으로 다루는 것을 말한다. 우리나라와 같이 회사는 전부 법인으로 하는 나라도 있고, 독일과 같이 합명회사나 합자회사는 조합으로 하는 나라도 있다. 회사가 법인인 이상 주소가 있어야 하고, 그 주소는 회사의 본점 소재지에 있는 것으로 한다(제171조).

사례

1. 갑주식회사는 을회사에 병원사업을 위임하고 임대료를 받는 것만으로 유지되고 있다. 이 경우에도 상법상의 회사라고 할 수 있는가?

   힌트 임대업도 영리사업의 하나이므로 영리·사단·법인성에 반하지 아니한다.

2. 회사의 종류

회사의 종류는 여러 가지 관점에서 분류할 수 있으나, 상법이 규정하고 있는 회사로는 합명회사·합자회사·유한책임회사·주식회사·유한회사의 5가지가 있다. 이와 같이 상법이 회사의 종류를 한정하는 것은 회사에 관한 법률관계를 명확히 하며, 사원과 채권자 등을 보호하고, 행정상의 감독을 편리하게 하고자 함이다.

(1) 합명회사

합명회사*partnership; offene Handelsgesellschaft*는 2인 이상의 무한책임사원으로 구성된 회사이다(제178조). 각 사원은 회사에 대하여 출자의무를 질 뿐만 아니라, 회사채권자에 대하여 전 사원이 직접·연대·무한의 책임을 지는 회사이다. 따라서 합명회사는 가장 신뢰할 수 있는 사원들끼리 모여서 조직하게 되므로 사원의 수도 자연히 적게 된다. 회사의 거래 상대방은 회사의 재산에 관심을 갖기보다는 사원의 신용과 재력을 더 중시하게 된다.

사원은 금전, 기타 재산이나 노무·신용 등 어느 것으로도 출자할 수 있고, 출자의 이행은 회사성립 후에도 할 수 있다. 합명회사의 사원은 원칙적으로 업무집행권과 회사대표권을 가지며, 사원의 지위를 양도하고자 하는 경우에는 다른 사원 전원의 동의를 받아야 한다(제197조). 합명회사는 2인 이상의 사원이 정관을 작성하고, 설립등기를 함으로써 성립한다.

(2) 합자회사

합자회사*limited partnership; Kommanditgesellschaft*는 합명회사의 사원과 동일한 책임을 지는 무한책임사원(최소한 1인)과 회사채권자에 대하여 직접 연대책임을 지지만 출자액을 한도로 하여 유한책임을 지는 유한책임사원(최소한 1인)으로 구성되는 회사이다. 유한책임사원이 회사에 대한 출자를 이미 이행한 경우에는 책임을 면하게 된다. 출자의 종류에 있어서도 무한책임사원은 합명회사의 사원과 같으나, 유한책임사원의 출자는 금전, 기타 재산에 한한다.

업무집행이나 회사대표권도 무한책임사원이 갖고, 유한책임사원은 업무집행에 대한 감시권을 갖는 것이 원칙이다. 무한책임사원이 지분을 양도함에는 총 사원의 동의를 요하지만, 유한책임사원이 지분을 양도함에는 무한책임사원의 동의만 있으면 된다(제276조).

합자회사의 설립절차도 매우 간단하여 합명회사와 같이 정관을 작성하여 설립등기를 함으로써 성립한다. 다만 각 사원의 책임을 분명히 하기 위하여 사원의 책임이 유한인가, 무한인가를 정관의 절대적 기재사항 및 등기사항으로 하고 있다.

판례

1. 합자회사는 정관에 특별한 규정이 없는 한 소집절차라든지 결의방법에 특별한 방식이 있을 수 없고, 따라서 사원의 구두 또는 서면에 의한 개별적인 의사표시를 수집하여 본 결과 총 사원의 동의나 3분의 2 또는 과반수의 동의 등 법률이나 정관 및 민법의 조합에 관한 규정이 요구하고 있는 결의요건을 갖춘 것으로 판명되면 유효한 결의가 있다고 보아야 한다(대법원 1995. 7. 11. 선고 95다5820 판결).

(3) 유한책임회사

유한책임회사를 설립할 때에는 사원은 정관을 작성한 후 각 사원이 기명날인 또는 서명하여 소정의 사항을 등기하여야 한다(제287조의2, 제287조의3, 제287조의5). 사원은 신용이나 노무를 출자의 목적으로 하지 못한다. 설립등기 때까지 금전이나 그 밖의 재산의 출자를 전부 이행하여야 한다.

사원의 책임은 원칙적으로 출자금액을 한도로 한다. 지분의 양도는 다른 사원의 동의를 받아야 한다. 그러나 업무를 집행하지 아니한 사원은 업무집행사원 전원의 동의를 얻어 지분의 전부 또는 일부를 양도할 수 있다. 업무집행자는 정관으로 정하여야 하고, 회사를 대표한다. 업무집행자는 사원 전원의 동의를 받지 아니하면 자기 또는 제3자의 계산으로 회사의 영업부류에 속한 거래를 하지 못하며, 동종영업을 목적으로 하는 다른 회사의 업무집행자나 이사 또는 집행임원이 되지 못한다(제287조의10). 업무집행자는 다른 사원 과반수의 결의가 있는 경우에만 자기 또는 제3자의 계산으로 회사와 거래를 할 수 있다(제287조의11).

(4) 주식회사

가. 주식회사의 의의

주식회사*public company limited by shares, stock company; Aktiengesellschaft; sociétéanonyme*란 인수한 주식금액을 한도로 하여 회사에 대하여만 책임을 지는(유한책임) 주주와 회사채권자에 대하여는 아무런 책임을 지지 않는(간접책임) 사원만으로 구성된 회사이다(제331조). 이와 같이 주식회사는 자본금과 주식 및 유한책임이라는 3가지 특색을 가지고 있는 회사이다.

자본금은 회사가 보유할 재산액을 표시하는 것으로서 실제로 회사가 보유하고 있는 재산의 총액인 회사재산과는 다른 개념이다. 자본금은 계산상의 수액으로서 일정한 절차를 밟지 않는 한 일정불변이지만, 회사재산은 영업의 성적이나 물가의 등락에 따라 변동한다. 자본금은 회사채권자에 대한 최소한의 담보액이며 회사신용의 기초이므로, 상법은 회사로 하여금 회사 성립 시나 성립 후에 항상 자본금에 상당하는 현실적인 재산을 보유하도록 노력하고 있다. 이것은 특히 자본금확정의 원칙·자본금유지의 원칙·자본금불변의 원칙 등에서 나타나고 있다.

주식은 주주의 회사에 대한 지위를 나타내는 것으로서 주주는 그가 가진 주식 수에 따라 주주총회에서 의결권을 행사하고 이익배당 등을 받는다. 주식의 양도는 자유이다. 그러나 정관의 정하는 바에 따라 이사회의 승인을 얻도록 할 수 있다(제335조). 이는 주주 간의 신뢰를 바탕으로 영위되는 소규모 폐쇄회사와 같은 경우에는 경영권침탈을 방어하는 수단으로서 주식양도의 자유를 정관에 의하여 제한할 수 있게 한 것이다. 정관으로 정한 경우에는 주식의 전부를 무액면주식으로 발행할 수 있다.

주주는 회사에 출자의무를 부담하나 이것은 주식의 인수가액을 한도로 하는 유한책임이며, 그 밖의 회사채권자 등에 대하여는 아무런 책임도 지지 아니한다. 이와 같이 주주의 간접유한책임이라는 점에서 합자회사의 유한책임사원이 회사의 채권자에 대하여 책임을 지는 직접유한책임과는 다르다.

나. 주식회사의 설립

주식회사의 설립은 다른 회사보다 설립절차가 까다롭고 엄격하며, 법의 간섭이 많다. 그 이유는 합명회사나 합자회사와 같은 인적회사는 사원이 회사채권자에 대하여 직접·연대·무한 또는 유한의 책임을 지는 데 반하여, 주식회사에 있어서는 회사재산이 채권자의 유일한 담보가 되므로 자본의 확정과 충실이 요청되기 때문이다.

설립방법에는 발기설립과 모집설립이 있다. 발기설립은 발기인이 설립 시에 발행하는 주식의 전부를 인수하고, 일반인으로부터는 공모하지 아니하는 설립방법이다. 모집설립은 발기인이 각각 1주 이상의 주식을 인수하고, 그 나머지 주식에 대하여는 일반인이 인수하는 방법이다.

주식회사의 경우에도 발기설립과 모집설립에 있어서 약간의 차이는 있지만, 대체로 설립절차는 정관의 작성으로 시작하여 주식의 인수·대금의 납입·이사와 감사의 선임·검사인의 조사보고·창립총회의 개최 등의 여러 과정을 거쳐 설립등기를 하는 순서로 진행된다.

다. 주식회사의 기관

현행상법상 주식회사의 필요적 기관으로는 주주총회·이사회·대표이사·집행임원·대표집행임원 및 감사 또는 감사위원회가 있고, 임시기관으로는 검사인과 감사인이 있다.

회사의 공동소유자인 주주로 구성되는 주주총회는 회사의 기본적 사항에 관한 의사결정을 하고 이사와 감사를 선임하는 주식회사의 최고기관이다. 주주총회는 정기총회와 임시총회가 있고, 이사회의 결정에 따라 대표이사가 소집한다.

회사는 집행임원을 둘 수 있다. 집행임원 설치회사는 대표이사를 두지 못한다. 대표집행임원은 대표이사에 관한 규정을 준용한다.

이사회는 이사로 구성되며, 대표이사를 선임하고, 회사의 업무집행에 관한 의사결정을 하는 기관이다. 이사회는 상법 또는 정관에서 주주총회의 권한으로 정하고 있는 사항 이외의 사항에 대하여 회사의 업무집행에 관한 의사를 결정하는 필요기관이다. 이와 같이 상법은 주주총회와 이사회제도를 둠으로써 주식회사의 내부적 의사결정기관을 이원화하고 있다.

대표이사는 회사의 업무를 집행하며, 회사를 대표한다. 감사는 회사의 업무 및 회계의 감사를 주된 임무로 하는 주식회사의 필요적 상설기관이다. 감사는 여러 명이 있는 경우에도 각자 독립하여 그 권한을 행사한다.

그리고 주주도 독립기관은 아니지만 일정한 경우 감독시정권을 행사한다.

이와 같이 주식회사의 기관구성은 소유와 경영을 분리하는 제3자 기관으로 되어 있는 것이 인적회사와 다르다.

사례

1. 갑주식회사의 평이사인 B는 대표이사 A가 장기 해외출장으로 부재중인 틈을 타서 이사회의 결의 없이 일부 주주에게 구두로 통지하여 주주총회를 소집하고, 동 총회에서 B 등이 이사로 선임되었다. 그 후 B는 이사회에서 대표이사로 선임되어 등기한 후 자신의 개인채무를 변제할 목적으로 C로부터 1,000만 원을 빌리면서 갑주식회사 대표이사 B의 명의로 약속어음을 발행하여 주었다. A가 귀국하여 이와 같은 사실을 알고 무효의 소를 제소하여 승소판결을 받았다. 이 경우 C는 갑회사에 약속어음금을 지급청구할 수 없는가?

힌트 좀 어려운 문제이다. 주주총회는 이사회의 결의에 의하여 대표이사가 서면으로 소집하여야 한다. 이 중에서 이사회의 결의가 없든가, 대표이사가 아닌 평이사가 소집하든가 하면 주주총회는 결의취소의 사유가 된다. 그런데 사례와 같이 이사회의 결의도 없었고 대표이사도 아닌 자가 서면도 아닌 구두로, 그것도 일부 주주에게 통지하여 이사를 선임하는 그런 주주총회는 도대체 존재한다고 볼 수 없다. 따라서 이사선임이 당연히 무효이고, 그 자격 없는 이사들이 모인 이사회에서 대표이사를 선임한 것도 당연히 무효이다.

그런데 그런 B가 회사의 대표이사로 등기되어 있고, 그 명의로 C와 거래행위를 하였다. 이 경우 C는 당연히 B를 대표이사로 믿게 된다.

판결이 어떻게 났든 선의의 C를 보호해 주는 제도를 무슨 제도라고 하였던가요?

(5) 유한회사

유한회사*private company; Gesellschaft mit beschränkter Haftung; société a responsabilité limitée*란 주식회사의 주주와 같이 간접유한책임사원으로 구성된 회사이다. 유한회사 사원의 책임은 주식회사 주주의 책임과 같지만, 일정한 경우에 자본의 전보책임을 지는 점(제550조, 제593조)과 회사의 조직이 합명회사와 유사한 간이성을 띠고 있는 점이 주식회사와 다르다. 따라서 유한회사는 주로 중소기업의 형태로 유지되며, 폐쇄적이요 비공개적인 성향이 강하다.

판례

1. 사정변경을 이유로 보증계약을 해지할 수 있는 것은 포괄근보증이나 한정근보증과 같이 채무액이 불확정적이고 계속적인 거래로 인한 채무에 대하여 보증한 경우에 한하고, 회사의 이사로 재직하면서 보증 당시 그 채무가 특정되어 있는 확정채무에 대하여 보증을 한 후 이사직을 사임하였다 하더라도 사정변경을 이유로 보증계약을 해지할 수 없는 것이다(대법원 1994. 12. 17. 선고 94다46008 판결).

3. 회사의 합병

합병*merger, consolidation, amalgamation; Verschmelzung; fusion*이란 2개 이상의 회사가 상법의 규정에 의하여 청산절차를 거치지 않고 합쳐짐으로써 1개 이상의 회사의 소멸과 권리·의무의 포괄적 이전을 생기게 하는 회사법상의 법률요건이다. 합병은 기업의 합병 및 매수*merger and acquisition*의 가장 중요한 전략의 하나이다.

합병에는 신설합병*merger*과 흡수합병*consolidation*이 있다. 신설합병은 모든 당사회사가 해산하고, 이와 동시에 새로운 회사가 설립되는 경우이다. 흡수합병은 당사회사 중의 하나가 존속하고, 다른 회사는 해산하여 존속회사에 흡수되는 경우이다.

합병은 인적회사와 물적회사 간에도 가능하다. 다만, 당사회사 중에 주식회사나 유한회사 또는 유한책임회사가 있는 경우에는 존속회사 또는 신설회사는 주식회사나 유한회사 또는 유한책임회사가 되어야 한다는 등의 제한이 있다(제174조).

합병은 합병등기를 함으로써 효력이 발생한다. 합병에 반대하는 주주는 주식매수청구권을 행사할 수 있다. 합병을 하면 소멸회사의 권리·의무는 신설회사로 포괄승계된다. 합병의 성질상 소멸회사의 사원은 존속회사 또는 신설회사의 사원이 되는 것이 원칙이다(제523조, 제603조 등).

사례

1. 자본금 10억 원, 순자산이 50억 원인 갑주식회사가 자본금 10억 원, 순자산 25억 원인 을주식회사를 흡수합병하는데 양 회사의 주식액면가가 5,000원으로 동일하므로 합병비율을 1:1의 대등한 조건으로 하여 을회사의 주식 1주에 대하여 갑회사의 주식 1주를 배정하였다. 이때 갑주식회사의 주주는 합병무효의 소를 제기할 수 있는가?

힌트 합병무효의 소는 합병등기가 있은 날로부터 6개월 내에 소수주주권자가 제기할 수 있다. 사례에서와 같은 조건의 합병은 무효의 여지가 많다. 왜냐하면 두 회사의 주식의 실질가치가 2:1로 차이가 나기 때문이다. 불공정한 합병으로 이익을 얻는 자는 대주주이다. 그가 만일 양 회사의 주식을 가지고 있으면 소멸 회사의 주식 대신으로 받은 주식의 주가가 합병 후에 상승하게 되어 그로 인한 이익은 상당한 것이 될 것이다. 그 결과 회사의 재산과 주주의 보호는 침해되기 마련이다.

연습문제

1. 회사란 무엇인가?
2. 합명회사와 합자회사를 비교하여 설명하라.
3. 주식회사의 3대 특성은 무엇인가?
4. 발기설립과 모집설립은 어떻게 다른가?
5. 주식회사의 기관에는 어떤 것이 있는가?
6. 유한회사와 유한책임회사는 어떻게 다른가?
7. 회사의 합병이란 무엇인가?

Ⅳ. 보험

1. 보험제도

보험*insurance; Versicherung; assurance*은 동질적인 경제상의 위험에 처해 있는 다수인이 하나의 위험단체를 구성하여, 소정의 보험료를 내어 공동기금을 조성하고, 보험사고가 발생한 경우에 보험금을 지급받음으로써 미래의 경제생활의 불안을 제거 또는 경감하는 제도이다. 보험금과 보험료의 비율은 '대수의 법칙*law of large numbers*'에 따라 통계학적 기초에 입각하여 산정된다. 그리하여 보험료수입과 보험금지급이 균형을 유지하여 보험사업의 합리적인 경영을 가능하게 하고 있다.

2. 보험계약

(1) 보험계약의 성립

보험계약은 당사자의 일방이 약정한 보험료를 지급하고, 상대방이 피보험자의 재산 또는 생명·신체에 관하여 불확정한 사고가 생길 경우에 일정한 보험금액, 기타의 급여를 지급할 것을 약정하는 것으로서(제638조), 보험계약자의 청약에 대하여 보험자가 승낙의 통지를 발송한 때에 성립한다. 상법은 보험계약자를 보호하기 위하여 보험자가 보험계약자로부터 보험료 상당액의 전부 또는 일부의 지급을 받고, 보험계약의 청약을 받은 때에는 다른 약정이 없으면 30일 내에(人보험의 경우에는 신체검사를 받은 날로부터) 그 상대방에 대하여 낙부의 통지를 발송하여야 하고, 이를 게을리한 때에는 승낙한 것으로 본다(제638조의2)고 규정하고 있다.

또한 상법은 보험자가 보험계약자로부터 보험료 상당액의 전부 또는 일부를 받은 경우에 그 청약을 승낙하기 전에 보험사고가 생긴 때에는, 그 청약을 거절할 사유가 없는 한 보험계약상의 책임을 진다(동조 제3항)고 함으로써 보험계약자를 보호하고 있다.

(2) 고지의무

고지의무*disclosure and representation; Anzeigepflicht*란 보험계약자 또는 피보험자가 보험계약을 체결함에 있어서 보험자에 대하여 중요한 사항을 고지할 것과 부실고지를 하지 아니할 의무를 말한다. 중요한 사항이란 보험자가 위험을 측정하여 보험계약의 체결 여부 또는 보험료액을 결정하는 데 영향을 미칠 수 있는 사실을 의미한다. 청약서에 기재된 질문사항은 대체로 중요한 사항으로 본다.

고지의무자가 고의 또는 중대한 과실로 중요한 사항을 고지하지 않았거나 부실고지한 경우에는 보험자는 고지의무 위반사실을 안 날로부터 1月 內에, 계약을 체결한 날로부터 3年 內에 한하여 보험계약을 해지할 수 있다. 그러나 보험자가 계약 당시에 그 사실을 알았거나 중대한 과실로 인하여 알지 못한 때에는 그러하지 아니하다(제651조). 보험사고가 발생한 후에도 보험자가 계약을 해지한 때에는 보험금을 이미 지급하였을 때는 이의 반환을 청구할 수 있고, 아직 지급하지 않았을 때는 지급할 책임이 없게 된다(제655조). 이러한 고지의무는 보험계약의 선의성을 반영한 특유한 제도라고 할 수 있다.

사례

1. 갑은 보험외무원 A의 권유로 보험금액 5억 원의 생명보험에 가입하였다. 가입청약서의 질문란에 "귀하는 과거에 병으로 입원하였거나 치료받은 적이 있습니까?"라는 질문에 없다고 대답하였다. 보험가입 후 1년 만에 갑은 위출혈로 사망하였다. 갑의 처와 그 자녀는 보험금을 청구하여 5억 원을 지급받았다. 그러나 보험회사에서 컴퓨터 조회를 해보니 갑이 과거 위궤양으로 대학병원에 2주간 통원치료를 받은 적이 있음이 나타났다. 그리하여 보험회사는 보험계약을 해지하고 갑의 처 등 가족에게 지급한 보험금 반환청구를 하였다. 가능한가?

   힌트 갑은 질문표에 성실하게 답변하여야 할 고지의무를 위반하였다. 고지의무에 위반하면 보험회사는 보험금지급 여부와 관계없이 보험계약을 해지할 수 있다.

(3) 보험계약의 요소

보험계약의 직접적인 당사자는 보험자*insurer, underwriter; Versicherer; asseureur*와 보험계약자*insured, assured; Versicherungsnehmer: VN*이다. 보험자는 보험업법에 의한 일정한 자격을 가진 자로서 금융위원회의 허가를 얻은 자(주식회사)라야 한다. 보험계약자는 보험자의 상대방으로서 보험계약을 체결하는 자이다. 보험계약자는 소정의 보험료를 지급하여야 하고, 보험자는 보험사고가 발생하면 보험금을 지급하여야 한다.

보험계약의 직접적인 당사자 외에도 피보험자·보험수익자 및 보험자의 보조자로서 보험의·보험모집인·보험대리상·보험중개인 등이 있다.

이 중 피보험자는 손해보험과 인보험에서 그 의미를 달리하고 있다. 손해보험에 있어서는 보험금수령권자를 의미하고, 인보험에 있어서는 생명 또는 신체에 관하여 보험이 붙여진 자를 의미한다. 보험수익자는 인보험에 있어서 보험금수령권자를 의미한다. 따라서 보험수익자는 손해보험에 있어서의 피보험자와 같다.

이 밖에도 보험의 요소로는 보험목적·보험사고·보험기간·보험료기간·보험료·보험금액 등이 있다.

3. 보험의 종류

(1) 손해보험

손해보험*property insurance; Schadensversicherung*은 당사자의 일방이 보험사고로 인하여 생긴 재산상의 손해를 보상할 것을 약정하고, 상대방이 이에 대하여 보험료를 지급하는 보험이다. 인보험은 피보험자의 손해의 발생을 요소로 하지 않으며 원칙적으로 정액보험이나, 손해보험은 부정액보험이며 반드시 피보험자의 손해의 발생을 요소로 한다. 이와 같이 손해보험은 손해의 발생을 그 요소로 하므로, 손해발생의 기초가 되는 피보험이익이라는 독특한 개념이 있다.

상법이 규정하고 있는 손해보험에는 화재보험·운송보험·해상보험·책임보험·자동차보험 등이 있다. 재보험도 손해보험의 하나이다. 상법에서 규정하고 있는 것 외에도, 각종의 상품이 개발되어 거래되고 있다. 예컨대 도난보험·동물보험·건설공사보험·근로자재해보험·보증보험·항공보험 등이 그것이다.

사례

1. 차량의 운전자 갑이 아무런 대가를 받지 아니하고 동승자 을의 편의와 이익을 위하여 동승을 허락하고 을도 자신의 편의와 이익을 위하여 그 제공을 받던 중 발생한 사고로 인한 피해를 갑에게 청구할 수 있는가?

   힌트 사고에 대하여 갑에게 과실이 없는 경우에는 가해자 등에게 청구하여야 할 것이고, 갑에게 과실이 있는 경우에는 무조건 책임을 져야 할 것인가? 이런 경우, 판례는 "운행목적, 동승자와 운행자의 인적 관계, 동승한 경위, 동승을 요구한 목적과 적극성에 비추어 가해자에게 일반교통사고와 동일한 책임을 지우는 것이 신의칙이나 형평의 원칙으로 보아 매우 불합리하다고 인정될 때에는 그 배상액을 감경할 수 있다"고 하고 있다(대법원 1995. 10. 12. 선고 93다31078 판결).

(2) 인보험

인보험*person insurance; Personenversicherung*은 보험자가 피보험자의 생명이나 신체에 관한 보험사고로 인하여 발생하는 손해에 대하여 일정한 보험금액, 기타의 급여를 지급할 것을 약정하고, 이에 대하여 보험계약자가 보험료를 지급할 것을 목적으로 하는 보험이다(제638조, 제727조).

인보험은 생명보험과 상해보험으로 나누어진다.

가. 생명보험

생명보험*life insurance; Lebensversicherung*은 피보험자의 생명에 관한 보험사고가 발생한 경우에 약정한 보험금을 지급하기로 하는 보험이다. 생명보험은 보험사고에 따라 사망보험·생존보험·혼합보험 등으로 분류할 수 있고, 피보험자의 수에 따라 단독보험·단체보험·연생보험으로 분류하며, 또 보험금액의 지급방법에 따라 일시금보험과 연금보험으로 분류할 수 있다.

타인의 사망을 보험사고로 하는 보험은 그 타인의 서면에 의한 동의를 받아야 한다(제731조). 15세 미만자, 심신상실자 또는 심신박약자의 사망을 보험사고로 한 보험계약은 무효로 함이 원칙이다(제732조).

생명보험은 보험사고가 피보험자의 사망이라는 점과 보험금액이 손해의 유무나 다소에 관계없이 언제나 정액보험이라는 점이 특색이다.

나. 상해보험

상해보험*personal accident insurance; Unfallversicherung*은 보험자의 신체의 상해에 관한 보험사고가 발생할 경우에 보험금액, 기타의 급여를 지급할 것을 목적으로 하는 보험이다. 기타의 급여라 함은 치료나 의약품 등 현금 이외의 급여를 의미한다.

상해보험은 사람의 신체에 관한 상해를 보험사고로 하는 부정액보험인 데 비하여, 생명보험은 사람의 사망 또는 생존을 보험사고로 하는 정액보험인 점에서 양자는 차이가 있다. 상해보험에 있어서의 보험사고는 "급격하고도 우연한 외래의 사고로 인하여 피보험자가 신체에 입은 상해"이다.

사례

1. 아내가 남편 명의로 생명보험에 가입하였으나 계약서에 남편의 서면동의가 없는 경우 보험계약은 유효한가?

힌트 타인의 사망을 보험사고로 하는 보험계약에는 보험계약 체결 시에 그 타인(사례에서는 남편)의 서면에 의한 동의를 얻어야 한다(상법 제731조 제1항 및 판례).

판례

1. 보험자는 피해자와 피보험자 사이의 판결에 의하여 확정된 손해액은 그것이 피보험자에게 법률상 책임이 없는 부당한 손해라는 등의 특별한 사정이 없는 한 원본이든 지연손해금이든 모두 피해자에게 지급할 의무가 있다(대법원 1995. 9. 26. 선고 94다28093 판결).

4. 보험계약의 해지와 보험금청구권

보험자는 보험계약을 체결할 때에 보험계약자에게 보험약관을 교부하고 그 약관의 중요한 내용을 설명하여야 한다. 보험자가 이를 위반한 경우 보험계약자는 보험계약이 성립한 날부터 3개월 이내에 그 계약을 취소할 수 있다(제638조의3 참조).

보험사고가 발생한 후라도 보험자가 보험계약자의 고의로 인한 위험변경증가와 고지의무 위반 등 소정의 해지사유에 따라 계약을 해지하였을 때에는 보험금을 지급할 책임이 없고, 이미 지급한 보험금의 반환을 청구할 수 있다. 다만, 고지의무를 위반한 사실 또는 위험이 현저하게 변경되거나 증가된 사실이 보험사고 발생에 영향을 미치지 아니하였음이 증명된 경우에는 보험금을 지급할 책임이 있다(제655조 참조).

보험금청구권은 3년간, 보험료 또는 적립금의 반환청구권은 3년간, 보험료청구권은 2년간 행사하지 아니하면 시효의 완성으로 소멸한다(제662조).

연습문제

1. 보험계약의 성립을 둘러싼 당사자 간의 분쟁해결을 위한 규정에는 무엇이 있는가?
2. 고지의무란 무엇인가?
3. 보험자·보험계약자·피보험자·보험수익자 등은 어떻게 다른가?
4. 손해보험과 인보험은 어떻게 다른가?
5. 생명보험과 상해보험의 차이점은 무엇인가?

Ⅴ. 해상

1. 해상법의 의의

해상법*admiralty law; Seehandelsrecht; droit maritime*은 상법 제5편 해상에 관한 규정으로서 해상기업에 특유한 법이다. 해상법과 海法은 다르다. 해법*maritime law; Seerecht; droit martime*은 해상항행에 관한 특별법으로서 海事에 관한 법규의 전체라고 할 수 있다. 이에는 해사공법과 해사사법이 있는데, 협의의 해법인 해사사법은 해상법이 그 중심을 이루고 있다.

해상기업은 바다를 무대로 하여 선박에 의하여 전개되는 기업이다. 해상운송업을 중심으로 하며, 이 밖에 해난구조업·어업·해상예선업 등도 해상기업에 속한다. 또 해상기업과 밀접한 관련이 있는 것으로는 해상보험업·해상매매업·해상금융업 등을 들 수 있다. 해상기업은 바다에서 선박을 이용하는 데서 오는 해상위험과 국제성을 띠는 등 여러 가지 특이성을 가지고 있다. 이러한 특이성 때문에 해상법은 민·상법의 일반적인 규정을 보충하거나 변경하는 특별한 규정이 필요하게 된다.

2. 해상기업조직

(1) 선박

해상법에서 말하는 선박*ship; Schiff*은 상행위, 기타 영리를 목적으로 항해에 사용하는 선박을 말한다(제740조). 항해라 함은 호천·항만 등 평수구역을 제외한 해상을 의미한다. 선박은 상행위, 기타 영리를 목적으로 하여야 하고(영리선 요건), 항해에 사용하는 선박이어야 하며(항해선 요건), 사회통념상 선박이라고 인정될 수 있는 것(선박 요건)이어야 한다.

선박은 동체·갑판·추진기·기관 등의 각 부분이 유기적으로 결합된 합성물이며, 유체동산이지만 20톤 이상의 선박은 등기 및 등록에 의하고 또 저당권의 목적이 되는 점 등에서 부동산 유사성을 가지고, 선명·국적·선적항 등 인격자 유사성을 가지고 있다.

(2) 선박소유자

해상기업의 주체로는 선박소유자(선주)·선박공유자·선박임차인·정기용선자 등이 있다. 선박소유자는 넓은 의미에서는 선박의 소유권을 가지는 자를 말하고, 좁은 의미에서는 선박을 소유 또는 점유하여 해상기업활동을 목적으로 이를 항해에 이용하는 자를 말한다. 해상법에서 선주란 보통 후자를 의미한다. 상법은 제769조 및 제770조 등에서 선박소유자의 책임제한 규정을 두어 해상기업을 보호하고 있다.

(3) 선장

선장*master; Kapitän, Schiffer; capitaine*이란 넓은 의미로는 특정선박의 항해지휘자를 말하고, 좁은 의미로는 선박소유자의 피용자로서 특정선박의 항해를 지휘하고, 또 그 대리인으로서 공법상·사법상의 권한을 가진 자를 말한다.

선장은 선박소유자 또는 선박임차인이 선임한다. 선장은 선적항 외에서는 항해에 관한 재판상·재판 외의 모든 행위를 할 권한을 가지며, 경우에 따라서는 운송 중에 있는 적하를 처분할 수 있다(제749조, 제750조).

3. 해상운송

해상운송*carriage by see; Seebeförderung*은 해상에서 선박에 의한 물건 또는 여객의 운송이다. 해상운송에는 이와 같이 물건운송과 여객운송이 있고, 이 밖에도 傭船운송과 個品운송, 通운송과 복합운송 등이 있다. 용선운송은 선박의 전부 또는 일부를 운송에 제공하는 것이고, 개품운송은 개개의 물건을 운송하는 것이다. 통운송은 해상운송인이 자기 담당구간의 운송뿐만 아니라 다른 운송구간까지 전 운송을 인수하는 운송이고, 복합운송은 통운송계약 중 바다와 육지 또는 海陸空운송과 같이 2개 이상의 운송수단에 의하여 실행되는 운송이다.

해상운송인은 운임청구권·정박료청구권·담보권·기타 항해와 관련된 비용청구권을 가지며, 감항능력주의의무·발항·직항·입항의무·인도의무 및 손해배상책임 등을 부담한다.

물건운송의 운송인이 선하증권*bill of lading*을 발행하였을 때에는 이 증권과 상환하여 운송화물을 인도하게 된다. 이 선하증권과 환어음이 결합된 것을 하환어음(또는 화환어음)이라고 한다.

4. 해상기업위험

(1) 공동해손

공동해손*general average; gemeinschafliche Haverei*은 선박 및 적하의 해상위험을 면하

기 위하여 선장이 선박 또는 적하에 대한 처분으로 생긴 손해 또는 비용이다(제865조). 이 손해 또는 비용을 이해관계인에게 공평하게 분담시키는 제도가 공동해손이다. 예컨대 항해 중에 태풍을 만났을 때에 선장이 고의로 마스트를 절단하거나 적하를 바다에 던져 버린다거나, 피난항에 긴급 입항함으로써 도선료·입항료 등을 지출한 경우에 공동해손이 성립된다.

공동해손의 정산은 원칙적으로 선장이 하며, 공동해손에 있어서 채무자는 선장의 처분으로 인하여 그 위험을 면한 해상운송인 또는 이해관계인이다.

(2) 선박충돌

선박충돌*collision; Schiffzusammenstoss; abordage*이라 함은 2척 이상의 선박이 해상에서 충돌하여 손해가 발생하는 것을 말한다(제876조). 선박의 충돌이 불가항력의 사유로 인하여 발생하거나 충돌의 원인이 명백하지 않을 때에는 그 이해관계인이 각자 그 손해를 부담한다(제877조).

선원의 과실로 인하여 충돌사고가 발생한 경우에는 불법행위의 일반원칙에 따라 과실 있는 선박의 소유자는 다른 선박의 피해에 대한 손해배상의 책임을 부담한다(제878조). 선박충돌로 인한 손해배상청구권은 그 충돌이 있은 날로부터 2년 내에 재판상 청구가 없으면 소멸한다(제881조).

(3) 해난구조

해난구조*salvage; Bergung, Hilfsleistung*라 함은 해난에 조우한 선박 또는 적하의 전부 또는 일부를 의무 없이 구조하는 것을 말한다. 구조자는 구조 후에 당연히 구조료청구권을 취득한다. 해난구조제도는 인도주의 정신을 근거로 하는 것이므로, 상법에서 규정할 것은 아니지만, 해상기업의 위험으로부터 기업을 보호하기 위하여 상법에서 규정하고 있다. 구조료액은 특약이 없는 한 구조된 목적물의 가액을 초과할 수 없으며, 선순위의 우선특권이 있는 경우에는 그 우선특권자의 채권액을 공제한 잔액을 초과할 수 없다(제884조).

5. 해상기업금융

(1) 선박우선특권

선박우선특권*maritime lien*이란 일정한 법정채권을 가진 채권자가 선박이나 그 속구 또는 그 채권이 생긴 항해의 운임 및 그 선박과 운임에 부수하는 채권에 대하여 다른 채권자보다 우선하여 변제받을 수 있는 담보물권이다. 해상법상 인정하는 특수한 담보물권으로 민법상의 저당권과 성질이 유사하다.

이와 같이 선박우선특권은 다른 권리에 우선하여 목적물에 대한 우선변제권과 경매권이 있으며, 또한 선박이 누구에게 양도되더라도 추급하는 효력이 있다(제777조, 제785조).

(2) 선박저당권

선박저당권*ship mortgage; Schiffshypothek*이란 등기선박을 목적으로 하여 계약에 의하여 설정된다(제787조). 비등기선은 질권의 목적이 될 수 있으나, 등기선은 질권의 목적이 될 수 없다. 선박저당권은 상호 간에는 등기의 전후에 의하지만, 선박우선특권에 대하여는 언제나 후순위가 된다(제788조). 선박저당권자는 담보물에 대하여 경매권과 우선변제권이 있음은 물론이다.

연습문제

1. 선박의 성질은 어떠한가?
2. 선박소유자의 책임제한제도를 설명하라.
3. 선장이란 무엇인가?
4. 해상운송인의 감항능력주의의무란 무엇인가?
5. 공동해손에 대하여는 누가 책임을 지는가?
6. 선박충돌의 경우 손해액은 어떻게 결정하는가?
7. 해난구조료의 산정원칙은 어떠한가?
8. 선박우선특권과 선박저당권은 어떻게 다른가?

VI. 항공운송

1. 개관

항공운송 편은 2011년 5월 23일 자로 상법 제6편에 신설되었다. 통칙과 운송 및 지상 제3자의 손해에 대한 책임으로 편성되어 있다. 세계 각국은 대체로 항공운송법이라는 단행법을 선호하고 있지만, 우리나라는 상법전에 편입되어 있다. 상법전에 육상운송과 해상운송이 규정되어 있고, 여기에 항공운송을 추가하면 운송에 관한 규정을 일괄적으로 볼 수 있고 효율적인 장점이 있기 때문이다.

항공운송법은 국제 항공운송 관련 조약의 내용을 반영한 것이 특색으로 되어 있다. 이러한 조약으로서는 '국제항공운송에 관한 일부 규칙의 통일에 관한 협약'(몬트리올 협약, 1999), '계약운송인 이외의 자에 의하여 행하여지는 국제항공운송에 관한 일정한 규칙의 통일을 위한 바르샤바협약을 보완하는 협약'(과달라하라 협약, 1961), '항공기에 의한 지상 제3자에 대한 손해에 관한 협약'(로마협약, 1952) 및 이에 대한 1978년의 개정 의정서 등이 있다.

2. 운송

제2장 운송은 여객운송과 물건운송으로 나누어 규정하고 있다. 여객운송에 관한 규정을 물건운송에 관한 규정보다 먼저 규정한 것이 육상운송과 해상운송의 규정태도와 다르다. 이것은 여객운송이 물건운송보다 많은 점과 중요성을 고려한 규정이라고 하겠다. 또한 운송인의 책임에 관하여는 제905조에서 여객의 사망 또는 신체의 상해로 인한 손해에 관하여는 여객 1인당 11만 3천100SDR까지는 무과실책임을 지고 이 금액을 초과하는 배상액은 과실책임주의를 택하고 있으므로 피해자를 보호하고 있다.

물건운송에 있어서 운송물이 멸실·훼손 또는 연착된 경우 운송인의 책임한도액은 운송물 1kg당 19SDR로 하고, 순수 국내운송인 경우에는 15SDR로 하되, 이들 책임 또한 무과실책임을 지도록 하였다.

3. 지상 제3자의 손해에 대한 책임

항공기의 돌연한 추락 등으로 지상의 제3자가 사상하거나 재산상의 손해를 입은 경우에 항공기 운항자의 과실을 요하지 않고 책임을 지도록 하되, 책임의 범위를 제한하였다(제930조, 제932조). 책임제한에 관하여는 제932조에서 구체적으로 규정하고 있다.

연습문제

1. 국제항공운송에 관련된 조약에는 어떠한 것들이 있는가?
2. 항공운송인의 책임은 어떤 내용으로 규정되어 있는가?

Ⅶ. 어음·수표법

1. 유가증권의 의의 및 속성

유가증권*Wertpapier*이라 함은 私權이 표창된 증권으로서, 그 권리의 행사를 위하여 증권의 소지가 필요한 것을 말한다. 사권이 표창된 것이므로 公權이 표창된 국적증서나 여권 등은 유가증권이 아니다. 사권 중에서도 가족권은 제외한다.

유가증권에는 주권·화물상환증·선하증권·창고증권·상품권·승차권 및 어음·수표 등이 있다. 이 가운데 증권의 소지와 권리의 관련성이 가장 밀접한 것이 어음·수표이다.

유가증권은 요식증권성·지시증권성·문언증권성·제시증권성·상환증권성·면책증권성 등을 속성으로 하고 있다.

2. 어음

(1) 환어음

환어음*bill of exchange*, *draft; gezogener Wechsel*, *Tratte*이란 어음의 발행인이 지급인에게 어음금액을 만기에 소지인에게 지급할 것을 무조건으로 위탁하는 유가증권이다. 환어음의 당사자에는 기본당사자로서 발행인·지급인·수취인이 있고, 기타 당사자로서 배서인·피배서인·보증인·피보증인·참가인·참가지급인·예비지급인·지급당사자 등이 있다.

환어음의 발행은 발행인 갑이 증권에 법정사항을 기재하고, 이것에 기명날인 또는 서명하여 수취인 병에게 교부하는 행위이다. 병이 어음을 수취하면 어음금을 청구할 수 있는 지위에 서게 되나, 을이 환어음에 인수를 함으로써 비로소 인수인이 되어 지급의 무자가 확정된다. 환어음은 특히 국제거래에 있어서 대금추심을 위한 수단으로 기능을 발휘한다.

(2) 약속어음

약속어음*promissory note; eigner Wechsel*은 발행인이 수취인, 기타 소지인에 대하여 만기에 어음금액을 무조건 지급할 것을 약속하는 유가증권이다. 약속어음은 발행인 자신이 어음상의 주채무자이므로 환어음에 있어서와 같은 지급인은 따로 없다. 따라서 약속어음에는 환어음에 있어서와 같은 인수제도가 없다.

약속어음, 환어음 및 수표는 유가증권의 속성 외에도 금전채권증권성·설권증권성·무인증권성 및 절대적 요식증권성이라는 특성을 가지고 있다. 약속어음은 특히 신용수단으로서의 기능을 갖는다.

판례

1. 어음금액이 백지로 된 백지어음을 취득한 자가 그 어음의 발행인에게 보충권의 내용에 관하여 직접 조회하지 않았다면 특별한 사정이 없는 한, 취득자에게 중대한 과실이 있는 것이라고 보아야 한다(대법원 1978. 3. 14. 선고 77다2020 판결; 대법원 1995. 8. 22. 선고 95다10945 판결).

사례

1. A는 버스에서 습득한 액면금액 2억 원 상당의 29매의 약속어음을 변호사 사무실의 사무장 출신으로 부동산중개업을 하고 있는 B에게 할인의뢰하였다. A는 B의 사무실에 피용된 C의 매부로서 서로는 물론 잘 아는 사이였다. A는 B에게 "친구의 아버지가 소지하고 있던 어음인데 그 아버지가 갑자기 사망한 후 친구가 어음을 할인하여 함께 사업을 하자고 한다"라고 속이고 어음을 할인받는 데 성공하였다. 그러나 그 어음은 D가 분실한 어음으로서 분실한 바로 다음 날에 발행회사와 지급은행 및 경찰서에 분실신고를 한 어음이었다. B는 이 어음을 선의취득하였다고 할 수 있는가?

   힌트 결론적으로 B는 선의취득을 할 수 없다. 이 실제사건은 아무리 B가 A를 잘 아는 사람이라 하더라도 액면금액이 2억 원을 넘고 매수가 29매나 되는 어음을 배서양도 받으면서 양도인 A의 말만 믿고 그의 습득 내지 무권리성을 의심 한 번 하지 않고 그대로 받았다는 것은 신중을 기하지 못한 점이 있다. 또한 그가 최후의 배서인이나 발행회사 또는 지급은행에 사고유무를 확인만 하였더라도 A가 정당한 소지인인가를 쉽게 알 수 있었음에도 불구하고 이를 경솔히 하였음은, 그가 변호사 사무실에서 사무장을 지낸 경력에 비추어 보더라도 중대한 과실이라 하지 않을 수 없기 때문에 어음을 선의취득할 수 없고 분실자에게 돌려주어야 할 것이다.

3. 수표

수표*check; Scheck*란 수표의 발행인이 지급인인 은행에 수표금액을 소지인에게 무조건 지급할 것을 위탁하는 유가증권이다. 지급위탁증권이라는 점에서 환어음과 같고, 지급약속증권인 약속어음과 다르다. 그러나 수표는 지급인을 은행으로 한정하고 있는 점과 만기가 없는 항상 일람출급인 점 및 수취인의 기재가 임의적 기재사항인 점에서 환어음과 다르다. 수표는 주로 지급기능과 송금기능을 갖고 있다.

수표에는 자기앞수표와 당좌수표, 기타 가계수표·여행자수표·우편수표 등이 있다.

이 중 자기앞수표는 은행이 발행인이요 지급인인 수표이다. 자기앞수표는 부도의 위험이 없으므로 이를 보증수표, 또는 줄여서 보수라고도 한다. 당좌수표는 주로 사업을 하는 갑이 을은행과 당좌거래계약을 체결하고, 그 예금을 기초로 하여 당좌수표를 발행하면, 을은행이 소지인에게 수표와 상환하여 수표금액을 지급하는 수표이다. 자기앞수표와는 달리 부도의 위험성이 따른다.

판례

1. 어음, 수표를 취득함에 있어서 통상적인 거래기준으로 판단하여 볼 때 양도인이나 그 어음, 수표 자체에 의하여 양도인의 실질적 무권리성을 의심하게 할 만한 사정이 있는데도 불구하고 이와 같이 의심할 만한 사정에 대하여 상당하다고 인정될 만한 조사를 하지 아니하고 만연히 양수한 경우에는 중대한 과실이 있다(대법원 1995. 8. 22. 선고 95다19980 판결).

사례

1. 어음·수표의 기명날인에 있어서 다음과 같은 경우에는 유효한가?
   (1) 홍길동이 자기 이름을 쓰고 날인은 아내 김수미의 도장으로 한 경우.
   (2) 홍길동이 자기 이름을 쓰고 날인은 무인(또는 지장)으로 한 경우.
   (3) 홍길동이라는 이름은 없고 홍길동이 도장만 날인한 경우.
   (4) 홍길동이라는 이름은 쓰고 날인은 금강산이라는 예명으로 한 경우.
   (5) 홍길동이라는 이름은 쓰고 날인 대신에 서명을 한 경우.
   (6) 갑주식회사의 대표이사인 홍길동이 어음·수표를 발행하면서, 갑주식회사 홍길동이라고 쓰고 홍길동 개인도장을 날인한 경우.

(7) 아성대학교 총장 홍길동이라고 쓰고 어음·수표를 발행한 경우.

힌트 어음·수표는 발행인이 기명하고 날인하도록 되어 있다. 기명만 하고 날인이 없는 경우는 유효한 발행이 될 수 없다. 반대로 날인만 하고 기명이 없는 경우에는 상황에 따라 기명을 수취인에게 위임한 것으로 보고 유효하게 처리한다. 기명만 있고 날인은 발행인의 도장이 아니라 아내의 도장이라든지 심지어 아명이나 예명도 가능하다. 무인이나 지장은 유효한 날인으로 보지 않는 것이 통설이다. 서명은 1996년 10월 1일부터 유효한 발행이 될 수 있도록 어음법과 수표법을 개정하였다. 갑주식회사의 대표이사가 발행할 때에는 반드시 대표이사를 표시하여야 한다. 그렇지 않으면 홍길동 개인이 발행한 것으로 해석한다. 학교의 장은 어음·수표를 발행할 수 없고, 그가 속한 재단 이사장의 명의로 발행하여야 한다.

2. 갑은 을이 기일 전에는 지급제시하지 않겠다는 약속 아래, 발행일을 20일 후로 하는 수표를 발행하여 을에게 교부하였다. 그런데 을은 즉시 은행에 지급제시를 하였다. 은행은 지급하여야 하는가?

힌트 수표상의 발행일보다 앞서서 발행한 수표를 先日字手票라 한다. 선일자수표는 유효하다. 따라서 발행일보다 앞서서 지급을 청구하여 온다 해도 은행으로서는 지급하면 책임을 면한다. 다만, 을은 갑과의 약속을 위반한 자이므로 갑에 대하여 그로 인한 손해를 배상할 책임을 지는 경우가 있을 것이다.

연습문제

1. 유가증권이란 무엇이며, 그 속성에는 어떤 것이 있는가?
2. 환어음과 약속어음 및 수표를 비교하여 설명하라.
3. 무인증권이란 어떠한 증권인가?

로스쿨 대비

PSAT 5급 공채 상황판단 (2007년 기출문제 변형)

1. 다음은 모회사와 자회사 간의 주식소유의 금지와 관련된 상법 규정이다. 이러한 규정에 근거한 판단으로 옳지 않은 것은?

> 제342조의2(자회사에 의한 모회사주식의 취득) ① 다른 회사의 발행주식의 총수의 100분의 50을 초과하는 주식을 가진 회사(이하 "母會社"라 한다)의 주식은 다음의 경우를 제외하고는 그 다른 회사(이하 "子會社"라 한다)가 이를 취득할 수 없다.
> 1. 주식의 포괄적 교환, 주식의 포괄적 이전, 회사의 합병 또는 다른 회사의 영업전부의 양수로 인한 때
> 2. 회사의 권리를 실행함에 있어 그 목적을 달성하기 위하여 필요한 때
>
> ……
>
> ③ 다른 회사의 발행주식의 총수의 100분의 50을 초과하는 주식을 모회사 및 자회사 또는 자회사가 가지고 있는 경우 그 다른 회사는 이 법의 적용에 있어 그 모회사의 자회사로 본다.
>
> ※ 발행주식총수: 회사가 실제로 발행한 주식의 총수

① A회사가 B회사 주식의 55%를 소유하고 있고 B회사도 C회사 주식의 55%를 소유하고 있는 경우, C회사는 A회사 주식을 취득하지 못한다.

② A주식회사는 B주식회사의 주식 55%를 소유하고 있다. B회사는 A회사의 주식을 취득하지 못한다.

③ A주식회사는 B주식회사의 주식 55%를 소유하고 있다. B회사가 C회사의 주식 50%를 초과하여 소유하고 있는 경우에 C회사는 A회사의 주식을 취득하지 못한다.

④ A주식회사는 B주식회사의 주식 55%를 소유하고 있다. A회사가 12%, B회사가 40%로 각각 C회사의 주식을 소유할 경우 C회사는 B회사의 주식을 취득하지 못한다.

⑤ A주식회사는 B주식회사의 주식 55%를 소유하고 있다. B회사는 A회사의 주식을 취득하지 못한다.

정답: ④

PSAT / LEET 언어이해 (출제예상문제)

선풍기 제조업체로 유명한 신일산업은 지난 3년간 경영권 분쟁을 겪어 왔다. 분쟁 과정에서 황 씨와 현 경영진은 경영권을 놓고 줄소송을 냈다. 황 씨는 2014년 신일산업 정기주주총회는 무효라며 소송을 냈다. 당시 신일산업은 주주총회를 열고 이 모 씨를 사외이사로 선임하였다. 황 씨는 "최대주주와 경영진이 주주총회 의사진행 권한을 남용해 파행적으로 진행했다"며 "결의 방법 등에 하자가 있어 총회는 무효"라고 주장하였다. 이에 대하여 신일산업 측은 "황 씨는 다른 주주에게 명의를 빌려준 형식상의 주주에 불과하다"며 "소송을 낼 자격이 없다"고 맞섰다.

대법원 전원합의체는 황 모 씨가 신일산업을 상대로 낸 주주총회 결의 취소소송에서 "주주명부에 이름을 올린 주주가 의결권을 행사할 수 있다"며 원심을 파기하고 돌려보냈다(대법원 2017. 3. 23. 선고 2015다248342 전원합의체 판결). 대법원은 "다른 사람의 이름을 빌려 주식을 사거나 양도받았다고 해도 주주로서 의결권을 행사할 수 있다"며 "회사가 주주 명부상 주주 외에 따로 주인이 존재하는지 알았거나 몰랐거나 특별한 사정이 없는 한 명부에 이름이 기재된 자의 주주권 행사를 거부할 수 없다"고 설명하였다. 이어 "회사가 명부에 이름을 올린 사람을 거부하고 명부에 없는 사람을 주주로 인정하는 것은 상법상 주주명부 제도의 존재 이유를 부정하는 것"이라며 "회사가 누구를 주주로 인정할지 선택할 수 있게 되는데 이는 불합리하다"고 설명하였다.

출처: 「머니투데이」, 대법 "주주는 주식 소유자 아닌 '명부'에 이름 올린 사람", 2017년 3월 23일 자 기사.

질문 위 대법원전원합의체 신일산업 판례(주주총회결의 취소의 소-제소권자는 주주명부기준으로 판단)의 영향으로 기존 판례의 입장이 변경될 것으로 보인다. 다음 중 판례의 입장이 변경될 것으로 보이지 않는 것은?

① 회사가 명의개서를 하지 아니한 실질상의 주주를 주주로 인정하는 것은 무방하다는 취

지의 판례

② 주식인수 및 양수계약에 따라 주식의 인수대금 또는 양수대금을 모두 납입하였으나 주식의 인수 및 양수에 관하여 상법상의 형식적 절차를 이행하지 아니한 명의개서미필주주의 주주지위를 인정한 판례

③ 명의대여인과 명의차용인과의 관계에 있어서, 명의차용인만이 회사에 대한 관계에서 주주권을 행사할 수 있는 주주에 해당한다는 취지로 본 판례

④ 회사가 주주명부상 주주가 형식주주에 불과하다는 것을 알았거나 중대한 과실로 알지 못하였고 또한 이를 용이하게 증명하여 의결권 행사를 거절할 수 있었음에도 의결권 행사를 용인하거나 의결권을 행사하게 한 경우에 그 의결권 행사가 위법하게 된다는 취지의 판례

⑤ 주주명부에 주주로 등재되어 있는 자는 그 회사의 주주로 추정된다는 취지의 판례

정답: ⑤

제7장 민사소송법

• 법관은 쌍방의 진술과 모든 증거에 의하여 판결하여야 한다.

Ⅰ. 민사소송의 개념

민사소송*civil procedure; Zivilprozess*이란 사권의 존재를 확정하여 사권을 보호하고 사법질서의 유지를 목적으로 하는 재판절차이다. 민사소송은 사법상의 권리관계의 확정·보전·실현을 위한 절차이다. 권리관계의 확정절차가 판결절차이고, 보전절차가 가압류 및 가처분절차이며, 실현절차가 강제집행절차이다. 좁은 의미의 민사소송이라고 할 때에는 판결절차만을 의미한다. 민사소송은 사인 간의 생활관계에 관한 사건을 대상으로 하는 점에서 형사소송·행정소송·선거소송 등과 구별된다. 법원은 소송절차가 공정하고 신속하며 경제적으로 진행되도록 노력하여야 하며, 당사자와 소송관계인은 신의에 따라 성실하게 소송을 수행하여야 한다(제1조).

Ⅱ. 민사소송절차의 종류

1. 통상소송절차

(1) 판결절차

판결절차란 원고의 제소에 의하여 개시되고, 변론을 거쳐 심리되어 종국판결에 의하여 종료되는 절차이다. 소송사건의 성질 여하를 막론하고 일반적으로 이 절차에 의하는 것이 원칙이다. 판결절차는 심급에 따라 제1심, 항소심, 상고심의 절차로 나누어진다.

지방법원 단독판사의 판결절차에는 비변호사의 소송대리, 조서기재의 생략, 준비서면의 불요, 준비절차의 불실시 등 절차상의 특례를 인정하고, 그중 訴價 3,000만 원 이하의 소액사건심판에 있어서는 소액사건심판법에 의하고 있다.

(2) 강제집행절차

판결절차에 의하여 확정된 사법상의 의무가 임의로 이행되지 않는 경우에 채권자의 신청에 의하여 국가의 강제력으로 사법상의 의무이행의 실현을 강제하는 절차이다. 판결절차와는 다른 별개의 독립절차이며, 판결절차에 필연적으로 부수되는 것도 아니다. 예컨대, 이행판결에 의하여 확정된 대여금채권을 집행하기 위하여 채권자의 신청에 의하여 집달관이 채무자의 재산을 압류하여 경매하는 것과 같은 절차이다.

(3) 부수절차

부수절차란 판결절차나 강제집행절차의 기능을 충분히 발휘하기 위한 절차이다. 판결절차에 부수하는 것으로서는 증거보전절차와 소송비용액확정절차가 있고, 강제집행절차에 부수하는 절차로는 가압류·가처분절차, 집행문부여절차 등이 있다.

가. 증거보전절차

이는 판결절차에서 정식의 증거조사 시기까지 기다렸을 때 증거의 확보 및 이용이 불가능하거나 곤란하게 될 염려가 있는 경우에, 미리 그 증거를 조사하여 그 결과를 보전케 하기 위한 절차이다.

나. 가압류·가처분절차

이는 현상을 방치하여 두면 장래의 강제집행이 불가능하게 되거나 현저하게 곤란하게 될 우려가 있는 경우에 채무자의 처분을 금지하는 등의 방법으로 현상변경을 금함으로써 장래의 강제집행을 보전하는 절차이다. 이런 이유에서 이를 집행보전절차 또는 보전소송이라고 한다. 가압류는 금전채권이나 금전으로 환산할 수 있는 채권을 보전하기 위한 절차이고, 가처분은 금전채권 이외의 係爭物에 관한 청구권의 집행보전을 위한 절차이다. 가처분에는 계쟁물에 대한 가처분과 임시지위를 정하는 가처분이 있다.

2. 특별소송절차

(1) 간이소송절차

간이소송절차라 함은 금전, 기타 대체물이나 유가증권의 일정한 수량의 지급을 목적으로 하는 청구에 대하여 채권자로 하여금 통상의 판결절차에 비하여, 보다 간이·신속하게 채무명의를 얻게 하는 절차로서 소액사건심판절차와 독촉절차가 있다.

가. 소액사건심판절차

소액사건이라 함은 訴價 3,000만 원 이하의 금전, 기타 대체물 또는 유가증권의 일정수량의 지급을 구하는 사건을 말한다. 따라서 부동산 등 특정물에 대한 청구는 비록 소가가 3,000만 원에 미달하는 경우에도 소액사건이 아니다. 소액사건은 지방법원이나 지원의 단독판사의 사물관할이다. 소액사건에는 口述提訴, 一回審理의 원칙, 당사자 쌍방의 임의출석에 의한 소 제기, 당사자의 배우자·직계혈족·형제자매에 의한 소송대리의 가능 등의 특례가 인정된다.

나. 독촉절차

금전, 기타의 대체물 또는 유가증권의 일정수량의 지급을 구하는 사건에 관하여 인정되는 절차이다. 즉 채권자의 일방적인 신청에 의하여 지급명령을 하고, 가집행선고가 있는 지급명령에 대하여 지급명령이 송달된 때로부터 2주 내에 채무자의 이의가 없으면, 채권자는 지급명령에 기하여 강제집행을 할 수 있다. 그러나 채무자의 이의신청이 있으면 판결절차로 옮아 가는 제도이다.

(2) 도산절차

도산절차란 채무자가 경제적 파탄에 이르러 다수 채권자의 채권을 만족시킬 수 없게 된 경우에, 채무자의 총재산으로 총채권자에게 공평하게 처리하거나, 채무자에게 재기의 기회를 마련해 주는 절차를 말한다. 여기에는 파산절차·화의절차·회사정리절차 등이 포함된다.

가. 파산절차

파산절차는 채무자의 자력이 불충분하여 총채권자의 채권을 만족시키지 못할 상태에 이른 경우에, 각 채권자의 개별적인 소송이나 강제집행을 배척하고, 모든 채권자에게 채권액을 안분하여 공평한 만족을 얻게 하는 절차이다. 강제집행을 개별집행이라고 한다면, 파산절차는 포괄집행이라고 할 수 있다. 파산절차는 채무자 회생 및 파산에 관한 법률에서 규정하고 있다.

나. 화의절차

화의절차는 채무자가 파산과 동일한 상태에 이른 경우에, 총채권자를 위하여 채무자의 총재산을 압류하는 대신에, 채무자의 파산을 예방하기 위하여 상호양보하고, 화의절차를 개시하여 법원의 인가를 얻어 총채권자에 대한 변제조건을 경정하는 절차이다. 채무자 회생 및 파산에 관한 법률에서 상세한 규정을 두고 있다.

다. 회사정리절차

회사정리절차는 재정적 궁핍으로 파탄에 직면하였으나 갱생의 가망이 있는 주식회사에 대하여 채권자, 주주, 기타 이해관계인의 이해를 조정하여, 그 사업의 정리재건을 도모하기 위하여 실시되는 절차이다. 채무자 회생 및 파산에 관한 법률에 의하여 진행되며, 이 절차의 성부는 법원이 선임하는 관리인의 능력에 좌우된다고 할 수 있다.

(3) 가사소송절차

혼인·친족 등 신분관계의 확정·형성을 목적으로 하는 가사사건의 처리를 위한 절차이다. 가사사건에 관한 소송에는 변론주의를 제한하고 직권탐지주의를 채택하는 가사소송법이 제정되어 있다.

Ⅲ. 소송의 주체

1. 법원

법원*court; Gericht*에는 최고법원인 대법원과 하급법원인 고등법원·지방법원·가정법원이 있고, 지방법원 및 가정법원의 사무의 일부를 처리하게 하기 위하여 그 관할구역에 지원과 가정지원, 시법원 또는 군법원 및 등기소를 둘 수 있다(법원조직법 제3조). 지방법원은 필요에 따라 이를 민사사건만을 관할하는 민사지방법원과 형사사건만을 관할하는 형사지방법원으로 구분할 수 있다.

대법원의 심판은 대법관 전원의 3분의 2 이상의 합의체에서 행하며 대법원장이 재판장이 된다. 다만, 일정한 경우 대법관 3인 이상으로 구성되는 부에서 재판할 수 있다.

고등법원·특허법원 및 행정법원의 심판은 판사 3인으로 구성된 합의부에서 행하며, 지방법원·가정법원·회생법원과 지방법원 및 가정법원의 지원, 가정지원 및 시·군법원의 심판권은 단독판사가 행한다. 다만, 지방법원·가정법원·회생법원과 지방법원 및 가정법원의 지원, 가정지원에서 합의심판을 요하는 경우에는 판사 3인으로 구성되는 합의부에서 이를 행한다(동 제7조).

민사재판과 형사재판은 3심제로 되어 있다. 제1심 사건은 지방법원 및 가정법원과 그 지원이 관할하고, 제1심 판결에 대한 상소인 항소심은 고등법원이 관할한다. 다만, 제1심 판결이 단독판사에 의한 경우에는 지방법원 본원합의부가 제2심인 항소심이 된다.

제2심인 항소심의 판결에 대한 상소인 상고심은 대법원에서 심판한다. 그러나 특허사건은 2심제로서 제1심은 특허법원의 관할로 되어 있고, 이에 불복할 때에 대법원에 상고 또는 재항고할 수 있다. 다만, 행정사건은 재결청의 재결을 거치든지 아니면 곧바로 행정법원에 제소할 수 있고, 제1심인 행정법원의 판결이나 결정 내지 명령에 불복하는 경우에는 고등법원에 항소 또는 항고할 수 있고, 제2심인 고등법원의 판결이나 결정 내지 명령에 불복하는 경우에는 대법원에 상고 또는 재항고할 수 있다.

소訴는 피고의 보통재판적이 있는 곳의 법원이 관할한다(민사소송법 제2조). 보통재판적은 사람·법인·국가·대사·공사 등에 따라 관할 기준이 달라진다. 재판관할은 보통재판적 외에도 특별재판적, 그 밖의 기준에 따라 달라진다.

2. 소송당사자

민사소송에 있어서 당사자라 함은 자기의 이름으로 판결이나 강제집행 등 국가의 권리보호를 요구하거나 또는 요구받는 자를 말한다. 당사자의 칭호는 각 절차에 따라 다르다. 판결절차 중 제1심절차에서는 원고*plaintiff; Kläger*와 피고*defen-dant; Beklagte*, 항소심절차에서는 항소인과 피항소인, 상고심절차에서는 상고인과 피상고인이라 하며, 재심에서는 재심원고와 재심피고라고 한다. 또 반소절차에서는 반소원고와 반소피고라 하고, 가압류·가처분절차에서는 채권자와 채무자 또는 신청인과 피신청인이라고도 한다.

재판절차에서 당사자는 자기 이름으로 판결을 요구하고 요구받는 자이다. 자연인과 법인은 당사자능력이 있음은 물론이고, 권리능력이 없는 사단이나 재단도 일정한 경우에는 당사자능력이 인정된다.

동일소송절차에서 대립하는 당사자의 일방 또는 쌍방에 여러 명의 당사자가 있는 경우를 공동소송인이라 한다. 민사소송법은 二當事者對立主義를 취하고 있기 때문에 동일소송에서 원고와 피고의 지위를 겸할 수 없고, 한쪽 당사자가 소멸하면 소송은 종료한다.

3. 소송상의 대리인

소송상의 대리인*Stellvertreter*이라 함은 당사자 본인의 이름으로 소송행위를 하거나 또는 법원이나 상대방으로부터 소송행위를 받는 제3자를 말한다. 대리인이 소송행위를 대리하기 위하여는 대리권을 가져야 하며, 대리권의 유무는 법원의 직권조사사항이다. 대리인에는 법정대리인과 임의대리인이 있다. 법정대리인에는 소송능력이 없는 무능력자를 대리하는 실체법상의 법정대리인과 법원이 선임한 특별대리인인 법정대리인이 있다. 임의대리인은 당사자 본인에 의하여 대리권이 수여된 대리인을 말한다.

대리인으로 하여금 소송을 수행하게 할 경우에는 법령상의 소송대리인을 제외하고는 원칙적으로 변호사가 아니면 소송대리인이 될 수 없다(변호사대리의 원칙). 그러나 단독사건의 경우에는 법원의 허가가 있으면 변호사가 아닌 자라도 대리를 할 수 있고, 소액사건인 경우에는 일정한 범위의 친족이 당연히 소송대리인이 될 수 있다(변호사강제주의의 불채택).

Ⅳ. 제1심의 소송절차

1. 訴의 제기

소를 제기함에는 원칙적으로 소장訴狀이라는 서면을 제1심 법원에 제출할 것을 요한다(제248조). 소장제출주의의 예외로는 소액사건과 가사사건이 있다. 이 경우에는 구술에 의한 소의 제기가 가능하다. 소장에는 당사자·법정대리인·청구의 취지와 원인을 기재하여야 한다(제249조). 소가 제기되면 재판장은 소장을 심사하고, 그 부본을 피고에게 송달하며, 10일 이내에 변론기일을 정하여 당사자를 소환하여야 한다. 또한 소가 제기되면 소송법상으로는 소송계속의 효과가 발생하고, 실체법상으로는 시효의 중단 및 제척기간준수 등의 효과가 발생한다.

피고는 원고의 소송절차를 이용하여 원고에 대하여 反訴*counterclaim; Wieder-klage*를 제기할 수 있다. 반소는 독립의 소이지 본소에 대한 방어방법이 아니다. 본소의 원고는 반소의 피고가 되며, 반대로 본소의 피고는 반소의 원고가 된다. 반소가 제기되면 재판장은 본소와 병합심리를 하게 된다.

또한 판사 1명이 재판하는 단독재판의 경우에는 소송가액 5억 원 이하의 민사 및 가사사건으로 한다. ① 수표금·약속어음금 청구사건, ② 은행 등이 원고인 대여금·구상금·보증금 청구사건, ③ 교통사고 및 근로자의 업무상 재해로 인한 손해배상 청구사건과 이에 관한 채무부존재확인 사건, ④ 단독판사 심판사건으로 합의부가 결정한 사건은 단독판사가 진행하게 된다(민사 및 가사소송의 사물관할에 관한 규칙 제2조).

사례

1. 여의도에 사는 갑은 강릉에서 교통사고로 부상을 당하였다. 가해자는 대구시에 사는 18세의 고등학생이다. 갑은 어느 법원에 누구를 상대로 손해배상소송을 제기하여야 하는가?

   힌트 소송은 원칙적으로 피고의 보통재판적 소재지의 법원관할에 속하므로 대구지방법원에 제출하여야 한다. 그러나 불법행위에 관한 소송은 특별재판적을 적용하여 불법행위지인 강릉지방법원에 제출할 수도 있다(민사소송법 제18조). 또한 본 사례는 금전의 지급을 청구하는 소송이므로 원고의 주소지 법원인 서울지방법원에 제기할 수도 있다(민사소송법 제8조). 이와 같이 토지관할이 경합할 때에는 원고는 제소할 법원을 임의로 선택할 수 있다. 피고가 미성년자인 경우에는 그 부모를 상대로 제소하여야 한다.

소 장

원고 홍 길 동
주소 서울 영등포구 한라동 99
피고 이 억 만
주소 서울 구로구 백두동 77

대여금 청구의 소

청 구 취 지

1. 피고는 원고에 대하여 3,000,000원정 및 이에 대하여 2025. 1. 1.부터 완제에 이르기까지 연 2할 5푼의 비율에 의한 돈을 지급하라.
2. 소송비용은 피고의 부담으로 한다.
3. 위 제1항에 한하여 가집행할 수 있다.

라는 판결을 구합니다.

청 구 원 인

피고는 원고에게 2014. 6. 30.에 일금 300만 원을 월 2푼의 이자를 지불하기로 약정하고 원금은 2014. 12. 31.까지 변제하기로 하고 차용하여 간 사실이 있으나 피고는 원고에 대하여 이자도 지급치 않을 뿐 아니라 원금도 변제하지 않아 수차에 걸쳐 지급을 독촉하였으나, 현재에 이르기까지 변제에 응하지 않으므로 부득이 본 청구에 이르게 되었습니다.

첨 부 서 류

1. 현금보관증 1매

2023. 11. 30.

원고 홍 길 동 (인)

서울남부지방법원 귀중

법원이 피고에게 소장부본을 송달하면 피고는 법원에 다음과 같은 답변서를 제출하게 된다.

답 변 서

원고 홍 길 동
피고 이 억 만

위 당사자 간 귀원 23 가소 505호 대여금청구사건에 관하여 피고는 아래와 같이 답변합니다.

청구취지에 대한 답변

원고의 청구는 이를 기각한다.
소송비용은 원고의 부담으로 한다.
라는 판결을 구합니다.

청구원인에 대한 답변

1. 피고는 원고에게 2013. 10. 10.에 금 300만 원을 월 3푼의 이자를 지불하기로 하고 차용하였습니다.
2. 피고는 수개월 동안 위 약정대로 이자를 지불하다가 이웃집 박문수에게 300만 원을 받을 채권이 있으므로 이를 대신 원고에게 지불하기로 합의가 되어 이미 지불하였으며,
3. 소장에 첨부한 현금보관증은 피고로서는 전혀 모르는 사실이며, 무인을 찍은 사실도 없습니다.
4. 위와 같은 사실로 원고의 청구는 이유 없습니다.

첨부서류: 통고서 1통

2023. 12. 26.

피고 이 억 만 (인)

서울남부지방법원 귀중

2. 변론

(1) 의의

변론*mundliche Verhandlung*이라 함은 기일에 수소법원의 공개법정에서 당사자 쌍방이 구술에 의하여 판결의 기초가 될 사실과 증거를 제출하는 방법으로 소송을 심리하는 절차이다. 소가 제기되면 법원은 이에 대하여 심리하지 않으면 아니 된다. 소송심리는 판결의 기초가 될 소송자료를 수집하는 것으로, 민사소송절차에서 가장 중심적인 위치를 차지한다. 소송심리의 방법에는 구술심리와 서면심리가 있다. 현행법은 원칙적으로 구술심리에 의하고 있다.

현행법은 변론의 준비방법으로 당사자로 하여금 변론기일에 주장과 입장을 충실히 할 수 있도록 사전에 사실관계와 증거를 상세히 조사·정리하도록 하고(민사소송규칙 제69조의2), 소액사건에서는 1회심리로 종결되도록 사전에 증거신청을 하게 하는 등 필요한 조치를 취할 의무를 지우고 있다(소액사건심판법 제7조). 이 밖에도 구체적인 변론준비의 방법에는 당사자에 의한 변론예고를 의미하는 준비서면제도와 법원에 의한 변론의 예행을 의미하는 준비절차제도가 있다.

(2) 준비서면

준비서면이라 함은 당사자가 변론에서 하고자 하는 진술사항을 예고적으로 기재하여 법원에 제출하는 소장이나 답변서 등의 서면을 말한다. 준비서면은 어디까지나 변론의 예고에 그치기 때문에, 이를 제출한 것만으로 소송자료가 될 수는 없고, 소송자료가 되기 위하여는 변론에서 진술을 필요로 한다. 준비서면제도는 미리 당사자에게 변론기일에 진술코자 하는 사항을 서면에 기재하여 제출케 하고, 그 부본을 상대방에게 송달함으로써 응답의 기회를 주고, 또 법원으로 하여금 적절한 소송지휘의 방도를 세우게 하기 위한 제도이다. 그러나 단독사건의 경우에는 그 절차가 간이하므로 준비서면의 제출이 필요 없다(제272조).

(3) 준비절차

준비절차는 합의사건에 있어서 변론에서의 심리를 집중적이고 능률적으로 추진하기 위하여 마련한 受命法官 主宰의 변론의 예행절차이다. 준비절차는 단독판사의 심판사건에는 적용하지 아니한다. 법원은 필요하다고 인정할 때에는 합의체의 일원인 수명법관에게 소송의 전부나 일부 또는 특정한 쟁점에 대한 변론의 준비절차를 명할 수 있다. 수명법관은 미리 쟁점의 확정과 증거의 정리를 하여 변론에 상정시킴으로써 이 제도를 효율적으로 활용하게 된다.

(4) 심리에 관한 원칙

변론절차에서는 공개심리주의·쌍방심리주의·구술심리주의·직접심리주의·처분권주의·변론주의·수시제출주의·병행심리주의·계속심리주의·직권진행주의 등의 원칙을 적용하고 있다. 이 중에서 처분권주의란 절차의 개시와 심판의 대상 및 절차의 종결에 대하여 당사자에게 주도권을 주어 그들의 의사에 일임하는 주의이다.

변론주의는 제출주의라고도 하는데 소송자료, 즉 사실과 증거의 수집이나 제출의 책임을 당사자에게 일임하고, 당사자가 수집하고 제출한 소송자료만을 재판의 기초로 하는 입장으로 직권탐지주의에 대응하는 주의이다. 변론주의와 관련하여 의미 있는 제도는 釋明權이다. 석명권이라 함은 소송관계를 명료하게 하기 위하여 당사자에게 사실상 또는 법률상의 사항에 관하여 질문하거나 입증을 촉구할 뿐만 아니라, 당사자가 간과한 법률상의 사항에 관하여 의견진술의 기회를 주는 법원의 권능을 말한다. 이와 같이 석명권은 법원이 당사자의 소송자료수집책임에 협력하여 변론주의의 결함을 시정하는 마그나 카르타*Magna Charta*이다.[1]

3. 증거

현대재판은 증거재판이라고 할 정도로 증거는 중요하다. 증거*Beweis*라 함은 일반적으로 법관이 재판의 기초가 되는 사실을 인정하기 위한 일체의 수단을 말하는데, 구체적으로 증거라는 용어는 증거방법·증거자료·증거원인 등 여러 가지 의미로 사용되고 있다.

증거방법이란 법관이 五官에 의하여 조사할 수 있는 유형물을 말한다. 여기에는 인적 증거(인증)와 물적 증거(물증)가 있다. 증거자료라 함은 증거방법의 조사에 의하여 감득한 내용이다. 증언이나 문서의 기재내용 및 검사결과 등이 그것이다. 증거원인은 법관의 심증형성의 원인이 된 자료나 상황을 말한다. 증거자료와 변론의 전 취지가 이에 해당된다.

증거에는 직접증거와 간접증거, 본증과 반증 등이 있다. 직접증거는 계약서와 같이 중요사실의 존부를 직접증명하는 증거를 말하고, 간접증거는 과실을 추단케 하는 음주운전의 증언과 같이 간접사실이나 보조사실을 증명하기 위한 증거를 말한다. 본증은

1 이시윤, 『신민사소송법(제17판)』, 박영사, 2024, 354면.

당사자가 자기에게 입증책임이 있는 사실을 증명하기 위하여 제출하는 증거이고, 반증은 상대방의 주장사실을 부정하기 위하여 제출하는 증거이다.

현행법상 증명을 요하지 않는 사실은 현저한 사실 또는 다툼이 없는 사실 등이다. 증거조사는 당사자의 신청에 의하여 행하는 것을 원칙으로 하나, 보충적으로 직권에 의한 증거조사를 할 수도 있다. 증거조사로는 증인심문·서증·감정·검증·당사자심문 등이 있다.

V. 상소심절차

상소라 함은 소송절차의 종료 전, 즉 재판의 확정 전에 당사자가 상급법원에 대하여 그 재판의 취소 또는 변경을 구하는 불복신청의 소송행위이다. 상소를 제기할 수 있는 권리를 상소권이라 한다. 상소는 재판확정 전에 하는 불복신청인 점에서 확정된 재판에 대한 불복신청인 재심의 소나 불복할 수 없는 결정이나 명령에 대한 특별항고와는 다르다. 또한 상소는 상급법원에 대한 불복신청인 점에서, 동일심급 내에서의 불복신청인 지급명령에 대한 이의나, 가압류·가처분에 대한 이의와 구별된다.

상소에는 항소·상고·항고가 있다. 항소와 상고는 판결에 대한 상소이고, 항고는 결정이나 명령에 대한 상소이다.

1. 항소

항소라 함은 지방법원 단독판사 또는 지방법원 합의부가 행한 제1심의 종국판결에 대하여 다시 유리한 판결(취소·변경 등)을 구하기 위하여 그 직근의 상급법원에 하는 불복신청이다(제390조). 불복신청의 이유에 대한 제한은 없기 때문에 사실인정의 부당 또는 법령위반 등이 모두 항소사유가 된다. 이 점에서 법령위반만을 이유로 하는 상고와 다르다. 따라서 상고심을 법률심이라고 하는 데 대하여, 항소심은 제1의 사실심이라고도 한다.

항소는 제1심 판결서가 송달된 날로부터 2주 내에 항소장을 원심법원에 제출함으로써 개시된다(제396조). 항소가 부적법하고 그 흠결을 보정할 수 없는 때에는 판결로써 항소를 각하하여야 하고, 제1심 판결이 정당하다고 인정되는 때에는 항소기각판결을 하며, 제1심 판결이 부당하거나 판결절차가 법률에 위배된 때에는 항소법원은 원판결을 취소하고 스스로 재판을 하거나 또는 제1심 법원(원심법원)으로 환송하여야 한다.

사례

1. 항소장의 송달에 필요한 비용을 예납하지 않은 경우에도 재판장은 항소장 각하명령을 할 수 있는가?

   힌트 이런 경우에는 항소장의 송달불능의 상태로 보아 재판장이 상당한 기간을 정하여 그 기간 내에 그 흠결을 보정할 것을 명할 수 있고, 그 기간 내에 보정이 없는 경우에는 항소장 각하명령을 내릴 수 있다(대법원 1995. 10. 5. 자 94마2452 결정).

2. 상고

상고는 항소심의 종국판결에 대한 당부를 법률적인 측면에서만 심사할 것을 구하는 불복신청이다. 즉 고등법원이 제2심으로서 한 판결과 지방법원본원 합의부가 제2심으로서 한 판결이 상고의 대상이 된다(제422조 제1항). 항소심의 종국판결이 상고의 대상이 되는 원칙에는 몇 가지 예외가 있다.

① 당사자 간에 비약상고의 합의가 있는 제1심 판결에 대하여는 직접 상고할 수 있다(제390조). 비약상고의 합의는 사건의 사실관계에 관하여 당사자 간에 다툼이 없고, 법률문제에 대하여 신속하게 종심법원의 판단을 받으면 해결될 수 있는 경우에 이용되나, 실무상 이용률은 낮은 편이다.

② 법원의 판결이 아닌 행정부 예하의 준사법기관의 심판임에도 불구하고 대법원에 상고할 수 있는 제도로서 특허청의 항고심판의 심결(특허법 제186조 제8항)을 들 수 있다.

현행법은 상고의 남용을 방지하는 뜻에서 판결에 영향을 미친 헌법·법률·명령·규칙 등의 위반이 있든가(제423조), 아니면 원심판결을 취소하여야 할 중대한 하자가 있을 때에 한하여 상고를 인정하고 있다.

대법원은 상고가 이유 있다고 인정하는 경우에는 원심판결을 파기하여 원심법원으로 환송하든지 아니면 동등한 다른 법원으로 이송하거나 스스로 판결할 수 있다.

3. 항고

항고*Beschwerde*라 함은 판결 이외의 재판인 결정이나 명령에 대한 독립적인 간이한 상소이다. 항고는 모든 결정이나 명령에 대하여 허용되는 것이 아니고, 법률이 특히 인정한 경우에 한하여 허용된다. 항고는 상급법원에 원재판의 당부의 판단을 구하는 점에서 항소나 상고와 같지만, 간이·신속한 결정절차에 의하는 점과 이에 의해 원심법원이 원심결정을 스스로 변경할 기회를 갖는다는 점에서 차이가 있다.

항고에는 통상항고와 즉시항고, 최초의 항고와 재항고, 일반항고와 특별항고 등이 있다. 통상항고 내지 보통항고는 항고제기의 기간에 제한이 없는 항고로서 항고의 이익이 있는 한 언제든지 제기할 수 있는 항고이며, 즉시항고는 재판의 고지가 있은 날로부터 1주일 내에 제기하는 항고로서 제기가 있으면 집행정지의 효력이 생긴다. 즉시항고는 법률에 "즉시 항고할 수 있다"는 명문의 규정이 있는 경우에 할 수 있다. 재항고는 최초의 항고에 대한 항고법원의 결정과 고등법원 또는 항소법원의 결정·명령에 대한 항고이다. 재항고에는 상고의 규정이 준용된다.

특별항고는 불복신청을 할 수 있는 결정·명령에 대하여 대법원에 하는 항고로서, 형식적으로 확정된 결정이나 명령에 대한 비상구제인 점에서 본래의 상소는 아니다. 특별항고가 아닌 항고가 일반항고이다.

항고를 제기하려면 원심법원에 항고장을 제출하여야 한다. 항고심의 재판은 결정으로 한다. 항고가 제기되면 원심법원은 스스로 항고의 당부를 심사할 수 있으며, 항고가 이유 있다고 인정하면 원재판을 취소·변경 등 경정할 수 있다. 이는 상급심의 절차를 생략하고 간이·신속하게 사건을 처리하여 당사자의 이익을 보호하려는 데 그 목적이 있다.

Ⅵ. 소송의 종료

소의 제기에 의하여 개시된 소송은 법원이 종국판결을 함으로써 종료된다. 소송법이 예정하고 있는 보통의 소송종료원인이다. 그러나 민사소송은 사적 자치의 원칙이 지배하는 사인 간의 분쟁을 대상으로 하므로, 당사자의 행위에 의하여도 소송은 종료된다. 소의 취하·재판상의 화해·청구의 포기·인낙 등이 그것이다. 이 밖에도 소송당사자의 사망이나 원·피고의 지위가 혼동된 경우 등도 종료사유가 된다.

1. 종국판결에 의한 종료

종국판결이라 함은 소 또는 상소에 의하여 계속된 사건의 전부 또는 일부를 그 심급으로서 완결하는 판결이다. 본안판결이나 소각하판결이 그 전형적인 예이나, 訴訟係屬 중 피고의 원고에 대한 변제로 인한 소송종료선언도 이에 속한다.

2. 당사자의 행위에 의한 종료

(1) 소의 취하

소의 취하*Zurücknahme der Klage*는 원고가 제기한 소의 전부 또는 일부를 철회하는 법원에 대한 단독적 소송행위이다. 이에 의하여 소송계속은 소급적으로 소멸되고(제267조 제1항), 소송은 종료한다. 소의 취하는 원고의 소송제기 후 판결이 확정되기까지 언제라도 할 수 있다(제266조 제1항). 소의 취하는 피고가 본안에 대하여 준비서면을 제출하거나 또는 준비절차에서 진술하거나 변론을 하기 전까지는 피고의 동의를 필요로 하지 않으나, 그 뒤에는 피고의 동의를 필요로 한다. 소가 취하되면 처음부터 소송이 계속되지 아니하였던 것과 같은 상태에서 소송이 종료된다.

(2) 청구의 포기 및 인낙

청구의 포기*Klageverzicht*는 변론 또는 변론절차에서 원고가 자기의 소송상의 청구가 이유 없음을 자인하는 법원에 대한 일방적인 의사표시이다. 청구의 인낙*Klageanerkenntnis*은 피고가 원고의 소송상의 청구가 이유 있음을 자인하는 법원에 대한 일방적인 의사표시이다. 포기와 인낙은 조서에 기재하면 확정판결과 동일한 효력이 생기고, 소송은 종결된다. 포기와 인낙은 무조건이어야 하며, 소송계속 중이면 언제라도 할 수 있다.

(3) 재판상의 화해

재판상의 화해란 소송계속 중 당사자 쌍방이 권리관계의 주장을 서로 양보하여 소송을 종료시키기로 하는 합의이다. 화해조서를 작성하면 이 화해조서는 확정판결과 같은 효력이 있게 되고, 소송은 종료된다.

Ⅶ. 재심절차

재심*Wiederaufnahme*이라 함은 확정된 종국판결에 대하여 소송절차에 중대한 하자가 있거나, 판결의 기초가 되는 자료에 묵과할 수 없는 흠결이 있을 때에, 당사자가 그 판결의 취소와 재심판을 구하는 불복신청을 말한다. 확정된 종국판결은 기판력이 있는데, 이 기판력을 깨뜨리는 유일한 길이 바로 재심제도라 할 수 있다.[2]

재심원고는 원칙적으로 재심의 대상인 판결확정 후 재심 사유를 안 날로부터 30일 내에 재심의 소를 제기하여야 한다(제456조 제1항). 재심사유를 알지 못한 경우라도 판결확정 후 5년이 경과하면 재심의 소를 제기할 수 없게 된다(동조 제3항). 이 5년의 기간은 제척기간이다.

Ⅷ. 강제집행절차

강제집행은 국가권력에 의하여 사법상의 급부청구권을 강제적으로 실현하는 절차이다. 강제집행절차는 판결절차와는 별개의 기관이 관장하는 독립된 절차이다. 판결절차가 선행됨이 없이 강제집행을 할 수도 있으며, 그렇다고 모든 소송이 모두 강제집행을 수반하는 것도 아니다. 강제집행은 동거 청구와 같이 성질상 강제집행이 부적당한 것이 있는가 하면, 확인판결이나 형성판결은 집행력이 없으므로 강제집행이 있을 수 없다. 강제집행은 이행판결에 할 수 있다.

강제집행은 집행의 대상이 사람이면 인적 집행, 채무자의 재산이면 물적 집행이라 하는데, 인적 집행은 현행법상 인정되지 아니한다. 강제집행에는 직접강제·간접강제·대체집행 등이 있다.

강제집행의 내용이 금전채권인 경우에는 채무자의 재산을 압류하여 경매에 의하여 이를 환가한 후 채권자에게 변제하면 되고, 유체물의 인도와 같이 금전 외의 채권인 경우에는 집행관이 직접 그 목적물을 점유하여 채권자에게 인도하는 직접 강제의 방법에 의한다. 또한 채무자의 작위·부작위를 목적으로 하는 채권인 경우에는 대집행 또는 간

2 강현중, 『민사소송법(제8판)』, 박영사, 2023, 1034면.

접집행의 방법에 의한다.

강제집행은 당사자의 신청이 있어야 개시되며, 강제집행에 의하여 불이익을 받은 자는 집행방법에 관한 이의, 즉시항고, 청구에 관한 이의의 소 및 제3자 이의의 소 등에 의한 구제수단을 강구할 수 있다.

강제집행은 확정된 종국판결이나 가집행선고 있는 종국판결에 의하여 한다. 현행 민사집행법에는 강제집행에 관한 규정을 금전채권에 관한 강제집행, 부동산에 대한 강제집행, 선박 등에 대한 강제집행, 동산에 대한 강제집행, 금전채권 외의 채권과 그 밖의 재산에 대한 강제집행 등으로 나누어 규정하고 있다.

사례

1. 갑은 을을 상대로 대여금반환청구의 소를 제기하여 5,000만 원에 대한 승소판결을 받아 확정되었다. 그런데 갑이 해외로 이민 가게 되어 동생인 병에게 위 채권을 양도하겠다고 하는데, 병이 위 채권을 양도받아 을의 재산을 강제집행하려면 어떻게 하여야 하는가?

힌트 일반적으로 채무자의 재산에 강제집행을 하려면 강제집행의 근거가 되는 이른바 집행권원(확정된 승소판결 등)과 집행권원에 강제집행을 실시하기 위하여 부여한다는 취지가 기재된 집행문 등이 필요하다.

그런데 병의 경우에는 이미 갑 명의의 승소판결이 확정되었으므로 판결에 표시된 채권을 양수한 병이 집행에 나아가기 위해서는 법원으로부터의 이른바 「승계집행문」을 받아야 한다.

민사집행법 제31조 제1항에서는 "집행문은 판결에 표시된 채권자의 승계인을 위하여 내어 주거나 판결에 표시된 채무자의 승계인에 대한 집행을 위하여 내어 줄 수 있다. 다만, 그 승계가 법원에 명백한 사실이거나, 증명서로 승계를 증명한 때에 한한다"라고 규정하고 있다. 그러므로 승소한 원고로부터 판결에 표시된 채권을 양수받은 병이 승계인으로서 집행문 부여를 신청하는 경우에는 양도증서라든가 계약서 및 채무자인 을에 대한 대항요건을 증명하는 서면, 즉 채무자인 을의 승낙서 또는 양도인인 갑이 채무자인 을에게 통지한 내용증명우편을 법원에 제출하여야 한다(민법 제450조 제1항).

연습문제

1. 판결절차와 강제집행절차는 어떻게 다른가?
2. 가압류와 가처분은 어떻게 다른가?
3. 간이소송절차란 무엇인가?
4. 도산절차에는 어떤 것이 있는가?
5. 우리나라에 있어서의 상소제도를 설명하라.
6. 현행법상 소송대리인은 필요한 것인가?
7. 심리에 관한 원칙을 설명하라.
8. 증거에는 어떤 것이 있는가?
9. 항소와 상고 및 항고는 어떻게 다른가?
10. 소송은 어떠한 원인에 의하여 종료되는가?

로스쿨 대비

LEET 논술 / 면접 (출제예상문제)

<제시문>

간접공개는 법정에서의 심리를 촬영, 녹음·녹화, 방송 등 수단을 통하여 법정 외부에 전달하는 방식의 재판공개를 말한다. 공중은 간접공개를 통하여 직접 법정에 갈 필요 없이 재판에 접근할 수 있게 되므로 공개의 대상은 법정이라는 물리적 장소를 초월하게 된다. 이는 ① 외부의 언론기관 등을 통할 수도 있으나, ② 법원이 주도하여 간접공개를 할 수도 있다. 외부기관이 주도하는 전자의 방식과 관련하여 우리나라를 비롯한 다수의 나라에서 '일반적 금지원칙*principle of general prohibition*'을 채택하고 있다. 이는 법정 방청을 재판공개의 원칙적 형태로 보는 관념에 기초하고, 영국의 성문법과 미국 연방 절차규칙도 이러한 규정을 두고 있다. 예외적으로 특정 요건을 충족할 경우 간접공개를 허용하고, 요건의 증명책임은 이를 구하는 측에 지운다. 사법작용에 관한 교육적 목적이나 정치적·역사적 기록화 목적으로 예외적 허가를 하는 사례도 있는데, 보통 당사자의 동의를 조건으로 하거나 공정한 재판을 받을 권리를 침해하지 않고, 증인에 대한 불안을 야기하지 않으며, 공적 이익을 능가하는 사생활

이익을 침해하지 않는 등의 조건으로 허가가 이루어진다.

한편 이와 반대로 '허가 추정 원칙*principle of presumption of authorization*'을 택하는 나라도 있다. 이는 스페인 헌법재판소가 2004년 판시한 방식으로 동 재판소는 음성과 영상의 녹음·녹화는 공개주의의 발현이고, 법원은 예외적으로 초상권과 사생활을 보호하기 위하여 적절한 이유에 의한 결정으로 녹음·녹화를 금지할 수 있다고 하였다. 미국의 네바다, 콜로라도, 워싱턴, 유타 등 다수의 주에서도 허가 추정 원칙을 규정하고 있다. 다만 공정한 재판을 받을 권리, 사생활, 안전의 이익 등 요소를 고려한 예외적 금지가 인정된다. 법원이 주도하는 간접공개 방식과 관련하여 점차 많은 나라에서 사법기관이 직접 법정에 카메라를 설치하고 재판 전체를 촬영하여 나름의 기준에 의하여 녹화, 방송하는 경우가 증가하고 있다. 영국과 캐나다 대법원은 이와 같은 방식을 따르고 있다. 스페인에서는 대부분의 법원이 이러한 방식을 취한다. 다만 신청에 의하는 경우와 일반적 접근이 가능하도록 하는 경우가 있고, 생방송을 하는 경우와 지연방송을 하는 경우 등 기술적인 실행 방식은 다양하다.

출처: 김주석, 『재판공개원칙의 현대적 의미와 한계』, 사법정책연구원(2023), 285~286면.

질문 국민 다수는 사회적으로 관심이 크거나 중요한 사건의 재판을 국민의 알 권리를 보장하는 수준에서 널리 공개할 필요가 있다고 생각하는 반면, 일부 판사들은 재판중계에 대하여 부정적인 생각을 가지고 있다. 위의 〈제시문〉을 읽고 재판 전체를 생중계하는 것에 대한 귀하의 의견을 논술하시오.

제8장 형사소송법

- 내려지는 판결이 아무런 힘도 갖지 못하고, 개인에 의하여 무효화되고 철폐화될 때, 국가가 참으로 파괴되지 않고 유지될 수 있으리라 생각하는가? —Socrates
- 의심스러운 경우에는 피고인에게 유리하게*In dubio, pro reo*.

Ⅰ. 형사소송법의 의의와 성격

형사소송법*Strafprozessrecht*은 형법을 적용하고 실현하기 위한 절차를 규정하는 법률체계이다. 범죄를 수사하여 형벌을 가하고, 선고된 형벌을 집행하기 위한 절차, 즉 형사절차를 규정하는 법률체계가 다름 아닌 형사소송법이다. 형법이 형벌권의 발생요건을 규정하는 법률이라면, 형사소송법은 형벌권을 실현하기 위한 법률이라고 할 수 있다. 형법과 형사소송법은 다 같이 공법이지만, 형법은 실체법이요 형사소송법은 절차법이라는 점에서 양자는 차이가 있다. 형사소송법은 형법과 함께 형사사법의 정의를 실현하는 데 기여하는 법률이다. 이러한 의미에서 양자의 관계는 형사사법의 정의를 향해 달리는 '수레의 두 바퀴'에 비유할 수 있을 것이다.[1]

Ⅱ. 소송의 주체

소송의 주체에는 법원·검사·피고인이 있다. 이를 소송의 3주체라고 한다. 이 중에서 법원은 재판을 하는 주체이고, 검사와 피고인은 재판을 청구하거나 받는 주체이다. 판사와 검사는 다 같이 국가기관으로서의 소송주체이지만, 법원은 재판권의 주체요 검사는 공소권의 주체인 점에서 양자는 차이가 있다. 재판을 받는 검사와 피고인을 당사자라고 한다.

소송의 주체는 아니지만 피고인 또는 피의자의 보조자로서 변호인·보조인·대리인 등이 있고, 검사의 보조자로서 사법경찰관리가 있다. 이들 보조자와 소송당사자를 합하여 소송관계인이라고 한다. 그리고 증인·감정인·고소인 또는 고발인은 소송주체도 소송관계인도 아니다. 이들을 소송관여자라고도 한다.

---

1 이재상 외, 『형사소송법(제15판)』, 박영사, 2023, 6면.

Ⅲ. 수사

1. 수사의 의의

수사*investigation; Ermittlung*라 함은 범죄의 혐의 유무를 명백히 하여 공소의 제기와 유지 여부를 결정하기 위하여 범인을 발견·확보하고 증거를 수집·보전하는 수사기관의 활동을 말한다. 형사절차는 수사에 의하여 개시된다. 수사는 보통 공소제기 전에 하는 것이지만, 공소제기 후에도 공소의 유지를 위하거나 공소유지 여부를 결정하기 위하여 인정된다.

2. 수사의 개시

검사는 범죄의 혐의가 있다고 사료하는 때에는 범인, 범죄사실과 증거를 수사하여야 한다(제196조). 사법경찰관으로서 범죄의 혐의가 있다고 사료하는 때에는 범인, 범죄사실과 증거를 수사한다(197조). 수사개시의 원인을 수사의 단서라고 한다. 수사의 단서에는 수사기관 자신의 체험에 의한 경우와 타인의 체험청취에 의한 경우가 있다. 현행범인의 체포·변사자의 검시·불심검문·타 사건 수사 중의 범죄발견·기사·풍설·세평이 전자에 속하고, 고소·고발·자수·진정·범죄신고 등이 후자에 속한다.

고소나 고발 및 자수가 있는 때에는 즉시 수사가 개시되고, 기타의 경우에는 수사기관의 범죄인지에 의하여 비로소 수사가 개시된다. 범죄인지 전에는 내사단계에 불과하다. 범죄인지란 입건이라고도 하는데, 수사단서가 있는 경우에 범죄의 혐의가 있다고 판단하여 수사를 개시하는 것을 말한다.

사례

1. 6개월 전 갑을 사기죄로 고소하였으나 수사기관에서는 매번 조사 중이라고만 할 뿐 처벌하지 않아 그동안 수차례 진정한 사실이 있다. 고소를 접수할 경우 이를 처리하는 기간은 정해져 있는가?

   힌트 형사소송법상의 고소·고발은 검사 또는 사법경찰관에게 하도록 되어 있다(제237조). 그리고 사법경찰관이 고소·고발을 받은 때에는 신속히 조사하여 관계서류와 증거물을 검사에게 송부하여야 하고(제238조), 검사가 공소제기 여부를 결정하는데(제246조), 이는 검사의 기소독점주의 원칙에 따른 것이다(예외 : 재판상의 준기소절차 및 즉결심판).

고소·고발사건의 처리기간은 구속사건과 불구속사건으로 나누어지는데, 사례의 경우는 불구속사건으로 보이며, 그 처리기간은 형사소송법 제257조에서 검사는 고소·고발을 수리한 날로부터 3개월 이내에 수사를 완료하여 공소제기 여부를 결정하도록 규정하고 있다. 그러나 위와 같은 기간은 훈시기간에 불과하여 3개월 경과 후의 공소제기 여부의 결정도 유효한 것이라 할 수 있다.

따라서 고소·고발인은 수사기관이 고소사건을 처리하지 못하는 사유를 알아보고 신속히 처리될 수 있도록 수사기관에 협조하는 것이 바람직할 것이다.

Ⅳ. 구속

1. 의의

구속이란 피고인 또는 피의자의 신체의 자유를 제한하는 대인적 강제처분을 말한다. 구인한 피고인을 법원에 인치한 경우에 구금할 필요가 없다고 인정한 경우 인치한 때로부터 24시간 이내에 석방하여야 한다(제71조). 구금이란 피고인 또는 피의자를 교도소나 구치소에 구금하는 강제처분이다. 미결구금이라고도 한다.

구속은 피고인 또는 피의자가 죄를 범하였다고 의심할 만한 상당한 이유가 있고, 또 구속사유가 있는 경우에 할 수 있다(제70조, 제201조). 구속사유란 일정한 주거가 없을 때, 증거를 인멸할 염려가 있을 때, 도망 또는 도망할 염려가 있을 때 등이 이에 해당한다.

2. 영장주의

피고인 또는 피의자를 구속하고자 하는 때에는 법관이 발부한 영장에 의한다. 법관이 영장을 발부할 때에는 사전에 피의자를 직접 심문할 수 있다. 그러나 긴급체포나 현행범의 체포에는 사전영장 없이 구속할 수 있다. 영장발부를 받지 못할 때에는 즉시 석방하여야 한다. 사법경찰관은 피의자를 10일 이내에 검사에게 인치하여야 하고, 검사도 10일 이내에 공소를 제기하지 않으면 피의자를 석방하여야 한다. 다만 1차에 한하여 구속기간의 연장을 법원에 신청할 수 있다.

공소제기 후 제1심법원에서의 구속기간은 2개월로 한다. 구속을 계속할 필요가 있는 경우에는 심급마다 2개월 단위로 2차에 한하여 결정으로 구속기간을 갱신할 수 있다.

따라서 1심에서의 구속기간은 2차 갱신하는 경우 6개월, 제2심과 제3심에서의 구속기간은 2차 갱신하는 경우 각 4개월이 된다.

서울남부지방법원

구 속 영 장

영장번호: 119
사건번호:
사건명: 폭행
피의사실의 요지: 별지 기재와 같다.
피의자: 박 태 촌
생년월일: 1960. 6. 6.생
직업: 무직
주거: 서울 영등포구 한라동 100
인치구금할 장소: 서울 영등포경찰서

위 피의사건에 관하여 피의자를 구속한다.
이 영장은 서울남부지방검찰청 검사 김민철의 신청에 의하여 발급한다.
이 영장은 2023년 3월 30일까지 유효하다.
이 기간을 경과하면 집행에 착수하지 못하며 영장을 반환하여야 한다.

2023. 3. .

판 사 김 동 철 (인)

집행일시: 2023년 3월 25일 20시 30분
집행장소: 서울 영등포경찰서
인치일시: 2023년 3월 25일 20시 40분
인치장소: 서울 영등포경찰서
위와 같이 처리하였습니다.

2023. 3. .
영등포경찰서
사법경찰 순경 정 희 망 (인)

사례

1. 갑은 퇴근 후 동료들과 회식 중, 사소한 시비로 동료를 때려 전치 4주의 부상을 입힌 후 관할경찰서에 구속되어 현재 조사를 받고 있다. 폭행사건으로 구속된 갑은 언제까지 구속되어 있어야 하는가?

힌트 범인으로 지칭되는 자를 피의자被疑者라 하고, 피의자가 죄를 범하였다고 의심할 만한 상당한 이유가 있으며 형사소송법상의 구속사유, 즉 ① 피고인이 일정한 주거가 없는 때, ② 피고인이 증거를 인멸할 염려가 있는 때, ③ 피고인이 도망하거나 도망할 염려가 있는 때 등의 경우 검사는 관할지방법원 판사에게 청구하여 구속영장을 받아 피의자를 구속할 수 있고, 사법경찰관은 검사에게 신청하여 검사의 청구로 관할지방법원 판사의 구속영장을 받아 피의자를 구속할 수 있다(형사소송법 제201조, 제70조).

사법경찰관이 피의자를 구속한 때는 10일 이내에 피의자를 검사에게 인치引致하지 아니하면 석방하여야 하고, 검사가 피의자를 구속한 때 또는 사법경찰관으로부터 피의자의 인치를 받은 때에는 10일 이내에 공소를 제기하지 아니하면 석방하여야 한다(형사소송법 제202조, 제203조).

이 경우 구속기간은 피의자를 체포 또는 구인한 날부터 기산하며, 지방법원 판사는 검사의 신청에 의하여 수사를 계속하는 것에 상당한 이유가 있다고 인정한 때에는 10일을 초과하지 아니하는 한도에서 제203조의 구속기간의 연장을 1차에 한하여 허가할 수 있다(형사소송법 제203조, 제205조).

따라서 갑은 최장 30일 내의 기간을 구속된 상태에서 조사를 받을 수 있다. 그러나 이 기간은 수사상 필요한 경우에 따른 최장기간이므로 모든 사건이 이에 따라 처리되는 것은 아니다.

그리고 공소제기 후에는 2개월간 구속된 채 공판을 진행할 수 있다. 그러나 구속을 계속할 필요가 있는 경우에는 심급마다 2개월 단위로 2차에 한하여 결정을 갱신할 수 있고, 상소심은 추가심리가 필요한 부득이한 경우에는 3차에 한하여 갱신할 수 있다. 그리고 특별한 사유로 인하여 공판절차가 정지된 기간 및 공소제기 전의 체포·구인·구금 기간은 위 기간에 산입하지 아니한다(형사소송법 제92조 제3항).

2. 갑은 퇴근길에 을이 병의 지갑을 훔쳐 달아나는 것을 보고 추격하여 붙잡았다. 강제로 붙잡아 경찰관에게 인계하기까지 약간의 물리적 충돌이 있었다. 그 후에 을은 갑을 상대로 폭행죄와 체포·감금죄로 고소하였다. 을의 권리행사는 인정될 것인가?

힌트 폭행죄가 성립하려면 폭행의 고의가 있어야 하고, 그러한 폭행행위가 위법하여야 한다. 체포·감금죄는 불법하게 사람을 체포 또는 감금하여 사람의 신체적 활동의 자유를 침해하는 행위이다. 갑에게는 폭행이나 체포·감금의 고의가 있었다고 볼 수 없다. 오히려 을은 병의 지갑을 훔쳐 달아나는 현행범이므로 일반 시민도 체포할 수 있다. 체포하는 과정에서 물리적 충돌이 발생하고 상처가 생기는 것은 사회상규에 위배되는 행위가 아니므로 위법성이 조각된다. 현행범을 체포하였다면 검사나 사법경찰관에게 인도하여야 한다. 임의로 자기의 판단으로 석방해서는 아니 된다.

3. 구속적부심과 보석

일단 영장에 의하여 구속된 자라도 법원에 구속적부심을 청구할 수 있다. 구속적부심은 피의자 본인이나 그 변호인은 물론, 그 배우자·직계존속·형제자매·호주·가족, 나아가 동거인이나 고용주도 청구할 수 있다. 구속적부심은 기소를 하기 전에 청구하는 제도이고 보석은 기소 후에 인정되는 제도이다.

구속적부심을 청구받은 법원은 지체 없이 피의자를 심문하고 증거를 조사하여 결정을 내려야 하는데, 구속이 부당하여 법원이 석방을 명하면 즉시 석방되고, 검사는 이에 항고하지 못한다. 구속이 정당한 때에는 청구기각결정을 하게 되고, 이에 대하여 피의자는 항고를 하지 못하도록 되어 있다.

피고인은 법원에 보증금을 납부하는 조건으로 석방하여 줄 것을 청구할 수 있다. 보석은 피고인과 그 변호인은 물론, 피고인의 배우자·직계존속·형제자매·가족·동거인 또는 고용주 등도 청구할 수 있다. 법원이 보석을 허가하는 경우에는 피고인의 재력 정도와 범죄의 경중·성질·증거 등을 고려하여 상당한 보증금을 납부할 것과 주거를 제한하는 등의 조건을 붙이는 것이 일반적이다. 보석은 피고인 등의 청구가 없더라도 허가하는 경우가 있다.

사례

1. 피의자 A가 수사단계에서 B의 성명과 주민등록번호 및 주소를 사칭하여 공소장에 피고인이 B로 표시되었다. 이 경우 예상되는 법률문제는 어떤 것인가?

   힌트 우선 검사가 하여야 할 일은 공소장을 정정하는 문제이다. 법원의 허가를 받을 필요는 없다고 본다. 만약에 유죄판결을 선고받을 때까지 몰랐다면 B는 검사에게 전과말소신청을 하여 수형사실의 기재를 말소할 수 있다.

2. 주거가 확실하지 않은 갑은 과실치사죄로 구속되었다. 그 부모님이 보석을 신청할 수 있는가?

힌트 보석이란 피고인이 일정한 보증금을 내고 석방된 후 도망하거나 기타 사유가 있을 때 보증금을 몰수하는 제도이다. 보석의 신청은 피고인·변호인·배우자·직계친족·형제자매 등이 할 수 있으므로 부모님도 신청할 수 있음은 물론이다. 그러나 피고인이 사형, 무기 또는 장기 10년이 넘는 징역이나 금고에 해당하는 죄를 범한 때, 누범에 해당하거나 상습적으로 죄를 범한 때, 죄증을 인멸하거나 인멸할 염려가 있다고 믿을 만한 충분한 이유가 있는 때, 주거가 분명하지 아니한 때, 피해자 또는 그 친족의 생명이나 신체나 재산에 해를 가하거나 가할 염려가 있다고 믿을 만한 충분한 이유가 있는 때 등에는 보석을 허가할 수 없다. 사례의 갑은 주거가 분명하지 않으므로 보석을 허가할 수 없을 것이다.

V. 수사의 종결

검사는 범죄사실이 명백하게 되었거나 수사를 계속할 필요가 없는 경우에 수사를 종결하게 된다. 그러나 수사를 종결하였다고 하여 그 후에는 절대로 수사를 할 수 없다는 의미는 아니다. 공소를 제기한 후에도 공소유지의 여부를 결정하기 위하여 수사를 할 수 있고, 불기소처분을 한 때에도 수사를 재개할 수 있다.

종래 수사종결권은 검사에게만 있었으나, 2020년 2월 형사소송법 개정으로, 1차 수사종결권이 사법경찰관에게 부여되었다(형사소송법 제195조 제1항, 제245조의5 제2호). 검사가 공소를 제기한 경우, 불기소처분을 한 경우 및 타관송치를 한 경우에는 수사를 종결한다. 불기소처분에는 협의의 불기소처분과 기소유예 및 기소중지가 있다.

협의의 불기소처분에는 피의사건에 관하여 공소를 제기할 충분한 객관적 혐의가 없는 경우에 내리는 '혐의 없음'의 결정과 피의자가 형사미성년자나 심신상실자인 경우와 같이 위법성조각사유나 책임조각사유가 있어 '죄가 안 됨'이라는 처분 및 피의사건에 관하여 소송조건이 결여되었거나 형이 면제되는 경우에 내리는 '공소권 없음' 등의 처분이 있다.

기소유예라 함은 피의사건에 관하여 범죄의 혐의가 인정되고 소송조건이 구비되었으나, 범인의 연령·성행·지능·환경·범행의 동기·수단 및 결과·범행 후의 정황 등을 참작하여 공소를 제기하지 아니하는 경우를 말한다(제247조). 국가보안법상의 공소보류도 기소유예와 유사한 제도이다.

기소중지라 함은 검사가 피의자의 소재불명 등의 사유로 수사를 종결할 수 없는 경우에 그 사유가 해소될 때까지 기소를 중지하는 처분이다.

타관송치라 함은 사건이 소속검찰청에 대응한 법원의 관할에 속하지 않는 때에는 사건을 서류 및 증거물과 함께 관할법원에 대응한 검찰청 검사에게 송치하는 것을 말한다(제256조).

사례

1. A는 한 달 전에 B를 사기혐의로 고소하였으나 검사가 불기소처분을 하였다는 사실의 통지를 받았다. 이에 불복하는 방법은 무엇인가?

힌트 검사가 고소나 고발에 의하여 범죄를 수사할 때에는 고소나 고발을 수리한 날로부터 3개월 내에 수사를 완료하고 공소제기 여부를 결정하여야 한다(제257조). 검사가 기소하거나 불기소처분을 한 때에는 그날로부터 7일 내에 서면으로 이를 통지하여야 한다. 검사의 불기소처분에 불복하는 때에는 그 통지를 받은 날로부터 30일 내에 당해검사가 소속하는 지방검찰청을 거쳐 서면으로 관할 고등검찰청 검사장에게 제출할 수 있다.

불복하는 방법에는 항고와 재정신청이 있다. 재정신청은 수사공무원의 직권남용죄에 관한 불기소처분에 한하므로 사례의 경우에는 항고의 방법에 의하여 불복신청을 하게 된다.

VI. 공판절차

1. 의의

공판 또는 공판절차란 공소가 제기되어 사건이 법원에 계속된 이후 그 소송절차가 종결될 때까지의 모든 절차를 말한다. 이러한 공판절차 가운데 공판기일의 절차를 협의의 공판절차라고도 한다.

공판절차는 공판기일에서 양 당사자의 공격과 방어를 중심으로 전개하므로 당사자주의가 지배한다. 공판절차에서 법률관계의 공정을 유지하기 위하여는 공개주의·구두변론주의·직접주의·집중심리주의 등의 기본원칙이 필요하게 된다.

직접주의는 공판정에서 직접 조사한 증거만을 재판의 기초로 삼을 수 있다는 주의이다. 집중심리주의는 심리에 2일 이상을 요하는 사건은 연일 계속하여 심리해야 한다는 원칙으로서 계속심리주의라고도 한다.

2. 모두절차

공판절차는 공판준비절차와 공판기일의 절차로 나누어진다. 공판기일에는 법관·법원서기·검사·피고인·변호인 등이 출석하여야 한다. 공판기일에 재판장은 우선 개정절차로서 피고인의 동일인 여부를 확인하고, 검사는 공소장에 의하여 기소의 요지를 진술하며, 재판장은 또한 피고인에게 변호인의 조력을 받을 권리와 묵비권이 있음을 주지시키고, 피고인에게 이익이 되는 사실을 진술할 기회를 주어야 한다.

피고인의 진술이 끝나면 피고인신문에 들어간다. 여기에서는 검사와 변호사가 순차로 피고인에 대하여 소송사실이나 정상에 관한 필요사항을 신문할 수 있다. 재판장은 이들의 신문이 끝난 후에 신문할 수 있다.

3. 증거조사절차

검사·피고인·변호인은 서류나 물건을 증거로 제출할 수 있고, 증인·감정인·통역인·번역인의 신문을 신청할 수 있다. 증거조사는 당사자의 신청을 기다려야 하는 것이 원칙이다. 법원은 당사자의 증거신청에 대하여 결정하여야 한다. 법원은 필요하다고 인정하는 경우에는 직권으로 증거조사를 할 수 있다.

4. 최후변론

증거조사가 끝난 후 검사는 사실 및 법률의 적용에 관하여 의견을 진술하고(검사의 논고), 최종으로 피고인과 변호인에게 진술의 기회를 주어야 한다. 마지막으로 재판장의 선고로서 종국판결에 이르게 된다.

5. 판결절차

종국판결에는 형식적 종국판결과 실체적 종국판결이 있다. 면소·공소기각·관할위반의 판결이 전자에 해당하고, 유죄·무죄의 판결이 후자에 해당한다. 판결이 실체적 판결인 경우에 그 사건의 실체에 대하여 既判力이 생기게 되고, 동일한 범죄사실에 대하여 재차 공소제기가 허락되지 않는 '일사부재리의 원칙'이 적용된다.

선고유예의 판결이나 형면제의 판결도 형선고의 판결과 마찬가지로 유죄판결이다. 유죄선고를 하는 때에는 범죄의 사실, 증거의 요지 및 법령의 적용을 명시하여야 한다.

사례

1. 갑이 현행범으로 체포되어 구속영장이 청구되었다. 갑이 집으로 돌아올 수 있는 제도에는 어떤 것이 있는가?

힌트 ① 갑이 체포된 때로부터 검사가 24시간 내에 구속영장을 청구하지 아니하면 즉시 석방시켜야 한다. 체포된 갑도 체포적부심사를 청구할 수 있다.

② 체포·구속하기 위하여는 영장실질 심사제도가 적용된다.

③ 피의자와 피고인에게 보석제도가 인정된다.

④ 국민참여재판을 받고자 하는 경우에는 공소장 부본을 받은 날로부터 7일 이내에 서면으로 법원에 제출할 수 있다.

⑤ 변호인의 교통접견권과 같이 변호인의 조력을 받을 권리가 있다.

⑥ 일정한 보증금을 납부하는 조건으로 보석제도를 이용할 수 있다.

⑦ 기타 무죄판결과 가석방제도 등이 있다.

Ⅶ. 비상구제절차

1. 재심

재심이란 유죄의 확정판결에 대하여 중대한 사실오인이나 그 확인의 의심이 있는 경우에 판결의 부당함을 시정하는 비상구제절차이다. 재심은 일단 확정된 재판을 바로잡아서 인권유린을 구제하고, 정의를 실현하기 위한 제도이다. 재심이유에 대하여는 제420조에서 규정하고 있다. 재심의 청구는 형의 집행을 종료하거나 집행을 받지 아니하게 된 때에도 할 수 있다.

2. 비상상고

비상상고란 확정판결에 대하여 그 심판의 법령위반을 이유로 인정되는 비상구제절차이다. 비상상고의 신청권자는 검찰총장이며, 관할법원은 대법원이다(제441조). 비상상고의 이유가 되는 법령위반에는 판결의 법령위반과 소송절차의 법령위반이 있다. 비상상고가 이유 없다고 인정하는 때에는 판결로써 기각하여야 한다. 비상상고가 이유 있다고 인정한 때에는 원판결이 법령에 위반한 경우 그 위반된 부분을 파기하고, 원심소송절차가 법령에 위반한 경우 그 위반된 절차를 파기한다.

Ⅷ. 특별절차

정식공판절차에 대한 특별절차로서는 약식절차와 즉결심판절차가 있다. 소년형사절차는 소년법에 있어서 특별절차라 할 수 있고, 배상명령절차는 형사절차 내에서의 민사적 분쟁해결제도라는 점에서 특별절차라 할 수 있다.

1. 약식절차

약식절차란 지방법원의 관할사건에 대하여 검사의 청구가 있을 때에 공판절차를 경유하지 않고, 검사가 제출한 자료만을 조사하여 약식명령으로 피고인에게 벌금이나 과료 또는 몰수의 형을 과하는 재판절차를 말한다. 약식절차에 의하여 형을 선고하는 재판을 약식명령이라고 한다.

검사는 약식명령의 청구와 동시에 약식명령을 하는 데 필요한 증거서류 및 증거물을 법원에 제출하여야 한다(형사소송규칙 제170조). 법원은 이들 자료에 의하여 서면심사를 하게 된다. 약식명령은 판결도 결정도 아닌 특별한 형식의 재판이다. 약식명령은 그 청구가 있은 날로부터 14일 이내에 하여야 한다. 검사 또는 피고인은 약식명령의 고지를 받은 날로부터 7일 내에 정식재판을 청구할 수 있고, 이 청구기간이 경과하거나 청구를 취하하거나 청구기각의 결정이 확정된 때에는 약식명령은 확정판결과 같은 효력이 있다(제457조).

사례

1. A는 귀가하던 중 갑과 을이 싸우는 것을 보고 이를 말렸으나 갑이 A에게 폭행당하였다며 고소하여 경찰서에서 조사를 받았다. 그런데 며칠 전 법원으로부터 그 일로 인하여 벌금 10만 원에 처한다는 내용의 약식명령을 받았다. A의 구제방법은 무엇인가?

힌트 A는 잘못이 없음을 이유로 약식명령에 불복하려고 하는 것으로 보이는데 이때는 약식명령등본을 송달받은 날로부터 7일 이내에 약식명령을 한 법원에 서면(정식재판청구서)으로 정식재판을 청구하여야 한다.

정식재판의 청구가 법령상의 방식에 위반하거나 청구권의 소멸 후인 것이 명백할 때는 결정으로 기각하는데, 이 결정에 대해서는 즉시 항고를 할 수 있다(제455조). 정식재판청구가 적법한 때에는 일반적인 형사재판절차인 공판절차에 의하여 심판하게 된다.

또한 피고인이 정식재판을 청구한 사건에 대해서는 약식명령의 형보다 중한 형을 선고하지 못한다(제457조의2).

2. 즉결심판절차

즉결심판절차에 의한 재판이 즉결심판이다. 즉결심판절차란 지방법원의 순회판사가 20만 원 이하의 벌금이나 구류 또는 과료에 처할 경미한 범죄에 대하여 공판절차에 의하지 아니하고 즉결하는 심판절차를 말한다. 즉결심판의 청구권자는 경찰서장이다(즉결심판에 관한 절차법 제2조, 제3조 제1항). 검사의 기소독점주의의 예외이다. 정식재판을 청구하고자 할 때에는 고지를 받은 날로부터 7일 내에 정식재판청구서를 경찰서장에게 제출하여야 한다. 경찰서장은 정식재판청구권이 없다.

즉결심판은 정식재판의 청구기간(7일)을 경과하거나, 정식재판을 포기하거나 또는 청구의 취하 등에 의하여 확정판결과 같은 효력이 생긴다.

사례

1. 갑은 23세의 청년으로 시장에서 노점상을 하는데, 자리 문제로 을과 다투다가 심한 욕설을 하기에 을을 밀어 넘어뜨리자 주변 사람들이 말렸고, 경찰관이 와서 싸움을 중단하였다. 경찰관이 화해를 종용하여 서로 합의하였으나, 당시 경찰관은 시장에서 불안감을 조성하였다는 이유로 갑을 즉결심판에 넘겼다. 그런데 15일

쯤 지나서 을의 남편이 나타나 자신의 처가 그때 싸움 도중 콘크리트 바닥에 넘어져 뇌를 다친 후 그 후유증으로 사망하였다며 충분한 보상을 해주지 않으면 형사고소하여 구속시키겠다고 협박하고 있다. 이 경우 사건 처리는 어떻게 되는가?

힌트 이 사례는 정식재판을 청구하지 않았으므로 정식재판청구기간(선고·고지를 받은 날부터 7일)이 지나서 확정되었다면 위의 재판은 당연히 기판력을 발생하게 된다.

그런데 위 사례에서는 첫째, 즉결심판을 받은 사건에 대하여 다시 폭행 등의 혐의로 공소를 제기하여 처벌할 수 있는지, 둘째, 피해자의 사망에까지 즉결심판의 기판력이 미칠 수 있는지가 문제 된다.

첫 번째의 문제에 대해서는 정당한 이유 없이 싸움을 하여 불안감을 조성한 행위와 폭행 등을 가한 행위가 동일하다고 볼 수 있는지에 대하여 학설·판례는 기본적으로 동일한 사실관계에 해당한다고 보고 있으므로 공소사실의 동일성이 인정되어 처벌할 수 없다(대판 1996. 6. 28. 선고 95도1270 판결). 설령 공소를 제기하더라도 공소사실에 대하여 이미 확정판결이 있는 때에 해당하여 면소의 판결이 선고될 것이다(형사소송법 제326조 제1호).

두 번째 문제에 대해서는 판결확정 후 사건의 내용이 변화한 경우, 예를 들면 상해사건으로 판결이 확정된 후에 피해자가 사망한 경우에도 상해사건의 기판력이 사망의 부분에까지 미치는지에 관하여 학설·판례가 이를 미친다고 보고 있으므로, 위 사안의 경우에도 즉결심판의 기판력이 사망에까지 미치게 되어 동일한 결론에 이르게 될 것이다(대법원 1979. 1. 30. 선고 78도3062 판결).

따라서 갑은 즉결심판의 기판력으로 인하여 위 사안으로는 또다시 형사처벌을 받을 가능성이 없다고 판단된다. 그러나 민사상의 배상책임까지 면하는 것은 아니다.

3. 소년형사절차

소년법은 소년의 범죄보다 소년의 품행이나 환경에 중점을 두어 품행의 교정과 환경의 조정을 통하여 소년의 건전한 성장을 돕는 데 목적을 두고 있다. 여기서 소년이라 함은 재판 시에 19세 미만인 자를 말한다(소년법 제2조). 동법에 의하면 소년이 벌금 이하의 형에 처할 혐의가 있거나 보호처분에 해당하는 사유가 있다고 인정할 때에는 그 사건을 관할소년부로 송치하도록 하고 있다.

또한 소년에 대한 유죄판결에 대하여는 다음과 같은 특칙이 있다.

가. 사형·무기형의 완화

18세 미만의 소년에 대하여 사형 또는 무기형으로 처할 경우에는 15년의 유기징역으로 한다.

나. 부정기형제도의 채용

소년이 법정형 장기 2년 이상의 유기형에 해당하는 죄를 범한 때에는 그 법정형기의 범위 내에서 장기와 단기를 정하여 선고한다. 다만 장기는 10년, 단기는 5년을 넘지 못한다.

다. 환형처분의 금지

18세 미만의 소년에 대하여 벌금을 내지 못하는 경우에 그의 換刑으로서 노역장유치처분을 하지 못한다.

4. 배상명령절차

배상명령이란 형사재판의 대상이 되는 범죄행위로 인하여 재산상의 이익을 침해당한 피해자가 민법, 기타 법률에 따라 발생한 청구권을 형사재판에 부대하여 행사하는 제도이다. 배상명령에는 피고인과 피해자 간에 합의가 있는 경우와 없는 경우의 배상명령이 있다. 배상명령은 민사소송 등 다른 절차에 의한 배상청구가 없는 때에 행하여진다. 또한 배상명령은 집행력 있는 민사판결의 正本과 같은 효력이 있다. 피고인과 피해자 사이에 합의가 없는 경우의 배상명령은 제1심 또는 제2심의 형사공판절차에서 일정한 범죄에 관하여 유죄판결을 선고할 경우이어야 하고, 또 피고사건의 범죄행위로 인하여 물적 피해나 치료비 손해가 발생하였어야 한다(소송촉진 등에 관한 특례법 제25조).

Ⅸ. 형의 집행과 실효

법원의 판결에 의하여 선고된 형은 검사의 지휘에 의하여 집행된다.

1. 사형의 집행

사형은 원칙적으로 판결확정일로부터 6개월 내에 법무부장관의 명령에 의하여 집행한다. 법무부장관이 사형집행을 명한 때에는 5일 내에 집행하여야 한다. 사형은 교도소 또는 구치소 내의 사형장에서 絞首의 방법으로 집행하며, 여기에는 검사와 검찰청 서기관, 교도소장 또는 그 대리인, 목사(또는 신부) 및 의무관이 참여한다.

2. 자유형의 집행

징역형이나 금고형은 검사의 지휘에 따라 교도소장 또는 구치소장이 교도소에서 집행한다. 징역의 경우에는 역무에 복무케 하고, 금고와 구류는 교도소에 구치한다.

3. 자격형의 집행

자격상실이나 자격정지 등의 자격형의 선고를 받은 자에 대하여는 수형자원부에 기재하고, 지체 없이 그 등본을 수형자의 등록기준지와 주거지의 시·읍·면장에게 송부하여야 한다.

4. 재산형의 집행

벌금이나 과료 등의 집행은 검사의 명령으로 검찰청 집행과 담당직원이 징수집행한다. 보통 소정의 벌과금납부통지서를 발부하여 납부하게 한다.

벌금은 판결확정일로부터 30일 내에 납부하여야 하고, 납부하지 않는 경우에는 민사소송법상의 강제집행절차에 따라 집행하거나, 1일 이상 3년 이내의 범위에서 노역장에 유치하게 된다. 몰수물의 소유권은 몰수의 확정판결에 의하여 국고에 귀속된다. 검사는 몰수물의 제출명령을 하고, 몰수물의 처분을 집행한다. 몰수물은 원칙적으로 공매처분하여 그 대금을 국고에 납입한다.

5. 형의 집행정지와 실효

징역 또는 금고의 형으로 집행 중에 있는 자는 일정한 경우 가석방될 수 있으며, 생명을 보전할 수 없거나, 70세 이상의 고령인 때, 임신 6개월 이상인 때 또는 출산 후 60일을 경과하지 아니한 때, 기타 중대한 사유가 있는 때 등에는 검사가 형집행을 정지시킬 수도 있다(제470조, 제471조). 징역 또는 금고의 집행을 종료하거나 집행이 면제된 자가 피해자의 손해를 보상하고, 자격정지 이상의 형을 받음이 없이 7년을 경과한 때에는 본인의 신청으로 재판의 실효를 선고받을 수 있다. 형의 실효 등에 관한 법률 제7조에 의하면 형의 집행을 종료 또는 면제받은 후 일정기간(3년을 초과하는 징역 또는 금고는 10년,

3년 이하의 징역 또는 금고는 5년, 벌금은 2년) 동안 자격정지 이상의 죄를 범하지 않는 경우에는 자동적으로 형을 실효하는 것으로 규정하고 있다.

연습문제

1. 수사는 언제 개시되는가?
2. 구속적부심과 보석은 어떻게 이루어지는가?
3. 불기소처분에는 어떤 것이 있는가?
4. 공판절차는 어떻게 진행되는가?
5. 비상구제절차란 무엇인가?
6. 약식절차와 즉결심판절차는 어떻게 다른가?
7. 소년범에 대한 보호제도로는 어떤 것이 있는가?
8. 형의 집행과 실효를 설명하라.

제9장 국제법

- 우리의 행복을 목표로 하는 모든 것 가운데 가장 좋은 것은 일반적인 평화라고 하는 것이 분명하다. ―A. Dante

Ⅰ. 국제법의 의의

국제법이란 국제사회의 법이다. 국제법에 대한 종래의 전통적인 견해는 국제사회에 있어서 국가 간의 관계를 규율하는 법으로 이해하고 있었다. 그러나 국제사회가 발전함에 따라 국제연합과 같은 국제기구가 국제사회에서 중요한 역할을 수행하고 있고, 또 국제법이 개인의 권리·의무를 규율하는 경우도 발생하게 되어, 국제법이 반드시 국가 간의 관계만을 규율하는 법이라고는 말할 수 없게 되었다. 그러므로 오늘날의 국제법은 국가와 국제기구 및 개인에 관하여 규율하는 법이라고 할 수 있다.

Ⅱ. 국제법의 연원

국제법의 존재형식인 법원 내지 연원에는 조약과 국제관습법이 있다. 조약이란 국가나 국제기관 간의 문서에 의한 명시적인 합의로서 관습법에 우선하나 이에 가입하지 않은 국가를 구속하지는 못한다. 조약은 그 명칭이 어떻든 간에, 그리고 1개의 문서로 되어 있든 여러 부속서가 있든 간에 국제법 주체들이 일정한 법률효과를 발생시키기 위하여 체결한 국제적인 합의사항으로서 국제사회의 법규칙을 형성한다.

관습법이란 법으로 수락됨이 증명된 일반관행으로, 일정한 법공동체 내에서 법률주체들의 반복된 행위를 통하여 점차 의무감이 굳어지며 자발적으로 형성된 규칙이다. 국제사회는 불완전하기 때문에 국내사회에 비하여 관습법이 매우 중요하다. 그러나 국제사회도 점차 성문법을 지향하고 있음은 물론이다.

조약과 국제관습법 이외에 '법의 일반원칙'도 국제법의 연원으로 보느냐가 문제 된다. 국제사법재판소가 재판할 때의 준칙으로서 '문명제국에 의하여 승인된 법의 일반원칙'을 들고 있으나, 이는 국제법규의 흠결로 인한 재판불능을 방지하기 위한 것이지, 그렇다고 이를 국제법의 연원으로 볼 수는 없다는 것이 일반적인 견해이다.

Ⅲ. 국제법의 주체

가장 대표적인 국제법의 주체는 국가와 국제기구이다. 이 밖에 제한된 범위에서 개인이나 비정부간기구 및 국제기업 등이 논의되고 있다.

국가는 법인으로서 국제사회에 있어서 독립권·평등권·자위권 등을 가지며, 내정불간섭의무를 진다.

1. 국가

국제법은 주로 국가의 활동을 규율하는 법이기 때문에 국제법의 주체로서 가장 중요한 것은 국가이다. 대부분의 국가는 국제법상 완전한 능력을 가지고 있으나, 국제법상 능력이 제한되는 불완전한 국가도 있다. 완전한 국가를 독립국 또는 주권국이라 하고, 불완전한 국가를 비독립국 또는 반주권국이라고 한다.

새로운 국가가 국제법상의 주체가 되기 위하여는 타국에 의한 승인이 있어야 한다. 승인은 개별적 또는 집단적으로 할 수 있고, 조약이나 선언 또는 통고 등의 형식으로 명시적으로 할 수도 있으며, 외교사절의 파견이나 접수 등 묵시적 방법으로도 할 수 있다. 승인을 받을 국가는 국가로서 독립되어 있고 국제법을 준수할 의사와 능력이 있어야 한다. 국가는 법인으로서 국가의 행위는 국가의 기관이 행사하게 된다.

국가는 어떠한 국가의 명령도 받지 않고 대내외적 사항을 자유로이 처리할 수 있는 독립권과 국제법상 평등한 권리·의무를 가지는 평등권 및 기타 자위권·교통권·명예권 등을 가진다.

국가의 의무로는 국내문제 불간섭의무와 국제법상의 의무위반에 대한 국가책임 등이 있다.

2. 국제기구

국제기구란 국가가 집합하여 구성되는 국제법상 독자의 지위를 가지는 조직체로서 국제기관 또는 국제단체라고도 한다. 기본조약을 체결하여 일정한 임무와 권한을 가지고, 자체의 조직을 통하여 활동한다. 대표적인 국제기구로는 국제연합을 들 수 있다.

3. 개인

개인도 제한된 범위 내에서 국제법의 주체가 될 수 있다. 즉 조약으로 어떤 외국인에 대하여 권리를 부여하거나(외교사절의 특권) 또는 해적행위의 금지나 전쟁범죄인을 처형하는 경우 등이 그것이다.

Ⅳ. 외교사절과 영사

외교사절은 국가를 대표하여 외교교섭을 임무로 하는 기관이다. 외교사절에는 전권대사·전권공사·변리공사 및 대리공사의 4종류가 있다. 자국이 임명한 외교사절을 상대국에 파견하는 데 있어서 그 성명·인물·경력 등을 미리 상대국에 통고하여 상대국의 승인을 얻는 것이 관례로 되어 있다. 이 경우 상대국이 그 인물을 무방한 인물이라고 인정하고 자국주재를 동의하는 것을 아그레망*agrément*을 준다고 한다. 상대국으로부터 아그레망을 받은 외교사절은 그의 계급에 따라 국가원수 또는 외무부장관으로부터 신임장을 받아 가지고 부임한다. 외교사절은 주재국에서 불가침권과 치외법권 등의 특권을 가진다. 외교사절의 수행원인 관원이나 가족 및 고용인에 대해서도 일정한 특권이 부여된다.

영사는 주로 자국의 통상과 항해상의 이익보호와 재류 자국인의 보호를 임무로 하는 자로서, 외교사절과 같이 국가를 대표하여 외국에 파견되는 대표기관은 아니다. 영사도 외교사절과 같이 일정한 특권이 인정되나 외교사절의 범위보다는 좁다. 영사는 주재국의 정부와 교섭할 수는 없고, 지방관헌과는 교섭할 수 있다. 영사에는 총영사·영사·부영사·영사대리 4계급이 있다. 또 영사에는 직무영사와 명예영사의 구별이 있는데, 전자는 본국으로부터 파견되는 공무원이지만, 후자는 본국이 외국국민에게 의뢰하여 영사사무를 위탁하는 경우이다.

Ⅴ. 국제분쟁의 해결

1. 평화적 해결

(1) 국제조정

국가 간의 정치적 분쟁을 평화적으로 해결할 수 있는 가장 기본적인 방법은 외교교섭이다. 그러나 분쟁당사국에 의한 직접적인 교섭으로는 해결에 난점이 많아 제3국에 의한 주선 또는 중개의 방법이 사용되는 경우가 많다. 또한 조직적인 국제조직을 통하여 분쟁을 해결하는 심사 또는 조정을 택하는 경우도 있다.

이러한 국제기관으로는 국제조정위원회나 국제심사위원회 또는 국제연합의 총회 및 안전보장이사회 등이 있다.

그러나 이와 같은 종류의 국제조정은 당사국을 구속할 수 없고, 당사국이 이에 동의하였을 때에만 분쟁의 해결이 가능하다.

(2) 중재재판

분쟁해결의 가장 중요한 해결방법은 국제재판이다. 국제재판에는 중재재판과 사법재판이 있다. 중재재판은 분쟁당사국이 합의에 따라 선정한 재판기관이 행한다. 중재재판은 1899년의 국제분쟁처리 조약에 의하여 설치된 상설중재재판소를 이용하기도 한다.

(3) 사법재판

사법재판은 국제연합의 기관인 국제사법재판소에 의한 분쟁의 사법적 해결수단이다. 국제사법재판소의 판결을 이행하지 않는 국가에 대하여는 판결의 강제집행을 위하여 안전보장이사회가 개입할 수 있다.

2. 강제적 해결

분쟁의 평화적 해결이 불가능한 경우에는 당사국이 자력으로 해결하지 않으면 안 되는 경우가 있을 수 있다. 그러한 방법으로는 상대방 국가의 부당한 관세인상에 대항하여 동일하게 관세인상을 하는 보복과 같은 自救行爲라든지, 상대국의 불법한 행위에 대하여 동일한 정도의 불법행위를 가하는 復仇 등이 있지만, 이것은 전쟁 또는 무력행사로 악화될 가능성이 있다. 전쟁도 자위권의 발동과 같은 적법한 전쟁이 있는가 하면, 불법한 전쟁도 있다. 오늘날은 적법한 전쟁이든 아니든 전쟁은 언제나 불법한 것으로 보는 견해가 유력하다. 그러나 오늘날도 전쟁이 발생하고 있는데, 그나마 교전국들이 전쟁법규를 준수하는 것이 불행 중 다행일 것이다.

연습문제

1. 무엇이 국제법의 주체가 될 수 있는가?
2. 외교사절과 영사는 어떻게 다른가?
3. 국제분쟁의 해결방법에는 어떤 것이 있는가?

로스쿨 대비

LEET 논술 / 면접 (출제예상문제)

<제시문>

서해 북방한계선*Northern Limit Line; NLL*은 정전협정 체결 시 유엔군사령부에서 정전관리를 위하여 선포한 서해상 북방한계선이다. 1953년 7월 정전협정 체결 시 유엔군사령부는 3해리 영해설을, 북한은 12해리설을 주장하며, 서해 해상 군사분계선에 대한 합의에 실패하였다. 이후 당시 교전 중이라는 상황에서 이를 관리하기 위한 방안으로 유엔군사령부에 의하여 NLL이 선포되었다. 유엔군사령부는 3해리 영해설을 취하며 서해5도와 북한 해안선의 중간선을 기준으로 NLL을 설정하였다. 이후 서해 인근 수역에서는 서해교전, 천안함 피격 사건, 연평해전 등 북한의 군사도발로 인한 분쟁이 끊임없이 발생하고 있다.

남측의 정부와 다수의 학자는 NLL이 유엔군사령관에 의하여 일방적으로 설정되었기는 하지만 대체로 합법적인 경계선이라는 데 의견을 모으고 있다. NLL의 적법성에 관한 근거로는 그간 여러 가지 이론이 원용되어 왔으나 대표적인 입장들은 다음과 같다. 첫 번째 이론은 시효원칙에 기초한 응고이론*consolidation theory*이다. 이 주장에 의하면 NLL은 휴전 이후 수십 년 동안 북한에 의하여 관례적으로 준수되어 왔고, 그 기간 동안 형성된 관행의 집적, 묵인, 금반언, 합의 등을 통하여 확고한 법제도로서 명확하게 응고되었으므로 적법한 해상경계선이라는 주장이다. 따라서 비록 명시적 합의는 없지만, 정전협정 자체와 동일한 효력을 갖는 (특별)관습법으로 성립되었다는 것이다. 두 번째는 정전체제하의 전쟁수역설이다. 이는 NLL이 휴전체제하에서 이른바 전쟁수역을 구분하는 경계선으로서 평화협정을 통하여 해상경계선이 획정될 때까지는 유효한 해상군사분계선으로 간주되어야 한다는 것이다. 세 번째로는 필수적 사후조치설이다. NLL은 정전협정 제2조 제13항 및 제15항의 규정에서 미비한 해상경계선을 설정하기 위한 필수적인 조치로서 시행되었으므로 적법하다는 입장이다. 남측의 입장을 종합하면, "NLL은 비록 정전협정에 합의된 선은 아니나, 정전협정 이행과정에서 쌍방의 무력충돌 방지와 정전체제의 안정적 관리를 위해 불가피하게 설정된 선으로서 정전협정의 근본취지와 제원칙에 부합된다"는 것이다.

출처: 이용중, "서해북방한계선NLL에 대한 남북한 주장의 국제법적 비교 분석", 『법학논고』 32권, 경북대학교 법학연구원, 2010, 551~553면.

질문 우리 헌법 제3조에서는 "대한민국의 영토는 한반도와 그 부속도서로 한다"고 정하고 있다. NLL을 영토선으로 이해한다면, 북한을 국가로 인정하는 꼴이 된다는 주장이 있다. 영토선은 영토의 경계를 구분하는 선이기 때문이다. NLL을 영토선으로 보는 것에 대한 귀하의 생각은 어떠한가?

제10장 국제거래법

- 국제거래에서 가장 중요한 것은 신의와 성실이다.
- 문서에 없는 것은 실재하지 않는다.

Ⅰ. 국제거래법의 의의

국제거래법이란 국경을 초월하여 물품·금전·자본·기술의 이전이나 서비스의 제공 등을 내용으로 하는 거래에 관한 법이라고 할 수 있다. 이와 같이 국제거래법은 국제거래관계에 관한 법이므로 법의 충돌을 해결하기 위한 준거법결정을 내용으로 하는 국제사법과 다르다. 국제거래법은 아직 국내에서 개념의 통일이 되어 있지 않다. 국제거래법과 국제경제법은 아직도 명확한 구분이 되지 않고 있다. 양자를 같은 것으로 보는 견해가 있는가 하면, 양자는 엄격한 의미에서는 구별되어야 한다는 견해도 있다.

양자를 구별하는 입장에서 보면, 국제경제법은 국제적 경제활동을 주로 하고 조약에 의하여 규율하는 법규범이라든지 국민경제를 대표하는 국가를 규제하는 법이다. 이런 의미에서 국제경제법은 국제법 또는 국제법의 일부라고 한다. 또는 각국의 경제정책의 대립을 세계경제의 관점에서 조정하는 국제법이라고 한다.

양자를 구별하지 않는 입장에서 보면, 양자는 다 같이 '국제경제거래에 관한 법'으로서 국제경제거래에 관한 국제법과 국내법, 공법과 사법을 모두 포함한 것으로 보고 있다.

어쨌든 국제거래법을 연구하기 위하여는 소유권이전이나 담보책임 등에 관한 민법의 규정과 운송·보험·상거래 등에 관한 상법의 규정, 특히 각국 회사법에 관한 기본지식이 필요하고, 조세·관세·무역관리 등에 관한 공법과 특허권·상표권에 관한 저작권의 문제와 GATT, 특히 WTO, 기타 국제기구와 같은 국제조약도 연구하지 않을 수 없는 종합학문이라고도 할 수 있다. 따라서 이들 여러 분야에서 국제거래에 관련된 법규범을 모아 체계화하는 것이 앞으로 국제거래법이 해결하여야 할 과제라고 할 수 있다.

Ⅱ. 국제거래계약

국제계약에 대한 명확한 정의를 내리기는 어렵다. 그 계약의 내용이 몹시 다양하기 때문이다. 국제물품매매계약·합작투자계약·대리점계약·판매점계약·Know-how license계약·국제운송계약·국제보험계약·합작투자계약·기술도입계약·차관계약 등 국제거래계약의 종류와 내용은 다양하다. 국제거래계약이 국내계약과 다른 점은 계약의 체결이나 이행 또는 불이행 시의 강제수단 및 분쟁의 해결방법에 있어서 모두 2개국 이상의 상이한 법체계와 관련되는 점이다.

국제계약은 국적을 달리하는 당사자 간에 영업소가 상이한 국가에서 상이한 법제, 상이한 화폐단위 및 상이한 문화배경에서 이루어지는 계약이라는 점에서 국내거래계약과는 사정이 다른 계약이다. 따라서 국제계약은 국내계약에 비하여 다음과 같은 특징을 가지고 있다.

1. 적용법규의 불확실성

국제계약에는 여러 나라의 법이 복합적으로 관련될 가능성이 많으며, 적용법규의 선택에 있어서도 명백한 기준이 없다.

2. 당사자자치의 원칙

국제계약의 준거법결정에 관하여 일반적으로 인정되고 있는 원칙은 계약은 당사자의 의사에 따른다는 당사자자치의 원칙이다. 그러나 당사자자치의 원칙에 따른다 하더라도 계약의 국제성 때문에 무한정 인정할 수 있는 성질은 아니고 필연적인 제한은 따르게 마련이다.

3. 강행법규의 적용

국제계약은 계약당사자의 국가에 미치는 경제적 영향이 적지 않으므로, 각국은 국제계약과 관련하여 일정한 공권력 규제를 하고 있다. 그 대표적인 통제법이 외국환거래법·독점규제 및 공정거래에 관한 법률·관세법·대외무역법·외국인투자 촉진법 등이다.

4. 분쟁해결의 곤란성

국제거래에서 분쟁이 발생한 경우 어느 나라의 법원에서 해결할 것인가가 애매한 경우가 많고, 해결기관을 법원으로 할 것인가 중재기관을 이용할 것인가 하는 결정문제가 따르며, 어느 기관의 판정에 의한다 하여도 집행이 어려울 때가 있다.

5. 국제계약 관계법의 통일화 경향

오늘날 국제거래계약은 횟수의 반복성과 거래의 대량성, 정형성 및 간이·신속성의 요청으로 인하여 점차 관례화·통일화되어 가는 경향이 있다. 이미 국제적인 통일법이 제정·시행되고 있으며, 앞으로 필요한 분야의 통일법 제정과 그 적용이 요망되고 있다. 국제물품매매계약에 관한 UN 협약의 제정·시행이나 국제사법 통일을 위한 계속적인 법제정 노력은 이러한 요망에 부응하려는 것이다.

III. 국제거래에 관한 분쟁해결

국제거래에 관한 분쟁해결의 방법으로는 우선 당사자 간의 해결방법으로서 청구권의 포기·화해·알선 등에 의하는 것이 있다. 이것으로 해결되지 않는 경우에는 조정이나 중재 또는 소송을 통하여 해결하여야 한다. 이 중에서 중재라 함은 당사자의 합의에 의하여 법원 이외의 제3자인 중재인에게 그 해결을 위임하고, 그 판정에 복종하기로 하는 제도이다. 중재에 의하는 것이 소송에 의하는 것보다는 훨씬 비용이 적게 들고 간편하다.

국제상사중재는 중재법원의 구성방법에 따라 개별적 중재와 상설중재기관에 의한 제도적 중재로 구별된다. 현재 대표적인 상설중재기관으로는 국제상공회의소와 미국중재협회가 있다.

분쟁해결을 위한 최후적 수단은 소송에 의하는 방법이다. 그러나 소송에도 외국판결의 효력을 국내법원에서 승인하는 문제와 그 집행에 관한 어려운 문제가 따르는 것은 불가피한 일이다.

오늘날 국제거래의 대량화·반복화의 경향으로 관계국의 경제질서에 미치는 영향이 크므로 각국은 자국경제의 보호를 위하여 여러 가지 무역에 관한 규제법을 제정하여 이에 대처하고 있다는 것은 앞에서 지적한 바와 같다. 그러나 나라마다 자국의 이익보호를 위하여 규제규정을 마련하게 되면 세계경제질서는 붕괴될 위험성마저 있으므로 개인 간의 국제거래를 넘어선 국제무역거래의 질서확립과 형평의 이념 아래 세계무역기구*WTO*의 창설을 보게 되었다.

앞으로는 이러한 GATT의 규정이나 WTO의 분쟁해결절차 등 세계적 또는 지역적 국제무역기구에도 많은 관심을 가지면서 개인의 국제거래에 임하여야 할 것으로 생각된다.

Ⅳ. WTO체제의 분쟁해결제도

1994년 '분쟁해결 규칙 및 절차에 관한 양해각서'는 WTO체제의 모든 분쟁의 해결 절차에 적용된다. 이에 의하면 협의의 요청이 있으면 요청 후 30일 내에 협상이 개시되어야 하고, 협의가 거부되면 제소국은 직접 패널*panel*의 설치를 요구할 수 있다. 협의의 요청 후 60일이 경과한 후에 협의에 의하여 분쟁이 해결되지 않으면 제소국은 역시 패널의 설치를 요구할 수 있다. 분쟁당사국은 주선·조정·중개를 통하여 자발적으로 분쟁을 해결할 수도 있다.

패널은 분쟁당사국 국민이 아닌 3명으로 구성된다. 패널은 위임사항이 결정된 때부터 6개월 내에 작업을 완수하여야 한다. 분쟁당사국은 패널보고서에 대하여 상소할 수 있다. 상소기관은 4년 임기의 7명의 전문가들로 구성된다.

패널 또는 상소 보고서가 채택된 날로부터 30일 이내에 개최되는 분쟁해결기구*Dispute Settlement Body: DSB* 회의에서 해당분쟁당사국(패소국)은 DSB의 권고와 판정의 이행에 관한 자기 나라의 의사를 통고하여야 한다. DSB는 그 이행을 지속적으로 감독하여야 한다.

사례

1. 한국의 A는 미국의 B로부터 반도체 칩 100개를 주문받았다. 이 경우에 A는 어떤 방법으로 대금을 받을 수 있겠는가?

   힌트 우선 A는 물건을 E운송회사(선박 편으로 보낸다고 하면 해운회사)에 운송의뢰를 하고 선하증권을 교부받는다. 다음 B를 지급인으로 하는 환어음을 발행한다. 이 환어음에 선하증권을 첨부하여(이를 하환어음 또는 화환어음이라 함), 거래은행인 C은행에 할인의뢰하여 할인을 받는다. C은행은 이 하환어음을 미국의 D지점으로 보낸다. 한편 해운회사도 미국에 있는 F지점이나 거래처 앞으로 물건을 보낸다. 미국의 D지점은 B에게 서류(하환어음)가 왔다고 통지하면, B는 D지점에 대금을 지급하고 그 서류를 찾아 F해운회사에 가서 선하증권과 상환으로 물건을 찾으면 된다. 여기에서 더 나아가 대금지급을 미국의 매수인인 B의 거래은행에서 보증하는 서류인 신용장을 보내 주면 이 신용장을 하환어음에 첨부하면 더욱 확실한 담보가 된다. 국제거래에서는 이와 같이 신용장을 첨부한 하환신용장을 이용하는 것이 일반적인 현상이다.

연습문제

1. 국제거래법은 어떠한 법인가?

2. 국제계약은 국내계약에 비하여 어떠한 특징이 있는가?

3. 국제거래에 있어서 분쟁해결방법에는 어떤 것이 있는가?

4. 하환신용장이란 무엇인가?

제11장 국제사법

- 사람의 능력은 그의 본국법에 의한다.
- 법관 없는 곳에 법 없다.

Ⅰ. 국제사법의 의의

국제사법*international private law; Internationales Privatrecht*이라 함은 섭외적 법률관계에 적용할 준거법을 정하는 법이다. 지구상에는 여러 주권국가가 존재하고 있어서 사법의 영역에 속하는 법률문제가 한 나라 안에서뿐만 아니라 국제적인 관계에서도 무수히 발생하고 있다. 예컨대 A국인이 B국인으로부터 상품을 구입한다든지, C국의 남자와 D국의 여자가 혼인을 한다든지, 또는 E국인이 F국에 재산을 남겨 두고 사망한 경우에 발생하는 법률문제는 어느 한 나라의 법률에 의하여 일방적으로 적용할 수는 없다. 어느 한 나라의 법률을 적용하기 위하여는 일정한 원칙이 있어야 하든지 아니면 국제적 통일사법이 있어서 그것을 적용하여야 할 것이다. 이런 경우에 법률충돌문제를 해결하고자 하는 법이 다름 아닌 국제사법이다.

국제사법의 이념은 세계 어느 나라에서 소송이 제기되더라도 같은 법이 제기되어 같은 결과가 되게 하여, 섭외적 생활의 법적 안정을 기하고 자의적인 법정선택을 방지하는 데 있다.

Ⅱ. 현행 국제사법의 구성과 기본원칙

우리나라의 국제사법은 전문 10장 96개조와 부칙으로 구성되어 있고, 그 내용은 제1장 총칙, 제2장 사람, 제3장 법률행위, 제4장 물권, 제5장 지식재산권, 제6장 채권, 제7장 친족, 제8장 상속, 제9장 어음·수표, 제10장 해상으로 되어 있다. 현행 국제사법은 다음과 같은 사항을 기본원칙으로 하고 있다.

1. 본국법주의

국제사법은 유럽의 대륙제국과 같이 사람의 신분 및 능력에 관한 광범한 영역에 걸쳐 본국법을 준거법으로 하고 있다. 즉 사람의 권리능력·행위능력·혼인에 관하여 그 실질적 성립요건은 각 당사자의 본국법에 의한다. 이 밖에도 친족·상속관계에 있어서도 본국법주의를 원칙으로 하고 있다.

2. 당사자자치의 원칙

채권법상의 법률행위의 성립 및 효력에 관한 준거법은 당사자의 의사에 따라서 선정되므로 당사자자치의 원칙이 적용된다. 채권법상의 이 원칙의 적용은 국제사법의 일반적인 원칙으로 되어 있다.

3. 사실발생지주의

채권관계 중에서 사무관리나 부당이득 및 불법행위에 기한 법정채권의 성립 및 효력은 성질상 사실이 발생한 나라의 법률이 적용될 수밖에 없으므로, 우리 국제사법도 이 원칙을 채택하고 있다.

4. 발행지주의 및 지급지주의

환어음·약속어음·수표에 관한 법률관계에 있어서는 이것이 국제적 유통성을 가지고 있다는 특수한 성격에 따라 발행지법 및 지급지법을 준거법으로 하고 있다.

5. 목적물의 소재지법주의

동산 및 부동산에 관한 물권, 기타 매매의 예약이나 환매 등 등기하여야 할 권리에 관하여는 그 목적물의 소재지법을 준거법으로 한다. 물권은 성질상 소재지의 공익과 밀접한 관계를 가진 법률관계이므로 공익보호의 견지에서 당연한 요청이라 할 수 있다. 중세 이래 거의 모든 나라의 입법태도이다.

6. 반정

反定은 각국의 국제사법의 내용이 다른 결과 발생하는 국제사법 간의 충돌을 방지하기 위한 제도이다. 예컨대 미국인 남녀가 한국에서 혼인을 한 경우에 우리 국제사법에 의하면 혼인의 성립요건은 각 당사자의 본국법(여기서는 미국법)을 적용하게 된다. 그래서 미국법을 적용하려고 보니, 미국의 국제사법은 혼인거행지법, 즉 한국법에 의하게 된다. 이러한 경우에 우리나라 법원에서 미국법을 적용하지 아니하고 한국법을 적용하는 것을 반정이라고 한다. 우리 국제사법은 제22조에서 반정에 관한 규정을 두고 있다.

7. 외국법 적용의 배제

우리 국제사법은 국제사법의 일반원칙에 의하여 외국법을 준거법으로 적용하여야 할 경우에도, 그 적용의 결과가 우리나라의 선량한 풍속, 기타 사회질서에 위반되는 때에는 그 외국법을 적용하지 않는 원칙을 규정하고 있다(제23조 참조).

사례

1. 2인의 처를 둔 이라크 국적의 A는 재산의 일부를 한국에 남겨 둔 채 사망하였다. 그리하여 제2의 처에서 출생한 B가 한국에 있는 재산의 상속을 주장하는데 인정하여야 하는가?

   힌트 우리나라 법에 의하면 일부다처제를 인정하지 않는다. 제2의 처에서 출생한 B는 우리 민법에 의하면 夫가 인지하지 않으면 혼인 외의 자로서 상속권이 없다. 국제사법 제23조에는 "외국법에 따라야 하는 경우에 그 규정의 적용이 대한민국의 선량한 풍속이나 그 밖의 사회질서에 명백히 위반되는 때에는 그 규정을 적용하지 아니한다"라고 규정되어 있으나, 이는 적용결과가 내국의 사회질서를 위반한 경우를 의미하므로 본 사례와 같이 B에게 상속을 인정한다 하더라도 우리의 사회질서에 위반하는 결과가 되지 않는다.

2. 한국 국적과 미국 국적을 동시에 가지고 있는 A남이 일본인인 B녀와 미국에서 살고 있다. A와 B는 성격차이로 결국 이혼하게 되었다. 어느 나라 법에 따라 해결할 것인가?

   힌트 부부 중 일방이 대한민국에 상거소가 있는 대한민국 국민인 경우에는 이혼은 대한민국 법에 의한다(제66조). 본 규정에 의하면 A의 본국법인 한국법과 미국법에 의하도록 되어 있다. 그러나 이런 경우에는 내국법 우선의 원칙에 따라 한국법을 적용하여야 할 것이다.

연습문제

1. 국제사법이란 어떠한 법인가?
2. 우리나라 국제사법은 어떠한 원칙들을 채택하고 있는가?
3. 反定이란 무엇인가?

제12장 노동법

- 개인주의법에서 사회법으로의 전환은 인격이 아니라 인간을 보려는 인간상에 대한 법적 사고의 전환이다. — G. Radbruch

노동법은 사회법에 속한다. 사회법*social law; Sozialrecht*이란 개념은 견해에 따라 그 범위를 달리한다. 광의의 사회법은 노동법·사회보장법·경제법을 포함하고, 협의의 사회법은 경제법을 제외한 법을 말한다. 경제법은 경제적 강자를 규제하여 국민경제의 균형 있는 발전을 도모함을 주된 목적으로 하는 데 반하여, 노동법·사회보장법은 주로 경제적 약자를 보호함을 목적으로 하는 법이라고 보기 때문이다.

Ⅰ. 노동법의 의의

노동법이란 자본주의사회에 있어서의 종속노동관계를 규율하는 법으로서 근로자의 생존확보와 실질적 평등의 보장을 이념으로 하는 법이다. 노동법이 규율대상으로 하는 노동은 종속적인 노동으로서 일정한 임금을 받고서 타인을 위하여 하는 노동으로, 근로과정에 있어서 사용자의 지휘명령에 따라서 통제되는 노동이다. 노동법은 자본주의사회에 있어서의 노동관계를 규율하는 법이므로 사유재산의 존중과 계약자유의 원칙을 전제로 하고 있으므로 공산주의사회의 노동에 대한 법은 여기서 말하는 노동법이 아니다. 노동법은 자본주의적 법질서를 전제로 하면서도 근로자의 생존확보와 실질적인 평등을 보장하는 것을 이념적 기초로 하므로 수정자본주의사회의 노동법이라고 할 수 있다.

이러한 입장에서 보면 근로자의 생존과 실질적 평등을 보장하는 방법으로서는 2가지 측면에서 고찰할 수 있다. 하나는 법으로 계약자유의 원칙을 제한하여 일정한도 이하의 근로조건으로 근로자를 고용함을 금지하는 방법이고, 다른 하나는 근로자 자신들이 단결함으로써 경제적인 강자인 사용자와 대등한 입장에서 계약을 체결하는 방법이다. 전자에 관한 법으로서는 근로기준법을 위시하여 직업안정법이 있고, 후자에 관한 법으로서는 노동조합 및 노동관계조정법·노동위원회법 등이 있다. 이와 같이 노동법은 개별적 근로관계법과 집단적 노사관계법을 그 내용으로 하고 있다.

Ⅱ. 노동기본권

우리 헌법은 제32조 제1항에서 "모든 국민은 근로의 권리를 가진다. 국가는 사회적·경제적 방법으로 근로자의 고용의 증진과 적정임금의 보장에 노력하여야 하며 ……" 라고 규정하여 근로의 권리를 국민의 기본권으로 보장하고 있다. 이와 같은 근로의 권리를 전제로 하여 헌법은 또한 제33조 제1항에서 "근로자는 근로조건의 향상을 위하여 자주적인 단결권·단체교섭권 및 단체행동권을 가진다"고 규정하고 있다. 이러한 노동기본권의 헌법상의 보장을 구체적으로 규정한 것이 노동법이다.

Ⅲ. 근로기준법

근로기준법은 개별적 근로관계법 중 가장 기본적인 법률이다. 이 법은 인간다운 생활을 할 권리를 근로자에게 보장하기 위하여 근로자의 기본적 생활을 보장할 수 있는 근로조건의 기준을 정립하는 데 그 목적을 두고 있다(제1조). 근로기준법은 최저의 근로기준을 확보하기 위하여 위반행위에는 벌칙을 가하고, 위반한 근로계약은 무효로 하며, 사용자의 근로기준법 준수 여부를 감독하기 위하여 근로감독관제도를 두고 있다.

근로기준법은 근로조건의 최저한을 보장하는 동시에 근대적이고 바람직한 노사관계를 확립하기 위하여 다음과 같은 8대 원칙을 기초로 하고 있다. 즉 ① 근로자의 기본생활의 보장(제3조), ② 근로조건의 결정(제4조), ③ 근로조건의 준수(제5조), ④ 균등한 처우(제6조), ⑤ 강제근로의 금지(제7조), ⑥ 폭행의 금지(제8조), ⑦ 중간착취의 배제(제9조), ⑧ 공민권행사의 보장(제10조) 등이 그것이다.

근로기준법은 이러한 원칙을 기초로 하여 근로계약·임금·근로시간·휴식·여자와 소년의 근로·안전과 보건·기술습득·재해보상·취업규칙·기숙사 등에 관한 상세한 규정을 두고 있다.

사례

1. 사용자 갑이 사업체를 폐업한 후 사업을 재개하여 근로자를 다시 입사시킨 경우 해고 이전의 근로기간도 퇴직금 산정에 포함되는가?

힌트 해고 이전의 근로기간도 퇴직금 산정에 포함시키기로 하였다고 볼 특별한 사정이 없는 이상, 근로관계는 다시 입사한 날로부터 시작된다고 보아야 하지 않을까?(대법원 1995. 10. 12. 선고 94다52768 판결) 그러나 근로자퇴직급여 보장법 개정으로 앞으로 많은 법리의 변화가 예상되고 있다.

2. 갑은 외국인이 경영하는 상시 근로자 10명인 회사에서 근무하고 있다. 이 경우에도 근로기준법이 적용되는가?

힌트 근로기준법 제11조에서 "이 법은 상시 5명 이상의 근로자를 사용하는 모든 사업 또는 사업장에 적용한다"라고 규정하고 있으며, 이는 국가·지방자치단체에 의한 사업은 물론 국영기업체, 공익사업체, 사회사업단체, 종교단체가 행하는 모든 사업에 적용된다(서울지법 1996. 9. 10. 선고 96가단90373 판결; 대법원 1979. 3. 27. 선고 78다163 판결). 이와 같이 근로기준법은 이 법의 적용대상이 되는 사업을 한정시키지 않고 모든 사업에 적용되도록 규정하고 있으므로 사업의 개념은 탄력적으로 파악되어야 할 것이다.

근로기준법은 국내법으로서 국내에서만 적용되며, 통치권이 미치지 못하는 국외의 사업장에 대해서는 적용되지 않는 것이 원칙이다. 그러나 외국인회사의 한국지부라도 속지주의 원칙상 한국인 노동자를 고용하여 사용자의 지위를 갖는 한 자연인이나 법인을 불문하고 근로기준법상의 규정 및 의무를 준수·이행할 의무가 있으므로, 사용자가 근로기준법에 위반할 경우에는 고용노동부 지방고용노동청에 고발하거나 법원에 민사상 소송을 청구할 수 있음은 물론이고, 이외에 별도로 노동위원회에 구제신청도 할 수 있을 것이다.

3. A는 학습지제작 판매회사인 갑회사와 위탁업무계약을 체결한 교육상담교사이다. A와 같은 경우에도 근로기준법상의 근로자로서 퇴직금을 청구할 수 있는가?

힌트 판례를 보면 "학습지 등을 제작·판매하는 회사와 위탁업무계약을 체결한 교육상담교사의 경우, 그 위탁업무의 수행과정에서 업무의 내용이나 수행방법 및 업무수행시간 등에 관하여 그 회사로부터 구체적이고 직접적인 지휘·감독을 받고 있지 아니한 점, 그 회사로부터 지급받는 수수료는 그 위탁업무 수행을 위하여 상담교사가 제공하는 근로의 내용이나 시간과는 관계없이 오직 신규회원의 증가나 월회비의 등록에 따른 회비의 수금실적이라는 객관적으로 나타난 위탁업무의 이행실적에 따라서만 그 지급 여부 및 지급액이 결정되는 것이어서 종속적인 관계에서의 근로제공의 대가로서의 임금이라 보기 어려운 점 및 그 밖에 업무수행 시간의 정함이 없는 점 등 여러 사정을 종합하여 볼 때, 교육상담교사는 그 회사와의 사이에 사용·종속관계하에서 임금을 목적으로 근로를 제공한 근로자로 볼 수 없다"라고 하였다(대법원 1996. 4. 26. 선고 95다20348 판결).

따라서 A의 경우에도 위와 같은 종합적인 기준에 의하여 근로기준법상의 근로자인지 여부를 판단하여야 하기 때문에, 위 판례에 비추어 볼 때 근로기준법상의 근로자로 인정되기는 어려울 것이다.

Ⅳ. 노동조합 및 노동관계조정법

이 법은 헌법에 의한 근로자의 단결권·단체교섭권 및 단체행동권을 보장하여 근로조건의 유지·개선과 근로자의 경제적·사회적 지위의 향상을 도모하고, 노동관계를 공정하게 조정하여 노동쟁의를 예방·해결함으로써 산업평화의 유지와 국민경제의 발전에 이바지함을 목적으로 한다(제1조).

1. 노동조합

근로자는 자유로이 노동조합을 조직하거나 가입할 수 있다. 노동조합법의 목적은 노동조합이라는 영속성 있는 조직적 단체에 의하여 이루어질 수 있다. 노동조합을 조직함에 있어서는 이에 참가하는 근로자가 직종별로 참가하느냐 산업별로 참가하느냐 또는 동일한 기업에 종사하는 근로자가 기업을 중심으로 조직하느냐에 따라 직종별조합·산업별조합·기업별조합으로 나누어진다.

직종별조합*craft union*은 주로 숙련공을 중심으로 하여 가장 먼저 발달한 조직형태로서, 운전사조합·인쇄공조합·목공조합 등과 같이 동일한 직종 또는 직업을 가진 근로자가 그가 소속한 기업과는 관계없이 횡적인 관계에서 결합한 조합이다. 직종별조합은 단결력이 강하여 특정한 직종의 사용자에 대항하는 힘이 증가하는 장점이 있으나, 조합원의 자격상 배타적 성격이 강하여 근로자 전체의 생활수준의 향상은 기대하기 어렵다는 단점이 있다.

산업별조합*industrial union*은 19세기 중엽 이래 산업자본주의가 발달하고 근로자 간의 세계연대사상이 팽배할 무렵에 미숙련근로자를 중심으로 하여 발전한 것으로 현재 가장 지배적인 조직형태로서, 운수산업·섬유산업·철강산업·탄광산업 등과 같이 동일한 산업에 종사하는 근로자로 조직되는 조합이다. 이 조합의 장·단점은 위에서 말한 직종별조합과는 반대의 장·단점이 있다. 즉 동종산업에 종사하는 근로자의 지위는 향상되지만 사용자와의 단결력이나 단체교섭력은 저하되는 단점이 있다.

기업별조합*company union*은 같은 기업에 종사하는 근로자로 조직되는 조합이다. 이는 규모 면에 있어서나 사용자의 지배·개입의 면에서나 근로자의 지위향상을 위한 조합활동이 위축될 가능성이 많으므로, 미국에서는 이를 어용조합*company dominated union*, 독일에서는 황색조합*Gelbe Gewerkschaft*이라고 하여 배척한 때가 있다.[1] 아직까지도 자주성이 있는 노동조합으로는 인정하지 않는 경향이 강하다.

현행법상 우리나라의 노동조합은 근로자가 자유로이 선택할 수 있으므로, 어떤 형태의 노동조합이든 조직할 수 있고, 어느 조합이든 가입 또는 탈퇴할 수 있는 자유가 보장되어 있다.

노동조합을 설립코자 하는 자는 일정한 사항을 기재한 신고서에 노동조합의 규약을 첨부하여 연합단체인 노동조합과 2 이상의 특별시·광역시·특별자치시·도·특별자치도에 걸치는 단위노동조합은 고용노동부장관에게, 그 외의 노동조합은 특별자치시장·특별자치도지사·시장·군수·구청장에게 제출하여야 한다(제10조).

2. 단체교섭과 단체협약

노동조합의 대표자는 그 노동조합 또는 조합원을 위하여 사용자나 사용자단체와 교섭하고 단체협약을 체결할 권한을 가진다(제29조). 단체교섭은 노동조합이 단체협약, 기타 근로조건에 관하여 사용자 또는 사용자단체와 교섭하는 것을 말한다. 사용자는 단체교섭에 응할 의무가 있으므로 정당한 이유 없이 이를 거절하게 되면 부당노동행위가 된다.

단체교섭이 평화적으로 이루어지면 그것을 기초로 단체협약이 체결된다. 단체협약은 노동조합과 사용자 또는 사용자단체를 당사자로 하여 근로자의 근로조건, 기타의 사항에 관하여 체결된 협정을 문서화한 것을 말한다. 이것은 평화적인 단체교섭의 결과인 경우도 있지만, 쟁의행위를 통한 쟁취인 경우도 있다.

영국의 경우에는 단체협약을 신사협정*gentleman's agreement*이라고 부를 정도로 단체협약의 효력을 사적 자치에 위임하는 임의주의적 경향이 특히 강하기는 하지만, 오늘날 대부분의 국가에서는 단순한 자치규범에 그치는 것이 아니라 일정한 범위에서 법적 규

1 최종고, 『법학통론(제4전정신판)』, 박영사, 2019, 488~489면.

범으로서의 성격도 인정하고 있다.

단체협약의 내용은 일반적으로 규범적인 부분, 채무적인 부분 및 조직적인 부분으로 나눌 수 있다. 규범적인 부분은 임금·근로시간·휴일·휴가·해직·상여금·퇴직수당 등에 관한 규정이고, 채무적인 부분은 계약당사자의 평화의무나 유니온 숍*union shop*협정에 기한 의무와 같이 노동조합과 사용자 간의 권리·의무에 관한 규정이며, 조직적인 부분은 노사협의회나 징계위원회 등 분쟁처리 기관의 구성과 운영에 관한 부분을 말한다. 단체협약은 그 유효기간을 3년으로 하고 있다.

단체협약은 서면으로 작성하여 당사자 쌍방이 서명 또는 날인하여야 한다. 단체협약의 당사자는 단체협약의 체결일로부터 15일 이내에 이를 행정관청에 신고하여야 한다(제31조).

3. 쟁의행위

쟁의행위는 노동조합 또는 사용자가 노사 간의 분쟁상태를 자기에게 유리하게 전개하여 그 주장을 관철하기 위하여 행하는 투쟁행위로서 업무의 정상운영을 저해하는 행위이다. 따라서 쟁의행위는 노동쟁의와는 달리 동맹파업*strike*·태업*sabotage, soldiering*·직장폐쇄와 같은 투쟁행위를 가리킨다. 쟁의행위는 이 밖에도 보이콧*boycott*·피케팅*picketing*·생산관리 및 준법투쟁 등이 있다.

생산관리는 근로자들이 단결하여 사용자의 지휘·명령을 거부하면서 사업장 또는 공장을 점거함으로써 조합간부의 지휘 아래 노무를 제공하는 투쟁행위이다.

쟁의행위는 헌법이 보장하는 단체행동권을 행사하는 것이므로 정당한 행위로서 인정되는 범위 내에서 민·형사상의 책임을 면한다. 쟁의행위는 근로조건을 유지·개선함으로써 경제적·사회적 지위의 향상을 위한 것이어야 하며, 그 수단과 방법이 정당하여야 한다. 그러므로 폭행이나 파괴 또는 협박에 의한 쟁의행위는 인정될 수 없음은 물론이다.

사례
1. 갑은 A그룹 인력관리위원회가 실시한 사원공개채용시험에 합격하여 A그룹 계열회사인 B사에 근무하고 있던 중, A그룹 기획조정실에서 갑의 동의 없이 일방적으로 C사로 전보발령을 내렸다. 갑이 C사로 부임하는 것을 거부하고, 인사발령의

부당함과 이를 항의하는 내용의 유인물을 배포하자, B사는 징계위원회를 열어 갑을 해임하였다. 갑은 B사를 상대로 해고무효 확인소송을 제기할 수 있는가?

힌트 계열사 간의 전출 내지 전적은 동일기업 내의 인사이동인 전근이나 전보와 같은 것으로 보고 근로자의 동의 없이도 전출발령을 내릴 수 있을까?

B사와 근로계약을 합의해지하고 C사와 새로운 근로계약을 체결하거나, 근로계약상의 사용자의 지위를 양도하는 것으로 보아 특별한 사정이 없는 한 근로자의 동의를 받아야 하지 않겠는가?

C사로의 부임을 거부하고 이에 항의하는 유인물을 회사의 승인 없이 배포하였다 하더라도, 그 행위의 동기나 경위에 비추어 사회통념상 근로자에게 책임 있는 사유라고는 볼 수 없지 않겠는가?

4. 노동쟁의와 조정

노동쟁의라 함은 노동조합과 사용자 간의 근로조건에 관한 주장의 불일치로 인하여 발생하는 분쟁상태를 말한다. 평화적인 단체교섭이 단체협약의 체결에 이르지 못하고 깨어진 경우에는 어떠한 형태의 실력행사를 하지 않더라도 노동쟁의는 발생한 것으로 된다. 따라서 동맹파업이나 직장폐쇄와 같은 투쟁행위인 쟁의행위와는 다르다.

노동쟁의가 발생하면 관계당사자는 지체 없이 행정관청과 노동위원회에 신고하여 쟁의의 적법성 여부를 심사받아야 하고, 이때부터 일반사업은 10일, 공익사업은 15일간의 냉각기간을 갖는다. 행정관청은 그동안에 알선공무원으로 하여금 관계당사자의 자주적 해결을 알선하도록 하나 알선이 성립하지 못한 경우에는 노동위원회가 조정안을 작성하여 당사자에게 수락을 권고한다. 쌍방당사자의 수락으로 작성된 조정서는 단체협약과 동일한 효력을 갖는다.

조정안이 수락되지 않을 경우에는 당사자 쌍방의 신청에 의하여, 당사자 일방이 단체협약에 의하여(임의중재), 또는 행정관청의 요구나 노동위원회의 직권으로(강제중재) 노동위원회가 중재재정을 하게 된다. 중재는 당사자의 의사를 불문하고 단체협약과 동일한 효력을 가진다. 다만, 강제중재는 공익사업이나 외국인 투자기업체에만 인정된다. 중재절차에 들어가면 다시 15일간 쟁의행위가 금지된다.

현행법상 인정되고 있는 긴급조정은 쟁의행위가 공익사업에 관한 것이거나 그 규모가 크거나 성질이 특별하여 국민경제를 현저하게 저해하거나 국민의 일상생활을 위태롭게 할 위험이 현존하는 경우에 고용노동부장관의 직권에 의하여 행해지는 강제적인 분쟁해결방법이다. 긴급조정이 공포되면 그날로부터 다시 30일간 쟁의행위가 금지된다.

5. 부당노동행위

근로자의 단결권·단체교섭권·단체행동권은 헌법에 의하여 보장되는 기본권이므로 그 침해는 민법상의 불법행위로서 이에 대한 손해배상을 청구할 수 있으나 그 실효성이 적다. 이 경우 노동조합의 조직과 활동을 통하면 근로자의 권리를 보호받기 쉬워진다. 따라서 노동조합의 조직과 활동을 사용자가 방해할 경우에 조합이 자주적으로 이를 방어할 수 있을 정도로 강력하지 못할 때에는 국가기관이 개입하여 사용자의 부당노동행위를 금지함으로써 건전한 노사관계를 육성하고자 하는 것이 부당노동행위의 금지제도이다.

부당노동행위로는 사용자가 ① 근로자의 노동조합 가입이나 조합활동을 이유로 불이익을 주는 행위, ② 근로자가 노동조합에 가입하지 않거나 탈퇴하거나 특정 노동조합의 조합원이 될 것을 조건으로 하여 근로계약을 체결하는 행위(黃犬계약), ③ 단체교섭을 정당한 이유 없이 거부하는 행위, ④ 노동조합의 조직이나 운영에 개입하는 행위, ⑤ 근로자의 정당한 쟁의행위에의 참가 또는 사용자의 부당노동행위의 신고 등을 이유로 불이익을 주는 행위 등을 들 수 있다(제81조).

사용자의 부당노동행위가 있으면 근로자 또는 노동조합의 신청에 의하여 노동위원회가 원상회복, 기타의 구제명령을 내리게 된다.

V. 노동위원회법

노동위원회는 부당노동행위를 판정하고, 노동쟁의를 조정하는 등 여러 가지 권한을 가지는 하나의 행정규제위원회이다. 노동위원회는 중앙노동위원회·지방노동위원회·특별노동위원회가 있다. 중앙노동위원회는 국가의 행정기관으로서 고용노동부에, 지방노동위원회는 서울특별시와 광역시 및 도에 각각 설치된다. 특별노동위원회는 관계법률에서 정하는 사항을 관장하게 하기 위하여 당해 특정사항을 관장하는 중앙행정기관의 장 소속으로 둔다(제2조).

노동위원회는 근로자위원·사용자위원은 각 10인 이상 50인 이하, 공익위원은 10인 이상 70인 이하의 범위에서 구성함으로써 노사대표의 주장을 반영하고 공익을 충분히 고려하고자 하고 있다.

노동위원회는 노동쟁의의 조정중재 및 긴급조정을 행할 권한이 있고, 재해보상에 관한 심사중재의 권한을 가지며, 부당노동행위에 관한 판정 및 구제명령을 할 권한 등을 가진다.

판례

1. 부당노동행위 구제제도는 집단적 노사관계를 파괴하는 사용자의 행위를 예방·제거함으로써 근로자의 단결권·단체교섭권 및 단체행동권을 확보하여 노사관계의 질서를 신속하게 정상화하고자 함에 그 목적이 있음에 비하여, 구근로기준법에 의한 부당해고 등 구제제도는 개별적 근로계약관계에 있어서 근로자에 대한 권리침해를 구제하기 위함에 그 목적이 있는 것 …… (대법원 1998. 5. 8. 선고 97누7448 판결).

VI. 남녀고용평등법

헌법의 평등이념에 따라 고용에서 남녀의 평등한 기회와 대우를 보장하고 모성보호와 여성 고용을 촉진하여 남녀고용평등을 실현함과 아울러 근로자의 일과 가정의 양립을 지원함으로써 모든 국민의 삶의 질 향상에 이바지하기 위하여 제정된 법률이 '남녀고용평등과 일·가정 양립 지원에 관한 법률'이다.

사업주는 근로자의 모집 및 채용에 있어서 남녀를 차별하여서는 아니 된다. 사업주는 여성근로자를 모집·채용할 때 직무의 수행에 필요하지 아니하는 용모·키·체중 등의 신체적 조건이나 미혼조건 등을 제시하거나 요구하여서는 아니 된다(제7조).

사업주는 동일한 사업 내의 동일가치의 노동에 대하여는 동일한 임금을 지급하여야 하고, 기타 금품의 지급이나 복리후생에 있어서나 교육·배치 및 승진 또는 정년·퇴직 및 해고에 있어서 남녀를 차별하여서는 아니 된다(제8~11조).

사업주는 근로여성의 혼인·임신 또는 출산을 퇴직사유로 예정하는 근로계약을 체결하여서는 아니 된다(제2조 제1호).

사업주·상급자 또는 근로자는 직장 내 성희롱을 하여서는 아니 된다. 직장 내 성희롱이란 직장 내 지위나 업무와 관련하여 성적 언동 등으로 성적 굴욕감 또는 혐오감을 느끼게 하거나 성적 언동 또는 그 밖의 요구 등에 대한 불응을 이유로 고용에 있어서 불이익을 주는 것을 말한다(제2조 제2호).

사례

1. 박이슬 양은 오늘 저녁도 야근을 하고 있는데, 옆방에 있는 팀장이 와서 피로회복에는 안마가 최고라 하면서 어깨와 목을 만져주었다. 싫다고 하는데도 자기는 본부장과 가까운 사이라고 하면서 이따금 찾아와서 같은 행동을 되풀이하려고 한다. 이 경우 박이슬 양은 어떻게 대처하여야 하는가?

힌트

1. 성립요건

직장 내에서의 성희롱이 성립되기 위하여는 다음과 같은 요건 중의 하나가 발생하여야 한다.

① 성희롱 행위자는 사업주·상급자·동료·하급자 및 고객 등 제3자이어야 한다.

② 직장 내의 지위를 이용하거나 업무와 관련하여 발생하여야 한다. 회사 내외는 불문한다.

③ 성적인 언어나 행동을 가하거나 이를 조건으로 하여야 한다.

④ 피해자가 성적 굴욕감을 느끼거나 혐오감을 일으키는 언행을 하여야 한다.

⑤ 승진탈락 등 성적 요구 불응을 이유로 고용상의 불이익을 받아야 한다.

위와 같이 성희롱은 육체적·언어적·시각적 여러 가지 유형으로 발생한다. 또한 성희롱은 강간이나 강제추행과 같은 형법상의 성범죄와는 성립요건이 다르다. 노동법상 성희롱은 고의나 강제성이 없어도 성립한다.

2. 사업주의 주의의무

사업주는 연 1회 이상 직장 내 성희롱 예방을 위한 교육을 실시하여야 하고, 성희롱과 관련한 고충처리 기관이나 절차를 마련하여야 하며, 성희롱 행위자에 대하여 경고·견책·정직·휴직·전직·대기발령·해고 등의 적절한 징계조치를 내려야 한다. 사업주는 피해자가 관계기관에 진정이나 고소 등을 하였다는 이유로 고용상의 불이익을 주어서는 아니 된다. 또한 고객 등 업무와 밀접한 관련이 있는 자의 성희롱 행위로 인하여 근로자가 고충해소를 요청할 경우 이에 대한 적절한 조치를 취해 주어야 한다.

3. 성희롱에 대한 대처방법

피해자는 성희롱 행위자에 대한 거부의사를 분명히 밝히고, 적극적인 태도로 행위의 중지를 요구하여야 한다. 개인적 대응으로 해결되지 않을 때에는 노사협의회 등 회사 내의 고충처리기관에 신고하도록 한다. 사업주는 성희롱 사실이 확인되면 전직이나 정직 및 해고 등 행위의 정도에 따라 적당한 조치를 취하여야 한다. 이를 위반한 경우에는 1,000만 원 이하의 과태료를 받게 된다(남녀고용평등과 일·가정 양립지원에 관한 법률 제39조 제2항).

사업주가 예방교육이나 행위자에 대한 조치나 피해 근로자에 대한 고용상의 불이익 금지 조항 등을 위반한 경우에는 사업장 소재 지방노동관서에 진정이나 고소 또는 고발을 할 수 있다. 또한 피해자는 국가인권위원회에 진정할 수도 있고, 사업주와 성희롱 행위자를 상대로 손해배상을 구하는 민사소송을 제기할 수도 있다.

4. 그러므로 박이슬 양은 먼저 팀장의 그러한 행위를 분명하고 단호하게 거절하여야 하고, 그래도 해결되지 아니할 때에는 사내에 있는 노사협의회 등 고충처리기관에 신고하기도 하고, 이러한 방법으로도 해결되지 아니할 때에는 고용노동부와 국가인권위원회에 진정할 수도 있을 것이다. 이와는 별도로 정신상의 고통에 대한 위자료 등 손해배상청구의 소를 법원에 제기할 수도 있을 것이다.

연습문제

1. 근로기준법은 근로조건의 향상과 노사관계의 원활을 위하여 어떠한 원칙을 규정하고 있는가?
2. 노동조합은 어떻게 분류할 수 있는가?
3. 단체교섭과 단체협약은 어떻게 다른가?
4. 어떠한 행위가 부당노동행위로 되는가?
5. 노동쟁의와 쟁의행위는 다른 것인가?
6. 노동위원회는 무엇을 하는 곳인가?
7. 노동법에서 문제 되고 있는 다음 사항들은 어떠한 제도인가?
   (1) 복수노조제도
   (2) 변형근로제
   (3) 정리해고제
8. 성희롱이란 무엇인가?

제13장 사회보장법

- 인민의 복지가 최상의 법이다*Salus populi suprema lex esto*.

Ⅰ. 사회보장법의 의의

사회보장법이란 형식적으로는 사회보장제도에 관한 법규의 총체라고 할 수 있고, 실질적으로는 국민의 사회보장의 권리와 이를 실현하여야 할 국가의 의무관계를 규정한 법체계라고 할 수 있다.

자본주의의 발달은 경제적 불평등을 초래하게 되어 빈부의 격차가 심화되고, 급기야는 빈자는 자신의 힘만으로는 인간다운 생활을 할 수 없게 되었다. 이에 국가가 인간다운 생활을 보장하고 실현하기 위하여 사회보장과 사회복지의 증진에 노력하기에 이르렀다.

이에 헌법 제34조에서는 "① 모든 국민은 인간다운 생활을 할 권리를 가진다. ② 국가는 사회보장·사회복지의 증진에 노력할 의무를 진다. ③ 국가는 여자의 복지와 권익의 향상을 위하여 노력하여야 한다. ④ 국가는 노인과 청소년의 복지향상을 위한 정책을 실시할 의무를 진다. ⑤ 신체장애자 및 질병·노령 기타의 사유로 생활능력이 없는 국민은 법률이 정하는 바에 의하여 국가의 보호를 받는다. ⑥ 국가는 재해를 예방하고 그 위험으로부터 국민을 보호하기 위하여 노력하여야 한다"고 규정함으로써 사회보장의 범위와 내용을 구체적으로 밝히고 있다.

Ⅱ. 사회보장법의 체계

헌법의 정신을 이어받아 사회보장기본법은 그 제3조 제1호에서 ""사회보장"이란 출산, 양육, 실업, 노령, 장애, 질병, 빈곤 및 사망 등의 사회적 위험으로부터 모든 국민을 보호하고 국민 삶의 질을 향상시키는 데 필요한 소득·서비스를 보장하는 사회보험, 공공부조, 사회서비스를 말한다"고 규정하고 있다.

이러한 규정에서 우리는 사회보장법의 기본체계를 4가지로 분류할 수 있다. 첫째는 사회보험의 분야이다. 여기에는 사법상의 보험의 원리를 일부 수정하여 사회적 조정의 요소가 가미된다고 하겠다. 실정법으로는 국민건강보험법·국민연금법·공무원연금법·사립학교교직원 연금법·군인연금법·고용보험법·산업재해보상보험법 등을 들 수 있다. 둘째로, 공공부조의 분야이다. 생활유지능력이 없거나 생활이 어려운 국민의 최저생활을 보장하고 자립을 지원하는 제도이다. 종래의 빈민구제제도가 발전된 형태이다. 실정법으로는 국민기초생활 보장법·의료급여법·최저임금법 등을 들 수 있다. 셋째로는 사회복지서비스의 분야이다. 국가나 지방자치단체 또는 민간부문의 도움이 필요한 모든 국민에게 상담이나 재활 또는 직업의 소개나 지도 및 장애인 등에게 사회복지시설의 이용 등을 제공하여 정상적인 사회생활이 가능하도록 지원하는 제도이다. 실정법으로는 장애인복지법·아동복지법·노인복지법 등이 있다. 기타 사회보장제도와 관련한 복지분야이다. 이는 보건, 주거, 교육, 고용 등의 분야에서 인간다운 생활이 보장될 수 있도록 지원하는 각종 복지제도를 말할 수 있겠다. 또한 국가유공자 등 예우 및 지원에 관한 법률이나 범죄피해자 보호법도 사회보상적 차원에서 여기에 포함된다 할 것이다.

Ⅲ. 복지제도의 장단점

복지제도는 국가로 하여금 많은 국민이 골고루 잘 살 수 있도록 배려하는 제도이다. 빈부의 격차를 해소하고, 경제적 생활능력을 상실한 자를 보호함으로써 국가와 정부를 믿게 되고 그럼으로써 나라를 위해서 충성·봉사할 수 있는 국민을 만들어 내고, 대한민국의 국민이 된 것을 자랑으로 생각하면서 살아갈 수 있도록 하는 장점이 있다. 그러나 이러한 프로그램적 정책을 수립하는 데는 장단기의 치밀한 계획이 필요하고 많은 재정적 지출을 감당하여야 하는 단점이 있으므로 함부로 선심정책이나 공약을 제기하여서는 아니 된다. 또한 복지정책이 너무 지나치다 보면 근로의욕의 상실로 인한 경제침체와 노력해서 살아야 하는 삶의 기본정신을 망각하는 단점이 있음도 감안하여 정책수립에 신중을 기해야 할 것이다.

사례

1. 뉴욕에 거주하는 60세의 갑은 국민연금에 가입하고 싶어도 국민연금법이 가입대상을 국내에 거주하는 자로서 18세 이상 60세 미만인 자로 한정하기 때문에 가입을 못하고 있다. 사실은 갑이 한국에서 군에 재직 중인 25세 때에 가입하고자 하

였으나 그때는 군인연금에 가입하고 있다는 이유로 거절당한 적이 있었다. 이와 같이 가입을 거절하는 일련의 과정들이 헌법상 인정하는 평등권과 사회보장기본법의 정신에 위배된다고 주장하면서 그 시정을 요구하고 있다. 갑의 주장은 정당한가?

힌트 국민연금의 가입대상이나 가입기간 및 보험료 등은 국민의 소득수준이나 평균수명, 경제활동연령이나 재정 등 여러 가지 사정을 종합적으로 고려하여 입법자가 결정하여야 할 사항이라고 본다. 그 결정이 명백히 자의적이고 불평등한 결과를 가져오는 것이 아니라면 헌법상의 평등원칙이나 사회보장기본법의 정신에 위배된다고 볼 수 없을 것이다.

연습문제

1. 사회보장법이란 어떠한 법인가?
2. 사회보장에는 어떤 분야가 있는가?
3. 복지제도의 장단점은 어떠한 것인가?

제14장 지식재산권법

- 만들어서 버는 시대에서 생각해서 버는 시대로.
- 디자인은 제품이나 서비스의 연속적인 외층에 표현되는 인간 창조물의 영혼이다. —Steve Paul Jobs

Ⅰ. 지식 재산권의 의의

지식 재산권*intellectual property*이란 인간의 지적 창작물에 관한 권리와 영업상의 신용과 산업질서의 유지를 위한 표지에 관한 권리의 총칭이다. 세계지적재산권기구*WIPO*의 설립협약 제2조는 "① 문학, 예술 및 과학작품, ② 연출 예술가의 공연, 음반 및 방송, ③ 인간 노력의 모든 분야에 있어서의 발명, ④ 과학적 발견, ⑤ 공업디자인, ⑥ 등록상표, 서비스마크, 상호 및 기타 명칭, ⑦ 부정경쟁에 대한 보호 등에 관한 권리와 공업, 과학 또는 예술분야의 지적활동에서 발생하는 기타 모든 권리"라고 정의하고 있다. 이에서 알 수 있듯이 지식 재산권이란 형체가 없는 무체재산권으로서 인간의 지식 재산에 관한 모든 권리라고 할 수 있다.

Ⅱ. 지식 재산권의 종류

지식 재산권은 산업재산권과 저작권으로 나누어진다. 산업재산권은 다시 지적 창작물에 관한 권리와 영업표지에 관한 권리로 나누어진다. 지적 창작물에 관한 권리에는 특허권·실용신안권·디자인권 등이 있다. 영업표지에 관한 권리로는 상표권·상호권과 부정경쟁방지법상의 권리인 서비스·마크·원산지표시 등을 들 수 있다.

저작권에는 편집저작물의 권리대여권·방송권·응용미술에 관한 저작권 등이 있다. 이 밖에도 과학기술의 발전, 사회의 변화 등에 따라 반도체 배치설계, 온라인디지털컨텐츠와 같이 새로이 출현하는 신지식 재산권도 있다.

Ⅲ. 지식 재산권의 내용

특허·실용신안·디자인·상표 등의 산업재산권은 지식 재산권 중에서 가장 으뜸이 되는 권리이다. 특허청에서는 이 4종의 출원에 대하여 접수·심사·등록·심판의 업무를 보고 있다. 이들의 출원도 해를 거듭할수록 증가되어 최근 수년간에는 매년 50만 건 이상이 되고 있다.

특허는 스마트폰 발명과 같은 기술의 창작으로서 특허등록일부터 원칙적으로 20년간 보호하며, 실용실안은 기존의 발명을 개선·보완하여 물품성 있게 고안하는 것으로서 등록일로부터 10년, 디자인은 물품의 외관을 아름답게 디자인하는 것으로서 등록일로부터 20년, 상표는 상품에 대한 표지로서 등록일로부터 10년간 보호하고 있다. 하나의 상품에 여러 가지의 산업재산권이 존재할 수도 있다.

저작권은 문학·학술·예술·음악 등과 같이 사상 또는 감정을 창작적으로 표현한 것에 대하여 보호받을 수 있는 권리다. 특허는 출원하여 심사를 거쳐 등록된 후에 권리가 발생되는 반면, 저작권은 공개나 등록이 없어도 저작물이 완성된 시점에서부터 자동적으로 권리가 발생한다. 저작권의 보호기간은 저작자의 사후 70년이고, 타인이 무단으로 복제 또는 모방하거나 방송 또는 상영하는 것이 금지된다.

사례

1. '범죄도시'라는 영화의 마지막 장면을 잡지광고에 이용하려고 하는 경우 누구에게 허락을 받아야 하는가?

힌트 우리나라는 세계저작권협약과 베른협약에 가입하고 있기 때문에, 동 저작물의 경우에는 동 협약 가입국의 저작물인지를 확인하여야 한다(저작권법 제3조). 영화의 경우에는 영화저작자로 영화감독, 촬영감독, 편집기사 등의 공동저작자가 있고, 영화제작에 참여한 배우 등이 있지만, 영화제작사는 이들로부터 모든 이용권을 양도받아 보유하는 것이 보통이다. 그러나 독일처럼 이 권리가 감독이나 배우에 남아 있는 나라도 있으므로 확인이 필요하다. 국내에 상영된 영화는 영화배급사가 라이선스 계약을 통하여 국내에서 이용권을 보유하고 있으면, 이를 확인하고 국내 배급사의 허락을 받아야 할 것이다.

연습문제

1. 산업재산권에는 어떠한 권리들이 있는가?
2. 산업재산권과 지식 재산권은 다른 개념인가?

제15장 경제법

- 훌륭한 의사는 처방하기에 앞서 진단에 심혈을 기울인다.

Ⅰ. 경제법의 의의

경제법*economic law; Wirtschafsrecht*이란 국민경제에 관하여 국가가 어떤 계획을 세우거나 조정 또는 규제하는 법규의 전체를 말한다. 자본주의의 발전단계는 수공업경제로부터 산업혁명까지의 상업자본주의에서 산업자본주의(1750~1870년)를 거쳐 독점자본주의(1870~현재)로 이행되어 왔다. 상업자본주의로부터 산업자본주의 시대까지는 애덤 스미스*Adam Smith*(1723~1790)의 『국부론*The Wealth of Nations*』에서 볼 수 있는 바와 같이, 국가는 국민경제에 대하여 간섭하지 않고 자유방임*Laissezfaire*하면, 소위 '보이지 않는 손*invisible hand*(국민의 이기심과 자유경쟁)'에 의하여 국가는 발전할 수 있는 것으로 생각하였다. 이러한 시대에는 국가가 국민경제에 간섭·조정하기 위한 경제법은 존재하지 않았다.

Ⅱ. 경제법의 내용

경제법은 나라마다 생성배경이 다르다. 미국에서는 생산품에 대한 자본가의 독점을 금지하기 위하여 반트러스트법인 셔먼법*Sherman Act*(1890), 연방거래위원회법이나 클레이턴법*Clayton Act*(1914)과 경제법이 탄생하였고, 독일에서는 제1차 세계대전 중 의회에서 수권법*Ermächtigungsgesetz*을 의결하고, 이 법에 의하여 경제규제도 가능하게 하였다(그리하여 의회 결의일인 1914년 8월 14일을 경제법의 생일이라고 함). 우리나라 경제법은 경제발전을 목표로 하는 점에서 독일의 경제법과 생성배경이 비슷하다.[1]

우리나라는 헌법에서 국민의 경제적 평등과 균형 있는 발전을 위하여 또한 경제의 민주화를 위하여 경제에 관한 규제와 조정을 할 수 있다(제119조 제2항)고 규정함으로써 이를 실현하기 위한 여러 가지 법률을 제정·시행하고 있다. 예컨대, 독점규제 및 공정거래에 관한 법률·대외무역법·외국인투자 촉진법·부정경쟁방지 및 영업비밀보호에 관한 법률·농지법·유통산업발전법 등이 그것이다.

독점규제 및 공정거래에 관한 법률에서 가장 많이 다루어지는 문제는 경제력 집중의

1 최종고, 『법학통론(제4전정신판)』, 박영사, 2019, 504면.

방지이다. 경제력 집중이란 경제적 자원과 수단을 소유 또는 지배할 수 있는 힘이 소수의 경제주체에 집중되는 현상을 말한다. 이러한 경제력 집중은 자원분배의 효율성을 저해할 뿐만 아니라 중소기업의 발전을 어렵게 하고 있다. 이를 위하여 이 법은 사업자의 시장지배적 지위의 남용과 과도한 경제력의 집중을 방지하고 부당한 공동행위 및 불공정거래행위를 규제하여 공정하고 자유로운 경쟁을 촉진함으로써 창의적인 기업활동을 조장하고 소비자를 보호함과 아울러 국민경제의 균형 있는 발전을 도모함을 목적으로 하고 있다. 여기서 시장지배적 사업자라 함은 시장지배력을 가지고 있는 사업자, 즉 시장의 형태나 성과에 영향을 미칠 수 있는 능력을 가진 사업자를 말한다. 이러한 사업자는 상품이나 용역의 공급량을 줄이고 그 가격을 경쟁가격보다 높이 책정함으로써 그 이윤을 증가시킬 수 있는 능력을 가지고 있다. 그리고 부당한 가격결정, 부당한 사업활동 방해, 부당한 출고조절, 부당한 방법으로 경쟁사업자 배제 또는 시장진입의 제한 등의 방법을 동원한다.

사례

1. 갑자동차회사가 을자동차회사의 주식을 인수하여 시장지배력을 강화한 후에 다른 사업자와 경쟁이 되는 승용차 부문의 가격은 인상하지 아니하고 경쟁이 되지 아니하는 버스와 트럭 부문을 중심으로 가격을 인상한 행위는 시장지배적 지위를 남용한 것으로 볼 수 있는가?

   힌트 공정거래위원회의 심결을 보면 이러한 행위는 시장지배력을 남용하여 부당하게 가격을 인상한 행위에 해당한다고 하였다(1999. 9. 3, 의결 제99-130호).

연습문제

1. 경제법은 사회법인가?
2. 경제법과 상법은 어떻게 다른가?
3. 경제력 집중을 방지할 수 있는 방안에는 어떤 것이 있는가?

제16장 소비자기본법

- 소비는 모든 생산활동의 유일한 목적이다.
- 생산자의 이익은 소비자의 이익을 증진시키는 데 필요한 범위 안에서만 추구되어야 한다. —A. Smith의 『국부론』에서

Ⅰ. 소비자보호의 의의

경제의 고도성장이 이루어짐에 따라 상품의 대량생산과 대량소비로 인하여 소비생활의 내용이나 소비행동에 큰 변화가 나타난 현대생활에 있어서 기업이 소비자에게 주는 피해는 증가되고 있다. 소비자는 기업에 비하여 경제적 약자이므로 소비자의 피해를 당사자 간에 해결하도록 방치한다면 소기의 효과를 기대할 수 없을 뿐만 아니라 사회문제가 발생하게 될 것이다.

그리하여 우리 헌법도 제124조에서 "국가는 건전한 소비행위를 계도하고 생산품의 품질향상을 촉구하기 위한 소비자보호운동을 법률이 정하는 바에 의하여 보장한다"고 규정하고 있으며, 이러한 헌법의 정신에 따라 1980년 1월 '소비자보호법'이 제정되기에 이르렀다. 이어 2006년 9월 소비자보호법은 소비자기본법으로 개정되었다.

소비자란 상품을 구입하여 그것을 사용 또는 소비하는 자이거나 각종의 서비스를 받는 자이다. 운송회사·보험회사·은행 등의 업무에 의한 서비스를 받는 자를 포함한다.

Ⅱ. 소비자권리의 강화

소비자의 권익을 보호하는 법률로는 소비자기본법을 위시하여 방문판매 등에 관한 법률과 할부거래에 관한 법률, 전자상거래 등에서의 소비자보호에 관한 법률 및 약관의 규제에 관한 법률 등을 들 수 있다.

소비자를 보호하고 그 권리를 강화하는 방법으로는, 첫째로, 민법과 상법에 의한 해석과 판례를 통하여 소비자의 권리를 강화할 수 있다. 예컨대, 거래에 있어서 신의칙과 권리남용의 법리를 적용하여 소비자의 권리를 보호할 수 있다. 둘째로, 거래약관에 대하여 행정적 규제·사법적 규제·입법적 규제를 함으로써 소비자의 권리를 보호하고 강화할 수 있다. 셋째로, 제조물책임에 관한 무과실책임을 확대·실시하는 방법이다. 최근 자동차 등의 일부 상품에 대하여 리콜제를 실시하고 있는 공정거래위원회의 방침은 이와 맥락을 같이하는 정신이라 할 수 있다.

끝으로, 소송에 있어서도 소비자에게 어디까지 원고적격이 있는가 하는 것이 문제 될 수 있지만, 미국의 집단소송*class action*제도와 같이 가능한 한 제소의 기회를 부여하도록 유리하게 해석하고 경우에 따라서는 이를 제도화하여야 할 것이다.

Ⅲ. 소비자기본법의 목적과 기능

소비자기본법은 소비자의 기본권익을 보호하고 소비생활의 향상과 합리화를 기하기 위하여 국가와 공공단체 및 사업자의 의무와 소비자의 역할 등을 규정함을 목적으로 하고 있다.

국가는 소비자가 사업자와 거래를 함에 있어서 계량으로 인하여 손해를 보는 일이 없도록 물품 및 용역의 계량실시에 관하여 필요한 시책을 강구하여야 하며, 물품의 품질개선 및 소비생활의 합리화를 기하기 위하여 물품 및 용역의 규격을 정하고, 이를 보급하기 위한 시책을 강구하여야 한다.

또한 국가 및 지방자치단체는 소비자의 피해구제에 협력하고, 소비자와 사업자 간에 발생하는 마찰이나 소비자의 불만을 신속하게 해결할 수 있는 기구를 설치·운영하여야 한다. 이에 따라 한국소비자원에 소비자분쟁조정위원회를 두어 위의 역할을 담당하고 있다.

또한 소비자기본법에서는 정부로 하여금 거래의 적정화와 물품표시의 충실 등 소비자의 안전과 권리의 보호를 위하여 여러 가지 조치를 할 수 있도록 규정하고 있다.

사례

1. 김아성 씨는 갑 식품회사 영업사원 A의 전화를 받고 정가 100만 원의 건강식품을 60만 원으로 할인받아 구입하였다. 그 후 약품의 효과가 전혀 없다는 주위 사람들의 이야기를 듣고는 계약을 취소한다고 하였다. 그러나 A는 취소를 하지 않는다는 것을 전제로 하여 할인판매한 것이므로 계약을 취소할 수 없다고 한다. 계약은 취소할 수 없는 것인가? 또한 품질보증서에는 "물건 사용상에 하자가 발생하여 입은 손해에 대하여 제조회사는 책임을 지지 않는다"고 기재되어 있다. 이 경우 제조회사는 책임을 지지 아니하는가?

   힌트 김아성 씨는 전화를 받고 물건을 구입하였으므로 방문판매 등에 관한 법률의 적용을 받을 수 있다. 이 법에 의하면 구매자인 소비자는 어떠한 사유이든 계약일로부터 14일 내에 계약을 취소할 수 있다. 계약을 취소하지 않겠다는 조건으로 물품을 구입한 경우에도 마찬가지이다.

제조회사가 면책사항을 기재하였더라도 물건에 하자가 있고 그로 인하여 손해가 발생한 경우에는 이로 인한 책임을 진다고 본다.

연습문제

1. 소비자권리를 강화하기 위한 대책에는 어떤 것이 있는가?
2. 소비자기본법의 목적은 무엇인가?

찾아보기

개정판

로스쿨

법학입문

1판 1쇄 펴낸날 1999년 8월 20일
2판 1쇄 펴낸날 2003년 1월 10일
3판 1쇄 펴낸날 2007년 3월 5일
4판 1쇄 펴낸날 2012년 3월 2일
5판 1쇄 펴낸날 2025년 2월 12일

지은이 | 김동석 · 김희철 · 김희준
펴낸이 | 김시연

편집 | 황인아
디자인 | 최정희

펴낸곳 | (주)일조각
등록 | 1953년 9월 3일 제300-1953-1호(구 : 제1-298호)
주소 | 03176 서울시 종로구 경희궁길 39
전화 | 02-734-3545 / 02-733-8811(편집부)
02-733-5430 / 02-733-5431(영업부)
팩스 | 02-735-9994(편집부) / 02-738-5857(영업부)
이메일 | ilchokak@hanmail.net
홈페이지 | www.ilchokak.co.kr

ISBN 978-89-337-0850-7 93360
값 38,000원